강한 리더라는 신화

강한 리더라는 신화

아치 브라운 지음

홍지영 옮김

강 한 리 더 가 위 대 한 리 더 라 는 환 상 에 관 하 여

사계절

서문

1장 맥락 속에서 살펴본 리더

2장 민주적 리더십 : 신화, 권력, 스타일

5장 혁명 및 혁명적 리더십

6장 전체주의 리더십과 권위주의 리더십

7장 '강한 리더'의 대외 정책 실패 사례

8장 어떤 종류의 리더십이 바람직한가?

　　20세기에 권위주의 통치를 경험한 한국의 국민들은 과도한 권력을 가진 리더의 위험을 잘 알고 있다. 구세대 중에는 빠른 경제 성장을 이룬 '독재자' 박정희 시절에 향수를 품고 있는 사람이 있을지 모르지만, 이제 한국에서는 국민에게 책임지지 않는 독재에 비해 민주주의가 가진 많은 장점이 널리 받아들여지고 있다. 죽을 때까지 대통령직을 유지하고자 했던 박정희의 바람은 현실이 되었지만, 그 결말이 그가 원한 방식은 아니었다. 2017년에 그의 딸 박근혜가 독단적으로 국정을 운영하다 탄핵된 것은 건전한 민주적 가치가 되살아났음을 보여준다. 지금 한국은 북한의 젊은 독재자가 득의양양하게 강행하는 무모한 미사일 발사 실험부터 정치 경험이 전무하고 외교에 미숙한 백악관 주인의 유별나고 예측 불가능한 행동에 이르기까지, 여러 가지 심각한 도전에 직면해 있다. 그럼에도 한국이 최근에 경험한 사건들은 내가 이 책(초판 2014년)을 쓴 뒤 등장한, 전 세계에서 아주 드문

민주주의의 성공담에 해당한다.

1987년 개정된 대한민국 헌법의 대통령 5년 단임제 규정은 한 사람의 장기 집권을 막기 위한 중요한 안전장치다. 그러나 다시 유권자 앞에 설 필요가 없다는 사실은 또 다른 측면에서 유혹을 불러일으킨다. 한국이 민주화를 이룬 오늘날에도 한 사람에게 과도한 권력을 부여하는 '제왕적 대통령제'에 대한 우려가 존재한다. 한 여론 조사에 따르면, 한국인의 45퍼센트가 대통령 임기를 미국처럼 4년 중임제로 바꾸는 안을 선호한다.[1] 단임제라는 제약에도 불구하고, 어쩌면 현재 청와대에 너무 많은 권력이 집중되어 있는지도 모른다. 문재인 대통령은 2017년 5월 10일 취임사에서 "우선 권위적 대통령 문화를 청산하겠습니다", 그리고 "대통령의 제왕적 권력을 최대한 나누겠습니다"라고 말하며 이 사실을 암묵적으로 인정했다. 또한 그는 권력 기관을 정치로부터 완전히 독립시킬 것이며, "그 어떤 권력 기관도 무소불위의 권력을 행사하지 못하도록 견제 장치를 만들겠다"고 선언했다.[2]

대통령의 탄핵은 현재 한국의 민주주의 체제에서 입법부와 사법부가 행정부 수반으로부터 독립된 권력을 행사할 수 있는지를 시험한 것이었다고 평가할 수 있다. 박근혜는 민주적으로 선출된 리더도 민주주의의 원칙을 훼손할 수 있다(2014년 터키 대통령으로 당선된 레제프 타이이프 에르도안Recep Tayyip Erdogan과 2013년 베네수엘라 대통령으로 선출된 니콜라스 마두로Nicolas Meduro 역시 같은 사례다), 그리고 시민 사회와 정치 사회가 항상 정부 수반을 견제하고 그에게 책임을 지워야 한다는 교훈을 남겼다. 한국에서는 "지칠 줄 모르고 끈질기게 이어진 엄청난 규모의" 시민 집회가 2016년 12월 국회의 대통령 탄핵 소추안 통과와 2017년 3월 헌법재판소의 파면 결

정에 크게 기여했다.[3]

2016년 가을부터 2017년 가을까지 1년 동안 미국, 프랑스, 영국, 독일 등 세계 주요 국가에서 선거가 열렸다. 2016년 11월에 열린 미국 대통령 선거와 2017년 6월에 열린 영국 총선은 서로 다른 방식으로 '강한' 리더를 둘러싼 문제점을 보여주었다. 두 나라에서 정부 수반(미국 대통령과 영국 총리) 자리에 오른 후보는 강한 리더라는 이미지를 과시하려고 애썼다. 선거 결과는 미국과 영국에서 모두 예상을 벗어났다. 이 두 사례는 동료 정치인들을 희생시키는 대가로 자기 권력을 극대화하는 '강함'은 우리가 정치 리더에게 기대해야 하는 자질이 아니라는 주장을 뒷받침한다. 이것은 강한 리더를 두는 것과 능력 있는 정부, 아니 그저 무난하게 굴러가는 수준의 정부라도 구현하는 것은 전혀 다른 문제라는 점을 잘 보여준다.

미국에서 강한 리더를 향한 갈망은 2012년 대선보다 2016년 대선 결과에 두 배나 더 영향을 미친 것으로 나타났다. 2016년 11월에는 36퍼센트에 달하는 미국인이 무엇보다도 강한 리더를 원한다고 답했던 반면, 2012년에는 18퍼센트의 응답자만이 강한 리더를 가장 중요한 요소로 꼽았다.[4] 도널드 트럼프Donald Trump는 선거 기간 동안 자신의 터프함을 강조하면서 유권자에게 강한 리더로 널리 인식되었다. 이것은 그의 당선에 중요한 역할을 했다. 물론 선거인단 제도라는 미국 특유의 선거 제도가 아니었다면 (트럼프보다 300만 표 가까이 더 얻은) 힐러리 클린턴Hillary Clinton이 대통령에 당선되었을 것이라는 사실도 간과해서는 안 된다. 트럼프는 정치 경험이 부족하고 정치 지식이 전무한데도 상당한 지지를 받았다. 억만장자 부동산 개발업자보다는 민주당에 기대를 걸 법한 사회 계층마저 트럼프에게 표를 던졌다.

37개국에서 미국 대통령(그리고 미국)에 관한 인식을 조사한 결과, 트럼프는 대부분의 나라에서 강한 리더로 인식되는 것으로 나타났다. 워싱턴 D.C.에 위치한 명망 높은 퓨리서치센터가 실시한 이 조사의 결과는 '강한 리더'와 유능한 리더의 상관 관계가 얼마나 미약한지 다시 한번 보여줬다. 이 조사에서 조사 대상국 전반에 걸쳐 55퍼센트의 응답자가 트럼프는 '강한' 리더라고 답했다. 동시에 그가 '오만하고, 비관용적이며, 위험하다'고 생각한 응답자도 과반수 이상이었다.[5] 보통 국가 수반의 임기 초기에 진행한 여론 조사에서는 지지도가 높게 나온다. 하지만 트럼프에 대한 세계 각국의 신뢰도는 버락 오바마Barack Obama의 집권 2기 말보다도 훨씬 낮았다. 앞선 조사에 따르면 응답자의 22퍼센트만이 트럼프가 '국제 문제에서 올바른 결정을 내릴 것'이라고 대답했다. 같은 질문에 대한 오바마 정권 말기의 신뢰도는 64퍼센트였다. 총 37개국 중 35개국에서 오바마를 트럼프보다 더 높이 평가했으며, 그렇지 않은 두 나라는 러시아와 이스라엘이다.[6]

트럼프에 대한 국제 사회의 낮은 평가는 미국의 명성에도 영향을 미쳤다. 오바마 행정부 말기에는 64퍼센트의 응답자가 미국에 호의적이었다. 2017년 초여름, 이 수치는 49퍼센트로 떨어졌다. 유럽에서, 그리고 미국의 가장 가까운 이웃인 캐나다와 멕시코에서 미국에 대한 우려가 급증했다.[7] 스스로 강하다고 자부하고, 다른 이들에게도 강하다는 인상을 주는 트럼프가 전 세계에서 친구를 얻고 그들의 마음을 움직이는 데는 극적으로 실패한 것이다.

트럼프는 취임 후 지금까지 입법 성과를 전혀 내지 못했고, 그가 이끌어야 할 백악관은 여전히 혼란에 빠져 있다. 2017년 7월 말까지 이 미국 대통령은 국가안보보좌관과 대통령 비서실장, 그리고 두 명의 공보국장을 잃었고, 그중 두 번째 공보국장인 앤서니 스카라무치Anthony Scaramucci는 고작 열흘 만에 해임되었다. 국가 정책을 트위터Twitter에 발표하는 트럼프의 습관은 그동안 미국 정치 체제가 만들어온 의사 결정 시스템을 파괴했다.

트럼프 대통령이 백악관에 입성한 이래 제대로 풀린 일이 없긴 하지만, 적어도 그는 전통적으로 민주당 텃밭이던, 그리고 경쟁 후보인 힐러리 클린턴이 승리를 당연시했던 여러 주에서 과반수의 표를 획득하며 대선에서 승리했다. 그에 반해 2017년 영국 총선에서 현임 총리 테리사 메이Theresa May의 '강함'을 강조하며 '강하고 안정된 리더십'을 가진 그녀를 다시 다우닝가 10번지로 보내자고 호소했던 보수당은 예상과 달리 과반 의석을 확보하지 못했다(본래 다음 선거는 2020년에 치를 예정이었다. 그러나 테리사 메이는 영국의 EU 탈퇴를 앞두고 국민에게 신임을 구하고자 조기 총선을 실시했다-옮긴이). 그 결과 과반 의석을 확보하고 있었던 보수당 정부는 소수 정부로 전락했다. 보수당은 정권을 유지하기 위해 하원에서 그들의 정책을 지지하는 대가로 상당한 금액의 지원금을 추가로 받아낸 북아일랜드 민주연합당 의원 열 명에게 의존하는 처지가 되었다.

총리가 조기 총선을 발표했을 당시, 보수당은 여론 조사에서 제1야당인 노동당을 앞서고 있었다. 총리 개인의 지지도 역시 노동당 리더 제러미 코빈Jeremy Corbyn을 훨씬 더 앞서고 있었다. 따라서 누구도 보수당의 압도적인 승리를 의심하지 않았다. 메이 총리는 강하고 신뢰할 수 있는 이미지를 강조하며, 그리고 이것을 노동당 리더의 약함과 비교하며 선거를 이끌었다. 메이가 이 총선을 보수당이 아니라 총리 자신에 대한 신임 투표라는 프레임으로 접근한 이유는, 자신이 국민으로부터 권한을 위임받았다고 주장하기 위해서였다(메이는 2016년 7월 전임 총리인 데이비드 캐머런David Cameron 총리가 브렉시트 건으로 사퇴한 후 총선이 아닌 보수당 내부 경선을 거쳐 총리 자리에 올랐고, 그 과정에서 경쟁 후보들이 모두 기권하여 단독 출마하였기 때문에 당 내부에서조차 투표를 통한 정치적 정당성을 확보하지 못했다-옮긴이). 또한 정부 안에서 자신의 입지를 강화하여 몇몇 고위 장관을 내각에서 제거하고, 보수당 내부의 권력을 장악하기를 원했다. 하지만 대부분의 여론 조사 결과 및 전문가의 예상이 뒤집어졌다. 개표 결과 노동당은 비록 아깝게 패하기는 했지만 보수당과의 의석 차를 줄였고, 지난 총선보다 월등하게 높은 전국 득표율을 기록했다(2015년 30.4퍼센트에서 2017년 40.0퍼센트로 9.6퍼센트 증가. 직전 선거보다 10.4퍼센트 높은 득표율을 기록한 1945년 이래 노동당으로서는 역대 최고치였다-옮긴이). 선거운동 기간 초기에는 메이가 코빈에 단연 앞서 있었으나, 막판에 접어들면서 지지율 격차는 완전히 사라졌다. 코빈은 선거운동 기간에 전반적으로 기대치를 훨씬 웃도는 성과를 냈다고 평가되는 반면, 개인적 강점을 강조했던 메이와 보수당의 전략은 처참하게 실패했다.

선거에서 전적으로 총리에게 초점을 맞췄던 보수당은 메이가 '강하고 안정된 리더십'을 발휘할 수 있도록, 그래서 브렉시트 협상을 성공적으로 진행할 수 있도록 밀어주는 것이 무엇보다도 중요하다고 강조했다. 그 결과 보수당은 '테리사의 팀'으로 불리게 되었다. 보수당의 총선 공약집을 발표하면서 메이 총리는 이것을 "영국의 미래를 위한 나의 공약"이라고 불렀다. 고작 나흘 뒤, 제대로 된 검토도 없이 발표한 사회 정책 공약이 거센 비판에 직면했다. 보수당은 여론의 압력에 굴복해 해당 조항을 대폭 변경했고, 그것을 '보수당의 공약'이 아니라 '나의 공약'이라고 강조했던 메이는 유권자의 불신을 사게 되었다. 애초에 당 내부에서 폭넓은 논의를 거쳐 공약을 도출했다면 이런 일은 없었을 것이다.

한 최신 연구는 2017년 선거 기간 동안 테리사 메이와 제러미 코빈의 지지율 변화를 상세히 분석했다. 선거운동은 통상적으로 선거 결과에 별 영향력을 미치지 않으며, 선거 기간 초기에 한 정당이 다른 정당에 크게 앞설 경우 그 정당이 여유 있게 승리한다는 것이 정치학계의 통설이다. 그러나 위의 연구가 입증하듯이, 2017년 5-6월 영국에서 이 통념이 완전히 뒤집혔다. 이 선거에서는 선거운동이 매우 중요한 역할을 했으며, 그 결과 많은 유권자가 지지하는 후보를 바꿨다. 이 연구는 "강하고 안정된 리더에 집중했던 보수당의 전략이 궁극적으로 과반 의석을 날려버린 희대의 자충수였던 것으로 드러났다"고 결론 내린다.[8]

지난 몇 년간 나는 말과 글을 통해(특히 이 책에서) 정부 수반에게 더 많은 권력을 쥐여주는 추세를 반대하고, 권위주의 정권에서, 그리고 그보다는 덜하지만 민주주의 정부에서도 점차 강해지고 있는 강한 리더에 대한 숭배를 지양해야 한다고 주장하는 데 많은 노력을 기울였다. 나는 2017년 영국의 유권자가 리더에 대한 숭배를 조장하고 총리의 권력을 확대하려는 보수당의 시도에 부정적으로 반응했다는 점(그리 숭배할만한 리더가 아니기 때문이기도 하겠으나)에서 작은 희망을 발견했다.

이 총선 이후 많은 정치 평론가들이 '강하고 안정된' 리더가 얼마나 '약하고 불안정'해졌는지에 주목했다. 그러나 유감스럽게도 '막대한 권력을 가진 강한 리더를 두는 것이 바람직한 정치 체제인가'라는 문제를 제기한 이는 없다. 정부 수반이 휘두르는 권력이 정부의 다른 장관들이 행사하는 권력을 압도할 때 그 나라는 보다 빠르고 안정적으로 발전할 수 있을까? 강한 리더는 정말로 나라에 도움이 되었을까? 이 질문은 영국뿐만 아니라 한국을 포함한 다른 나라에도 해당되는 문제이다. 이제 나는 이 책의 중심축을 이룰 뿐만 아니라, 세계의 거의 모든 나라에서 생각해봐야 하는 질문으로 한국어판 서문을 마무리하고자 한다.

안정된 리더십은 바람직하며, 강력한 집단 리더십을 발휘하는 정부는 아무 문제가 없다. 의회와 국민이 정부에 책임을 물을 수 있고(그리고 엄중한 감시 및 비판 장치가 있고) 정부가 법의 범위 안에서 작동할 때, 행정부가 집단 리더십을 발휘하는 것은 긍정적인 현상이다. 하지만 권력의 개인화는 전혀 다른 문제다. 대통령이나 총리의 과대망상을 조장하고, 내각의 동료 정치인에게 복종과 자기 검열을 요구하고, 강한 리더가 되라고 부추기는 추세에 우리가 동조해야 할 필요가 있을까? 내각을 완전히 장악하거나 내키는 대로 우회하는 정부 수반, 자신의 결정에 도전하면 장관들마저 자리에서 쫓아내는 리더를 염원해야 할 이유는 무엇인가? 집단 지도 체제를 선택한 정부라고 해서 반드시 국가 운영에 성공할 것이라는 보장은 없다. 하지만 재앙 수준의 나쁜 의사 결정이 무제한적 권력을 가진 독재자로부터, 또는 별다른 제약을 받지 않는 일인 통치자로부터 나온다는 증거는 얼마든지 있다. 정부 수반은 동료 정치인들을 설득하려는 자세를 가져야 한다. 강한 리더라는 신화는 면밀한 검토 앞에서 항상 무너지고 만다.

2017년 10월
영국 옥스퍼드에서
아치 브라운

민주주의 체제에서 '강한 리더'를 긍정
적으로 보는 시각이 보편적이다.[1] 강한 리더가 과연 무엇인지는 다양하
게 규정할 수 있겠으나, 보통 권력을 한 손에 쥐고 광범위한 분야의 공
공 정책과 자신이 속한 정당에 큰 영향력을 행사하며 최종 결정을 내리
는 리더를 뜻한다. 나는 민주주의 정권이나 권위주의 정권, 혹은 그 둘
사이의 혼합형 등 정권의 형태를 막론하고 큰 권력을 행사하는 리더일
수록 더 높이 평가받아야 한다는 통념이 착각에 불과하다는 주장을 하
고자 한다. 어느 나라에서나 유능한 정부는 필요하지만, 절차도 중요하
다. 리더가 본인이 뭐든 제일 잘 안다고 확신하여 절차를 무시할 때, 문
제가 생기고 때로 이는 큰 재난으로 이어진다. 정당한 법적 절차란 관련
부서를 책임지는 고위 정치인들을 모두 의사 결정 과정에 참여시키는
것을 의미한다. 정부가 법치 국가의 원칙에 따라 운영되고, 국회와 국민
에 대해 민주적 책임을 져야 함은 말할 것도 없다.

아무도 '우리에게 필요한 것은 약한 리더'라고 말하지 않는다. 사람들은 강함을 추앙하고 약함은 부정적인 것, 지양해야 할 것으로 본다. 그러나 이런 안이한 강약의 이분법은 개별 리더를 평가할 때 적용하기엔 극히 제한적이고 도움이 안 되는 기준이다. 강함은 역도 선수나 장거리 달리기 선수를 평가할 때나 적절하며, 정치 리더를 평가할 때는 단순히 강한 것 말고도 여러 자질을 고려해야 한다. 도덕성, 지성, 말솜씨, 협업 능력, 판단력, 비판적 사고, 다른 견해를 포용하는 능력, 정보 처리 능력, 유연성, 기억력, 용기, 선견지명, 공감 능력, 체력 등이 여기 포함된다. 이외에도 더 있겠지만 이미 만만찮은 목록이다. 대다수의 리더가 이런 자질을 **죄다** 갖추고 있기를 기대하기는 어렵다. 이들은 슈퍼맨이나 슈퍼우먼이 아니며, 특히 리더 자신이 이 사실을 숙지해야 한다. 위의 목록에 더해서 겸손함까지 갖추길 바라는 것은 너무 과한 기대일지도 모르겠지만 말이다.

이런 한계에도 불구하고 이 '강약 테마'는 영국을 비롯한 민주주의 국가의 리더를 논할 때 빠지지 않고 등장하는 요소가 되었다. 토니 블레어Tony Blair는 영국 제1야당의 대표였을 때 분열된 의회정당parliamentary party(한 정당의 당원 중에서도 의원으로 당선되어 의회에서 활동하는 당원들을 따로 구분하여 부르는 명칭이다. 한국에서 사용하는 원내정당, 교섭단체 등과는 의미가 다르다−옮긴이) 물려받은 존 메이저John Major 총리를 '약한 리더'로 묘사했다. 블레어는 "나는 당을 이끈다. 그는 당에 끌려간다"고 말하며 자신과 메이저 총리를 대비했다.[2] 데이비드 캐머런도 총리 시절 노동당 대표로 선출된 에드 밀리밴드Ed Miliband에게 '약한' 이미지가 고착되길 바라며 비슷한 수를 썼다.[3] 밀리밴드에게 복수의 기회가 온 것은, 2012년 7월 보수당 평의원들이 상원 의원을 임명직에서 대부분 선출직으로 전환하는 사안에 대거 반발하여 법안 통과를 막았을 때였다. 그는 캐머런이 "당에 대한 통제력을 상실"했으며, 당의 공식 지침에 대한 평의원들의 반발이 총리의 "약함"을 드러냈다고 말했다.[4] 이후 한 리더가 상대편 리더를 약하게, 자신은 강하게 묘사하려는 시도는 지루할 정도로 반복됐다. 다른 나라에서도 경쟁 당의 대표를 '약한 리더'로 그리는 전략을 사용하는 경우가 흔하다. 예를 들어 2006년 캐나다에서 스테판 디옹Stéphane Dion이 자유당 당수로 선출되자 보수당은 그를 약한 리더로 선전하는 캠페인을 지속적으로 펼쳤다[5] (의회 중심의 '웨스트민스터 모델'을 채택한 영국을 비롯한 영연방 국가 중에서도 특히 캐나다 총리들은 대체로 '실리적이고 카리스마적이기는커녕 무미건조한' 인물인데도 불구하고 그들이 이끄는 정당에 큰 영향력을 행사한다[6]). 정치인들은 라이벌에게 '약함'이라는 꼬리표를 붙이면 자신의 득표율이 올라갈 것이라 믿고 있음이 분명하다. 정당 대표의 이미지가 선거에 어느 정도 영향을 미치는 것은 사실이지만, 이것이 '오늘날 선거의 승패를 좌우하는' 요인으로 작용한다는 주장은 지나친 과장이다.[7]

단 한 명의 정치 리더가 지배자로 군림하는 통치 형태보다 훨씬 바람직한 방식은 **집단 지도 체제**collective leadership다. 한 사람의 손에 막대한 권력을 쥐여주는 것은 민주주의에 부합하지 않을뿐더러, 그가 정말로 모든 사안을 결정하는 데 최적임자(그럴 자격이 있다고 느끼는 것과는 별개로)라면 참으로 인재가 부족한 조직이 아니겠는가. 권위주의 정권의 경우에도 보통 과두제가 일인 독재에 비해 폐해가 덜하다. 게다가 강한 리더는 그가 속한 정치적·사회적 맥락에 따라 의미하는 바가 달라진다. 이는 보통 생각하는 것보다 훨씬 부적절한 형태의 리더십이며, 겉으로 드러나는 모습과 실체가 판이한 경우도 적지 않다. 리더는 동시에 추종자이기도 하며, 따라서 한 집단에, 심지어 (어떤 경우엔 **특히**) 자신이 속한 정당에 대범하게 맞서는 모습을 보여주면서 뒤로는 다른 집단에 굽신거리고 있을 수도 있다. 다시 말하면 많은 정치인들이 외부에 전시하는 강한 리더의 이미지와 그가 복잡한 현실에서 취하고 있는 행동은 천양지간이다. 강한 리더가 곧 바람직한 리더라는 등치가 강한 리더라는 신화를 구성하는 하나의 요소라면, 민주주의 리더의 강한 이미지가 대부분 교묘한 책략이나 환상에 불과하다는 사실은 이 신화가 가진 또 다른 일면이다.

　고도로 권위주의적인 정권에서 민주주의나 여러 중간 형태의 혼합형 체제로 이행 중인 나라에서는 민주주의가 확고하게 뿌리내린 나라에 비해 강한 리더라는 개념이 좀 더 위험한 형태를 띠기도 한다. 2007년, 탈공산화를 이룬 유럽 13개국을 대상으로 한 설문 조사에서 '오늘날 [해당 국가]가 직면한 문제를 해결할 수 있는 **리더**라면 **그가 민주주의의 붕괴를 가져온다 하더라도** 지지할만하다'라는 진술에 대한 반응을 조사했다.[8] 이 중 8개국에서 응답자의 3분의 1 이상이 '강한 리더'와 반민주적 정서를 지지하는 것으로 나타났다. 헝가리, 러시아, 라트비아에서는 응답자의 40퍼센트 이상이 이 진술에 동의했으며, 불가리아와 우크라이나에서는 그 비율이 50퍼센트 이상이었다. 반면 민주주의에 대한 지지가 가장 확고하면서 강한 리더를 구세주로 보는 시각에 가장 회의적이었던 나라는 체코(16퍼센트)와 슬로바키아(15.3퍼센트)였다. 과거 한 국가(체코슬로바키아)였던 이 두 나라는 설문이 진행된 다른 나라들에 비해 20세기에, 특히 전간기에 진정한 민주주의를 좀 더 경험했기에 이런 결과가 나왔을 것이다. 그런데 강한 리더를 선호하는 비율이 **25퍼센**

트 이하인 나라 중 하나인 벨라루스(24.6퍼센트)는 소비에트연방의 일부로서 민주주의의 경험이 전무하고 소비에트연방 탈퇴 후에는 유럽에서 가장 권위주의적인 정권이 지배하는 나라다. 이 경우는 1994년부터 알렉산드르 루카셴코Alexander Lukashenko 정권의 일인 독재를 경험하면서 강한 리더가 최선의 해결책이라는 사고방식에 예방 접종이 되어 있는지도 모른다.★

　전쟁과 위기 상황처럼 영감을 불러일으키는 리더십이 필요한 경우도 분명 있다. 그런데 평범한 리더로도 충분히 국정을 이끌어나갈 수 있는 시기에도 우리는 강력한 리더를 갈망하곤 한다. 영감을 주는 리더라고 하면 흔히 카리스마적 리더를 떠올린다. 원래 **카리스마**는 신이 내린 재능을 의미했다. 막스 베버Max Weber의 개념에 따르면 카리스마적 인물은 특별한, 심지어 초인적인 능력을 '타고난 리더'로 사회 제도나 공적 지위에 의존하지 않고도 리더십을 발휘하는 사람이다. 카리스마적 리더는 선지자나 영웅으로 비춰지며 추종자들은 그를 무조건 믿고 따른다. 베버는 카리스마라는 개념을 '가치 중립적'으로 봤다.[9] 실제로 카리스마적 리더는 한 사회에 막대한 해악을 끼칠 수도 있고 중요한 업적을 남길 수도 있다. 베버가 살았던 시대보다(그는 1920년에 사망한 위대한 독일 사회학자다) 좀 더 근래의 예로는 아돌프 히틀러Adolf Hitler와 마틴 루서 킹Martin Luther King을 들 수 있다. 지지자는 카리스마적 리더에 대해 비판적인 시각을 견지하면서 신중하게 접근해야 한다. 그에 대한 평가는 궁극

★　　반대로 불가리아와 우크라이나에서 민주주의가 전복된다 하더라도 강한 리더를 기꺼이 포용하겠다고 답한 비율이 높았던 것은 그들이 경험한 민주주의가 극히 불만족스러웠다는 것을 반영한다고 볼 수 있다. 불가리아의 경우는 부정부패에 대한 대중의 명백한 분노(국회 연좌 농성을 포함하여)와 관련이 있을 것이다.

적으로 고무적인 연설이나 그들이 내세우는 대의명분을 우리가 어떻게 판단하는지에 달려 있다.

　카리스마가 리더가 갖고 태어나는 특별한 자질이라는 생각 또한 엄격하게 검증되어야 한다. 리더가 사람들이 바라는 자질을 갖춘 듯 보일 때, 실상 **리더에게 카리스마를 부여하는 것은 바로 지지자들**인 경우가 대부분이다.[10] 윈스턴 처칠Winston Churchill은 존경받는 정치인인 동시에 조소의 대상이기도 했다. 특히 1930년대에 그가 보여준 성과는 초반의 기대에 못 미치는 실패로 간주되었다. 그러다 2차 세계대전이 터진 후 처칠이 애국심을 불러일으키는 리더 역할을 하고 인상적인 연설을 선보이면서 카리스마적 리더의 범주에 속하는 인물로 보이게 됐다. 그러나 처칠이 이 모호한 범주에 속하는지 아닌지보다 더 중요한 것은 그가 시대와 장소에 부합하는 리더였다는 사실이다. 1940년에서 1945년까지 처칠이 성공적인 리더로 자리매김한 배경에는 전쟁이 시작된 뒤 그가 영국인들이 갈망했던 저항 정신을 상징하는 인물로 떠올랐다는 정치적 맥락이 있었다. 전쟁이 끝나자마자 처칠이 이끄는 보수당은 1945년 총선에서 완패했다. 의회 민주주의에서는 총선이 기본적으로 당 대표 간의 경연이 아니라는 중요한 논점을 잘 보여주는 사례다. 당시 처칠과 노동당 대표 클레멘트 애틀리Clement Attlee의 지지율을 비교한 자료는 존재하지 않지만, 승전 직후였던 만큼 처칠이 개인적 인기에서 앞서 있었을 것이다. 그럼에도 불구하고 그의 '카리스마'가 선거의 승리를 보장하지는 못했다. 처칠은 전쟁을 치르고 있을 때는 단연 '우리 편'이었지만, 전쟁이 끝난 뒤에는 과반수 이상의 국민에게 다시 '그들 편'이 되었다.

이처럼 카리스마적 리더십은 얻을 수도 잃을 수도 있는 것이고, 보통 평생 가는 재능은 아니다. 카리스마적 리더십이 사회에 위협이 되는 경우도 있으며 과대평가되는 경우도 흔하다. 나는 이 책에서 보다 유용한 리더십의 유형으로 **재정의형 리더십**redefining leadership과 **변혁적 리더십** transformational leadership을 제안한다(3장과 4장의 주제). 나는 **재정의형 리더십**을 정치를 통해 이룰 수 있는 것의 한계를 확장하고 정치적 의제를 획기적으로 바꿔놓은 리더십이라는 의미로 사용했다. 이것은 정당 지도부를 통해 집단적으로 발휘될 수도 있고 개인적으로 발휘될 수도 있다. 정당이 선거에서 승리하려면 '중도centre ground'를 추구해야 한다고들 하지만, **재정의형 리더들은 개인으로서든 집단으로서든 정치의 중심을 그들의 방향으로 옮겨놓는다.** 또한 무엇이 가능하고 바람직한지에 대한 사람들의 생각을 바꾸려고 한다. 기존에 형성된 중도를 그대로 수용하기보다는 정치의 중심을 재정의하고 그 중심을 차지한다. 뉴딜 정책을 추진한 프랭클린 D. 루스벨트Franklin D. Roosevelt 정권, 그리고 '위대한 사회' 개혁과 시민권법으로 대표되는 린든 B. 존슨Lyndon B. Johnson 정권은 20세기 미국에 존재했던 재정의형 정부의 예다. 영국의 재정의형 리더로는 마거릿 대처Margaret Thatcher가 있다. 대처는 멘토였던 키스 조지프Keith Joseph 경을 인용하여 "2차 세계대전 이후 정치는 '사회주의의 톱니바퀴'로 변해버렸다"며 차례로 집권했던 노동당 정부가 "나라를 조금씩 더 왼쪽으로 옮겼다"고 지적했다. 비록 '보수당이 제자리를 지켰다' 하더라도, 그들의 '타협적 정치'는 정치 중심부의 좌향 이동을 묵인한 것이나 마찬가지라는 주장이다.[11] 1997년부터 2007년까지 토니 블레어가, 그리고 2007년부터 2010년까지 고든 브라운Gordon Brown이 이끌었던 노동당 정부는 대처가 재정의한 정치의 새로운 중심을 점유했다. 이는 1945년에서 1951년까지 클레멘트 애틀리 총리가 이끌었던 재정의형 노동당 정부가 좌측으로 옮겨놓은 중심부를 (대처가 지적했듯이) 해럴드 맥밀런Harold Macmillan과 에드워드 히스Edward Heath의 보수당 정부가 점유했던 것과 비견할만하다.

변혁적 리더는 이보다 더 큰 변화를 만들어낸 매우 드문 사람들이다. 나는 변혁적 리더를 한 나라의 경제 체제나 정치 체제를 바꿔놓는 데 결정적인 역할을 한 사람, 더 나아가 국제 시스템을 바꾸는 훨씬 비범한 일에 중요한 역할을 한 사람이라는 뜻으로 사용한다. 매우 높은 기준임은 틀림없으나, 상당한 수준의 개혁을 진행한 개혁형·재정의형 리더와 **체제 변혁**을 가져오는 데 필수불가결한 역할을 한 리더를 구분하기 위해서는 이런 정의가 유용하다. 여기서는 정치적 맥락이 관건이다. 예를 들어 변혁적 리더는 민주주의 체제에서는 극히 드문데, 이 체제에서는 급작스러운 변혁이 거의 발생하지 않는다는 단순한 이유 때문이다. 민주주의 체제 내의 변화는 보통 점진적으로 진행되며, 따라서 어느 한 리더가 체제 변화에 결정적인 역할을 한 것으로 인식되지 않는다. 좋은 방향이든 나쁜 방향이든 **근본적인** 변화는 권위주의 체제에서 더욱 급격하게 진행되는 경향이 있으며, 특히 권위주의 통치에서 벗어날 때나 혹은 반대로 권위주의 통치로 이행하는 과정에서 가장 분명하게 나타난다. 하지만 이 책에서 변혁적 리더를 논할 때는 긍정적인 체제 변화에 초점을 둔다.

이 시점에서 용어를 짚고 넘어갈 필요가 있다. 이 책에서 변혁적 리더는 **혁명적 리더**revolutionary leaders(5장의 주제)와 구별된다. 혁명적 리더도 권력을 잡은 뒤 체제 변화를 일으키지만, 강압에 의지한다는 점이 다르다. 러시아의 블라디미르 레닌Vladimir Lenin, 유고슬라비아의 요시프 브로즈 티토Josef Broz Tito, 중국의 마오쩌둥毛澤東, 쿠바의 피델 카스트로Fidel Castro, 베트남의 호찌민胡志明은 각국의 경제 체제와 정치 체제를 근본적으로 바꾸는 데 결정적인 역할을 했다는 점에서 변혁적 리더이기도 하다. 그러나 혁명은 보통 국가 구조의 무력 전복을 수반하며 종종 새로운 형태의 권위주의 통치의 장을 여는 것으로 귀결된다. 따라서 폭력적인 권력 탈취나 반발 세력에 대한 물리적 강압이라는 수단을 강구하지 않고도 한 나라의 정치 체제나 경제 체제를 바꾸는 데 결정적 역할을 한 이들은 혁명적 리더와 구별되어야 한다.

민주주의 국가에도 정치 과정을 장악한 군계일학의 리더가 존재한다거나 존재해야 한다는 사고방식이 널리 퍼져 있다. 하지만 이는 리더가 실제로 보유할 수 있는 권력의 총량과 큰 차이가 있으며, 따라서 이것을 목표로 삼는 일은 바람직하지 않다. 1997년부터 2007년까지 영국 총리로 재임한 토니 블레어는 정치 과정을 장악하길 원했으며, 그가 정부의 방향을 결정했던 것은 의심할 여지가 없다. 하지만 그의 업적은 크게 부풀려져 있다. 블레어 정부가 추진했던 여러 주요 정책들은 총리와 큰 관련이 없었으며, 블레어 정권의 가장 중요한 업적인 헌법 개혁은 대부분 앞선 정부로부터 물려받은, 그리고 블레어가 큰 관심을 보이지 않았던 정책들이 낳은 성과다. 이 헌법 개혁은 스코틀랜드와 웨일스에 대한 권력 이양, 북아일랜드의 권력 분할, 상원 개혁, 인권법과 정보공개법 등으로 이루어져 있다.[12] 블레어는 회고록에서 이 중 정보공개법을 두고 '우둔한 짓'이었다며, "험프리Humphrey 경은 내가 필요할 때

어디 있었나?"라고 탄식했다[13](험프리 경은 1980년대 영국 코미디 드라마 〈Yes, Minister〉와 〈Yes, Prime Minister〉에 등장하는 가상 인물로, 현상 유지를 원하는 고위 공무원이자 주로 장관을 설득 또는 방해하여 개혁 추진을 막는 캐릭터이다-옮긴이). 헌법 개혁 중에서 블레어가 주도적인 역할을 했던 것은 북아일랜드 권력 분할 협상이 유일했고(이것도 여러 사람이 결정적인 역할을 했지만), 북아일랜드 평화 협정은 블레어의 가장 중요한 업적으로 간주할만하다.

블레어가 총리로서 본인의 기대만큼 압도적인 존재로 군림하지 못했던 이유는 권위적이고 자기주장이 강한 재무장관과 충돌이 잦았기 때문이다. 당시 경제 정책의 핵심 분야를 장악한 인물은 바로 재무장관 고든 브라운이었다. 블레어와 측근은 영국의 유로존 가입을 적극적으로 추진했으나, 브라운은 유로화 도입 전에 다섯 가지 테스트를 성공적으로 통과해야 한다고 주장하며 총리의 시도를 무위로 돌렸다. 이 테스트들은 통과가 아예 **불가능**하거나 통과 여부를 재무장관이 독점적으로 판단하도록 고안되었다.[14] 노동당이 집권했던 1997년부터 2010년까지 장관을 지낸(그리고 그중 마지막 3년은 고든 브라운 총리하에서 재무장관을 지냈던) 앨리스터 달링Alistair Darling은 블레어 총리 시절의 경제 정책을 대부분 브라운이 좌지우지했으며, 단 하나 블레어가 "이례적인 내각 협의를 포함해서 엄청난 에너지를 투입한" 경제 정책이 바로 유로존 가입이었다고 증언한다.[15] 물론 블레어의 시도는 실패로 끝났다. 이 안건을 두고 벌어진 힘겨루기에서 재무장관이 승리한 것에 안도한 사람은 달링뿐만이 아니다.

블레어와 브라운의 관계는 악화일로를 걸었고, 급기야 재무장관이 정부 예산안을 어떻게 짜고 있는지 총리와 최측근 보좌관들이 파악하

기 힘든 지경에 이르렀다. 블레어의 비서실장 조너선 파월Jonathan Powell
에 따르면, 브라운은 총리실의 경제 고문 두 사람에게 '정보 제공을 거
부하고 재무부 관리들과 만나는 것을 금지하여' 그들을 '내쳤다'.[16] 블
레어는 강한 리더의 이미지를 전시하는 데 열심이었지만, 경제 정책의
주요 부문에서 그의 영향력은 사실상 예전 총리들보다 못했다. 대외 정
책 부문은 또 다른 문제였다. 특히 미국과의 관계와 대對중동 정책 분야
에서는 블레어의 영향력이 압도적이었다. 블레어는 회고록에서 2003
년 영국의 이라크 전쟁 참전은 자신의 결정이었고, 총리로서 그 결정을
내릴 자격이 있었으며, 설사 국민이 군사 개입에 동의하지 않았더라도
"리더가 그 결정을 내려야 했다는 사실만큼은 공감했다"고 거듭 강조한
다.[17]

　　권위주의 및 **전체주의** 정권에서는 오직 리더만이 최종 정책 결정권
자가 되어야 한다는 시각이 더욱 보편적이고, 그것이 치명적인 결과를
초래하는 빈도도 더 높다. 게다가 이런 체제에서는 민주주의에서 정치
적으로 가능한 것보다 훨씬 큰 권력을 리더의 손에 쥐여준다. 행정부 내
에서 권위주의적 리더의 패권을 제재하는 것이 일부 가능할 수는 있지
만, 입법부는 허울에 불과하며 사법부는 권력에 영합한다. 정권마다 그
정도는 다르지만, 언론 또한 통제되고 검열된다. 권위주의 정권이나 전
체주의 정권의 최고 지도부가 국민에 대한 책임을 지지 않음은 물론이
다. 하지만 이 경우에도 권력을 개인이 휘두르는지, 아니면 여러 명이
집단적으로 휘두르는지에 따라 차이가 있다(6장에서 논의할 예정이다). 전
체주의 체제에서는 한 남자(전체주의 정권은 예외 없이 남성이 지배한다)가 압도
적인 권력, 많은 경우 절대적인 권력을 보유한다. 반면 권위주의 정권

은 일인 지배일 수도 있고 과두제일 수도 있다. 즉 한 명의 독재자가 통치하는 경우도 있고, 보다 집단적인 지도부의 형태를 띠는 경우도 있다. 집단 지도 체제의 성격이 강할수록 특권층이 정권의 핵심 멤버들에게 로비할 수 있는 접근 범위가 늘어나고, 집단 지도부 내에서 심의와 토론이 자유로울수록 정책 결정이 최악으로 치달을 가능성은 줄어든다. 1980년대 후반의 소비에트연방처럼 집단 지도 체제로 구성된 권위주의 정권에서도, 미하일 고르바초프Mikhail Gorbachev의 사례에서 보듯 최고 리더의 성격과 가치관이 엄청난 차이를 가져오기도 한다. 민주주의 체제에서 자기 뜻을 밀어붙이려는 리더에게 가하는 수많은 제약을 감안하면, 권위주의 정권의 리더가 가진 잠재적 영향력은 민주주의 리더보다 크다.

개인 리더십과 집단 리더십

'강한' 리더십이란 일반적으로 **개인**이 권력을 장악하고 휘두르는 것을 의미한다고 볼 수 있다. 그런데 한 리더의 손에 권력과 권위가 집중될수록 그는 자신의 판단력이 타의 추종을 불허하고 자신이 필수 불가결한 존재라고 믿게 된다. 리더 한 사람이 결정하는 사안이 늘어날수록 개별 정책에 대해 숙고하고 각각의 장단점을 따져볼 시간은 줄어든다. 아무리 강한 리더라도 하루는 24시간뿐이기에 보좌관들이 리더의 이름으로(하지만 종종 자기들 마음대로) 결정을 내리게 되는 상황이 닥친다. 이 또한 최고 권력자 한 사람이 행사하는 '강한 리더십'의 유혹을 거부해야 하는 여러 가지 이유 중 하나이다.

민주주의에서 집단 지도 체제는 정당에 의해 운영된다. 비록 정당이 욕도 많이 먹고 당원 수도 지난 반세기 동안 대부분의 나라에서 크게 감소했지만, 어느 정도의 정책 일관성과 상당한 정치적 선택지를 제공하고 책임을 물을 수 있다는 점에서 여전히 민주주의 작동에 필수불가결한 요소다.[18] 만일 유권자가 정당이나 정책이 아니라 특정 리더에게 표를 준다는 통념이 사실이라면, 정부 수반의 보좌관들이 집권당의 고위 인사들보다 더 큰 영향력을 행사하는 것이 당연해질 수도 있다. 하지만 앞서 잠시 언급했고 2장에서 보다 자세히 설명하겠지만, 이 통념은 아무리 좋게 봐도 지나친 단순화이다. 민주적 총선을 **리더 개인**에 대한 선거로 보는 것은 대부분의 경우 잘못된 분석이다.

　　민주적 정당의 리더가 당장 자신을 해임하는 것이 정치적으로 곤란한 상황임을 잘 알면서 '나를 밀어줄지 자를지 양자택일하라'는 식으로 최후통첩을 한다는 것은 리더 자신의 판단력이 정당보다 우월하다는 주장이나 마찬가지다.[19] 그러나 일개 개인이 모든 정책에 대해 최선의 판단을 내릴 능력을 갖췄다는 주장은 민주주의 이념에 들어맞지 않는 발상이다. 토니 블레어는 "강한 리더는 충성스러운 지지자들이 필요하다"며 "만일 리더가 틀렸거나 근본적으로 잘못된 길을 가고 있다고 생각한다면 리더를 바꿔라. 하지만 리더를 뽑아놓고 지지를 거두어들이지는 말라"고 했다.[20] 조너선 파월은 정치 리더는 동료나 정당과의 관계에서 자신의 권력을 최대화할 수 있고 또 해야 한다며, 그 방법을 상세히 설명하는 데 책 한 권을 모두 할애했다.[21] 리더가 다른 선출직 정치인들과 차별화될수록 파월 같은 비선출직 보좌관들의 개인적 영향력이 커진다. 파월의 회고록을 보면 그는 '강한 리더'라는 개념을 전폭적으로 지지하면서 블레어를 바로 그런 리더로 묘사하기 위해 공을 들이고 있지만, 사실상 파월이 장·차관 임명에 깊숙이 관여했음이 드러난다. 파월은 권위주의적 정치 체제의 군주를 위한 마키아벨리의 금언도 적절한 업데이트를 거치면 민주주의에 적용하지 못할 이유가 없다면서, 이렇게 주장한다. "약한 총리가 강한 총리의 뒤를 이을 때마다 예외 없이 내각 책임제 정부를 복구하겠다고 선언한다. 하지만 이 말의 숨은 뜻은 그에게는 정부를 혼자 효율적으로 이끌어갈만한 힘이 없다는 것이다."[22]

오늘날 "인류가 이 세상에서 이룬 것의 역사"는 "기본적으로 이 땅에서 활동한 영웅들Great Men의 역사다"라는 토머스 칼라일Thomas Carlyle의 말에 동의할 사람은 별로 없을 것이다.[23] 그 이유가 단지 칼라일이 위대한 여성에 대한 언급을 빼놓았기 때문은 아니다. 정치인들과 언론인들이 정부 내의 단 한 사람에게 희망과 기대를 모으는 데 열중하는 행태를 보고 있자면, 심각한 결점을 지닌 칼라일의 역사관의 반향이 들려오는 것만 같다. 민주주의 정부에서 한 명의 리더를 나머지 사람들보다 월등한 위치에 모신다는 개념이 많은 나라에서 '정치 계급'과 일반 국민에게 받아들여진다는 것은 기묘한 일이다. 이런 사고방식은 정부 수반이 그 자리가 부여한 권위보다 더 큰 정치 권력을 가질 수 있다는 기대로 이어진다. 대통령이나 총리의 행위가 용인되는 범주에 대한 인식 자체가 바뀐다면, 딱히 명시적인 헌법 개정 없이도 그 자리가 갖는 권력이 새롭게 정의될 수 있다.

헌법을 유별나게 숭배하는 미국에서도 이런 상황이 벌어졌다. 미국 헌법 제1조는 의회에 전쟁 선포권을 부여한다. 즉 미국 대통령은 총사령관으로서 미국이 침략당했을 경우에 한해 무력으로 대응할 권한이 있지만, 헌법을 엄격하게 적용한다면 그 외의 경우는 의회의 승인을 받아야 전쟁을 수행할 수 있다.[24] 미국 의회에서 권력 분립에 대한 전문가로 40년간 재직했던 루이스 피셔Louis Fisher는 전쟁을 개시할 권한이 의회에서 대통령직으로 흘러간 추세에 대해 오랫동안 이야기해왔다.★ 피셔는 해리 트루먼Harry Truman, 린든 존슨, 로널드 레이건Ronald Reagan, 조지 W. 부시George W. Bush 대통령이 의회 승인을 받기 전에 전쟁을 개시하여 대통령의 헌법적 권한을 넘어섰다고 지적한다. 1964년부터 1975년까지의 베트남 전쟁, 그리고 21세기 들어 아프가니스탄과 이라크에서 벌어진 전쟁이 대표적인 예다. 피셔는 의회가 자신의 특권을 지키지 못하고 대통령에게 초헌법적 권한을 양도하는 과정에서, 그리고 미군이 개입된 군사 작전을 면밀하게 검토하는 역할에서 너무나 무기력한 태도를 보여왔다고 비판한다. 또한 공화당과 민주당 양쪽 다 "대통령이 주도하는 전쟁의 가치를 재고할 필요"가 있으며, 입법자들은 "그들에게

★ 피셔의 관점과 관련하여 두 가지 보다 넓은 범주의 이의를 제기할 수 있다. 첫째, 미국 의회는 여전히 세상에서 가장 강력한 입법 기관 중 하나다. 권력 분립으로 인해 의회는(국내 정책 분야에서 특히) 행정부를 좌절시킬 수 있으며, 이 정도 힘을 가진 의회는 세계적으로 흔치 않다. 둘째, 대통령은 상원 의원(하원 의원과는 달리)보다 민주적 정통성을 더 인정받는다. 세계의 강력한 상원 중에서도 미국의 상원은 특히 국민 전체를 대표하는 역할을 하지 않는다(본래는 세습제였고 현재는 주로 임명제인 영국의 상원도 대중적 정통성이 부족하지만, 오늘날의 영국 상원은 법률 검토 및 자문 기관으로 그 역할이 축소되었고 더는 거부권을 갖고 있지 않다). 미국 상원 의원은 주의 크기나 인구와 관계없이 균등하게 대표되기 때문에, 와이오밍주 상원 의원의 표는 인구가 훨씬 더 많은 캘리포니아주 상원 의원의 표의 약 70배에 달하는 무게를 갖게 된다. 다음을 참조. Alfred Stepan and Juan J. Linz, 'Comparative Perspectives on Inequality and the Quality of Democracy in the United States', *Perspectives on Politics*, Vol. 9, No. 4, 2011, pp. 841-856, esp. 844 and 846. 게다가 미국 상원은 연방직 공무원 임명에서 하원보다 훨씬 큰 영향력을 갖고 있으며, 다른 나라 입법 기관들보다 정부 인사권에 대한 영향력이 크다. 이는 연방 정부의 국무부 및 국방부 고위직 임명까지 포함한다.

충분히 주어진 힘을 사용할 것을 각오하고 또 기꺼이 사용해야 한다"고 주장한다.[25]

하지만 20세기 중반부터 미국뿐만 아니라 전 세계적으로 정부 수반이 전쟁과 평화라는 주요 이슈들을 포함한 대외 정책 분야에서 더 큰 역할을 담당하게 되었다. 이런 변화에 크게 기여했고 그 결과 정치 리더십에 큰 영향을 미친 한 가지 요소는 통신 속도의 유례없는 발전이었다. 여기에는 국제 전화가 매우 중요한 역할을 했다. 1915년에 최초로 미 대륙을 횡단(샌프란시스코-뉴욕)하는 전화선이 구축되었고, 1920년대 후반에는 대륙 간 통화가 자리를 잡았다. 전화보다 외교 관계에 더 큰 영향을 준 것은 항공 교통의 발달이다. 영국 총리 네빌 체임벌린Neville Chamberlain이 아돌프 히틀러와 불운한 회담을 갖기 위해 뮌헨으로 날아갔던 1938년에는 한 나라의 정상이 특정 목적을 갖고 타국 정상을 만나러 가는 것이 꽤나 이례적인 일이었다. 체임벌린의 전임자 스탠리 볼드윈 Stanley Baldwin은 한 번도 비행기를 탄 적이 없었다. 허나 볼드윈은 항공기 탑승을 피할 수 있었던 마지막 영국 총리였다. 2차 세계대전 중 히틀러에 대항하는 연합국 리더들의 주요 회담이 카사블랑카, 테헤란, 얄타에서 열렸고, 연합국이 나치 독일에 승리한 직후의 회담은 포츠담에서 열렸다. 전후 시대에는 잠재적 적국 간에 열리는 '정상 회담'이나 외교 동맹국 정상들이 얼굴을 맞대는 회담이 매우 흔한 일이 되었다. 정상들끼리 직접 자주 만나는 것이 기술적으로 용이해지자 자연히 정치 최상층에서 행하는 외교의 비중이 증가했고, 그로 인해 의회뿐만 아니라 외교관, 심지어 외무장관의 대외 정책 관련 역할도 어느 정도 축소되었다.

정상들 간의 즉각적인 의사소통을 가능케 한 기술 발전은 각국 정부 간 국제 업무가 수행되는 방식을 크게 바꿔놨다고 볼 수 있다. 인터넷 또한 각국의 정치인들, 그중에서도 특히 정부 수반에게 쏟아지는 즉각적인 정보 흐름에 새로운 차원을 더했다. 이런 기술 발전이 축적되면서 전쟁 관련 정책에 대한 입법부의 역할은 점차 축소되었고, 외교를 외무장관에게 전담시키고 싶은 정부 수반이라도 그렇게 하는 것이 더는 불가능해졌다. 그렇지만 미국 대통령이 됐든 유럽 국가의 총리가 됐든 통신 속도의 증가를 이유로 전쟁 문제 등의 대외 정책 결정을 정부 수반 한 사람에게 집중시키는 것은 적절치 못하다. 군대란 하루아침에 소집할 수 있는 것이 아니며, 우리 시대가 직면한 위험의 특성과 신속한 행동의 필요성을 고려할 때 정부 수반이 군사행동을 결정하는 것이 적절하다는 주장은 정부 수반에게 일방적으로 유리하게 치우친 측면이 있다. 피셔에 따르면 미국은 속도를 지나치게 강조하고 대통령의 판단을 과하게 신뢰해왔다. 그는 "현재 국가 안보의 위험이 크다면, 대통령의 오판과 권력 강화의 위험도 마찬가지로 크다. 의회가 군사적 결정을 철저하게 검토 및 승인할 것을 고집해야 하는 이유다. 동시대 대통령의 판단에 대한 검증을 약화할 것이 아니라 강화해야 한다"고 주장한다.[26]

버락 오바마 전 대통령은 2013년 9월, 시리아 내전에서 아사드 정권이 화학 무기를 사용하자 의회에 미군 개입을 승인해달라고 요청하는 이례적 행보를 보였다. 미국 헌법을 존중해서 그랬다기보다는, 이라크와 아프가니스탄 분쟁 이후 군사 개입에 대한 여론이 악화된 상황에서 대내적으로 명분을 세우고 의회에 공동 책임을 지우려는 목적이었다. 입법부의 승인을 요청한 선례는 영국 전 총리 데이비드 캐머런이 이미 만들어놓았다. 당시 영국 하원은 유례가 없을 정도로 강하게 군사행동을 거부했고, 따라서 영국이 시리아 공습에 참여할 가능성은 없어졌다(하지만 2015년 15월 의회 재표결에서 영국의 시리아 공습이 결정되었다-옮긴이). 오바마의 의회 승인 요청으로 인해 미국에서도 이 문제에 대한 논쟁이 확산되었고, 백악관이 원하는 결과가 나올지는 불투명한 상황이었다. 미군의 시리아 공습이 상황을 더 악화시킬 것을 우려했던 양당의 상하원 의원들(특히 민주당 의원들) 외에도, 사안과 무관하게 오바마에게 패배를 안겨주려는 공화당 의원들이 포진하고 있었기 때문이다.

존 케리John Kerry 미 국무장관은 9월 9일 런던에서 열린 기자 회견에서 바샤르 알아사드Bashar al-Assad 대통령이 군사 공격을 면할 수 있는 유일한 방법은 화학 무기 재고를 다음 주까지 모조리 넘기는 것뿐이라고 발표했다('그러나 그는 협조하지 않을 것이다. 물론 가능하지도 않다'). 그런데 러시아 외무장관 세르게이 라브로프Sergey Lavrov가 케리의 발언에 편승하여, 아사드가 모든 화학 무기를 포기하도록 설득하겠다고 발표하고 나섰다. 러시아는 시리아에 가장 큰 영향력을 가진 나라였고 블라디미르 푸틴 Vladimir Putin 대통령은 미국의 이번 군사행동에 적극적으로 반대해왔다. 오바마는 이 제안을 기꺼이 수용하여 미사일 공습 계획과 의회 투표를 유예했다. 케리와 라브로프의 협상 결과에 따라 국제 사찰단의 감독하에 시리아의 화학 무기 폐기를 개시한 것은 미국 대통령에게 두 가지 이득이 되었다(러시아 입장에서는 일종의 외교 쿠데타의 효과가 있었다). 첫 번째는 대통령이 주도적으로 추진한 대외 정책을 의회에서 거부했을 때 발생하는 역효과를 피할 수 있다는 점이다. 두 번째 더 중요한 점은 시리아 화학 무기 폐기라는 한정된 목표를 결과를 장담할 수 없는 일방적 군사 개입 없이도 달성할 가능성이 생겼다는 점이다. 이는 시리아 공습 건을 의회에 상정하여 생긴 의도하지 않은 결과였으나, 덕분에 숙고할 시간과 궁극적으로 협상을 진행할 시간을 벌 수 있었다. 비록 대부분의 희생자가 비화학 무기에 의해 발생했던 시리아 내전을 종식시키지는 못했지만, 미국과 러시아가 시리아 문제를 두고 협력함으로써 협상을 통한 분쟁 종식의 가능성이 열렸고, 필연적으로 민간인 사상자가 발생하게 되는 군사 공격보다는 분쟁 종식에 한 걸음 다가갔다.[27]

트루먼 사례

해리 트루먼은 의회 승인 없이 군대를 파견했다고 비난받는 대통령 중 하나다. 그는 대통령 재임 중인 1950년에 한국 전쟁 파병을 결정하여 전쟁 개시권이 대통령의 권한에 포함되는지에 대한 논쟁을 촉발시켰다.[28] 하지만 이때의 참전은 미국의 일방적인 결정이 아니었으며, 트루먼은 유엔으로부터 군사행동을 승인받았다. 미군은 공산주의 북한이 비공산주의 남한을 침공하는 것을 막는다는 국제적 정당성을 확보한 임무를 수행하기 위해 파견된 유엔군의 주력이었다.[29] 또한 트루먼은 정부 내에서 집단의 지혜를 끌어내는 데 주저함이 없었던 리더다. 고위직 정치인 중에서도 특히 정상에 오른 자들은 대체로 야심 차며, 권력을 휘두르고 권위를 내세우는 것을 즐긴다. 가장 유능한 정부 수반들 중에는 간혹 예외가 존재하는데, 트루먼은 바로 그런 예외적 존재였다. 그는 재정의형 리더도 아니었고 변혁적 리더는 더더욱 아니었지만, 성공적인 리더였다. 개인이 발휘하는 '강한 리더십'을 향한 열망이 가짜 신에 대한 숭배일지라도, 그것이 **리더십** 자체의 필요성을 부인하는 것은 아니다. 리더십은 행정부 수반으로부터 나올 수도 있고 또 많은 경우 그럴 수밖에 없지만, 민주적으로 선출된 정부의 다른 구성원들에게서 나오는 경우도 있으며 또 그래야 한다.

트루먼은 마지못해 미국 부통령이 되었고, 이후 마지못해 대통령의 자리에 올랐다. 1945년 프랭클린 루스벨트의 사망으로 대통령직을 승계한 그는 해가 갈수록 명성이 높아졌으며, 미국과 유럽의 전후 질서를 확립했다.[30] 고압적인 성격과는 거리가 멀었던 트루먼은 국무장관 조지 마셜George Marshall 장군과 그 후임인 딘 애치슨Dean Acheson에게 대외 정책 권한을 상당 부분 양도하는 것을 마다치 않았다. 하지만 그는 임기 초기에 국무부를 그리 신뢰하지 않았으며, 일기에 '국무부'의 '줄무늬 바지족the striped-pants boys'(미 국무부의 외교관 또는 공무원을 뜻한다-옮긴이) 또는 '잘난 놈들'은 "늘 그렇듯이 미국의 이익에 반한다"라고 적기도 했다.[31] 이런 점에서 트루먼은 마거릿 대처와 유사했다. 대처의 외교 정책 고문인 퍼시 크래독Percy Cradock 경에 따르면, 대처는 영국 외무부를 '패배주의자, 심지어 부역자'로 봤으며, 대처 내각의 측근인 노먼 테빗Norman Teb-bit의 말처럼 "마치 농림부가 농민의 이익을 도모하듯, 외무부는 외국인의 이익을 도모하는 부처"라는 견해를 공유했다.[32] 하지만 대처와 달리 트루먼은 이후 자신의 견해를 바꿨다. 의원 내각제의 총리보다 미국 대통령의 (전쟁을 제외한) 대외 정책 결정권이 헌법적으로 훨씬 견고하지만, 트루먼은 마셜과 애치슨을 존중했고 그들의 권위를 손상시킬 수 있는 어떤 행동도 하지 않았다.

리처드 E. 뉴스타트Richard E. Neustadt는 대통령 권력에 관한 연구를 미국 대통령이 가진 권력의 한계를 강조하는 것으로 시작하며, 특히 트루먼이 대통령의 권력에 대해 어떻게 생각했는지를 예로 들어 설명한다.

트루먼은 이렇게 말했다고 한다. "나는 온종일 여기 앉아서 굳이 설득하지 않아도 알아서 일해야 할 사람들을 설득하는 데 시간을 다 보낸다. … 대통령이 가진 권력이란 이게 전부다."[33] 1952년 아이젠하워Dwight D. Eisenhower 장군이 대통령으로 선출되기 직전 트루먼은, 그가 책상 앞에 앉아 "이거 해, 저거 해라고 명령하겠지만 **아무 일도 일어나지 않을 것이다.** 불쌍한 아이크Ike, 군대와는 천지 차이일 텐데"라고 말하기도 했다.[34]★ 트루먼은 협력적 스타일의 리더였지만 고위 관료들이 억지를 부릴 때 자신의 권위를 행사하는 것까지 주저하지는 않았다. 또한 여론이 자신에게 부정적으로 돌아설 수 있음을 알면서도 국민들에게 인기 있는 인물을 해고하는 것을 두려워하지 않았다. 1946년 상무장관 헨리 월리스Henry Wallace가 독자적인 외교 행보(소련에 덜 비판적이고 영국에 더 비판적인)를 보였을 때, 트루먼은 초반엔 월리스를 지지할지 아니면 국무장관 제임스 F. 번즈James F. Byrnes를 지지할지 망설이긴 했지만 결국 월리스를 해고했다. 트루먼은 모친과 누이에게 보내는 편지에 이렇게 썼다. "찰리 로스Charlie Ross(백악관 대변인)는 내가 대통령다운 결정보다는 옳은 결정을 내리고 싶어 한다는 것을 보여줬다고 말했습니다. 그래서 나는 대통령만 빼고 아무거나 되고 싶다고 대답해줬습니다."[35] 트루먼은 1951년 더글러스 맥아더Douglas MacArthur 장군이 대통령이 보기에 '지나치게 불

★　그러나 아이젠하워는 또 다른 전직 군인 정치가 웰링턴 공작Duke of Wellington에 비하면 합의에 따른 통치를 할 자세가 되어 있는 편이었다. 웰링턴은 1828년 영국 총리로서 첫 번째 내각 회의를 마친 후 이렇게 말했다. "기이한 일이다. 나는 명령을 내렸는데 저들은 남아서 토론하고 싶어 했다." 피터 헤네시Peter Hennessy의 *Cabinet*(Basil Blackwell, Oxford, 1986), p. 121에 따르면, 이 이야기는 마거릿 대처 총리 시절 자원부 장관이었던 피터 워커Peter Walker가 식후 연설에서 언급했다. 그는 잠시 말을 멈춘 후 이렇게 덧붙였다. "오늘날에는 그런 총리가 없어서 정말 다행이지요."(반어법으로, 대처도 독재 스타일이라 유감이라는 뜻이다-옮긴이)

복종적인' 태도로 대외 정책에 대한 독자적인 견해를 밝히자 그를 해임 했다. 맥아더는 1950년과 1951년 초에 중국을 침공하고 핵무기 사용 가능성을 열어놓아야만 한국 전쟁에서 승리할 수 있다고 말하는 등 점점 극단적으로 나아가고 있었다. 그는 아시아에서 공산주의와의 전쟁에 패배한다면 유럽이 무너지는 건 시간문제라고 우겼다.[36]

트루먼의 일기에 따르면 맥아더의 해임은 '폭발적 반응'을 불러왔고 '수십 장의 모욕적인 전보와 편지'가 도착했다.[37] 맥아더 해임 건에 관한 우편물은 곧 '수십 장' 수준이 아니라 무려 8만 장에 달했고, 상당수는 맥아더 장군 편을 드는 내용이었다. 의회에 도착한 전보의 경우 열에 아홉이 맥아더 장군 편이었다. 훨씬 더 신빙성 있는 갤럽 조사에서조차 맥아더를 지지하는 사람이 69퍼센트에 달했으며 29퍼센트만이 트루먼의 결정을 지지했다.[38] 상원에서도 트루먼을 향해 악의에 찬 공격이 이어졌다. 인디애나주 상원 의원 윌리엄 제너William Jenner는 소련 첩보원이 미국 정부를 운영하고 있다고 주장했다. 당시 상원 의원이었던 리처드 닉슨Richard Nixon은 맥아더 해임을 공산주의에 대한 유화 정책이라고 해석했다. 상원 의원 조지프 매카시Joseph McCarthy는 트루먼이 해임 결정을 내렸을 때 술에 취해 있었던 게 분명하다며, "그 개자식은 탄핵당해야 한다"고 말했다.[39] 매카시는 군대와 할리우드는 물론 정부 내에서 공산주의자를 색출하는 데 혈안이 되었던 인물로, '매카시즘'이라는 용어는 그의 이름을 딴 것이다.

미국 정치 체제에서 대통령이 가장 큰 권력을 가진 분야는 각료의 임명과 교체, 최고위급 군사령관 임명, 그리고 대외 정책 수립이다. 그런데 트루먼의 가장 뛰어난 대외 정책 업적이 그의 이름을 딴 트루먼 플랜이 아니라 마셜 플랜이라고 알려진 것은 참으로 트루먼답다.[40] 2차 세계대전 후 서유럽 국가들은 승자와 패자를 막론하고 경제적으로 황폐해졌다. 동유럽에 소련의 속국들이 수립된 상황에서, 서방 세계에는 경제 붕괴로 인해 민주 정부의 기반이 약화될 거라는 두려움이 존재했다. 트루먼의 확고한 지지와 애치슨(당시 국무부에서 마셜의 오른팔이었다)의 도움을 받아 국무장관 마셜이 마련한 민주주의 경제 보강 정책은 유럽 회복과 부흥에 결정적으로 중요한 역할을 했다. 당시 영국 외무장관 어니스트 베빈Ernest Bevin의 표현에 따르면 그것은 "물에 빠진 사람에게 던져준 구명줄과 같았다."[41]

리더십과 권력

모든 정치 경력은 실패로 끝난다는 말이 있다. 다소 과장된 표현이긴 하지만 일말의 진실이 담겨 있다. 성공 가도를 달려온 정치인 대부분이 선거에서 패하여 정치 인생의 막을 내리는 장면은 민주주의에서 지극히 당연한 일이다. 선거에서 패한 당의 대표는 대체로 자발적으로 물러난다. 예를 들어 영국에서는 1964년 총선에서 보수당이 패한 후 앨릭 더글러스흄Alec Douglas-Home 경이 사임했다. 1987년과 1992년 두 번의 총선에서 노동당을 이끌고 두 번이나 패배한(한 번도 정권을 잡지 못했던) 닐 키넉Neil Kinnock도 마찬가지였다. 고든 브라운도 2010년 총선에서 어느 당도 과반 의석을 확보하지는 못했으나 보수당이 노동당보다 선전하자 사임했다. 리더에게 더 심각한 실패는 정부나 정당의 동료들에 의해 퇴출당하는 경우다. 권력을 장악하고 동료들을 고압적으로 대하는 오만한 리더가 주로 이런 운명을 맞는다. 영국 총리 가운데서는 데이비드 로이드 조지David Lloyd George, 네빌 체임벌린, 마거릿 대처 그리고 토니 블레어가 자기들이 보기에 조금 이르다 싶은 시점에 사임했어야 했다. 그들이 소속 정당으로부터 지속적인 지지를 확보하는 데 실패했기 때문이다.

나라 전체는 물론 리더 자신도 결국에는 대가를 치르게 된다는 역사적 증거(2장과 7장에서 소개할 예정이다)에도 불구하고, 여전히 민주주의 국가에는 리더 한 사람에게 더 큰 권력과 권위를 부여할만한 가치가 있다는 가정이 널리 퍼져 있다.[42] 한 명의 리더가(민주주의에서는 꼭 정부 수반일 필요는 없다) 좋은 방향이든 나쁜 방향이든 엄청난 변화를 가져올 수 있다는 정치 현실을 부인하려는 것은 아니다. 결과적으로 정당에 의해 축출되었다고 하더라도 리더는 재임 기간 동안 공공 정책과 나라에 큰 영향을 미친다. 1979년부터 1990년까지 영국 총리로 재임했던 마거릿 대처가 대표적인 예다. 대처는 민주주의 체제에서 정치 담론의 성격을 획기적으로 재정의한 몇 안 되는 당 대표이자 총리지만, 끝내 자만심으로 이어진 리더십 스타일로 인해 실각하고 말았다.

일부 중요한 역할을 하는 리더도 있다는 사실을 알기 위해 굳이 '위대한 남성' 또는 '위대한 여성'과 같은 역사적 개념을 동원할 필요는 없다. 일부 경제학자나 경제사학자는 '위대한 인물'이라는 개념의 반대편에 놓인, 역사가 인간 외부의 어떤 힘에 의해 형성된다는 견해를 따르기도 한다. 물론 인류 생존 수단의 근본적인 변화나 기술 변화, 또는 정치인들은 물론 경제학자들도 예측하지 못했던 최근 몇 년간 발생한 세계 경제 위기의 중요성을 부인하는 것은 어리석은 일이다. 산업이 한 나라와 대륙을 떠나 다른 곳으로 이동함에 따라 선진국들도 대대적인 구조 조정의 압력을 받게 되었지만 정치 리더들이 할 수 있는 일은 별로 없는 것처럼 보였다. 하지만 정부와 국제기구의 정책이 기술 변화를 관리하고 금융 위기에 대처하는 데 아무런 영향도 미치지 못한다는 것은 터무니없는 주장이다. 오히려 이런 상황일수록 리더십이 반드시 필요하며, 특히 협력적이고 집단적인 리더십이 요구된다. 그런데 경제 불황은 강한 리더라는 신화를 더욱 견고하게 만드는 결과를 가져오곤 했다. 강하고 이왕이면 카리스마 넘치는 인물이 이런저런 심각한 문제에 해결책을 제공할 것이라는 믿음이 오히려 강화됐다. 전간기에 이탈리아에서 베니토 무솔리니Benito Mussolini가 집권했던 것도 그렇고, 1930년대 독일 경제 대공황 시기에 치러진 선거에서 아돌프 히틀러가 급부상하더니 결국 집권하게 된 것도 이런 경향을 잘 보여주는 역사적 사례다.[43]

이 책에서 다루는 대부분의 리더는 정부 권력을 행사했던 인물들이다. '강한 리더'라는 용어를 정치인에게 적용했을 때 이는 당 대표 또는 총리나 대통령을 지칭한다. 보좌관들이 옆에서 정보를 제공하고 의견을 내놓지만, 최종 결정은 리더의 권한으로 넘기는 그림이 그려질 수도 있다. 그러나 리더에 대한 과도한 경의는 나쁜 정책으로 귀결된다. 리더에게는 자기 뜻을 견지하고 공식적으로든 비공식적으로든 그와의 의견 충돌을 마다치 않는 상당한 정치적 위상을 가진 동료들이 필요하다. 하지만 현실에서는 내각이나 그림자 내각이 정부 수반에 공공연하게 반대하는 일이 거의 없다. 민주적 리더라면 각료들을 완전히 설득시키지 못했을 경우 보통 그들의 의견을 반영해서 대안적인 결론을 내릴 것이기 때문이다. 독재적 기질의 리더가 아닌 다음에야 자신의 판단이 우월하다고 확신한 나머지 각료들의 반대를 무릅쓰고 정책을 밀어붙이려 들지 않을 것이다. 게다가 정부 수반은 보통 각료의 승진과 강등에 어느 정도 재량권을 갖고 있으므로 리더의 뜻에 따라서 점수를 따려는 각료들이 협조해주리라 기대할 수도 있다. 이것은 상당한 권력이지만 한계도 있다. 각료들의 신뢰를 잃은 리더는 민주적 체제에서 살아남을 수 없기 때문이다.

책임을 물을 수 있는 정권과 독재 정권, 정직한 정부와 부패한 정부, 효율적인 정부와 비효율적인 정부의 차이는 평범한 사람들의 삶과 복지에 막대한 영향을 미친다. 따라서 정부를 이끄는 리더가 무엇을 하는지, 그들의 행동과 통치 방식에 어떻게 책임을 물을 것인지는 우리가 면밀히 주의를 기울여야 하는 부분이다. 제도적 권력은 리더의 잠재적 영향력을 증폭시킨다. 그러나 권력의 수단을 손에 넣는 것이 리더십의 본질이 아니라는 점을 기억할 필요가 있다. 가장 순수한 형태의 정치 리더십은 이렇다 할 권력도 후원자도 없는 사람의 메시지가 많은 사람의 공감을 얻고 영감을 불러일으킬 때 드러난다. 새롭게 등장한 정당이나 그룹 또는 개인이 이런 리더십을 발휘할 수도 있다. 이런 정치 리더십의 성공 여부를 결정하는 것은 다른 사람들이 얼마나 기꺼이 그 메시지를 포용하고 운동에 참여하느냐이다. 대영제국의 통치에 대항해 인도 독립운동을 이끈 마하트마 간디Mahatma Gandhi와 미국의 시민운동 지도자 마틴 루서 킹은 20세기의 걸출한 사례다. 두 사람 모두 비폭력의 길을 택했고(킹은 간디에게서 영향을 받았다) 비폭력이 무저항과는 다르다는 것을 전 세계에 보여줬다.

21세기의 가장 비범한 리더십과 용기를 보여준 사례로 말랄라 유사프자이Malala Yousafzai가 있다. 파키스탄의 스와트계곡 출신으로 세계적인 여성 교육 운동가가 된 그녀는 2012년 10월 탈레반에 의해 머리에 총격을 받았다. 그녀의 캠페인에 종지부를 찍고, 다른 여학생들에게 감히 학교에 다닐 생각을 하지 말라고 경고하기 위한 이 살해 시도는 거의 성공할 뻔했다. 말랄라 유사프자이는 11살 때부터 여자아이들의 교육권을 위한 캠페인을 벌여왔다. 그녀는 BBC 우르두어 서비스 블로그에 탈레반의 반계몽주의와 여성 교육 금지에 저항하여 학교에 다니고자 분투한 얘기를 올렸다. 그녀가 피격당한 것은 15살 때였으며(생명이 위독해서 처음에는 파키스탄에서, 이후 영국으로 이송돼 수차례 수술을 받아야 했다), 최연소 노벨 평화상 후보가 됐다(2014년 10월 10일 노벨 평화상 공동 수상-옮긴이). 열여섯 번째 생일인 2013년 7월 12일에 말랄라는 반기문 유엔 사무총장 주재로 뉴욕 유엔 본부에서 연설했다.[45] 학교에 갈 수 없는 전 세계 5,700만 명 어린이(그중 여자아이의 비율이 높다)의 교육을 촉구하는 '말랄라지지stand with Malala' 청원에 이때까지 400만 명이 넘는 사람들이 서명했다.[46] 지위와 특혜를 하사할 수 있는 정부 수반의 리더십보다 말랄라가 보여준 리더십이 더 순수한 형태의 리더십이라는 사실은 다시 한 번 강조할만하다.

지지자들이 자발적으로 따르는 리더십이라고 해서 모두 비슷한 도덕적 가치를 지니고 있는 것은 아니다. 1차 세계대전 직후 이탈리아의 베니토 무솔리니와 1920년대부터 1930년대 초까지 독일의 아돌프 히틀러는 많은 추종자를 끌어모으는 데 성공했다. 당시는 아직 무솔리니와 히틀러가 국가 권력의 칼날을 휘두를 수 있게 되기 전이었다. 따라서 이것은 후대인의 시각에서 도덕적으로 비난할 수는 있을지언정, 그들의 훗날 통치 방식에 비한다면 보다 순수한 형태의 리더십이었다. 무솔리니와 히틀러는 뛰어난 웅변술과 자발적 추종자를 끌어모으는 능력이라는 면에서 카리스마적 리더로 널리 간주된다. 또한 그들은 사람들이 영감을 받고 따르기를 선택하는 리더십 형태에서, 이후 정부 권력의 강제에 의해 지탱되는 리더십 형태로 이행했다.

설득력과 모범을 통해 리더십을 구축했던 리더로 출발해서 결국 국가 권력의 정점에 올랐던 인물의 사례는 많다. 넬슨 만델라Nelson Mandela가 남아프리카공화국의 아파르트헤이트 정권에 대항하는 지도자에서 상상하기조차 힘든 27년간의 투옥을 거쳐 남아프리카공화국의 대통령이 되기까지의 여정은 20세기 리더십 중에서도 가장 고무적인 사례이다. 그단스크 조선소 파업 노동자의 리더에서 공산주의 폴란드의 대규모 비공식 노동조합 '연대자유노조Solidarność'의 리더가 되고, 이후 민주화된 폴란드의 대통령 자리에 오른 레흐 바웬사Lech Wałęsa의 궤적도 자발적인 정치 리더십이 필연적으로 공식 권위와 제복을 갖춘 최고직으로 이행한 또 하나의 주목할만한 사례다.

민주주의 국가에서 리더 선택하기

정부 수반이 당 대표를 거쳐 정부의 리더가 되기 전에는 대규모의 지지자를 거느리지 않았던 경우도 흔하며, 소수의 측근을 제외하면 지지자가 전무했던 경우도 있다. 특정인이 정부 수반으로 선택되는 이유와 방법은 다양하다. 비민주적 정권에서는 군사 쿠데타를 일으켜 스스로 권력을 차지하는 경우가 드물지 않았다. 의회 민주주의의 경우, 정부 수반 선출권이 의회정당에 국한된 나라도 있고(얼마 전까지 호주도 여기 속했다), 당원이라면 누구나 선출권을 갖는 등 보다 넓은 범위의 유권자에게 선택권을 부여하는 나라도 있다(이 경우 영국처럼 의원의 표가 평당원의 표보다 훨씬 큰 비중을 갖기도 한다. 아무래도 의원들이 후보들을 더 잘 파악하고 있을 것이기 때문이다). 선택된 리더는 자신에게 어떤 특출난 자질이 있어서 동료들과 당원들이 중대한 결정을 내릴 권한을 일임했다고 가정해서는 안 된다. 그러나 리더나 그 주변 인사들, 그리고 언론이 정치를 논하는 방식을 보면 그런 가정을 하고 있는 것처럼 보일 때가 많다.

드물게 예외도 존재하지만, 대체로 유권자가 당 대표나 정부 수반을 결정할 때 그들의 리더십 역량은 중요한 요소가 아니다. 정책을 두고 내부적으로 날카롭게 대립하고 있는 정당에서는 당을 통합할 수 있는 인물이나 대립하는 노선 중 다수 입장을 대변하는 사람을 대표로 선택하고자 할 것이다. 또 다른 경우엔 당의 노선을 가장 명확하고 설득력 있게 대변하는 인물이 대표로 뽑히기도 한다. 여론 조사 결과 유권자들에게 가장 인기 있는 인물에게 당원들이 표를 주는 경우도 있다. 혹은 포용력 있고, 정당 내에서든(본격적인 정당은 동질 집단이 아니므로) 입법부 내에서든 연립 형성에 능하다고 판단되어서 대표로 뽑혔을 수도 있다. 연립 형성이라는 측면에서 주목할만한 여성 리더 두 명을 예로 들어보면, 독일 총리 앙겔라 메르켈Angela Merkel은 여기에 딱 들어맞는 예이며, 그 정반대의 사례는 영국 전 총리 마거릿 대처다. 의회 체제에서는 리더 후보에게 뛰어난 토론 능력이 요구된다. 이걸 잘하면 정당의 사기가 진작되고 언론 보도를 통해 그 내용이 유권자에게까지 전달되기 때문이다. 리더가 텔레비전에서 좋은 인상을 주는 것이 지난 반세기 동안 모든 민주주의 국가에서 점점 더 중요해졌다. 그렇다고 정치인들이 카리스마적이라거나 카리스마적일 필요가 있다는 얘기는 아니다.

의원 내각제에서 총리는 대부분 장관직을 거쳐 그 자리에 오르기에 일정한 국정 경험을 보유하고 있다. 1997년의 토니 블레어와 2010년의 데이비드 캐머런은 예외인데, 상대적으로 젊기도 했고 그들이 속한 정당이 야당으로 지낸 기간이 길었던 탓이다. 미국 대통령의 경우는 연방 정부에서 일한 경험이 전혀 없는 상태에서 행정부 수장 자리에 덜컥 앉게 되는 것이 보통이다. 상원 의원 자리는 정책 조정의 경험을 제공하는 데 매우 제한적이며 방대한 관료제를 운영하는 경험은 전혀 제공하지 않는다. 주지사 자리는 미국 대통령에게 기대되는 대외 정책 수립이라는 역할을 훈련시켜주지 못한다. 대신 대선 캠페인이 대통령 후보의 리더십 능력을 시험할 기회를 제공한다. 장기간의 경선과 대선 선거운동 과정에서 효과적인 의사소통 능력과 광범위한 대중과 감정적 접점을 만드는 능력이 면밀하게 검증된다. 특히 미국에서는 이 과정이 다른 나라와 비교할 때 극히 길다. 전국을 횡단하는 데 소요되는 엄청난 시간과 선거운동에 사용하는 비용은 그 어떤 민주주의 국가보다 막대하며, 그로 인해 수많은 잠재적 후보를 배제하는 결과를 낳는다. 개인의 자산이 엄청나거나 아니면 기업과 부유한 기부자들과 좋은 관계를 맺는 기술이 미국 대통령 후보의 전제 조건이 되어, 특권층 밖에서 국가 리더가 나오는 것을 배제하는 기제로 작용할 위험에 처했다.

그럼에도 불구하고 가장 최근에 재임한 두 명의 민주당 출신 대통령인 빌 클린턴Bill Clinton과 버락 오바마는 특권층 출신이 아니었다. 둘 다 명문 대학을 나왔지만, 이는 장학금과 학자금 대출, 그리고 자신의 능력과 노력의 결과였다. 대통령 후보로 뽑히는 과정에서 그리고 대선 후보가 된 뒤에도 그들은 대규모의 기부금을 모아야 했다. 특히 오바마는 진보적 부유층의 거금 기부뿐만 아니라 광범위한 소액 기부금을 모으는데 성공하여 기업에 대한 의존도를 줄일 수 있었다. 당내 경선을 거쳐 대통령 후보로서 선거운동을 벌이는 길고 험난한 여정은 상당히 의미 있는 리더십 교육 과정이다. 오바마가 첫 대통령 임기 당시 인터뷰에서 말했듯이,

2년간 상당한 스트레스 속에서 선거운동을 했던 것은 의도치 않게 대통령직의 스트레스를 감당할 준비를 시켜줬다고 생각한다. 왜냐하면 위험 부담이 큰 자리에 있는 것과 일거수일투족이 평가받는 일에 익숙해지고, 어떤 의미에서 많은 사람이 자신에게 의존하고 있다는 사실에 익숙해지기 때문이다. 대통령직은 그 정도가 다를 뿐이다. 이건 정치가 아니라 통치이기 때문에 그만큼 어깨가 무거워진다. 하지만 '잠깐, 대체 내가 뭐에 발을 들여놓은 거지?'라고 생각한 적은 단 한순간도 없다.[47]

*

모든 리더를 단순히 두 종류로 분류하는 관행이 존재하는데, 여기에 동원되는 이분법 자체는 다양하다.[48] '카리스마적 리더'는 '자리만 지키고 있는 리더'와 대조되고, '혁신자'는 '관료'와 비교된다. '진정한 리더'는 '관리자'와 대비를 이루며, '변화를 가져오는 리더transforming leaders'는 '거래적 리더transactional leaders'와 구분된다.[49] 그 밖에도 '위대한 리더'와 '평범한 리더', '좋은' 리더와 '나쁜' 리더, 그리고 물론 '강한' 리더와 '약한'

리더도 있다. 그러나 이것 아니면 저것이라는 식의 구분에는 필연적으로 지나친 단순화가 뒤따른다. 이 책에서 나는 특히 '강약' 이분법에 초점을 맞춰, 강함과 지배력이 우리가 추구하고 기대해야 할 리더의 귀감이라는 믿음이 얼마나 위험한지 강조하고자 한다. 정치 리더십을 효과적으로 발휘하는 방법에는 여러 가지가 있지만 실패하는 방법도 마찬가지다. 자신의 능력을 과신하고 의견 불일치를 용납하지 않았던 리더들이 남긴 수많은 실패는 가히 기념비적이다.

이 책에서는 재정의형 리더, 변혁적 리더, 혁명적 리더, 권위주의적 리더, 전체주의적 리더를 중점적으로 다루면서 평범한 사람들의 삶에 큰 영향을 미친 리더십과 권력 행사 양태에 집중하고자 한다. 허나 이 다섯 가지 범주가 모든 종류의 정치 리더십을 포괄하는 것은 아니다. 앞서 언급했듯이 관직을 맡은 적이 없는 위대한 리더도 있고, 트루먼처럼 급진적 변화를 가져오지는 않았지만 유능한 정부 수반이었던 대통령과 총리도 있다(그중 일부는 이 책에서 소개한다). 앞서 잠시 언급했고 뒤에서 보다 자세히 다루겠지만, 정부의 가장 중요한 업적이 정부 수반이 아닌 정부 최상층의 다른 구성원들로부터 나오는 경우도 있다. 너무 많은 것이 위계질서의 최상위자에게 기대되고 너무 많은 업적이 그들의 것으로 간주된다. 권력의 사다리 꼭대기에 오른 인물에게 모든 것이 과하게 집중되는 양태가 만연한데, 여전히 정부 수반에게 여러 가지 합당한 제약이 가해지는 민주주의 체제에서 특히 더 그렇다. 정치 리더십은 다면적이며 여러 다른 맥락과 관점에서 살펴봐야 한다. 이 책에서 하려는 일이 바로 그것이다.

1장

맥락 속에서 살펴본 리더

　　　　　　　　　　서문에서 언급했던 우리 시대 리더의
바람직한 자질 중에서 지성, 기억력, 용기, 유연성, 체력 등은 시대를 막
론하고 유효하다. 그러나 리더십을 제대로 이해하기 위해서는 리더가
위치한 맥락을 고려해야 한다. 이 장에서는 역사적, 문화적, 심리적, 제
도적 측면이라는 네 가지 개별적이면서 상호 연결된 리더십 분석 기준
을 살펴본다. 리더십은 상황의 영향을 크게 받으며, 어떤 상황에서 적절
하거나 가능했던 것이 다른 상황에서는 부적절하거나 불가능할 수도 있
다. 리더십 스타일은 전쟁 시기냐 평화로운 시기냐에 따라, 또는 위기 상
황이냐 평온한 시대냐에 따라 달라진다. 민주주의 체제에서는 집권당이
의회를 압도적으로 장악하느냐, 간신히 과반수를 넘기느냐, 아니면 소
수 정당이냐에 따라 정부 수반에게 주어지는 기회가 크게 달라진다. 통상
적으로 강한 리더십으로 칭송되는 것은 좋은 리더십과는 다르며, 좋은 리
더십이란 어떤 추상적인 속성이 아니라 시대와 장소라는 특정한 상황에

대한 적절한 대응이다.

사회 발전 단계를 연구했던 몇몇 18세기 학자들은 이 진리를 잘 이해하고 있었다. 1750년대 스코틀랜드와 프랑스의 계몽사상가들은 4단계 발달 이론을 고안하여 단계별로 법과 제도가 어떻게 발전해왔는지를 설명하고자 했다.[1] 그들의 접근법은 지나치게 개략적이긴 했지만 (인간 사회는 그들의 분석처럼 일직선을 그리며 발전하지 않는다),[2] 그럼에도 계몽사상가들의 통찰에는 배울 점이 많다. 계몽주의 발달 이론은 기존의 지식을 총괄하면서도 각 단계마다 예외를 허용했다.[3] 이 이론의 가장 독창적인 주창자였던 애덤 스미스Adam Smith는 독단적 사상가와는 거리가 멀었으며, 자신이 만든 규칙의 예외를 발견하는 것을 즐기는 사람이었다.[4]★

정부와 리더십 사상의 진화

'정부의 발달 과정'을 연구했던 계몽주의 사상가들은 특히 수장과 군주의 출현, 그로 인해 야기된 리더십과 팔로워십followership의 본질을 설명하고자 했다. 그들은 역사에 어떤 패턴을 부여하고자 했으며, 구약부터 고대 그리스와 로마의 문헌(특히 로마 역사가 타키투스Tacitus), 당대의 수렵 채집 사회에 정통한 여행자의 기록에 이르기까지 광범위한 자료

★ 마찬가지로 스미스의 정치적·경제적 자유에 대한 변호는 비즈니스 이해관계에 대한 무차별적인 변호와는 아무 공통점이 없었다. 오히려 스미스는 이렇게 말한다. "동종 업계의 사람들은 심지어 유흥이나 오락을 위해서도 서로 만나는 경우가 드물지만, 이들이 만났을 때의 대화는 가격 인상을 위한 모의와 같은 대중의 이익에 반하는 음모로 귀결된다."(Adam Smith, *An Inquiry into the Nature and Causes of the Wealth of Nations*, edited by R.H. Campbell and A.S. Skinner, Clarendon Press, Oxford, 1976, Vol. 1, p. 145.) 스미스가 염두에 뒀던 이런 현상의 21세기 사례를 보려면, 대형 금융계와 그들의 최상위층 연봉 결정에 얽힌 은밀한 관계를 확인하면 된다.

를 연구 대상으로 삼았다. 아메리카 원주민 부족은 특히 심층 연구 대상이었다. 일부 18세기 학자들은 원시 사회 초기 단계에서는 가장 힘이 세거나 제일 키가 큰 사람이 부족의 리더 노릇을 했다는 가설을 제시했다. 다른 조건이 같을 때(아주 중요한 전제다) 키가 평균보다 큰 사람이 리더로 뽑히는 데 유리한 것은 오늘날도 마찬가지다.★

애덤 스미스에 따르면 사회 발전의 첫 단계, 즉 사냥이나 '자연에서 채집한 열매'에 기반한 생존 단계에서는 정부라 불릴만한 조직이 존재하지 않았다.[5] 그는 "수렵 사회에서는 어떤 형태의 정부도 존재하기 힘들며, 만약 존재한다면 민주적인 형태일 것이다"고 말했다. 스미스는 리더십과 권력을 구분했다. 이를테면 수렵 채집 부족이든, 아니면 그와는 판이한 환경인 18세기 영국의 클럽이나 모임이든, 다른 이보다 더 큰 영향력을 가진 사람이 존재할 것이고, 그 영향력은 '그들의 뛰어난 지혜와 용맹함 또는 그와 유사한 자격'에서 기인한다. 그들을 따를지 말지는 그룹의 나머지 구성원들에게 달려 있다. 따라서 대체로 모든 구성원이 '동등한 신분'이면서 '사람들이 더 잘 따르는 조언을 내놓는 사람'이 존재하는 경우에 권력과 구분되는 리더십이 관찰된다.[6] 바로 이

★　　평균 신장보다 작았던 마지막 미국 대통령은 19세기 말의 윌리엄 매킨리William McKinley였다(Tim Harford, 'Since you asked', *Financial Times*, 11 May 2013). 그 후로는 미국 대선에서 다섯 번 중 세 번은 두 명의 주요 후보자 중 키가 큰 사람이 당선됐다. 지난 110년 남짓 동안 다수의 당선자가 미국 남성 평균 신장보다 큰 사람이라는 요인은 아마도 최소한(일부 주요 예외는 있지만) 대다수의 대통령이 평균적인 미국인에 비해 상대적으로 사회적 특권층에 속한다는 사실 만큼이나 유효할 것이다. 키가 관건이라는 일반화는 큰 집단(부족, 정당, 또는 유권자)에서 선출된 리더의 경우에 유효하다. 키가 작지만 리더가 되었던 반례 중 가장 빈번하게 인용되는 사례는 권위주의적 통치자들이기에, 선거에서 큰 키가 갖는 장점과는 관련이 없다. 키 작은 리더의 예로는 나폴레옹 보나파르트, 스탈린, 덩샤오핑, 그리고 엘리자베스 1세와 빅토리아 여왕 같은 세습 군주가 있다.

것이 리더십의 가장 순수한 형태이며, 이런 의미에서 리더란 다른 사람들이 따르고 추종하기를 **원하는** 사람이라고 정의할 수 있다.

정부의 필요성을 촉발한 것은 사유 재산의 획득이었다.[7] 사회 발전의 두 번째 단계인 목축 사회에서는 사람들이 가축이라는 형태로 재산을 획득하기 시작했으며, 세 번째 농업 사회 단계에서는 땅을 경작하면서 점진적으로 토지라는 형태의 재산을 소유하게 되었다.[8] 애덤 스미스의 사회 발전 제4단계는 사람들이 상업 활동에 참여하기 시작한 상업 사회였다(그는 '자본주의'라는 단어를 사용한 적이 없다. 이 용어는 19세기 중반에 처음 등장한다). 스미스보다 약간 늦게 태어난 프랑스 귀족이자 정부 행정관 안로베르 자크 튀르고Anne-Robert-Jacques Turgot도 상당히 유사한 발전 단계 이론을 내놓았다. 그는 "국가 간의 분쟁이 처음 발생했을 때 힘과 용기, 신중함 면에서 월등했던 사람이 설득과 강제를 통해 보호 대상이었던 국민을 자신에게 복종하도록 만들었다"고 추정했다.[9]

데이비드 흄David Hume은 "철학적 관점에서 인간 사회를 연구하는 사람에게 소수에 의한 다수의 지배가 얼마나 쉬운지만큼 놀라운 것은 없다"고 했다.[10] 그는 "전시 상황, 즉 용맹함과 천재성의 우월함이 확연하게 드러나고, 합의와 협조가 필수불가결하며, 무질서의 부작용이 매우 크게 느껴지는 상황"에서 한 사람에 의한 다수 지배가 등장했을 것으로 본다.[11] 또한 흄은 "만일 수장이 신중함과 용맹심뿐만 아니라 공평함까지 갖췄다면" 그는 "평화 시기에도 의견 조정자의 역할을 하게 될 것이고, 강압과 합의를 병용하여 점차 자신의 권위를 확립하게 될 것"이라고 추정했다.[12]

애덤 스미스는 어떻게 소수가 전체를 지배하게 되었는지, 그리고 리더십과 권력이 어떻게 사회 계급 분화와 함께 발달했는지에 대해 더 깊이 파고들었다. 『국부론*The Wealth of Nations*』에서 그는 권위와 복종이 등장하게 된 네 가지 이유를 언급한다. 초기에는 힘이나 민첩성 같은 개인적 능력이 중요했다. 그러나 "시대를 막론하고, 정신적 능력에 의해 뒷받침되지 않은 신체적 능력만으로 권위를 획득하는 것은 거의 불가능하다."[13] 권위의 두 번째 근거는 나이였다. 스미스에 따르면 "북아메리카의 원주민 부족과 같은 수렵 채집 사회에서는 나이가 계급과 서열의 유일한 기반이다."[14] 그러나 나이는 '가장 부유하고 문명화된 국가'에서도 상당히 중요하다. 다른 조건들이 전부 동등한 사람들 사이에서는 나이가 서열을 결정한다. 이를테면 귀족의 작위는 가장 나이 많은 가족 구성원(또는 가장 나이 많은 남성 구성원)에게 세습된다. 권위의 세 번째 근거는 '재산의 차이'였다. 부는 사회 발전의 모든 단계에서 리더에게 유리하게 작용했지만, 심각한 불평등이 출현했던 두 번째 단계에서는 특히 그러했을 것이다.[15] 스미스는 천 명을 거느릴 만큼 많은 수의 가축을 소유한 타르타르 수장은 실제로 천 명을 다스리게 될 것이라고 말했다.

그가 먹여 살리는 천 명은 전적으로 그에게 생존을 의지하고 있기 때문에 전쟁 시에는 그의 명령에 복종하고 평화 시에는 그의 지배에 굴복해야 한다. 그는 장군이자 법관이며, 그의 수장 지위는 그가 소유한 재산의 우위가 가져온 필연적 결과다.[16]

사회 발달의 네 번째 단계인 상업 사회에서는 개인이 훨씬 더 큰 재산을 소유할 수 있게 되었지만, 그가 거느릴 수 있는 사람의 수는 십여 명에 지나지 않았다. 집안의 하인들을 제외하고는 아무도 그에게 물질적으로 의존하지 않기 때문이다. 그러나 스미스에 따르면 "재산의 권위는 부유하고 문명화된 사회에서도 막강했다."[17] 재산의 불평등이 존재했던 모든 사회 발달 단계에서, 부는 개인의 자질이나 나이보다 더 중요한 요소였다.[18] 권위의 네 번째 근거는 부의 광범위한 차등화가 가져온 필연적 결과인 '출생의 우월함'이었다.[19] 여기서 스미스가 '유서 깊은 가문'을 의미했던 것은 아니다. 그는 이 개념을 조소하며 이렇게 말했다.

모든 가문은 다 똑같이 오래됐다. 군주의 조상들이 비록 널리 알려져 있을 뿐 거지의 조상들보다 수적으로 우세하다고 할 수는 없다. 어디서든 오래된 가문이 뜻하는 것은 오래된 부, 또는 대개 부를 기반으로 형성되었거나 부를 수반한 위대함이다.[20]

스미스는 절대군주가 만들어내는 외견상의 안정성이 환상이라는 점에 주목하며, 막대한 권력을 한 사람이 쥐는 것에 매우 회의적인 입장이다. 통치자의 괴팍하고 불합리한 처신은 국민에게 그를 축출할 권리를 주며, 여러 사람이 함께 다스리는 형태의 정부보다 단독 지배자의 경우 이런 경향이 더 컸다. 스미스의 표현에 따르면 "개인은 집단에 비해 이런 어리석은 짓을 저지르기 더 쉽고, 따라서 혁명은 다른 체제보다 절대군주제에서 훨씬 빈번하게 일어난다."[21] 스미스는 터키의 경우 "술탄의 권력이 절대적이지만 한 사람의 통치 기간이 6년에서 8년을 넘기는 경우가 드물다"라고 지적한다.[22] 1763년 3월 글래스고대학에서 열린 강연에서 스미스는 또 다른 예를 제시했다. "지금까지 러시아에서 일어난 혁명이 여타 유럽 국가에서 일어난 혁명을 모두 합한 것보다 더 많다. 한 사람의 우매함은 때로 대중을 격분시키고 반란을 일으킬 수 있는 권리와 명분을 준다."[23]

원시 사회의 통치자(스미스의 학생이자 이후 동료 교수가 된 존 밀러John Millar의 표현에 따르면 '느슨한 범주의 부족 수장')는 먼저 부족 전사들의 지휘관이 됨으로써 통치자의 자리에 오른다. 이는 부하들에 대한 애착과 사익을 추구하려는 욕망으로 이어진다.[24] 4단계 발전 이론을 수용하여 더욱 발전시킨 밀러는 스미스와 마찬가지로 '인류가 야생 동물을 가축화할 방편을 발견한' 두 번째 단계에서 이미 재산의 차등화가 상당히 진전됐으며, 이것이 사회적·정치적 계급화에 영향을 미쳤다고 봤다.

> 부에서 파생된 권위는 단지 개인적 성취에서 유래한 권위보다 클 뿐 아니라 더욱 안정적이고 영구적이다. 몸과 마음의 비범한 재능은 보유자가 살아 있는 동안 발휘될 뿐, 그 후손들에게 같은 재능이 일정 기간 이상 지속되는 경우는 극히 드물다. 반면 재산은 보통 후손들에게 물려주며, 그와 함께 자신이 누려온 지위와 권력까지 모두 물려준다. 따라서 아버지의 재산을 상속받은 아들은 같은 지위를 유지할 수 있게 됨과 동시에 아버지의 모든 영향력까지 그대로 물려받는다. 그 영향력은 습관의 힘을 통해 매일 증강되며 세대를 거듭할수록 더욱 커진다.[25]

수장의 경우 이 원리가 아주 잘 들어맞는다. 부유해질수록 자신의 지위를 더욱 잘 뒷받침할 수 있고, 많은 경우 자신의 지위를 세습시킬 수도 있다. 다른 사람보다 더 부자라는 조건 덕에, 그는 "친구는 보상, 보호하고 마음에 들지 않고 괘씸한 사람들은 처벌하거나 억제할 힘"을 갖게 되는 것이다.[26] 따라서 사람들은 그의 호의를 사기 위해 노력하게 되고 '위대한 수장, 또는 **왕**'의 추종자는 계속 증가한다.[27]

왕, 차르, 황제, 칸, 수장, 술탄, 파라오, 셰이크 등 다양한 이름을 갖고 있으며 보통 세습제인 군주제는 수천 년에 걸쳐 모든 대륙에서 전형적인 정치 리더십 방식으로 자리 잡았다.[28] 이들 사이에는 폭정, 독단, 법치, 그리고 권력을 공유하려는 의지가 있는지 등에서 커다란 차이가 존재한다.[29] 프랑스에서 나폴레옹 보나파르트Napoleon Bonaparte가 권력을 잡기 전까지, 유럽 전역(영국만은 예외였다)의 군주들은 자신의 통치가 '신이 내린 권리'라고 주장했다. 그러나 S. E. 파이너S. E. Finer가 말했듯이 "나폴레옹이 권력을 잡으면서 이 낡고 오래된 정치적 기반은 수세에 몰렸다. 이제 필부도 국민 요구를 따른 것으로 보이도록 포장만 잘하면 충분히 국가 권력을 잡을 수 있는 시대가 온 듯했다."[30]

영국의 '예외주의'

19세기 이전에는 입헌군주제가 상대적으로 드물었고 시민권이나 자유가 적용되는 범위도 제한적이었다. 가장 두드러진 예외는 세습적 통치 형태가 절대 권력에서 입헌군주제로, 그리고 20세기 들어 상징적 권위로 점차 이행한 전형적인 사례로 꼽히는 잉글랜드England(이후 영국Britain)였다. 이것은 '할부제 민주주의'로 불리기도 했으나, 그렇다고 해서 한 단계에서 다음 단계로 권력을 양도한 사람들이 딱히 민주주의의 완성을 염두에 두고 있었던 것은 아니다. 19세기 영국에서 선거권을 확대하는 법안이 통과될 때 그랬듯이, 그들은 대개 그 개혁이 자유와 법의 지배를 보존하면서 바꿀 수 있는 최대치라고 믿었다.[31] 그럼에도 불구하고 영국에서는 수세기에 걸쳐 군주의 권력이 점진적으로 축소되고 의회 권력은 서서히 강화되었으며 정치인에게 책임을 물을 수 있는 국민의 범주가 계속 커졌다.

그러나 점진주의가 늘 원만하고 끊김 없이 이루어진 것은 아니었으며, 17세기 중반에는 완벽한 단절을 겪기도 했다. 1642년부터 1649년까지 지속된 내전이 왕당파에 대한 의회파의 승리와 찰스 1세Charles I의 참수로 종식되면서 1649년에서 1660년 사이에는 영국에 공화국이 세워졌다. 올리버 크롬웰Oliver Cromwell이 신형군을 장악하고 1653년부터 1658년까지 호국경으로 통치했다. 그러나 크롬웰 사후의 분열은 군대 내 다수파가 군주제를 복원시키는 것으로 이어졌고(찰스 2세Charles II 즉위), 이로써 점진주의의 전통이 이어지게 되었다. 그러나 단명한 '영국 혁명'은 왕실에 지울 수 없는 흔적을 남겼다. 새뮤얼 존슨Samuel Johnson이 오친렉Auchinleck 경(제임스 보즈웰James Boswell의 아버지)에게 크롬웰이 잘한 일이 뭐가 있느냐는 도발적인 질문을 했을 때, 그는 (스코틀랜드 방언으로) "크롬웰은 왕에게도 목이 있다는 사실을 주지시켰다"라고 답했다.[32]

의회 권력은 1688년에 일어난 '명예혁명'에 의해 더욱 강화되었다. 찰스 2세와 특히 그의 뒤를 이은 제임스 2세James II는 의회를 우회하고 격하시키려 시도했으나, 이는 오히려 스튜어트 왕조의 종말을 초래했다. 로마 가톨릭 신자인 제임스 2세가 가톨릭계 인사를 편애하고 가톨릭을 다시 국교로 삼으려 할 수도 있다는 의혹은 그를 반대하는 세력이 계속 늘어났던 여러 이유 중 하나에 불과했다. 제임스 2세의 유력한 반대파가 국왕의 신교도 딸 메리Mary를 즉위시키기로 했을 때 메리의 네덜란드인 남편 오렌지 공 윌리엄William of Orange은, 만일 메리가 여왕이 된다면 자신도 단순히 여왕의 배우자가 아니라 여왕과 함께 왕으로 즉위하겠다고 고집했다. 혁명이라고 볼 수 없는 이 '혁명'은 잉글랜드에서 무혈로 진행되었기 때문에 '명예'라는 수식어를 달게 되었다(아일랜드와 스코틀랜드에서는 무혈과 거리가 멀었다). 제임스 2세는 망명을 떠났고, 윌리엄 3세William III와 메리가 왕위를 계승했다. 의회 권력 강화 및 정부가 군주로부터 점점 독립적으로 운영되는 추세는 앤Anne 여왕의 짧은 통치 기간에도 계속되었으며(앤 여왕 치하에서 1707년 잉글랜드와 스코틀랜드 의회가 통합되어 그레이트브리튼Great Britain이 성립되었다), 1712년 이후 하노버 왕조 통치하에서도 마찬가지였다. 이처럼 입헌군주제의 점진적인 발전을 통해 20세기 영국은 '왕관을 쓴 공화국'으로 변신했다.

미국 헌법과 그 유산

정부의 역사를 통틀어 군주제와 가장 극적으로 단절한 사례는 미국 혁명과 프랑스 혁명이다. 1776년 독립선언문에 서명한 미국 건국의 아버지들이나 1787년 필라델피아에 모인 미국 헌법 제정자들은 여러 안건에서 의견이 분분했으나, 미국 정부가 군주정이나 귀족정이 아니라 반드시 공화정이어야 한다는 것에는 이견이 없었다.[33] 그들은 법의 지배와 시민들의 자유를 보장하기 위해 각고의 노력을 기울였으나, 기실 미국 헌법은 민주적이지 않았고 제헌회의 대표들에게 민주적 헌법을 만들려는 의도가 있었던 것도 아니었다. 이 헌법은 노예제를 폐지하지 않았으며, 여성과 흑인, 그리고 북아메리카 원주민 등 인구의 절반 이상에게 선거권을 부여하는 것을 암묵적으로 거부했다.★ 또한 미국 헌법은 '일반 대중과 의회의 통치'로부터 대통령직을 보호하려는 의도로 고안되었다.[34] 대통령을 간선으로 선출하기 위해 마련된 선거인단 제도가 점진적 변화를 거쳐 완전히 민주적이라고 하기엔 미흡하나 사실상 보통 선거의 기능을 할 수 있게 된 것도 헌법 덕분이 아니라 민주주의 확산에 대한 미국인의 요구가 증가했기 때문이다. 로버트 A. 달Robert A. Dahl도 이 점을 지적한다.

> 선거인단 제도는 민주주의의 기본 원칙을 공공연하게 위반하는 속성을 오늘날까지 유지하고 있다. 각 주의 유권자가 평등하게 대표되지 않으며, 유권자 과반수의 표를 획득한 후보가 선거인단의 과반수를 확보하지 못해 대통령 선거에서 패배하는 경우도 생긴다. 이는 단지 이론적 가능성에 불과한 것이 아니다. 이런 상황은 2000년 대선에서 만천하에 드러나기 전에 이미 세 번이나 발생한 적이 있다.[35]

미국 헌법 제정자들은 대통령직을 창설할 때 대통령을 행정부 권력의 화신으로 만들었으며 현재도 그렇다. 반면 의원 내각제의 총리는 이런 권위를 갖고 있지 않은데, 간혹 대통령처럼 되고 싶어 하는 총리도 있고 졸개들이 그것을 부추기는 경우도 없지 않다. 미국 헌법은 대통령

★ 스코틀랜드 계몽주의의 대표 주자이자 열렬한 노예제 폐지자인 존 밀러는 1771년 초판을 낸 *Origin of the Distinction of Ranks*의 제3판을 미국 독립선언 3년 후인 1779년에 내면서 단 한 글자도 고칠 필요를 느끼지 못했다. 미국 헌법이 수사와 현실 사이의 거대한 간극에 대한 그의 논점을 약화시켰던 것도 아니었다. 밀러는 이렇게 썼다. "정치적 자유라는 이상을 이야기하고 세금을 직접 결정하는 것을 인류의 양도할 수 없는 권리로 여기는 사람들이, 인류의 상당수를 재산은 물론 어떤 권리도 없는 상황으로 몰아넣는 데 전혀 아무 문제를 못 느낀다는 것은 참으로 흥미롭다. 이렇게 자유주의 가설을 비웃는, 그리고 인간의 행위가 근본적으로 철학적 원칙에 의해 결정되는 경우가 별로 없음을 적나라하게 보여주는 예도 없을 것이다."

의 권한을 명시하고 있다. 헌법 제2조 제1항은 "행정권은 미합중국 대통령에게 속한다"라는 문장으로 시작하며, 제2조 제2항의 첫 번째 문장에서 대통령이 합중국 육·해군의 총사령관임을 밝히고 있다. 하지만 다시 한 번 강조하자면, 미국 헌법 제정자들은 대통령이 보통 선거로 선출되는 것을 절대 의도하지 않았다. 그들의 목표는 대통령 선출이라는 중대한 결정을 다수의 국민이 아니라 특출나게 지혜로운 사람들의 손에 맡기는 것이었다. 또한 그들은 대통령이 시민의 옷을 입은 군주가 될 수 없도록 하는 데 공을 들였다. 권력 분립을 헌법에 명시하고 대통령의 정책 결정권에 세세한 제약을 가하여 대통령이(영국의 최초이자 마지막 공화국 통치자 올리버 크롬웰과는 달리) 왕과 같은 권력을 갖지 못하도록 했다.

1787년 필라델피아 제헌회의에 참석한 대표들은 성문 헌법과 연방제 권력 분립이라는 두 가지 혁신적인 통치 방식을 고안했다. 먼저 여러 기관의 권력을 규정한, 정치 체제에 관한 법을 성문화하여 대통령의 권력을 제한했다. 토크빌Alexis de Tocqueville에 의하면, 이 문서(헌법)는 공화국내 '모든 권위의 원천'이 되었다.[36] 헌법상 연방 정부와 주 정부의 권한을 분리하고 각자의 고유 영역 내에서 자율성을 갖도록 한 것도 대통령의 권력을 제한하는 효과를 가져왔다. 이는 원칙적으로 연방 정부와 주 정부가 서로의 관할권을 침범할 수 없다는 것을 의미하므로 여러 다른 나라에서 시행되는 단순한 지방 분권과는 질적으로 다르다. 미국은 헌정주의와 연방주의를 의식적으로, 그리고 의도적으로 받아들인 최초의 국가다. 비록 미국 헌법에 서술된 제도는 미국에만 적용되는 독특한 제도로 남아 있으나, 그 대원칙은 여러 나라에 전파되었다.

미국 헌법과 연방제 권력 분립이 행정부 수반이 거머쥘 수 있는 권력에 새로운 한계를 정해놓은 것과 마찬가지로, 미국 정치 현실에서 법이 차지하는 특별한 위상 역시 때로 법의 통치가 법률가의 통치에 근접하는 양상을 보이면서 행정부 수반의 권력을 제한한다. 파이너의 표현처럼 '전 세계에서 가장 법률 존중적인 헌법'[37]으로 인해, 다른 나라였다면 선출된 정부가 충분히 내릴 수 있는 결정에 대해 미국에서는 법적이의가 제기되곤 한다. 2010년 버락 오바마 대통령이 의료 개혁안을 통과시키는 데 성공했을 때(비록 다른 선진국 수준으로 국민에게 보편적인 의료 서비스를 제공하는 데에는 못 미치는 법안이긴 했지만), 연방 대법원이 직접 나서서 '환자 보호 및 부담 적정 보험법'의 합헌성을 검토했다.[38] 대법관들이 어느쪽에 손을 들어줄지 그들의 정치적·사회적 성향에 따라 대체로 예측가능한 상황에서, 보수적인 대법원장 존 로버츠John Roberts가 예상을 깨고 의료 개혁안을 지지하여 5대 4로 합헌 판결이 났다.[39] 이처럼 대법원 판결의 상당수가 정치의 연장으로 보이는 실정이다. 저명한 법철학자 로널드 드워킨Ronald Dworkin은 로버츠 대법원장이 실제 법적 근거에 기반을 두고 결정을 내렸다기보다는 '여론을 의식해서' 찬성표를 던졌다고 분석하기도 했다.[40] 어찌됐건 최종 결정을 내린 기관은 대법원이었다. 이미 한 세기 반 전에 토크빌은 "미국에서는 대부분의 정치적 쟁점이 사법적 문제로 귀결되고 만다"라고 기술한 바 있다.[41]

프랑스 혁명

프랑스 혁명이 전 세계에 미친 영향은 미국 혁명보다 더욱 지대했다.[42] 미국인들이 스스로 통치할 권리를 주장했다면, 프랑스 혁명가들의 주장은 그보다 훨씬 원대했으며 자신들이 유럽을 시작으로 전 세계에 적용될 본보기를 만들고 있다고 믿었다. 러시아 볼셰비키 같은 20세기 혁명가들도 자신들을 프랑스 혁명과 그로 인한 여파(자코뱅과의 동일시부터 보나파르티즘Bonapartism에 대한 공포까지)와 동일 선상에 놓고 비교하곤 했다.[43] 프랑스 혁명은 미국 혁명과는 달리 원칙적으로 민주적이며 평등을 추구했다. 그러나 미국 헌법과 권리장전(국민의 기본권을 보장하기 위해 미국 헌법에 덧붙여 1781년 미국 의회에서 통과되고 1791년에 비준된 헌법 수정안을 가리킨다-옮긴이)은 프랑스 혁명의 인권 선언과 중대한 차이가 있었고, 장기적으로 볼 때 그 차이는 미국 헌법에 유리하게 작용했다. 미국의 권리는 구체적이며 법으로 강제할 수 있었지만, 프랑스의 권리는 보편적이며 의도의 선언이었기 때문이다.[44]

혁명 이전 프랑스 군주들의 통치는 비효율적이며 억압적이었으나 그건 다른 유럽 군주들도 마찬가지였다. 오히려 프랑스는 이미 대부분의 유럽 국가들보다 더 자유로웠다. 혁명에 불을 붙인 것은 국민 주권설과 평등 이념을 주창한 '급진적 계몽주의' 사상이었으며, 이는 프랑스 혁명이 왜 그런 형태를 띠게 되었는지를 일부 설명해준다. 프랑스 혁명이 가져온 변화에는 법체제 개혁, 봉건적 특권의 철폐, 교회 권위의 종식, 흑인 노예제 폐지 선언, 결혼법 개정과 이혼 가능성 도입, 그리고 유대인의 법적 지위 인정 등이 포함된다.[45] 오늘날까지 프랑스 혁명의 원인뿐만 아니라 시작과 종료 시점에 관한 활발한 논쟁이 계속되고 있지만, 1789년 7월 14일의 바스티유 감옥 습격은 구체제의 권위를 말살하고 국민의 힘으로 주권을 행사한 것을 상징하는 사건으로 자리 잡았다.

프랑스 국민의회 좌석 배치에 기반을 둔 정치적 '좌·우' 개념, '자유·평등·박애' 이념(또는 슬로건) 등은 오늘날까지도 영향을 미치고 있는 프랑스 혁명이 이룬 정치 혁신의 결과이다. 프랑스의 혁명가들이 주창했던 세속적·반교권적 가치 또한 프랑스 혁명이 남긴 유산이다. 이는 단지 한 종교를 다른 종교로, 혹은 한 종교 계열을 다른 계열로 대체하는 수준을 훨씬 뛰어넘었다. 오늘날 세계 여러 지역에서 종교적 권위와 세속적 권위 중 어느 쪽이 정치적 우위를 점해야 하는지가 여전히 논쟁거리이지만, 적어도 현대 유럽에는 종교 지도자가 정부 정책을 좌지우지할 수 있는 나라는 없다. 그러나 종교에 대한 기본적인 적대감에도 불구하고 프랑스 혁명은 곧 자신들만의 의례와 신화를 낳았고, 이후 무자비한 공포 정치를 도입하여 프랑스의 선례를 따르고자 했던 유럽 다른 지역에서 열정의 불씨를 꺼뜨렸으며 프랑스 혁명 이념의 평판을 추락시키는 결과를 초래했다. 초기의 무질서한 평등주의가 계급의 부활, 군사적 모험주의, 그리고 새로운 독재 체제로 변질되면서 환멸은 더욱 커졌다. 특히 1795년 수립된 프랑스 총재 정부가 1799년 나폴레옹 보나파르트에 의해 전복되고 독재 권력이 수립되면서 환멸은 극에 달했다. 나폴레옹은 프랑스 혁명의 많은 성과를 무위로 돌리며 1804년 교황에게 황제의 관을 받아 즉위했다. 프랑스 혁명은 평등과 민주주의라는 급진적 사상을 바탕으로 체제 개혁을 도모한 최초의 시도였지만, 프랑스 혁명과 같은 신념에 의해 촉발된 혁명이 독재자에 의한 일인 통치로 막을 내리는 선례가 되기도 했다.

민주주의의 진화와 민주적 리더십

19세기가 진전되면서 더 이상 경제적 지위로 투표권을 제한할 수 없게 되었다. 유럽 상당 부분과 미국에서 점점 더 많은 사회 집단이 정치에 참여할 수 있는 발판을 얻었다. 그간 심지어 미국에서도 재산 요건이 오랫동안 투표권을 제한해왔다. 백인 남성의 보통 선거권은 주별로 각기 다른 시기에 부여되었으며, 이 과정은 1860년대 들어서야 대부분 완료됐다. 유색인 남성은 1870년 그들에게 선거권을 부여한 수정 헌법 제15조가 통과되고 나서야 원칙상 투표에 참여할 수 있는 권리가 생겼다. 노예제를 폐지한 수정 헌법 제13조가 통과되고 5년 만의 일이었다. 그러나 수정 헌법 제15조는 미국 남부에서 흑인의 투표권 행사를 방해하는 것을 막기엔 충분치 못했으며, 심지어 20세기 말엽까지도 남부의 여러 주에서는 흑인들의 투표 기회를 제한할 방법을 찾아냈다. 인종주의자들을 크게 한 방 먹인 사건은 백인 미국인 모친과 흑인 아프리카인 부친을 둔 버락 오바마가 2008년 대통령으로 당선되고 2012년 재선된 일이다. 오바마 초선 당시 그를 지지한 백인 유권자 비율(43퍼센트)은 2004년 존 케리를 지지했던 백인 유권자 비율(41퍼센트)보다 높았다.[46]

유럽의 경우, 19세기의 마지막 30여 년간 투표권과 재산의 연결고리가 끊어지면서 참정권이 크게 확대됐다. 프랑스에서는 1871년 남성의 보통 선거권이 인정되었고, 1874년에는 스위스가 그 뒤를 따랐다. 영국에서는 선거권 확장이 매우 점진적으로 이루어졌기에 성인 남성의 4분의 1가량은 1차 세계대전에 징집될 때까지도 투표권이 없었다. 그러나 여성 참정권의 부재야말로 20세기 이전 유럽과 미국에서 성인 과반수가 참정권을 갖지 못했던 주된 이유였다. 따라서 지난 100년 정도를 제외한 그 이전의 유럽 국가나 미국을 민주 국가라고 칭하는 것은 어불성설이다. 미국과 영국을 비롯한 여러 나라에서 19세기에(그리고 그 훨씬 이전부터도) 자유와 정치적 다원성, 그리고 법치(설사 불완전하다 하더라도)

를 확장해왔음에도 불구하고 그렇다. 전반적으로 볼 때, 유럽과 미국에서는 설득을 통해 통치하는 정부가 불균등하지만 점진적인 발전을 이뤄왔다.[47] 하지만 토크빌이 여성과 흑인 미국인에게 투표권이 주어지지 않았던 19세기 미국에 관해 1830년대에 쓴 훌륭한 저서에 『미국의 민주주의Democracy in America』라는 제목을 붙인 것은 성급했다.

여성 참정권 시대가 열리면서 20세기 민주주의의 발전은 정치 리더십에도 커다란 변화를 가져왔다. 그중에서도 특히 여성이 정부 수반으로 선출될 수 있다는 완전히 새로운 가능성이 열렸다. 보통 선거권이 성인 여성에게까지 확장된 것은 1893년에 이르러서였고, 그것도 뉴질랜드 한 나라에만 적용되는 얘기였다. 유럽에서는 핀란드와 노르웨이가 1907년 여성 참정권을 인정하면서 (늘 그렇듯이) 스칸디나비아 국가들이 여성의 권리 확장에 앞장섰다. 미국과 영국을 포함한 대부분의 나라에서는 1차 세계대전 이후에야 여성이 투표에 참여할 수 있었다. 미국에서는 1920년 수정 헌법 제19조가 통과되면서 여성의 선거권이 보장되었으며, 반세기 전 인종에 따른 투표권 차별을 폐지했던 헌법 개정 때와는 달리 각 주는 이 새로운 조항을 우회하려는 꼼수를 시도하지 않았다. 영국에서는 여성 참정권 확대가 두 단계에 걸쳐 진행되었다. 1918년 30세 이상 여성에게, 1928년에는 21세 이상 여성에게까지 투표권이 확대됨에 따라 마침내 여성이 남성과 동등한 선거권을 갖게 되었다.

여성의 정치 진출은 민주주의의 필수 요소이지만, 여성 참정권이 보장된 후에도 여성 정치 리더가 등장하기까지는 적지 않은 시간이 걸렸다. 세계 최초의 여성 정부 수반은 1960년 실론(현 스리랑카)의 총리가 된 시리마보 반다라나이케Sirimavo Bandaranaike다. 그녀는 스리랑카 자유당을 창설한 남편이 암살당한 후 남편의 뒤를 이어달라는 당의 요청을 받고 총리 자리에 올랐다. 물론 수세기 전에도 16세기 영국의 엘리자베스 1세Elizabeth I나 18세기 러시아의 예카테리나 2세Catherine II처럼 정계 최고직에 오른 여성이 존재했지만, 그건 세습 군주여서 가능했던 일이다. 20세기 전반까지만 해도 여성이 선거에서 승리한 정당의 리더로서 정부 수반의 자리에 올랐던 사례는 전무했다. 그러나 이후 2013년까지 전 대륙에 걸쳐 80명 이상의 여성들이 정부 수반으로 선출되었다. 1969년부터 1974년까지 이스라엘 총리였던 골다 메이어Golda Meir를 비롯하여 좀 더 잘 알려진 유럽의 총리만 꼽아보자면, 1979년 영국의 마거릿 대처, 1981년 노르웨이의 그로 할렘 브룬틀란Gro Harlem Brundtland, 2005년 독일 총리 앙겔라 메르켈, 2011년 덴마크의 헬레 토르닝슈미트Helle Thorning-Schmidt, 그리고 2013년 노르웨이의 두 번째 여성 총리가 된 에르나 솔베르그Erna Solberg 등이 있다.

흔히 생각하는 것과는 달리 유럽이나 북미보다 가부장적인 아시아 국가에서 여성 리더가 더 일찍, 더 자주 출현했다(북미의 경우 캐나다는 여성 총리가 나왔지만, 미국은 아직 여성이 대통령으로 당선된 적이 없다). 이를테면 인도에서는 이미 1966년에 인디라 간디Indira Gandhi가 총리로 취임했다. 그러나 아시아에서 정부 수반이 된 여성은 예외 없이 중요한 남성 정치인과 친인척 관계(아버지나 남편)였다. 따라서 아시아 대륙의 여성 리더 출현은 비록 중요한 약진이긴 하나, 세습 통치와 왕조 정치의 변형으로도 볼 수 있다. 반다라나이케는 암살된 남편의 자리를 대신했고, 간디 여사는 인도 독립 후 초대 총리였던 자와할랄 '판디트' 네루Jawaharlal 'Pandit' Nehru의 유일한 자제였다. 1986년부터 1992년까지 필리핀 대통령으로 재임한 코라손 아키노Corazón Acquino는 권위주의적이고 부패한 페르디난드 마르코스Ferdinand Marcos의 정적으로 활동하다 결국 암살당한 야당 지도자 베니그노 '니노이' 아키노Benigno 'Ninoy' Acquino의 부인이었다. 파키스탄 최초의 여성 총리이자 1988년부터 1990년까지, 그리고 1993년부터 1996년까지 두 차례 총리를 지낸 베나지르 부토Benazir Bhutto의 부친 줄피카르Zulfikar도 1970년대에 파키스탄 대통령과 총리를 연달아 지낸 인물이었다. 줄피카르는 1979년 정적을 살인교사한 혐의로 교수형을 당했고, 베나지르는 2007년 12월 선거운동 중 폭탄 테러로 사망했다. 이들의 죽음은 파키스탄 정치의 폭력성과 불안정성을 상징하는 사건이다. 한국 최초의 여성 대통령으로 2012년 12월 민주적인 절차를 통해 당선되어 2013년 2월 취임한 박근혜는 1960-70년대 한국의 권위주의적 대통령이자 1979년 재임 중에 중앙정보부 부장에게 암살당한 박정희의 딸이다. 심지어 미얀마 군부 독재에 민주적으로 저항하며 오랜 세월 가택 연금을 당했던 비범한 야권 리더 아웅 산 수 치Aung San Suu Kyi도 암살당한 미얀마 독립운동의 지도자 아웅 산Aung San의 딸인 것에 초기의 명망을 빚지고 있다.

라틴아메리카에서도 여성 리더가 출현하기 시작했던 초반에는 친인척 관계가 중요했다. 에바 페론Evita Perón은 대통령 자리에 오르지 않고도 생전은 물론 사망 후까지 큰 영향력을 가졌던 인물이었다. 2차 세계대전 후 첫 아르헨티나 대통령이었던 후안 페론Juan Perón의 두 번째 부인이었던 그녀는 특히 1947년 아르헨티나 여성 참정권 획득에 중요한 역할을 했다. 1975년 페론 사망 후에는 그의 세 번째 부인인 이사벨Isabel이 아르헨티나 최초의 여성 대통령으로 취임했다. 하지만 더 최근에 선출된 남미의 여성 리더들은 그런 혈연적 배경이 필요 없었다. 비록 아르헨티나의 크리스티나 페르난데스Cristina Fernández 대통령은 남편 네스토르 키르치네르Néstor Kirchner 대통령 사후 그 뒤를 잇는 기존의 패턴을 따랐으나, 브라질의 지우마 호세프Dilma Rousseff나 칠레의 미첼 바첼레트Michelle Bachelet는 그런 연줄이 필요하지 않았다. 그들은 전적으로 자신의 노력과 능력을 바탕으로 두각을 나타냈고, 정당과 국민들의 높은 신망을 얻은 결과 정부 수반 자리에 올랐다. 바첼레트는 기본적으로 사회민주주의 계열인 칠레 사회당 소속으로 2006년부터 2010년까지 칠레 대통령을 역임했다. 브라질 노동당 소속인 호세프는 룰라 다 시우바Lula da Silva의 뒤를 이어 2010년 대통령으로 선출되었다. 두 여성의 공통점이 있다면, 그것은 두 사람 다 군사 독재 정권에 적극적으로 대항한 인물이었고 권위주의적 통치에 저항하는 투사로서 고문을 비롯한 박해를 당했다는 점이다.

문화적 배경

최근 인류학 연구를 통해 시대별·사회별 리더십 발전 과정에 대한 이해가 확장되었다. 새롭게 발견된 인류학적 증거들은 이 장의 초반에서 소개한 계몽주의 사상가들의 이론에 살을 붙이고, 동시에 부분적 수정을 촉발하기도 했다. 전근대 사회에서 의사 결정에 도달하는 매우 다양한 방법이 존재했다는 것은 그 어느 때보다도 명백해졌다. 한 명에게 리더 자리를 내주지 않는 평등주의적인 수렵 채집 사회도 다수 있었던 반면 수장이 다스리는 사회도 있었다.[48] 인류가 지구상에 존재한 기간의 99퍼센트를 수렵과 채집을 통해 생존해왔던 것을 고려하면, 시대와 장소에 따라 사회적 합의에 도달하고 의견 불일치를 해소하는 방법이 다양하게 존재했던 것은 그리 놀라운 일이 아니다.[49] 미국 학자 재러드 다이아몬드Jared Diamond에 의하면 집단의 규모가 관건이다. 만약 한 집단이 수백 명 수준이고 구성원들이 단지 서로 아는 사이일 뿐만 아니라 친족으로 구성된 집단이라면, 수장이 없어도 아무 탈 없이 작동할 수 있다. 다이아몬드는 이렇게 말한다.

> 부족은 여전히 비공식적이고 '평등주의적' 정부 체제를 갖고 있다. 정보와 의사 결정은 모두 공동의 것이다. ⋯ 많은 [뉴기니] 고산 지대 마을에는 '빅맨big-man'으로 알려진 인물이 존재하며, 그는 마을에서 가장 영향력 있는 인물이다. 그러나 그 지위는 채워져야 할 공식적 직위가 아니고 제한된 권한만을 갖는다. 빅맨은 단독적 의사 결정권이 없고 ⋯ 공동체의 결정에 영향력을 미치려 시도할 수 있을 뿐이다. 빅맨은 개인적 자질을 통해 그 위치를 얻으며 자리는 세습되지 않는다.[50]

그러나 시간이 지나면서 일부 빅맨은 스스로 수장으로 탈바꿈했다. 인류학자 마셜 살린스Marshall Sahlins에 따르면, 그들은 자신의 지위를 이용하여 부족의 평등주의적 사회 규범을 전복시키고 다른 사람들에게 공물을 바칠 것을 요구하며 생존에 필요한 것보다 더 많은 양을 생산하도록 강요했다. 초기 수장들은 부족의 모든 구성원이 대가족의 일부라는 믿음으로 인해 제약을 받았으나, 일부 수장들은 친족 간의 유대를 부인하고 무자비한 착취를 강행했다.[51] 이처럼 리더십과 설득으로 시작되었던 것이 이후 권력과 강압으로 변질했다. 특정인이 최고의 권위를 부여받지 않는 무리 또는 부족과 구분되는 수장제Chiefdom는 대략 7,500년 전에 처음 등장한 것으로 보인다.[52] 부족 결사체는 '대규모의 인구 집단이 밀집되어' 있고 '잉여 식량 생산의 가능성'이 있을 때 수장에 의해 지배되는 사회로 변하는 경향이 있다. 집단이 클수록 리더의 출현을 피하기 어려웠으며, 일부에서는 권위주의적 리더가 등장하기도 했다. 전근대 사회는 각각 고유한 특성이 있었다.[53]

20세기 후반에 들어서야 독립했던 아프리카 국가들의 정계를 보면 이전 사회 조직의 흔적이 남아 있는 경우가 있다. 영국 식민지들이 독립국의 지위를 획득(보통 정치적 투쟁을 통해)하고 '웨스트민스터 모델'에 기반한 헌법을 도입했을 때, 뿌리 깊은 문화적 특성이 종종 공식적인 제도보다 강한.힘을 발휘했고 웨스트민스터와의 유사성은 갈수록 희박해졌다. 따라서 아프리카 리더들은 예외도 있지만 주로 민족적·지역적 집단에 기반을 둔 '고도로 개인화된 보호자-추종자 네트워크'를 통해 통치해온 경향이 강하다. 이런 네트워크 안에는 막대한 영향력을 행사하고 '게임의 법칙을 무시하는' '빅맨'들이 존재한다.[54] 아프리카 국가들의 고질적 문제는 식민 통치 시절에 정해진 국경 때문에 서로 다른 민족과 지역의 사람들이 강제로 함께 묶여 있다는 점이다. 따라서 정치 리더들이 직면한 난제 중 하나는 국가 정체성을 창출하는 것이었다. 탄자니아의 줄리어스 니에레레Julius Nyerere 대통령과 남아프리카공화국의 넬슨 만델라는 이 부분에서 예외적으로 성공한 리더로 꼽힌다.[55] 훌륭한 제도를 갖추는 것은 분명 중요하지만, 많은 부분이 리더의 자질과 도덕성에 달려 있다. 만일 리더 스스로 제도를 교묘히 피해가며 자신의 정당성을 약화시킨다면 견고한 구조만으로는 국가를 통합하기에 충분치 않을 것이다.

이때에도 리더십은 분명 중요하다. 특히 분열된 최빈국들에 필요한 것은 독재자가 아니라 비전을 갖고 모두를 포용하는 리더십이다. 세계 최빈국들 다수가 상대적으로 다양한 민족들로 구성된 나라이다. 바로 이 점이 선거 제도가 제대로 작동하는 데 장애물로 작용하는데, 그 이유는 같은 민족의 후보에게 표를 주는 경향이 강하기 때문이다(투표가 어느 정도 자유롭게 치러진다는 가정하에). 그런 이유로 세계 빈곤층 수억 명이 속해 있는 다민족 국가에서는 **'독재자'가 필요하다**는 유혹에 빠지기 쉽다.[56] 폴 콜리어Paul Collier는 아프리카 국가들을 오랫동안 관찰한 결과와 공동체 간의 폭력 유발 요인들을 통계적으로 분석한 결과에 기반하여 독재의 위험성을 경고한다. 그는 폭력이 경제 성장 전망을 악화시킬 뿐 아니라 국민의 삶을 황폐화하는 점에 기반하여, 세계 최빈곤층이 거주하는 다민족 실패 국가failing states에서 "민주주의 제도가 제기능을 못한다 할지라도, 독재는 더욱 부적절하다"고 결론짓는다.[57]

정치 문화

이 책에서 나의 주요 관심사는 현대 사회의 정치 문화 속에서 정치 리더십을 살펴보는 것이다. 정치 문화에 초점을 맞춘다는 것은 문화의 여러 측면 중에서도 특히 정치와 연관된 부분을 조명한다는 의미다. 정치 문화는 역사와 정치 사이의 연결고리도 제공한다. 오래 지속되지 않는 '태도'와는 달리, 뿌리 깊은 문화는 국가와 집단의 역사적 경험의 산물이기 때문이다(단, 역사학자들에 의해 정제된 역사라기보다는 대중이 인식한 역사에 가깝다). 정치 문화, 그리고 그 상위 개념인 문화는 매우 다양한 방식으로 정의된다.[58] 하지만 정치 문화란 근본적으로 사람들이 정부와 시민의 행위를 평가할 때 당연시하는 부분, 정치적 변화를 초래하는 수단에 대한 이해, 집단과 국가에 대한 역사 인식, 가치 판단과 근본적인 정치적 신념 등을 뜻한다.[59] 가치관을 연구하는 사람들은 가치관이 시간이 지남에 따라 변한다는 사실을 알지만, 원칙적으로 매우 느리게 변한다는 점도 인지하고 있다.[60] 근본적인 정치 신념이란 사람들이 이런저런 정당을 지지하는지와 같은 문제가 아니라 더욱 기본적인 것, 예를 들어 모든 국민이 리더에게 영향을 미치고 정치적 결과를 결정할 권리가 있다고 믿는지, 아니면 반대로 정부에서 하는 일은 바람이나 파도처럼 평범한 서민들에 의해 좌지우지되지 않는(또는 좌지우지되지 말아야 하는) 통치자들의 손에 맡겨야 한다고 믿는지 등을 의미한다.

복잡한 현대 사회에서 나타나는 정치 문화는 여러모로 다양하다. 실상 대부분의 국가는 여러 다른 인종으로 구성되어 있고 서로 다른 종교적 신념을 가진 사람들과 무신론자들이 공존한다. 그럼에도 보다 성공적인 국가들의 경우 구성원 간의 공통점에 더 가치를 둔다. 그리고 이런 나라들은 변화의 내용과 방향이 민주주의 체제 내에서 여전히 논쟁의 대상이라 할지라도, 그 변화가 어떤 방식으로 도입되어야 하는지에 대한 대략적인 합의가 존재한다. 특정 정치 문화가 한 나라를 대표하는 정치 문화라고 단언하는 것은 예외 없이 지나친 단순화다. 한 국가 안에는 여러 하위문화가 존재하고, 어느 정당을 지지하는지에 따라 어떤 하위문화에 속해 있는지 판별할 수 있는 경우도 있다. 프랑스 제4공화국이나 제5공화국에서, 공산당원과 보수적 가톨릭 당원은 서로 매우 다른 하위문화 집단에 속했다. 한편 어떤 사회에서는 폭넓게 받아들여지지만 다른 사회에서는 전혀 받아들여지지 않는 신념도 존재한다.[61] 예를 들어 어떤 나라에서는 '질서'를 최고의 가치로 여겨 그것을 명분으로 리더 한 사람에게 무제한적 권력을 부여하는 것을 기꺼이 수용하는가 하면, 다른 나라에서는 최고 리더가 법적·정치적 책임을 지도록 그의 권력을 제한하는 것에 중점을 둔다. 역사적으로 볼 때 러시아는 전자의 예이고 미국은 후자의 예다.

그렇다면 리더들은 절대 불변은 아니지만 대체로 서서히 변화하는 정치 문화 안에서 활동한다고 볼 수 있다. 만일 미국 대통령이나 캐나다 총리 또는 프랑스 대통령이 언론의 자유를 탄압한다면, 문화적 저항뿐만 아니라 제도적 저항도 불러올 것이다. 실제로 프랑스의 니콜라 사르코지Nicolas Sarkozy 대통령은 재임 기간 중 국내중앙정보국DCRI을 통해 자신에게 비판적인 언론인들을 사찰했다는 의혹이 제기되어 강한 비판을 받았다.[62] 2차 세계대전 이후 이탈리아의 민주주의는 결함이 있긴 했지만, 이탈리아가 민주주의 국가임은 틀림없다.[63] 따라서 실비오 베를루스코니Silvio Berlusconi 총리가 자신의 언론 제국을 이용하여 정부에 대한 비판과 토론을 억제하려 했을 때 대내적으로 상당한 반대에 부닥쳤다. 반면 러시아는 비록 1980년대 후반에 활발한 정치적 다원주의가 등장하긴 했으나, 한 번도 성숙한 민주주의였던 적은 없었다. 오히려 지난 20여 년간 러시아의 민주주의는 꾸준히 약화되었다. 예외적으로 2011년과 2012년에 의회 선거 조작 사건을 규탄하는 수만 명의 시민이 모스크바와 다른 도시들(에서는 훨씬 적은 숫자였지만)의 거리로 쏟아져 나오면서, 지난 10년간의 소극성과 순응주의에서 벗어나려는 시도를 보여준 사건이 있었다. 반면 21세기에도 야당 리더들을 상대로 관변 언론의 협조를 받아 자행된 탄압에는 국민들이 별다른 저항을 보이지 않았다. 민주적 정치 문화는 오랜 민주주의 경험에서 자라는 것인데, 러시아에서 그런 경험은 불완전했을 뿐만 아니라 오래 지속되지 못했다.

정치 문화는 시간이 지나면서 제도와 가치관 사이의 상호 작용을 통해 변화하며, 이는 쌍방향적 관계다. 민주적 제도에 대한 오랜 경험은 민주적 가치를 형성하고 강화한다. 그런데 때로 한쪽의 영향력이 압도적으로 큰 경우도 있다. 권위주의 정권이 강제로 수립되고 새로운 통치자들이 기존의 보편적 신념과 상충하는 이데올로기를 강요할 때 이런 상황이 벌어진다. 1918년부터 1992년 말까지 존속했던 체코슬로바키아(이후 체코공화국과 슬로바키아공화국으로 분리됐다)가 좋은 예다. 체코슬로바키아는 전간기에 중부 유럽에서 가장 민주적인 국가였으며, 국부 토마시 마사리크Thomáš Maʼsaryk가 이 기간의 대부분을 이끌었다. 그러나 제1공화국의 업적은 2차 세계대전 직후 공산주의자들에 의해 폄하되었으며, 사람들의 마음속에는 1930년대의 실업과 나치 침략으로 인한 공화국 붕괴만 각인되었다. 그로부터 20년간 공산 체제를 겪은 후 체코인들은(슬로바키아인들보다 더) 전간기의 민주주의를 2차 세계대전 직후보다 높이 평가했다. 1946년에 시행된 설문 조사에서 체코슬로바키아 국민들에게 역사상 가장 영광스러웠던 시기가 언제라고 생각하는지 물었을 때, 제1공화국(1918-38년)이라고 대답한 응답자는 8퍼센트에 불과해 '영광스런' 시대 목록에서 5위에 머물렀다. 1968년 같은 설문 조사를 했을 때, 제1공화국은 39퍼센트의 지지를 얻어 1위를 차지했다.[64] 소비에트식 억압 통치를 경험한 체코와 슬로바키아의 많은 공산주의자들은 1960년대 들어 정치적 다원주의의 장점뿐만 아니라 마사리크의 도덕적·정치적 위상도 재평가하기 시작했던 것이다.

2차 세계대전 직후 체코슬로바키아에는 '사회주의 국가 건설'에 대한 진정한 열의가 존재했다. 그러나 비밀경찰의 감시와 억압을 동반한 관료주의·권위주의 정권은 보다 이상주의적이었던 젊은 체코슬로바키아 공산주의자들의 기대와 달랐다. 암울한 현실과 이상의 괴리 속에서 체코인들은 자신들이 처한 정치적 상황을 심각하게 재고하기 시작했다. 또한 니키타 흐루쇼프Nikita Khrushchev가 1956년 모스크바에서 열린 제20차 소련 공산당대회 미공개 연설에서, 그리고 1961년 제22차 대회에서 공개적으로 스탈린Josif Stalin을 비판했던 것은 개혁 운동에 큰 자극이 되었다. 프라하의 봄으로 알려진 사건은 체코슬로바키아 공산당 내부의 자체적 개혁 움직임의 결정체였다. 그렇지만 1968년의 보다 관용적이고 급격히 변화하던 분위기 속에서, 공산당 내부뿐만 아니라 사회 전반적으로 새로운 활력의 바람이 불었다. 국민의 과반수를 차지하는 비공산주의자를 대표하는 시민 단체들이 생겨났다. 이러한 과정, 특히 공산당 지도부가 승인한 정치 개혁은 소비에트 정치국의 경각심을 불러일으켰고, 결국 소비에트는 그해 8월 50만 명의 군대를 보내 사태를 진압하기에 이른다.

슬로바키아 출신 당 최고 지도자 알렉산드르 둡체크Alexander Dubček는 급진적 개혁주의자로 보기엔 무리가 있다. 그러나 그는 강압보다 설득을 선호하는 사람이었고, 경청에 능했으며, 비판적 토론과 시스템의 부분적 다원화를 용인했다. 이로 인해 그는 소비에트 고위 지도자들에게 '공공의 적 1순위'로 떠올랐다.[65] 사실 둡체크의 역할은 추진자라기보다는 조력자에 가까웠지만, 그가 1968년 초에 강경파 안토닌 노보트니 Antonín Novotný의 뒤를 이어 당 지도자가 된 것은 매우 중요한 의미를 지녔다. 극히 권위주의적이며 계급 구분이 철저한 정치 체제에서는 최고 지도자가 단지 다른 리더십 스타일을 가진 것이 아니라 보다 인도주의적 가치를 가진 사람으로 바뀌었을 때 커다란 변화가 나타날 수 있다. 일반적으로 **더 큰 권력이 한 자리에 집중될수록 그 자리를 차지한 사람이 가져올 수 있는 변화의 잠재적 중요성은 더욱 커진다.**

문화가 정치에 큰 영향을 미치는 것은 사실이지만, 이를 문화 결정론으로 받아들여서는 안 된다. 국가 문화를 관통하는 초국가적 영향력은 지난 수세기 동안 중요한 요소였으며, 특히 국가 및 대륙 간 초고속 통신 수단이 예전보다 훨씬 다양해진 20세기 후반과 21세기의 경우엔 더욱 그렇다. 게다가 현대 국가는 각각의 다양한 문화적 전통을 갖고 있다. 체코슬로바키아 국민은 과거에 민주적 가치를 체현한 지도자이자 변화를 원하는 사람들에게 유력한 상징이 될 수 있는 지도자를 보유했다는 점에서 운이 좋았다. 마사리크의 사진은 1968년 프라하의 거리에서 불티나게 팔렸고(나도 그해 하나 구입했다), 그 후 20년 동안 판매가 금지되었다가 1989년 말에 다시 등장했다. '벨벳 혁명'으로 알려진 1989년의 혁명은 모스크바로부터 아무런 저항도 받지 않았다.

권위주의 정권이나 전체주의 정권이 통치하는 나라 중에는 체코슬로바키아와 비교할 때 현재에 적용할 수 있는 유용한 경험이 별로 없는 나라도 있다. 과거에 민주주의를 경험했고 민주주의와 자유를 상징하는 원천을 가진 것은 분명 도움이 되지만, 민주주의적 관점에서 덜 유리한 정치 문화 유산을 가졌다고 해서 그 나라가 독재 정권을 벗어나지 못할 운명인 것은 아니다. 천만의 말씀. 오늘날 민주주의로 간주하는 나라들도 다 옛날에는 독재 군벌이나 절대군주가 통치했다.

리더의 역할은 권위주의 정권에서 민주주의로 이행할 때 특히 중요하다. 민주적 가치에 대한 리더의 의지가 얼마나 군건한지가 정치적 혼란기에 변화의 돌파구를 마련하고 유지하는 데 결정적으로 중요했던 경우가 적지 않다. 미하일 고르바초프는 변혁적 리더(4장에서 논의 예정)였지만, 그와 그의 국내 조력자들은 힘든 싸움을 해나가야 했다. 고르바초프가 추진했던 급진적 변화에 반대하는 강력한 기득권이 존재했을 뿐만 아니라, 그들은 러시아 정치 문화의 특정 요소들을 자신들에게 유리하게 이용할 수 있었기 때문이다. 그 문화적 요소들은 소련 해체 이후 러시아 지도자들의 통치 기반을 이뤘고, 소련 말기에 도입됐던 정권 최상부의 권력 제어 장치들은 민주주의적 외형만 남고 실체는 대부분 제거되었다. 기득권에 도전하지 않는 것이 당연할 뿐만 아니라 분별 있는 태도라는 순응주의 사고방식이 재발했다. 러시아에서 소위 리더의 '인기'는 종종 '그의 권력이 얼마나 큰지에 대한 인식'에 좌우된다. 1996년 대통령 선거운동 기간 당시, 한 여성 유권자의 인터뷰가 이 점을 잘 보여준다. 누구를 지지하느냐는 질문에 그녀는 공산당 후보 겐나디 주가노프Gennady Zyuganov를 지지하지만 보리스 옐친Boris Yeltsin에게 투표할 거라고 말했다. 그 이유를 묻자 그녀는 "주가노프가 대통령이 되면 그때 그에게 투표할 것"이라고 대답했다. 권력을 보유한 것 자체가 권위를 부여받은 것으로 간주되고, 그 결과가 존경과 충성으로 이어진다. 이반 크라스테프Ivan Krastev와 스티븐 홈즈Stephen Holmes가 말했듯이, 만약 푸틴이 "당선 가능성이 있는 여러 대통령 후보 중 하나일 뿐이라면 그는 더 이상 권력을 경외하는 유권자들이 열성적으로 표를 주는 그 푸틴이 아닐 것이다."[66]

정부의 정당성을 독재자의 통치와 연결하는 전통에 러시아 사람들이 얼마나 집착하는지를 보여주는 설문 조사 결과가 있다. 2000년에 유리 레바다Yuriy Levada(2006년 사망할 때까지 러시아 여론 연구 분야에서 존경받은 원로 연구자)가 이끌었던 여론 조사 기관에서, 20세기 지도자 중 가장 훌륭한 사람이 누구라고 생각하는지를 설문 조사한 적이 있었다. 상위 다섯 명의 인물은 여러 면에서 매우 달랐지만, 한 가지 공통점이 있다면 그것은 바로 민주주의에 적대적이었다는 점이다. 그들은 좋게 얘기하면 권위주의적, 나쁘게 얘기하면 전체주의적 리더였다. 1위는 이오시프 스탈린, 2위는 블라디미르 레닌이 차지했다. 3위는 15년간 국가보안위원회KGB 의장으로 재임하고 1982년부터 1984년 초 사망할 때까지 소련 공산당 서기장이었던 유리 안드로포프Yuriy Andropov, 4위는 1964년부터 1982년까지 서기장으로 재임한 레오니트 브레즈네프Leonid Brezhnev, 그리고 5위는 1917년에 축출된 마지막 황제 니콜라이 2세Nicholas II였다.[67]

민주적 원칙에 대한 러시아 국민의 지지도가 러시아 정치 엘리트들이 주장하는 것보다 더 크다는 사실을 보여주는 다른 설문 조사 결과들도 있었음을 함께 언급해야 하겠다. 자신들이 민주주의 체제 아래서 살아가고 있다고 믿는 러시아 국민은 소수에 불과하지만, 대다수 국민은 민주주의가 조국에 적합한 통치 체제라고 생각했다. 하지만 티모시 콜튼Timothy Colton과 마이클 맥폴Michael McFaul은 또 다른 실망스러운 결과도 발견했다. 민주주의 국가와 강한 국가 중 하나만 선택하라고 했을 때,

단 6퍼센트의 러시아인만이 민주주의를 선택했다.[68] 비슷한 결과가 또 있다. 러시아 야로슬라블에서 1993년, 1996년, 2004년 세 차례에 걸쳐 시행된 설문 조사에서 응답자의 80퍼센트 이상이 '재능 있고 의지가 강한 리더는 어떤 일도 해낼 수 있다'라는 진술에 동의했으며, '소수의 강력한 리더들이 모든 법률과 논의보다 나라에 더 공헌할 것이다'라는 진술에는 75퍼센트가 동의했다.[69]

하지만 러시아 안에도 여러 서로 다른 하위문화가 존재할 뿐만 아니라, 다른 현대 국가들과 마찬가지로 매우 현저한 세대 차이가 존재한다. 앞서 인용한 레바다의 조사에서 응답자들에게 20세기 위대한 러시아 리더 중 한 사람만 고르라고 요청했다. 여기서 스탈린을 선택한 사람들과 고르바초프를 지명한 사람들은 그 두 인물의 가치관과 정책의 간극을 고려하면 서로 매우 다른 하위문화에 속한다. 고르바초프는 응답자의 7퍼센트가 선택하여 6위를 차지했다. 그러나 조사 결과를 보면 나이와 교육 수준에 따라 상당한 차이가 나타난다. 스탈린의 지지율은 55세 이상에서 가장 높았고 18세에서 24세 사이에서 가장 낮았으며, 고등·중등·'중등 이하'의 세 층위의 학력으로 나눴을 때 고등 교육 집단에서 가장 낮았다. 고르바초프의 핵심 지지층은 학력과 나이 면에서 스탈린과 반대인 것으로 나타났다. 고등 학력자의 14퍼센트가 그를 20세기의 가장 위대한 지도자로 꼽았는데, 이는 스탈린을 가장 위대한 인물로 뽑은 고등 학력자와 같은 비율이었다.[70] 2005년에 시행된 설문 조사에서 소비에트 체제에 대한 러시아인들의 태도를 조사했을 때도 이와 유사한 연령별 차이가 나타났다. '러시아가 모든 면에서 고르바초프가 국가 수반이 된 1985년 이전 상태로 유지되었더라면 더 좋았을 것'이라고 생각하느냐는 질문에 48퍼센트가 그렇다고 응답했다. 그러나 55세 이상은 66퍼센트가 동의한 반면, 18-24세 연령층은 24퍼센트만이 동의했다.[71]

정치 문화는 역사의 영향을 받지만, 사람들이 살면서 실제로 경험한 것의 영향력을 결코 과소평가해서는 안 된다. 그들이 그 경험을 어떻게 해석하는지는 유년기와 청년기에 가졌던 가치관과 신념에 의해 크게 좌우된다. 민주주의가 확립된 나라들을 대상으로 진행한 정치관 확립에 관한 연구에 따르면, 부모의 정치 성향이 자녀에게 제공되는 정치 관련 정보에 큰 영향을 미치는 것으로 나타났다.[72] 이는 권위주의 정권에서도 분명 마찬가지일 것이다. 특히 공산주의가 외부로부터 강요된 나라에서는 가족 내 사회화가 공교육과 관제 언론의 영향을 상쇄하는 결정적인 균형추 역할을 하기도 한다. 폴란드는 소련의 무력에 의지해 정권을 잡았기에 정통성을 확보할 수 없었던 정부의 영향력보다, 부모나 그와 결부된 가톨릭 교회의 영향력이 더 컸다. 러시아인들과 비교할 때, 폴란드인들이 강력한 세속주의 리더를 그들의 기도에 대한 답은커녕 문제의 해결책으로 여길 가능성조차 거의 없었다.[73]

심리적 차원

현대 경제학자들과 정치학자들은 권력과 부의 추구를 사리를 추구하는 합리적인 행위자의 게임으로 간주한다. 하지만 돈벌이조차 (빈곤층이 생존을 위해 돈을 버는 걸 제외하고는) 경제적인 동기에 의한 활동이 아닌 경우가 많다는 점이 역설적이다. 노벨 경제학상을 수상한 심리학자

대니얼 카너먼Daniel Kahneman에 따르면 "억만장자가 더 큰 재산을 추구하는 것, 그리고 경제 실험 프로젝트 참가자가 적은 금액에 연연하는 것은 돈이 자존감과 성취를 측정하는 대용품이기 때문이다."[74] 늘 그렇듯이 애덤 스미스는 그의 이론을 사적 이익에 대한 순수한 방어로 해석하고, 그것을 사회를 지배하는 **궁극적** 원리로 봤던 스미스 이론 연구자들보다 현명했다. 스미스는 사람들이 중대한 정치적 사건에 대응하는 방식을 위시하여 삶 전반에 존재하는 비합리적인 요소를 제대로 파악하고 있었다. 예를 들어 그는 "영국 내전에서 희생된 무고한 생명을 모두 합한 것보다 찰스 1세 한 사람의 죽음이 더 큰 분노를 불러일으켰다"는 점을 지적했다.[75] 스미스는 인간 본성에 무지한 사람은 신분이 높은 사람이 그렇지 않은 사람에 비해 더 심한 고통을 느끼고, 죽음을 더욱 끔찍하게 여길 것이라 상상하기 쉽다고 설명했다. 그는 이 통찰을 사회적·정치적 위계에 관한 심리학적 설명으로 발전시켜, 정부 형태와 경제적 생존 수단의 관계를 설명한 자신의 이론을 보강한다. 스미스는『도덕감정론Theory of Moral Sentiments』에 이렇게 썼다.

부와 권력을 가진 자들의 관심사를 그대로 따르는 인간의 성향을 토대로 계급 구분과 위계질서가 구축되었다. 우리가 높은 사람에게 아첨하는 이유는 그들이 우리에게 호의를 베풀어 어떤 개인적 이득을 줄 것이라고 기대하기 때문이라기보다는 그들의 특권을 흠모하기 때문이다. 그들이 하사하는 혜택은 몇몇 사람에게만 돌아가지만, 그들이 가진 부는 거의 모든 사람의 관심사다.[76]

스미스에 따르면 '오직 소수'의 지혜롭고 덕망 높은 사람들만이 '진실하고 꾸준한 지혜와 덕망을 숭배'한다. 반면 "대다수의 인간 군상은 부와 위대함의 찬미자이고 숭배자다. 게다가 놀랍게도 대부분 **사심 없이** 찬미하고 숭배한다."[77]

'부와 위대함'을 숭배하는 성향에 더해, 사람들은 군주나 대통령, 총리를 막론하고 개별 통치자의 스스로에 대한 높은 평가를 액면 그대로 받아들이는 경향이 있다. 그 평가란 주변인들의 아첨과 출세에 대한 희망에 의해 지탱되는 것인데도 말이다. 최근 발간된 일부 리더십 관련 서적들은 예전에 비해 지지자 및 그들이 리더와 맺는 복잡한 관계에 좀 더 관심을 기울인다.[78] 여기에 따르면, 겁 많고 잘 속아 넘어가는 지지자들은 그들의 수준에 맞는 나쁜 리더를 얻게 된다. 리더는 자신의 영웅적 이미지를 선전하고 자신의 메시지를 전파할 지지자들을 모집해주는 '진정한 신자'들에게 의존하고 있다. 그러므로 리더가 지지자에게 얼마나 의존하는지 모른 체하면 할수록 리더의 독자적인 능력은 그만큼 과장된다.[79]

권위적인 인물에 대한 복종은 퇴출당해야 할 '독성 강한 리더toxic leader'들이 정치뿐만 아니라 많은 분야에서 자리를 유지하게끔 한다. 진 립먼-블루먼Jean Lipman-Blumen은 "우리의 환상을 깨뜨리고 삶의 어두운 면을 직시하게 하는 리더보다 독성 강한 리더를 선호하는" 경향이 만연하다고 지적했다.[80] 물론 많은 리더는 '독성'이 강하지도, 마냥 비관적이지도 않다. 리더는 직면한 문제의 심각성에 대해 솔직하게 말하면서도, 사람들에게 희망을 불어넣고 낙관할 수 있는 이유를 제공해야 한다. 2차 세계대전 당시 윈스턴 처칠이 영국 전시 총리로서 이 역할을 **탁**

월하게 잘해냈다. 반면 미국 대통령 지미 카터Jimmy Carter는 당시 미국이 직면하고 있던 여러 가지 문제를 파악하긴 했지만 국민의 사기를 진작시키는 데는 성공하지 못했다. 그는 지적이고 강직한 리더였으나, '지나치게 경건하고 즐거움을 모르는' 리더로 묘사된다.[81] 카터는 혼자 너무 많은 일을 하려고 했고 감정적 호소나 정치적 여론을 배제하고 합리성에만 의존했기에, 정책 목표를 달성하는 데 실패했다. 그의 전직 보좌관은 "현재 씨름하고 있는 문제보다 더 큰 비전을 제시하지 못하는 점"이 바로 카터 리더십의 문제라고 말하기도 했다.[82] 카터는 후임인 로널드 레이건에 비해 문제 파악 능력은 훨씬 뛰어났지만, 1980년에 열린 미국 대선에는 레이건의 쾌활한 낙관주의가 훨씬 더 도움이 되었다. 미국 정치에 대한 연구를 살펴보면 '사람들은 토론을 가장 잘하는 후보가 아니라 적절한 감정을 끌어내는 후보에게 투표한다'는 증거가 널려 있다.[83]

리더가 자신이 특별히 기여하지 않은, 심지어 전혀 기여하지 않은 성공을 자신의 공이라고 주장하는 경우를 흔히 볼 수 있다.[84] 사회심리학자 알렉산더 하슬람Alexander Haslam, 스티븐 레이커Stephen Reicher, 그리고 마이클 플라토Michael Platow는 이 현상을 이렇게 설명했다. "리더가 영웅적 리더십이라는 아이디어에 매혹되는 것은 당연하다. 첫째, 이것은 다른 어떤 사람보다 바로 자신이 권력을 쥐고 있어야 한다는 주장의 근거로 활용되어 그의 지위를 정당화한다. 둘째, 이것은 집단의 전통과 구성원에 대한 의무로부터 리더를 면제시켜준다. 셋째, 이것은 리더가 실패의 함정은 피하면서 성공으로 인한 혜택은 죄다 취할 수 있게 해준다."[85] 때로는 리더가 사용하는 인칭 대명사가 흥미로운 사실을 드러낼 때가 있다. 자기 본위적 성향의 리더들이 자신의 공적을 바라보는 시각은 '나는 이끈다, 네가 그르친다, 우리는 실패한다'로 요약할 수 있다.[86] 카너먼이 말했듯이, 일반적으로 "인간은 같은 믿음을 가진 집단의 뒷받침이 있으면 그 어떤 황당한 주장에 대해서도 확고부동한 믿음을 유지할 수 있다."[87]

리더뿐만 아니라 지지자에게도 관심을 두는 최근의 추세는 환영할 만하다. 그러나 권력층 최상단의 단 한 사람과 지지자로 분류되는 사람들에게만 초점을 맞추면, 중요한 카테고리의 리더들을 배제하는 결과를 낳는다. 민주적 정부에는(그리고 일부 권위주의 정권에도) **단지 정부 수반의 '지지자'로만 간주해서는 안 될 주요 인물들이 지도층 내부에 존재한다.** 실제로 그들이 정부의 업적에 리더만큼이나, 때로는 리더보다 더 중요한 역할을 하기도 한다. 대통령이나 총리는 아니지만 정부 요직을 차지했던 인물들에 관해 썼던 전기 작가들에게 이는 전혀 새로운 사실이 아닐 것이다. 그러나 정치 리더십을 일반화하려는 책들에서는 이 사실이 명확하게 드러나지 않는다.

관료제 내에서 **자리에 따라 입장이 달라진다**는 것은 정치 제도 연구의 공리다.[88] 그리고 어느 정도 사실이기도 하다. 이해하기 쉬운 예를 들어보자면, 보건복지부나 교육부의 관료는(특히 그 부처를 관장하는 장관은) 보통 자신이 속한 보건이나 교육 분야의 예산을 더 많이 확보하려고 할 것이다. 반면 재무부 관료의 주요 관심사는 정부의 재정 지출이 초과하지 않도록 알뜰히 운영하는 것이다. 윈스턴 처칠은 군비 절감을 선호했던 정치인으로 널리 알려져 있지는 않지만, 재무장관으로 재임했던 1925년에 해군 예산의 대규모 삭감과 해군 규모 축소를 요구했다. 물론 1차 세계대전 발발 전 해군 장관으로 재직하고 있을 당시에는 해군 예산을 대폭 증대했다.[89] 대체로 한 부서의 주요 관심사는 다른 부서의 관심사가 되지 못하거나 우선순위에서 멀어진다.

그런데 사회·정치 심리학 연구가 제시하는 바에 따르면, 앞서 언급한 어떤 자리에 있느냐 외에 **시각에 따라서도 입장이 달라진다.**[90] 어떤 사실을 잘못 알고 있는 경우, 이는 가치관에 영향을 미쳐 특정 견해를 믿게 만든다.[91] 예를 들어 1990년대에 미국인의 5분의 1은 정부가 가장 많은 돈을 지출한 부문이 해외 원조라고 생각했으며(당시 해외 원조는 전체 예산의 약 2퍼센트에 지나지 않았다),[92] 이 때문에 해외 원조에 대한 부정적인 여론이 고조되었다. 인간이 기존의 믿음과 상충하는 정보를 걸러내는 경향이 있으며, 신념과 행동 사이의 불일치가 드러나는 것을 개의치 않고 이미 내린 결정을 합리화·정당화하는 다양한 창의적인 방법을 찾아낸다는 것은 익히 알려진 사실이다.[93] 사람들은 기존의 가정을 불편하게 만들지 않는 정보만 선택적으로 받아들여 해석한다. 정치 현실에 관한 인식은 "시민의 정치 성향 및 정체성과 불가분의 관계가 있다. 미국 대통령·부통령 후보 텔레비전 토론 프로그램에 관한 연구에 따르면 "'누가' 이겼는지에 대한 인식은 사람들이 후보에 대해 기존에 갖고 있던 의견에 따라 크게 달라진다."[94]★

정치에서 감정이 매우 중요한 요소라는 사실을 뒷받침하는 증거는

★　　그러나 후보자의 퍼포먼스가 기대치를 훨씬 밑돌았을 경우에는 얘기가 다르다. 2012년 10월 초, 그해 예정된 세 차례 대통령 후보 TV 토론 중 첫 번째 토론에서 버락 오바마는 예외적으로 부진한 모습을 보였다. 과반수를 훌쩍 뛰어넘는 시청자가 둘 중 밋 롬니Mitt Romney가 더 나았다고 생각했고 롬니의 지지율이 반등했다(*Financial Times*, 10월 6-7일과 10월 8일). 오바마가 롬니를 상대로 선전했던 나머지 두 번의 토론에서 누가 이겼느냐에 대한 판단은 관찰자의 정치적 성향에 따라 달라지는 경향이 다시 한 번 강하게 나타났다.

수없이 많아서,[95] 정치적 입장을 결정하는 요소에 **감정에 따라 입장이 달라진다**는 명제를 추가해야 할 정도다. 선거에서 누구를 뽑을지 결정할 때 이성적 판단과 본인에게 무엇이 이익인지에 대한 인식이 영향을 미치지만, 예상보다 많은 수의 유권자들에게 물질적 이해타산에 대한 고려는 중요하지 않다. 특히 미국 정치의 맥락에서 이 점을 다룬 연구 결과가 많이 나와 있다. 임상심리학자이자 정치 전략가인 드루 웨스턴 Drew Westen은 많은 사람이 자신의 직접적인 경제적 이익과 거리가 먼 주장을 하는 대표나 리더에게 표를 던지는 역설에 대해 이렇게 요약했다. "성 소수자들이 서로에 대한 서약을 어떻게 표현하는지는 미국인 95퍼센트의 결혼 생활에 아무런 영향을 미치지 않는다. 동성 결혼이 허용된다고 해서 낚시 친구와 새 인생을 시작하려고 떼로 몰려가지는 않을 것 아닌가. 1년에 수십 명 남짓한 살인범이 종신형을 받는지 사형을 받는지는 대부분 사람들의 일상에 별 영향을 미치지 않는다."[96] 웨스턴에 따르면, 놀라운 점은 이런 사회 이슈들에 대한 미국 유권자들의 감정적 반응이 선거에 미치는 영향이다. 정작 일상에 훨씬 큰 영향을 미치는 것은 누가 세금 감면을 받고 누가 못 받는가, 병력이 있는 경우 의료보험을 잃을 걱정 없이 전직할 수 있는가, 해고를 감수하지 않고 출산 휴가를 낼 수 있는가 등의 문제인데 말이다.[97]

리더십 제도

가장 순수한 의미의 리더는 국가 권력을 전혀 갖고 있지 않으면서도 지지자들을 끌어모으고 사회와 정치에 영향을 미치는 사람이라는 점을 앞에서 언급했다. 인도의 독립운동을 이끌었던 마하트마 간디, 남아프리카공화국의 아파르트헤이트에 대항하여 다수 통치를 위한 투쟁에 앞장섰던 넬슨 만델라, 그리고 미얀마 민주화 운동의 리더로 인정받은 아웅 산 수 치는 20세기와 21세기의 훌륭한 예다.[98] 비록 '위대한 남성(혹은 위대한 여성)'이라는 서사가 역사적 변화를 독점적으로 혹은 일반적으로 설명하기에 크게 부족하다고는 해도 몇 세기 전 전쟁에서 승리하여 영예를 얻은 군주에게도 붙여주는 이 '위대한'이라는 수식어를 그들에게 못 붙여줄 이유는 없다.

그러나 이 세 사람의 경우에도 제도(비정부 기구이긴 했지만)가 그들의 목표를 달성하는 데 중요한 역할을 했다. 간디는 인도 독립 후 집권당이 되기 훨씬 전부터 영국 통치의 주요 저항 단체였던 인도국민회의의 대표로 활동했다. 만델라는 남아프리카공화국에서 제도화된 백인우월주의에 대항하여 수십 년 동안 투쟁을 이끌고 결국 정부를 수립할 기회를 얻은 아프리카민족회의ANC 지도부의 핵심 인물이었다. 아웅 산 수 치는 미얀마의 억압적인 군사 독재 정권하에서 수년간 지하 조직으로 존재했던 민주주의민족동맹의 오랜 리더다. 하지만 이들은 도덕적 권위와 정치적 영향력을 강화하기 위해 후원이나 정부의 힘이 필요하지 않았다.

반면 각국에서 전국적 지명도를 가진 정치 리더들 대부분은 이와 다르다. 그들의 리더십은 그들이 가진 직위에 의해 결정되며 대통령, 총리, (독일의 경우) 독일 총리Chancellor 등 정부 수반의 경우 특히 그렇다. 뛰어난 능력과 재능을 가진 정치인이라도 어떤 자리에 앉느냐에 따라 성공할 수도 있고 아무 영향력이 없을 수도 있다. 제도적 환경, 그리고 그

범위와 한계가 그들이 무엇을 성취할 수 있는지를 결정하는 경우가 더 많다. 그런데 어떤 리더들은 상대적으로 주어진 권력이 크지 않은 자리에서도 자신의 영향력을 확대할 방법을 찾아낸다. 린든 B. 존슨은 1955년부터 미국 상원 다수당 대표로서(그 이전엔 소수당 대표로서), 상원 의원을 얼마나 오래 지냈느냐에 따라 위원장 자리가 결정되는 연공서열 체제(덜 호의적인 명칭은 '노망 순서 체제')의 제약을 극복했다. 존슨은 설득과 유혹, 때로는 위협을 적절히 활용하여 주요 위원회 자리를 원하는 사람들로 채운 다음 유능한 상원 리더로 군림할 수 있었다. 실제로 존슨이 입법부의 리더십을 재창조했다고 해도 과언이 아니다. 존슨에 관해 쓴 뛰어난 전기 작가 로버트 A. 카로Robert A. Caro의 말을 빌리자면, 존슨은 '복종을 모르는' 기관을 자기 뜻에 복종시켰고, '미국 역사상 가장 위대한 상원 리더'였다. 그는 "상원의 마스터master of the Senate였다. 지금까지 한 번도 주인을 모신 적이 없었던, 그리고 이후에도 모신 적이 없는 기관의 주인이었다."[99] 훗날 그는 미국 대통령으로서는 매우 드문 재정의형 리더(3장에서 논의 예정)가 된다. 존슨이 남긴 입법 부문의 업적은 전임자 존 F. 케네디John F. Kennedy보다 훨씬 컸으며, 특히 존슨이 의회의 동의를 얻어낸 시민권법은 케네디가 의회를 설득하여 통과시킨 시민권법에 비해 훨씬 앞선 것이었다. 존슨이 백악관에서 이룬 업적은 단지 그의 전략적 감각과 유창한 화술뿐만 아니라 노련한 상원 운영 노하우와 대통령 권력의 조합 덕분이었다.

존슨이 자신의 권력 기반으로 삼았던 상원 리더의 직책을 맡은 이후 (케네디의 암살로 인해) 대통령으로 즉위할 때까지, 그는 케네디의 부통령이었다. 존슨이 상원 다수당 리더로서 발산했던, 그리고 대통령직 수행 초반 몇 달간 다시 한 번 선보였던 카리스마는 그가 부통령이었던 1960년대 초반엔 거의 드러나지 않고 묻혀 있었다. 부통령직에 있는 동안 그는 권력의 핵심 밖으로 밀려나 있었다. 핵심 멤버 중에는 대통령의 동생 로버트 케네디Robert Kennedy도 포함되어 있었는데, 그와 존슨은 앙숙이었다. 부통령 자리의 한계가 너무 커서 존슨의 리더십 재능은 빛을 볼 기회조차 없었다. 텍사스주 출신 존 낸스 가너John Nance Garner 전 부통령은 이 직업을 '오줌 한 바가지'의 가치조차 없다고 말한 바 있다.[100] 존슨도 이렇게 말했다.

> 부통령직은 해외 방문, 운전기사, 경례하는 사람들, 손뼉 치는 사람들, 의회 의장 역할 등으로 채워져 있지만, 따지고 보면 아무것도 아니다. 나는 매 순간을 혐오했다.[101]

미국 부통령이 매우 영향력 있는 인물(사실상 또 한 명의 리더)이 되는 것도 **가능하긴** 하다. 단 조지 W. 부시 대통령과 딕 체니Dick Cheney의 경우처럼 대통령이 부통령에게 커다란 신뢰를 보내는 경우에만 그렇다.[102] 안타깝게도 케네디와 일했던 존슨의 경우는 상황이 매우 달랐다. 상원에서 획득한 권위를 부통령직에서도 그대로 발휘할 수 있을 것이라는 존슨의 기대는 착오로 드러났다. 그러나 그는 이후 보다 현실적이라 판명된 다른 계산을 해놓고 있었다. 남부 주 출신의 후보가 대통령으로 당선될 가능성은 그의 일생 동안에는 없을 것으로 확신한 그는(마지막 남부 출신 대통령인 재커리 테일러Zackary Taylor가 당선된 것은 1848년이었다), 대통령 다섯 명 중 한 명은 기존 대통령의 사망으로 그 자리를 물려받았다는 사실에 주목했다. 케네디가 남부의 표를 얻기 위해 텍사스 출신인 존슨을 러닝메이트로 지명했을 때, (어렸을 때부터 대통령이 꿈이었던) 존슨은 이 20퍼센트의 가능성을 그가 걸 수 있는 최대치로 생각했다.[103]

제도는 권한을 부여하는 동시에 제약한다. 리더가 정책을 실행할 수 있도록 돕기도 하지만, 제도에 의한 규칙, 절차, 그리고 집단의 기풍은 그의 행동을 제한한다. 미국 대통령은 통상 의원 내각제의 총리보다 행정부 **내부**에서 더 큰 권력을 갖는다. 존슨은 프랭클린 루스벨트와 마찬가지로 이 제도를 최대한 활용한 대통령이었다. 그러나 의회에서 과반수 의석을 확보한 정당의 총리와 비교할 때(영국에서는 집권당이 과반수 의석을 확보하는 것이 보통이다. 2010년에 형성된 연립 정부는 2차 세계대전 이후 최초였다), 대통령이 입법부나 사법부 같은 정부 다른 부서에 미치는 영향력은 훨씬 약하다. 존슨의 풍부한 상원 경험과 부통령 경험은 아무 도움이 되지 않았다. 그러나 대통령으로서 존슨이 모든 상원 의원에게 차례로 전화를 걸었던 일은 매우 유용했다. 게다가 미국 대통령은 정부 수반일 뿐만 아니라 국가 원수이기도 하다. 따라서 영국 총리보다 인터뷰와 기자 회견에서 전통적으로 더 존중받으며, 영국 하원의 '주간 총리 질의응답'에서처럼 조롱의 대상이 되지도 않는다. 미국의 매우 엄격한 권력 분립은 대통령의 리더십이 발휘되는 방식에 영향을 미친다. 따라서 대통령직을 '강자의 연단bully pulpit'으로 사용하여 다른 권력 기관의 수장을 제치고 대중에게 직접 어필해서 유권자들이 의회에 압력을 가해주길 기대하는 전략이 가능하다. 프랭클린 루스벨트와 로널드 레이건은 각기 다른 방식으로, 트루먼이 대통령의 주된 힘이라고 봤던 설득의 힘을 효율적으로 사용한 사람들이었다.

리더와 정당

민주주의 체제에서 정당의 대표는 조직의 후원과 선거운동 지원을 받는다는 이점이 있다. 그러나 대표가 정당과 원만한 관계를 유지하고 싶다면 당 내부의 여론(그리고 먼저 의회정당의 여론)을 고려해야 한다. 민주주의에서 당 대표가 된다는 것은 단순히 정책을 지시하는 것이 아니라, 그 정책의 유용성을 고위직 동료들 및 당원들에게 두루 납득시키는 것을 의미하기 때문에, 정당은 리더에게 힘을 주면서 동시에 그 힘을 제한하는 역할을 하게 된다. 당 대표가 정당의 핵심 가치나 당내의 압도적인 의견에 반하는 정책을 추진하는 것은 화를 자초하는 일이다. 미국 대통령의 경우 자신이 속한 정당이 가하는 제약이 아주 없는 것은 아니지만 의원 내각제에 비해 적은 편이다. 예를 들어, 조지 허버트 워커 부시 George H. W. Bush 대통령은 전임자 로널드 레이건 정권이 고르바초프의 소련과 구축해온 건설적이고 우호적인 관계를 중단할 필요가 있다고 여겼다. 브렌트 스코크로프트 Brent Scowcroft와 국가안보위원회 직원들은 부시의 외교 정책이 단순히 레이건 정부의 연장이 아니라는 것을 보여주기 위해 일련의 정책들을 검토하기 시작했다. 그중 두 건을 담당했던 콘돌리자 라이스 Condoleezza Rice는 "우리의 대유럽 및 대소련 정책은 1988년에 로널드 레이건이 미하일 고르바초프를 포용하기 위해 추진한 정책들을 멈추는 것이다"라고 말했다. 이후 "공산주의의 급속한 붕괴가 진행되고서야 비로소 우리 안에 내재한 경계심을 극복할 수 있었다."[104]

러시아 주재 미국 대사였던 잭 매트럭 Jack Matlock의 견해에 따르면, 부시 행정부의 대소련 강경책은 전문가들이 백악관에 잘못된 보고와 조언을 했기 때문에 추진된 것이 아니다. 오히려 부시는 자신에 대한 지지를 끌어올리기 위해 이 갑작스러운 변화를 시도했다고 볼 수 있다. 레이건은 공화당 우익계와 좋은 관계를 유지했기 때문에 당 내부의 비판을 어느 정도 면할 수 있었지만, 부시는 매트럭의 표현에 따르면 "공화당 우익에게 확신을 주고, 우익의 비판으로부터 자신을 보호하기 위해 터프함을 연기"할 필요가 있었다.[105] 여전히 일부 대외 정책 이슈를 두고 정당 간에 분열이 야기되기는 하지만, 냉전 시대에 비하면 그 정도가 덜하다. 미국 정치에서 낙태, 채플 수업, 동성 결혼과 같은 사회적 이슈가 중요해지면서 정당 구조가 약화되었다.[106] 이런 트렌드가 두드러지기 전에 이미 미국의 코미디언 윌 로저스Will Rogers는 이렇게 말했다. "나는 어떤 조직화된 정치 단체에도 속해 있지 않습니다. 민주당원이거든요."[107]

미국 대통령은 탄핵을 제외하고는 임기를 보장받지만, 의원 내각제의 총리에게는 그런 보장이 없고 당 내부(특히 의회정당)의 신임을 잃으면 언제든 교체될 수 있다. 평당원을 포함해서 보다 넓은 범위의 투표권자들로 구성된 선거인단 제도와는 달리, 대표를 뽑는 권한을 의회정당이 독점하고 있는 경우 리더에게 도전하기에 충분한 인원을 동원하는 것은 비교적 간단한 일이다. 호주가 이런 면에서 두드러진 예다. 의회정당이 배타적인 대표 교체권을 가진 나라이기에, 심지어 당 대표가 총리직을 수행하던 중에 자신의 정당으로부터 축출된 사례도 적지 않다.[108]

가장 최근의 사례는 2013년 6월 케빈 러드Kevin Rudd가 줄리아 길러드Julia Gillard를 끌어내리고 노동당 대표 및 총리 자리를 탈환함으로써, 3년 전 부총리였던 길러드가 러드를 축출했던 상황을 역전시킨 케이스다.[109] 2010년 당 대표와 총리에서 물러난 후 러드는 외무장관으로 남았는데, 2012년 2월 그 자리를 사임하고 총리직을 되찾기 위해 당 대표 직 경합에 돌입했다. 당시 러드는 호주 최초의 여성 총리 길러드보다 전 국적으로 지지율이 더 높았음에도 길러드에게 대패했다. 고위 장관들 은 러드의 총리 재임 당시의 행적과 스타일을 '솔직하고 맹렬하게' 비 판하여, '각료 대다수가 어떤 상황에서도 러드를 총리로 원하지 않음' 을 드러냈다.[110] 그런데도 여전히 줄리아 길러드를 리더로 받아들이지 않았던 러드와 추종자들은 1년 남짓 후 재차 총리직에 도전했다. 그러 나 2013년 3월 투표를 몇 분 앞두고 러드는 충분한 표를 확보하지 못했 다며 후보 사퇴를 발표했다.[111] 그는 이번을 마지막으로 당 대표에 도전 하지 않겠다고 말했으나, 고작 3개월 뒤 이제 충분한 득표수를 확보했 다고 확신하고 다시 한 번 당 대표 자리에 도전하여 승리를 거머쥐었다. 중국어가 유창한 전직 외교관인 러드는 '머리가 비상한' 것으로 알려져 있으나, 총리 재임 당시의 '독재적인 리더십 스타일'로 인해 당 내부에 서 반감을 많이 샀다.[112]

모두가 예상했던 것처럼, 노동당 지도부의 교체는 2013년 9월에 열린 총선 결과에 영향을 미치지 않았다. 6월 말 총리 복귀 직후 러드는 여론 조사에서 길러드뿐만 아니라 야당 대표 토니 애벗Tony Abbott에게도 앞섰다. 반면 노동당 자체의 지지율은 비록 일시적으로 차이가 좁혀지 긴 했지만 여전히 뒤처져 있었다. 선거가 열린 9월 초에는 애벗의 지지 율이 러드보다 높았으나, 리더의 인기는 그다지 중요한 요소가 아니었 다. 공개적 내분으로 인해 노동당이 약화되고, 또 경제 성장이 불투명하 다는 신호가 나타나기 시작하면서 민심은 노동당 정부로부터 돌아섰 다. 야당인 자유당은 이런 상황을 최대한 이용했고, 강경한 이민 정책을 내세워 국민의 공감을 샀다. 러드의 총리 복귀는 당을 다시 한 번 분열시키고 유권자들에게 표를 얻는 데도 실패하면서 완전히 무의미한 것으로 판명났다. 대선 패배 직후 그는 당 대표 사임을 선언했다.

러드 정권 1기 때 발생한 문제점들은 앞으로 각료를 의회정당이 아닌 총리 자신이 직접 뽑을 것이라는 선언에서 이미 예고되었다.[113]★ 이 개혁은 기존의 각료들과 정부 관료가 되고자 하는 사람들을 모두 '아첨꾼'으로 만들 것이라고 비난받았다. 호주의 한 상원 의원은 "기존 체제에서는 프런트 벤치(의회에서 내각 소속 의원들이 앉는 자리-옮긴이)가 모든 이의 소유였다. 지금은 프런트 벤치가 리더 전용이 되었다"고 논평했다. 케빈 러드 정권 1기 시절의 한 내각 장관은 "그(러드)가 마음대로 할 수 있는 세상이었다면, 모든 것을 자기가 결정했을 것"이라고 말했다.[114] 다른 여러 의원 내각제 국가들은 당 대표 선출 시스템이 좀 더 복잡하기 때문에 정부 수반이 어느 정도 보호받는 편이지만, 그럼에도 의회정당의 지지는 매우 중요하다. 따라서 총리가 모든 일을 독단적으로 결정하고 싶어 하는 것은 비민주적일 뿐만 아니라 어리석은 짓이다.

민주주의 체제의 일반적인 형태를 전적으로 따를 생각이 없는 일부 리더는 정당에 입당하지 **않겠다**고 내세우기도 한다. 이는 평당원은 물론이고 고위직 동료들에게 에워싸여 있길 원치 않기 때문이다. 이런 경우는 민주주의가 확립된 나라에서는 극히 드물다. 샤를 드골Charles De Gaulle 장군은 드물게 예외적인 존재로, '당을 초월하여' 존재했을 뿐만 아니라 궁극적으로 프랑스 민주주의를 훼손하기보다 오히려 강화했

★　영국에서는 노동당과 보수당 모두 총리가 각료를 지명한다. 노동당은 2011년까지 의회정당이 그림자 내각을 선출했으나, 에드 밀리밴드가 고든 브라운의 뒤를 이은 지 1년 후 당 대표가 선출하도록 바뀌었다.

다. 그러나 보통 당파 초월을 주장하는 리더는 권위주의적 통치에서 막 벗어나고 있는 나라에서 발견될 가능성이 크며, 정당과 거리를 두어 민주주의로의 이행을 불완전하게 만드는 데 일조한다. 러시아의 보리스 옐친과 블라디미르 푸틴은 자신이 국민 전체의 대통령이며 당의 족쇄나 오염으로부터 자유롭다고 큰소리쳤다. 하지만 그 결과 그들은 알게 모르게 소련 해체 이후 러시아의 민주주의를 후퇴시켰다(푸틴은 한동안 친 크렘린 정당인 통합러시아당의 대표였으나, 당에 가입하지는 않았다). 민주주의 국가의 대통령이나 총리가 정당에 소속되어 있다고 하더라도, 동시에 그는 국민 전체의 이익을 도모하는 국가 리더이기도 하다. 신흥 민주주의에 위협이 되는 것은 정부 수반의 당적이 아니라 허약하고 비효율적인 정당 체제다. 정부 수반이 당 대표, 심지어 당원도 **아닌** 상황은 정당 체제의 가치를 훼손하고, 따라서 민주적 제도 구축을 저해한다.

리더와 정부 형태

제도는 분명 리더가 무엇을 할 수 있는지에 영향을 미치고, 리더의 선택은 제도에 영향을 준다. 고도로 권위주의적인 정권에서 탈피하고 있는 과도기 국가가 어떤 정부 형태(대통령 중심제, 의원 내각제 또는 이원 집정부제)를 채택하는지는 중요한 문제다. 대통령 중심제와 의원 내각제가 각각 민주주의의 발전에서 어떤 장단점을 갖는지에 대해서는 많은 연구 결과가 나와 있다. 대부분의 연구 결과에 따르면, 대통령 중심제 또는 통치 권력이 대통령과 총리로 이분화되어 있는 이원 집정부제보다는 의회 민주주의가 민주주의의 번영에 기여하는 바가 더 큰 것으로 나타난다.[115] 한편 이원 집정부제는 점점 더 비중 있는 정부 형태로 자리 잡

고 있으며, 세계 50개국 이상이 이 제도를 채택했다.[116]

이원 집정부제에서도 총리와 내각이 **의회에 대해서만** 책임을 지는 나라와 **대통령과 의회 양쪽**에 대한 책임을 지는 나라 사이에 중요한 차이가 존재한다. 이원 집정부제가 의원 내각제보다 덜 민주적이라는 통계가 나오는 이유는 주로 총리와 내각이 대통령과 의회 양쪽에 대한 책임을 짐으로써 대통령이 훨씬 강한 위치에 있는 경우가 많기 때문이다.[117] 민주주의 체제하의 이원 집정부제는 어색한 '동거 정부'가 될 가능성도 존재한다. 즉 의회와 다른 시기에 선출된 대통령이 정파가 다른 총리 및 원내 다수당과 협업할 방법을 모색해야 하는 경우도 생긴다. 이는 잠재적으로 체제의 불안정을 불러오는 갈등으로 이어질 수 있는데, 프랑스 제5공화국은 이런 상황이 닥쳤을 때 매우 순조롭게 극복했다.

이에 반해 러시아에서는 국회가 블라디미르 푸틴의 대통령 재임 기간 동안 점차 양순하게 길들어가는 의존적 상태로 변했다. 그 전에는 입법부와 행정부 간에 심각한 충돌이 발생하기도 했다. 1993년 보리스 옐친이 탱크와 포탄을 동원하여 의회의 비협조적 반대파를 제압했던 사건이 일어났는데, 이런 극단적인 '강한 리더십'에 대해 서방 정부는 거의 아무런 비난의 목소리도 내지 않았다. 이 사태는 사실상 '독재' 정권의 부활을 향한 첫걸음이었으며, 러시아를 권위주의 국가의 방향으로 이끌었다. 옐친의 후계자로 푸틴이 선택되면서 이미 진행되고 있던 이러한 추세는 더욱 확고해졌다.[118] 이는 또한 과거 권위주의 통치의 전통을 가진 국가의 리더와 정치 엘리트들이 강력한 대통령을 중심으로 한 이원 집정부제를 선택하여 행정부 수반에게 권력이 과하게 집중되는 결과를 불러온 것인가에 대한 문제를 제기한다. 우리는 제도적 장치에 과하게 의존하여 상황을 파악하지 않도록 주의해야 한다. 러시아 헌법은 대통령의 3회 **연임**을 금지하고 있다. 하지만 개인화된 권력이라는 러시아 관습 덕에 푸틴이 심복 드미트리 메드베데프Dmitriy Medvedev에게 대통령직을 4년간 양도하고 총리직을 맡았을 때도 그는 여전히 실질적 강자로 남아 있었다.[119] 푸틴이 보스고 메드베데프는 부하였으며, 이 사실을 모르는 사람은 없었다.

*

모든 나라의 리더는 그 나라의 역사가 낳은 정치 문화 속에서 활동한다. 리더는 사람들을 이끌 때 단순히 이성과 논거에만 의지할 수는 없으며, 자신이 속한 정당 또는 집단의 정체성을 공유하면서 감정에 호소할 수 있어야 한다. 대중이 숭배하고 후손들에게까지 존경을 받는 소수의 리더는 국민 전체에게 어떤 목적의식을 고취했던 인물들이며, 신뢰의 근거를 제공하고, 일상적인 의사 결정을 넘어선 비전을 제시했던 사람들이다. 그렇지만 민주주의 국가는 물론 권위주의 국가에서도 다양한 리더십 스타일이 존재한다. 리더의 성격과 신념은 중요하며, 어떤 리더는 다른 리더보다 더 중요하다. 그렇다고 해서 리더가 정부 내 다른 인물들보다 더 큰 권력을 축적할수록 더 뛰어난 인물이고, 더 효과적인 리더십을 발휘한다는 의미는 아니다. 다시 말해서 정부 수반의 이상적인 모델은 **보스형** 리더가 아니라는 말이다(이에 관해서는 다른 장에서 더욱 상세히 논의할 예정이다).

2장

민주적 리더십 : 신화, 권력, 스타일

토니 블레어는 회고록에서 서문 두 페이지가 채 넘어가기도 전에 "나는 총선에서 세 번 승리했다"고 선언한다.[1] 나중에는 이런 말도 한다. "정치 분석가와 현직 정치인들은 이런저런 선거 동향 예측을 즐기고 또 상당 부분 적중하기도 하지만 리더의 중요성에 대해서는 늘 과소평가하는 경향이 있다."[2] 과연 이 경향이 '과소평가'의 문제일까, 아니면 정치 리더가 **자신들의 생각처럼 그렇게 중요한 존재는 아니라는 사실을** 간파한 것일까? 만일 리더 본인이나 다른 사람이 리더가 선거 승리에 결정적인 역할을 했다고 여긴다면 이는 차후 정부 운영 방식에 영향을 미칠 것이다. 선거 승리가 정당의 승리라기보다 개인의 업적이라고 믿는 리더는 자기 손에 권력을 집중시킬 자격이 있다고 생각하기 쉽다. 앞서 인용한 토니 블레어의 발언은(그는 인터뷰에서도 같은 내용을 재차 얘기했다) 두 가지 의문을 제기한다. 보다 중요하고 보편적인 질문부터 해보자. 의회 민주주의 국가에서 유권자는 과연 당 대표를 보고 어느 정당에 표를 줄지 결정하는가? 행정부 수반을 국민이 직접 선출하는 대통령제는 좀 다른 문제다. 두 번째 질문은 좀 더 구체적이다. 1997년과 2001년 그리고 2005년 영국 총선에서 노동당의 승리를 얘기할 때 블레어가 일인칭 단수형을 써서 '나는 승리했다'고 말한 것은 과연 정당화될 수 있는가?

허나 이 두 가지 질문보다 더 중요한 것은, 선거가 끝난 뒤 민주주의 리더를 어떻게 평가할 것인가 하는 문제다. 이 문제는 다른 종류의 질문을 야기한다. 민주주의 제도하에서 정부 수반의 힘이 점차 강해졌다는 것은 사실인가? 정부 수반 개인의 손에 더 큰 권력을 쥐여주어야 한다는 주장은 정당한가? 아니면 집권당 핵심 인사들이 정부 부처를 관할하지만 주요 안건에는 정부 고위 인사들의 합의가 요구되고 그 결과에 (의회와 궁극적으로 유권자에 대해서도) 책임을 지는 집단 지도 체제에 대한 논의가 더 이루어져야 하는가?

리더와 선거 결과

정치학자 앤서니 킹Anthony King은 리더나 후보의 개성이 선거 결과를 좌우하는 중대한 요인이라는 보편적인 믿음이 사실과 크게 다르다고 말한다. 리더의 개인적 특성이 아무런 영향을 미치지 않는다는 얘기가 아니라, 단지 생각보다 영향력이 훨씬 작다는 것이다. 킹은 6개국에 걸쳐 진행된 현대 선거에 관한 연구를 바탕으로, "리더 및 후보의 성격이나 여타 개인적 특성이 선거 결과를 결정하는 것은 상당히 드문일"이라고 결론을 내린다.[3] 리더가 선거 결과에 미치는 영향을 연구해온 전문가(킹의 연구가 발표된 이래 10년 동안 그들의 수는 계속 불어났다) 사이에서는 이렇다 할 합의가 이루어지지 않고 있다. 연구자마다 리더의 중요성을 달리 평가하지만, 정치 리더가 선거의 승리를 자신의 공으로 돌리는 것을 정당화할만한 근거는 제시되지 않았다.

민주주의 국가에서 전반적으로 정당의 당원 수가 감소하는 추세이고 정당 충성도 또한 하락세인 것을 감안하면, 당 대표의 개인적 특성이 미치는 영향력이 점차 커질 거라고 가정할 수도 있다. 실제로 지난 반세기 동안 언론의 정치 보도 방식이 바뀌면서 유권자의 판단에 리더가 미치는 영향력이 커졌다는 가정을 뒷받침하는 증거가 제시되기도 했다.[4] 정치의 '개인화' 경향은 의회 민주주의 체제에서 정치의 '대통령화'를 옹호하는 근거로 이용되는 일이 잦았다.[5] 하지만 많은 나라에서 정당과 언론이 정부 수반에 집중하는 경향이 나타나는 것은 정치인 다수와 대다수 정치 기자들의 성향을 반영할 뿐, 그것이 곧 유권자도 정부 수반에게 집착한다는 의미는 아니다.[6] 나라를 불문하고 당 대표들이 선거의 승패에 더 중요해졌다는 주장은 사실이 아니고, 총리가 마치 '대통령'처럼 독립적인 직무 수행 권한을 갖게 되었다고 얘기하는 것은 과장된 측면이 있다.

정치의 '개인화'('대통령화'와는 다르다)에 관한 라우리 카르보넨Lauri Kar-vonen의 최근 학술 논문은 전 세계의 성숙한 의회 민주주의 국가를 분석했다. 이 핀란드 정치학자는 당 대표에 대한 평가가 지지 정당을 선택하는 데 미치는 영향력이 점차 증가했다는 근거를 발견하지 못했다. 또한 부동층 유권자가 당 대표의 개성을 더 비중 있게 고려할 것이라는 기존의 추측과 달리, 연구 결과는 오히려 반대로 나타났다.[7] 특정 리더를 열렬히 지지하는 부류는 당의 골수 지지자들이었다. 즉 리더가 부동층 유권자들에게 큰 영향을 미친다기보다는 정당에 대한 충성심이 우리 팀의 주장 격인 당 대표에 대한 지지로 이어진다고 봐야 한다는 것이다. 또 다른 최근 연구에 따르면 "선거에서는 후보에게 당명이 꼬리표처럼 따라붙기 때문에 그가 어느 당 출신인지에 따라 선거 결과가 (대부분) 결정된다."[8] 따라서 독일 기독교민주연합, 호주 자유당, 프랑스 사회주의당, 또는 영국의 노동당 지지자라면 그 당의 대표가 누가 됐든 선거에서 그 사람을 지지할 가능성이 크다는 얘기다.

리더에 대한 열렬한 지지는 그가 걸출한 인물일 때 특히 더욱 두드러진다. 전설적인 19세기 영국의 라이벌 정치가였던 윌리엄 글래드스톤William Gladstone과 벤저민 디즈레일리Benjamin Disraeli가 대표적인 예다. 하지만 20세기 후반에 텔레비전이 등장하면서 정치의 개인화는 그 차원이 달라졌다. 20세기 전반과 비교할 때 당 대표의 외모나 활동이 선거운동에서 정당 이미지를 구성하는 주요 요소로 부각되었다. 한편 후보들에 대한 정보 제공처로서 텔레비전의 역할은 정점을 지난 것으로 보이며, 특히 돈이 방송 출연 여부를 결정하지 못하도록 규제하는 대부분의 민주주의 국가에서는 더욱 그렇다. 미국은 유료 텔레비전 정치 광고가 허용되기 때문에 여기서 제외된다. 이념 논쟁과 아무 관련 없는 프로그램을 시청하고 있던 사람들도 광고 시간에 나오는 정치 프로파간다를 전혀 안 보고 지나갈 순 없지만, 이것도 본방송을 시청하는 경우에만 해당된다. 기본적으로 텔레비전 채널이 엄청나게 늘어났기 때문에 정치에 관심이 없는 시청자는 정치인과 정치 토론을 얼마든지 피해갈 수 있다. 더 중요한 것은(미국도 예외가 아닌데) 인터넷의 부상으로 인해 이제 정치를 논의할 수 있는 공간이 무수히 존재하며, 동시에 그 안에서 리더들의 견해나 개성과는 무관한 정치적 논의가 가능해졌다.

　리더에 대한 평가가 유권자의 선택과 전혀 무관하다고 주장하는 전문가는 없겠지만, "그 효과는 정당 정체성과 선호도라는 뻔한 요인과 및 사회·경제적 요인이 미치는 영향에 비하면 미미하다."[9] 다시 말하면 리더의 개성과 리더에 대한 국민의 평가는 유권자의 선택이나 선거 결과를 결정하는 주요 요인으로 자리 잡지 못했다.[10] 지난 반세기 동안 민주주의 국가 9개국에서 리더가 선거에 미치는 영향을 연구한 결과에 따르면 모든 경우에서 리더가 어느 정도 영향을 미치는 것으로 나타났으며, 의회제보다 대통령제에서 그런 경향이 강했다. 특히 미국에서 대통령 후보가 대선 결과에 미치는 영향은 상당한 것으로 나타났다.[11] 그러나 그런 미국에서조차 대통령 후보의 개성이나 대선 후보 토론 같은 시시콜콜한 캠페인 내용의 중요성이 실제보다 과장되는 경우가 있다. 예를 들어 1960년의 존 F. 케네디나 2008년의 버락 오바마같이 언변이 출중하고 매력적인 대통령 당선인의 경우 그들의 인간적 매력이 대선 승리의 원인이라고 결론 내리기 쉽다. 앤서니 킹은 관련 서베이 리서치를 근거로, 케네디가 리처드 닉슨을 근소한 차이로 이긴 것이 '닉슨의 피곤해 보이는 표정이나 뭔가 켕기는 데가 있는 듯한 태도와 대조되는 케네디의 젊음, 매력 그리고 우아함' 때문이라는 견해를 일축한다. "케네디가 승리한 것은 민주당이 백악관에 재입성할 것이 유력했던 해에 민주당 후보로 나왔기 때문이며, 무엇보다도 당시 미국 유권자의 과반수가 민주당을 지지하고 있었기 때문이다."[12]

　오바마도 마찬가지로 민주당이 이길 확률이 높았던 해에 당선됐다.

전임 공화당 출신 대통령 부시는 유독 인기가 없었다. 한 여론 조사 기관은 2008년 조지 W. 부시의 '직무 수행 지지도가 240년 전 식민지 미국에서 영국 왕 조지 3세George III의 인기에 버금갈 정도'라고 비꼬았다.[13] 유럽보다 선거에서 돈의 위력이 훨씬 크고 천문학적인 비용이 드는 나라에서, 그해 민주당은 이례적으로 공화당보다 캠페인 비용을 더 썼다. 인기 없는 부시와 거리를 두고자 했던 존 매케인John McCain 후보를 부시와 피장파장으로 묘사한 민주당의 선거 광고는 대성공이었다. 2008년 선거에 관한 주요 연구에 따르면, 선거운동이 끝난 후 매케인이 '맥세임McSame'으로 인지될 확률이 이전에 비해 높아졌다. 민주당이 언론의 힘을 빌려 매케인의 특징을 지워버리고 대신 당시 재임 중인 공화당 대통령의 이름과 얼굴을 덮어씌운 것이 주효했다.[14] 금융 위기가 서서히 전모를 드러냈던 2008년 말의 경제 상황도 지난 8년간 정권을 잡고 있던 정당의 후보에게 약점으로 작용했다. 『월스트리트저널Wall Street Journal』은 2008년 사사분기 미국의 경제 상황이 사반세기 이래 최악이라고 보도했다.[15] 마지막 민주당 출신 대통령이었던 빌 클린턴의 재임 8년은 경제 부흥기로 기억되기 때문에 공화당의 타격이 더욱 컸다. 오바마는 '리더십 자질' 또는 '신뢰성'에서 매케인보다 높은 점수를 받지 못했음에도 불구하고 2008년 대선에서 낙승했다. 오바마가 여론 조사에서 공화당 후보보다 현저히 높은 점수를 받은 것은 공감력 부분뿐이었다.[16]

대통령 중심제의 경우 의원 내각제보다 리더의 개성이 차지하는 비중이 다소 큰 경향이 있지만, 유권자의 선택에 결정적 변수로 작용하는 경우는 드물다. 1965년부터 1995년 사이에 치러진 프랑스 대선에 관한 설문 조사 연구를 보면, 여섯 차례의 대선 중 후보의 개성이 선거 결과에 상당한 영향을 미쳤던 것은 1965년 샤를 드골 장군이 당선됐던 해가 유일했다. 그 외에 **아마도** 상당한 영향을 미쳤을 것으로 판단되는 경우도 한 건 존재하는데, 그것은 드골이 국민 투표에서 패한 후 사임하면서 열렸던, 그리고 조르주 퐁피두Georges Pompidou가 당선됐던 1969년 대선이다.[17] 로이 피어스Roy Pierce는 1965년에 드골이 당선된 이유를 이렇게 설명한다. "이미 확립된 정치적 성향에 따라 특정 후보를 지지하는 사람들이 다른 후보를 고려하게 하려면 리더십 자질에 대한 커다란 인식적 불균형이 존재해야 한다. 1965년 프랑스에는 그런 불균형이 존재했다."[18]

다수 대표제(소선거구제)를 채택한 의회 민주주의 국가의 경우 비례 대표제를 채택한 나라에 비해 유권자의 선택에서 리더가 차지하는 비중이 좀 더 크다. 비례 대표제에서는 연립 정부가 형성될 가능성이 높다. 이 경우 총리로 누가 될지는 연립 정부를 구성하는 정당 간에 합의해야 할 문제가 되며, 유권자의 역할은 크게 줄어든다. 또한 정당들의 공약이 비슷비슷할 때 리더가 선거 결과에 미치는 영향이 다소 커지는 경향도 발견된다. 두 명의 스웨덴 정치학자는 이렇게 결론 내렸다. "정당으로 구분이 안 되면, 리더를 보고 결정하게 될 것이다. 허나 차후 정당 양극화가 심화된다면 당 대표의 인기가 투표에 미치는 영향은 다시 줄어들 것으로 예상한다."[19] 그들의 연구에 따르면, 리더가 선거 결과에 미치는 영향력이 미국과 스웨덴에서는 어느 정도 증가하고 캐나다에서는 약간 감소하는 추세가 관찰됐다. 그러나 그들의 비교 연구는 선거에서 '당 대표의 영향력이 전반적으로 증가 추세에 있다는 가설을

입증할 어떤 분명한 증거'도 제공하지 **않는다는** 점을 분명히 짚고 넘어 간다.[20]

영국 선거 결과에 당 대표가 미치는 영향

이 장의 서두에서 언급한 토니 블레어 전 영국 총리의 주장(1997년, 2001년, 2005년 영국 총선 승리에 결정적인 역할을 했다)을 구체적으로 논의하기 전에, 2차 세계대전 이후 영국에서 치러진 총선들의 역사적 맥락을 살 펴보자(그보다 앞선 시기에 대해서는 동시대 인터뷰나 설문 조사에 기반한 심도 있는 선거 연구가 존재하지 않는다). 리더에 대한 평가가 유권자의 선택에 미치는 영향 이 전혀 없는 것은 아님을 감안하면, 막상막하의 접전에서는 양대 정당 대표의 상대적 입지가 총선 승리에 결정적인 역할을 하는 경우가 생길 수도 있다. 그러나 이런 상황은 극히 드물다. 2차 세계대전 이후 영국 총선에서 승패를 좌우하는 차이를 가져온 당 대표가 있었다면, 그건 해 럴드 윌슨Harold Wilson이었다. 심지어 이걸 두 번이나 해냈다고 보는 것도 가능한데, 이 두 번의 총선에서 양당의 지지율 차이가 근소했고 윌슨의 개인적 영향력이 당시 보수당 대표들을 압도했기에 가능했던 일이다. 첫 번째 경우인 1964년 총선 당시 해럴드 윌슨은 여론 조사에서 앨릭 더글러스흄 경을 크게 앞섰고, 두 번째 경우인 1974년 2월 총선에서도 윌슨에 대한 지지도가 에드워드 히스를 훨씬 앞섰다. 1964년 총선에서 노동당은 고작 0.7퍼센트 차이로 보수당을 꺾었고, 단 4석 차로 간신히 과반 의석을 확보했다. 1974년에는 두 번의 총선이 치러졌으며, 그중 첫 번째인 2월 총선의 경우 노동당이 0.8퍼센트 앞섰지만 하원에서 과 반 의석을 확보하는 데는 실패했다.[21]★

2012년 보수당의 싱크탱크인 폴리시익스체인지의 국장은 1974년의 2차 총선을 이렇게 평했다. "1974년 이후 어떤 현직 총리도 자신의 득표율을 이만큼 끌어올렸던 경우는 없었다."[22] 노동당이 1974년 10월 총선에서 2월보다 18석을 더 따내는 데 윌슨의 인기가 어느 정도 영향을 미친 것은 의심의 여지가 없지만, 그것이 결정적인 요인은 아니었다. 여기서 우리가 주목해야 할 부분은 '총리'가 마치 정당의 동의어처럼 사용됐다는 점이다. 사실 관계를 따져볼 때, 이 주장은 옳지 않다. 당장 최근의 2010년 총선만 봐도 총리였던 고든 브라운은 자신의 지역구인 커콜디·카우든비스 선거구에서 득표율을 6퍼센트 이상 **끌어올렸다**(영국의 경우 따로 총리 선거를 열지 않고, 총선에서 가장 많은 의석을 확보한 당의 대표가 총리가 된다. 총리도 총선 때 한 명의 의원 후보로서 자신의 지역구에 출마한다-옮긴이).[23] '총리'를 '정당'의 대체어로 쓰는 것은 오해를 불러오며, 너무들 쉽게 혼동하는 부분이다.

게다가 경쟁 당의 대표보다 상대적으로 인기 없는 당 대표를 둔 정당이 총선에서 승리하는 것도 얼마든지 가능하다. 예를 들어 1970년 영국 총선에서 보수당이 낙승했을 때, 당시 당 대표 에드워드 히스에 대한 지지도는 보수당의 인기에 훨씬 못 미쳤고, 노동당 대표(이자 지난 6년간 총리)였던 해럴드 윌슨보다도 인기가 없었다.[24] 그리고 1979년 총선에서 보수당이 1970년보다 더 큰 표 차로 승리했을 때 마가릿 대처의 인기는 노동당 대표이자 총리였던 제임스 캘러헌James Callaghan의 인기에 크게 뒤처졌다. 그해 총선은 5월 3일에 열렸으며, 4월 28일부터 30

★　또한 윌슨은 전간기 대부분의 기간 동안 보수당 대표였던 스탠리 볼드윈과 함께 지난 100년간 유권자의 강요도 아니고 정당들의 압력도 아닌, 명백히 스스로 정한 때에 총리직에서 물러난 유일한 영국 총리이다.

일까지 시행된 지지율 조사에서 캘러헌은 대처보다 24점이나 앞서고 있었다. 선거운동 기간 막판에 차이가 다소 줄어든 것으로 나타났지만, 캘러헌이 여전히 대처를 훨씬 앞섰음에도 불구하고 그의 당은 패배했다.[25]★ 영국식 의회 정치 체제를 도입한 호주를 비롯한 다른 의회 민주주의 국가에도 유사한 사례가 존재한다. 존 하워드John Howard는 1996년부터 2004년까지 네 차례 총선에서 잇달아 호주 자유당(이름은 자유당이지만 영국 보수당에 해당한다)을 승리로 이끌었다. 이 중 두 번의 총선에서 하워드의 경쟁 상대였던 노동당 대표 폴 키팅Paul Keating(1996년)과 킴 비즐리Kim Beazley(1998년)가 리더십 자질 설문 조사에서 하워드보다 높은 점수를 받았다.[26]

이제 세 차례 총선에서 **자신이** 승리했다는 토니 블레어의 주장으로 돌아가보자. 2012년 『파이낸셜타임즈』 편집장과의 인터뷰에서 그는 "언론이 하는 얘기만 들으면 내가 총선에서 세 번 이긴 것이 아니라 세 번 패한 줄 알겠다"라고 토로했다.[27] 기자나 유권자들은 총선 승리가 바로 자신의 승리라는 블레어의 반복되는 주장에 의문을 갖기보다는 생각 없이 동조하는 경우가 많다. 비단 블레어뿐만 아니라, 일반적으로 당 대표에게 총선 결과를 귀속시키는 것이 보편적인 현상이 되었다. 이 주장이 허구에 불과하다는 사실을 밝힌 것은 영국의 정당 대표와 총선을 공동 연구한 정치학자 존 바틀John Bartle과 아이버 크루Ivor Crewe이다. 크루(에식스대학 부총장을 지냈고 현재 옥스퍼드대학 유니버시티칼리지 총장)와 바틀의 설명은 흥미롭다. "학계 외부의 일반 청중에게 1997년 총선에서 블레

★   캘러헌이 대처보다 인기가 높았음에도 불구하고, 언론은 1979년 총선에서 대처가 제임스 캘러헌을 궤멸시킨 것으로 묘사하는 데 주저함이 없었다.

어와 메이저 개인이 미친 영향이 미미하다는 얘기를 해주면 경악한다. 적대감에 가까운 불신을 드러내는 반응을 우리는 직접 경험했다."[28]

비록 영국을 비롯한 대부분의 민주주의 국가에서 정당에 대한 충성심이 반세기 전보다 유동적인 양상을 보이기는 하지만, 사람들은 여전히 정당에 투표한다. 1997년 영국 총선에서 제1야당(토니 블레어가 당수인 노동당)은 압도적으로 유리한 위치에 있었다. 제대로 된 민주주의 국가에서 한 정당이 다섯 차례나 연달아 집권하는 경우는 말할 것도 없거니와, 선거에서 연달아 네 번 이기기도 매우 어렵다. 그런 희박한 확률에도 불구하고 4회 연속 집권했던 보수당이었지만, '이제 바꿔야 할 때'라는 여론이 보수당의 다섯 번째 승리를 가로막고 있었다. 게다가 보수당은 전통적으로 강점으로 여겨졌던 경제 운영 능력에 대한 신용을 잃었다. 보수당은 마거릿 대처가 총리였던 1990년에 유로화의 전신인 유럽환율메커니즘ERM이라는 유럽 경제 프로젝트에 가입했다. 검은 수요일로 알려지게 될 1992년 9월 16일, 대대적인 영국 파운드화 투매가 벌어졌고 정부가 영국 경제에 치명적인 수준으로 단기 금리를 대폭 인상한 후에도 사태는 해결될 기미가 보이지 않았다. 결국 영국은 파운드화를 평가 절하하기 위해 ERM에서 불명예스럽게 탈퇴해야 했다. 당시 총리였던 존 메이저는 훗날 이렇게 술회했다. "이날, 애초 야당이 자폭하지 않는 한 기대하기 어려웠던 보수당 5회 연승 가능성이 완전히 사라졌다."[29]

1994년 5월 급작스럽게 세상을 뜨기 전까지 존 스미스John Smith는 차기 영국 총리로 촉망받던 인물이었다. 제임스 캘러헌의 노동당 내각에서 각료를 지냈으며 기지와 상식으로 무장한 정치가로 평가받던 이

유능한 인물이 메이저의 표현처럼 '자폭'할 리는 없었다.★ 그런데 블레어의 이너서클은 스미스를 당 대표로 두면 노동당이 정권을 잡지 못할 수도 있다고 주장했는데, 그중 대표적인 인물이 피터 만델슨Peter Mandelson이다(그는 스미스의 전임자 닐 키넉 계열이었다가 이후 토니 블레어 진영으로 들어갔다). 만델슨은 1992년 말 여론 조사에서 스미스의 지지도가 '플러스 4'로 떨어졌다는 것을 근거로 제시하지만, 당시 메이저의 점수는 '**마이너스 30퍼센트**'였다는 점도 언급한다.[30] 다시 말해 두 리더 사이에는 34포인트의 격차가 존재했다. 이후 블레어와 메이저의 차이가 그보다 더 벌어지긴 하지만, 1997년 총선에 리더가 미친 영향에 관한 어떤 연구에서도 노동당이 블레어 없이도 압도적인 승리를 거뒀을 거라는 사실을 반박하는 근거는 제시되지 않았다.

노동당의 압승(659석 중 418석을 차지하며 과반 의석 확보)은 정당 득표율이 의석 비율에 불균형하게 반영되는 다수 대표제 덕이 컸다. 1997년 노동당의 득표율(43.2퍼센트)은 1945년에서 1966년 사이에 (노동당이 패했던 경우까지 포함한) 어떤 총선보다 낮았다. 한편 보수당의 결과는 참혹한 수준이었다. 20세기 이래로 가장 낮은 득표율(30.7퍼센트)을 기록했고, 의석 수(165석)로 따져도 1906년 이후 최악의 결과였다.[31] 보수당의 인기는 바닥을 쳤고, 따라서 노동당 대표가 누가 됐든 '자폭'하지 않는 한 나머지 당의 의석 수 총합과 100석 이상 차이를 벌이며 승리했을 것이다.

★ 존 스미스가 1978-79년 무역부 장관이자 제임스 캘러헌의 노동당 내각에서 가장 젊은 장관이었을 때, 레오 플리아츠키Leo Pliatzky 경은 통상성에서 가장 직위가 높은 공무원(사무차관)이었다. 스미스가 야당 대표였을 당시 플리아츠키는 나와 나눈 대화에서 "존 스미스는 매우 훌륭한 장관이고, 총리직은 더 훌륭하게 수행해낼 것"이라고 말했다.

바틀과 크루는 메이저와 블레어의 인기가 동일한 수준이었다고 가정하더라도 결과는 크게 달라지지 않았을 것으로(노동당 의석 4석 감소) 추정한다.[32]

2001년 노동당의 연승은 그들이 이전 보수당 정부와 달리 경제 운영에 유능했다는 인식에 상당 부분 기인한다. 2001년 총선에 관한 주요 연구에 따르면 그것이 "유권자가 노동당에 표를 준 핵심 요인이다."[33] 과거에는 노동당의 경제 운영 능력에 대한 불신이 약점으로 작용했지만, 1997년 총선에서는 반대로 보수당의 경제 운영 능력에 대한 신뢰감 붕괴가 보수당 패배를 초래했다. 블레어 정부에서 경제 운영을 지휘한 인물은 재무장관 고든 브라운이었다. 재무장관은 다른 나라에서도 정부 요직이지만, 특히 영국의 경제 정책을 결정하는 과정에서 브라운의 영향력이 예외적으로 컸다는 데는 별다른 이의가 없다. 2001년 총선 때도 블레어가 노동당 승리에 기여한 바가 없지는 않지만, 그가 결정적인 인물이었다는 주장은 사실이 아니다.

2003년에 참전한 이라크 전쟁에 대한 여론이 갈수록 악화되는 상황에서 치러진 2005년 총선에서 노동당이 승리한 이유는 블레어와 더욱 무관했다. 블레어가 사담 후세인Saddam Hussein 치하 이라크에 대한 군사행동을 개시하려는 조지 W. 부시 행정부를 앞장서서 지지하며 굳이 참전하지 않았어도 될 전쟁에 영국군을 투입했다는 것은 당시 유권자들에게 널리 알려진 사실이었다. 하지만 제1야당인 보수당도 이라크 침공을 열렬히 지지했기 때문에, 노동당의 중동 정책에 대한 국민 불만의 최대 수혜자는 자유민주당이었다. 자유민주당 득표율은 22퍼센트로 거의 4퍼센트포인트 증가했고 의석도 52석에서 62석으로 늘어났다.[34] 노동당 입장에서는 보수당 쪽으로 표가 넘어가는 것보다 훨씬 덜 위태로운 상황이었다. 국민의 열렬한 지지를 받지 못하는 것은 노동당이나 보수당이나 마찬가지였다. 노동당은 950만을 약간 웃도는 득표수로 승리했으며, 이는 높은 투표율을 기록했던 1992년 닐 키넉이 이끌었던 노동당이 보수당에 패배했을 때보다도 200만 표 이상 감소한 수치였다.★ 이상의 근거들을 종합해볼 때, 블레어의 주장은 과장되었음을 알 수 있다. 실상 블레어가 이끄는 노동당이 승리했던 세 번의 총선에서 블레어의 존재는 결과에 영향을 미치지 않았다.

▎민주주의 국가에서 리더의 영향력은 계속 증가했나?

20세기를 거치며 대부분의 민주주의 국가에서 중앙 정부의 권력이 강화되었다. 그러나 중앙 행정부가 강해졌다고 해서 그것이 곧 행정부 내 정부 수반의 힘이 강해졌다는 의미는 아니다. 물론 민주주의 국가에서 리더의 영향력이 점차 증가해왔다는 주장을 뒷받침하

★   이와 별개로, 노동당의 변화를 강조한 것과 블레어, 피터 만델슨 그리고 고든 브라운이 주요 창시자였던 '신노동당New Labour'이라는 용어의 사용이 1997년 선거 승리에 얼마나 기여했느냐의 문제가 있다. '신노동당'과 '구노동당Old Labour'의 조악한 이분법은 보수 신문사 사주들에게 어필하는 부분은 있었지만 묘하게 무차별적이었다. 특히 블레어는 마치 클레멘트 애틀리, 어니스트 베빈, 휴 게이츠켈, 해럴드 윌슨, 제임스 캘러헌, 데니스 힐리Denis Healey와 같은 주요 노동당 인사들이 한때 노동당에 속했으나 이전 노동당 정부들의 정책에 아무런 영향력도 미치지 못했던 트로츠키주의자나 '유행을 좇는 좌파' 또는 사회주의 근본주의자들인 양 '구노동당'이라는 용어로 한데 묶어 취급했다. 이것은 자신이 속한 정당의 역사와 자신 사이에 거리를 두려는 의도였다. 2005년 무렵에는 '신노동당'의 이미지가 한때 가졌을 어떤 새로운 가치도 다 닳아 없어졌다. 기본적으로 블레어 총리와 그의 일부 동료들은 계속해서 '구노동당'과 '신노동당'을 얘기했지만, 총선 투표용지에 '신노동당'이라는 정당이 등장한 것도 아니다. 유권자들은 여전히 노동당 후보에게 표를 던진다(비록 2005년에는 과거보다 훨씬 적은 수이긴 했으나). 어쨌거나 이 재브랜딩 시도는 블레어의 다다음 후계자인 노동당 대표 에드 밀리밴드에 의해 조용히 폐기되었다.

는 제한적인 증거도 존재한다. 특히 정부 수반이 국제 무대에서 수행하는 역할에서 이런 경향이 확연하다. 1장에서 말했듯이, 그들이 대외 정책을 결정하는 최전선에 서게 된 것은 커뮤니케이션 속도의 발전이 낳은 결과였다. 각국 총리 및 대통령 사이의 교류가 용이해지자 자연히 정상급 의사소통이 이루어질 것이라는 기대가 커졌다. 관심사가 국내 정치에 국한되어 있던 정치인이라도 정부 수반이 된 이상 국제 무대를 피할 수 없기에, 현명한 정부 수반이라면 외무부에 축적된 전문 지식을 활용하고 외무장관과 긴밀히 협조한다. 대부분의 경우 이 역할에 손쉽게 적응한다. 미국의 드와이트 D. 아이젠하워(임기 마지막 몇 년), 존 F. 케네디, 프랑스의 샤를 드골, 소련의 니키타 흐루쇼프, 그리고 서독의 콘라트 아데나워Konrad Adenauer 총리 등과 같은 시기에 재임했던 영국의 해럴드 맥밀런 총리는 자신이 국내에서는 '정치꾼politician'이지만 해외에 나가기만 하면 '정치가statesman'가 된다고 냉소했다[35](해리 트루먼은 '정치가는 죽은 정치꾼이다'라고 했다. 표현은 다르지만 냉소적이기는 마찬가지다[36]).

미국 대통령직에 가해지는 제약

의회 민주주의에서 총리의 역할을 얘기할 때, '대통령화'라는 용어는 오해를 부른다. 가장 널리 알려진 대통령직인 미국 대통령 자리에 가해지는 국내적 제약이 대부분의 유럽 총리의 권력에 가해지는 제약보다 크기 때문이다. 이것은 무엇보다도 미국의 엄격한 권력 분립에서 기인한다. 대통령 선거와 의원 선거의 주기가 서로 다르기 때문에 의회가 여소야대 상황일 수도 있다. 또한 의회는 여러 다른 경로의 압력과 로비

를 받기 때문에 설사 대통령이 속한 정당이 의회의 다수당이라 하더라
도 대통령이 자신의 주장을 관철시킬 수 있다는 보장이 없다. 더구나 요
즘은 여소야대 상황에서 대통령의 권력이 제한되는 폭이 예전보다 더
커졌다. 비타협적 당파성이 세를 얻으면서 독립적으로 투표하는 의원
이 자취를 감춘 탓이다.

피상적인 법적 근거를 들어 대통령의 결정이나 대통령이 지지하는
법안을 얼마든지 폐기할 수 있는 미국 연방 대법원도 대부분의 유럽 총
리가 상대해야 하는 것보다 더 큰 장애물이다. 의회 민주주의를 채택한
국가의 총리와는 달리 미국 대통령은 중앙 행정부 권력의 화신이라 여
겨지지만, 연방 정부의 거대한 규모와 복잡성으로 인해 실제로 미국 대
통령이 정부 정책을 결정하기는 어렵다. 심지어 '연방 정부에서 백악관
비서실이 대통령이 장악하고 책임과 충성을 요구할 수 있는 **유일한** 조
직'이라는 주장이 제기되기도 했다.[37] 미국 관료였다가 학자로 업을 바
꾼 해럴드 세이드먼Harold Seidman에 따르면, 설사 미국 대통령이 볼 때 각
료들이 못마땅하고 충성심이 의심된다 하더라도 "대통령 자신의 권력
을 심각하게 손상시키지 않으면서 그들의 권력을 제거할 방법은 없다."

'지상 최고의 권좌'를 차지한 자는 곧 가혹한 진실을 깨닫게 된다. 미국 대통
령의 집행권은 공직 임명권이라는 미약한 헌법적 토대를 기반으로 한다. 임
명 권한 자체도 자격 요건의 구속을 받기 때문에 대통령의 자유 재량권을 심
각하게 제한할 수 있다. 대통령은 행정부의 관료를 해임할 수 있지만 여기서
도 그의 권한은 제한적이다. 고위 관료를 해임하는 것은 매우 심각한 도발하
에서만 꺼낼 수 있는 마지막 카드다.[38]

1993년 빌 클린턴이 인권 담당 법무부 차관보를 임명하는 과정에서 대통령 임명권이 갖는 제약이 잘 드러났다. 1순위 후보는 클린턴의 예일 법대 동창이자 흑인 여성 변호사이며 펜실베이니아대학 교수인 라니 기니어Lani Guinier였다. 그러나 상원에서 임명이 비준될 가능성이 작다는 사실이 명백해지자 클린턴은 질질 끌다가 패배를 겪느니 차라리 지명을 철회하기로 했다. 두 번째 후보였던 또 다른 흑인 변호사 존 페이튼John Payton도 의회의 반대에 맞닥뜨렸고 스스로 후보에서 물러났다. 클린턴은 '마침내 시민권 분야의 또 다른 특출한 흑인 변호사'인 더발 패트릭Deval Patrick을 임명했고 그는 직무를 훌륭하게 수행했다. 그러나 클린턴은 기니어의 우정을 잃는 대가를 치러야 했다.[39] 보다 최근의 사례로는 버락 오바마 대통령이 정부 고위 관료를 임명할 때 겪은 고충을 들 수 있다. 2013년 힐러리 클린턴 국무장관의 뒤를 이을 1순위 후보로 오바마는 유엔 주재 미국 대사(이자 그의 오랜 대외 정책 보좌관이었던) 수전 라이스Susan Rice를 택했다. 하지만 공화당의 치열한 반대로 라이스는 후보에서 자진 사퇴했고 대통령은 마지못해 동의할 수밖에 없었다.[40] 위의 사례들은 미국 대통령의 주요 특권으로 간주되는 공직 임명권의 한계를 보여주는 작은 표본일 뿐이다.

지난 세기를 거치며, 유럽 민주주의 국가들만큼은 아니더라도 어쨌든 미국 연방 정부의 권력이 점차 강해졌다는 사실에 의문을 제기하는 사람은 없다. 그러나 지난 100년 이상의 역사를 살펴볼 때 미국 정부 **내에서** 행정부 수반의 권력이 상승 곡선을 그리며 **꾸준히 증가**했다고 보는 것은 지나친 단순화다. 시어도어 루스벨트Theodore Roosevelt는 이후 등장하는 워런 하딩Warren Harding, 캘빈 쿨리지Calvin Coolidge, 허버트 후버Herbert Hoover 같은 전간기의 대통령들보다 더 압도적인 인물이었다. 후버의 뒤를 이은 프랭클린 D. 루스벨트는 정치적 기술과 대중적 인기를 바탕으로 대통령의 영향력을 크게 확장했다. 그는 라디오를 활용한 최초의 대통령으로, '노변담화fireside chats'라는 성공적인 프로그램을 통해 여론에 영향을 미쳤다. 프랭클린 루스벨트는 자신감 넘치는 리더십 스타일의 소유자였을 뿐 아니라, 감동적인 취임 연설이나 비상 의회 개최, 금융 위기에 대한 대응책 마련 등의 구체적인 행동을 통해 영향력을 발휘했다. 또한 여론을 감지해서 정책 추진 시기를 선택하는 능력이 탁월했고, 자기주장을 굽히지 않았으며 거부권 행사에도 거침이 없었다.★ 루스벨트가 집권 2기까지 행사한 거부권이 무려 '1792년 이래 미국 대통령에 의해 거부된 조치의 30퍼센트 이상'을 차지할 정도였다.[41] 한때 루스벨트의 재임 기간은 '현대적 대통령modern presidency' 권력의 지속적 증가를 예고하는 것으로 여겨졌으며, 이는 보통 1930년대 후반 루스벨트 집권 2기 때 시작된 것으로 본다. 하지만 바로 그 시기에 루스벨트는 연방 대법원의 정치적 균형을 바꾸기 위해 대법원 판사를 충원하는 무리수를 뒀다. 뉴딜 정책을 지지할 판사를 추가로 임명하기 위해 대법원의 규모를 키우려고 시도했던 것은 루스벨트가 1936년 대선에서 압도적인 승리를 거두고 권력의 정점에 선 듯했던 바로 그때였다. 그렇지만 법안은 통과되지 못했고, 오히려 루스벨트 국내 정책 반대론자

★ 　　대통령은 의회가 법안을 제출했을 때 거부할 수 있는 권한이 있다. 그러나 만일 양원 의원의 3분의 2가 반대하면 대통령의 거부권은 무효가 된다. 거부권이 존재한다는 사실 자체가 대통령의 거부권 행사를 피하기 위해 여러 정부 기관의 협상을 끌어낼 수 있다. 대통령의 거부권 사용은 대중이 어느 편에 서느냐에 따라 결과가 달라지므로 그 나름의 위험이 있다. 루스벨트처럼 인기 있는 대통령은 인기 없는 대통령보다 거부권을 더 적극적으로 행사할 수 있다.

들을 결집시키는 역효과를 불러왔다. 한 미국의 대통령직 연구 전문가가 말했듯이,

> 1937년 루스벨트에게 등을 돌린 의원들은 이후 다시는 루스벨트 초임 시절과 같은 충성심을 보여주지 않았다. 그뿐만 아니라 다양한 분파로 구성된 개혁 세력 내부에 분열을 일으켜 뉴딜 정책에 대한 초당적 지지를 약화시켰고, 뉴딜 정책이 워싱턴으로 권력을 집중시키려는 개혁 세력의 계략일지도 모른다는 공화당 진보파의 의혹이 기정사실화되었다.[42]

이렇게 강하고 압도적인 대통령이었던 루스벨트에 비해, 그 뒤를 이은 트루먼은 각료들을 신뢰하고 그들에게 힘을 실어주는 스타일이었다. 트루먼의 뒤를 이은 아이젠하워 또한 루스벨트보다 독단적인 성향이 덜했으며 상대적으로 부하들에게 더 많은 권한을 나눠주고 그들을 신뢰했다. 아이젠하워는 2차 세계대전 당시 상당한 외교 기술이 요구되는 자리에 있었던 덕에, 주지사를 하다가 바로 백악관에 입성한 사람들과는 비교가 안 될 정도로 국제적 역할을 수행할 준비가 되어 있었다. 이를테면 그와 재임 기간이 겹치는 프랑스 대통령 샤를 드골, 영국 총리 윈스턴 처칠과 앤서니 이든Anthony Eden, 그리고 해럴드 맥밀런은 2차 세계대전 때부터 알고 지내던 사이였다. 그런데도 아이젠하워는 국무장관 존 포스터 덜레스John Foster Dulles에게 많은 권한을 줬다. 서유럽에서 단단히 미움받았던 덜레스를 두고 처칠은 '따분하고 고리타분하며 이해력이 딸리는 데다 둔감한 사람'이라 평했고, 더 간략하게 '덜, 덜러, 덜레스Dull, Duller, Dulles'라고 부르기도 했다.[43]

미국에서 연방 대법원은 대통령의 권력을 제어할 수 있다. 한국 전쟁 당시 심각한 산업 분쟁을 겪고 있던 철강 산업을 일시적으로 국유화하려던 트루먼 대통령의 시도를 대법원이 가로막았던 것이 그 예다. 반면 대법원이 대통령직을 빛내주는 이상적인 경우도 있다. 아이젠하워 대통령 재임 기간에 그런 일이 있었다. 아이젠하워는 시민권 문제에 소극적이었고, 1954년 브라운 대 토피카 교육위원회 재판에서 대법원이 내린 획기적인 판결을 마지못해 받아들이는 입장이었다. 이 판례는 당시 백인과 유색인이 같은 공립 학교에 다닐 수 없다는 주법을 불법으로 판정하여 인종 분리적이고 차별적인 교육 제도를 유지하고자 했던 남부 주들과 연방 정부 사이의 분쟁을 불러왔다. 시민권을 적극적으로 지지했던 인물은 아이젠하워의 법무부 장관 허버트 브라우넬Herbert Brownell이었고, 시민권 문제에 결정적으로 중요한 판단을 내린 기관은 아이젠하워가 임명한 자유주의적 공화주의자 얼 워런Earl Warren이 대법원장으로 있었던 연방 대법원이었다. 아이젠하워에게 호의적인 전기 작가 짐 뉴턴Jim Newton에 따르면, 시민권(그중에서도 특히 미국 흑인 인권)에 관한 한 "아이젠하워의 업적은 개인적 신념의 승리라기보다는 리더십 스타일의 승리로 볼 수 있다. 그는 브라우넬을 믿고 그에게 주도권을 줬다." 따라서 아이젠하워가 "주저할 때도 있었지만, 대통령의 의구심에도 불구하고 정부는 진전을 이뤘다."[44]

상기한 대법원 판결은 아이젠하워가 우려했던 대로 남부의 반발을 불러왔지만, 연방법을 수호하려는 그의 결심은 단호했다. 아칸소주 리틀록에서 백인우월주의자 폭도들이 흑인 학생들의 등교를 막았을 때,

우드로 윌슨 만Woodrow Wilson Mann 시장은 '평화와 질서를 회복하기 위해' 연방군 투입을 요청했다. 시장은 의도적으로 주 정부를 우회했는데, 그 이유는 주 정부가 인종 통합에 반대하는 폭력을 전폭적으로 지지했기 때문이다. 연방 정부는 즉시 시장의 요청을 수용했다. 법치주의에 대한 헌신이라는 측면에서도 그렇지만, 고작 등교권을 주장하는 흑인 학생들을 위협하는 백인 폭도들의 사진이 전 세계에 퍼지면 미국의 국제적 명성이 얼마나 타격을 입을지 아이젠하워는 충분히 인지하고 있었던 것이다. 대통령이 연방군을 파견한 덕분에 법은 제대로 이행될 수 있었다. 아이젠하워 전기 작가의 표현처럼 "무방비 상태의 고등학생을 공격하는 데는 일말의 주저도 없었던 인종차별주의자들이 군대 앞에선 꼬리를 내렸다."[45]

대통령마다 리더십 스타일이 다르고, 다른 대통령들보다 여가 활동에 더 많은 시간을 할애하는 이들도 있지만, 중압감이 대단한 자리라는 것은 모든 미국 대통령에게 공통으로 적용되는 얘기다. 20세기를 거치며 미국은 강대국이었다가, 양대 '초강대국' 중 하나가 되었다가, 소련 해체 후에는 정치적 영향력과 군사력 면에서 부동의 세계 유일 패권국이 되었다. 간혹 세계 무대에서 미국 대통령의 권위가 (때로는 예상치 못한 경우에도) 현실적인 한계에 부닥치는 경우도 있지만, 미국 대통령이 내리는 국제 정책 결정이 다른 나라 정부 수반들보다 중요하다는 점은 변함없다. 아이젠하워는 중증의 심장마비를 겪은 후 친구에게 보내는 편지에 이렇게 썼다. "앞으로 자극, 좌절, 불안, 두려움 그리고 무엇보다도 분노를 불러오는 모든 상황을 피하라고 한다. 그런 처방을 내린 의사들에게 내가 그랬지. '대체 대통령 자리가 뭐라고 생각하는 거죠?'"[46] 미국 대통령이라면 분명 아이젠하워의 심정에 공감할 것이다.

프랭클린 루스벨트 이래 행정부에서, 그리고 다른 정부 기관과의 관계에서 루스벨트만큼 큰 권력을 행사했던 대통령은 아마도 린든 B. 존슨이 유일할 것이다(재임 기간은 훨씬 짧았고 인기도 덜했다).★ 존슨의 전기 작가는 그를 '가장 열정적인 20세기의 대통령 입법자'라고 묘사했다.[47] 대외 정책 부문에서도 비록 루스벨트만큼 긍정적인 결과를 가져오진 못했지만 직접 여러 가지 큰 결정을 내렸다. 존슨의 국내 업적은 불필요한 전쟁에서 수많은 미국인이(그리고 훨씬 많은 베트남인이) 목숨을 잃고 패한 것으로 인해 묻혀버렸다. 존슨은 베트남 전쟁을 케네디로부터 물려받은 독배라 여겼으나, 일단 미국이 개입한 이상 실패를 감수할 수는 없었다.[48]

로널드 레이건 대통령의 재임 기간은 '극단적인 권한 위임'의 시기로 묘사된다. 권한 위임은 뛰어난 정치 기술을 가진 유능한 인물을 임명했을 때는 별 탈 없이 작동했지만(조지 슐츠George Shultz 국무장관이 대표적인 예다), 도널드 리건Donald Regan, 존 포인덱스터John Poindexter, 올리버 노스Oliver North의 경우는 '재난을 불러왔다'.[49] 한때 영화배우 출신이라는 배경으로 인해 과연 레이건이 대통령직을 맡을 자격이 되는지에 대한 의구심이 존재했으나(캘리포니아 주지사를 지낸 것이 플러스가 되긴 했다), 임기 2기를 마칠 무렵 레이건은 이렇게 응수했다. "배우 경험 없이 어떻게 대통령 직책을 수행했을지 궁금했던 적이 여러 번 있었습니다."[50] 레이건이 대통령직

★　　　루스벨트는 존슨보다 추종자가 많았지만, 적의 숫자도 결코 적지 않았다. 코네티컷의 한 컨트리클럽에서는 뇌졸중을 방지하기 위해 루스벨트의 이름을 언급하는 것을 금지했다는 얘기도 있다. 캔자스의 어떤 남자는 루스벨트가 퇴임할 때까지 나오지 않겠다고 선언하고 지하실로 들어가버렸고, 다시 나왔을 때는 아내가 방문 세일즈맨과 함께 떠나버린 후였다.

의 의식 수행 면에서 탁월했다는 것은 다들 동의한다. 다만 사전에 준비된 연설은 탁월하게 소화해냈지만 질의응답식 기자 회견에서는 세부 지식 부족이 심각한 단점으로 드러났다. 레이건은 1984년 연설에서 이렇게 말했다. "프랭클린 루스벨트, 케네디, 그리고 테디 루스벨트는 대통령 자리와 거기 딸려오는 강자의 연단을 즐겼다. 나도 마찬가지다."[51]

레이건은 몇 가지 핵심 정책에 집중했다. 대표적인 것으로 세금 인하, 전략방위구상SDI 추진, 중미의 반공산주의 게릴라 지원 등이 있다. 또한 그는 수사적인 의미에서 그리고 실제로 방위비 지출 확대를 통해 냉전을 치르면서, 동시에 대화의 물꼬를 틀 소련 리더를 물색해야 했다. 레이건은 원칙적으로 작은 정부, 적은 세금, 그리고 균형 재정을 지지했다. 하지만 지지했다는 것이지 이뤄냈다는 얘기는 아니다. 세금 인하 혜택은 주로 부유층에게 돌아갔고, 1980년대 내내 국민 소득에서 연방 소득세가 차지하는 비율은 달라지지 않았다. '작은 정부'에 대해 말하자면, 1989년 연방 정부의 직원 규모는 1981년에 비해 오히려 늘어났다. 게다가 카터 행정부가 남긴 연방 예산 적자를 비웃어놓고선 본인은 훨씬 거대한 적자를 후임인 조지 H. W. 부시 대통령에게 물려줬다.[52] 레이건은 대부분의 문제에 관해 '세부 사항을 신경 쓰지 않는다는 면에서 독보적인' 대통령이었고, 최측근들도 지시 사항을 자주 추측해야 했다.[53] 레이건은 두 가지 면에서 운이 좋았다. 첫째는 1980년대 국제 유가 급락으로 인해 미국 경제가 탄력을 받고 소련 경제는 타격을 입은 것, 둘째는 레이건 집권 2기 초반에 미하일 고르바초프가 소련의 리더로 부상한 것이었다. 레이건의 초임 당시에는 소련과의 관계가 악화일로를 걷고 있었다. 고령의 소련 총서기 세 명이 잇달아 사망한 후 고르바초프가 운 좋게 권력을 잡은 것은 레이건의 정책과는 전혀 무관했다.

그러나 나폴레옹이 운 좋은 장군들을 선호했던 것처럼, 수백만 명의 미국인들도 운 좋은 대통령을 마음에 들어 했다. 레이건 스스로 행운을 만들어내기도 했다. 1981년의 암살 시도에서 총에 맞은 것은 불운했지만, 총알이 심장을 가까스로 비껴갔던 건 운이 좋았다. 하지만 그보다 레이건이 영부인에게 "여보, 내가 피하는 걸 깜빡했소"라고 말한 것과 수술실로 가면서 의료진에게 "당신들 모두 공화당 지지자여야 할 텐데"라고 말한 것이 알려지면서 그의 유머 감각이 재확인되고 인기가 급등했다. 레이건의 매력과 낙천주의는 이후 그가 수상쩍은 거래를 승인한 후 단순한 실수였다며 대수롭지 않게 넘겨버렸을 때 매우 유용하게 작용했다. 레이건의 지지율은 '이란-콘트라 사건' 이후 47퍼센트로 떨어졌으나, 사안의 심각성을 감안하면 상당히 높은 지지율이다. 인간적인 매력이 전무했던 리처드 닉슨이 워터게이트 침입·은폐 사건에서 레이건보다 상대적으로 덜한 잘못을 저질렀을 때와 비교하면 별 타격 없이 넘어간 편이라 하겠다. '이란-콘트라 사건'에서 레이건은 테헤란에 잡혀 있던 미국인 인질 석방을 위해서 이란에 비밀 무기 전달을 승인했으며, 이때 올리버 노스가 이란에 과다한 비용을 청구한 다음 거기서 발생한 수익을 니카라과의 콘트라 반군을 지원하는 데 쓴다는 '기발한 아이디어'를 내놓았다.[54] 애초에 불법이었던 이 사업은 결국 실패로 돌아갔다. 불법 무기는 이란 '온건파'가 아니라 미국인 인질 사건을 주도한 강경파에게 넘어가버렸다.[55]

그러나 이 불명예스러운 사건은 레이건의 업적에 비하면 사소한 것으로 치부된다. 마거릿 대처의 표현을 빌자면 '비즈니스를 하는 것'이

가능한 소련 리더가 등장했기 때문이다. 1980년대 후반에 레이건이 냉전 종식에 기여한 역할은 높이 평가됐다. 미국 대통령이 소련 공산당 총서기와 나란히 붉은 광장을 거닐거나 블라디미르 레닌의 초상화 아래에서 모스크바국립대학 학생들에게 열렬한 호응을 얻는 장면은 1980년에는 터무니없는 일로 여겨졌다. 그런데 1988년 여름에 이런 일들이 실제로 일어났다. 결과적으로 정서와 감정을 이해하고 활용하는 능력이 정치 리더에게 얼마나 중요한지를 레이건 대통령의 재임 기간과 퇴임 후의 인기가 증명한다. 아무리 잘 짜인 논리도 마음을 움직이는 힘을 당해내지는 못하는 법이다.

성공적인 대통령의 조건으로 연임 직후의 인기를 비교한다면, 지난 반세기의 승자는 단연 빌 클린턴이다. 다만 완전히 만족스러운 판단 기준은 아닌 것이, 트루먼처럼 지지율의 기복이 심했고 임기 마지막 2년 동안 특히 낮았다가 퇴임 후 다시 인기가 높아진 경우도 있기 때문이다.[56] 클린턴의 경우 하원 장악력이 훨씬 약했기 때문에 린든 존슨과 같은 의미에서 '강한' 대통령은 아니었다. 뉴트 깅리치Newt Gingrich가 이끄는 공화당이 다수를 점유했던 의회의 적대감은 클린턴 임기 내내 지속됐다. 깅리치 같은 사람을 자기편으로 끌어들이는 것은 애초에 불가능한 일이었다. 그런데 클린턴은 당시 상원 재정위원회 위원장을 맡고 있던 베테랑 민주당 의원 대니얼 패트릭 모이니핸Daniel Patrick Moynihan과 좋은 관계를 형성하는 데도 실패했다.[57] 초임 당시 주력으로 밀었던 헬스케어 법안(상세 내용은 영부인 힐러리 클린턴이 작성했다)도 벽에 부닥치고 말았다. 하지만 의회를 통해 점진적인 국내 정책 변화를 가져왔던 집권 2기는 보다 성공적이었다(대외 정책 부분에 대한 평가는 정반대이다). 메디케이드와 같은 정책을 유지하면서도(메디케이드는 빈민층에게 안전장치를 제공했고, 메디케어는 주로 중산층에게 혜택이 돌아갔다. 클린턴은 둘 다 지지했다) 후임자에게 흑자 재정이라는 선물을 남겨줬다.

모니카 르윈스키Monica Lewinsky 사건이 터진 1998년부터 클린턴은 끊임없이 사생활을 파헤치는 언론과 공화당 정적들, 그리고 끈질기게 물고 늘어지는 특별 검사Special Prosecutor(혹은 '특별 박해자special persecutor') 케네스 스타Kenneth Starr의 집중 공격을 받았다. 그럼에도 불구하고 클린턴은 케네디 대통령 암살 당시 지지율 이래 가장 높은 지지율을 기록하며 두 번째 임기를 마쳤다.[58] 클린턴은 지능과 정책을 파악하는 능력을 겸비했으며, 동시에 노련한 선거운동가이자 연설가였다. 무엇보다도 낙천주의를 발산하는 능력이 있었다. 공감을 불러일으키는 호소력을 지닌 덕분에 탄핵 시도를 극복했을 뿐만 아니라, 미디어와 정적의 끊임없는 맹공격 속에서도 인기를 유지했다. 그가 경제 문제에 집중했던 것, 그리고 1990년대 미국 경제가 호황을 누린 것이 인기의 버팀목이었다. 그러나 냉전 종식 직후였던 그의 임기는 잃어버린 기회이기도 했다. 기본적으로 클린턴에게 호의적인 전기 작가 조 클라인Joe Klein도 모호한 칭찬으로 클린턴에 대한 평가를 마무리한다. "그는 동 세대 가장 주목할 만한 정치인으로 남았지만, 그 자체로 큰 의미는 없다."[59]

미국 대통령에게 가해지는 제약, 대통령에 따라 달라지는 권력 관계, 그리고 체제 내에서 대통령 권력이 꾸준히 증가한다는 지나친 단순화는 그 자체로도 중요하지만, 의회 민주주의 체제에서 총리 권력이 증가했다는 가설을 논할 때 '대통령화'라는 용어의 사용을 자제해야 하는 근거가 된다. 이 용어가 오해를 불러오는 또 다른 이유는 현존하는 여러 이원 집정부제 국가에서 대통령과 총리 사이의 권력 분배가 다르게 나타나기 때문이다. 프랑스를 비롯한 일부 국가의 경우(국내 정책보다는 대외 정책에 더 크게 적용되긴 하지만) 정책을 결정할 때 대통령이 더 큰 힘을 갖는다. 독일과 이스라엘, 아일랜드 등의 경우 독일 총리, 이스라엘 총리, 그리고 아일랜드 총리Taoiseach가 명실공히 정부 수반이며, 대통령은 국가 원수로서 지위는 높지만 실권은 없다.

영국 총리의 권력과 리더십 스타일

이 장에서 다루는 양대 사례 중 하나인 영국의 경우에도, 행정부 수장인 총리의 권력이 지난 100년간 꾸준히 상승 곡선을 그렸다고 보는 것은 지나친 단순화이다. 영국에도 수많은 변곡점이 존재했다. 만일 강한 총리가 흔히 얘기하는 것처럼 다양한 정책 분야에 자주 개입하고 자기 뜻을 각료들에게 강요하며 개인적으로 중대한 결정을 내리는 인물이라고 가정한다면, 1차 세계대전 중 전시 내각과 종전 직후 정부를 이끌었던 데이비드 로이드 조지가 바로 그런 총리였다. 1922년 그가 축출된 후 1937년 네빌 체임벌린 총리가 등극하기까지 그 중간 기간에 재임했던 세 명의 총리(앤드루 보너 로Andrew Bonar Law, 램지 맥도널드Ramsay MacDonald, 스탠리 볼드윈)보다 로이드 조지가 훨씬 더 강력한 총리였다.

로이드 조지는 러시아의 신생 공산 정권과 경제적·정치적 협상을 진행할 때, 외무장관으로서 협상을 지휘할 것으로 기대되고 그게 아니라면 적어도 참석할 자격이 있었던 커즌Curzon 경이 아니라 해외 무역장관 스윈튼Swinton 경을 대동했다. 스윈튼은 이 점을 놓치지 않았고, 로이드 조지에게 이렇게 말하기도 했다. "만일 나를 커즌 경처럼 대했다면 사임했을 겁니다. 커즌 경이 사표를 내지 않는 이유를 이해할 수 없군요." 로이드 조지는 이렇게 답했다. "오, 하지만 그는 계속 사임하는 걸요. 외무부에는 두 명의 메신저가 있죠. 먼저 절름발이 메신저가 사표를 가지고 와요. 그 뒤를 육상 선수 메신저가 따라잡지요."[60] 커즌 경은 자발적으로 그만두기엔 장관 자리에 대한 애착이 너무 컸다. 오만한 성격으로 인해 로이드 조지뿐만 아니라 연립 내각의 보수당 동료들에게도 배척당했던 그는 친한 친구들이나 부인에게 울분을 터트리는 것으로 자기 위안을 삼을 수밖에 없었다. 그는 부인에게 쓴 편지에서 로이드 조지에 대해 이렇게 불평했다. "그 사람과 일하려고 노력하는 데 지쳤소. 그는 외무장관이 무슨 시종이나 비서가 되길 원한다오."[61]

로이드 조지는 책략을 통해, 그리고 강한 성격으로 압도적인 위상을 차지했다. 그가 구성한 내각에는 뛰어난 인물이 여럿 존재했지만 총리의 탁월함에 도전할 수 있는 사람은 없는 듯했다. 한편 1937년부터 1940년까지 총리를 지낸 네빌 체임벌린은 로이드 조지처럼 두드러진 인물이 아니었다. 군계일학이었던 로이드 조지는 다른 이들이 두각을 나타내는 것을 걱정할 필요가 없었던 반면, 체임벌린은 비판자들을 아예 내각에 들이지 않았다. 자신의 견해에 도전했을 법한 윈스턴 처칠, 레오 에이머리Leo Amery, 해럴드 맥밀런이 설 자리는 없었다. 처칠은 인도 문제를 놓고 갈등을 빚은 끝에 1936년 말에는 보수파 대부분의 신뢰를 잃은 상태였던 데다, 그해 에드워드 8세Edward VIII 퇴위 사태 때 끝까지 국왕을 지지하여 하원에서 입지가 더욱 좁아졌다(영화 〈킹스 스피치 The King's Speech〉에서 처칠이 조지 6세George VI의 초기 조력자로 나오는 것은 역사적 사실과 거리가 멀어도 한참 멀다. 두 사람이 서로를 존경하게 된 것은 1940년 처칠이 총리가 된 후의 일이다).[62] 로이드 조지의 외무장관 커즌 경과는 달리, 체임벌린 총리의 외무장관 앤서니 이든은 총리가 개인적으로 외교에 관여하는 데 불만을 품고 진짜 사임해버렸다. 스윈튼에 의하면 "외무장관 자리는 갈수록 불가능한 자리가 되었다. 이든처럼 본인의 자존심에 민감한 사람에겐 특히 그랬다."[63] 체임벌린은 총리가 되기 전부터, 즉 맥도널드와 볼드윈 아래 재무장관으로서 명목상 삼인자이던 시절부터 자신을 정부의 강자로 여겼다. 1935년 3월 누이에게 한 말에서 그가 어떤 총리가 되고자 했는지 엿볼 수 있다. "앞으로 보면 알겠지만 나는 실제 총리의 권력만 없을 뿐 일종의 총리 대행이 되었어. '이렇게 처리하시오' 하면 간단한 걸, '이걸 고려해보셨나요'라거나 '이건 어떻게 보십니까'라는 식으로 돌려 말해야 해."[64]

처칠과 애틀리

마크 트웨인Mark Twain처럼 표현한다면, 처칠과 고양이의 가장 큰 차이점은 고양이는 목숨이 아홉 개밖에 없다는 것이다. 어떤 생자필멸의 법칙을 적용해봐도 처칠은 때론 폭소 속에서 때론 분노나 경멸 속에서 열두 번은 더 죽었어야 했다. 하지만 장례식은 늘 너무 일찍 열렸고 무덤은 항상 비어 있었다. 그를 일시적으로 쓰러뜨릴 수는 있지만 죽일 수는 없다. 우리는 그의 장례식 조사를 읽는 데 지쳐간다. … 그가 남긴 실패들은 막대하지만, 위대한 정신력과 대단한 추진력을 바탕으로 한 그의 실패는 다른 사람들의 성공보다 눈부시다.[65]

위의 단락은 저널리스트이자 수필가인 A. G. 가디너A. G. Gardiner가 1926년 출간한 책에서 처칠을 묘사한 내용이다. 당시 처칠은 스탠리 볼드윈이 이끄는 보수당 정부의 고위 인사였다. 처칠은 1899년 하원 선거에 처음 입후보했으며, 1900년에 의원으로 당선되었다. 처음에는 보수당 소속이었다가 1904년에 자유당으로 당적을 옮겼다. 1910년에 내무장관으로 부임한 것을 시작으로, 로이드 조지의 연립 내각이 붕괴했던 1922년까지 대부분의 기간 동안 정부에 몸담았다. 이후 보수당에 재합류했다. 가디너가 처칠에 관한 절묘한 글을 썼을 때, 처칠은 재무장관을 맡고 있었다. 1930년대에는 그가 속한 보수당 지도부와 견해를 달리하여 각외에 머물러 있다가, 1939년 2차 세계대전이 발발한 후 내각에 합류했다. 지도부와 갈등했던 주된 이슈는 인도였다. 처칠은 인도 문제에 대한 입장이 확고했으며, 장관직을 맡고 있을 때나 평의원 신분일 때나 한결같이 인도 자치를 향한 잠정적인 움직임조차 반대했다. 1930년대 후반 들어서는 전쟁을 방지하기 위해 나치 독일을 상대로 유화 정책을 선택한 정부를 점점 강하게 비판했으며, 체코슬로바키아의 해체를 불러온 히틀러와 체임벌린의 1938년 뮌헨 협약도 신랄하게 비판했다. 1939년 9월 독일이 폴란드를 침략하고 영국이 독일에 선전포고하면서 유화 정책이 세계대전을 방지하는 데 무용지물이었음이 만천하에 드러났다. 처칠의 경고는 선견지명이라는 평을 얻게 되었고, 그는 체임벌린의 임명을 받아 해군 장관(처칠이 1911년에 처음 맡았던 직책)으로 전시 내각에 합류하게 된다.

그럼에도 처칠이 1940년 5월 총리가 된 것에는 우연이 개입했다. 체임벌린은 보수당 의원 다수의 지지를 계속 확보하고 있었으나, 제1

야당인 노동당으로부터 철저히 미움받았다. 전임자인 볼드윈과 달리 체임벌린은 노동당 의원들을 업신여겼기 때문이었다. 1940년 5월 7일과 8일에 열렸던 하원 토론에서 상당수의 비주류 보수당 의원들이 체임벌린 총리와 전쟁 진행 상황을 비판하고 나서자, 노동당은 기회를 포착하고 체임벌린 총리에 대한 신임 투표를 밀어붙였다. 그 결과 집권당 의석 수가 야당보다 213석이나 많았던 의회에서 고작 81표 차이로 신임을 얻었고, 체임벌린의 위상은 치명적으로 약화되었다. 내각의 전면 재구성과 총리 교체의 필요성은 명백했다. 만약 이때 이든의 후임으로 외무장관을 맡고 있던 핼리팩스Halifax 경이 총리직을 원했다면 하원이 아니라 상원 의원이라는 불리한 조건에도 불구하고 총리직은 그의 것이 되었을 것이다.

보수당 의원들이 직접 당 대표를 선출하게 된 것은 1965년의 일이고, 1940년에는 군주가 하원에서 다수의 지지를 확보한 인물에게 내각의 구성을 요청하는 헌법적 관례(오늘날까지 유효하다)에 따라 조지 6세의 손에 어느 정도 총리 임명권이 있었다. 조지 6세는 핼리팩스를 선호한다는 입장을 분명히 했고, 체임벌린도 핼리팩스를 지명했다. 게다가 보수당 의원들도 대부분 핼리팩스를 지지하는 것으로 나타났다. 보수당 전문 역사가 로버트 블레이크Robert Blake는 당시 상황에 대해 이렇게 전한다. "1940년 5월 무렵 처칠이 전시 정국을 이끌어갈 목적의식, 에너지, 독창성을 갖춘 인물이라 여겼던 보수당 의원들도 일부 존재했지만, 만일 선거가 열렸다면 핼리팩스가 선출되었을 것이다. 그러나 총리는 투표로 결정되는 자리가 아니었다. 그것은 다수결이 아니라 왕에게 어떤 조언을 하는지에 달려 있었다."[66]

노동당은 체임벌린이 이끄는 연립 정부를 거부하겠다는 의사를 분명히 밝혔으며, 결정적으로 핼리팩스가 총리직을 원하지 않는다고 밝혔다. 그는 전시 정국을 이끄는 일은 자신보다 처칠에게 더 적합하다고 판단했다.[67] 총리가 된 처칠은 다수의 노동당 출신 의원과 일부 자유당 의원을 포함한 연립 정부를 구성했다. 노동당 대표 클레멘트 애틀리는 부총리 역할을 맡아 처칠의 잦은 부재 시 각료 회의를 주재했다. 네빌 체임벌린은 내각에 남았고 여전히 보수당 대표를 맡고 있었지만, 1940년 늦여름 무렵에는 회복 불가능할 만큼 병색이 짙었다. 그는 그해 10월에 내각에서 사임했고 다음 달 세상을 떠났다. 체임벌린이 사임한 후에야 처칠은 총리직에 이어 당 대표까지 맡을 수 있었다. 이 문제를 두고 블레이크는 이렇게 논평했다. "처칠에게 특정 정당의 대표직을 맡지 않는 것이 국가 통합에 유리할 것이라고 조언하는 고매한 사람들이 한둘이 아니었다. 처칠은 그들보다 현명했다. 그는 로이드 조지의 종말을 지켜봤던 것이다. … 처칠은 즉시 당 대표를 수락하겠다는 의사를 밝혔고, 당시 그의 입지로 인해 만장일치 임명은 기정사실이었다."[68]

처칠은 정부 내에서 압도적인 인물이었으며 특히 국방과 대외 정책을 총괄했다. 그는 총리직 외에도 국방부 장관을 신설한 후 자신을 임명하여 이 분야의 결정권자가 누구인지 확실히 했다. 보수당 의원 세 명과 노동당 의원 두 명 등 총 다섯 명으로 전시 내각이 구성되었으며, 1945년 무렵에는 각료가 여덟 명으로 늘어났다. 그 밖에 장관들은 각 분야에서 중요한 사안이 발생했을 때 참석했다. 상대적으로 소규모였던 이 내각은 전쟁 발발 전에 이미 정착한 각료위원회 체제에 의해 보강되었다. 처칠은 총리 임기 후반으로 갈수록 정부 문서 읽기를 소홀히 했다. 그의 보좌관 존 (죽) 콜빌John (Jock) Colville에 따르면 처칠은 '국방, 외교 그리고 정당 정치'에 집중했고, '국내 문제나 국내 전선 문제의 경우 감정적 이유로 특별히 관심이 생기지 않는 한' 별로 개입하지 않았다.[69]

전시 내각 총리로서 윈스턴 처칠이 모든 면에서 완벽했던 것은 아니지만, 2차 세계대전 당시 처칠의 리더십이 국민들에게 영감을 불러일으켰다는 점은 논란의 여지가 없다. 영국 대공습 기간에 런던에 상주했던 존경받는 미국 언론인 에드 머로Ed Murrow의 표현을 빌자면, 처칠은 "영어를 전투에 투입했다." 그는 의회 연설과 라디오 방송을 통해 단지 연설 솜씨만 선보인 것이 아니라, 저술가 비타 색빌웨스트Vita Sackville-West의 말처럼 "그것을 뒷받침하는 데 총력을 쏟겠다는 결의"가 대단했다.[70] 처칠은 귀족 출신임에도 불구하고 전시 총리로 재임하는 5년간 중산층 출신 의원들보다 공습으로 황폐해진 런던 및 다른 도시의 노동자 계층을 비롯한 영국 국민들과 더 친밀한 교감을 형성했다. 또한 애틀리와 협의하여 유능한 서민 출신 노동당 정치인인 어니스트 베빈과 허버트 모리슨Herbert Morrison에게 스포트라이트를 받는 장관 자리를 내어주는 현명함을 보여줬다. 어니스트 베빈은 처칠 내각이 구성될 때부터 노동부 장관이었고, 허버트 모리슨은 1940년 10월부터 내무부 장관이자 국가안보부 장관을 지냈다.[71]

이 두 명의 대표적 노동당 인사들은(둘은 사이가 나빴다) 애틀리에 비해 대중의 눈에 더 많이 노출되어 있었다. 애틀리의 업무는 주로 뒤에서 안 보이게 진행되는 것이었으나(중재자로서, 각료위원회 의장으로서, 그리고 처칠이 병으로 자리를 비우거나 부재중일 때 전시 내각 회의를 주재하는 인물로서) 세 명 모두 연립 내각의 핵심 인물이었다. 내각이 구성됐을 때부터 애틀리는 실질적 부총리였고, 1942년에는 공식적으로 부총리가 되었다. 훌륭한 행정가이자 이후 무소속 의원이 된 존 앤더슨John Anderson 경(웨이벌리 자작Viscount Waverley) 역시 내각의 핵심 멤버였다. 보수당 의원 중에서 가장 저명한 정치인은 1940년 후반 핼리팩스의 뒤를 이어, 체임벌린 내각에서 사임했던 외무장관직을 다시 맡은 앤서니 이든이었다. 전쟁이 진행되는 동안 그는 보수당 내에서 처칠에 이어 이인자가 되었다. 그러나 전시에 국내와 해외에서 영국을 대변하는 목소리로 활약했다는 점에서, 그리고 군사 작전에 대한 상세한 개입 면에서 처칠이 압도적인 인물이었던 것은 의문의 여지가 없다.

처칠은 군사 전략 수립 및 군사령관들과 외국 정상들과의 의사소통에 몰두했고, 따라서 국내 정책 전반은 총리보다 애틀리와 노동당 출신 각료들의 영향력을 크게 받았다. 보수당 출신 각료 중에서는 R. A. (랩) 버틀러R. A. (Rab) Butler가 1944년 교육법의 설계자이자 1943년에 설립된 재건위원회 멤버로서 중요한 역할을 했다. 국내 문제에 대한 처칠의 관심은 기껏해야 산발적이었다. 이 부분은 처칠에 대한 경외심이나 영국 노동당에 대한 일말의 동정심도 가지고 있지 않은 로버트 크로우크로프트Robert Crowcroft의 최근 학술 연구를 통해서도 뒷받침된다. 엉뚱하게도 그는 애틀리를 "권모술수로 얼룩진 소련 정계에서도 승승장구할 영국의 스탈린"이라고 묘사한다.[72] 크로우크로프트의 연구는 처칠의 정부 장악력의 한계를 보여주는 증거를 제시한다(허나 이는 당시 상황을 감안하면 저자가 주장하는 것보다 훨씬 더 이해할만한 수준이다). 1943년이 되자 전후 재건 계획과 복지 국가의 기초를 세우는 일에 노동당 출신 각료들이 담당하는 비중이 더욱 늘어났다. 간혹 처칠이 직접 관여할 때에도, 그는 상당

부분 각료들의 의견에 동의할 수밖에 없었다. 1943년 10월 각료 회의 후 처칠은 부총리에게 "흠씬 두드려 맞았다"라고 불평했다.[73] 이는 처칠과 애틀리의 통상적 이미지와는 전혀 들어맞지 않는다. 한 명은 정치인 중에서도 유독 무대 체질이었고, 다른 한 명은 전혀 눈에 띄지 않는 조용한 타입이었다.

애틀리는 연립 내각을 포함해서 그가 속한 모든 조직에 충성심이 강했지만, 그렇다고 절대 만만한 인물은 아니었다. 그는 절차를 중시하는 사람이기도 했다. 1945년 초 애틀리는 처칠에게 보내는 2,000단어짜리 항의 서한을 독수리 타법으로 직접 타이핑했는데, 처칠을 비판한 내용이 다른 사람들에게 알려지지 않게 하려고 각별히 신경 쓴 것이었다. 불필요한 말은 전혀 하지 않는다는 평을 듣는 애틀리로서는 드물게 긴 편지였다. 애틀리는 처칠이 각료위원회가 내각에 보낸 회의 보고서를 읽는 경우가 "매우 드물기" 때문에 "문서를 읽으면 2-3분 만에 파악할 수 있는 내용을 설명하느라" 30분 이상이 낭비되며, "종종 특정 문구가 당신의 시선을 사로잡아 주제와는 별 상관없는 문제로 빠지기도 합니다"라고 썼다. 하지만 그것보다 "더 심각한 문제"가 있었으니, 그것은 처칠이 전시 내각의 각료가 아닌 비버브룩Beaverbrook 경과 브렌던 브레컨Brendan Bracken의 의견에 더 귀를 기울인다는 점이었다(둘은 처칠의 개인적 친구였으나, 애틀리는 이 사실을 굳이 언급하지는 않는다. 이름도 명시하지 않고, 국새상서Lord Privy Seal와 정보부 장관이라는 공식 직함만 언급했다). 애틀리는 내각의 권한을 강조했다. "여기에는 심각한 헌법적 문제가 있습니다. 국민이 보기에, 그리고 헌법에 따르면 전시 내각에 속한 여덟 명이 결정에 대한 책임을 진단 말입니다."[74]

애틀리가 비밀 유지를 위해 그렇게 신경을 썼음에도 불구하고 처칠은 편지를 비버브룩에게 전화로 읽어줬고, 다음 날 뜻밖에도 비버브룩이 "매우 잘 쓴 편지"라고 칭찬했다는 얘기를 들었다. 처칠의 보좌관이자 탁월한 일기 작가diarist인 콜빌에 의하면 이것이 처칠에게 '최후의 결정타'였다.[75] 여러 문제에서 총리보다 판단력이 뛰어났던 처칠의 부인 클레멘타인 처칠Clementine Churchill도 비버브룩과 같은 생각이었다. 그녀는 콜빌에게 애틀리의 편지가 "진실하고 유익하다"고 말했다. 편지가 도착한 날 콜빌은 일기에 이렇게 기록했다. "총리를 매우 사랑하고 존경하지만 안타깝게도 애틀리의 얘기는 여러모로 맞는 말이다. 그 얘기를 꺼냈다는 점에서 대단하다고 생각한다. 보수당 의원들과 관료 대부분이 … 같은 생각이다."[76] 처칠은 편지를 읽고 격노했다. 콜빌의 일기에 따르면, 그는 편지를 처음 읽고 나서 '냉소적인 답장'의 초안을 '쓰고 또 썼'지만 보내지는 않았다. '사회주의 음모'와 '의회 보수당 점유율이 내각에 충분히 반영되지 않는 점'이 줄줄이 언급됐다. 보좌관은 일기에서 그게 '중요한 게 아니지 않느냐'고 지적한다.* 그러나 다음 날이 되자 처칠은 여전히 '매우 자존심이 상하긴' 했지만 애틀리의 논점과 부인의 반응, 그리고 더욱 의외였던 비버브룩의 반응에 '마음이 움직이지 않은 것은 아니었다'고 콜빌은 기록하고 있다.[77] 결국 처칠은 짧고 격식을 차린, 그러나 무례하지 않은 답장을 보냈다. "제가 늘 당신의 조언으로부터 배우려고 노력할 것임을 알아주십시오."[78]

1940년부터 1945년까지 총리로서 처칠의 역할은, 전쟁 수행 부문에서는 압도적이었지만 국내 정책 부문에서는 별 영향력을 미치지 못했다. 2차 세계대전 종식 후 총리로 재임했던 기간에도 그는 정책 안건을 장악하지 못했다. 군사 문제는 더 이상 최우선 순위가 아니었다. 또한 처칠의 나이와 병력을 고려하면 그럴 법도 했다(뇌졸중을 포함해서 처칠이 앓았던 병은 이후 주치의 모란Moran 경에 의해 상세하고 무분별하게 문서화됐다).[79] 1966년에 내가 R. A. 버틀러를 인터뷰했을 때, 그는 처칠 내각에서 재무장관을 맡았던 당시를 이렇게 회고했다. 처칠은 "연금자들을 위해 뭔가 조치가 취해졌으면 한다"거나 "가난한 사람들을 잊지 않길 바란다", 혹은 "부자들에게만 더 혜택이 가는 것이 아니길 바란다" 정도의 언급 이외에는 "전혀 관여하지 않았다."[80] 버틀러의 견해에 따르면 처칠은 대외 정책, 특히 국방 분야에 방대한 지식을 가졌다. 반면에 경제 정책에 관해서는 무지했으며, 다만 자애로운 마음을 가졌다.[81] (드물게 처칠이 경제 문제에서 재무장관을 건너뛰고 노동부 장관 월터 몽튼Walter Monckton과 직접 해결한 경우가 있었는데, 이는 버틀러가 언급한 '자애로운 마음'을 보여주는 사례이다. 1954년의 어느 날 아침, 처칠은 버틀러를 소환했다. "월터와 나는 오늘 새벽 철도 파업에 대해 그들의 요구를 들어주기로 협의를 마

★   나치 독일과의 전쟁 기간에 노동부 장관들과 성공적으로 협력했던 5년을 보낸 뒤, 처칠은 1945년 총선 선거운동 첫 방송에서 "국가의 모든 생활과 산업을 운영하는 어떤 사회주의 정부도 자유롭고, 날카롭고, 과격한 어휘로 표현된 국민의 불만을 허용할 수 없을 것입니다. 그들은 결국 게슈타포와 같은 방식에 의존해야 할 것"이라고 연설했다. 이것은 그가 했던 최악의 연설 중 하나로 꼽힌다. 연설문을 사전에 읽은 처칠 부인은 이 부분을 빼라고 남편에게 조언했지만, 처칠은 하이에크Hayek의 『노예의 길The Road to Serfdom』을 신나게 읽었던 보수당 보좌관들과 비버브룩 경의 충고를 따르기로 했다(Geoffrey Best, Churchill: A Study in Greatness, Penguin, London, 2002, p. 268.). 제프리 베스트는 이것을 처칠이 '잘못된 순간에 과하게 나가버리는 충동성 문제'와 클레멘타인이 '늘 그렇듯이 둘 중에서 보다 상식적인 쪽'임을 보여주는 사례로 설명한다. 다음 날 선거운동 첫 방송을 했던 애틀리의 반응은 로이 젠킨스Roy Jenkins의 표현대로 '조용하게 파괴적'이었다. 애틀리는 처칠이 "연합군의 위대한 리더로서의 윈스턴 처칠과 보수당 대표로서의 처칠의 차이가 얼마나 큰지를 유권자들이 똑바로 보길" 원한 것 같다고 말했다. 애틀리는 처칠이 "전시에 그의 리더십을 받아들였던 사람들이 감사하는 마음에 그를 계속 따를까봐" 걱정했다고 비꼬면서, "환상을 완전히 박살내줘서 고맙다. 우리가 어젯밤 들었던 목소리는 처칠의 것이었지만, 생각은 비버브룩 경의 것이었다"고 말했다(Roy Jenkins, Churchill, Pan Macmillan, London, 2002, p.793).

쳤습니다. 당신까지 밤을 새울 필요는 없다고 생각했어요."[82] ★

처칠은 다른 사람들을 압도하는 인물이었지만, 내각과 그 구성원들에 대한 신념이 확고했고 동시에 개별 장관들의 권리와 자율성을 지지했다. 이는 1953년에 모란에게 한 말에서도 드러난다. "작년에 우리는 총 110번의 각료 회의를 열었습니다. 반면 사회주의자들은 1년 동안 85번밖에 안 했어요. 그것도 정치 활동이 활발했던 기간이었는데 말이죠. 나는 안건을 내각으로 가져오는 것을 크게 지지하는 사람입니다. 장관이 어떤 고민거리가 있을 때 그것을 내각에 가져와 토론할 분별력이 있다면 자신을 뒷받침하는 기구를 갖게 되는 겁니다."[83] 장관들은 내각에 대해 책임을 지는 한 직무 수행에 많은 자유가 허용됐다. 처칠의 전문 영역이었던 대외 정책 부문에서조차 앤서니 이든은 그의 오랜 경험과 판단력을 처칠이 존중해준 덕분에 예상보다 더 큰 자율권을 누릴 수 있었다. 하지만 처칠은 때때로 이든이 그에게 더 많은 것을 상의해야 한다고 느꼈다. 처칠은 1954년 6월 모란에게 이렇게 불평했다. "앤서니는 나에게 아무것도 말해주지 않아요. 외교 문제에서 나를 제외시키고, 그것을 독자적으로 다룹니다."[84]

★　　R. A. 버틀러는 1940년 처칠이 총리가 되는 것에 강력하게 반대했으며, 핼리팩스가 그의 이름을 후보로 올리도록 설득하기 위해 애썼었다. 후에 그는 처칠의 강점을 좀 더 인정하게 되었지만, 무비판적인 것과는 거리가 멀었다. 1966년 9월 23일 버틀러와의 인터뷰를 좀 더 자세히 인용하자면 다음과 같다. "처칠은 명성이 과하게 부풀려진 사람이다. 특히 최근 쏟아진 과찬을 담은 책들이 한몫했다. 물론 그는 위대한 리더였다. 그는 위대한 사자였고(그에 비하면 나는 한 마리 생쥐에 불과하다) 매우 정직했다. 하지만 그는 굉장히 멍청한 면도 있었다. 경제 정책에 대해서는 아는 게 하나도 없었다. 인플레이션이 무슨 뜻인지도 몰랐다. 하지만 그는 따뜻한 마음을 가졌다." 버틀러는 회고록에서 처칠이 1953년 예산안 발표 후 "당신이 업무를 수행하는 정신이 마음에 듭니다"라고 말했던 것을 언급하면서 다음과 같이 덧붙였다. "아무리 속이 터질 때라도 그의 격려 한마디는 늘 기운을 내게 하는 힘이 있었다는 것을 강한 감정을 담아 기록한다."(Lord Butler, *The Art of the Possible: The Memoirs of Lord Butler*, K.G., C.H., Hamish Hamilton, London, 1971, p. 165.)

처칠 집권 1기와 2기 사이에 정권을 잡았던 것은 클레멘트 애틀리가 이끄는 노동당 정부였다. 애틀리는 노동당 출신 총리 중 가장 훌륭한 인물이었을 뿐 아니라 가장 겸손한 인물이기도 했다. 애틀리 정부가 이후 반세기 동안 지속될 영국 대외 정책의 방향을 수립했던 배경에는 외무장관 어니스트 베빈의 정치적 기술과 판단력의 공이 컸다. 애틀리 정권은 2차 세계대전 종전 후 첫 정부로서 차후 국내 정책 노선의 기조를 마련했으며, 이는 허버트 모리슨, 스타포드 크립스Stafford Cripps, 휴 돌턴 Hugh Dalton, 그리고 어나이린 베번 등 다양한 정치 성향을 가진 장관들이 공동으로 이룬 성과였다. 리더와 추종자의 이분법은 이들의 관계를 제대로 설명하지 못한다. 이들 중 누구도 애틀리의 추종자가 아니었다. 오히려 노동당 부대표 모리슨은 애틀리의 자리를 차지하고 싶어 했고, 돌턴의 경우엔 실제로 애틀리를 당 대표와 총리 자리에서 끌어내리려고 모의하기도 했다. 베번은 이들 중에서 가장 고무적인 정치인이었다. 그는 노동당 중도파였던 애틀리와는 달리 노동당 좌파였으며, 애틀리의 중도적 리더십과 2차 세계대전 당시의 연립 내각을 강하게 비판했다. 이후 노동당이 야당이던 시절에도 베번은 당내 주류파와 입장을 달리했으며, 베번파Bevanite로 알려진 노동당 좌파 그룹을 이끌었다. 애틀리에게 충성했던 어니스트 베빈도 총리의 추종자는 아니었다. 그는 전간기에 유럽 최대 규모의 노동조합을 조직했던 인물이자, 그 자신이 막강한 리더였다. 그는 전시 내각에서 매우 유능한 노동부 장관으로 활약하여 노동 운동계에서 자신의 입지를 넓혔다. 그는 연립 내각의 노동당 소속 장관 중에서 처칠이(그리고 애틀리가) 가장 선호했던 사람이기도 했다.

잉글랜드 서부 시골 마을에서 태어나 가난 속에 성장했고 초졸 학력이 전부였던 베빈은, 매우 다른 사회적 배경을 가진 외무부 공무원들로부터 두루 존경받았다(베빈은 전시 내각에서 노동부 장관을, 이후 애틀리 내각에서 외무부 장관을 지냈다-옮긴이). 그는 출중한 능력과 자신감 있는 태도, 그리고 '창의적인 마음'의 소유자였으며, 전기 작가 앨런 불록Alan Bullock에 따르면 우월 의식이 전혀 없었을 뿐 아니라 사람을 사회적인 지위로 '구분' 하지 않았다. 그는 "계급 구분에 신경 쓰지 않고 왕에서 사무실 문지기에 이르기까지(둘 다 베빈의 팬이었다) 만나는 모든 사람을 똑같이, 그리고 늘 인간적으로 대했다."[85] 베빈의 후임으로 운수 일반 노동조합 대표를 맡았던 아서 디킨Arthur Deakin은 그를 이렇게 평했다. "어니는 지금 자리에 도달하는 데 필요했던 그 이상의 자의식이 없는 사람이다." 한편 런던 주재 미국 대사 루 더글러스Lew Douglas는 이런 평을 남겼다. "그는 이든처럼 자신이 일류라는 것을 굳이 과시할 필요가 없었다. 그는 일류였고 본인도 잘 알고 있었다."[86] 불록은 베빈이 그의 전임자 커즌 경처럼 "귀족 가문의 자긍심"을 자랑할 배경은 갖고 있지 않지만 "황제의 자긍심을 가졌다"고 표현했다.[87] 베빈이 커즌 경보다 훨씬 뛰어나고 성공적인 외무장관이었음은 굳이 부언할 필요도 없다.

총리로서 애틀리는 다양한 배경과 경력을 가진 장관들로 이루어진 팀이 업무에 집중할 수 있도록 해주고 자신은 그 사이에서 조정자 역할을 잘 수행했다. 장관들이 정치적으로, 개인적으로 늘 잘 지냈던 것은 아니지만 애틀리의 존재가 그들을 집결시켰다. 불록에 따르면,

애틀리만큼 자신을 과시하거나 인기를 얻으려고 애쓰지 않았던 정치인도 없을 것이다. 처칠의 영웅적 스타일과 달리 애틀리의 연설은 무미건조하고

사무적이며 종종 진부했다. 그는 미사여구보다 절제된 표현을 선호했다. 토론에서 애틀리가 가장 효과적으로 활용했던 무기는 김 빼는 재능이었는데, 그걸로 처칠의 의욕을 꺾어버린 것이 한두 번이 아니었다. … 그러나 애틀리의 겸손한 태도와 간결한 연설 습관을 액면 그대로 받아들여선 안 된다. … 정부에는 애틀리보다 뛰어난 인물이 여럿 있었지만, 그들을 곧 자신의 장점으로 만들어버린 것이 총리로서 애틀리의 강점이었다. 허영심이 없고 동료들의 강점과 약점을 파악하는 기민한 눈을 가진 그는, 각료들이 각자 자신의 업무를 수행하도록 자율성을 허용했고 부서 정책에 본인의 견해를 강요하려는 시도를 거의 또는 전혀 하지 않았다.[88]

20세기와 21세기의 총리가 단지 동등한 구성원들의 대표에 불과한 경우는 드물지만(또한 모든 장관이 '동등한 것도 아니다'라는 부언이 필요하겠지만), 여기에 가장 근접하는 인물이 애틀리다. 애틀리는 그가 보기에 '직책에 걸맞은 능력이 부족하다'고 생각되는 장·차관들을 해고하는 데 주저함이 없었다. 그렇지만 베빈, 모리슨, 스타포드 크립스, 어나이린 베번, 그리고 (훗날) 휴 게이츠켈Hugh Gaitskell 같은 고위직 동료들에 대해서는 그렇게 대할(또는 대할 수 있다는) 꿈도 꾸지 않았다. 베빈과 크립스는 질병과 사망으로 인해 자리에서 물러났고, 베번은 게이츠켈 재무장관과 충돌한 후 해럴드 윌슨과 함께 내각에서 사임했다. 당시 애틀리는 병으로 입원 중이었다. 그는 만약 이때 노동당 부대표 허버트 모리슨이 아니라 본인이 그 회의 자리에 있었다면 두 장관의 사임을 방지할 타협안을 찾았을 것으로 믿었다.[89]

내각과 국방위원회의 매우 사무적이고 효율적인 의장이었던 애틀리는 의회정당과 정부 여론을 늘 염두에 뒀다. 1948년 연설에서 그는 노동당 의원들과의 만남을 언급하며 이렇게 말했다. "그들이 나를 설득하지 못할 수도 있겠죠. 하지만 나는 다른 사람이 나보다 현명할 수도 있다는 것을 믿으려는 의지가 민주적 자유의 토대라고 생각합니다."[90] 같은 연설에서 애틀리는 정부 정책의 집단적 성격을 강조했다.

> 상대편은(그리고 유감스럽게도 우리 편 지지자 중에도 일부 꼬임에 넘어간 사람들이 있습니다) 정부 정책을 특정한 인물의 책임으로 규정하며, 우리 내각에 훼방을 놓으려는 뻔한 책략을 씁니다. 예를 들어 그들은 '크립스의 경제 정책', '돌턴의 재정 정책', '베번의 의료 정책', '베빈의 외교 정책' 등을 얘기하며, 마치 정부 내에서 협업이 안 되는 것처럼 얘기합니다. 하지만 분명 협력이 존재하죠. 각 장관은 부서별 결정에 책임을 지지만, 국내 정책과 대외 정책은 모두 내각이 공동으로 책임집니다. 우리는 정부의 모든 행위에 대한 비난과 칭찬을 공유합니다.[91]

최근 영국 정계에서는 대처, 블레어, 브라운, 캐머런(의 경우는 좀 덜하지만) 총리가 이런저런 정책을 결정했다는 식으로, 정부 정책을 개별 장관이 아닌 총리의 책임으로 보는 것이 일반적이다(허나 이는 오해를 불러오는 시각이다).[92] 훗날 해럴드 윌슨은 1960년대에도 랭커셔 지방의 지역 계획 결정에 대해 지방 신문 헤드라인이 '윌슨' 총리를 언급하며 공격했다고 불평하기도 했다.[93] 이런 식의 정치 담론에 예외가 있다면, 그것은 문제의 정책이 극도로 인기가 없을 때다(이는 아마 우연이 아닐 것이다). 그럴 땐 그 정책에 해당 부처 장관의 이름을 붙이길 마다치 않는다. 대표적인 예가

2010년부터 2012년까지 보수당-자민당 연립 정부의 보건부 장관이 었던 앤드루 랜슬리Andrew Lansley다. 정치 비평가들은 물론이고 연립 정 부 내에서도 '랜슬리의 의료 개혁'이라고 언급한 경우가 부지기수다.[94]

맥밀런 총리

2차 세계대전 직후에 영국 총리로 재임했던 클레멘트 애틀리와 윈 스턴 처칠은 각 부처의 장관과 각료위원회가 정책을 수립하도록 허용 했고, 그 결정을 뒤집은 경우는 드물었다. 반면 1955년 처칠의 총리직 을 승계하고 같은 해 열린 총선에서 보수당을 승리로 이끌었던 앤서니 이든은 까탈스럽고 간섭이 심한 스타일의 총리였다. 그는 비판에 매우 민감했으며, 특히 자신과 자신이 이끄는 정부의 행보를 비판하는 보수 언론에 예민하게 반응했다. R. A. 버틀러가 특유의 반어적 문체로 남긴 기록을 보면, 이든이 보수당의 성공을 다 버틀러의 공이라고 생각해준 "덕분에 나는 노이로제 수준으로 근면한 총리의 업무 감독 전화에 요 일 구분 없이 밤낮으로 시달려야 했다."[95] 이든은 버틀러를 재무부에서 비부처 각료직인 국새상서라는 직책으로 발령했다.★ 이든은 대외 정책, 그중에서도 이 책에서 나중에 언급할 수에즈 운하 문제에 여념이 없었 다. 경제 분야에 대해서는 후임인 해럴드 맥밀런보다 덜 개입했다.

맥밀런은 1957년 1월 이든의 총리직을 승계한 후 1963년 10월 사 임할 때까지 거의 7년 동안 총리로 재임했다. 그는 영국 공작의 사위이

★   애틀리는 건강이 악화되어 외무장관직에 머무를 수 없게 된 어니스트 베빈에게 좋은 의도로 이 직책 (Lord Privy Seal)을 줬다. 베빈은 자신이 귀족lord도 변소privy도 옥새seal도 아니라고 말하면서 못마땅해 했다.

자 스코틀랜드 소작농의 증손자였고, 맥밀런 출판사를 세운 대니얼 맥밀런Daniel Macmillan(소작농의 아들로 10살 때 학교를 그만뒀다)의 손자라는 복합적인 출신 배경의 소유자였다. 게다가 맥밀런의 어머니는(처칠의 어머니처럼) 미국인이었다. 해럴드 맥밀런은 상류층과 교류가 활발했으나, 버틀러에 의하면 "약자에게 약했고, 약자의 편에 섰으며, 약자와 흔쾌히 어울리는" 사람이었다.[96] 그가 어디서 누구와 얘기하는지에 따라 자신의 다양한 배경 중 강조하는 부분이 달라졌다. 스코틀랜드에서는 소박한 소작농 출신이 언제나 전면에 등장했다. 모친의 고향인 미국 인디애나주를 방문했을 때는 '당신들과 같은 개척자 집안의 후손인 고향 소년'이라고 강조했다(그를 열렬히 환영했던 동네 사람들에게 그가 '후지어Hoosier'로 다가왔을 리 만무했겠으나).[97] 총리가 되었을 때 그는 이미 풍부한 정무 경험을 갖추고 있었다. 이 부문에서 그를 능가하는 인물은 오직 그의 총리직 경쟁자였던 버틀러뿐이었다. 맥밀런은 북아프리카에서 영국 정부를 대표하는 전시 장관으로 재임했고, 처칠과 이든이 이끈 보수당 정부에서는 주택장관, 국방장관, 외무장관, 재무장관을 차례로 역임했다.

맥밀런은 총리로서 자연스럽게 대외 정책을 주도했지만, 경제 부문에 대해서도 자신만의 확고한 견해를 갖고 있었다. 팽창주의적 성향을 가진 총리가 실업 증가의 위험보다 인플레이션의 위험을 감수하겠다고 고집을 부리는 바람에, 1958년 초 피터 소니크로프트Peter Thorneycroft가 이끄는 재무부 장·차관 전원이 사임하는 사태가 벌어지기도 했다. 후임 재무장관 셀윈 로이드Selwyn Lloyd도 종종 맥밀런과 경제 정책을 두고 대립했다. 이때 로이드는 비용을 이유로 총리가 지지하는 정책에 반대하면서(이런 일이 여러 번 있었다), 자신의 주장이 관철되지 않을 경우 사임하겠다는 의사를 밝혔다. 결국 총리와 타 부서의 장관들이 물러설 수밖에 없었다.[98] 1966년(당시에는 출처를 밝힐 수 없었던) 인터뷰에서 로이드는 말했다. "만일 내가 1962년 6월에 총리가 충분히 힘을 실어주지 않아 사임한다고 선언했다면 맥밀런은 총리직에서 내려와야 했을지도 모른다."[99] 하지만 의리로 뭉친 로이드는 그렇게 하지 않았고, 불과 한 달 후 '장검의 밤night of the long knives'에 맥밀런에 의해 해임된 내각 3분의 1에 포함된 가장 저명한 인사가 되었다. 대량 해임은 보궐 선거에서 재차 의석을 잃은 후 정부 이미지를 쇄신하고 입지를 개선하려는 총리의 시도였으나, 도리어 역풍을 불러왔다. 맥밀런의 최근 전기 작가의 말을 빌자면, 맥밀런의 '가장 무자비하고, 궁극적으로 가장 무능한' 면모를 폭로했다.[100] 맥밀런이 구축해온 침착하고 쉽게 동요하지 않는 이미지는 급작스럽고 광범위한 해임권의 발동으로 인해 돌이킬 수 없이 훼손되었다.

맥밀런은 무자비함이 리더가 가져야 할 자질이라고 일기에 거듭 적었다. 예를 들어, 인도 총리 판디트 네루에 대해서 이렇게 평가했다. "그는 유능하고 매력적이고 교양 있고 무자비하다. 이상은 모두 훌륭한 리더의 자질이다."[101] (네루를 포함한) 민주주의 리더의 무자비함이란, 권위주의 정권에서 그것이 내포하는 의미와는 다르다. 그렇지만 1962년 맥밀런이 내각의 3분의 1을 단칼에 해임한 것은 득보다 실이 컸다. '장검의 밤'에 적의 수가 대폭 늘어났기에, 만일 그가 질병과 과로로 1963년 자진 사임하지 않았더라면 총선이 열리기 전에 당 대표(와 총리)에서 해임되었을 가능성이 높다. 맥밀런의 숙청을 피해 살아남은 레지널 베빈스Reginal Bevins 장관은 이 사건을 다음과 같이 설명했다. "그는 해임자들은 물론 그들과 가까운 의원들까지 모두 적으로 돌렸고, 정당 내부의 신뢰감을 깨트렸다. 그때 내가 확신한 것이 하나 있다면, 보수당 총리가 이런 식으로 행동하고 살아남을 수는 없다는 점이다. 1962년 7월, 해럴 드 맥밀런은 자진해서 사퇴하는 것보다 더 확실하게 정치적으로 자살 했다."[102] 민주주의에서 무자비함이 갖는 한계는 맥밀런이 대규모 해임 후 맞은 역풍에서 잘 드러난다.

대처와 블레어

2차 세계대전 이후 영국에서 마거릿 대처와 토니 블레어만큼 광범 위한 정책 분야를 통제하려 했던 영국 총리는 없었다. 둘 중에서도 특히 대처가 미친 영향이 컸다. 대처의 재임 기간은 대외 정책의 성공, 그 중에서도 냉전의 종식으로 기억된다. 대처가 냉전기에 외교 부문에 기여한 바는 2차 세계대전 이후 어떤 영국 총리보다 컸다. 대처는 로널드 레이건이나 미하일 고르바초프와 논쟁하는 데 일말의 주저도 없었지만, 동시에 두 사람 모두와 좋은 관계를 유지했던 것이 매우 중요했다. 대처의 대외 정책 고문 퍼시 크래독 경은 고르바초프가 대처에게 '일종의 우상 같은 존재'가 된 것에 대해 회의적이었으며, "대처가 고르바초프 입장을 레이건에게 전하는 채널 역할을 하면서, 동시에 워싱턴에 고르바초프가 함께 비즈니스를 할 수 있는 인물이라고 설득하는 이중 영향 공작원agent of influence으로 활약했다"고 불평했다.[103] 그러나 크래독은 1985년 이후 소련의 변화와 고르바초프의 급진주의의 규모를 파악하는 데 대처보다 느렸다. 실제로 1980년대 동서 관계에서 마거릿 대처가 수행한 건설적인 역할은 그녀의 가장 주목할만한 외교 성과로 남았다. 대외 정책 부분에서 대처의 본능이 늘 적중했던 것은 아니다. 넬슨 만델라가 로벤섬에 유배되어 있을 당시 대처는 만델라보다 남아공 아파르트헤이트 정권의 입장에 공감했다. 또한 칠레의 권위주의 리더 아우구스토 피노체트Augusto Pinochet에 대해서도 호의적이었는데, 그 이유 중에는 피노체트가 1982년 포클랜드 전쟁에서 영국에 협조한 데 대한 고마움도 있었다. 포클랜드 전쟁은 포클랜드제도가 무력으로 아르헨티나로 넘어가는 것을 막았기 때문에 대체로 성공한 대외 정책으로 여겨진다. 비록 포클랜드제도의 영유권 문제는 아르헨티나에서 여전히 현재 진행형이지만(아르헨티나에서는 말비나스 문제라 불린다), 영국의 군사적 승리는 결과적으로 아르헨티나인들에게 도움이 되었다. 이것이 성공으로 평가되는 주된 이유는 영국군의 포클랜드제도 탈환으로 인해 레오폴도 갈티에리Leopold Galtieri의 군사 독재 정권이 무너지고 아르헨티나에 민주 정권이 들어섰기 때문이다.

대처의 국내 정책에 대한 평가는 극단적으로 나뉘지만, 그녀는 분명 재정의형 리더, 즉 정치 게임의 규칙을 재정의했던 리더다(재정의형 리더로서의 대처는 다음 장에서 보다 상세히 다룬다). 대처가 열렬히 신봉했던, 또 대처 총리 재임 시 대부분의 기간 동안 보수당 의원 대다수가 열성적으로 지지했던 정책들은 2차 세계대전 이후 당연시되던 많은 것들(강력한 노동조합 대표 등)과 결별했다. 고위직 의원들과 평의원들은 정당이 유권자들에게 인기가 있을 때 리더의 독선적인 태도를 보다 쉽게 용인한다. 그 이유는 많은 정치 논평가들처럼, 그들도 리더가 선거 결과에 결정적인 역할을 한다고 너무 쉽게 믿어버리기 때문이다.

1980년대 말 보수당의 정책이 인기를 잃으면서(특히 주민세 또는 인두세가 결정타였다) 마거릿 대처의 통치 방식에 불만을 느끼고 있던 이들이 반기를 들기 시작했다. 대처 정부에서 가장 유능한 인물 중 하나였던 제프리 하우Geoffrey Howe는 갈수록 심해지는 대처의 독단에 마침내 인내심을 잃었고, 하원에서 행한 그의 사임 연설은 1990년 11월 대처의 몰락을 촉발했다. 대처는 오래 숙고할 시간이 지난 후에도, 하우가 그의 업적이나 성취 대신 '최후의 쓰라린 배신 행위'로 기억될 것이라고 말했다.[104] 조용히, 하지만 엄청난 파장을 몰고 왔던 하우의 사임 연설 후 대처는 내각 대다수에 의해 버림받았다. 훗날 대처는 이렇게 회고했다. "더 이상 자신의 내각으로부터 지지를 받지 못한다는 것을 아는 총리는 치명적으로 약화된다."[105]

'약화'라는 말로는 불충분하다. 원로 의원들이나 정당을 업신여기는 리더는 때가 되면 축출된다. 마거릿 대처와 토니 블레어는 자신이 정당과 국가에 필수불가결한 존재라고 믿게 된, 그리고 나라를 이끄는 것이 자신의 운명이라고 확신했던 총리의 대표적인 예다. 대처는 자신이 속한 정당과 노선을 같이 했다는 점에서 블레어와 다르다. 하지만 내각에서, 그리고 각료들과의 관계에서 독선적이었던 탓에, 1990년 총리직에서 밀려나기 직전에 그의 곁에 남은 사람은 몇 명 되지 않았다. 대처는 "내 최대의 약점은 각료들이었다"고 말했다.[106] 장관들을 둘러보니 대부분 자격 미달로 보이는 상황에서 자신의 '업적'을 염려했던 대처는, 존 메이저가 비록 '어떤 모호한' 입장이 감지되긴 했지만 그나마 가장 그녀의 업적을 '확립하고 지켜나갈' 인물이라고 결론 내렸다.[107]

대처의 보수당에 대한 시각과 비교할 때, 토니 블레어는 자신이 속한 정당을 훨씬 하찮게 여겼다. 자민당 대표 패디 애시다운Paddy Ashdown(블레어가 1997년 내각에 포함시키고 싶어 했으나 노동당에 압도적으로 승리하면서 다른 당의 의원을 영입한 것을 정당화할 수 없었던)과의 담화를 언급하면서, 블레어는 "각자가 속한 정당을 등한시하는 우리의 태도"를 언급하기도 했다.[108] 또한 블레어는 정당을 '우회하기' 위해 '나는 국민과 직접 동맹을 형성'했으며, 그 동맹은 특히 재임 초반 3년간 '확고하고 흔들림이 없었다'고 술회했다.[109] 자신을 권위와 특권의 지위로 승격시켜준 사람들(직접 블레어를 뽑은 당원들)에 대한 블레어의 거만한 태도는, 선거운동 기간이 되면 "수년 동안 정권의 중심과 동떨어진 시베리아에 유배되어 있던 당원들이, 갑자기 마치 자기들이 뭐라도 되는 양 거들먹거리며 크렘린 궁전의 홀에 재등장한다"라고 쓴 대목에서 역력히 드러난다.[110]

블레어의 우선순위는 대외 정책, 그리고 시장과 민간의 참여 확대를 동반한 공공 서비스 개혁이었다. 또한 북아일랜드 교착 상태의 타협안을 찾는 데 많은 노력을 쏟았으며, 그 과정에서 그가 수행했던 역할은 대체로 좋은 평가를 받았다(그리고 그런 평가를 받을만했다). 그러나 국내 '개혁' 문제에서 정당의 견해가 블레어의 견해와 상충할 경우, 그들이 리더로 뽑아준 사람이 아니라 정당이 양보해야 했다. 이것을 블레어는 다음과 같이 표현했다. "나는 정당과의 충돌을 선택하지 않았다. 나는 개혁을 선택했다. 그러나 만일 개혁에 반대한다면 충돌을 피할 도리가 없다."[111] 마거릿 대처와 마찬가지로, 블레어도 자신의 '업적'에 대해 신경썼다. 끝까지 채우지 못했던 블레어의 마지막 임기에 고든 브라운과의 관계는 악화일로로 치달았다. 브라운은 블레어가 자신이 물려받을 유산을 망치고 있다고 느꼈고, 블레어는 브라운이 그가 남긴 업적을 망치고 있다고 느꼈다.[112] 블레어는 때때로 가장 강력한 경쟁자인 브라운을 축출하는 것을 고려했지만, 그랬다가는 오히려 자신이 다우닝가 10번지에서 퇴출될 수도 있었기에 자제했다. 그는 브라운의 "에너지, 지성 그리고 정치적 무게는 부인할 수 없다"고 인정했으며, 갈등에도 불구하고 브라운의 존재가 정부에 '막강한 보탬'이 될 것이라고 믿기도 했다. 블레어는 재임 후반기로 갈수록 자신의 위상과 판단력에 대해 더 큰 확신을 갖게 됐다. 브라운과의 관계에 대해 블레어는 이렇게 회고한다. "만약 충돌이 있었다면 그것은 적어도 거인들의 격돌이었다."[113] 거울 속에 비친 자신이 모습이 거인이라고 확신하게 되었던 것이다.

블레어는 관습을 깨고, 총리 비서실장 조너선 파월과 공보수석 앨러스테어 캠벨Alastair Campbell에게 장관의 고유 권한인 공무원에 대한 지시권을 줬다(블레어의 후임 총리 브라운과 캐머런은 이런 관행을 지속하지 않았다). 블레어의 최측근 정치 참모로서, 그들은 장관들과 (특히 캠벨의 경우) 노동당 평의원들에게 막강한 힘을 행사했다. 그뿐만 아니라 캠벨이나 파월급이 아닌 인물들도 총리 관저에서 근무한다는 이유로 자신의 중요성을 과대평가하는 풍조가 조성됐다. 미국에서 2차 세계대전 이후 대통령실의 규모가 대폭 확장되면서 대통령 이름을 팔아 잇속을 채우려는 보좌관들에게 시달렸던 사람들이 "대통령의 이로 물어뜯으려는 사람이 너무 많다"고 불평했다. 마찬가지로, 영국의 장관들과 의원들은 총리의 권세를 등에 업은 사람들로부터 무시와 간섭을 당하는 신세가 되었다. 의회에서 두루 존경받았던 토니 라이트Tony Wright라는 노동당 의원이 있었다. 그는 하원 공공행정위원회 의장을 맡은 후, 그때까지 크게 별 볼 일 없던 위원회를 수준 높은 보고서를 내놓는 조직으로 탈바꿈시켰다. 행정부로부터 더 큰 자율권을 보장받는 이 직책을 맡기 전, 라이트는 예전에 대학 교수를 지내면서 습득한 정치적·헌법적 이슈에 대한 지식을 바탕으로 다양한 주제에 관한 자신의 견해를 밝히곤 했다. 그런데 그중 한 번은 호출기에 이런 메시지가 떴다. "총리가 당신 때문에 열 받았으니 당장 총리실로 전화하시오."[114] 훗날 라이트가 말하기를, "정부에 도움이 안 되는 견해를 밝혔다고 해서" 총리실에서 연락이 왔다는 사실보다 더 "놀랍고 충격적이었던 것은 일개 총리실 관료가 정작 총리는 모르고 있을 것이 틀림없는 일에 대해 총리의 이름으로 거친 말투를 사용하는 것이 문제없다고 여기고, 국민의 대표로 뽑힌 의원에게 그런 식으로 연락하는 게 용인된다고 생각했다는 점이다."[115] 근본적인 문제는 총리가 정당 위에 군림하는 장군이며, 정책 및 전략 결정이 총리의 특권이라는 가정이었다. 그 바탕에서 원로 의원들조차도 총리실 상병의 구령에 따라 기립해야 했다.

*

이 장에서 도출할 수 있는 결론을 간단히 정리해보자. 당 대표는 유권자에게 어느 정도 영향력을 미치지만, 선거의 승패를 좌우하는 결정적인 역할을 하는 경우는 매우 드물다. 서구 민주주의 국가에서 당 대표가 선거에 미치는 영향력이 꾸준히 증가해왔다는 주장 역시 허구에 불과하다.[116] 중앙 행정부의 권력은 꾸준히 증가해왔으며, 그 힘을 대통령이나 총리가 함께 누려왔다. 그러나 비록 일부 권력자들이 뻔뻔하게 자신의 패권을 주장할지언정, 대외 정책 분야를 제외하고는 지난 백 년 동안 정부 수반 개인의 권력이 장관이나 다른 정부 고위 인사들과 비교할 때 점차 더 강해졌다고 주장할 근거는 충분치 않다. 대통령별로, 총리별로 리더십 스타일이 매우 다양하며, 행사할 수 있었던 권력 또한 개인별로 차이가 컸다. 민주적 리더의 권력이 상승 곡선을 그리고 있다는 증거를, 특히 미국과 영국에서 찾기는 힘들다. 마지막으로 로이드 조지, 네빌 체임벌린, 마거릿 대처, 토니 블레어처럼 민주주의 정부의 수반직을 개인적 헤게모니와 동일시했던 총리들은 무거운 정치적 대가를 치렀다. 함께 정부를 운영하는 동료들을 적으로 돌린 결과, 국민의 손이라는 보다 일반적인 방식이 아니라 동료들의 손에 의해 끌려 내려오는 종말을 맞았다.

3장

재정의형 리더십

정치 리더가 정부 수반이 되었다고 해서 반드시 커다란 변화를 가져오는 것은 아니다. 이 장에서는 주로 민주주의 국가에서 커다란 변화를 가져온 리더들, 즉 기존 관념에 도전하여 정치적으로 실현 가능한 것을 재정의하고 급진적인 정책 변화를 가져온 **재정의형 리더**를 다룬다.[1] 재정의형 리더십이 항상 정부 수반에 의해 발휘되는 것은 아니다. 가장 중요한 정책 혁신이 집단 지도부의 산물인 경우도 드물지 않고, 정부 수반 외 또 다른 정치 리더가 변화의 원동력이 되기도 한다. 허나 아무래도 대통령이나 총리가 정부의 다른 인물들보다 정책의 기조를 확립하고 정책 우선순위에 영향을 미칠 기회를 더 많이 얻게 된다. 실제로 재정의형 리더가 출현할 때 이 사람이 행정부 수반인 경우가 그렇지 않은 경우보다 많다. 그에게 제공되는 정치적 자원이 상층 지도부의 다른 어떤 구성원들에게 주어지는 것보다 더 크기 때문이다.

재정의형 리더 : 미국 대통령의 사례

20세기 미국 대통령 중에서 재정의형 리더로 간주할 수 있는 대표적인 인물로는 프랭클린 D. 루스벨트와 린든 B. 존슨이 있다(여기에 시어도어 루스벨트까지 포함시킬 수도 있다).[2] 루스벨트와 존슨의 독보적인 입법적 성취는 앞 장에서 소개했다. 대통령직의 권력을 십분 활용했고 정책 결정 과정에서 다른 대통령들에 비해 더 압도적이었다는 점에서 두 명 다 막강한 리더였다. 이 두 인물은 재임 기간 동안 정부 정책은 물론이고, 미국 정치 체제 내에서 가능한 것에 대한 가정 자체를 파격적으로 바꿔 놓았다. 내가 이 책 전반에서 주장하듯이, 성공적인 결과는 정책 결정 과정을 한 사람이 장악하는 형태의 리더십과 별 관련이 없다. 게다가 미국 정치 체제에서는 한 사람이 권력을 장악하는 일 자체가 불가능하다. 따라서 미국의 재정의형 대통령들은 주어진 정치 자원을 최대한 활용했던 인물인 경우가 많다. 미국은 국내 정책의 급격한 변화를 막는 장치들이 유독 강력하다.

프랭클린 D. 루스벨트

프랭클린 루스벨트는 체제 변화를 시도하지 않았으며, 질적으로 다른 신체제를 수립한 것도 아니다. 따라서 그를 **변혁적 리더**의 범주에 넣을 수는 없지만, **재정의형 리더**의 주목할만한 사례임은 틀림없다.[3] 루스벨트는 1930년대 경제 불황에 창의적인 대응책을 내놓아, 당시 혁명적 변화 직전의 상태까지는 아니라도 기존 경제 체제 및 정치 체제에 대한 의구심이 확산되고 있던 미국 사회가 다시 일어서는 데 기여했다. 대통령의 권력, 특히 대외 정책 분야의 권력은 루스벨트 가문의 연장자이자 20세기 초에 재임했던 시어도어 루스벨트 대통령에 의해 강화되었고, 프랭클린 루스벨트는 이를 한층 더 굳혔다. 프랭클린 루스벨트가 도입했던 한 가지 주목할만한 조치는, 1939년에 쉽지만은 않았던 의회의 승인을 받아 미국 대통령실을 신설한 것이었다. 육군성 장관 헨리 L. 스팀슨Henry L. Stimson은 '혼자 다 하고' 싶어 하는 루스벨트에 대한 불만과, 워싱턴에서 '관할권을 두고 험악한 논쟁이 난무하는' 분위기를 대통령이 용인할 뿐만 아니라 어쩌면 조장하기까지 하는 것에 느낀 염증을 자신의 일기에 털어놓았다.[4] 루스벨트는 권력 위임을 꺼렸다. 그에게 호의적인 전기 작가 제임스 맥그리거 번스James MacGregor Burns조차도 루스벨트를 "각광받는 자리를 남에게 오래 내주길 원치 않는" "프리마돈나"로 묘사했다.[5] 하지만 관료들끼리, 파벌끼리 싸움을 붙이는 방식은 권력이 고도로 파편화된 체제에서 루스벨트가 최대한의 권력을 그러모으기 위해 사용한 메커니즘이었다.

루스벨트는 자신의 힘, 특히 설득의 힘을 효과적으로 사용했다. 1938년부터 1940년까지 런던 주재 미국 대사를 지냈고 장래 미국 대통령의 부친이 되는 조지프 케네디Joseph Kennedy가 "영국의 민주주의는 끝장났으며 전쟁에 뛰어들 만큼 미국이 어리석다면 같은 운명이 기다리고 있을 것"이라고 말했던 시기에, 루스벨트는 미국이 나치 독일과의 전쟁에 참전할 가능성에 대한 국내 여론을 포섭하는 데 전력을 다했다.[6] 1939년 독일이 폴란드를 침공하자, 루스벨트는 1937년 미국이 연합국에 무기를 판매하는 것을 금지한 중립법을 해제하도록 의회를 설득했다.[7] 1941년 12월 일본의 진주만 공습을 기점으로 미국이 2차 세계대전에 참전하게 되자, 루스벨트는 마치 처칠이 영국에서 전시 총리로 활약했던 것처럼 총사령관으로서 전시 체제의 운영을 주도했다. 두 사람 간에 차이가 있다면, 당시 미국은 소련과 반파시스트 연합을 결성한 두 민주주의 국가 중에서 이미 월등한 강대국의 위치를 점유하고 있었다는 점이다. 두 건의 전시 권한법 덕분에 루스벨트는 미국 대통령으로서는 놀라운 수준의 재량권을 누렸으며, 검열국을 비롯한 여러 전시 기구를 설립하고 국내 경제를 광범위하게 통제할 수 있었다. 루스벨트는 1942년 9월 7일 라디오 '노변담화' 방송 중 추가적인 경제 규제를 발표하면서, "의회가 행동하지 않거나 적절하게 행동하지 않을 경우 내가 대신 책임을 지고 나설 것"이라며 의회가 이 건을 논의하는 데 적극적으로 나서도록 압력을 넣었다.[8] 루스벨트는 자신이 행사하고자 했던 특권은 "종전 후 자동으로 국민에게 되돌아갈 것"이라고 말했다. 이에 대해 헌법 전문가 에드워드 코윈Edward Corwin은 1946년에 쓴 글에서, 대통령이 '자신과 국민 사이에 어떤 특수한 관계'가 존재한다고 주장했으며, 이는 2차 세계대전 때 우리가 맞서 싸웠던 파시스트들의 리더십 원칙과 놀랍도록 닮은 신념이라고 지적한다.[9] 허나 루스벨트가 전쟁 중 축적한 권력의(전부는 아니지만) 상당 부분은 의회로부터 명시적으로 위임받은 것이다.

루스벨트는 예외적으로 강력한 전시 리더였지만, 그를 재정의형 리더로 만든 것은 다름 아닌 그의 국내 정책이었다. 루스벨트는 1933년에 시작된 집권 1기 시절에 총 337번, 그리고 집권 2기 시절(1937-41년)에는 총 374번에 달하는 기자 회견을 열었는데, 이는 '노변담화' 라디오 프로그램과 함께 그가 유권자와의 소통 및 국민 사기 회복을 우선순위에 뒀음을 반영한다. 1933년 루스벨트의 지원을 받은 의회는 경제 공황을 극복하기 위한 일련의 법안을 100일 이내에 통과시켰다. 뉴딜 정책은 전국 산업 부흥법, 농업 조정법, 연방 긴급 구호법, 테네시강 유역 개발법, 긴급 농장 모기지법, 주택 소유자 대출법, 철도 조정법 등을 포함했다. 특히 테네시강 유역 개발법은 '가장 사심 없이 국민을 위하는 대통령의 리더십을 보여주는 예'로 알려져 있다.[10] 이 법은 산업과 농업, 삼림, 홍수 방재를 함께 엮어 공공 기관과 민간 단체의 협업을 도모했으며, 지역 사회 차원에서의 사회 경제 계획의 사례를 제공했다. 루스벨트는 직접 이 법안의 '작성, 제안 및 입법'을 관장했다.[11]

비록 뉴딜의 세부 정책 중 일부는 세월이 지나면서 방치되긴 했지만, 루스벨트 대통령 재임 기간은 "정부가 시장 변동의 부침으로부터 국민을 보호하는 것에 대한 심리적·정치적 장애물을 제거했다"고 평가된다.[12] 그렇지만 뉴딜 정책은 공동으로 이룬 업적이었다. 정책의 상당 부분은 루스벨트 대통령이 아닌 다른 사람들에 의해 구상되었으며, 루스벨트의 신념과 정치적 인기가 이를 뒷받침했다. 뉴딜 정책의 여러 프로그램은 입법화가 요구되었고, 따라서 의회의 동의가 필요했을 뿐만 아니라 지속적인 감독과 조사 대상이기도 했다. 만일 뉴딜 정책과 대통령의 인기(특히 대통령인 자신에 대한 국민적 지지)가 아니었다면 이 과정에서 좌초되었을지도 모른다. 루스벨트는 의도적으로 스포트라이트를 자신에게 집중시켰고, 유권자 다수의 추앙을 받는 자신의 지위를 정치적으로 십분 활용했다.[13]

의회에서 뉴딜 정책을 통과시키기 위해서는 견고한 투표 블록을 형성한 남부 민주당 의원들의 협조가 필요했기에, 루스벨트는 그들과 좋은 관계를 구축하고 그들의 비위를 맞추기 위해 애썼다. 그 결과 남부 민주당 의원들은 비즈니스와 주식 시장에 제약을 가하는 정책에 기꺼이 협조했다. 또한 그들은 대규모 공공 인프라 프로젝트에 찬성했으며, 노동조합 결성 가능성을 확대한 1935년의 전국 노동 관계법을 지지했고, 같은 해 연 수입 5만 달러 이상의 소득에 대한 세금을 59퍼센트에서 75퍼센트로 인상하는 국세 징수법을 승인했다.[14] 당시 미국의 상황에 비추어볼 때 매우 급진적이었던 이 법안들을 통과시키기 위해서는 북부 민주당원과 진보적 공화당원의 지지만으로는 충분치 않았을 것이다. 그러나 남부 민주당 의원들은 흑인 미국인의 시민권을 확장하려는 모든 시도에 대해서는 결사적으로 반대했고, 루스벨트 시대의 남부는 여전히 백인우월주의자들이 지배했다. 아이라 카츠넬슨Ira Katznelson이 말했듯이 뉴딜 정책의 중심에는 '부패한 타협'이 자리 잡고 있었다. 루스벨트는 남부 주들이 가진 흑인 미국인을 가혹하게 취급할 '권리'에 도전하지 않았다. 그러나 노동조합의 발전에 정치적 지지를 보탠 것을 포함하여 뉴딜 정책의 경제적 조치가 없었다면 미국 흑인들의 처지는 더욱 비참했을 것이다. 이상의 정책들은, 특히 이후 미국이 참전한 전쟁에서 흑인 병사들이 복무했던 것과 함께 전후 시민권 운동과 진보를 위한 징검다리가 되었다.[15]

　루스벨트의 대통령 재임 기간에 중요한 영향을 미쳤던 인물 중에는 정치적으로 활발히 활동했고 또 여러 면에서 루스벨트보다 더욱 급진적이었던 영부인이 있었다. 엘리너 루스벨트Eleanor Roosevelt는 만약 1932년에 자신의 남편이 대통령 후보로 출마하지 않았다면 사회당 후보인 노먼 토머스Norman Thomas에게 표를 줬을 거라고 말한 바 있다.[16] 그녀는 여성과 흑인 미국인의 기회를 향상시키기 위해 많은 노력을 했다. 여성들이 공직에 더 진출할 수 있도록 애썼고, 특히 미국 정계에 만연했던 제도적 인종 차별에 대한 대응책 마련에 매진했다. 반면 그녀의 남편은 보통 선거와 의회 투표에서 남부 민주당원들의 표가 필요했기에 시민권에 대한 지지가 미온적일 수밖에 없었다. 엘리너 루스벨트는 1939년 미국애국여성회가 미국의 위대한 흑인 가수 메리언 앤더슨Marian Anderson이 헌법기념관에서 공연하는 것을 허용하지 않자 그 단체에서 탈퇴했다. 갤럽 설문 조사에서 67퍼센트가 그녀의 결정을 지지하는 것으로 나타났던 걸 보면, 미국 사회 전체적으로는 저 단체에 비해 인종에 대한 편견이 덜했다고 할 수 있다.[17] 그럼에도 불구하고 시민권 확보를 위한 어떤 움직임도, 심지어 루스벨트가 집권 2기 때 추진했던 반反린치법조차도 남부의 격렬한 반발을 불러왔다. 이 법안은 대다수의 찬성으로 하원을 통과했으나, 1937년 말 상원에서 6주에 걸쳐 진행된 필리버스터를 넘지 못하고 폐기되었다. 당시 상원은 민주당이 압도적 다수였다.[18] 이런 상황에서도 루스벨트는 조심스럽게 흑인 미국인의 시민권 향상을 점진적으로 추구했고, 그의 뉴딜 정책도 흑인들의 사회적·경제적 상황을 부분적으로 개선시켰다. 1930년대 말 무렵에는 흑인 미국인이 '북부 주에서 루스벨트에게 투표하는 주요 계층'을 이뤘다.[19]

1934년 11월 루스벨트는 방송을 통해 "대규모의 실업자를 용납하지 않는 것을 국가의 원칙으로 삼아야 한다"고 선언했다.[20] 실업자를 줄이기 위한 공공사업은 뉴딜 정책의 핵심이었다. 그러나 새로운 정책의 창안자로서 루스벨트의 역할을 너무 과장하지는 말아야 한다. 초반에 그는 공공사업이라는 아이디어에 냉담했다. 루스벨트 임기 초 100일간 통과된 주요 법안 중 하나였던 전국 산업 부흥법에 공공사업이 포함된 것은 상당 부분 노동부 장관 프랜시스 퍼킨스Frances Perkins와 뉴욕주 상원 의원 로버트 F. 와그너Robert F. Wagner의 압력과 설득의 결과였다.[21] 루스벨트가 의회에서 거둔 성공은 대통령 취임 후 첫 3년 동안과 그 이후 2차 세계대전이라는 특수한 상황에서 가장 두드러졌다. 1930년대 후반에 그는 입법부의 협조를 그리 쉽게 얻어내지 못했다. 그의 정책을 좌절시킬 수 있는 보수 연합이 점차 형성되었고, 루스벨트는 거부권 사용에 점점 더 의존해야 했다.[22]

린든 B. 존슨

루스벨트가 복합적인 인물이었지만 의심할 여지 없는 재정의형 리더이자 성공적인 대통령이었다면, 린든 베인스 존슨은 보다 모순적이고 술수에 능한 인물이었다. 루스벨트 대통령의 임기는 그의 사망으로 인해 끝났고, 존슨의 임기는 실패로 끝났다. 존슨은 미국이 베트남 전쟁이라는 늪에 빠지고 결국 철수하면서 형성된 반대 여론 때문에 재선 도전을 포기했다. 그러나 그가 미국 국내에서 이룬 업적은 비범하다. 이는 상당 부분 존슨이 백악관에 입성할 당시의 정치적 환경에서 기인한다. 전임자인 케네디 암살의 충격으로 케네디가 지지했지만 의회에서 거의 진전을 이루지 못했던 사안들, 그중에서도 시민권 문제가 다시 주목받았다. 마틴 루서 킹이라는 훌륭한 지도자를 둔 흑인 미국인들을 비롯한 아래로부터의 압력이 거셌다. 그뿐만 아니라 1950년대에 비해 더욱 정치화된 고학력 젊은이들을 주축으로 한 사회 전반의 압력도 거셌다. 이는 베트남 전쟁과 그에 수반된 징집의 결과이기도 했지만, 킹과 다른 민권 운동가들의 리더십이 이끌어낸 결과이기도 했다. 그 반대편에는 다수의 공화당 의원들과, 시민권 문제에서 그들과 뜻을 같이하는 남부 민주당 의원들이 있었다. 미국 연방수사국FBI 국장으로 오래 근무한 J. 에드거 후버J. Edgar Hoover도 시민권 문제에서 존슨과 대립하는 입장이었다. 후버는 '꼬리에 소음기를 단 방울뱀 대하듯 조심해야 할 사람'이라고 딘 애치슨이 해리 트루먼에게 경고했던 인물이다. 후버는 평화 시위를 벌이던 흑인들이 살해된 사건은 제대로 조사하지 않으면서, 공산주의 세력이 흑인 시민권 운동 지도부에 침투했다는 루머를 퍼뜨려 시민권 운동의 평판을 떨어뜨리는 데 전력을 다했다. 이에 대해 킹은 "후버 씨와 FBI가 소위 시민권 운동에 침투한 공산주의자들을 색출하는 것만큼 교회 폭파범과 영아 살해범을 체포하는 데 열심이라면" 좋겠다고 일침을 놓았다.[23]

다른 남부 민주당 의원들과는 달리 존슨은 아이젠하워 정권 당시 남부 열일곱 개 주에서 백인과 유색인이 같은 공립 학교에 다닐 수 없게 하던 주법을 불법으로 판정한 대법원의 브라운 대 토피카 교육위원회 판결을 지지했었다. 대통령으로서 존슨의 가장 큰 업적은 상원의 지속적인 저항을 극복하고 가장 중요한 시민권 법안을 통과시킨 것이다. 그 밖에도 존슨은 메디케어(와 빈민층을 위해 주 차원에서 집행하는 메디케이드)를 도입했고, 뜻하지 않게 대통령직에 오른 지 2년 만에 '위대한 사회와 빈곤의 전쟁'이라는 수사를 실질적으로 뒷받침하는 입법적 성과를 거뒀다. 1968년 미국의 불평등 수준은 최저를 기록했다.[24] 대통령으로서 이룬 업적만 고려해도 존슨은 20세기 미국의 가장 위대한 입법자로 평가될 자격이 충분하다. 거기에 존슨이 상원 다수당의 대표를 지낸 기간까지 포함한다면 의문의 여지없이 그러하다. 존슨의 백악관 시절 첫 2년에 대해 스티븐 그로바드Stephen Graubard는 이렇게 말했다. "비록 윌슨, 루스벨트, 트루먼도 의회와 협력하는 능력과 그들이 지지하는 국내 법안을 통과시키는 능력을 입증하는 확실한 기록을 보유하고 있지만, 그들 중 누구도 1964년과 1965년의 존슨처럼 설득이라는 예술의 대가는 아니었다."[25] 어떻게 이런 일을 해냈을까? 그의 전기 작가 랜들 우즈Randall Woods는 바로 전화가 존슨의 입법 의지를 뒷받침하는 도구였다며, 이렇게 설명한다.

> 1963년 말부터 1966년까지 린든 존슨은 상하원 의원들과 매일같이, 심지어 어떤 때는 매시간 대화했다. 그는 이 기간 동안 의회가 검토했던 1,000건이 넘는 주요 법안의 세부 사항을 상세히 파악하고 있었다. 게다가 그는 상하원 지역구별 특성과 의원들의 약점에 대한 정보를 죄다 기억해두고 있었다. 존슨은 이렇게 얘기한다. "대통령이 의회를 다루는 방법은 오직 한 가지다. 지속적으로, 줄기차게, 끊임없이 그들을 파악하는 것. 그들 자신보다 그들을 더 잘 알아야 한다."[26]

존슨은 대통령이 가진 가장 큰 '힘'이 '설득력'이라는 주장의 살아 있는 증거였다. 그렇지만 케네디를 둘러싼 고학력 보좌관들은 존슨을 저평가했고, 존슨 자신도 그가 '하버드 출신들'이라고 불렀던 보좌관들에 비해 학력이 낮다는 것을 늘 의식하고 있었다.[27] 그가 정계에서 출세하기 위해 얼마나 가차 없고 단호했는지는 로버트 카로가 쓴 권위 있는 전기 전집 등에 상세히 기록되어 있다. 1957년 존슨은 다수당 대표로서 공민권법을 상원에서 통과시켰다. 이 법은 비록 작은 전진에 불과했으나 흑인의 투표권을 확장했고, 그가 대통령이 된 후 1964년과 1965년에 처리한 기념비적인 시민권법을 준비하는 길을 닦았다. 존슨이 1957년에 시민권법 통과를 위해 영향력을 발휘한 것은 예상 밖이었다. 그는 20년 넘게 하원과 상원에서 다른 남부 민주당 의원들과 같은 입장을 유지하며 흑인 미국인의 시민권 향상에 반대하는 표를 던져왔기 때문이다.[28] 만약 다르게 행동했더라면 텍사스 출신 정치인으로서 출세할 수 없었을 것이다.

카로에 의하면 존슨은 진보적인 정책을 추구할 때에도 '정계의 실용주의에 굳은살이 박였다고 자부하는 워싱턴 정가의 내부자들조차 놀랄 정도의 실용주의와 냉혹함'을 보여줬다. 존슨은 "속임수에 능했고 그것을 자랑스러워했다." 그는 "먼저 진보 세력, 그다음엔 보수 세력과 얘기하고, 먼저 남부 의원들에게, 그다음엔 북부 의원들에게 접근했다." "양쪽 진영에 정반대의 얘기를 했지만, 두 가지 상반된 주장을 할 때 모두 똑같이 완전한 확신을 가진 듯했다."[29] 그러나 그의 기만은 '정치적 천재성'과 공존했다.[30] 카로는 존슨의 전체 정치 경력을 이렇게 요약한다. "에이브러햄 링컨Abraham Lincoln은 흑인 미국인들의 족쇄를 부쉈다. 그러나 그들을 투표소로 이끌고, 그들 뒤에 민주주의의 신성한 커튼을 치고, 자신들의 운명을 결정할 도구를 그들 손에 쥐여주고, 마침내 그리고 영원히 미국 정치의 진정한 일부가 되게 만든 것은 바로 존슨이었다."[31]

존슨은 1960년 민주당 대통령 후보 경선(존 F. 케네디가 따냈다) 과정에서 주지사들이 상하원 의원들에게 압력을 행사할 수 있다는 점을 배웠다. 1963년 11월 케네디 대통령의 장례식 직후 존슨은 주지사들을 모두 집무실에 모아놓고, 전날 아이젠하워와 두 시간 반을 함께 보내는 동안 '우리 군대를 승리로 이끈 위대한 대통령'으로부터 어떤 정당도 '애국심을 독점하지' 못한다는 것을 배웠으며, 주지사들이 어느 당에 속해 있든 상관없이 나라를 구하고자 하는 자신을 도와야 한다고 말했다. 연설이 계속될수록 그는 점점 열정적이 되어갔다. 그들은 '이 나라에 존재하는' 증오를 중단시키고 불의, 불평등, 빈곤 그리고 실업 문제를 해결하기 위해 뭔가 해야 했다. 존슨은 이런 문제들을 해결하기 위한 최선의 방법으로 다음을 제시했다.

세금법을 통과시키고 더 많은 일자리와 투자를 일으켜서 세입과 세금을 늘려야 한다. 또 시민권법을 통과시켜서 캘리포니아의 멕시코인이든 미시시피의 흑인이든 서부 해안의 동양인이든 혹은 존슨시의 존슨이든 상관없이, 우리가 당신들 모두를 평등하고 공평하게 대우할 것이라고 말해야 한다. 이제 조상이 누구인지, 어떤 이름을 갖고 있는지가 아니라 능력에 따라 대우할 것이라고 얘기하는 것이다.[32]

존슨은 늘 가난한 사람들의 처지, 특히 빈민층 흑인들이 겪어온 불의에 관심을 가졌다. 하지만 그 무엇보다도 더 관심을 가졌던 것은 본인의 정치적 출세였다. 전미유색인지위향상협회의 로이 윌킨스Roy Wilkins는 오랫동안 존슨에 대해 확신을 갖지 못했다. 그는 "존슨이 내 마음을 가볍게 하는 것이 목적인지 아니면 내 지갑을 가볍게 하는 것이 목적인지 확신하기 힘들다"고 말하기도 했다.[33] 하지만 그는 결국에는 존슨을 존경하게 되었다. 본래 존슨은 야망과 측은지심이 충돌할 때 측은지심을 뒷전으로 밀어놓았다. 그러나 대통령이 된 순간 이 갈등은 종식됐고, 카로가 말했듯이 사회 정의라는 대의는 "측은지심을 정부 정책으로 바꾸는 데 대가였던 존슨의 지휘 아래 전진했다."[34]

허나 존슨의 대내적 성공과 대외 정책 실패 사이의 간극은 이보다 극명할 순 없었다. 그의 전임자나 보좌관들과 마찬가지로 존슨은 아시아 민족주의와 공산주의에 대한 이해가 부족했다. 그의 정치적 몰락을 가져온 것은 베트남을 '잃는' 것에 대한 두려움이었다(하지만 베트남은 미국 것이었던 적이 없다). 그럼에도 존슨은 정치 토론의 의제를 바꾼 재정의형 리더였다. 미국 내 빈곤을 정치적 핵심 이슈로 만들었을 뿐만 아니라 문제 해결에 정면으로 도전했고, 여러 남부 주에서 흑인 유권자에게는 투표권이 없는 것이나 마찬가지였던 상황을 종식시키는 데 결정적인 역할을 했다. 1964년 1월 하원 연설에서 존슨은 "어떤 이들은 가난 때문에, 어떤 이들은 피부색 때문에, 그리고 너무 많은 경우 두 가지 모두로 인해 수많은 미국인이 희망의 변두리에서 살고 있다"고 말하면서, "절망감을 기회로 바꾸는 것"이 우리가 할 일이며, "오늘 이 자리에서 행정부는 미국 내 빈곤에 대한 무조건적인 전쟁을 선포한다"고 말했다.[35] 1973년 존슨 사망 당시 흑인 작가 랠프 월도 엘리슨Ralph Waldo Ellison은 존슨이 보수 진영과 상당수의 진보 세력으로부터 광범위하게 멸시당해 왔다면서, 그는 "가난한 사람들과 흑인들에게 가장 위대한 미국 대통령으로 인정받는 것에 만족해야" 하겠지만, 그것이 "매우 대단한 명예임은 틀림없다"고 말했다.[36]

로널드 레이건 – 재정의형 리더?

존슨 이후 주목할만한 미국 대통령이 여러 명 나왔지만, 루스벨트나 존슨과 같은 의미에서 재정의형 리더였던 사람은 없었다. 간혹 로널드 레이건이 중요한 대통령으로 언급되곤 하지만 그가 미친 영향은 과장된 경향이 있다. 정치 리더나 그들의 열성적인 지지자들은 그가 권좌에 있는 동안 발생한 중대한 사건을 리더의 공적으로 치부하곤 한다. 레이건에 대해서도 비슷한 주장을 하는 사람들이 종종 있지만, 그는 존슨이 했던 것과 같은 방식으로 변화를 만들어낸 인물은 아니다. 국제 정치에서 미국이 중요한 위상을 차지하는 것은 틀림없다. 하지만 로널드 레이건이나 아버지 조지 부시 대통령의 재임 시절처럼 미국의 정책과 별 관계 없이 세계적으로 중대한 변화가 일어날 수도 있다. 소련의 체제 완화, 동·중부 유럽의 민주화, 그리고 냉전의 종식은 대부분 모스크바에서 일어난 변화의 결과였고, 레이건과 부시는 변화에 반응한 것이지 그것을 주도한 것이 아니다. 다시 말하면, 서방 측이 불었던 자축의 팡파르에도 불구하고 실상 1980년대 후반 소련의 국내외 정책 변화에 대해 워싱턴 강경파가 기여한 바는 전무하다.

국내 정책 면에서도 레이건과 조지 H. W. 부시(의 경우엔 보다 명백하게) 둘 다 재정의형 리더의 범주에 들지 못한다. 레이건은 비록 부시보다 박식하진 않았을지 몰라도, 그의 재임 기간은 특유의 스타일로 기억되고 또 부시와는 달리 그는 가볍게 재임에 성공했다. 하지만 레이건의 수사와 레이건 임기 동안의 현실 사이에는 커다란 간극이 존재했다. 그의 입법 부문 업적은 그리 대단할 것이 없고, "연방 정부 지출을 줄이겠다는 약속에도 불구하고 레이건 정권하에서 정부의 규모와 적자 규모는 둘 다 증가했다."[37] 레이건이 한 일 중에서 미국을 보다 보수적인 방향으로 틀어놓는 데 가장 큰 영향을 미친 것은 사법 임명이었다. 그는 평생 임기가 보장된 연방 판사를 400명 넘게 임명했고, 연방 대법원에서는 윌리엄 렌퀴스트William Rehnquist를 대법원장으로 승진시키고, 샌드라 데이 오코너Sandra Day O'Connor, 앤터닌 스캘리아Antonin Scalia, 앤서니 케네디 Anthony Kennedy를 연방 대법관으로 임명했다.[38]

영국의 재정의형 리더

민주주의 체제에서 재정의형 리더 및 정부의 범주에 해당하는 경우와 그 조건에 미달하는 경우의 선을 긋기가 어려울 때가 있다. 정권 교체는 거의 예외 없이 어떤 변화를 가져온다. 민주주의 체제의 리더는 정당의 뒷받침 없이는 오래 자리를 보전하지 못하고, 서로 다른 정당은 서로 다른 정책을 추구하기 때문이다. 영국을 살펴보면 재정의형 정부라고 단언할 수 있는 경우는 20세기와 21세기를 통틀어 단 세 정권뿐이다. 1905년부터 1915년까지의 자유당 내각(전시 연합이 결성되었을 때. 1908년부터는 허버트 애스퀴스Herbert Asquith가 이끌었다), 그리고 1945년부터 1951년까지 클레멘트 애틀리가 수장이었던 노동당 정부, 마지막으로 1979년부터 1990년까지 마거릿 대처 총리 시절의 보수당 정부가 그것이다. 물론 이들 외에 정책 혁신을 가져온 영국 정부가 전무했다는 얘기는 아니다. 1957년부터 1963년까지 해럴드 맥밀런이 이끌었던 보수당 정부, 1964년부터 1970년까지 해럴드 윌슨 총리 시절의 노동당 정부, 그리고 1997년부터 2007년까지 토니 블레어가 이끈 노동당 정부는 상당한 변화를 이루었다. 이들에 대해서도 잠시 후 다룰 예정이다.

1차 세계대전 이전의 영국 자유당 내각

영국에서 20세기 초반 40년간 존재했던 유일한 재정의형 정부는 1905년 12월에 영국 자유당에 의해 구성되고 1906년 총선에서 압도적인 승리로 확정된 자유당 내각이었다. 첫 두 해 동안 자유당 내각을 이끌었던 인물은 신중한 성격의 헨리 캠벨배너먼Henry Campbell-Bannerman 총리였지만, 획기적인 변화가 일어난 것은 그가 질병으로 사퇴하고(그후 곧 사망했다) 애스퀴스 총리가 취임한 1908년 이후다. 이 변화 중에는 훗날 복지 국가로 알려지게 될 국가 체제의 근간을 이루는 일련의 법이 포함되어 있었다. 여기서 견인차 구실을 한 인물은 애스퀴스 총리 취임 후 그의 재무장관직을 물려받은 데이비드 로이드 조지였다. 노령 연금은 애스퀴스가 재무장관이던 시절에 계획되었지만 이를 1908년 법제화한 것은 로이드 조지였다.

자유당 내각은 외부로부터 새로운 아이디어를 도입하는 데 개방적이었다. 고령자를 위한 연금은 애스퀴스가 '구대륙 국가들'에게 지침을 제공하는 정치적·사회적 실험실이라고 불렀던 뉴질랜드에서 먼저 도입됐다.[39] 로이드 조지는 비스마르크Bismarck가 최초로 복지 정책을 시행했던 독일을 방문한 후 실업보험 도입에 열의를 보였다.[40] 1911년에 제정된 국민보험법을 통해 고용주와 고용인 양쪽에서 지출되는 의무적 건강보험과 실업보험이 도입되었다. 1909년에는 상무장관이던 윈스턴 처칠이 고용 촉진을 위한 직업 소개소를 설립했는데, 그도 독일로부터 영향을 받았다. 젊은 나이로 장관에 임명된 처칠은(1908년 4월 임명 당시 그는 33세였다) 애스퀴스 총리에게 이런 편지를 썼다. "기후 조건도 더 열악하고 축적된 국부도 훨씬 적은 독일이 국민을 위한 생존 기반을 마련해냈습니다. 독일은 전쟁뿐만 아니라 평화기를 위해서도 조직되어 있습니다. 반면 우리는 당리당략을 빼면 제대로 조직된 게 없죠."[41]

자유당 내각의 주요 개혁으로는 헌법상 상원의 권력 축소가 있었다. 상원은 더 이상 **어떤** 법률도 2년 이상 지연시킬 수 없게 되었다. 이는 '거부권 행사 기관이 면밀한 조사 기관으로 스스로를 재창조하도록 만든' 근본적인 변화였다.[42] 상원과의 충돌은 1909년 로이드 조지의 '인민 예산'에서 촉발되었다. 이 예산안은 소득세 증가, 대규모 저택에 대한 상속세 증가, 토지세 부과, 그리고 부자들만 자동차를 소유하고 있었던 시절에 휘발유와 자동차 면허에 대한 세금 신설 등의 조치를 포함했다. 이렇게 모인 세금의 일부는 국방비 증가의 재원으로 사용할 계획이었다. 하원에서 승인한 예산안을 상원이 저지하지 않는다는 오랜 관습에도 불구하고, 보수당이 압도적 다수를 차지하고 있던 상원은 인민 예산을 부유층과 귀족층에 대한 공격으로 받아들여 분노했고 예산안을 부결시켰다. 감정이 격해졌다. 보퍼트 공작Duke of Beaufort은 "윈스턴 처칠과 로이드 조지가 사냥개 수십 마리에 포위된 광경을 보고 싶다"고 말했다. 버클루 공작Duke of Buccleuch은 소규모 스코틀랜드 축구 클럽에 토지세를 낼 돈이 부족해서 회원권을 취소하겠다고 통보했다(회원권은 1년에 1파운드가 조금 넘는 금액에 불과했다).[43] 애스퀴스는 총선을 실시하겠다고 공표하고 인민 예산과 상원 권력 축소를 주요 공약으로 내세웠다. 놀랍게도 자유당은 1910년 1월 선거에서 100석 이상을 잃었고, 노동당 및 아일랜드 의회당과 연합하여 간신히 정권을 유지할 수 있었다. 다수의 남성 노동자와 모든 여성에게 선거권이 없었던 시절, 자유당 내각을 극단주의 세력으로 몰아세운 보수당의 전략이 유권자들에게 제대로 먹힌 결과였다.

애스퀴스 정부는 1913년 사법부에 의해 제한되었던 노동조합의 정치 자금 모금을 확대했다. 노동조합비를 걷을 때 회비를 낼 사람이 따로 참여 의사를 밝혀야 했던 방식이, 이제 회비를 내길 원치 않는 근로자가 별도로 불참 의사를 밝히는 방식으로 바뀌었다. 이 경우 해외의 사례를 본받았다기보다는, 정부에 대한 국내의 압력이 더욱 결정적인 영향을 미쳤다. 사회주의의 확산에 대한 두려움과 점점 조직화되는 노동계의 요구로 인해 그때까지 자본주의의 불가피한 부산물로 받아들였던 여러 문제의 해결책이 모색되기 시작했다. 1900년과 1913년 사이에 노동조합의 규모는 두 배 이상 증가하여 조합원 수가 400만 명을 넘어섰고, 1910년 이후 자유당 정부가 노동당에 의지하게 되면서 노동당 하원 의원들의 영향력이 크게 증가했다.

애스퀴스의 자유당 내각을 재정의형 정부로 만든 것은, 무엇보다도 그들이 복지 국가의 기초를 닦았다는 점이다. 이를 성취하는 과정에서, 그리고 상원의 세습적 특권을 공격하는 과정에서, 애스퀴스 총리뿐만 아니라 로이드 조지도 큰 역할을 했다. 애스퀴스는 독선적인 총리가 아니었고, 애스퀴스 내각의 중요한 성과들은 두 명의 두드러진 인물을 비롯하여 내각 전체가 함께 이룬 업적이라 할 수 있다. 애스퀴스 내각은 로이드 조지와 처칠이라는 20세기 전반의 '두 천재 영국 정치인'(아주 터무니없는 평가는 아니다)이 발휘한 추진력을 십분 활용했다.[44]

2차 세계대전 직후의 노동당 정부

1945년부터 1951년까지 클레멘트 애틀리가 이끌었던 정부는 재정의형 리더십의 독보적인 사례다. 비록 잘난 인물들을 관리하고 침착하게 조정하는 역할을 해낸 애틀리의 공헌도 중요했지만, 애틀리 내각은 총리의 단독 리더십보다는 고위 장관들의 집단 리더십을 보여준 훌륭한 사례이다. 1945년에 수립된 노동당 내각은 열아홉 명의 남성과 한 명의 여성으로 구성되었으며 그중 20세기에 태어난 사람은 아무도 없었다. 최연소 각료이자 구제 불능의 반항아로 알려진, 그리고 애틀리가 보건부 장관으로 깜짝 발탁한 어나이린 베번은 47세였다. 애틀리 내각은 다양한 배경과 경력을 통해 많은 경험을 쌓은 인물들로 구성되어 있었으며, 일부는 전시 연립 내각에서 일했다는 이점을 가지고 있었다. 그중에서도 애틀리, 어니스트 베빈, 허버트 모리슨, 스타포드 크립스, 휴 돌턴은 전시 내각에도 고위직으로 참여했다. 애틀리는 처칠 부재 시 내각위원회와 각료 회의를 주재하는 부총리 역할을 했기에 베빈과 모리슨만큼 대중의 이목을 받지는 못했다. 모리슨은 종전 후 애틀리의 노동당 대표 자리(잠재적 총리)를 노렸다.

1945년 당시 마침 노동당 전국집행위원회 의장을 맡고 있었던 사람은(이 자리는 교대로 돌아가며 맡았다) 런던정치경제대학의 정치학과 교수 해럴드 래스키Harold Laski였다. 당시에도 그랬고 그 이후에도 래스키는 애틀리를 노동당 대표 자리에서 물러나게 하려고 애썼는데, 그 이유는 애틀리가 사회주의적 성향이 약하고 지나치게 반소비에트적인 데다 '대중에게 다가가는' 능력이 부족하다고 생각했기 때문이었다.[45]★ 래스키는 애틀리를 당 대표로 둔 것이 "다가오는 선거에서 노동당이 승리하는 데 크나큰 핸디캡"이라고 쓴 서한을 1945년 총선 선거운동 기간에 애틀리에게 보내기도 했다(하지만 결과는 노동당이 보수당 동맹보다 183석을 더 따내면서 큰 차이로 과반 의석을 차지했다).[46] 애틀리는 래스키의 끊임없는 비판을 대부분 참아넘겼다. 래스키는 그보다 훨씬 전인 1941년에도 애틀리가 램지 맥도널드(1931년 주로 보수당 의원들로 이루어진 연립 내각의 총리가 되었을 때 노동당에서 퇴출당했다) 꼴이 날 위험에 처해 있다고 몰아세웠다. 애틀리는 "내가 맥도널드주의MacDonaldism 쪽으로 기울어지고 있다고 얘기하시니 유감입니다. 당신이 그동안 지적해온 것처럼, 나는 내가 속한 노동당과 별개로는 스스로 어떤 가치가 있다고 여길 만한 개성도 비범함도 없는 사람입니다"라고 답했다.[47] 하지만 1945년 래스키가 외국 언론과의 인터뷰에서 자신의 직위를 이용하여 최근 집권한 노동당의 입장을 대변하는 발언을 했을 때, 애틀리는 "외교 업무는 어니스트 베빈이 충분히 잘 담당하고 있고", 외무장관의 업무는 래스키의 무책임한 발언 때문에 골칫거리가 추가되지 않아도 이미 "충분히 어려우며", "이제 조용히 자숙해준다면 고마울 것"이라는 서한을 발송했다.[48]

노동당 정부는 영국 중앙은행, 철도, 장거리 운송, 전기 및 가스 산업, 탄광, 민간 항공, 그리고 철강 산업을 국유화하는 등 상당수의 사회주의 정책을 도입했다. 이 중에서 처칠의 보수당 정부가 다시 민영화한

★　'대중'에 대해 논하는 지식인이 세상 사람들과 별로 접촉이 없다는 것은 사실에 가깝다. 하지만 이를 래스키에게 그대로 적용하는 것은 옳지 않다. 웨일스 남부의 광부들을 찾아가 연설하고 그들의 집에 머무를 때가 됐든, 아니면 그가 끝없이 도움을 줬던 제자들 앞에서든 래스키는 대중에게 시간과 따뜻한 관심을 아끼지 않았다. 다음을 참조. Kingsley Martin, *Harold Laski: A Biography*, Jonathan Cape, London, new edition, 1969, pp. xiv, 95, 127 and 250 – 251. 하지만 그는 정당 활동가들이나 그가 속한 지식인 집단 밖의 여론에 대한 판단력은 미흡했다.

철강 산업을 제외한 나머지는 1951년 노동당이 총선에서 패배한 후에도 적어도 한 세대 동안 국영으로 유지되었다. 애틀리는 상원에서 철강 산업 국유화 법안의 통과를 지연시키려고 하자, 상원의 보류 가능 기간을 1911년의 2년에서 다시 1년으로 줄이는 새로운 법안을 통과시키기도 했다.[49] 애틀리 정부는 평등주의와 재분배 정책을 추진했다. 당시 영국 경제는 전쟁으로 황폐해진 상태였고 물자 부족은 여전히 심각했다. 식료품과 휘발유는 1940년대가 막을 내릴 때까지도 배급제를 유지했고, 의류품 배급만 1949년에 종료됐다. 하지만 학생들에게 우유를 무상으로 제공하는 등 여러 복지 혜택 덕분에 전체 인구의 건강 상태는 전간기에 비해 꾸준히 향상되고 있었다.[50] 1946년에 통과된 국민보험법은 병자와 실업자에게 광범위한 혜택을 제공했고, 향후 30년 이상 복지 국가의 기초 역할을 담당했다.[51] 그중에서도 가장 중요한 것은 베번 주도하에 탄생한 국가보건서비스National Health Service, NHS였다. 이 제도는 너무나 인기가 좋아서, 한 세대 이상 지난 후 정부가 의료 영역에서 민간 부분을 확장하고자 했을 때 'NHS는 현행대로 유지할 것'이라고 맹세한 후 조용히 추진해야 했다. 2010년 애틀리의 최신 전기 작가에 따르면 "국가보건서비스는 오늘날까지 무상 의료라는 핵심 가치와 함께 큰 변화 없이 유지되고 있다."[52] 국가보건서비스가 전후 영국에서 차지하는 상징적 위치는 2012년 런던 올림픽 개막식에서 이에 대한 경의를 표시하는 데 상당한 시간을 할애한 것(미국인 시청자들은 분명 어리둥절했겠지만)으로도 미루어 짐작할 수 있다.

재정의형 리더 마거릿 대처

2차 세계대전 후 노동당 정부가 수립한 원칙의 대부분은 마거릿 대처가 이끄는 정부가 등장할 때까지 국가 정책의 기조로 유지되었다. 영국 최초의, 그리고 현재까지 유일한 여성 총리인 대처는 의심할 여지 없는 재정의형 리더다(2016년 7월 테리사 메이가 영국의 두 번째 여성 총리로 취임했다-옮긴이). 1979년부터 1990년까지 11년 동안 총리를 역임한 그녀는 20세기와 21세기를 통틀어 최장기 집권한 영국 총리이기도 하다. 대처는 대외 정책 분야는 물론 국내 정책에도 깊숙이 관여했다. 그녀는 소련 언론인들이 처음 붙여준 '철의 여인'이라는 별명에 전혀 불만이 없었으나, 호전적 이미지와 달리 대외 정책 수행에 보다 노련한 면모를 보여줬다. 총리가 된 후 대처의 대외 정책은 총리 취임 이전에 비해 확실히 달라졌으며, 그녀가 총리직에서 밀려난 후 회고록에 쓴 내용과도 또 달랐다.

총리 재임 기간에 대처는 다우닝가 10번지의 유능한 공무원 고문들과 일련의 외무장관들을 비롯한 각료들로부터 영향을 받았고, 특정 사안이 발생할 때마다 외부의 학계 전문가들로부터 자문을 받았다(대처는 강한 신념 외에도 뛰어난 정보 습득 능력과 하루 4시간만 자면서 업무를 볼 수 있는 체력을 갖추고 있었다). 반면 총리에서 물러난 후에는 전문가보다 열성분자들의 조언에 더 귀를 기울였다. 대처 총리는 미하일 고르바초프가 전임자들과는 전혀 다른 타입의 소련 리더라는 것을 재빨리 알아챈 사람 중 하나였다. 유럽과 북미의 보수 정치인 중에서 대처만큼 고르바초프의 개혁이 지대한 변화를 가져올 것이라고 열성적으로 주장했던 인물은 없다. 소련 공산당 최상층부에서 시작될 변화를 대처가 정치적 본능으로 감지해낸 것은 아니었다. 그녀는 직감에 의지하기보다는, 여러 분야의 전문

가 의견을 참고하여 소련과 동유럽의 변화에 대한 기존의 견해를 수정했다.[53]★

호전적인 명성과는 달리 대처는 레바논과 리비아에 대한 미국의 군사 공격에 대해 "일단 국경을 넘으면 어디서 멈출 것인가. 나는 국제법을 단호하게 지지한다"고 말하며 회의적인 태도를 보였다.[54] 대처는 아르헨티나 군대가 포클랜드제도를 점령했을 때 무력 탈환을 주저하지 않았지만, 영국이나 영국 보호령에 대한 외부 공격이 없는 경우에는 군사 개입을 극히 꺼렸다. 대처는 1983년 10월 미국이 쿠데타로 정권을 장악한 혁명 정부를 교체하기 위해 그레나다를 침공했을 때 분노했다. 그레나다가 과거 영국 식민지이자 영연방의 일부였기 때문에 특히 민감한 사안이었다. 하지만 대처는 BBC 〈월드 서비스〉와 한 전화 인터뷰

★　　　마거릿 대처의 총리 임기가 미하일 고르바초프의 소련 서기장 임기와 겹쳤던 기간 동안 대처는 브라이언 카틀리지Bryan Cartledge 경(예전에 다우닝가 10번지에서 대처와 일했던 인물)과 로드릭 브레이스웨이트Rodric Braithwaite 경이라는 탁월한 주소련 영국 대사를 뒀던 덕도 봤다. 나는 영국 총리들이 주말에 머무르곤 하는 지방 관저 체커스에서 열린 소련 및 동유럽 세미나에 두 차례 참석한 바 있다. 대처가 주재하고 외무장관인 제프리 하우 경과 여러 고위 관료들이 참석했던 세미나였다. 그중에서도 1983년 9월에 열린 첫 번째 세미나가 특히 중요했다. 세미나 직후 총리의 대외 정책 자문으로 임명된 퍼시 크래독 경에 따르면(*In Pursuit of British Interests: Reflections on Foreign Policy under Margaret Thatcher and John Major*, John Murray, London, 1997, p.18), 이 세미나는 "동유럽에 대한 보다 개방된 접근의 시대를 열었고, 결과적으로 고르바초프와의 첫 번째 회담으로 이어졌다." 특히 그 무렵엔 대처 총리가 외부 전문가들의 의견에 귀를 기울였다. 1983년 체커스 세미나에서 대처는 정부 관료들, 그중에서도 제프리 하우의 말을 자주 가로막았지만, 학자들의 말을 끊는 일은 드물었다. 대처와 하우는 각자의 회고록에서 이 세미나에 여러 페이지를 할애하며(그 기원에 대해서는 서로 얘기가 다르지만) 중요한 사건으로 다뤘다. 하우는 '소련 전문가들과의 토론'에서 총리가 '예외적으로 절제된 모습을 보였다'고 평했다. 다음을 참조. Geoffrey Howe, *Conflict of Loyalty*, Macmillan, London, 1994, pp. 315 – 17; and Margaret Thatcher, *The Downing Street Years*, HarperCollins, London, 1993, pp. 451 – 3. 1987년 2월에 열린 소련 관련 두 번째 체커스 세미나는 세간의 이목이 집중된 대처의 소련 방문을 성공적으로 성사시키기 위해서 개최되었다. 두 세미나 외에도 나는 고르바초프가 소련 지도자가 되기 3개월 전인 1984년 12월 영국을 처음으로 방문하기 전날 대처와 하우를 비공식적으로 브리핑하기 위해 다우닝가 10번지에 초청된 네 명의 학자 중 하나였다.

에서 다음과 같이 말하며 보다 폭넓은 결론을 도출했다.

> 우리 … 서구 민주주의 국가는 우리 삶의 방식을 지키기 위해 무력을 사용합
> 니다. … 우리는 독립 주권국을 침범하기 위해 무력을 사용하지 않습니다.
> … 미국이 국민의 의사에 반해 공산주의 정권이 지배하는 나라에 개입할 수
> 있다는 새로운 법을 선포한다면 우리는 진정 끔찍한 전쟁을 겪게 될 것입니
> 다.[55]

대처는 영국 외무부의 역할에 회의적이었지만(다우닝가 10번지에서 그
녀의 측근 보좌관으로 일했던 몇몇 저명인사만큼은 예외였다), 여러 사안에서 대처의
정책은 외무부 및 그녀의 마지막 두 외무장관인 제프리 하우과 더글러
스 허드Douglas Hurd의 입장에서 크게 벗어나지 않았다. 주요한 예외는 남
아프리카공화국의 아파르트헤이트 정권, 유럽연합, 독일 통일에 관한
견해였다. 이 사안에 관해서 그녀는 자신의 극우적 이미지에 부응했고
외무부와 상반된 견해를 고수했다.[56]

그러나 무엇보다도 대처 정권을 20세기 영국의 재정의형 정부 중
하나로 만든 것은 국내 정책 분야였다. 이 경우 애틀리 정부와는 달리
총리 개인을 따로 떼서 재정의형 리더로 보는 데 전혀 문제가 없다.[57] 대
처는 경제, 노동조합, 복지 국가에 대해 매우 확고한 견해를 갖고 있었
고, 총리로서 자신의 견해를 정부 정책에 반영하려는 의지가 투철했
다. 애틀리 정부와 대처 정부의 정책은 이보다 더 다를 순 없었다. 대처
가 주관하는 각료 회의도 애틀리의 그것과는 판이하게 달랐다. 애틀리
와 달리 대처는 자신이 관심 있는 핵심 사안(한두 개가 아니었다)에 대한 의

견을 먼저 밝혀서 토론을 자기 쪽으로 편향시켰다. 그 밖에 여러 중요한 쟁점들은 회의석상에 등장하지도 않았다. 대처 집권 1기의 핵심 멤버였던 이언 길모어Ian Gilmour에 따르면 "공동 의사 결정은 심각하게 훼손되었고 필연적으로 내각의 공동 책임도 훼손되었다."[58]

대처의 집권 1기 각료 중 절반 정도는 대처와 매우 다른 가치관을 가진 인물들로 구성되어 있다. 그중에는 외무장관 캐링턴Carrington 경, 마이클 헤슬타인Michael Heseltine, 짐 프라이어Jim Prior, 피터 워커, 그리고 앞서 언급한 길모어가 포함된다. 당시 제프리 하우는 재무장관으로서 총리의 측근 조력자였다. 개별적 자진 사퇴와 총리의 내각 개편을 거치면서 정부 최상위층의 구성원이 점차 교체되었지만, 대처의 통치 스타일은 일부 초기 지지자들조차 등을 돌리게 만들고 말았다. 1990년 대처의 몰락에 결정타가 된 것은 하우의 사임이었으나, 그 전에도 대처의 통치 스타일을 대놓고 비판하며 사임했던 고위 장관들이 있었다. 1986년 국방부 장관 마이클 헤슬타인의 사임과 1989년 재무장관 나이절 로슨Nigel Lawson의 사임이 특히 그랬다.[59] 하우와 마찬가지로(그러나 헤슬타인과는 달리) 로슨은 처음에는 대처의 경제 정책에 동의했으나, 영국의 유로화 가입 문제와 영국 은행의 독립성, 그리고 세금 관련 문제 등에서 그들의 견해차는 갈수록 벌어졌다.[60]

대처가 보유했던 총리로서의 중요한 자질은 안건에 대해 스스로 면밀히 파악하고 상세히 보고받기를 고집했던 점이다. 대처는 자기비판을 하는 타입은 아니었지만, 그녀의 공식 전기 작가에 따르면 노년에 이르러 "어떤 사안에 대해 철저히 준비하지 않았을" 때만큼 스스로를 질책하게 되는 경우는 없을 것이라고 한다.[61] 그녀는 기억력이 비상했고,

고르바초프와의 회담이든 아니면 주 2회 정기적으로 열리는 총리 질의 응답 시간이든 철저하게 준비하는 과정에서 엄청난 정보를 습득했다.[62] 대처는 관료들을 바짝 긴장시켜 각 정부 부처에서 공포의 대상이었지 만("화이트홀 전체가 벌벌 떨었다"[63]), 공무원들로부터 많은 것을 배우는 사람 이기도 했다. 어떤 면에서 대처는 각료들보다 공무원들을 더 선호했는 데, 그들이 그녀가 원하는 정보를 제공할 뿐만 아니라 그녀의 지시에 더 잘 따랐기 때문이다. 대처는 보좌관 클라이브 휘트모어Clive Whitmore에게 이렇게 말한 적도 있다. "클라이브, 장관들 말고 사무차관들만 있었더 라면 내가 정부를 훨씬 더 잘 운영할 수 있었을 텐데 말이죠."[64]

대처는 통치 스타일로 인해 결국 총리 자리에서 밀려났지만(1990년 대처 내각 전체가 그녀에게 총리로서 살아남지 못할 거라고 말했다), 덕분에 대처를 단 순히 재정의형 정부의 수장이 아닌 재정의형 리더로 구분하기가 쉬워 진다. 대처가 정치 토론의 의제를 바꾸고, 정치적으로 가능한 것의 한계 를 바꿔놓고, 급진적인 변화를 도입했다는 사실은 대처 정책의 비판자 와 지지자를 불문하고 대체로 동의한다.[65] 대처는 논란을 초래하는 리 더였으며, 잉글랜드에서는 여론의 양극화를 초래하고, 스코틀랜드에 서는 특히 미움받았다. 대처는 궁극적으로 각료 대부분의 지지를 잃었 고(그들과 협력하지 않은 결과다), 대처 이후의 보수당은 이전 수십 년간에 비 해 더욱 분열되었다. 그녀가 처음 총리직에 올랐던 1979년에는 아무도 예측하지 못했던 한 가지는 그녀가 서유럽보다 동유럽에서 더 많은 친 구를 만들고 모스크바, 프라하, 바르샤바에서 인기를 얻은 반면 본, 파 리, 브뤼셀의 근심거리가 될 것이라는 사실이었다.

보수당의 전임 대표이자 1970년에서 1974년까지 총리로 재임한 에드워드 히스는 대처와 유사한 독단적 리더십 스타일을 가졌다. 하지만 그가 남긴 업적은 영국을 유럽공동체(이후 유럽연합)에 가입시킨 것뿐이다. 앤서니 킹은 이렇게 평가한다. "그의 잦은 정책 방향 변경에도 불구하고 히스가 1945년 이후의 어떤 총리보다 행정부에 완전하고 연속적인 통제권을 행사했다는 것은 의심의 여지가 없다. … 1974년 2월 총선에서 보수당이 패배한 것이, 그리고 유럽공동체 가입을 제외한 히스의 모든 정치적 업적이 폐허가 된 것이 히스가 군림하는 스타일의 총리였다는 사실을 바꾸지는 못한다. 단지 제왕적 통치 스타일의 총리라고 해서 늘 성공적이지는 않다는 것을 의미할 뿐이다."[66] 히스는 총리가 되기 전까지 대부분의 국민들에게 '약한' 인물로 비춰졌다는 점은 짚고 넘어갈만하다.[67] 그의 사례는 세 가지를 시사한다. 첫째, 리더는 총리직에 오르기 전까지 '강한' 인물로 인식되기 힘들다. 둘째, 리더가 독단적이거나 군림하는 스타일의 의사 결정자라는 의미에서 그의 강약에 대한 여론은 전혀 정확하지 않다. 셋째, 총리의 '강한'(각료들과의 관계에서 압도적이라는 의미) 리더십이 성공적인 정부로 이어지는 것은 아니다.

대처와 히스의 리더십 스타일은 대체로 비슷했지만 몇 가지 중요한 차이가 있었다. 대처가 자신의 당권에 도전하여 보수당 대표 자리를 꿰찬 것을 결코 용서하지 않았던 히스는, 대처와는 달리 규제 없는 자본주의를 신봉하지 않았다. 실제로 대처 정부의 한 고위 인사는 애틀리 정부가 표방했던 '개입주의 큰 정부와 평등한 사회 추구'라는 '두 가지 핵심 원칙'은 대처가 다우닝가 10번지에 입성하기 전까지 한 세대 이상 건재했다고 언급했다.[68] 대처 내각은 은행을 포함한 영리 기관에 대한 규제를 상당 부분 제거하고, 자본 시장에 대한 규제를 철폐했으며, 시장의 힘을 대체할 수 있는 것은 아무것도 없다는 (대처가 열성적으로 전도했던) 믿음하에 움직였다. 그 중심에는 10년 이내에 국가 자산의 3분의 2를 팔아치웠던 민영화 프로그램이 있었다. 보다 전통적인 보수당 의원들은 이 정책에 반대했다. 해럴드 맥밀런 전 총리가 포클랜드 사태와 관련하여 군사 고문 역할로 다우닝가 10번지에 초청되었을 때, 그는 만찬회 준비를 위해 휑하게 비워진 방을 둘러보며 물었다. "가구는 다 어디 갔나요? 전부 팔아치웠나 보네요."[69] 대처는 히스 정부의 실각을 야기했을 정도로 강한 결속력을 가졌던 탄광 노조의 장기 파업을 좌절시켰고, 노조의 힘을 대폭 약화시켰다. 대처는 민간의 주택 소유를 확대하고 공공 부문의 자산 규모를 축소하는 정책의 일환으로 공영 주택 세입자가 유리한 조건으로 입주 주택을 구입할 수 있도록 했다.

전체적으로 볼 때 대처 정부는 영국 경제에서 정부와 시장의 균형추를 시장 쪽으로 크게 옮겼다. 비즈니스계 인사를 공직에 발탁하고, 애틀리 정부 시절에 도입됐던 평등주의 정책을 역행하는 조치들을 시행했다. 부유층의 소득세율이 낮아졌고, 공식 명칭은 지역사회세지만 흔히 인두세로 불리는 새로운 주민세가 도입되었다. 인두세는 주택 소유자에게 차등 부과되던 재산세를 대체하기 위해 고안되었는데, 사람 머릿수를 기준으로 일률적으로 걷기 때문에 반대론자들은 귀족이나 청소부나 똑같은 금액을 내게 되어 형평성에 어긋난다고 비판했다. 인두세는 격렬한 반발을 불러왔고, 대처 임기 말 인기 하락에 크게 기여했다. 대처 내각의 재무장관 나이절 로슨은 인두세 시행에 대해, "시대를 막론하고 악명 높았던 세금을 대처 정부의 주력 정책으로 밀고자 했던 것은 총리의 어마어마한 판단 오류"였다고 봤다. 하지만 로슨은 이 정책과 관련하여 "대처의 개인적 의지가 확고했음에도 불구하고, 그녀는 끝까지 내각의 절차를 지켰다"는 점만큼은 인정했다.[70] 재무장관은 1985년 5월에 작성한 내부 보고서에서 "런던 도심 지역에 사는 연금생활자 부부는 수입의 22퍼센트를 인두세로 내야 하는 반면, 교외에 사는 부유층 부부의 부담 비율은 1퍼센트에 불과하다"고 지적하며 인두세에 강력히 반대했다.[71] 그러나 대처는 내각을 설득하는 데 성공했고, 결국 1986년에 인두세가 승인되었다. 인두세는 잉글랜드와 웨일스보다 스코틀랜드에서 1년 먼저 시행되었는데, 덕분에 스코틀랜드 국민당과 노동당이 반사 이익을 얻었고 스코틀랜드에서 이미 만연했던 보수당에 대한 환멸은 더욱 커졌다.[72]

중요한 혁신을 이룬 영국 정부들

같은 기간 영국에는 재정의형 리더십에는 못 미치지만 주목할만한 혁신을 이룬 정부가 셋 존재했으니, 바로 해럴드 맥밀런(재임 1957-63년), 해럴드 윌슨(재임 1964-70년, 1974-76년), 토니 블레어(재임 1997-2007년) 정권이다. 그러나 윌슨과 블레어의 노동당 정부가 이뤄낸 가장 의미 있는 변화들을 주도한 인물은 총리가 아니었다.

맥밀런 정권은 비록 소극적인 태도였을지언정 탈식민지화를 수용했다. 이로 인해 식민성 장관 이언 매클라우드Iain Macleod에게 비난이 집중되었다. 맥밀런 총리에게도 남아프리카공화국에서 했던 '변화의 바람' 연설과 진보 성향의 매클라우드를 식민지 정책을 담당하는 자리에 임명한 것에 대한 비판이 쏟아졌다. 제국충성파연맹 같은 비주류 단체뿐만 아니라 보수당 내 우익 인사들도 비난 공세에 가세했다. 경제 정책 부문에서는 앞서 맥밀런이 각료로 참여했던 처칠 정권이나 이든 정권 (특히 이든 정권에서 그는 재무장관이었다)의 기조를 유지했다. 하지만 맥밀런 자신은 재무부의 관행에 비판적이었다. 그의 경제 철학은 케인즈 학파에서 기인했으며, 런던 금융 특구의 일부 활동에 비판적이었다. 그는 사적인 자리에서는 은행가들을 '뱅스터banksters'라고 불렀다.[73]

맥밀런 정부가 이룬 헌법상의 변화 중 가장 중요한 것은 1958년의 종신 귀족법이다. 이 법으로 인해 신분이 세습되지 않는 종신 귀족이라는 새로운 카테고리가 신설되어, 이후 각 분야에서 공훈이 있는 사람이나 '높은 자리에서 쫓겨난' 저명한 정치인들이 상원에 입성하게 된다. 이것은 상원에 새로운 활력을 불어넣고 토론의 질을 높이는 효과를 가져왔다. 한 가지 첨언하자면, 노동당은 그때까지 상원 폐지를 위해 별다른 노력을 하지 않았다. 상원이 그 세습적 성격으로 인해 비판에 대한 자기방어가 불가능하고 하원의 패권에 전혀 위협이 되지 않는다는 점에 만족했기 때문이다. 그 밖에 맥밀런 보수당 정권의 또 다른 업적은 1961년 경제학자 (라이어널) 로빈스(Lionel) Robbins 경을 의장으로 한 명망 높은 위원회를 설립하여 영국 고등 교육의 현황과 장래를 검토하도록 했던 것이다. 이후 정부는 1963년에 발표된 로빈스 보고서를 바탕으로 대학의 수를 크게 늘렸다.[74]

1960년대 해럴드 윌슨이 이끌었던 노동당 정권의 가장 중요한 업적은(전형적인 보수당 및 노동당 정부와는 대조적으로) 개인의 자유를 크게 확장한 것이다. 윌슨은 이혼법 완화, 성인 남성 사이의 합의에 따른 동성애 합법화(이로써 남성과 여성에게 적용되는 법이 동일해졌다), 사형 제도 폐지와 낙태 합법화(일정 조건에 부합할 경우) 등의 중요한 사회적 변화를 관장했다. 또한 배심원제 실제 범죄를 저지른 자가 유죄 판결을 받을 가능성을 높이기 위해 14세기부터 잉글랜드에 존재했던 만장일치 제도를 폐지했다.[75] 궁내장관Lord Chamberlain의 연극 공연 검열권도 폐지됐다.[76] 이 자유화 조치들은 1960년대 노동당 정부의 길이 남을 업적이며, 이를 추진했던 주요 인물이자 원동력은 (다소 보수적인 가치관을 가졌던) 윌슨 총리가 아니라 내무장관 로이 젠킨스였다. 총리를 마치 정부의 동의어인 것처럼 사용하지 말아야 하는 또 다른 사례라 하겠다.

　　위에서 언급한 법률 중 사형 제도 폐지 법안은 젠킨스의 전임자인 노동당의 프랭크 소스키스Frank Soskice 경이 내무장관을 맡고 있을 때 국회를 통과했다.[77] 이 법안은 노동당 평의원 시드니 실버맨Sydney Silverman에 의해 발의되었으며, 그가 사형 제도 폐지를 위해 수십 년 동안 의회에서 노력했던 결실이었다.[78] 사형 제도를 비롯한 다른 변화들은 모두 젠킨스가 1959년에 출간한 책에서 주장했던 내용이다. 윌슨으로부터 내무장관 자리를 제안받았을 때 그는 이미 이러한 사회 개혁을 추진할 능력을 갖춘 준비된 인물이었다(윌슨은 젠킨스가 이 자리를 원한다는 데 놀라움을 표했다).[79] 낙태법 개혁안처럼 평의원이 법안을 발의한 경우에도, 발의자인 자유당 의원 데이비드 스틸David Steel은 젠킨스의 매우 호의적인 지원 연설을 받았다.[80] 노동당 평의원 리오 앱세Leo Abse가 발의한 성범죄법(21세 이상의 동성애자가 '형법의 엄중함'으로부터 자유로워진 법률)과 마찬가지로 낙태법 개혁안도 내무장관 젠킨스의 지지가 없었다면 의회를 통과하지 못했을 것이다(의원들이 당의 정책에 구애받지 않고 소신대로 투표하는 자유 투표였기 때문이다).[81]

　　한편 윌슨 정부가 추진한 또 다른 정책은 해럴드 윌슨 총리가 직접

기획했는데, 그는 이것을 매우 자랑스러워하면서 자신이 이 업적으로 기억되기를 바랐다. 그것은 젊었을 때 기회를 놓친 많은 이들에게 라디오와 텔레비전을 통해 고등 교육의 기회를 확대하고자 설립된 열린대학Open University이었다. 방송이라는 대중 매체와 혁신적인 교재 및 파트타임 개인 교습의 조합을 통해 누구든지 나이에 구애받지 않고 집에서 자신이 원하는 진도에 따라 고등 교육을 받을 수 있게 되었다. 윌슨이 초기에 '방송대학University of the Air'이라고 불렀던 이 프로젝트를 현실화시키는 역할은 1964-70년 정부에서 가장 강력한 '각외 장관'의 자리에 오른 제니 리Jennie Lee에게 맡겨졌다. 그녀는 거침없는 정치적 의지와 당 내부의 입지, 그리고 본인과 고인이 된 남편 어나이린 베번(애틀리 정부에서 국가보건서비스를 도입했던 장관)에 대한 윌슨 총리의 존경을 바탕으로, 재무부(뿐만 아니라 그녀의 직속상관 격인 교육부 장관)와의 무수한 전투에서 승리할 수 있었다.[82] 예술부 장관이자 열린대학 설립의 책임자로서 제니 리는 필요할 때마다 총리에게 연락하여 어려운 시기에도 크게 늘어난 예산을 확보할 수 있었고, 이로 인해 각료급 인사들의 부러움을 샀다(그녀 자신은 각료급이 아니었다).[83]

애스퀴스, 애틀리, 그리고 대처 정부는 거의 모든 분야의 정책에서 재정의형이었다. 반면 토니 블레어가 10년간 이끌었던 노동당 정권의 업적 가운데 영향력이 오래 지속된 것은 (이라크 전쟁의 낙진을 제외하면) 헌법 개정이 유일하다. 다만 이 헌법적 변화의 규모가 대단해서 재정의형 정부에 근접하는 것으로 보기에 크게 무리가 없을 정도다. 먼저 상원 개혁이 한층 더 진전되어 세습 귀족 상원 의원의 90퍼센트가 한방에 자리를 잃었다. 그리고 버논 보그다노Vernon Bogdanor가 '새 영국 헌법의 주춧돌'

이라고 평가했던 인권법[84]과 정보공개법이 도입되었다. 또한 스코틀랜드 의회와 웨일스 의회가 신설되었고, 북아일랜드에서는 구교도와 신교도 사이의 권력 분담 협의를 통해 행정 및 입법 부문의 권력 이양이 진행됐다. 영국과 아일랜드의 전 총리들, 북아일랜드의 국무장관들, 블레어의 총리 비서실장인 조녀선 파월, 조지 미첼George Mitchell 상원 의원, 심지어 빌 클린턴 대통령까지 포함해서 다수가 북아일랜드 최종 협상 과정에 참여했다. 그중에서 특히 블레어의 역할이 핵심적이었다는 것은 북아일랜드의 주요 인사들과 아일랜드공화국의 버티 어헌Bertie Ahern 총리도 인정한다. 북아일랜드 건을 제외한 나머지 헌법 개혁안들은 블레어가 이전 정부에서 물려받은, 그리고 그가 별 관심을 두지 않았던 정책의 결과였다. 훗날 블레어는 특히 정보공개법은 기자들만 주로 혜택을 받을 뿐, 앞으로 정부 안에서 솔직한 조언이 나오는 것을 막아버린 실수였다고 했다.[85] 인권법, 정보공개법, 그리고 스코틀랜드와 웨일스에서 이루어진 권력 이양은 각각 다른 의미에서 블레어의 권력을 축소하는 데 일조했고 총리 본인의 공적으로 돌릴 수 있는 정책들도 아니었기 때문에, 총리 관저는 블레어 정권의 가장 중요한 업적들을 대대적으로 선전하지 않았다.[86]

20세기 영국 정치 전문가이자 특히 노동당 역사 전문가인 케네스 모건Kenneth Morgan에 따르면, 블레어 정부가 90년 전 애스퀴스 정부에 비해 대범했던 분야는 헌법 개혁 부문밖에 없었다. 모건은 이 분야에 (데리) 어빈(Derry) Irvine 경의 영향력이 '핵심적으로 중요했다'고 정확하게 판단했다.[87] 헌법상의 중요한 변화 중 블레어가 지지했던 한 가지 정책(영국의 유로존 가입)은 재무장관 고든 브라운의 반대로 성사되지 않았다.[88]

2000년 블레어는 "유럽 통화 동맹 문제를 결정하는 것은 바로 나다"라고 큰소리쳤지만 현실은 달랐다.[89] 블레어는 만일 브라운이 '유로화 문제를 좀 더 긍정적으로 고려해준다면' 브라운의 길을 터주기 위해 자신이 일찍 사퇴하겠다는 의사까지 비추었지만 아무 소용이 없었다.[90]

이 책의 서문에서 나는 개인이든 집단이든 **재정의형 리더**는 단순히 다른 이들이 정해놓은 중심에 자신의 정당을 맞추는 것이 아니라, 중심을 자신의 정당이 위치한 방향으로 옮기고자 한다고 언급했다. 블레어는 전자의 길을 선택했다. 블레어는, 그리고 그보다는 정도가 덜하지만 10년 동안 재무장관으로서 그리고 2007년부터 2010년까지 총리로 일한 브라운도 대처라는 진정한 재정의형 리더가 규정해놓은 정치의 중심을 그대로 따랐다고 볼 수 있다.[91] 그러나 블레어의 정치적 신념과 브라운의 정치적 신념 사이에는 '신노동당New Labour'이라는 정치적 수사에 가려진 차이점이 존재한다. 이라크 전쟁에 대한 항의 표시로 사임할 때까지 블레어 정부의 핵심 인물이었던 로빈 쿡Robin Cook은, 브라운이 "수백만 명의 어린이와 연금생활자들을 빈곤에서 구제했다"고 칭찬했다(과거 그와 브라운의 관계는 좋게 봐도 냉담한 수준이었다). 그러나 그는 체커스 세미나에서 블레어와 브라운 그리고 다른 장관들에게 이렇게 털어놓았다. "우리가 빈곤층을 위해 한 일을 자랑스럽게 말할 때, 나는 내가 우리 당의 공식 라인에서 벗어난 것 같은 불편함을 느낍니다."[92]

블레어는 회고록에서 브라운을 자신보다 더 철저한 '공공 서비스인'이라고 묘사했고, 브라운이 그의 뒤를 이을 경우 '진정한 신노동당' 의제를 계승하지 않을지도 모른다고 걱정했다.[93] 제조업이 대거 영국 땅을 떠난 이후 금융 분야는 매우 중요한 세수 원천이었다. 따라서 노동당의 재무장관들(블레어 총리 당시 브라운, 그리고 브라운 총리 시절 3년간 앨리스터 달링)은 이 분야를 조심스럽게 다룰 수밖에 없었다는 점도 감안해야 한다. 하지만 그런 점을 고려해도 런던 금융 특구에 대한 '가벼운 규제'가 대처 정부, 혹은 대처 정권 이후 확립된 중심부를 유지하는 정책인 것만은 틀림없다. 2008년 발생한 금융 위기로 금융계의 수상쩍은 관례가 대거 드러나기 전까지, 보수 야당은 심지어 더 적은 규제를 요구했다.[94]

앨릭 새먼드와 영국 해체 가능성

현재 영국 정계에 재정의형 리더의 후보가 하나 있다면, 그건 바로 스코틀랜드 국민당 대표인 앨릭 새먼드Alex Salmond★이다. **만약**(그럴 가능성은 별로 없다고 보지만) 스코틀랜드가 국민 투표에서 분리 독립을 결정하여 지난 300년간 지속된 놀랍도록 안정적이고 비교적 성공적인 정치 연합이 해체된다면, 그것이야말로 체제 변혁에 해당할 것이다(2014년 9월에 열린 스코틀랜드 독립 국민 투표는 반대 55퍼센트로 부결되어 독립하지 않는 것으로 결정됐다-옮긴이). 스코틀랜드의 독립이 긍정적인 변화를 가져올지에 대해, 스코틀랜드는 물론 영국 내에서도 의견이 분분하다. 스코틀랜드가 실제로 독립하게 된다면 새먼드를 변혁적 리더로 분류하는 것도 가능해진다. 스코틀랜드 국민당의 부상에는 새먼드 개인의 토론 기술과 인간적 매력, 설득력 외에도 여러 가지 다른 이유가 있지만, 새먼드가 지지

★   Alex Salmond의 국립국어원 표기는 '앨릭스 샐먼드'이다. 하지만 현지 영국 발음의 경우 Alex는 Alec으로 발음되고, Salmond의 l은 묵음이다. Salmon이라는 외국인명의 국립국어원 표기가 '새먼'인 점을 고려하면, Salmond의 묵음 l 역시 굳이 발음해야 할 이유가 없다. 차후 표기법이 변경되어야 하는 부분이 아닐까 생각한다. 이 책에서 예외적으로 국립국어원 표기를 따르지 않고 현지 발음으로 표기했다.-옮긴이

자와 상대편을 막론하고 모두에게 인정받는 대단한 정치인임은 틀림 없다. 신생 정당은 긴 역사를 가진 정당에 비해 대중과 언론의 주목을 끄는 리더의 재능에 더 의존하게 되는 것도 사실이다.

1934년에 창립되었으나 1970년대까지 영국 하원에서 별 존재감 이 없었던 스코틀랜드 국민당은 스코틀랜드 의회가 신설된 후에야 약 진할 수 있었다. 그동안 영국 하원 선거에서 다른 당에 투표했던 스코틀 랜드인이 이제는 에든버러 의회 선거에서 스코틀랜드 국민당에 표를 몰아줬기 때문이다.★ 1999년 스코틀랜드 의회 출범 후 8년 만에 새먼드 가 이끄는 스코틀랜드 국민당이 제1당으로 등극하여 소수 내각을 구성 했다. 정부 운영 능력을(그리고 일인 정당에 불과한 것이 아니라는 사실을) 증명한 그들은, 4년 후 2011년 선거에서 과반 의석을 확보하기에 이른다.95 어 떤 정당도 과반 의석을 차지하기 어렵게 계획적으로 구성된 고도의 비 례 대표제 체제에서 이룬 성과였다.

스코틀랜드 국민당의 부상에는 여러 가지 요소가 개입되어 있다. 그중 하나는 유엔에 의석을 가진 신생 국가의 출현이 급증했던 최근 수 십 년간의 국제 정세다. 소련과 동유럽에서 공산주의 통치가 종식되면 서 과거 독립국들이 잇달아 연방을 탈퇴해 주권을 선포했다. 스코틀랜 드보다 국가 제도의 연속성이 부족하고 민족 정체성의 전통도 짧은 나 라들이 새로운 국가를 수립했다. 1950년대 말 이래 스코틀랜드에서 강

★　만일 1997년에 선출된 영국 정부가 스코틀랜드 의회로의 권력 이양 약속을 지키지 않았다면, 스코 틀랜드 국민당의 지지자는 아마 더 큰 폭으로 증가했을 것이다. 지난 수십 년간의 여론 조사에서 스코틀랜드 독립 지지자는 유권자의 3분의 1을 넘은 적이 거의 없었던 반면, '자치'와 별도 의회 설립 지지자는 과반수를 훨씬 웃돌았기 때문이다.

세를 보여왔던 노동당은 블레어 정권 시절에 세를 잃었고, '신노동당' 변신 이전의 노동당과 유사한 정책을 내세운 스코틀랜드 국민당이 기존 노동당 지지자를 흡수하여 세를 불렸다.

앨릭 새먼드는 원래 그가 속한 정당 내에서도 좌파 출신이고, 이제 스코틀랜드 국민당도 '타탄tartan(스코틀랜드 전통의 직물 무늬-옮긴이) 토리당'으로 치부되던 예전의 모습과는 크게 달라졌다. 2003년에 이라크 전쟁에 대한 반대 여론이 확산된 것도 스코틀랜드 국민당에 유리하게 작용했다. 당시 웨스트민스터 의원이었던 새먼드는 이라크 전쟁을 신랄하게 비판했다. 새먼드는 1990년부터 2000년까지 스코틀랜드 국민당을 이끌다가 그 후 4년간 대표 자리를 내려놓았는데, 이 기간 동안 정당 지지자가 줄었다. 일찍이 "지지율 널뛰기에 신물이 난다"고 선언했으면서도, 그는 2004년에 다시 당 대표를 맡아 스코틀랜드 국민당의 화려한 약진을 주도했다.[96] 새먼드는 자신이 '해럴드 윌슨의 열렬한 팬'이라고 밝힌 바 있다. 그는 윌슨처럼 농담 섞인 독설에 능했고, 난처한 상황에서 빠져나오는 데 귀재였다.[97] 스코틀랜드 독립 후 유로화를 사용한다는 안을 강력히 지지하다가 유로화가 난제에 봉착하고 인기가 추락하자 즉시 지지를 거뒀던 것이 좋은 예다. 파운드화 외에는 대안이 없고, 따라서 스코틀랜드가 독립해도 영국 중앙은행의 영향력 아래에 놓이게 되는 것을 받아들여야 하는 난감한 상황에서, 새먼드는 영국 중앙은행을 창립한 것이 스코틀랜드인임을 모두에게 상기시키며 자기 위안을 삼았다. 그는 정교한 논리보다 유권자들과 감정적 유대를 형성하는 일이 정치적 성공에 더 중요하다는 것을 보여주는 생생한 사례다.[98]

전후 독일의 재정의형 리더

전후 서독과 1990년 이후 통일 독일은 경제적으로나 정치적으로나 성공 신화를 썼다. 국가는 번창했고, 민주주의의 수준은 높았으며, 리더들의 수준도 탁월했다. 1930년대 독일의 '강하고' 카리스마적인 리더십이 1933년부터 1945년까지 독일을 지배한 압제적 전체주의 정치 체제에 미친 영향처럼 명백하지 않을지는 모르지만, 훌륭한 리더십이 민주주의를 강화한다고 보는 것은 합리적이다. 전후 서독의 세 총리, 콘라트 아데나워, 빌리 브란트willy Brandt, 헬무트 콜Helmut Kohl은 재정의형 리더로 간주될 자격이 충분한 인물들이다. 독일의 연방 총리는 국가 원수가 아니다. 이 나라의 국가 원수는 명목상 최고위직인 연방 대통령의 몫이다. 1980년대와 1990년대에 리하르트 폰 바이츠제커Richard von Weizsäcker가 그랬듯이, 독일 대통령은 국민 통합에 기여하는 도덕적 리더십을 발휘할 수 있다. 그러나 독일 연방 정부의 최고 책임자이자 독일에서 그 누구보다도 큰 권력을 휘두르는 것은 바로 연방 총리다. 그 또는 그녀(2005년 독일의 첫 번째 여성 총리로 선출된 앙겔라 메르켈은 유능한 정치인이자 수완 좋은 리더의 또 다른 사례)는 연방 의회에서 선출된다. 각 정당은 총선 전에 총리 후보를 미리 임명하며, 이 정보는 유권자들이 투표할 때 고려하는 중요한 요건이다. 하지만 독일은 정당 충성도가 강하기 때문에 총리 후보가 유권자의 표심에 결정적인 영향을 미치는 경우는 거의 없다. 전후 독일 선거에 관한 주요 연구에 따르면 '지지 정당'이 '독일 선거에서 가장 중요한 단일 요소'였다.[99]

독일 총리는 일단 당선되면 상당한 권력을 가지며, 많은 나라의 정부 수반과 마찬가지로 국내 정책보다는 대외 정책 분야에서 특히 큰 권한을 갖는다. 독일 총리는 국정 방향과 정부 정책의 기본 노선을 결정할 권한이 있고(일부 영국 총리도 마치 이런 권한을 가진 것처럼 행동하지만, 실제로는 권한이 없다), 입법부에 대해 정부 정책 결과를 책임진다. 한편 독일의 장관들은 상당한 수준의 자율성이 있으며, 이는 헌법으로 보장된다. 각 부처의 장관들은 총리가 설정한 기본 정책의 테두리 안에서 부처 내 전권을 갖고, 총리가 장관에게 세세한 명령을 내리는 것은 헌법상 허용되지 않는다. 부서 간의 충돌이 발생할 경우 차이를 조율하는 역할은 내각의 몫이지만, 중재 과정에서 총리가 중심 역할을 한다.[100] 서독의 기본법(헌법)은 1948년 국민의회에 모인 여러 정당 대표들이 정했다. 그들은 히틀러와 제3제국의 전체주의뿐만 아니라 이전 바이마르공화국 시절에 발생했던 문제도 함께 방지하는 제도를 수립하고자 했다.[101] 따라서 기본법은 연방 의회를 해산시키거나 선거 외의 수단으로 정부를 전복시키는 것이 불가능하도록 고안되었다. 정부 교체는 오직 '건설적 불신임'에 의해서만 가능하다. 즉 연방 하원 재적 과반수의 찬성으로 후임 총리가 결정되어야 한다는 상당히 높은 장애물을 넘어야만 현 총리를 해임할 수 있다.

독일 총리의 권력은 주로 독일 선거 제도의 특성과 독일 정부의 연방제적 성격에 의해 제한된다. 비례 대표제를 채택한 독일에서는 한 정당이 과반 의석을 차지하는 경우가 극히 드물다. 따라서 2차 세계대전 이후 존재했던 독일 정부의 대다수는 연정 형태였다. 그러므로 양대 정당인 기독교민주연합과 사회민주당에서 총리가 나왔다 하더라도 연정을 구성한 다른 당과 협상해야 한다. 연정 파트너는 보통 자유민주당이

며, 사회민주당은 녹색당과 연합하기도 한다.★

　2013년 9월 총선에서 앙겔라 메르켈의 인기에 힘입어 승승장구했던 기독교민주연합은 과반 의석을 차지할 뻔했으나, 약간의 차이로 실패했다. 메르켈 총리의 3선 임기는 확정되었지만, 독일 선거 제도의 특성으로 인해 메르켈은 중대한 문제에 봉착했다. 집권 2기 때 연정의 파트너였던 자유민주당이 원내 의석 확보의 최저선인 득표율 5퍼센트 달성에 실패하자, 그녀에게는 사회민주당과 '대연정'을 형성하는 것 외에는 다른 선택이 남지 않았다. 이 대연정에서 기독교민주연합이 상위 동반자가 될 것이기에 사회민주당도 신중한 입장이었다. 마라톤 협상 끝에 11월 말 기독교민주연합과 사회민주당 리더들은 합의를 도출했고, 대연정 합의안은 12월 사회민주당원들에게 최종 승인됐다.

콘라트 아데나워

　정당의 대표는 정당의 정책 기조를, 총리가 된 후에는 국가의 정책 기조를 결정할 특수한 기회를 얻는다. 2차 세계대전이 끝나고 성립된 독일연방공화국(서독)의 초대 총리로서, 나치 통치와 전쟁으로 폐허가 된 독일에 민주주의를 재확립하는 막중한 책임을 짊어진 콘라트 아데나워는 특히 더 그랬다. 2차 세계대전 직후 독일인의 민주주의 지지도는 좋게 봐줘도 불안정한 수준에 불과했다. 히틀러가 전쟁에서 지지만 않았더라면 역사상 가장 위대한 정치가 중 하나였을 거라는 진술에 많

★　　또한 독일의 정치 권력은 잉글랜드에 비해 덜 중앙 집권적이다(영국이 아닌 잉글랜드다. 스코틀랜드, 웨일스, 북아일랜드로 이미 상당한 권력 이양이 이루어졌기 때문이다). 독일 정치 체제의 연방 구성 단위인 연방주Länder는 각각 자체적으로 헌법, 의회, 정부, 행정 기관을 보유하고 있다.

은 서독인이 여전히 동의하던 시기였다.[102] 1949년 서독 총리로 취임했을 때 아데나워는 이미 73세의 고령이었다. 그는 1917년부터 1933년 나치에 의해 면직될 때까지 쾰른 시장을 역임했고, 1945년 잠시 다시 쾰른 시장을 맡았다가 이후 기독교민주연합의 당의장을 지냈다.[103]

아데나워가 주도했고 그가 인기를 누리는 근간이 되었던 독일 경제 회복은 '경제 기적'의 설계자였던 경제부 장관 루트비히 에르하르트Ludwig Erhard의 공이 컸다. 아데나워는 사회적 시장 경제 사상을 1949년 기독교민주연합의 정책에 포함시키는 데 기여했으며, 이는 로마 가톨릭의 사회적 가르침으로부터 영향을 받은 것으로 보인다. 흔히 에르하르트도 같은 영향을 받았다고 얘기되지만 사실이 아니다. 아데나워를 지지했던 대부분의 경제학자와 마찬가지로 에르하르트는 신교도였고, 나치가 구축하고 연합군의 통치하에서도 유지된 관료주의적 통제를 제거하기만 해도 사회 복지는 절로 향상될 것이라 믿었다. 절충의 결과는 사기업과 경쟁이라는 자본주의 이념에 협력적 노사 관계 구축 및 복지 국가 건설을 결합시킨 정책이었다(독일 복지 국가의 근원은 1880년대 비스마르크의 사회보험 법안으로 거슬러 올라간다).[104] 에르하르트는 이후 아데나워의 후임으로 1963년부터 1966년까지 총리를 지냈지만, 총리로서의 업적은 아데나워 행정부의 핵심 멤버로 민주주의 국가의 경제적 토대를 닦는 데 기여했던 시절만큼 성공적이지 못했다. 아데나워 정권 시절에 이룬 경제적 번영은 독일 국민이 민주주의를 지지하도록 이끌었으며, 1차 세계대전 후의 경제 붕괴, 하이퍼 인플레이션, 그에 따른 실업 문제가 바이마르공화국의 종말과 히틀러의 부상으로 이어졌던 독일 민주주의의 패턴을 바꿔놨다.

국내 정책에서 아데나워가 에르하르트의 도움을 받아 재정의형 리더가 되었다면, 서독의 대외 정책을 획기적으로 재정의한 것은 아데나워 자신이었다. 독일의 분단 상황과 미국이 2차 세계대전 후(그리고 전후 독일 점령국 중에서) 명백하게 가장 강력한 서방 국가로 떠올랐던 점을 고려하면, 아데나워가 미국과 좋은 관계를 형성하고 유지했던 것은 놀라운 일이 아니다. 게다가 아데나워는 미군이 유럽에 계속 주둔하는 것이 소련의 팽창주의를 견제한다고 보고 환영했다. 반면 아데나워가 프랑스, 특히 1958년 정권을 잡은 드골과 친밀한 관계를 구축한 것은 독일의 역사적 맥락에서 봤을 때 의외였을 뿐 아니라 더욱 의미가 컸다. 아데나워는 적극적으로 유럽의 경제적·정치적 협력을 추진했으며, 유럽 공동의 군사 기구를 지지했다. 한편 그는 독일연방공화국이 핵무기를 보유하길 원했고, 퇴임 후에는 후임인 빌리 브란트가 총리로 취임하자마자 사인한 핵확산방지조약NPT에 독일이 동참하는 것을 격렬하게 반대했다. 아데나워가 이끄는 서독은 1950년대 중반 북대서양조약기구NATO에 가입했으며, 유럽연합의 전신인 유럽경제공동체를 창설한 1957년 로마 조약의 조인국이 되었다. 아데나워는 "독일 제국의 통합보다 유럽의 통합을 선호한 독일 역사상 유일한 총리"라고 자칭할 자격이 있었다.[105] 그는 '제복을 입은 리더만을 인정하는 독일인들의 무의식적 경향을 극복한 첫 번째 독일 정치가'라는 평가도 받았다.[106] 그러나 아데나워는 총리직에 너무 오래 머물렀고, 그의 영향력은 하향세를 그렸다. 다른 수많은 리더들처럼 그도 점차 자신은 대체 불가능한 존재이며, 누구도 자신을 대신할 능력이 없다는 착각에 빠졌다. 1963년 마침내 서독 최고의 권좌에서 물러났을 때 그의 나이는 87세였다.

빌리 브란트

아데나워는 보수적 가톨릭 신자였지만, 선거전을 치를 때는 무자비한 면모도 보여줬다. 빌리 브란트에 의하면 아데나워 총리는 '선거운동의 반을 나의 출생 문제를 부각하는 데' 집중했으며, 1961년 8월 베를린 장벽이 올라가기 시작한 상황에서 브란트를 '일명 프람 씨alias Frahm'라 부르며 인신공격했다.[107] 브란트는 1913년 가게 점원이었던 어머니의 혼외 자녀로 태어나, 아버지가 누구인지 모른 채 어머니의 성을 따라 헤베르트 프람Herbert Frahm이라는 이름으로 성장했다. 주 양육자였던 어머니와 외할아버지는 사회민주당 당원으로 활발하게 활동했고, 브란트가 '걸음마를 시작하자마자' 사회민주당 내 어린이 스포츠 클럽에 등록시켰다.[108] 그는 어릴 때부터 사회민주주의 계열의 사회주의자였으며, 공산주의나 파시즘의 유혹에 넘어가지 않았다. 1933년 반나치 활동이 탄압 대상이 되면서 비밀 결사 활동이 필요해지자, 그는 빌리 브란트라는 가명을 사용하기 시작했다. 브란트는 히틀러 집권 전부터 반나치 운동가로 활약했다. 주로 노르웨이 등 국외에서 활동했지만, 노르웨이 학생으로 가장한 채 귀국해 독일 내에서 위험을 무릅쓰고 활동하기도 했다. 브란트는 1938년 다시 노르웨이로 탈출했고, 1940년 나치 독일이 노르웨이를 침공하자 중립국인 스웨덴으로 망명했다. 브란트는 조국의 패배가 아니라 조국의 해방을 위해 일했지만, 종전 직후 많은 독일인은 그를 반역자로 여겼다. 1945년 귀국했을 때 그가 노르웨이 국적을 보유하고 있었던 점도 한몫했다. 이후 그는 사회민주당에 재입당했고, 1948년 독일 국적을 회복했다.

서독 정계에서 브란트는 빠르게 부상했다. 그는 나치의 억압에 항거했던 것에 못지않게 공산주의에 대항할 의지도 확고했다. 1948-49년 소련이 베를린을 봉쇄해 시민들이 연합국의 식료품과 물자 공수로 간신히 연명하던 시기에 브란트는 베를린시 정부를 이끌고 있었다. 1961년 베를린 장벽이 세워질 때 브란트는 이미 4년째 베를린 시장을 맡고 있었으며, 고립된 시민들의 사기를 진작시키기 위해 누구보다 애썼다. 분단된 베를린의 시장으로서 그는 10년 가까이 계속해서 영감을 불러일으키는 리더십을 보여줬다. 하지만 브란트가 재정의형 리더로서 확고하게 자리 잡은 것은 1969년부터 1974년까지 총리로 재임하던 시절이었다. 브란트의 정치 스타일은 아데나워에 비해 유화적이었을 뿐만 아니라, 느긋하고 회유적이며 "내각의 진정한 합의가 이루어질 때까지 끈기 있게 기다렸다."[109] 그렇다고 그가 융화적인 면모만 보여줬던 것은 아니다. 독일은 물론 세계적으로 중요한 이슈, 즉 서독과 동독을 비롯한 동유럽 국가들과의 관계 설정은 브란트 총리 개인의 탁월한 결단력이 결정적이었다. 동방 정책Ostpolitik은 브란트 총리의 대표적 업적이다. 이를 통해 2차 세계대전 후 설정된 독일의 동쪽 국경선을 인정했고, 동서독 관계가 개선되었으며, 두 개의 독일이라는 현 상태가(합법화 없이) 인정되었다. 동독과 서독 간의 인적 교류도 잦아졌으며, 1970년 3월 브란트는 독일민주공화국(동독)을 방문했을 때 동독인들로부터 열렬한 환영을 받았다. 그는 닉슨 미국 대통령과 소련 사이의 긴장 완화détente를 틈타 모스크바와 협력 관계를 형성한 최초의 서독 리더가 되었다.★

브란트의 동방 정책은 기독교민주연합뿐만 아니라 브란트가 속한 사회민주당과 연정을 이루고 있던 자유민주당 내부에서도 심각한 반대에 부닥쳤다. 그들 중 상당수가 연립 내각을 떠났고, 한때 브란트는 의회 불신임 투표에서 두 표 차로 간신히 살아남은 적도 있었다.[110] 브란트가 전쟁 발발 전 독일 영토였던 실레지아와 동프로이센의 회복이 불가함을 인정한 것은 그의 정적들뿐만 아니라 영향력 있는 독일추방민연맹의 분노를 샀다. 독일 국내외의 많은 이들은 브란트가 동서독 통일이라는 궁극적인 목표를 포기하면서 그 대가는 아무것도 얻어내지 못했다고 생각했다. 이런 반대 의견은 당시에는 꽤나 합리적으로 들렸지만, 실상 그보다 더 진실과 거리가 멀 수는 없었다. 1960년 중반 러시아에는 여전히 독일에 대한 증오와 두려움이 만연했으나(당연히 그렇지 않겠는가), 1970년대 중반에 이르자 이런 국민 감정이 대폭 개선되었다.[111] 브란트가 평생을 바쳤던 반파시즘 운동과 2차 세계대전 당시 반나치 활동은 동독 국민과 러시아 국민, 심지어 레오니트 브레즈네프가 이끄는 소련 지도부의 존경을 샀다. 브란트는 특히 동구권 공산 국가의 집권당 내 개혁주의자들 사이에서 평판이 높았다.★★ 이 점은 1980년대 후반 사회민주주의 방향으로 정치적 진화를 주도했던 미하일 고르바초프가 1985년 소련 서기장으로 등극하면서 더 큰 의미를 부여받게 된다.[112] 고르바초프는 당시 사회주의 인터내셔널 회장이었던 브란트와

★　　　이 모든 것에도 불구하고, 동독 정보국은 브란트의 측근에 동독 스파이 귄터 기욤Günter Guillaume을 비서관으로 심었다(이는 정부 최상층의 승인이 필요한 결정이다). 이 간첩 행위가 발각되자 브란트는 총리직에서 사임하여 또 다른 훌륭한 선례를 남겼다. 다음을 참조. Mary Fulbrook, *History of Germany 1918–2000: The Divided Nation*, Blackwell, Oxford, 2002, pp. 168–71.

★★　　　내가 브란트를 만난 것은 옥스퍼드에 객원 연구원으로 있던 저명한 헝가리 역사가 이반 버렌드 Ivan Berend와 죄르지 란키György Ránki가 동석한 자리에서였다. 두 학자 모두 젊은 시절부터 공산당원이면서도, 헝가리 체제를 내부로부터 바꾸기 위해 노력해온 진정한 개혁주의자들이었다. 또한 두 사람은 유대계였으며, 특히 버렌드는 십대 때 2차 세계대전의 마지막 해를 독일 강제 수용소에서 보냈다. 나는 대화 중 브란트가 보여줬던 따뜻한 성격을 기억한다. 하지만 그에 못지않게 선명하게 기억하는 것은 이 두 헝가리 학자들이 브란트와의 만남에 눈물을 보일 정도로 감동하던 모습이다.

각별한 관계를 맺었다. 사회주의 인터내셔널은 사회민주주의 정당들의 조직으로 공산주의자들에게 오랫동안 가장 위험한 적으로 간주되던 단체였다.[113] 한마디로, 만약 독일이 계속 브란트가 서독 총리가 되기 전과 같은 위협으로 남아 있었다면 크렘린 지도부가 1989년 베를린 장벽의 붕괴를 용인하고 1990년 독일 통일을 묵인했을 리 없다.

대중에게 가장 생생하게 기억되는 브란트의 이미지는 그가 유대인 게토 봉기와 홀로코스트로 목숨을 잃은 수많은 폴란드계 유대인을 기리는 바르샤바 유대인 위령탑 앞에서 무릎을 꿇고 참회하는 모습이다. 1970년 폴란드를 방문했을 때 독일 총리는 이런 행동을 미리 계획하지 않았으며, 그의 측근들조차 전혀 예상치 못했다. 브란트는 이렇게 회고한다. "독일 역사의 나락에서, 수백만 명에 달하는 희생자들의 무게 아래서, 나는 인간이 말로는 더 이상 표현할 수 없을 때 할 수 있는 행동을 했을 뿐이다."[114] 당시 한 언론사 기자도 이런 적절한 표현을 남겼다. "무릎을 꿇어야 하지만 꿇지 않은 모든 자를 대신해서, 무릎을 꿇을 필요가 없는 자가 무릎을 꿇었다."[115]

파시즘에 대한 저항과 전후 분단 국가를 다시 세우는 과정에서 브란트는 독일의 민주주의를 강화시켰다. 한편 국제적 공헌이라는 측면에서 그는 한층 더 재정의형 리더였다. 그는 이렇게 자평한다.

베를린의 시장으로서, 그 이후에는 외무장관과 연방 총리로서, 상황과 지위는 물론 젊은 시절의 경험도 분명 나에게 세상 사람들의 마음속에 독일과 평화라는 두 개념을 융화시킬 기회를 줬다. 과거사를 고려해보면 이는 전혀 작지 않은 성취다.[116]

전후 서독에는 빌리 브란트 외에도 여러 다른 훌륭한 사회민주당 리더들이 존재했다. 그중에서도 헬무트 슈미트Helmut Schmidt는 당당한 존재감을 가진 정치인이다. 그는 브란트 정권에서 연방 방위부 장관, 경제부 장관, 재정부 장관을 역임했고, 이후 8년 동안(1974-82년) 연방 총리를 지냈다. 하지만 슈미트의 역사적 중요성은 브란트와 비교가 되지 않는다. 슈미트의 성장 배경은 브란트와 매우 달랐다. 젊은 시절 상대적으로 정치에 무관심했던 그는 2차 세계대전 당시 독일군 장교로 복무하여 철십자 훈장을 받았으며 동부 전선에서 싸웠다. 그의 날카로운 지성, 퉁명스러운 태도, 틀에 박힌 견해는 브란트의 상상력, 매력, 정치적 대담성과 대비를 이뤘다. 슈미트는 1980년대 초 독일 영토에 미국의 퍼싱 미사일과 크루즈 미사일을 설치하는 안을 기꺼이 수용하여 광범위한 반대에 부닥쳤다. 그러나 능력만 따지면 슈미트는 전후 독일이 다른 나라들에 비해 얼마나 탁월한 리더들을 보유했는지 보여주는 사례이다.

헬무트 콜

헬무트 콜 총리에게는 두 가지 대단한 점이 있다. 하나는 그가 총리직에 머물렀던 16년(1982-98년)이라는 기간이고, 다른 하나는 모든 이들이 신중하라고 조언할 때 독일 통일을 추진할 기회를 낚아챈 기술과 민첩함이다. 콜은 대부분의 재임 기간 동안 정치인으로서 저평가받았고, 퇴임 후에는 정당 비자금 스캔들에 연루되었다는 의혹에 휘말리기도 했다. 또한 고르바초프라는 새로운 소련 리더가 가져올 변화를 제대로 파악하지 못했던 탓에, 고르바초프와의 초기 관계가 매우 나빴다. 소련에서 페레스트로이카가 1년 반이나 진행된 후인 1986년 10월 콜은 『뉴스위크Newsweek』와 인터뷰에서, 고르바초프를 자유주의자가 아니라 'PRpublic relation을 이해하는 현대 공산주의 리더'라고 생각한다면서 이렇게 덧붙였다. "히틀러 시절 범죄의 원흉 중 하나인 괴벨스Joseph Goebbels도 PR 전문가였지요."[117] 이 인터뷰는 고르바초프와 측근의 격노를 샀고, 콜은 자신의 실수를 깨달은 후에도 1988년 가을까지 소련 리더와 회담을 가질 수 없었다. 하지만 그 후 그는 잃어버린 시간을 만회하고 고르바초프와 놀랍도록 친근한 관계를 형성했다. 독일의 미래가 모스크바에서 벌어질 일에 달린 상황에서, 이는 정치적으로 현명한 거취였다. 두 사람의 관계는 실무적이었을 뿐만 아니라 사적이고 감정적이기도 했다. 각자의 조국이 적국으로 맞섰던 전쟁 속에서 성장한 어린 시절의 기억은 두 사람을 근본적으로 대립시키기 충분했지만, 이로 인해 오히려 둘 사이는 더 가까워졌다. 승자가 겪은 참상과 고통은 패자의 그것보다 결코 작지 않았고, 전쟁은 고르바초프와 콜 모두에게 지워지지 않는 흔적을 남겼던 것이다.

1989년 초, 독일인들에게 통일은 여전히 머나먼 꿈이었다. 하지만 그 해 모스크바에서 벌어진 급격한 변화에 힘을 얻은 동유럽인들은 자국의 공산당 정권을 몰아냈다. 그때까지는 헝가리(1956년)와 체코슬로바키아(1968년)에서 그랬던 것처럼 동구권 국가들의 공산 진영 탈퇴를 막기 위해 소련 군대가 개입할 것이라는 가정이 존재했다. 특히 소련군 35만 명이 주둔해 있던 동독에서 이 가정이 현실화될 것은 당연해 보였다. 그럼에도 불구하고 그해 10월과 11월 동독 주요 도시에서 대규모 시위가 벌어졌을 때, 그리고 1989년 11월 9일 밤 여행 제한을 완화하겠다는 정치국Politburo의 결정이 잘못 전달되어 베를린 장벽이 돌연 개방됐을 때 소련군은 개입하지 않았다. 10월 시위에서 동독 국민들은 "우리는 국민이다"라고 외쳤다. 베를린 장벽이 무너진 후 이 구호는 "우리는 **하나의** 국민이다"로 바뀌었다.

통일에 대한 독일 국민의 바람은 이보다 더 분명할 수 없었지만, 독일과 유럽 정계 주요 인사들은 독일 통일과 같은 극히 민감한 이슈는 점진적으로 해결할 수밖에 없다고 생각했다. 그러나 콜의 견해는 달랐다. 콜은 고르바초프가 추진 중인 정책의 대내외적 파급 효과로 인해 소련의 보수파가 그를 제거할 수도 있다고 판단했으며, 실제 그럴 가능성도 없지 않았다. 만일 이런 사태가 벌어진다면 독일이 통일을 이룰 절호의 기회가 사라져버리게 된다. 콜은 미국의 지지를 등에 업고 과감하게 고르바초프와 독일 통일에 관한 협상을 추진했다. 그는 마거릿 대처의 반대를 무시했으며, 프랑스의 프랑수아 미테랑François Mitterrand 대통령이 독일 통일을 동의하는 대가로 요구한 것들까지 기꺼이 치를 준비가 되어 있었다. 그 대가란 보다 긴밀한 유럽 통합에 협조하는 것, 좀 더 구체적으로는 독일 마르크화를 포기하고 유럽연합 회원국을 위해 창설될 공동 통화인 유로화에 가입하는 것이었다. 콜은 독일 연방 은행보다 경제 연합, 통화 연합이라는 개념에 훨씬 긍정적인 입장이었다.

유럽 공동 통화를 신설하기 전에 독일 내 화폐 통합부터 이뤄야 했다. 콜은 동독 마르크화와 서독 마르크화의 1대 1 교환을 과감하게 결정했는데, 암시장에서 동독 마르크화의 가치가 그보다 훨씬 낮았기 때문에 동독 입장에선 매력적인 제안이었다. 전문가들은 동독 경제가 서독과 같은 수준으로 올라오기까지 수년이 걸릴 것이고, 화폐 통합은 그 이후에나 의미가 있을 것이라고 조언했다. 하지만 콜은 이를 무시했다.[119] 그는 최대한 빠른 통일을 위해 단기 혜택에 집중했다. 만일 통일이 동독인들에게 유리한 조건으로 빠르게 진행되지 않는다면 동독 내 질서가 붕괴할 가능성이 컸다. 그뿐만 아니라 만일 동독에서 유혈 사태와 탄압이 벌어진다면 고르바초프와 소련 지도부 내 그의 협력자들에게 심각한 문제가 되었을 것이다. 이 시점에서 콜이 고르바초프와 쌓아온 관계는 매우 중요한 역할을 했다. 1990년 2월 10일 회담에서 고르바초프는 비록 세부 사항은 미정이나 잠정적으로 독일 통일에 동의했다. 이 과정에서 조지 H. W. 부시 미국 대통령은 고르바초프의 권위를 손상시키지 않도록 신중하게 행동하며 보조적인 역할을 했다. 그는 통일 독일의 잠재력에 대해 여러 유럽 국가의 리더들이 갖고 있는 불안을 공유하지 않았다.[120]

콜이 역사적인 순간을 포착하고 동서독 관계와 국제 관계에서 능숙한 외교술을 보여준 것은 곧 실질적인 성과로 이어졌다. 그중 하나는 동독에서 열린 선거에서 승리한 것이었다. 1990년 3월 기독교민주연합과 자유민주당이 이끈 '독일을 위한 연합'이 거의 과반수에 달하는 표를 획득하며 가장 성공적인 정당 연합으로 부상했다. 그해 여름 동서독 대표들이 4대 전승국인 소련, 미국, 영국, 프랑스의 대표들과 마주 앉은 '2+4 회담'에서 8주 만에 독일 통일이 정식 인정되었다. 1990년 8월 31일 독일 통일 조약이 체결됐다. 동독 경제가 이미 붕괴 과정에 접어들었으며 1989년도에만 거의 35만 명이 동독을 떠났던 것을 감안하면, 독일 통일은 언제가 됐든 성사되긴 했을 것이다. 이제 언론의 자유를 갖게 된 동독의 여론은 통일을 분명하게 지지했다. 그렇지만 만일 고르바초프나 부시, 콜 중 한 사람이라도 일을 서두르거나 너무 조심스럽게 접근했다면, 고작 몇 년 전까지만 해도 생각조차 할 수 없었던 독일 통일이 이렇게 순조롭고 빠르고 평화롭게 진행되지는 않았을 것이다. 콜 없이는 독일 통일이 이루어지지 않았을 것이라고 말할 수는 없지만, 그가 아니었다면 1990년에 독일이 통일되지는 않았을 것이다. 한 동서독 관계 연구자가 적절하게 표현했듯이, "열정과 투지, 그리고 궁극의 정치적 목표를 달성하기 위해 경제적, 사회적 의혹을 잠재우는 천하무적의(어떤 이들이 보기엔 결과적으로 파멸적인) 능력을 갖춘" 헬무트 콜이 바로 독일 통일의 주역이었다.[121] 유로화의 우여곡절을 포함하여 이후 닥치게 될 모든 문제에도 불구하고, 콜이 45년 동안 분단됐던 독일의 통일 과정에서 담당한 역할은 그를 재정의형 리더의 반열에 올려놓을만하다(헬무트 콜은 2017년 6월 16일 별세했다-옮긴이).

그 밖의 재정의형 리더

지금까지 이 장에서는 민주주의 주요 3개국의 재정의형 리더를 집중적으로 살펴봤다. 이렇게 작은 표본 집단으로 일반화할 수 있는 일은 별로 없으나, 미국 대통령들을 살펴보면 20세기와 21세기 미국에서 재정의형 리더가 등장하기란 굉장히 어렵다는(그리고 변혁적 리더가 나오기란 불가능에 가깝다는) 것을 알 수 있다. 주어진 정치적 자원을 최대한 활용했던 미국 대통령도 국내 영향력은 독일 총리나 영국 총리보다 제한적이다. 다른 대통령제 및 의회제 민주주의 국가들의 재정의형 리더들과 비교해봐도, 백악관의 주인에게 가해지는 제약이 상대적으로 큰 것은 마찬가지이다.[122] 가능한 것의 한계를 재정의하고, 사람들이 정치에 대해 생각하는 방식을 바꾸고, 급진적인 정책 변화를 도입하는 일은 미국 대통령에게는 상당히 어려운 요구다. 권력 분립이 엄격하고, 다른 나라에 비해 유독 강한 입법부가 존재하며, 대법원이 대통령의 행위에 대한 헌법적 판단을 내리는 데다, 강력하고 넉넉한 자금을 갖춘 로비 집단까지 존재하는 미국에서 대통령의 행동 범위는 겉으로 드러난 명성에 비해 훨씬 크게 제한된다.

미국 정치 체제에서 시간이 지남에 따라 대통령의 권력이 대폭 증가했다는 통념은 과도한 단순화다. 의회에서 통과된 법안에 대통령이 거부권을 행사하는 비율이 계속 낮아지고 있다는 것만 봐도, 통념이 사실과 다름을 알 수 있다.[123] 리처드 로즈Richard Rose는 "워싱턴의 최고 권력자는 누구인가라는 질문에 대한 답은 간단하다. 최고 권력자는 없다는 게 헌법상 정답이다"라고 말했다.[124] 또 헌법적·정치적 제약과는 별도로, 미국 대통령은 국제 정치에서 다른 나라 정부 수반보다 더 큰 역할을 할 것으로 기대되고 그 업무 강도가 세기 때문에 국내 문제에 신경을 쓸 시간 자체가 부족하다. 대통령이 끝없이 직면하는 문제에 모두 다 대응할 수 없는 한계를 로즈는 "조직화된 무질서에 영향을 미치는 것"이라고 역설적으로 표현했다.[125] 미국 정부에 관해서라면 손꼽히는 전문가인 휴 헤클로Hugh Heclo는 대통령의 '강자의 연단(시어도어 루스벨트가 처음 사용한 개념)'을 감가상각형 자산이라고 봤다. 여론을 집결시키는 대통령의 능력은 '뉴스 정보원의 급증과 서로 경쟁하는 정치 평론 웹사이트, 그리고 시민의 정보 과잉'으로 인해 그 효과가 줄어들었다.[126]

따라서 20-21세기 미국에서 재정의형 리더라고 단언할 수 있는 대통령 중 한 명이 거의 70년 전에, 다른 한 명은 40년도 더 전에 퇴임했다는 사실은 그리 놀랍지 않다. 하지만 국내 정책에 비해 대외 정책 분야에서는 여전히 미국 대통령의 권력이 크다. 실제 이 분야는 대통령의 권력과 영향력이 2차 세계대전 이후 꾸준히 증가한 영역이며, 그가(그리고 언젠가는 그녀가) 커다란 변화를 가져올 수 있는 분야다.★ 국제 무대에서 미국 대통령은 지구상의 어떤 정치인보다 정치적·군사적으로 더 큰 권력을 휘두른다. 그러나 권력의 한계는 여기서도 분명하게 드러난다. 중동이나 세계 다른 지역이 미국 대통령의 리더십을 간절히 바라고 있다는 미국 대선 후보들의 선언과는 별개로, 해당 지역 사람들의 대다수는 그를 따를 의사가 없는 경우도 많다. 게다가 미국이 베트남 전쟁부터 아프가니스탄과 이라크 전쟁에 이르기까지 여러 차례 군사력에 의지했던 주요 사례들은 정치적으로 의도치 않은 심각한 결과를 초래했다. 21세기 미국 대통령에게 기대되는 역할이 너무 크고 광범위할 뿐만 아니라 여러 가지 측면에서 서로 모순되기 때문에, 여기에 부응하는 것은 누가 대통령이 되든 불가능하다.[127]

전 세계를 통틀어도 재정의형 리더는 매우 드물지만, 지금까지 이 장에서 살펴본 3개국 밖으로 범주를 넓히면 사례는 조금 더 늘어난다. 재정의형 리더의 한 가지 특수한 유형은 각국에서 정치적·경제적 체제 변혁의 길을 닦은 과도기적 리더로서, 변혁 자체를 주도하지는 않았으

★ 나는 조지프 나이Joseph Nye가 만들어낸 '하드파워hard power'와 '소프트파워soft power'라는 용어를 사용하는 트렌드를 따르지 않는다. 이 용어들은 신문 칼럼니스트나 정치인들이 약칭으로 사용하기에 편리할지 모르지만 나에게는 권위·리더십·영향력·설득력·특권·정치 권력·경제력·군사력 등의 개념이 여전히 유용하다. 이상의 용어들도 한 가지 이상의 의미로 해석 가능한 측면이 있지만, 하드파워-소프트파워의 이분법보다는 그 의미가 분명하다. 물론 나이가 저런 이분법만 사용했던 것은 아니고 그의 저작은 설득력 있는 주장을 다수 포함하고 있지만, 본인이 만든 '소프트파워'라는 신조어에 대한 애착이 강하게 드러나는 것도 사실이다.

나 근본적 변화가 일어날 수 있는 공간을 마련했던 인물들이다. 일부 개혁적인 리더는 합법적 정치 활동의 범위를 재정의하여, 혹은 보다 급진적인 리더십이나 아래로부터의 개혁 운동을 고무하여, 그리고 때론 그 둘의 조합을 통해 자신의 의도를 넘어선 커다란 변화를 불러오기도 한다. 물론 변혁적 리더 앞에 반드시 재정의형 리더가 등장하는 것은 아니다. 콘스탄틴 체르넨코Konstantin Chernenko는 아무리 호의적으로 부고 기사를 작성한다고 해도 차마 재정의형 리더라 불러줄 수 없다. 미하일 고르바초프가 이 특색 없는 서기장의 뒤를 잇고 얻은 혜택은, 실행한 일이 몇 안 되는 와중에 그마저도 퇴보적인 정치 행보를 보여준 체르넨코와 대비를 이뤘다는 점뿐이었다.[128]

한편 인종 차별적 정권이나 권위주의 정권의 리더가 체제 변화에 저항하는 대들보 역할에서 (단지 의도치 않은 체제 붕괴를 초래한 것이 아닌) 새로운 체제를 위한 길을 닦은 인물로 탈바꿈했던 놀라운 사례들도 있다. 남아프리카공화국의 프레데리크 빌렘 데 클레르크F. W. de Klerk와 타이완의 장제스蔣介石의 아들 장징궈蔣經國가 그런 과도기적 리더다. 스페인의 아돌포 수아레스Adolfo Suárez도 이 범주에 포함되지만, 스페인이 권위주의 체제에서 민주주의로 이행하는 과정에서 그가 했던 역할은 **너무나** 중요했기 때문에 변혁적 리더로 봐야 할 것이고(다원적 정치 제도가 전무했던 정권에서 자유 선거가 치러지는 민주주의 체제가 자리 잡기까지의 모든 과정을 주관했다), **따라서 다음 장에서 변혁적 리더의 사례로 소개할 예정이다.**

페르난두 엔히키 카르도주

1995년에 대통령이 되기 전부터 브라질의 민주주의 발전과 확립에 결정적인 역할을 했던 페르난두 엔히키 카르도주Fernando Henrique Cardoso는 재정의형 리더의 주목할만한 사례다. 사회학자 출신으로 정계에 입문한 그는 브라질에서 가능한 것의 한계를 재정의했다. 카르도주가 1994년 재무장관직을 맡았을 때는 브라질의 인플레이션율이 연 3,000퍼센트를 상회하고 있던 상황이었다. 훗날 이런 국가적 위기에 어떤 리더십 철학으로 대응했느냐는 질문에 그는 이렇게 답했다. "나는 아직 형성되어 있지 않은 목표를 달성할 수 있게 해주는 적절한 조건들을 창조하는 정치 기술을 발휘하고자 했다."[129] 카르도주는 1년 만에 인플레이션율을 10퍼센트 이하로 낮췄고, 이후 하이퍼 인플레이션은 재발하지 않았다. 카르도주의 비결은 인플레이션이 통제될 때 가장 큰 혜택을 받는 집단이 (높은 실질 이자율의 혜택을 보는 부유층이 아니라) 임금 노동자 계층이라는 사실을 노동조합이 납득할 때까지 인플레이션 억제 정책 실행을 미룬 것이다. 노동조합 대표를 지냈을 뿐 아니라 카르도주의 오랜 경쟁 상대로 대통령직을 이어받은 룰라가, 국민 대부분이 임금 노동자일 경우 저인플레이션이 사회 전체에 유익하다는 교훈을 얻었다며 카르도주의 성취를 높이 평가했던 점은 주목할만하다.

2003년 룰라가 카르도주의 뒤를 이어 대통령에 취임한 것은 브라질에서 43년 만에 처음 이루어진 민주적 정권 이양이었다. 룰라 자신도 2011년 민주적으로 선출된 지우마 호세프에게 정권을 넘겨줬다. 카르도주의 리더십은 몇 가지 중요한 측면에서 정치인이 성취할 수 있는 일의 한계에 대한 인식을 바꿔놨다. 하이퍼 인플레이션을 성공적으로 잡은 일 외에도, 그는 군부를 상대하고 그들을 문민 통제하에 종속시키는 과정에서 뛰어난 협상술을 보여줬다. 대화와 설득을 통해 문민 정부가 국방부를 이끌게 만들고 군대가 민주주의를 받아들이도록 하는 데 성공했던 것이다. 카르도주는 민주 선거를 통한 정권 이양이 브라질 정치의 새로운 표준이 되는 기반을 닦았다. 모든 것을 고려해볼 때 그의 업적은 달성 가능한 것의 범주를 확장한 중요한 사례다.

프레데리크 빌렘 데 클레르크

남아프리카공화국은 백인 소수 정당이 서로 경쟁하는 다원적 정치 체제이지만, 뿌리 깊은 인종 차별 때문에 경제적으로 혹은 스포츠 분야에서 부분적으로 보이콧을 당하는, 여러모로 왕따 국가pariah state였다. 이런 상황에 변화를 가져온 것은 1980년대 후반 소련 지도부의 교체와 그로 인한 대외 정책의 극적인 변화가 낳은 새로운 국제 정세였다. 남아공 아파르트헤이트 정권은 남아공 공산당이 국내 주요 흑인 저항 세력인 아프리카민족회의에 미치는 영향력이 크다는 이유로, 자신들은 공산주의의 확산에 대항하는 보루라고 주장해왔다. 아프리카민족회의는 소련의 경제적·정치적 지원을 받았고, 서방의 여러 민주주의 정부와 진보적 여론의 정신적 지지를 받았다. 소련이 체제 완화를 진행하고 미국 및 서유럽 국가들과 관계를 개선하자, 아파르트헤이트 정권의 얄팍한 정치적 명분은 그야말로 허울만 남게 되었다. 그뿐만 아니라 소련의 대외 정책도 남아공 및 타 지역에서 무력 투쟁을 지원하는 대신 평화적으로 정치적 견해를 조정하는 것으로 바뀌었다. 따라서 아프리카민족회의 입장에서도 평화적인 방법을 통해 다수 통치로 이행하는 데 합의하려는 남아공 정부의 접근에 응할 이유가 있었다.[130]

1989년 프레데리크 빌렘 데 클레르크가 피터르 빌럼 보타P. W. Botha

에 이어 남아공 대통령으로 취임했을 때는 이미 국제 정세가 급변한 상황이었다. 그가 보기에 남아공에 변화의 시기가 왔음이 명백했다. 데 클레르크는 정치 개혁을 시작하면서 백인 유권자들을 상대로 개혁이 지속되어야 하는지 여부를 묻는 국민 투표를 실시하는 모험을 감행했고, 3분의 2 이상의 지지를 얻어냈다. 주요 교섭 담당자는 당연히 남아공에서 의심할 나위 없는 변혁적 리더이자 수십 년 동안 아프리카너 Afrikaner(흔히 '보어인'이라고도 한다. 아파르트헤이트 시대의 정확한 정의는 네덜란드인을 비롯한 유럽인의 후손으로, 아프리칸스어를 모국어로 하고, 대부분 네덜란드 개혁 교회의 신도인 이들을 지칭했다—옮긴이) 언론에 의해 악의적으로 그려져온, 그리고 28년째 수감 생활 중인 넬슨 만델라였다. 만델라 자신은 데 클레르크의 과거 행적 중 어떤 것에서도 개혁 정신을 찾아볼 수 없었다고 털어놓았으나, 새 대통령이 '공론가가 아니라 실용주의자'라고 판단하고 그의 취임 선서일에 회답을 요청하는 편지를 보냈다.[131] 만델라와 데 클레르크의 협상이 개시됐고, 만델라는 감옥에서 풀려났으며, 아프리카민족회의와 남아공 공산당에 대한 제재가 해금됐다. 1993년에는 모든 국민에게 동등한 정치적 권리를 부여하는 새로운 헌법이 선포됐다. 만델라는 이제 평화적 수단으로 다수 통치를 이루는 것이 가능해졌다고 확신하고 폭력적 수단을 쓰지 않는 데 동의했다. 1994년에 열린 자유 선거에서 아프리카민족회의가 주도한 연립 정당이 60퍼센트 이상의 표를 획득했으며, 만델라는 남아공 최초의 흑인 대통령으로 취임했다. 만델라가 아파르트헤이트 정권에서 얼마나 가혹하게 탄압받았는지를 감안하면, 그의 관대함과 영감을 불러일으키는 리더십은 경이롭다. 그렇지만 데 클레르크도 '진보적 보수주의자'라는 타이틀을 얻을 자격이 충분하다. 그는 협상을 통한 합의가 가능해진 순간을 제대로 포착했고, 과거 정책과의 과감한 단절을 실행했으며, 많은 이들이 훨씬 더 오랫동안 참혹한 희생을 치를 것으로 예상했던 나라에서 비교적 평화롭게 체제 변화의 길을 닦았다.[132]

타이완의 사례

데 클레르크보다 더 놀라운 재정의형 리더는 타이완(타이베이 정부가 사용하는 공식 명칭은 중화민국) 비밀경찰의 초대 수장이자, 이후 총통의 자리에 오른 장징궈다. 그는 장기 집권했던 권위주의 리더 장제스의 아들이었다. 1975년 장제스 사망 3년 후, 행정원장을 맡고 있던 장징궈는 아버지의 직책이었던 총통 자리에 정식으로 취임했다. 장제스의 사망 이후 1988년 장징궈 자신이 사망할 때까지, 그는 타이완 체제가 점진적으로 완화되고 다원적 민주주의로 이행해가는 동안 압도적인 권력을 쥐고 있었다. 타이완의 경우에도 국제 정세가 체제 변화를 자극했다. 장제스가 타이완에 중국 망명 정부를 세웠을 때부터 이 나라는 전 세계적으로 소수의 국가들에게만 인정을 받았고, 미국의 정치적·군사적 지원에 크게 의존했다. 따라서 1978년에 미국이 중국 본토와의 관계 정상화를 발표하자 장징궈는 전략을 재고하지 않을 수 없었다.[133]

미국과 중화인민공화국(중국 본토의 인구는 10억 명을 웃돌았다. 그에 비해 당시 타이완 인구는 2,000만 명에 불과했다)의 화해는 미국과 타이완의 관계를 약화시킬 것이 불 보듯 뻔했다. 중미 관계의 개선은 1972년 닉슨 대통령이 베이징을 방문하면서 개시되었고, 1970년대 후반 카터 대통령에 의해 열성적으로 재개되었다. 특히 카터의 국가안보보좌관 즈비그뉴 브레진스키Zbigniew Brzezinski는 소련을 상대로 중국 패를 이용하는 데 관심이 많았다.[134] 이런 분위기는 레이건 대통령 때에도 이어졌다. 1982년 초 레이건 행정부는 중미 관계를 위해서 타이완에 최신 전투기를 판매하지 않겠다고 발표했다.[135]

타이완은 장제스 통치 시기에 이미 경제나 교육 면에서 고도 성장을 이뤘으나, 장징궈는 이것만으로는 충분치 않다는 것을 깨달았다. 그의 조국이 세계적으로 더 인정받고, 미국에는 새롭게 인정받고, 궁극적으로 중국 본토의 모범 역할을 하려면(장징궈의 국민당은 최종적으로 중국과 비공산주의 체제로 통일하길 원했다) 민주주의를 시작해야 했다. 민주주의가 독재보다 낫다고 확신한 장징궈는 1980년대 중반 일련의 체제 완화 개혁을 추진했고, 자신의 가족 중 누구도 더는 총통 후보로 "출마할 수도 없고 하지도 않을 것"이라고 선언했다. 또한 계엄령이 해제되었으며 야당의 존재가 합법화됐다.[136] 이 모든 것이 실질적 성과를 맺기까지는 거의 10년의 세월이 걸렸고, 진정한 (그러나 때때로 격동적인) 민주 정치는 장징궈 사후에나 가능했다. 하지만 정치 체제의 성격을 재정의하기 위한 결정적인 단계를 밟고, 국민당의 승리가 보장되지 않는 진정한 의미의 자유 선거의 기틀을 마련한 것은 장징궈의 업적이다.

*

이상의 사례들은 비민주적 정치 체제를 민주화하는 과정에서 기존 정권 내부의 혁신적인 정치 리더십이 각별히 중요한 역할을 할 수 있음을 보여준다. 이미 제도적 권력을 보유하고 있는 리더가 새로운 의견과 신념, 더 나아가 새로운 목표를 갖게 될 때 권위주의 정권의 민주화에 결정적으로 기여할 수 있다. 민주주의 체제에서는 리더가 집권 도중 견해를 바꾸면 정책 유턴, 지능적인 말 바꾸기, 정치의 비일관성 등의 신랄한 비판이 뒤따르며, 해당 리더에게 득보다 실이 되는 경우가 많다. 반면 권위주의 리더는 그의 통제하에 있는 권력을 이용하여 기존의 관료층에 위협이 될 수 있는 체제 완화 정책이나, 더 나아가 민주화 정책을 도입할 수 있다. 또한 이 장의 마지막 부분에 소개된 사례들은 리더십을 이해할 때 정치적 맥락을 반드시 고려해야 하는 이유를 보여준다. 이들은 정치적·경제적으로 점차 고립되어 가던 정권이라는 공통점이 있는데, 그렇다고 고립된 정권이 반드시 재정의형 변화로 이어진다는 보장은 없다. 북한 정권은 수십 년 동안 경제적 실패를 경험하고 국제적으로 멸시당해왔지만 오늘날까지 존속하고 있다.

민주 정권에서도 재정의형 리더는 매우 드물게 나타나는 예외적인 존재다. 재정의형 리더십은 대처나 아데나워처럼 압도적인 영향력을 가진 리더로부터 나오기도 하지만, 20세기 영국의 애스퀴스나 애틀리 정부처럼 자기주장이 강하지 않은 수반 아래에서 몇몇 영향력 있는 장관들이 발휘하기도 한다. 미국 대통령은 막강한 특권을 가진 자리이지만, 그들이 속해 있는 정치 체제의 특성상 정치 과정을 통제하긴 어렵다.

프랭클린 루스벨트가 그랬듯이, 그리고 상대적으로 짧은 기간 동안 린든 존슨이 그랬듯이, 정치 과정을 통제한 미국 대통령은 거부권과 임명권(둘 다 중요하긴 하지만)보다는 개인적인 능력과 권위에 더 의존했다. 루스벨트의 성공은 당시 미국 상황에서 획기적으로 급진적이었던 법의 필요성을 대중에게 설득시키고, 여론을 바탕으로 의회까지 설득해 냈기에 가능했다. 하지만 그의 업적은 남부의 인종 분리 정책에 연방 정부가 과도하게 개입하지 않겠다고 남부 민주당원들에게 양보했던 정치적 타협의 결과이기도 했다. 의회에 집중됐던 존슨의 설득력은 그의 탁월한 기억력과 함께 그가 개별 상하원 의원들에게 어떤 식으로 접근해야 하는지 세세하게 알고 있었기 때문에 힘을 얻을 수 있었다. 또한 다른 재정의형 리더와 마찬가지로 루스벨트와 존슨도 정부 수반에 올랐던 당시의 상황이 결정적으로 중요했다. 위기는 문제를 야기하지만 기회를 제공하기도 한다. 루스벨트의 뉴딜 정책은 1930년대 경제 공황에 대한 대응이었으며, 루스벨트가 가장 큰 권력을 행사했던 시기에 미국은 세계대전을 치르고 있었다. 존슨은 인기 높았던 젊은 대통령이 암살된 직후 전국이 충격에 빠져 있을 때 백악관에 입성했다. 그는 이 기회를 놓치지 않고 의회를 설득하여 그때까지 다수의 미국인에게 허용되지 않았던 시민의 권리를 재정의했고, 최소한 루스벨트의 뉴딜 정책만큼이나 획기적인 약진으로 평가받는 시민권 법안을 통과시켰다.

4장

변혁적 정치 리더십

나는 변혁적 정치 리더라는 용어를 한 나라의 정치 체제나 경제 체제, 또는 (드물게) 국제 시스템의 **구조적 변화를 가져오는 데** 결정적인 역할을 한 리더라는 의미로 사용한다. '변혁적'이란 단어는 보통 긍정적인 의미를 내포하며, 어떤 거대한 변화로 인해 기존 체제가 근본적으로 재구성되어 질적으로 향상된 새로운 체제로 바뀜을 시사한다. 이것이 내가 변혁적 리더십과 혁명적 리더십을 구분하는 주된 이유다. 혁명을 통해 압제적인 정권을 무너뜨린 후 수립된 신정권은 그들이 축출한 기존 정권에 비해 어떤 면에서는 개선된 모습을, 다른 면에서는 오히려 퇴보한 모습을 보여주기도 한다. 하지만 일반적으로 혁명은 무력으로 기존 정권을 전복시킨 후 강압적인 수단을 동원하여 국민에 대한 지배를 강제하고 유지한다는 특징이 있다. 혁명이 아무리 평등과 민주주의의 기치를 내걸었다 하더라도, 혁명이 끝난 후 들어서는 정권은 권위주의 체제인 경우가 많을

뿐더러, 신정권은 강한 리더에 대한 우상화로 이어지는 경향을 보인다. 폭력에 기반한 권력 장악이나 반대 세력에 대한 물리적 강제 없이 한 나라의 정치 체제 또는 경제 체제를 탈바꿈하는 데 핵심적인 역할을 한 리더는 이런 혁명가들과는 다르다. 아무래도 그들이 사회에 더 공헌할 것이며, 해악은 확실히 덜 끼칠 것이다. 물론 변혁적 리더의 포부가 **전부** 실현되는 경우는 드물고, 그들이 도입했던 체제 변혁 중 일부만 다음 세대까지 이어질 수도 있다. 하지만 혁명가들의 유토피아적 수사와 정권 장악 후의 권위주의적 현실 사이의 간극은 이보다 훨씬 크다.

이 장에서는 프랑스의 샤를 드골, 스페인의 아돌포 수아레스, 러시아의 미하일 고르바초프, 중국의 덩샤오핑鄧小平, 남아공의 넬슨 만델라 등 5개국 5인의 리더에 초점을 맞추면서(이 목록이 변혁적 리더를 모두 포함한다는 의미는 아니다), 그 밖에 혁신적 변화를 가져오는 데 크게 공헌했던 다른 리더들도 추가로 언급하고자 한다. 이상의 5개국 중 변혁이 진행된 시기에 민주주의 체제였던 나라는 프랑스뿐이었으며, 드골은 프랑스가 한 종류의 민주적 정치 체제에서 다른 종류의 민주적 정치 체제로 근본적으로 변화하는 과정을 주도했다. 민주주의 체제에서 변혁은 주로 기존 체제가 심각한 위기 상황에 처해 있을 때 일어난다. 영국은 변화가 충분히 점진적으로 이루어졌기에, 20세기에 (그리고 현재까지) 변혁적 리더가 등장할 여지가 없었다. 미국에서 변혁적 리더라 부를 수 있는 마지막 대통령은 에이브러햄 링컨이었는데, 19세기 당시 미국은 내부적으로 심각한 위기에 직면해 있었다.

샤를 드골

자신이 정치를 초월했다고 여기고 다른 정치인들을 무시하는 리더는 보통 민주주의를 위협한다. 군인 출신의 정치인 가운데 이런 생각을 가진 경우가 많았다. 샤를 드골 역시 정치인들 따위보다 자신이 프랑스에 대한 보다 고차원적인 이해와 구상을 갖고 있다고 믿었으며, 정당을 폄하했다. 하지만 많은 우려에도 불구하고 그는 프랑스의 민주주의를 약화하기보다 강화했으며, 허약한 민주주의 정치 체제를 보다 튼튼한 체제로 교체하는 데 결정적인 역할을 했다.

드골은 프랑스의 위대함을 굳게 믿었다. 그의 회고록 도입부에 등장하는 "일류가 아니라면 진정한 프랑스가 아니다", "위대하지 않은 프랑스는 프랑스가 아니다" 같은 문장이 그의 신념을 잘 보여준다.[1] 1940년 프랑스가 나치 독일에 항복했을 때 국방부 육군 차관을 맡고 있던 그는, 페탱Henri Philippe Pétain 원수의 비시 정부가 조국의 명예에 오점을 남겼다고 생각했다. 그는 런던으로 망명하자마자 자유프랑스의 사령관을 자처했고, 이후 연합국 리더들, 특히 처칠에게 그 지위를 인정받았다. 하지만 이 강한 성격의 두 비범한 인물의 관계가 원만했던 것은 아니었다. 드골은 루스벨트가 자신을 불신했기 때문에, 전시 상황에서 미국 대통령과 발맞춰야 하는 처칠도 자신을 완전히 신뢰하지는 않았다고 봤다. 드골에 따르면, 영국 총리는 "자유프랑스에 대해 백악관과 상충하는 태도를 취하려 하지 않았"으며, "루스벨트가 드골에 대한 불신을 드러냈"기 때문에 "처칠도 적극적으로 나서지 못했을 것이다."[2]

양측의 완고함에도 불구하고(드골은 상대적으로 훨씬 약한 입장이었지만 그것을 드러내지 않으려 애썼다) 둘은 서로를 존중했다. 처칠은 1940년 6월 14일에 파리가 독일군에 의해 함락되기 단 사흘 전 비밀리에 오를레앙 근처 소규모 비행장을 통해 프랑스에 입국했다. 그는 프랑스 정부 요인들과 회담을 가졌고, 그 자리에서 드골을 처음 만났다. 처칠이 보기에, 페탱 원수는 프랑스가 조직적으로 파괴되고 있으므로 평화 조약을 맺어야 한다고 이미 마음먹은 상태였고, 파리와 프랑스를 파멸에서 구하는 것이 자신의 의무라고 믿고 있었다.[3] 드골은 자신의 계획이 페탱과는 전혀 다름을 분명히 밝히며, 독일 점령군을 상대로 게릴라전을 수행하자는 주장을 지지했다.★ 드골은 이미 49세였지만, 65세의 나이로 1개월 전 총리에 오른 처칠의 눈에는 젊어 보였다. 처칠은 그에 대해 "젊고 활력이 넘쳤으며, 나는 그에게서 매우 좋은 인상을 받았다"고 적고 있다. 처칠은 드골이 프랑스 해방 투쟁의 잠재적 리더라고 판단했지만,[4] 런던

★   영국 총리의 기백은 패배를 거부했던 드골의 그것과 맞먹었다. 드골도 참석했던 1940년 6월 프랑스에서 열린 회담에서, 처칠은(또 다른 참석자 이즈메이Ismay 장군의 말에 따르면) 이렇게 말했다. "만일 프랑스가 겪을 고통을 생각해서 프랑스 군대가 항복하는 것이 최선이라 결론 내렸다면, 우리 걱정은 말고 어서 그렇게 하십시오. 여러분이 어떤 선택을 하든, 우리는 언제까지고 계속 싸울 겁니다."(Churchill, *The Second World War: Volume II: Their Finest Hour*, Cassell, London, 1949, p. 138.) 드골이 회고록에서 1945년 영국 총선 결과로 처칠이 급작스럽게 총리에서 물러난 일을 회고하는 부분에는 두 사람의 관계에 대한 매우 흥미로운 내용이 언급된다. "이 위대한 정치인은 늘 프랑스가 자유 세계에 필요하다고 굳게 믿었다. 그리고 이 특별한 예술가는 내 임무의 극적인 성격을 확실히 인지하고 있었다." 드골은 자신이 조국의 운명에 대해 홀로 답해야 했을 때 처칠은 국가 자원과 '한마음으로 뭉친 국민', 침략당하지 않은 국토, '막강한 제국', 그리고 '강력한 군대'를 갖고 있다는 사실을 부러워했다. 그러나 드골은 "그들이 임무를 달성하기 위해 활동했던 환경이 다르긴 했지만, 그리고 그들 사이에 벌어진 논쟁이 치열하긴 했지만, 그럼에도 불구하고 그들은 5년이 넘는 시간 동안 역사라는 험난한 바다에서 같은 별들을 나침반 삼아 함께 나아갔다"고 결론 내렸다. 무엇보다도 드골은 처칠이 없었다면 "애초에 나의 노력은 아무 소용이 없었을 것이고, 그때 나를 기꺼이 그리고 굳건히 도와줌으로써 처칠은 프랑스의 대의명분에 매우 중요한 역할을 했다"고 감사를 표현했다(De Gaulle, *The Complete War Memoirs of Charles de Gaulle*, Carroll & Graf, New York, 1998, pp. 900-901).

에 체류 중인 드골이 프랑스 레지스탕스로부터 망명 지도자로 인정받기까지는 많은 노력이 필요했다. 전쟁 기간 중 대 프랑스 라디오 방송은 드골의 망명 지도자로서의 위상을 공고히 하는 데 기여했고, 1944년 8월 프랑스 해방과 함께 드골이 자유프랑스군을 이끌고 파리에 입성했을 때 이 지위는 상징적으로 굳어졌다.

드골은 키만 컸던 것이 아니라 위대한 운명을 타고난 사람이라는 자부심도 유달리 컸다. 자신이 역사의 주역이 될 거라고 확신했으며, 자신을 연기자로 생각했다. 2차 세계대전 당시 그는 이런 말을 한 적이 있다. "드골이라는 이름을 가진 어떤 사람이 국민의 마음속에 존재한다"는 것을 의식하게 되었으며, "나는 이 인물을 반영해야 한다는 것을 깨달았다. … 나는 그의 포로나 마찬가지가 되어버렸다." 따라서 "연설을 하기 전이나 어떤 결정을 내리기 전에 나는 자문한다. 이것이 과연 국민이 드골에게 기대하는 것인가? 내가 하고 싶었던 많은 일을 하지 않았던 이유는, 그 일이 사람들이 드골 장군에게 기대하는 것에 부응하지 않았기 때문이다."[5]

이런 숭고한 사명감과 자신의 운명에 대한 확신은 평화 시기에 정계에서 벌어지는 이전투구나 타협과는 어울리지 않았다. 그럼에도 2차 세계대전이 끝날 무렵 드골은 여러 다른 민주 계열에 두루 어필하는 리더의 입지를 굳혔다. 흠잡을 데 없는 전시 행적과 반나치 활동 경력을 보유한 드골이 종전 후 프랑스 임시 정부의 수반으로 선택된 것은 어찌보면 당연한 일이었다. 그는 자신이 맡은 어떤 자리에서도 무력 통치를 위한 시도를 의도적으로 삼갔고 민주주의의 길을 택했다. 1946년에 총리직을 사임하고 고향인 콜롱베 레되제글리즈로 물러난 것도 그런 취지녔으며, 거기서 그는 곧 다시 국가의 부름을 받기를 기대했다. 그리고 프랑스는 12년 뒤에 다시 드골을 불러냈다.

2차 세계대전 후 제정된 프랑스 제4공화국 헌법에 대해 드골이 가졌던 주된 불만은 강한 행정부를 허용하지 않는다는 점이었다. 특히 그가 열망했던 강력한 대통령직이 부재했다. 프랑스에서 민주주의 계열 인사들의 대다수는 강한 행정부를 극도로 경계했다. 전쟁 중 겪었던 권위주의적 통치와 지난 20년간 유럽 여러 나라에서 전체주의적, 권위주의적 정부들이 일으킨 파탄을 목격한 후였기 때문에 그들은 강한 행정부를 너무 쉽게 폭정과 연결하는 경향이 있었다. 하지만 현실적으로 권위 있는 행정부(권위주의적 행정부가 아니라) 없이 민주주의는 불가능하다.

1946년 드골은 제4공화국 헌법에 대한 비판 공세를 폈다. 하지만 정당의 역할을 깎아내린 것에서 알 수 있듯이, 그의 주장이 모두 충분한 근거에서 나온 것은 아니었다. 당시 프랑스에 너무 많은 정당이 난립했고 내부적으로도 극도로 분열되어 있었던 것은 사실이지만, 서로 경쟁하는 정당의 존재는 민주주의의 필수 요소다. 그러나 행정부의 권력이 입법부보다 약할 때 야기될 정치적 불안에 대한 드골의 예측은 그대로 맞아떨어졌다. 제4공화국이 존속했던 12년 동안(1946-58년) 무려 스물다섯 개에 달하는 정부와 열다섯 명의 총리가 거쳐갔는데, 같은 시기 영국 총리는 네 명에 불과했다. 정부의 위기가 빈번하게 발생했고, 제4공화국 말기에는 과도 정부가 통치하는 기간이 나흘 중 하루에 달했다.[6] 그러나 이 12년의 실패는 과장된 측면이 있다. 당시 프랑스 공산당이 유권자 25퍼센트의 지지를 받고 있었음에도 프랑스는 민주주의 체제로 유지되었다. 20세기 전반에 프랑스를 두 번이나 침략한 나라인 독일과의 관계도 회복되었으며, 프랑스는 유럽경제공동체의 창립 멤버가 되었다. 1950년대에 프랑스의 산업 생산은 미국이나 영국보다 더 빠르게 성장했고, 훌륭한 사회 보장 제도도 마련됐다. 생활 수준은 빠르게 향상되었다.[7] 이처럼 제4공화국이 성취한 업적도 작지 않다.

그러나 1958년경에는 체제와 국가가 위기 상황에 봉착했다. 정부가 교체되는 주기가 점점 짧아졌다. 그들은 제국의 상실이라는 현실에 적응하는 데 어려움을 겪었고, 특히 알제리 문제라는 수렁에 빠져 있었다. 프랑스 우파와 군부, 그리고 알제리에 거주하고 있는 프랑스인들은 다른 식민지야 어찌 되든 알제리만큼은 1830년부터 그랬듯이 프랑스 영토로 남아야 한다는 결의가 확고했다. 군부에게 알제리는 '유용하고 중요한' 최후의 땅이었다. 그들은 알제리를 잃는 것은 자신들과 고국에 비극적 결과를 초래할 것이라고 믿으며, '마지막 보루'라는 심정으로 알제리 전쟁에 임했다.[8] 1956년에 이미 프랑스는 40만 명의 군대를 알제리에 주둔시켜(이 중 상당수는 징집병으로 채워졌다), 알제리 독립을 위한 급진적 아랍 민족주의 운동인 알제리 민족해방전선FLN과 싸우고 있었다. 프랑스 정계는 식민지 전쟁을 두고 정쟁을 벌이며 병들어갔다. 사회주의 정부조차도 프랑스령 알제리를 유지하고자 했으며, 전쟁(과 전쟁 수행의 일환으로 고문을 이용하는 것)을 비판한 사람들은 보복당했다.[9] 일련의 프랑스 정부들은 독립을 요구하는 알제리인과 알제리는 프랑스의 일부분이라고 주장하는 대규모 알제리 백인 주민들의 양립 불가능한 주장 사이에서 진퇴양난에 빠졌다. 게다가 파리 정부가 FLN에 너무 양보한다면 군부가 어떻게 나올지 모르는 상황이었다. 만일 프랑스 정부가 알제리 독립을 인정할 것 같은 낌새만 보여도 군사 쿠데타로 전복될 위험이 현실적으로 존재했다.

1958년 5월, 사태를 악화시킨 것은 알제리 토착민들이 아니라 프랑스계 주민들이었다. 알제의 총독부 건물을 장악한 것은 바로 그들이었다. 알제 주둔군 사령관 라울 살랑Raoul Salan은 부분적으로 프랑스계 주민들의 봉기에 공감하는 입장이기도 했지만 주로 상황을 통제할 목적으로 '공안위원회'를 구성했다. 5월 15일 그는 연설을 마치며 "드골 만세!Vive de Gaulle!"를 외쳤다. 군부와 알제리의 프랑스계 주민들, 그리고 파리 정계의 다수는 점차 이런 고착 상태를 해결할 인물이 드골밖에 없다고 여기게 되었다. 군부와 알제리의 프랑스계 주민들은 드골이 '알제리 프랑세즈Algérie Française'를 지켜낼 가장 강력한 수호자라고 믿었다. 살랑 사령관의 연설 당일, 드골은 간략한 성명을 발표하여 국가의 영락과 국민 소외, 군부의 혼란, 그리고 '정당의 지배'로 프랑스가 재난의 길을 가고 있다고 얘기했다. 그리고 기꺼이 "공화국의 권력을 인수하겠다"고 선언했다.[10] 그의 정계 복귀를 촉발한 요인은 네 가지이다. 첫째, 1944년 전쟁 영웅으로 귀국했던 그의 위상과 프랑스를 민주공화국으로 되돌려놓은 것. 둘째, 1946년 그가 프랑스 정계에서 자발적으로 물러나며 은퇴했던 극적인 사건에 대한 기억. 셋째, 얼마 전 출간된 일련의 회고록이 드골의 존재를 다시 한 번 사람들의 머릿속에 상기시켰을 뿐만 아니라, 회고록의 향수를 자아내는 문체와 감정적 호소력의 파급력이 컸던 점.[11] 마지막으로 무엇보다도 1958년 프랑스 정부의 권위가 바닥으로 떨어져 쿠데타의 위험이 있었다는 점이다.[12]

5월이 가기 전, 프랑스 국민의회는 드골에게 정부 수립을 맡기기로 결정했다. 드골은 자신이 늘 선호했던 방식의 정치 체제, 즉 대통령과 총리가 권력을 분점하는 이원 정부제이면서 대통령이 훨씬 강력한 힘을 가진 체제를 수립하기 위해 발 빠르게 움직였다. 새로운 헌법의 구체적인 내용은 드골의 헌신적인 추종자이자 드골이 대통령으로 당선된 후 프랑스 제5공화국의 초대 총리로 취임하게 되는 미셸 드브레Michel Debré가 작성했다. 헌법에는 드골이 원했던 내용이 대부분 포함됐으나, 세부 사항은 드골과 견해를 같이했던 드브레에게 맡겨졌다.[13] 1958년 9월 28일 열린 헌법 개정안 국민 투표에는 무려 유권자 85퍼센트가 참여했으며, 투표한 사람의 80퍼센트가 '찬성'표를 던졌다. 이는 근본적으로 드골이라는 인물에 대한 '찬성'이었다.[14] 새로운 헌법은 입법부가 정부 구성과 해산을 좌지우지하지 못하게 했으며, 총리의 정책 결정권이 상당 부분 유지되긴 했으나 대통령직의 권한이 대폭 강화되었다. 대통령은 특히 대외 정책과 국방 정책을 관장했고, 드골은 대통령직의 권력을 최대한 활용하여 유럽 문제, 식민지와 프랑스인 거주민 문제, 그리고 무엇보다도 1962년까지 가장 긴박한 정치 의제로 남았던 알제리 사태에 특별한 관심을 기울였다.[15] 드골은 다른 부문에도 개입할 수 있었지만, 일반적인 국내 정책에 세세하게 간섭하지는 않았다. 특히 경제와 금융 문제는 대부분 총리와 재무장관에게 맡겼다.[16]

정당 난립의 재발을 방지하기 위해 선거 제도가 획기적으로 개편되었다. 다양한 형태의 비례 대표제는 거부되고, 1차 투표 일주일 후 주요 후보(보통 두 명)만 남겨 결선 투표를 하는 2회 투표제가 도입되었다. 따라서 의원들은 여전히 행정부를 자유롭게 비판할 수 있으면서도, 정부를 유지할 수 있는 다수당이 존재하는 것이 가능해졌다. 새로운 선거 제도는 드골파 신당인 신공화국동맹UNR에게 유리하게 작용했던 반면 공산당에는 불리하게 작용했다. 드골은 신당에 자신의 이름을 붙이도록 허용하지는 않았으나, 이는 신중한 정치적 거리 두기일 뿐이었다.[17] 주요 정당의 뒷받침이 없으면 자신의 기반이 약화되리라는 것을 드골은 충분히 의식하고 있었다. 드골이 원했지만 실제 추진은 나중으로 미뤄둔 또 다른 중요한 헌법 개정은 입법부가 아닌 유권자가 직접 뽑는 대통령 직선제였다. 그는 1962년 국민 투표를 통해 대통령 직선제뿐만 아니라 대통령 7년 임기에 대한 합의도 얻어냈다. 대통령 임기는 2000년에 5년으로 줄어들긴 했으나, 직선제 개정의 결과 드골뿐 아니라 장래 프랑스 대통령들의 독립적 권한이 확연히 강화되었다.[18]

무엇보다 중요한 것은 드골의 지휘하에 만들어진 제도가 세월의 시험을 견뎠다는 점이다. 이런 형태의 이원 정부제(또는 이원 집정부제)를 구 공산 국가들을 비롯해 많은 나라에서 따라 도입했지만, 행정의 효율성과 민주적 책임이 프랑스처럼 만족스러운 조합을 이뤘던 경우는 드물었다. 프랑스 제5공화국에서 정부는 안정적으로 유지되었으며, 제5공화국의 제도들은 도입 당시 반대했던 다수의 사회주의 정당과 모든 공산주의 정당을 포함하여 프랑스 내에서 광범위하게 인정받기에 이르렀다. 프랑수아 미테랑은 1980년대에 프랑스 대통령으로 취임한 후 "이 제도들이 나를 염두에 두고 만들어진 것은 아니지만 마음에 든다"고 말했다.[19]

드골의 업적은 광범위한 제도 변화에 그치지 않았다. 그는 '모호함'을 정치적 도구로 활용하는 절묘한 기술을 선보이며 알제리 문제를 해결했다. 알제리의 프랑스계 주민들은 1958년 드골이 "나는 여러분을 이해합니다"라고 했던 말을 프랑스령 알제리 유지를 위해 애쓰겠다는 뜻으로 받아들였지만, 사실 이것은 상당히 애매한 발언이었다. 드골 자신은 알제리 독립에 특별히 반대도 찬성도 아니었으며, 그의 목표는 무엇보다도 알제리 사태가 불러온 전쟁을 끝내고 곪은 상처를 봉합하는 것이었다. 그는 그의 정적들 사이의 분열과 지지자의 충성심(미셸 드브레 총리는 알제리 독립에 특히 미온적이었다), 그리고 프랑스 국민의 전쟁에 대한 피로를 교묘하게 이용했다.[20] 드골의 입장, 그리고 국민 여론이 점점 프랑스계 주민들과 알제리 군부의 입장에서 멀어지고 있는 것이 명백해졌다. 1959년 드골은 군대가 독립적 기구가 아니라는 것을 상기시켰다. "당신은 프랑스의 군대입니다. 프랑스 군대는 오직 프랑스에 의해, 프랑스 때문에, 프랑스를 위해 존재합니다. 프랑스에 봉사하는 것이 바로 당신들의 존재 이유입니다."[21] 군부와 프랑스계 주민들은 1958년 5월 드골의 정권 장악에 자신들이 결정적인 역할을 했음에도 불구하고, 그동안 프랑스 국민들 사이에서 드골의 입지가 매우 강화되어 자신들이 반란을 일으킨다 해도 성공할 확률이 희박하다는 사실을 깨닫게 되었다. 1961년에 그런 상황을 무릅쓰고 알제리에서 군부 반란이 발생했으나, 드골은 침착하고 자신감 있는 모습으로 프랑스 국민 대다수를 그의 편으로 만들었고, 반란은 흐지부지됐다. 빈센트 라이트Vincent Wright가 말했듯이, 드골이 텔레비전을 통해 국민들에게 했던 호소는 "감동적이면서도 그의 확고함을 잘 보여주었고 매우 효과적이었다. 극적인 드라마와 깊은 진심이 이렇게 잘 어우러진 경우는 드물었다."[22] 1962년에 이르러 알제리는 독립을 성취했다. 드골은 이 밖에도 프랑스가 해외 영토 열두 곳의 독립을 허용하는 과정을 주도했다.

드골주의 신화와 업적을 조명한 수디르 하자리싱Sudhir Hazareesingh에 따르면, 드골은 여러 면에서 매우 보수적이지만 "역사의 방향으로 움직였다." 1940년 이후 전쟁을 지속하고 레지스탕스를 통합할 필요가 있었는지의 문제, 제4공화국의 선거 제도와 정당 정치의 약점에 대한 그의 비판, 그의 굳건한 의지로 새롭게 도입된 제도들이 제5공화국에서 성공적으로 작동했던 점, 그리고 탈식민지화의 필요성을 수용한 것 등 중요한 사안에서 그의 판단이 옳았음이 후대에 입증되었다.[23] 하자리싱은 드골이 단지 정치 체제만 바꿔놓은 것이 아니라, '우파가 공화국을, 좌파가 국가를' 받아들이도록 하여 프랑스의 정치 문화 자체를 바꿔놓는 데 중요한 역할을 했다고 주장한다. 동시에 드골은 '영웅주의, 사명감, 소속감, 운명에 대한 도전, 물질주의에 대한 혐오' 같은 오래된 가치에 새로운 의미를 부여했다.[24] 여기서 영웅주의는 강조할만하다. 특히 알제리 전쟁 말기에는 드골 암살 시도가 반복적으로 발생했고, 보안 담당 보좌관들은 드골에게 군중과의 접촉을 줄이라고 계속 조언했다. 큰 키로 인해 어떤 모임에서도 주변 사람들보다 머리 하나는 더 노출되었던 드골은 테러에 매우 취약한 표적이었다. 그럼에도 드골은 암살 위험에 대한 경고와 불필요한 위험에 노출되지 말라는 충고를 간단히 무시했다.[25]

대외 정책 부문에서 드골은 공산주의 중국을 인정했고, 베트남 전쟁이 (프랑스의 경험에 기초해서) 미국의 실패로 끝날 것이라고 믿고 반대했다.[26] 그는 제4공화국 시절에 수립된 서독과의 좋은 관계를 유지하는 데도 중요한 역할을 했다. 또한 북대서양조약기구의 통합군사지휘부 탈퇴를 결정했으며, 비록 단호한 반공주의자였지만 미국의 대외 정책으로부터의 독립을 주장하며 소련과의 관계를 개선했다. 한편 미국과 영국에 대한 반감은 확실하게 드러내며 영국의 유럽공동체 가입을 두 번이나 거부하기도 했다(결국 영국은 드골의 후임인 조르주 퐁피두 대통령 재임 기간에 가입한다). 영국 내에서도 유럽공동체 가입에 대한 찬반의 골이 깊었기에, 영국인들로부터 영국의 가입을 계속 반대해달라는 격려 편지가 쇄도했다.[27] 드골은 미국과 영국 정부에 비협조적인 파트너였지만, 그의 재임 시절에 프랑스의 국제적 명성이 높아진 것은 틀림없다.

제5공화국 헌법에 도입된 제도 중에서 논란이 되는 부분은 국민 투표referendum 제도다. 특정 사안에 대한 국민 투표가 정부 또는 국민 투표를 제안한 사람에 대한 국민 투표plebiscite(자유롭고 공정한 국민 투표라는 함의를 가진 referendum과 달리, plebiscite는 비민주적 정치 체제에서 열리는 불공정하고 자유롭지 않은 국민 투표를 지칭하는 부정적인 의미를 내포한다-옮긴이)로 변질되는 경향이 있거니와, 악용의 소지도 있기 때문이다. 원칙적으로 프랑스 대통령은 국민 투표를 발의할 수 없으며, 이것은 정부와 의회의 권한이다. 또한 헌법과 상충하는 개혁에 대해서는 국민 투표가 열릴 수 없다. 하지만 드골과 후임 대통령들은 이 두 가지 제약을 모두 위반했다. 대통령과 그의 판단에 대한 신임 투표로 변질되어버린 국민 투표는 양날의 검이다. 1961년 1월과 1962년 4월 알제리 문제에 대한, 그리고 1962년 10월 대통령 직선제라는 명백하게 헌법적인 안건에 대한 국민 투표는 드골에게 도움이 되었다.[28] 그러나 1968년 파리에서 발생한 학생 소요, 경찰과 시위자들 간의 무력 충돌을 포함한 사회 불안으로 인해 드골의 권위는 추락했다. 이는 1969년 4월에 열린 지방 자치 제도 개혁과 상원 개편에 관한 국민 투표 결과에 반영되었고, 드골의 패배로 끝났다.[29] 이 결과를(실제 결과는 근소한 차이의 부결이었지만) 자신에 대한 프랑스 국민의 불신임으로 받아들인 드골은 즉시 사임하고 콜롱베로 영영 은퇴했다. 그는 18개월 뒤 80세의 나이로 세상을 떠났다. 그 이래 드골은 프랑스 국내외를 막론하고 20세기의 가장 위대한 프랑스인으로 널리 평가받는 인물로 남았다.

아돌포 수아레스

1975년에 사망한 스페인의 독재자 프란스시코 프랑코Francisco Franco는 그로부터 6년 전에 자신이 죽으면 왕정을 복고하고 후안 카를로스Juan Carlos를 옹립하기로 결정했다. 이 결정에 따라 즉위한 국왕은 1년 뒤 프랑코가 임명한 최후의 총리 카를로스 아리아스 나바로Carlos Arias Navarro를 해임하고 아돌포 수아레스를 새로운 총리로 임명했다. 프랑코 독재 시절에 획득한 특권적 지위를 포기할 의사가 전혀 없었던 많은 군부 인사들과는 달리, 국왕은 프랑코의 선택에 의해 국가 원수가 되었음에도 수아레스가 스페인을 민주주의의 길로 이끌기를 기대하며 그를 정부 수반으로 택했다. 1976년부터 1981년 사임할 때까지 스페인의 총리를 지낸 수아레스는 많은 이들이 보기에 급진적 변화를 가져올만한 인물이 아니었다. 그는 1960년대 말부터 1970년대 초까지 국영 방송국 사장을 지내는 등 프랑코 정권의 고위 관료였다. 그런데도 그는 이후 체제 이행에 결정적인 역할을 하여 민주주의자들의 기대를 능가하는 인물로 자리매김했다.

수아레스의 업적은 반드시 맥락과 함께 고려해야 한다. 그때까지 이전 정권과의 극적인 단절을 원치 않는 기득권 세력이 국가 권력을 장악하고 있었으나, 스페인 사회 내부에는 강한 개혁 요구도 존재했다. 이 요구를 수아레스가 반영했다고 볼 수 있다. 한쪽에서는 권위주의적 통치 체제가 유지되는 것이 유리한 기득권이 강하게 압박해왔고, 다른 쪽에서는 사회주의 세력과 공산주의 세력으로 구성된 반프랑코 좌파가 급진적 변화를 요구하는 상황이었다. 서로 다른 두 진영을 훌륭하게 중재하는 데 결정적인 역할을 했던 요인은 바로 수아레스의 합의 추구형 리더십이다. 그는 대중의 인기를 한 몸에 받은 리더는 아니었다. 이런 측면에서는 사회노동당의 대표인 펠리페 곤살레스Felipe González가 훨씬 뛰어났다.[30] 그러나 수아레스는 공산당 대표인 산티아고 카리요 Santiago Carrillo와 협력 관계를 구축하는 것이 급선무라고 판단했다. 카리요는 스페인 내전에 참전했던 군인이자, 당시 '유로코뮤니즘' 계열의 주요한 두 정당 중 하나의 리더로서 어느 정도 국제적 명망을 얻고 있었다(다른 하나는 엔리코 베를링구에르Enrico Berlinguer가 이끄는 이탈리아 공산당이다).[31] 하지만 1977년 수아레스가 공산당의 합법화를 추진하기로 한 것은 스페인의 민주주의 출현 과정에서 가장 위태로운 순간이었다. 이를 빌미로 군사 쿠데타가 일어나 민주화 과정에 종지부를 찍을 수도 있었기 때문이다. 쿠데타 위협은 수아레스의 총리 재임 기간 내내 상존했으며, 그가 1981년까지 쿠데타 시도를 방지했던 것 자체가 대단한 성과였다.

프랑코 치하의 고위 관료가 민주화의 주역으로 평가되는 것이 놀라운 일이라면, 공산당 리더가 그렇게 평가되는 것도 마찬가지로 놀라운 일일 것이다. 그런데 실제로 카리요(2012년 9월, 97세의 나이로 세상을 떴다)는 새로운 정치 질서를 수립하는 과정에서 수아레스와 손잡았던 가장 중요한 파트너 중 하나가 되었다. 일단 민주화의 돌파구가 마련되고 난 후에는 사회주의 세력이 공산주의 세력에 비해 훨씬 큰 지지를 확보했지만, 프랑코 사망 당시에는 스페인 공산당이 불법이었음에도 국민의 굳건한 지지를 받고 있었다. 따라서 공산당의 합법화가 군 지도부의 강력한 반발을 샀을지언정, 공산당을 계속 탄압하는 것은 더 심각한 결과를 초래했을 것이다. 신생 정부와 공산당이 직접 충돌했다면 군부 개입의 빌미가 되었을 것이기 때문이다.

따라서 오랫동안 망명 생활을 했던 공산당 리더는 민주화 과정에서 핵심적인 역할을 할 수 있는 위치에 있었다. 카리요는 귀국 후 1976년 12월에 투옥되었지만, 수아레스는 1977년 2월에 그와 대화를 시작했다. 공산당 리더는 총리의 제안에 긍정적인 반응을 보였다. 카리요는 군주제와 국기, 그리고 스페인의 체제 통합을 인정하여 보수파의 공포를 누그러뜨렸다.[32] 공산주의자들이 입헌군주제를 수용하도록 설득해낸 것은 수아레스의 주요 성과였다. 사회주의자들이 이를 수용하도록 설득하는 데는 훨씬 오래 걸렸다. 일단 좌파 입장에서 군주제는 용납할 수 없는 일인 데다가, 스페인 내전 때부터 프랑코파와 공화파가 대립해왔기 때문이다. 그러나 수아레스는 공산주의 세력을 체제에 포함시키는 것이 무엇보다 중요하다고 판단했고, 카리요와의 협상을 통해 이를 성취했다. 군부의 고위 인사들은 공산당이 스페인 정계에 합법적으로 발을 들인 것에 분노를 감추지 않았으나, 그들 역시 이 쓴 약을 삼킬 수밖에 없었다. 수아레스는 스페인 국민이 "스페인의 다원성을 이해할" 만큼 충분히 성숙했다고 선언했다. 또한 공산당을 계속 불법으로 두는 것은 탄압을 의미하는데, 사상범으로 감옥이 가득 차는 꼴을 국민이 원하지 않을 것이라고 과감하게 천명했다.[33]

공산당을 새 질서에 포용했던 것보다 더 대단한 성과는, 수아레스가 프랑코 정권 치하에서 임명된(선출된 것이 아닌) 조합주의Corporatist 의회 코르테스Cortes의 자진 해산을 설득했다는 점이다. 만일 수아레스가 의회의 해산을 일방적으로 선언했다면 정보국은 그를 체포하는 것으로 맞섰을 것이다. 대신 그는 변화를 위한 협력 체제를 구축했다. 수아레스는 코르테스 연설에서 스페인에 내분과 전복이 일어나는 것을 막으려면 '우리 사회의 다원성'을 인정하기 시작해야 한다며, 이를 위해서는 여러 다른 그룹과 정당들이 합법적으로 활동할 기회를 제공해야 한다고 주장했다. 그의 말을 그대로 옮겨보면, "정당은 구체적인 목표를 갖고 있으며 그중 가장 중요한 것은 정권 획득이다. 따라서 만일 국가가 정당의 활동을 인정하지 않는다면, 평화로워 보이는 수면 아래에서 국가 전복의 위협이 싹틀 것이다." 그는 '체제 전복'을 두려워하는 코르테스 의원들의 심리를 이용하여, "헌법적 진공 상태는 물론 적법성의 진공 상태는 더더욱 존재해선 안 되며 존재하게 돼서도 안 된다"는 것을 그들이 충분히 이해할 거라 확신한다고 말했다.[34] 수아레스가 총리로 임명되고 불과 5개월 후인 1976년 11월, 의회에서 정치 개혁법을 표결하기 직전까지도 많은 이들은 어떤 결과가 나올지 확신하지 못했다. 그러나 결과는 찬성 425표, 반대 59표로 압승이었다. 수아레스는 스페인 사회 전반의 요구를 파악하고 그에 부응했을 뿐 아니라, 구체제 엘리트 계급 내에서도 합의를 통해 해결책을 도출해내는 능수능란한 리더십을 발휘했다. 민주화의 새로운 기반을 한층 더 강화하기 위해 그는 정치 개혁법을 국민 투표에 부쳤고, 무려 94퍼센트의 지지를 얻었다.

또한 수아레스는 '민주중도연합'이라는 중도-보수 연합을 형성하는 데 성공했으며, 이들은 1936년 이후 처음 열린 1977년 총선에서 제1정당으로 부상했다. 민주화의 한 가지 부산물은 바스크 지방과 카탈루냐 지방의 분리주의 운동에 희망을 불어넣고 새로운 기회를 제공했던 것이다. 따라서 민주화 초반의 선거가 지역 단위가 아니라 전국 단위로 치러진 것은 스페인이 민주적 통합을 이루는 데 매우 중요했다. 세계 어느 나라에서나 유권자는 전국 선거보다 지역 선거에서 민족주의 정당과 지역 정당에 더 많은 표를 주는 경향이 있다. 스페인의 경우 지역 선거에서 이들 정당의 득표율이 전국 선거보다 15-25퍼센트 정도 더 높게 나오는 것으로 조사됐다.[35] 따라서 전국을 대표하는 입법부에 대한 자유 선거가 먼저 치러진 것은 스페인 전체를 대표하는 정당들이 득세하는 데 도움이 되었다. 그중에서도 특히 수아레스의 민주중도연합과 곤살레스가 이끄는 사회노동당이 두각을 나타냈다. 프랑코 사후, 민주주의로의 이행 초기에 중도적이고 비非민족주의적 정당들이 여당과 제1야당으로 부상한 것은 스페인 민주주의 발전에 중요한 의미가 있었다.

민족주의와 분리주의 움직임은 21세기 들어 현재까지도 스페인의 중요한 정치 현안으로 남아 있지만, 더 이상 민주주의 정부의 존속을 위협하지는 않는다.[36] 만일 그들이 프랑코 사망 직후 스페인을 조각낼 위협으로 다가왔다면 십중팔구 권위주의 정권으로 회귀했을 것이다. 분리주의자들에 대한 강경 진압(비록 단기적인 해결책에 불과했겠지만)을 담당한 군부가 정권을 장악했을 것이고, 이는 스페인의 신생 민주주의에 대한 억압으로 이어졌을 것이다.* 반면 수아레스는 미리 카탈루냐와 바스크 지방의 중도 여론을 포섭했으며, 특히 카탈루냐에서 성공적인 결과를 얻었다. 바스크 국민당과 카탈루냐 민족주의 세력 대표들이 참여했던 1977년 협상 이후 1978년에 통과된 신헌법은 카탈루냐어와 바스크어를 표준어인 카스티야어(스페인어)와 함께 해당 지역의 공식 언어로 허용하는 등 두 지역에 상당한 권력을 이양하는 내용을 포함하고 있었다.

수아레스 집권 1기는 1973년 석유 파동의 여파로 심각한 경제적·사회적 문제를 안고 시작됐다. 1977년 총선을 통해 이번에는 총리로 '선출'된 수아레스는 총리령을 내려 경제 안정화 정책을 도입하는 것도 고려했으나, 심사숙고 후 마음을 바꿨다. 그보다는 직면한 문제의 규모에 맞는 정책들을 수립하고, 그것을 지지하는 '동맹'을 맺을 수 있다면 보다 합법적이고 효과적일 것이라고 결론지었다. 몽클로아 협약(이름은 총리 자택에서 따왔다)은 전 세계 민주주의 역사상 가장 뛰어난 협약 중 하나로 널리 평가된다. 수아레스는 민주주의 실험의 첫해에 광범위한 파업 위협에 맞서 정부가 임금 통제 정책과 파업 금지 협의의 필요성을 노조 대표들에게 이해시키고, 그들이 희생을 감수하게 하려면 공산당 및 사회당을 협상 테이블에 앉혀야 한다는 것을 잘 알고 있었다. 그는 공산당을 위시하여 1977년 6월 자유 선거를 통해 구성된 새로운 의회에 진출한 모든 당의 대표들을 몽클로아에 초대하여 일련의 비공식 회담을 가졌다.

★ 　 스페인 학자 소니아 알론소Sonia Alonso는 최근 카탈루냐에서 분리 독립에 대한 지지가 증가하고 있음을 지적하면서도, 이것이 (스페인에서 민주주의가 회복된 이후) 강한 민족 정체성을 가진 지역에 부여된 권력 이양에 반대하는 주장은 아니라는 점을 강조했다. '주변부의 고충을 조직적으로 무시한' 경험과 '중앙 집중형 단일 체제를 강요하는 것은 … 국가 영토의 보존도 민주주의의 생존도 보장하지 않'기 때문이다. (Sonia Alonso, *Challenging the State: Devolution and the Battle for Partisan Credibility. A Comparison of Belgium, Italy, Spain, and the United Kingdom*, Oxford University Press, Oxford, 2012, pp. 247‒248.)

이런 광범위한 협상을 거쳐 합의를 이뤄낸 후에야 수아레스는 몽클로아 협약을 상하원 투표에 부쳤다. 정당 간 협의에서 이미 어려운 문제들을 다 조율해놓은 상태였기에, 반대표는 하원에서 1표, 상원에서는 3표(와 기권 2표)가 나왔을 뿐이다. 노조들과 주요 정당들이 동의한 협약은 임금 인상 요구를 완화하여 인플레이션과 국가 부채를 낮출 수 있도록 하는 대신, 표현의 자유 보장부터 피임 합법화까지 다양한 정치적·사회적 개혁을 추진한다는 내용이었다. 이 협약은 스페인 사회가 보다 성숙한 민주 사회로 나아가는 길을 닦았다.[37] 수아레스의 포용적 정치 스타일은 1977년 스페인의 유럽공동체 가입 신청 때도 빛을 발했다. 당시 의회 내 모든 정당이 이 결정을 지지했다. 권위주의 통치에서 벗어나는 과정에 있는 다른 나라들과 마찬가지로, 스페인도 유럽공동체에 가입하면서 (최근 몇 년간의 세계 경제 위기와 유로화 문제 등으로 인한 긴장에도 불구하고) 민주주의 체제가 공고해지는 효과를 봤다.

수아레스는 신생 민주 질서의 근간이 될 새로운 헌법이 필요하다고 인식하고 있었으나, 새 헌법을 단지 다수결을 통해 밀어붙였을 때 벌어질 위험 또한 간과하지 않았다. 1978년 4월 의회 연설에서 그는 "헌법은 국가 화합의 표현으로서 반드시 합의를 통해 수립되어야 하며, 이를 위해서는 현존하는 다양한 정치 세력을 모두 고려해야 한다"고 말했다.[38] 공산주의자들은 이미 국왕을 국가 원수로 받아들이는 데 동의했지만 사회주의자들은 헌법 초안이 거의 마무리될 때까지도 스페인이 공화국이 되어야 하며 또 그렇게 정의되어야 한다는 주장을 굽히지 않았다. 그렇지만 그들도 결국에는 사형제 폐지와 투표 연령을 18세로 하향 조정하는 대가로 입헌군주제를 받아들였다.[39] 스페인이 합의를 통해 민주주의로 이행할 수 있었던 것은 수아레스 리더십의 공이 크다. 헌법 초안은 의회에서 만장일치에 가까운 승인을 받았고, 90퍼센트에 육박하는 국민의 지지를 받았다(바스크 지방만큼은 예외였다).[40]

1979년 총선에서 수아레스의 민주중도연합은 근소한 차로 사회노동당을 제쳤으나 과반 의석은 확보하지 못했다. 수아레스는 재임 기간에 대중적 인기를 얻지 못했다. 그는 민주 좌파의 신망을 얻기에는 프랑코 정권과 너무 깊이 얽혀 있었고, 군부를 비롯한 대부분의 보수파가 보기에는 너무 진보적이고 반프랑코파와 가까웠다. 1980년대 초에는 바스크 지방의 극단주의 단체 '바스크 조국과 자유ETA'에 의한 테러가 정치 체제의 안정성을 위협했다. 1970년대 중반부터 해마다 군인을 포함한 사상자가 증가했고, 이는 신생 민주주의에 대한 군부의 불만을 부채질했다. 수아레스는 자신의 정치적 영향력이 쇠퇴하고 있음을 절실히 깨닫고, 만일 다음 총선까지 총리직을 붙들고 있는다면 민주화 과정이 위태로워질 것이라고 판단했다. 총리직 유지보다 스페인 민주주의의 운명을 더 걱정했던 그는 1981년 1월 말 총리에서 사임했다.

그로부터 몇 주 후인 2월 23일 의회에서 총리 후임자를 확정하는 회의가 열리고 있을 때, 안토니오 테헤로Antonio Tejero 중령이 이끄는 군인들이 의사당에 난입해 총을 난사하며 의원들에게 침묵을 명했다. 대다수의 의원이 바닥에 웅크려 몸을 숨겼지만, 수아레스는 태연히 자리를 지킨 몇 안 되는 사람 중 하나였다. 수아레스는 산티아고 카리요, 펠리페 곤살레스, 그리고 또 다른 사회노동당의 지도자급 의원과 함께 나머지 의원들로부터 격리되었고, 만일 쿠데타가 성공했다면 분명 그대로 감옥행이었을 것이다. 그런 일이 벌어지지 않았던 데는 후안 카를로스 국왕의 역할이 결정적이었다. 의사당 급습과 동시에 탱크가 다른 여러 도시의 거리를 점령했다. 그러자 국왕은 주요 사령관들에게 전화를 걸어 탱크와 군인들을 병영으로 돌려보내라고 명령했다.

다음 날 후안 카를로스 국왕은 스페인 군대 최고 계급인 총사령관 제복을 입고 텔레비전에 등장하여, 민주적 절차를 중단시키려는 이번 시도를 용납하지 않을 것이라고 선언했다. 비록 스페인 국민의 과반수가 쿠데타에 반대하는 상황이긴 했으나, 쿠데타가 실패로 막을 내렸던 데는 국왕의 단호한 행동이 매우 중요하게 작용했다. 군부는 정치인들이나 여론보다 국가 원수인 국왕의 명령에 더 민감하게 반응했기 때문이었다. 쿠데타는 그렇게 종식되고, 관련된 장교들은 체포 후 수감되었다. 그때까지만 해도 복고된 스페인 왕정은 그리 큰 인기를 얻지 못하고 있었다. 일단 군주의 정당성이 약했고(그리고 여전히 약하고), 따라서 국왕의 인기는 왕위에 오른 자의 행동에 크게 좌우될 수밖에 없었다. 후안 카를로스는 애초에 수아레스를 총리로 임명함으로써, 또 스페인이 민주화를 이루어야 하며 자신의 역할은 입헌군주라는 것을 받아들임으로써, 그리고 무엇보다도 1981년 2월 쿠데타에서 취한 입장으로 국민의 신망을 얻게 되었다. 후안 린츠Juan Linz와 앨프리드 스테판Alfred Stepan이 말했듯이, 후안 카를로스는 "군주제가 그에게 부여한 정당성보다 더 큰 정당성을 군주제에 부여했다."[41]

프랑코 정권을 인정하고 그 아래에서 호의호식했던 이들 중에서, 스페인 정치 체제를 권위주의에서 민주주의로 신속하게 이행시키는데 가장 결정적인 역할을 했던 이는 바로 수아레스였다. 그가 구체제의 핵심부에 속했었다는 사실 덕분에, 그때까지 불법이었던 정당을 합법화하고 진정한 민주 선거를 실시하는 등 과감한 개혁을 진행할 때 구체제 세력의 여론까지도 포섭할 수 있었다. 그는 아무리 봐도 카리스마적 리더는 아니었다(프랑코 이후의 스페인 정치인 중에서 펠리페 곤살레스가 가장 카리스마적 리더였다고 할 수 있다). 그는 주변인들을 압도하는 '강한' 리더도 아니었다. 그는 합의를 추구하고 협력하는 스타일이었다. 그는 양보하고 타협했지만, 그가 확고부동하게 추구한 민주주의라는 목표를 위해서 그렇게 했다. 이 부분에서 수아레스는 대단히 성공적이었다.

▌ 미하일 고르바초프

미하일 고르바초프가 러시아에 가져온 변화는 수아레스 집권하의 스페인에서 벌어진 일들보다 더욱 극적이다. 한 가지 이유는 그가 최소한 군사적 의미에서 '슈퍼 파워'이자, 지난 수십 년간 소비에트연방은 물론 중유럽 및 동유럽에서 공산주의 체제를 수호해온 나라의 리더였기 때문이다. 따라서 소련에서 진행된 체제 변화는 스페인의 체제 변화보다 훨씬 광범위한 파급 효과를 갖는다.★ 그러나 수아레스와 고르바초프의 사례에는 중요한 공통점이 있다. 고르바초프도 수아레스처럼 이전 정권에서 출세 가도를 달렸던 인물이며, 대다수의 소련 반체제 인사는 물론 외국 정상들도 혹시 고르바초프가 어떤 개혁을 시도한다면 그것은 좁은 범위의 개혁일 것이라고 짐작했다. 다들 고르바초프가 소

★　그러나 스페인과 포르투갈의 민주화는 민주화 제3의 물결로 불려온 라틴아메리카에서의 민주주의 확산을 자극하고 격려했다. 1980년대 후반에 벌어진 일은, 그리고 소련에서 시작됐던 일은 남유럽과 라틴아메리카에서 일어난 초기의 변화와는 관련이 없다. 따라서 이것은 민주화 제4의 물결에 해당한다.

련 공산당의 독점적 권력을 위태롭게 하거나 공산당 내부의 계급적 권력 구조를 약화시킬 리 없고, 마찬가지로 동유럽에서 소련의 패권을 약화시킬 일도 없을 것이라 여겼다. 소련 일당 독재 체제의 리더가 2차 세계대전에서 승리한 대가로 소련이 정당하게 획득한 지정학적 이익으로 여겼던 동유럽 국가(와 거기에 포함된 군산 복합체)를 하나라도 '상실'하는 것은 생각조차 할 수 없는 일이었다.

고르바초프는 한 개인이 엄청난 변화를 가져온 정치 리더의 사례로 손꼽힌다.[42] 1980년대 후반 소련은 여러 가지 이유로 변화가 필요했다. 당시 경제 성장은 장기 하락세를 보였으며, 군산 복합체는 번성했지만 이는 나머지 경제 분야를 희생한 결과였다. 국민의 생활 수준은 스탈린 시절보다는 상당히 높아졌지만, 주변 스칸디나비아 국가들과 서유럽 국민이 누리는 수준에는 훨씬 못 미쳤다. 교육 수준의 향상(다수의 쟁쟁한 전문가를 보유한 연구소와 대학 등 탄탄한 고등 교육 부문을 포함하여)이라는 공산주의 시대의 대표적인 성과는, 역설적으로 급진적 개혁에 대한 잠재적 지지층을 만들어내는 결과를 낳았다.

소련 체제는 정치적으로 순응하는 자에게는 여러 가지 정교한 보상을 주고 불복종하고 반발하는 자에게는 단계별 제재와 처벌을 내리는 상벌 체계를 운영했다. 특히 소련의 권력층 입장에서는 급진적 개혁이 불러올 잠재적 혜택보다는 위험이 훨씬 컸다. 만일 소련 권력층의 최우선 순위가 공산주의 체제와 소비에트연방을 현상태로 유지하는 것이었다면, 둘 다 소멸해버린 1992년에 이르러 개혁에 반대했던 그들의 입장이 옳았다고 주장하는 것도 충분히 가능하다. 종국에는 소련 체제에 위기가 도래하지만, 1980년대 중반의 소련 체제는 여러 가지 내재된 문제에도 불구하고 안정적이었다.★ 콘스탄틴 체르넨코가 공산당 서기장(따라서 국가의 리더)으로 통치했던 암울한 13개월 동안에도 사적인 불평이나 투덜거림은 있었을지언정 민심의 동요는 없었다. 소련 계획 경제의 한계라든지(군사 기술과 우주 탐사 연구 및 개발의 성공에도 불구하고) 여러 가지 변화 요소들이 존재했지만, 1985년의 소련은 위기에 처해 있지 **않았다**. 위기로 인해 개혁이 일어난 것이 아니라 급진적 개혁이 위기를 불러온 것이다. 소련이 처한 경제 상황이 너무나 위태로워서 고르바초프가 **어쩔 수 없이** 개혁을 진행하게 되었다는 주장은 당시 진행된 근본적 변화를 잘못 설명하고 있다. 경제적 요인이 그렇게 압도적으로 강했다면, 왜 고르바초프가 먼저(적어도 1987년 초반부터) 경제 개혁을 시도하지 않고 정치 개혁에 우선순위를 두었는지 설명하지 못한다. 시장 체제 도입에 맞선 견고한 관료 세력의 반대를 극복하기 위해 정치 개혁이 필요했다고 주장할 수도 있다. 그러나 고르바초프는 체제 완화와 민주화 그 자체를 추구했으며, 이는 훗날 그가 한 말에서도 드러난다. "정치 투쟁을 하면서 우리는 경제를 망각했다. 일상 용품이 부족하고 필수품을 구하기 위해 길게 줄을 서야 했던 국민들은 결코 우리를 용서하지 않을 것이다."

　레이건 행정부의 초강경 대소련 정책과 군비 증강으로 인해 소련 지도부가 냉전의 패배를 인정할 수밖에 없었다는 주장도 사실과 다르

★　　이면에 도사리고 있는 근본적인 문제는 국적 문제였다. 소비에트연방의 비러시아 민족 국가들, 특히 에스토니아, 라트비아, 리투아니아의 토착 인구 과반수는 선택의 여지가 있었다면 독립 국가 체제를 환영했을 것이다. 그러나 페레스트로이카 이전 발트해 연안 공화국의 시민들은 독립 요구가 아무 소용이 없을 것이며, 수용소에 끌려가는(또는 소련 초기였다면 처형되는) 결과를 초래할 뿐임을 알고 있었다.

다.* 2차 세계대전 종전부터 1960년대까지도 미국이 소련보다 군사적 우위에 있었지만, 그렇다고 소련의 대외 정책이 미국과 협조하는 방향으로 바뀌지는 않았다. 오히려 이 시기는 소련을 배후로 한 공산주의의 팽창기이자, 헝가리 혁명과 프라하의 봄이 무력으로 진압된 시기였다. 소련의 군사력이 미국과 비슷한 수준에 도달한 것은 1970년대 초 양측이 서로를 말살시키기에 충분한 수량의 핵무기와 발사 수단을 확보한 후의 일이었다. 레이건이 집착했던 전략방위구상 개발 과정에서 발생할 수 있는 기술적 파급 효과에 대한 우려가 소련 내에 존재했으나, 이는 소련의 군산 복합체 관계자들이 고르바초프가 추진하던 방위 예산 감축을 견제하기 위해 부풀린 측면이 있다.[44] 레이건 자신도 훗날 "SDI를 개발하는 데 수십 년이 걸릴 것"이며, "어떤 방어 수단도 100퍼센트 완벽할 순 없기" 때문에 "뚫을 수 없는 방패"는 아닐 것이라고 인정했다.[45] 1983년 3월 SDI에 대한 레이건의 포부가 만천하에 공개되었을 때 소련의 리더는 안드로포프 서기장이었다. 안드로포프 정권과 그 뒤를 이은 체르넨코 정권은 미국의 군비 증강에 똑같이 군비 증강으로 대응했다. 소련의 대외 정책과 국방 정책을 바꾼 것은 레이건이나 SDI가 아니라 고르바초프였다.

★　고르바초프가 권력을 잡기 전 소련 지도부는 레이건 집권 1기의 정책에 대해 전통적인 방법으로 대응했다. 베테랑 소련 국방부 장관 드미트리 우스티노프Dmitriy Ustinov가 1983년 5월 정치국 회의에서 "국방 문제와 관련하여 그동안 우리가 해온 모든 것을 계속해야 합니다. 모든 미사일 계획은 그대로 진행되어야 합니다"라고 말했을 때 이에 반대하는 사람은 없었다(Zasedanie Politbyuro TsK KPSS, 31 maya 1983 goda, Hoover Institution Archives, Fond 89, Reel 1.1003, Opis 42, File 53.). 1986년에 이르러서도 당시 국가보안위원회 국장 빅토르 체브리코프Viktor Chebrikov는 정치국 회의에서 "미국인들이 이해하는 것은 힘뿐이다"라고 주장했다(Zasedanie Politbyuro TsK KPSS 14 oktyabrya 1986 goda, Volkogonov Collection, R9744, National Security Archive, Washington, DC.).

고르바초프는 1980년대 중반 소련의 사회 상황에 대해 소련 지도부의 다른 인물들보다 비판적인 견해를 갖고 있었으며, 계산 착오나 사고, 혹은 기술적 오작동으로 인해 끔찍한 핵전쟁이 발발할 가능성에 대해서도 다른 이들보다 더 걱정했다. 1985년 3월 체르넨코가 사망했을 때, 고르바초프는 소련 공산당 정치국의 **유일한** 개혁파이자 냉전의 종식을 진지하게 고려했던 유일한 인물이었다. 그렇다면 차기 중앙위원회 서기장, 즉 소련의 실질적인 최고 권력자가 정치국 내부에서 다른 정치국원들에 의해 결정되는 상황에서 어떻게 고르바초프가 체르넨코 사망 24시간 만에 소련의 리더로 선출될 수 있었을까? 소련 최상층 지도부의 구성과 보수성을 고려하면, 그가 개혁주의자였기 **때문에** 선택된 것은 당연히 아니다. 그는 자신의 급진적 개혁주의 성향을 다른 정치국원들과 공유하지 않았고, 그중 몇몇은 나중에 고르바초프가 그런 정책을 추진할지 전혀 몰랐다고 불평했다.[46] 3년도 채 안 되는 기간에 세 명의 서기장이 잇달아 노환으로 사망한 탓에, 고르바초프가 지적으로 가장 유연하고 체력도 강한 최연소 정치국원인 것이 장점으로 작용했다. 국장을 연례행사처럼 치르는 것은 소련 입장에서 망신살이었다. 게다가 고르바초프는 이미 정치국 내 이인자의 자리에 올라 있었다(특히 유리 안드로포프는 그의 지성과 에너지를 높이 샀고, 15개월의 집권 기간 동안 고르바초프에게 더 많은 권한을 부여했다). 고르바초프는 체르넨코가 1985년 3월 10일 저녁에 사망했을 때 주도권을 장악하고 있었다. 그는 당일 밤 11시 정치국 회의를 소집·주재했고, 그 자리에서 실질적 리더로 '사전 선출'된 후 다음 날 오후 서기장으로 확정되었다.[47]

고르바초프의 견해가 소련의 리더가 되고 난 후에도 계속해서 발전했다는 사실에 특히 주목할 필요가 있다. 1985년 집권 당시에 그는 소련에 개혁이 필요하며 소련 체제가 **개혁**을 통해 유지될 수 있을 것이라 믿었으나, 1988년 여름 무렵에 이르면 개혁으로는 불충분하고 완전한 **체제 변혁**이 필요하다는 결론에 도달한다. 훗날 그 자신도 밝혔듯이, 그해 제19차 당 회의에서 그가 했던 연설은 다름 아닌 "하나의 정치 체제로부터 다른 정치 체제로 평화롭고 순조롭게 이행"하기 위한 시도였다.[48] 이 연설에서 고르바초프는 모든 나라는 각자의 삶의 방식과 사회 구조를 선택할 자유가 있으며, 이를 특히 군사적 수단을 동원하여 외부에서 강요하려는 시도는 "과거의 위험한 무기고에서" 나온 것이라고 선언했다.[49] 고르바초프가 이 1998년 6월 연설에서, 그리고 6개월 후 유엔 연설에서 다시 한 번 이것이 예외를 허용하지 않는 보편적인 원칙임을 천명하면서 동유럽인들이 이듬해 그의 말을 실행에 옮기게 되었다. 만일 고르바초프가 1985년에 이미 개혁으로는 불충분하며 체제 변화가 필요하다고 믿었다면 서기장으로 선출되기 위해서는 불가능에 가까운 연기를 해내야 했을 것이다. 고르바초프가 고도로 권위주의적인 소련 체제에서 최고 권력자의 자리에 있는 동안, 단지 여러 구체적 사안에 대한 의견이 아니라 정치적 목표 자체가 바뀌었다는 사실은 매우 중요하다.[50]

공산당의 매우 엄격한 위계, 상당한 규모의 임명권을 포함한 정치적 자원이 서기장 자리에 집중된 점, 그리고 최고 리더가 당 관료층·정부 기관·KGB·군부에 비해 높은 위치에 있는 점 등은 소련 체제의 근본적인 변화를 가져올 기회를 그 어떤 인물보다 서기장에게 더 많이 쥐여줬다. 하지만 스탈린 이후 어떤 소련 리더도 정치국원들의 생살여탈권을 갖고 있진 않았고, 만약 리더가 독주해서 다른 정치국원들의 반감을 산다면 1964년의 니키타 흐루쇼프처럼 서기장 자리에서 쫓겨날 가능성도 충분히 있었다. 오랫동안 권력을 휘둘러온 조직을 약화시키려는 시도는 극히 위험한 일이었다. 따라서 고르바초프가 기득권을 약화시키는 급진적 변화를 도입하기 위해 서기장의 권력을 사용하려면 고도의 정치 기술을 발휘해야 했다. 그가 훗날 회고하듯이, "강력한 관료제를 극복하기 위해서는 정치적 수완을 발휘하는 것이 반드시 필요했다."[51] 페레스트로이카 첫 4년간 고르바초프의 최측근 개혁 동지 중 하나이자 고르바초프 시절에 고속 승진했던 알렉산드르 야코블레프Aleksandr Yakovlev는 이것을 더 직접적으로 표현했다. "만일 페레스트로이카 초반에 급진주의를 고수했다면 모두를 아우르는 개혁이라는 아이디어 자체가 파괴되었을 것이다. 관료들(공산당, 정부, 정보기관, 경제 부문)이 대동단결하여 반발했다면 이 나라를 스탈린주의가 팽배했던 최악의 시기로 되돌려놓았을 것이다." 그는 1980년대 중반의 정치적 맥락은 그 이후 도래한 시기와는 완전히 달랐다고 부언한다.[52]

고르바초프는 특히 서기장 재임 초반의 몇 년간은 개혁의 각 단계마다 정치국의 승인을 받아가며 조심스럽게 진행했다. 회의는 브레즈네프 시절보다 훨씬 길어졌고, 정치국원들이 각자의 의견을 자유롭게 개진하고 서기장의 의견에 반대할 수 있는 분위기였다. 고르바초프의 감독하에 보좌관들이 준비한 문서가 이미 서기장의 승인이 떨어진 내용임에도 불구하고 정치국 회의에서 수정되는 경우가 빈번하게 발생했다. 예를 들어 1987년 11월에 있을 볼셰비키 혁명 70주년 기념 서기장 연설문 초안이 정치국의 승인을 위해 제출되었을 때, 여러 정치국원이 연설 내용 중 소련에 '권위주의 관료적 모델의 사회주의'가 구축되었다는 문구에 강하게 반발했다. 고르바초프는 어쩌면 '모델' 대신 '방법'이나 '수단'이라는 용어를 쓰는 것이 좋을지도 모르겠다고 말하며 특유의 전략적 후퇴를 선보였다. 같은 회의에서 '다원주의'는 이질적인 개념이라고 규탄하며 '사회주의적 다원주의socialist pluralism'라는 문구에 대한 반대 의견이 나오기도 했다.[53] 비록 이런 과정에서 고르바초프가 보좌관들과 함께 만든 문구들은 일부 삭제되었을지 모르지만, 그가 보여줬던 유연성 덕분에 각 문서는 공식 정책이 되어 새로운 지평을 열었다. 특히 중요한 점은 정치국이 공동으로 책임을 졌다는 사실이다. 속으로는 어떤 의구심을 품고 있었더라도, 그들은 최종 결과로부터 손쉽게 자신들을 분리할 수 없었다.

고르바초프는 정치국 내에서 그와 생각이 다른 과반수의 정치국원들과 함께 일해야 했다. 민주주의 국가를 포함한 다른 나라의 정부 수반과 마찬가지로, 그는 경제 정책보다 대외 정책에서 더 큰 재량권을 갖고 있었다. 서기장이 되고 채 1년이 지나기 전에 그는 대외 정책 부서의 수장들을 전격 교체할 수 있었다.[54] 그러나 정치국원이 되는 것은 중앙위원회 회원들에게만 열린 기회였다. 서기장이 다른 어떤 소련 정치인보다 정치국원 추천에 큰 영향력을 행사하긴 했지만, 스탈린 시대 이후 완전한 자유 재량권이란 존재하지 않았다. 정치국은 공동 결정을 통해 새로운 멤버를 영입했다. 따라서 1990년 3월에 결정된 대통령직의 신설은 또 하나의 중요한 개혁이었으며, 고르바초프는 입법부에 의해 그 자리에 선출되었다.★

1990년 3월까지 고르바초프는 압도적으로 보수 성향을 가진 정치국원들을 다루는 데 뛰어난 정치 수완을 발휘해야 했다. 당시 정치국원이었던 비탈리 보롯니코프Vitaliy Vorotnikov는 고르바초프가 실제로 이것을 어떻게 해냈는지 묘사했다. 그에 따르면(그리고 다른 여러 정치국원도 동의하는 바다) 고르바초프의 스타일은 '민주적이고 협력적'이었다. 정치국에서 발언하고 싶은 사람에게는 모두 기회가 주어졌으며, 고르바초프는 그들의 주장을 주의 깊게 들었다. 심각한 의견 충돌이 발생하면 고르바초프는 "이 안건에 대해 좀 더 숙고하고 검토해볼 필요가 있다"고 말하곤 했다. 그는 우려를 표한 자들이 안심할 수 있도록 설명하거나, 다음 회의까지 결정을 보류했다. 그러나 보롯니코프는 고르바초프가 결국에는 자신이 원하는 것을 얻어냈고, 어떨 때는 중간 지점의 타협안을 받아들인 다음 기회를 틈타 자기가 원하는 방향으로 가버렸다고 유감을 표했다.[55] 브롯니코프와는 다른 입장이었던 야코블레프는 회고록에 고르바초프가 "음흉한 정치 게임에 훨씬 능숙한 연장자들, 어느 때라도 그를 몰아내자는 합의에 이를 수 있는 자들"에게 둘러싸여 있었다고 적었다.[56] 그는 고르바초프가 '당시 가장 강력한 엘리트 집단'의 특혜를 잠식해들어가면서 권력을 확보했다는 사실을 강조한다.[57]

★   당시 통과된 법에 의거하여 향후 소련 대통령 선거는 국민에 의한 직접 선거로 치러질 예정이었다. 그러나 소련은 그 선거가 실시되기 전에 더 이상 존재하지 않게 되었다. 1990년 3월 이후 고르바초프는 서기장직보다 대통령직을 통해 통치했고, 많은 주요 문제에서 정치국을 우회하는 행보를 보였다. 1990년까지 소련 일당 독재 체제로 남아 있었고, 정치국은 서기장을 방해하거나 만일 그가 선을 넘으면 그를 물러나게 할 힘을 갖고 있었다. 그러나 소련이 존재했던 마지막 2년 동안 권력은 공산당에서 국가 기관으로 이양되었다. 1991년 1월 내가 중앙위원회 사상부 부서기장과 만났을 때, 그는 방으로 커피를 가져오라고 시킬 정도의 힘은 아직 남아 있을 거라고 농담했다. 권력이 중앙위원회 건물을 떠난 것은, 그리고 비공산주의자 외국인 학자의 공산당 신전 입장이 허가된 것은 소련이 존속했던 마지막 2년 동안에 벌어진 일이다.

설득의 힘

고르바초프가 소련 체제를 완화해나갈수록 그는 점점 서기장직의 권력보다 설득력에 의존해야 했다. 보롯니코프는 상당 기간 고르바초프의 주장에 휩쓸렸다고 인정한다. 그는 정치국 내에서 자주 고르바초프의 개혁에 의문을 표시하고, 말뿐만 아니라 글을 통해서도 반대 주장을 펼쳤다. 그는 "그러나 결국 나는 고르바초프의 신념의 논리에 굴복하곤 했다. 이 또한 나의 잘못이다"라고 말했다.[58] 그를 포함한 정치국원들은 고르바초프가 공산당 관료의 권력을 축소하고, 정치적 정당성의 근원을 마르크스-레닌주의가 아니라 경쟁 선거로 바꾸며 민주화 과정을 진행하고 있음을 너무 늦게 알아차렸다. 고르바초프는 언론의 자유를 포용하고 상당수의 출판사와 대중 매체를 허용하여 소련 사회에 활력을 불어넣었다. 동시에 특히 보수 공산주의자들을 수세에 몰아넣었다. 보롯니코프도 이 점을 언급하면서 이렇게 말했다. "사이비 민주주의 열차의 질주를 막는 것은 우리 능력 밖의 일이었다."[59]

고르바초프는 일반적인 의미에서 '강한 리더'는 아니었다. 그는 고압적인 스타일이 아니었고, 전략적으로 후퇴하고 비판을 수용하는 데 주저하지 않았다. 무엇보다도 그는 러시아의 전통적인 강한 리더상에 들어맞지 않았다. 소련우주연구소 로알드 사그데예프Roald Sagdeev 소장은 페레스트로이카 초반에 소그룹 토론에서 고르바초프를 관찰할 기회가 있었다.[60] 그는 "고르바초프라는 인물의 매력과 화술의 마력에 빠져들지 않은 사람은 별로 없었다"고 회고한다. 그의 열성에 대해 '진정 타고난 전도사'라고 감탄하면서도, 그는 고르바초프가 자신의 막강한 설득력을 이용해 성취할 수 있는 것을 과대평가하는 경향이 있다고 언급했다. 고르바초프는 "소련 내 누구든, 무엇에 관해서든 설득할 수 있다"고 믿게 되었다.[61] 그러나 사그데예프는 고르바초프의 리더십에서 특히 중요했던 것은 그가 ("매우 열정적이고 유려하게") 상대방을 **설득**하려고 시도했다는 사실 그 자체라고 평가한다. 사그데예프는 이런 태도는 앞선 리더들이 늘상 보여왔던 전통적 태도와 강렬한 대비를 이뤘으며, 조국이 정치 문화면에서 대단한 진전을 이루고 있다는 표식이었다고 말했다. 기존의 리더들은 "사람들의 속마음이나 신념을 바꾸려고 시도한 적이 없고, 단지 지시를 내리고 따를 것을 요구했다."[62]

고르바초프의 리더십 스타일이 러시아의 전통적 정치 문화와 상충했다는 점은 이 저명한 과학자를 매료시켰지만, 이런 스타일이 소련 사회 전체에 통했던 것은 아니다. 고르바초프의 인기는 1989년 봄부터 1991년 12월에 소련이 해체될 때까지 꽤 가파르게 추락했다(그렇다고는 해도, 보리스 옐친이 그를 제치고 러시아에서 가장 인기 있는 정치인이 된 것은 고르바초프가 서기장으로 재임한 지 5년도 더 지난 후인 1990년 5월의 일이다).[63] 고르바초프의 정치개혁보좌관이자 고문이었던 게오르기 샤크나자로프Georgiy Shakhnazarov에 따르면, 고르바초프의 권위는 1989년 3월에 열린 소련 역사상 최초의 진정한 자유 총선을 통해 의회인 소련인민대표회의(그리고 그 내부 조직인 최고소비에트Supreme Soviet)가 구성되고 그가 이 의회를 주관하기 시작한 1989년 봄부터 약화되기 시작했다.[64] '의회 정치 문화'의 발전을 장려하기 위해 고르바초프는 온종일 의회 회의를 주관하며 시간을 보냈고, 실질적으로 국가 원수이자 공산당 대표이면서 의회 의장 역할까지 맡았다. 샤크나자로프는 고르바초프의 지지자들이 그가 의회 의장 역할을 자처하여 자신의 권위를 실추시키고 있다고 충고했다고 전한다. 잘 알려지지도 않은 새파랗게 젊은 의원이 국가 원수와 논쟁을 벌이고, 또 국가 원수가 참을성 있게 자신의 입장을 설명하고 심지어 뻔한 모욕도 대수롭지 않게 넘기는 모습을 텔레비전을 통해 시청하던 수백만 명의 국민은 이 나라의 장래가 어둡다고 결론내렸다. 샤크나자로프에 따르면 "러시아인들은 예로부터 엄격한 통치자를 존경하고 심지어 사랑했다." 그들로서는 온화하고 요령 있는 인물을 리더로 받아들이기 어려웠다. 어떻게 그런 리더가 질서와 안보를 제공하리라고 기대할 수 있으며, 어떻게 그를 기꺼이 섬길 수 있겠는가?[65]★

　페레스트로이카 대부분의 기간 동안 소련의 경제 운영을 책임졌던 인물은 1985년부터 1990년까지 소련각료평의회의 주석이었던 니콜라이 리시코프Nikolay Ryzhkov였다. 초반에는 고르바초프의 조건부 협조자였던 그는 이후 신랄한 비판자로 변했다. 특히 그는 자신이 보기에 더 긴박한 문제인 경제 문제를 고르바초프가 뒷전으로 미루고 민주화에 매달리고 있다고 개탄했다. 사실 리시코프의 시장 개혁이 초기에 적극적으로 받아들여지지 않았던 주된 이유는 경제에 대한 그의 기술 관료적 접근법 때문이었으나, 여기서 중요한 것은 고르바초프 리더십에 대한 리시코프의 의견이다. 리시코프는 고르바초프가 우유부단하지는 않지만, 천성적으로 마키아벨리식 군주는 못 될 거라고 판단했다.[66] 리시코프는 "우리의 자체 의회 게임이 시작되기 훨씬 전부터" 고르바초프는 "의회 스타일의 리더"였다면서, "어떻게 당의 관료주의 체제에서 그

★　　러시아는 다양한 민족이 공존하는 국가였고, 여전히 그러하다. 따라서 샤크나자로프가 말한 러시아 국민의 특성을 그대로 일반화하기엔 무리가 있다. 그럼에도 많은 러시아인에게 리더가 공적인 비판에 침착하게 대응하는 모습을 보이는 것은 약함을 의미했다.

가 그런 스타일을 갖게 됐는지는 아무도 모를 일이다"라고 평했다. 리시코프는 고르바초프가 어린 시절부터 콤소몰(공산주의청년연맹)과 공산당의 통상적 경력을 하나하나 밟고 올라왔음에도 불구하고 그런 종류의 리더가 되었다는 점을 지적한다.[67] 고르바초프는 마키아벨리가 설파했고 스탈린이 체화했던 것처럼 공포를 통해 통치하려는 성격도 아니었고 그러고 싶어 하지도 않았다.★ 고르바초프에게 리더의 야망이 없었다는 얘기는 아니다. 오히려 그와는 정반대였다. 친한 친구와의 대화에서 그는 "어렸을 때부터 나는 무리에서 리더가 되는 것을 좋아했다. 그것이 나의 천성이다. 콤소몰과 … 이후 공산당에 가입했을 때도 마찬가지였다. 그것은 나의 잠재력을 실현할 방법이었다"고 털어놓았다.[68]

이미 언급했던 바와 같이, 고르바초프는 소련의 리더였던 7년에 가까운 기간 중에서 첫 5년간 소련에서 가장 인기 있는 정치인이었다. 그 이유는 그의 개방성, 전쟁의 위협을 제거한 것(2차 세계대전에서 2,700만 명이 희생된 나라에서 이것은 매우 중요한 문제였다), 그리고 언론의 자유와 종교의 자유를 포함한 일련의 새로운 자유화 조치와 자유 선거를 도입했기 때문이다. 특히 중요했던 점은 새로운 증거나 설득력 있는 주장이 제시될 때 자신의 마음을 기꺼이 바꿨다는 점이다(어떤 이들은 이것을 단점으로 봤고, 다

★　러시아 학자 드미트리 퍼먼Dmitriy Furman은 일상 생활에서라면 괴물로 간주될 사람들, 이를테면 이반 뇌제Ivan the Terrible나 표트르 1세Peter I 같은 이들이 러시아에서 전통적으로 '위대'한 인물로 평가되어 왔으며, 농노제를 폐지한 알렉산드르 2세Alexander II 같은 차르는 '위대'하지 않다고 평가된다고 지적한다. 이런 평가 시스템에서 고르바초프는 어디에 위치할까라는 그의 자문에 대한 자답은 "어디에도 위치하지 않는다"이다. 이반 뇌제, 표트르, 스탈린을 위대하다고 보는 평가 체제에서, 고르바초프는 "위대하지 않을" 뿐만 아니라, 그는 위대함의 정반대다(Dmitriy Furman, *Nezavisimaya gazeta*, 1 March 2011.). 그러나 퍼먼은 한 걸음 더 나아가 현대 선진국에서 통용되는 평가 체제를 적용할 경우 "고르바초프는 그야말로 훌륭한 통치자이자 정치인이며, 어쩌면 러시아 역사상 가장 위대한 지도자일 것"이라고 주장한다.

른 이들은 장점으로 봤다). 고르바초프의 관점 변화는 대부분 놀랍도록 명백했으나, 어떤 변화는 언어의 연속성 때문에 가려졌다. 일부 급진적 비평가들은 그가 '페레스트로이카'와 '사회주의'라는 용어를 줄곧 고수했다는 이유로 고르바초프의 민주적 진척을 축소 평가한다. 하지만 그들은 고르바초프의 재임 첫 5년간 이 두 용어의 의미가 완전히 바뀌었다는 중요한 포인트를 놓치고 있다. '페레스트로이카'는 '개혁'이라는 말 자체가 금기였던 시절에 소련 체제 개혁을 뜻하는 완곡한 표현으로 사용되기 시작됐다. 그러다 점차 고르바초프가 추구했던 소련 체제의 철저한 변모, 즉 공산당 일당 통치에서 법치에 기반을 둔 다원적 민주주의 체제로의 변화를 의미하게 되었다. '사회주의'의 경우도, 고르바초프는 1985년 공산주의 개혁자로 시작해서 1980년대가 끝날 무렵엔 사회민주주의 계열의 사회주의자로 변모하는 질적인 변화를 보여줬다.[69]

1990년 봄 소련은 더 이상 공산주의 체제가 아니었으며, 정치적 다원주의, 점점 더 성장하는 시민 사회, 독단을 대체한 법치의 발달, 그리고 빠르게 진전하는 민주화 등의 특성을 가진 사회로 변모했다. 한마디로 정치 체제가 완전히 바뀌었다. 페레스트로이카 첫 4년간은 고르바초프가 정치 어젠다의 급진화를 위해 강경파를 견제하면서 시계를 거꾸로 돌려버릴 수도 있는 내부 쿠데타를 막았던 '위로부터의 혁명' 단계였다고 할 수 있다. 여기서도 수아레스와 유사점을 찾을 수 있다. 고르바초프도 수아레스와 마찬가지로 강경파의 쿠데타를 오랫동안 성공적으로 막았기에, 1991년 8월 마침내 쿠데타가 터졌을 때는 이미 제도가 어느 정도 자리 잡은 후였다. 충분한 수의 사람들이 순종적인 피지배자에서 활동적인 시민으로 바뀌었고, 결국 쿠데타는 실패로 돌아갔다.

불과 2개월 전에 보리스 옐친이 자유·보통 선거에서 러시아공화국(소련이 아닌)의 대통령으로 선출되어 민주적 정당성을 확보했다는 사실은, 쿠데타가 일어나고 고르바초프와 그의 가족이 크림반도 해안 별장에 가택 연금을 당했을 때 매우 중요하게 작용했다.[70]

또한 고르바초프는 소련의 대외 정책을 변모시킴으로써 국제 시스템까지 바꿔놓았다. 냉전은 소련이 동유럽을 점령하면서 시작되었고, 동유럽과 중유럽 국가들이 하나씩 비공산주의 독립국으로 변모하고 고르바초프가 이런 결과를 묵묵히 수용하면서 종식되었다. 경제 분야에서는 1990-91년에 시장 경제의 **원칙**을 받아들였으나, 그것은 사회 민주주의 타입의 시장 경제였다. 1998년 협동조합이 합법화되었을 때, 그중 다수는 얄팍하게 위장된 민간 기업체였다. 그러나 고르바초프가 시장 원칙에 따른 경제 체제를 받아들인 것은 민주주의의 필요성을 받아들인 것보다 훨씬 나중의 일이다. 시장 경제로의 전환에 대한 관료 계급의 강력한 반대에 직면했던 이유도 있었다. 그 결과 소련이 해체되었을 때는 계획 경제도 아니고 그렇다고 완전한 시장 경제도 아닌 어중간한 상태였다.

어떤 이들은 고르바초프가 통치했던 나라(소련)가 1991년 말이 되면 더 이상 존재하지 않게 되었다는 이유로 그를 '약한' 리더, 심지어는 실패한 리더로 평가하기도 한다. 만일 고르바초프가 소련 체제의 완화와 대외 정책의 대전환을 추진하지 않았다면 소련은 훨씬 오래 지속되었을 것이다. 대외 정책의 변화가 중요했던 이유는, 소비에트연방에서 가장 반체제적인 민족주의 세력이(특히 에스토니아, 라트비아, 리투아니아) 1989년 동유럽 국가들이 독립하는 것을 목격한 후 목표를 자치권 확대에서 완전한 독립으로 상향 조정했기 때문이다. 고르바초프는 의도적으로 소련 **체제**의 폐지를 추구했지만, 소비에트**연방** 자체의 소멸은 방지하고자 했다. 그러나 그는 이미 독립에 대한 기대감이 올라간 상태에서 독립운동을 분쇄하는 데 무력을 사용할 생각은 없었다. 그의 정책으로 인해 소련 내 공화국에서 독립이 가능하다는 믿음이 생겨나기 전에는 기존의 보상과 처벌 시스템을 통해 현 상태를 유지할 수 있었을 것이다. 고르바초프는 협상과 설득, 타협의 과정을 통해 연방 체제를 유지하려고 노력했으며, 최종적으로 새로운 소비에트사회주의공화국연방USSR을 넘어 주권국가연방USS이라는 새로운 연방 제도까지 제안했다. 이는 공산당 간부들과 정부 관료, 군부, KGB 내부 인사들 다수가 보기엔 너무 나간 것이었다. 그들은 고르바초프가 급진주의 세력과 민족주의 세력에게 회유적인 태도를 보이며, 소비에트연방을 유지하기 위해 그에게 주어진 강압적 수단을 사용하는 데 주저한다고 비난했다.★

훗날 한 대표적 러시아 민족주의자는 고르바초프에게는 바르샤바조약기구나 소비에트연방의 해체를 결정할 권리가 없다며 비판했다. 이런 일들이 일어나는 것을 방지하기 위해 무력을 사용할 준비가 되어 있지 않았다면, '보다 결단력 있는 애국자'에게 자리를 넘겨줬어야 한다는 주장이다.[71] 그러나 소련의 해체가(또 다른 다민족 공산주의 국가인 유고슬라비아와는 대조적으로) 대부분 평화롭게 이루어졌다는 사실 또한 어느 정도는 고르바초프 덕분이다. 고르바초프로서는 소련의 해체가 체제 변

★　1991년 8월(며칠 뒤 실패로 끝난)에 일어난 쿠데타는 소련의 해체 과정을 되돌리기 위해, 그리고 무엇보다 고르바초프와 최소 다섯 명에서 열다섯 명에 이르는 소련공화국 리더들이 소비에트연방을 대신하는 새롭고 자발적이고 느슨한 연방을 구성하자는 조약을 맺지 못하게 하기 위해서였다.

화 과정에서 발생한 의도하지 않은 결과였지만, 그럼에도 그는 국가 비상사태 즉, 계엄령을 선포하여 분열 과정에 종지부를 찍으라는 반복되는 요구를 거부했다. 독립운동이 가능해진 것은 근본적으로 고르바초프가 추진한 체제 완화와 민주화 덕분이었다. 소련 해체와 관련하여 그에게 '죄'가 있다면, 그것은 공포를 자유로 대체한 것과 유혈 사태를 원치 않았던 것이었다.

공산주의의 출현에 이념이 중요한 역할을 했듯이, 고르바초프와 공산주의의 종말에도 마찬가지였다. 이념이 어떤 정치적 영향력을 가지려면 그것을 추진하는 제도가 필요하며, 고도로 권위주의적인 체제에서는 특히 그렇다. 소련에서 변혁이 일어날 수 있었던 것은, 그리고 그 결과 지난 40년간 소련 지도부에 의해 주권이 심각하게 제한됐던 유럽 지역이 변신할 수 있었던 것은, 당시 소련 상황에서는 급진적이었던 새로운 사상과 기존의 서기장들과는 다른 사고방식을 가진 혁신적 리더 및 그가 가진 정치 권력이 맞물려 작용했기 때문이다. 알렉산드르 야코블레프는 1990년대 들어 고르바초프를 비판하기도 했으나, 그럼에도 1995년 이렇게 말했다. "나는 고르바초프가 금세기의 가장 위대한 개혁자라고 생각한다. 특히 예로부터 개혁자가 비참한 운명을 맞았던 러시아에서 개혁을 시도했다는 점에서 더욱 그렇다."[72] 과연 다민족으로 구성된 소련뿐만 아니라 전 세계를 따져봐도 20세기 후반에 고르바초프보다 더 큰 영향(그리고 대부분 좋은 영향)을 미친 인물을 떠올리기는 힘들다. 고르바초프는 천성이 혁명가라기보다는 개혁가였지만, (그의 표현대로) "점진적인 방법으로 혁명적 변화"를 추구했다.

덩샤오핑

덩샤오핑은 고르바초프와 매우 다른 종류의 변혁적 리더였다. 덩샤오핑이 중국의 **경제** 체제를 변모시킨 정계 핵심 인사라면, 고르바초프는 소련의 **정치** 체제를 변모시켰다. 고르바초프보다 윗 세대였던 덩샤오핑은(그는 1904년생, 고르바초프는 1931년생이다) 중국 혁명을 성공시킨 인물 중 하나였던 반면, 고르바초프는 이미 공산주의 질서가 확립된 사회에서 등장했다. 둘 다 수도에서 멀리 떨어진 농촌 마을에서 태어났다. 하지만 덩샤오핑의 집안은 부유한 지주 가문이었던 반면, 고르바초프는 농민 출신이었다. 덩샤오핑과 고르바초프 둘 다 교육과 정통한 전문가의 견해를 중시했다. 농민 출신으로는 드물게 러시아 명문 대학에서 수학한 고르바초프와 달리, 덩샤오핑은 고등 교육의 기회를 얻지 못했다. 덩샤오핑은 1920년대 전반을 근공검학단의 일원으로 프랑스에서 보냈으며, 저임금노동자로 생활하다가 이후 프랑스에 체류하는 동안 급진화된 중국 젊은이들이 운영하는 공산주의 단체 기관지에 합류했다. 덩샤오핑의 직속 상관은 6살 연상인 저우언라이周恩來였는데, 그는 훗날 중국 공산당 정부에서 마오쩌둥에 이어 이인자가 되는 인물이다. 정치 프로파간다 활동으로 인해 자신이 곧 체포되어 추방될 거라 생각한 덩샤오핑은 1926년 1월 소련으로 탈출했다. 거기서 그는 코민테른이 중국 공산당과 중국 국민당 당원들을 교육하기 위해 설립한 모스크바 손중산대학에서 1년간 수학했다. 두 정당의 운동가들이 한 지붕 아래 모여 공부했던 덕에 덩샤오핑은 장제스의 아들인 장징궈를 동창으로 두게 된다(덩샤오핑이 중국 최고 지도자이고 장징궈가 타이완 총통이었을 때, 덩은 장

을 만나려고 시도했으나 장이 거부했다).[73]

덩샤오핑은 1930년대 중반 공산당군이 국민당군의 공격을 받고 중국 서북부 산시성의 새로운 근거지로 후퇴할 때 마오쩌둥과 함께 그 유명한 대장정에 참여했다. 장정을 떠난 8만 명의 남자와 2,000명의 여자 중 목적지에 도달한 이는 10분의 1에 불과했다.[74] 훗날 덩샤오핑은 때때로 마오쩌둥의 노여움을 사기도 했지만, 일찍부터 그의 지성과 조직력을 높이 산 마오쩌둥의 신임을 받았다. 덩샤오핑은 2차 세계대전 훨씬 전부터 마오쩌둥과 저우언라이 두 사람과 좋은 관계를 구축했던 셈이다. 1949년 공산당의 승리로 끝난 국공 내전에서 덩샤오핑은 정치위원으로 활동했고, 내전의 승패를 갈랐던 중요한 전투 중 하나에서 50만 명에 달하는 병사를 이끌었다.[75] 그는 1956년에 공산당 총서기로 임명되었다. 대부분의 공산주의 국가에서 총서기는 최고 지도자의 자리지만, 중국에서는 마오쩌둥이 당 주석이라는 직위를 가졌고 그가 최고 권력자라는 것을 의심하는 사람은 없었다. 덩샤오핑은 당의 일상 업무를 관장했으며, 당 지도부의 핵심 멤버로 이뤄진 정치국 상임위원회 위원이기도 했다.[76]

냉혹한 권력욕의 소유자이자 자신을 방해하는 자들을 처단하는 데 가차 없었으며 자신에 대한 우상화 작업을 추진했던 마오쩌둥은, 공산주의를 먼저 시작한 소련을 앞질러 소위 완전한 공산주의를 향해 달려 나가자는 허황된 목표를 좇는 낭만적인 혁명 사상의 소유자였다. 한편 덩샤오핑은 공산당의 절대 권력과 당 내부의 엄격한 위계질서 및 조직 원칙(민주 집중제)에 대한 신념은 확고했으나, 정부 조직과 경제의 근대화에 접근하는 방식에서는 마오쩌둥보다 훨씬 실용주의자였다. 따라서 노년의 마오쩌둥이 '대약진 운동'과 '문화대혁명'의 타당성에 대해 덩샤오핑이 심각한 의문을 품고 있는 것은 아닌지 의심하게 된 것도 무리는 아니다. 마오쩌둥의 이 두 정책은 재앙이었다. 대약진 운동이 개시된 1958년부터 1960년까지 농촌에서는 막대한 인원을 동원한 '인민공사'라는 대규모 집단 농장이 형성되었으나, 이는 소규모 농업 조합과 전문가의 지식을 대체하기에 크게 미흡했다. 중국 사회의 공산화를 위한 '대약진'이 초래한 재앙적 인명 손실은 6장에서 좀 더 상세하게 다룰 예정이다.

당시 덩샤오핑은 속마음과는 무관하게, 대규모 기근을 불러온 이 정책을 마오쩌둥의 명을 받들어 충실히 이행했다.[77] 반면 1960년대 후반과 1970년대 전반 10년간 진행된 문화대혁명에 대한 반감은 일찍부터 드러냈다. 사실상 반지성주의, 반교육주의, 반문화주의의 기치 아래 과격파 젊은이들을 선동하여 불가침의 성역인 마오쩌둥의 패권을 제외한 거의 모든 권력 기구들을 공격했던 문화대혁명에서, 덩샤오핑 자신도 타도 대상이 되어 주자파(문화대혁명 당시에 문혁파에 의해 자본주의 노선을 따르는 실권파로 지목된 류사오치劉少奇, 덩샤오핑 등의 정치 세력-옮긴이)로 비판받았다. 1969년 하방당한 그는 한동안 40여 년 전 프랑스 르노 공장에서 그랬던 것처럼 조립 기술자로 일했다. 덩샤오핑의 장남은 홍위병들의 린치를 피해 베이징대학 고층 기숙사에서 투신하여 불구가 되었다.[78]

마오쩌둥은 덩샤오핑을 당 지도부에서 제거하고 시골로 추방하는 것은 전격 승인했으나, 그를 공산당에서 축출하라는 요청은 승인하지 않았다. 만일 그때 당에서 쫓겨났다면 덩샤오핑의 정계 복귀는 불가능했을 것이다. 마오쩌둥은 1930년대 당권 경쟁 시기에는 그의 가장 열렬한 지지자였으며, 전쟁기와 평화기를 막론하고 능력을 증명해 보인 덩샤오핑에게 일말의 경의를 품고 있었다. 1973년 2월 덩샤오핑과 그의 가족이 베이징으로 돌아오는 것이 허용되었으며, 다음 달에는 축출되기 전 직책인 부총리로 복권되었다.[79] 덩샤오핑은 1975년 또다시 쫓겨나는 고초를 겪는다. 1977년 다시 복권된 덩샤오핑은 미국 국무장관 사이러스 밴스Cyrus Vance를 만났을 때 그들이 2년 전 축출 직전에 마지막으로 만났었다는 것을 상기하면서, 만일 자신이 세계적으로 널리 알려져 있다면 그것은 아마 "내가 세 번 오르고 세 번 내려갔기 때문"일 것이라고 농담했다.[80] 1976년 마오쩌둥이 사망하자 당 고위 관료들 다수로부터 권위를 인정받고 있던 덩샤오핑은 (비록 문화대혁명을 주도했던 '사인방'의 격렬한 반대에 부닥치긴 했지만) 지도부 내에서 빠르게 지위를 강화해나갔다.

덩샤오핑은 당 주석의 지위에 오른 적이 없고, 당 총서기직을 다시 맡지도 않았다. 그럼에도 1970년 말에 이르러 그는 마오쩌둥이 당 주석 승계자로 지정한 화궈펑華國鋒보다 더 큰 권력을 가졌다.[81] 이는 공산주의 체제에서 리더의 개인적 권위가 당내 계급보다 중요하게 작용한 매우 드문 경우다. 이것은 당에 우선하는 개인의 통치가 아니라 당을 통한 통치였고, 당의 실권자들 사이에서 덩샤오핑의 입지가 높았음을 반영한다. 요직을 점차 자신의 사람들로 채우면서 그의 권세는 더욱 커졌다. 1980년 2월에는 덩샤오핑 지지파가 정치국의 다수를 이뤘다. 1981년에 이르러 덩샤오핑은 세 개의 요직(부총리, 당 부주석, 그리고 특히 중요한 자리였던 중앙군사위원회 위원장)을 모두 차지했다. 공식적으로 최고 지도자는 아니었지만, 비공식적으로는 1970년대 말부터 1980년대에 걸쳐 실질적인 최고 실권자였다. 덩샤오핑은 개인숭배를 원치 않았다. 마오

쩌둥 시절과는 달리 학생들은 그의 어록을 외우느라 시간을 낭비할 필요가 없었다.[82]

독재 권력은 아니지만 지배력을 행사할 수 있는 지위를 확보한 덩샤오핑은 중국 경제 체제의 성격을 완전히 바꿔놓을 과감한 개혁을 단행했다. 1957년 마오쩌둥은 소련의 지도자 니키타 흐루쇼프에게 덩샤오핑을 가리켜 '대단히 총명'하고 '장래가 촉망'되는 '리틀 맨'(덩샤오핑의 키는 150센티미터 정도에 불과했다)이라고 소개했다.[83] 마오쩌둥의 예상은 들어맞았지만, 그는 덩샤오핑의 가장 위대한 업적이 마오쩌둥주의의 본질적 요소들을 폐기하는 일이 될 거라고는 상상도 하지 못했을 것이다. 덩샤오핑은 마오쩌둥에 대한 정면 공격을 장려하지 않았는데, 그것이 '당과 국가의 정당성을 훼손하는' 역효과를 낼 것이기 때문이었다.[84] 어쨌든 마오쩌둥은 혁명에서 공산당을 승리로 이끌었고 중국이 공산 체제로 바뀐 후 상당 기간을 통치했던, 달리 말하면 레닌과 스탈린을 합쳐놓은 것과 같은 인물이었다. 덩샤오핑이 추진한 정책들은 중국과 마오쩌둥주의의 근본적인 단절을 가져왔다. 덩샤오핑은 농업 개혁부터 손을 댔다. 그 결과 1980년대 초 집단 생산 체제를 버리고 농가별 자율적 농업으로 돌아갔으며, 농업 생산성은 극적으로 향상되었다. 또한 해안 지방 네 곳에 경제 특구를 설치하여 점진적으로 해외 기업들의 투자를 허용했다. 덩샤오핑은 경제 전반에 광범위한 변화를 도입하려는 의도가 확고했으나, "특정 정책을 광역적으로 도입하기 전에 실험을 거듭하는" 접근법을 취했다.[85]

중국은 1970년대 후반에 시작된 경제 체제 변혁으로 인류 역사상 가장 괄목할만한 경제 성장의 시기를 경험했다.[86] 국가 소유 경제 또는 공공 소유 경제는 상당 규모의 민간 분야가 혼재하는 혼합 경제로 바뀌었다. 비록 사기업과 정부 기관이 밀접하게 연관된 체제이긴 했지만, 계획 경제는 차차 근본적으로 시장 경제 체제로 변했다. 덩샤오핑이 연루되지는 않았지만, 시간이 지나면서 고위 관료들과 기업(해외에 여러 자회사를 둔 기업을 포함하여) 간에 정경유착이 형성되면서 당 간부 다수가 엄청난 부를 획득했다.[87] 부패와 극심한 불평등의 증가는 덩샤오핑이 활시위를 당긴 경제 체제 변화가 불러온 부작용 중 하나였다. 민주적 책임이 부재한 상황에서 부패와 불평등에 대한 국민의 분노는 정권에 잠재적인 위협으로 작용할 수 있기에, 이는 지금까지도 중국 체제의 치명적인 약점으로 남아 있다.

그럼에도 불구하고 중국이 세계의 생산 기지가 되고 세계 경제의 핵심 국가로 부상하면서 혜택을 받은 것은 새롭게 등장한 슈퍼 리치 계급만이 아니었다. 연 10퍼센트의 경제 성장률은 수억 명의 생활 수준을 향상시켰다. 빠른 속도로 도시화가 진행되면서 1976년 마오쩌둥 사망 당시 인구의 80퍼센트가 시골에 거주하고 있었던 것에 반해, 2012년 무렵에는 13억 인구의 거의 절반이 도시 거주자가 되었다.[88] 현재 도시 거주자의 대부분은 공장 노동자로 구성되어 있으나, 잘사는 중산층도 크게 증가했다. 급격한 경제 성장의 성과를 재분배하는 과정에 극심한 불균형이 존재하지만, 덩샤오핑이 추진한 개혁의 성과는 많은 사람에게 마오쩌둥의 빈곤한 평등주의보다 더 확실한 혜택을 가져다주었다.

또한 덩샤오핑과 그의 후임들은 정치 체제의 완화도 일부 추진했다. 젊은이들의 해외 유학을 권장하고 서구 자본의 직접 투자에 나라를 개방하는 정책을 실시한 결과, 다른 나라의 정치 체제에 대한 지식을 포함하여 바깥세상에 대한 더 많은 정보가 중국으로 유입되었다. 정치적으로 토론 가능한 범위가 마오쩌둥 시절 대부분의 기간에 비해 확장되었다. 하지만 덩샤오핑은 경제 체제의 변화는 포용했던 반면, 정치 체제의 질적인 변화는 단호하게 거부했다. 그는 공산당 일당 독재를 고수했고, 민주주의의 이름으로 여기에 도전하는 이들에게는 무자비한 대응을 서슴지 않았다. 1989년 6월 4일 천안문 광장에서 수백 명의 시위자들(뿐만 아니라 일부 구경꾼들까지)이 학살되었을 때, 피를 얼마나 흘리든 군대와 탱크로 진압하라고 주장했던 이도 다름 아닌 덩샤오핑이다.[89] 노련함과 열정으로 덩샤오핑의 경제 개혁을 추진했던 당 총서기 자오쯔양趙紫陽은 베이징 거리에 군대를 투입하는 것을 반대했다. 그 결과로 그는 그때부터 2005년 사망할 때까지 가택 연금을 당했다.[90]

덩샤오핑과 미하일 고르바초프는 공산주의 체제에서 출현한 가장 위대한 개혁자들이지만, 그들의 업적은 매우 달랐다. 이 둘의 업적을 어떻게 비교 평가할 것인지는 결국 평가자의 가치관에 따라 달라진다. 고르바초프는 소련과 동유럽의 수백만 명의 사람들에게 광범위한 개인적 자유(발언과 출판, 집회, 종교, 커뮤니케이션, 시민 조직, 여행의 자유)를 돌려주는데 결정적인 역할을 했다. 덩샤오핑은 위에서 언급한 자유 중 해외여행의 자유를 제외한 어떤 것도 허용하지 않았지만, 물질적인 면에서 더 많은 사람의 생활 수준을 향상시켰다. 오늘날의 중국은 공산주의 정치 체제와 비공산주의 경제 체제로 구성된 혼합 체제다. 덩샤오핑은 정치 체제는 고수했지만, 경제 체제 이행에서 핵심적인 역할을 담당했기에 변혁적 리더로 불릴 자격이 충분하다. 실제로 현재 러시아에서 체감할 수 있는 고르바초프의 업적보다 현재 중국에서 드러나는 덩샤오핑의 업적이 더 가시적이다. 여러 가지 면에서 오늘날의 중국은 덩샤오핑이 만든 것이나 다름없다. **만일** 중국이 빠른 경제 성장과 상대적인 정치 안정의 조합을 유지해 나갈 수 있다면, 덩샤오핑이 남긴 중국은 20세기 마오쩌둥의 중국보다 21세기에 더 큰 영향을 미칠 것이다.

넬슨 만델라

3장에서 프레데리크 빌렘 데 클레르크라는 재정의형 리더를 살펴보면서 남아공 아파르트헤이트 정권의 종말을 잠시 언급했다. 1990년대 초 남아공이 다수 통치로 급격히 이행한 것은 소련에서 일어난 변화, 그중에서도 소련의 대외 정책 변화와 냉전 종식에 상당 부분 빚지고 있다. 그동안 남아공 백인우월주의자들은 '공산주의라는 유령'을 이용하여 다수 통치로 이행하면 남아공이 공산화될 것이라고 주장해왔으나, 1980년대 말이 되자 이 주장은 더 이상 현실성이 없어졌다. 데 클레르크 또한 이 변화를 잘 알고 있었다. 그는 고르바초프가 촉발한 변화가 아니었다면 "우리 남아공의 변혁 과정이 훨씬 지난했을 것이며 수년간 지체되었을지도 모른다"고 말했다.[91]

넬슨 만델라는 오랫동안 세계적으로 가장 잘 알려진 반아파르트헤이트 투사였다. 그는 1918년 남아공 트란스케이 지역에서 족장의 아들로 태어났다. 만델라가 9살 때 아버지가 세상을 떠나자, 만델라가 속한 템부 족의 최고 추장 존진타바 달린디예보Jongintaba Dalindyebo가 그를 슬하에 거둬 후견인이 되었다. 만델라가 개인적이라기보다 집단적이었다고 회상하는 존진타바의 리더십 스타일은 장래의 남아공 대통령에게 중요한 영향을 미쳤다. 이따금 주변 수킬로미터에 이르는 지역 족장들이나 촌장들, 그 외에도 많은 이들이 그레이트 플레이스Great Place에서 열리는 회의에 소집되었고, 존진타바는 그들을 환영하며 왜 그들을 소집했는지 설명했다. 만델라에 따르면, "그 후 그는 모임이 끝날 무렵까지 조용히 듣기만 했다."[92] 만델라는 소년 시절 부족 회의에 완전히 매료되어 끝까지 자리를 지키곤 했으며, 그 장면을 이렇게 묘사했다.

> 발언하고 싶은 사람은 누구나 발언했다. 그것은 민주주의의 가장 순수한 형태였다. 추장과 부족민, 전사와 의사, 가게 주인과 농부, 지주와 노동자 할 것 없이, 발언자들의 서열과 무관하게 모든 의견은 경청됐다. 누구도 발언 중 방해받지 않았고, 회의는 몇 시간이고 계속되었다. 자치의 기반은 모든 사람이 자유롭게 의견을 개진하고 동등한 시민으로 대접받는 것이었다(유감스럽게도 여성은 2등 시민으로 간주되었다).[93]

여성에 대한 언급을 제외하면, 노년의 만델라가 기억하는 부족 모임의 민주주의 정도는 다소 미화된 것일 수도 있다. 그러나 직접 경험한 것에 대한 본인의 해석과 선택적 기억은 냉철한 역사가나 인류학자의 객관적 서술보다 훗날 행동에 더 큰 영향을 미칠 수 있다. 만델라의 부족 문화 경험과 남아공의 영국식 교육 체제는 모두 그의 정체성 형성에 뚜렷한 영향을 미쳤다. 만델라가 기억하는 섭정(최고 추장의 다른 호칭)은 부족 회의에서 자주, 어떨 때는 격렬하게 비판받았지만, 그때마다 '어떤 감정도' 드러내지 않고 '조용히 경청했다'. 회의는 의견 일치에 도달하거나 아니면 모두가 견해 차이를 인정하고 다음 모임에서 해결책을 모색하기로 동의할 때까지 계속되었다. 만델라에 따르면 다수의 의견을 소수에게 강요하는 일은 없었다. 섭정은 회의를 마무리하면서 지금까지 나온 발언을 정리할 때만 입을 열었다. 만델라는 "나는 리더로서, 그레이트 플레이스에서 섭정이 몸소 보여준 이 원칙을 항상 따랐다. 토론할 때 내 의견을 내놓기 전에 한 명 한 명의 의견을 모두 들으려 늘 노력했다"면서, 종종 자신의 발언은 "토론을 통해 도달한 합의"를 대변하는 것에 지나지 않았다고 말했다.[94]

만델라는 기독교 학교를 거쳐, 아프리카 흑인들을 위한 고등 교육 기관인 포트헤어대학에 진학했으며(시위를 조직했다는 이유로 제적당했다), 그 후 비트바테르스란트대학에서 수학했다. 큰 키로 인해(그는 거의 드골만큼 장신이었다) 돋보였던 그는 곧 다른 면에서도 두각을 나타내기 시작했다. 그는 남아공에 극히 드물었던 흑인 변호사가 되었으며, 1940년대 초부터 정치 활동에 참여했다. 1944년 그는 친구이자 아프리카민족회의 지도부 동료들인 월터 시술루Walter Sisulu, 올리버 탐보Oliver Tambo와 함께 ANC 청년동맹을 조직했다. 여러 면에서 이 단체는 온건한 ANC의 급진적 분파였다. 이 단체는 초기에 급진적 민족주의를 주창했고, ANC에 어느 정도 영향력을 행사하고 있던 백인 공산주의자들을 포함한 백인들과 협력하는 것에 반대했다. 만델라는 1949년 ANC에서 공산주의자를 축출하자고 주장했다. 1950년 남아공 정부는 공산주의 단속법이라는 미명하에 반정부 조직과 인사를 광범위하게 불법화하는 법을 도입했다.[95] 공통의 위협에 직면하여, 만델라는 공산주의 세력과 손을 잡고 백인 소수 지배에 저항하는 투쟁을 벌여나가는 것으로 노선을 바꾸게 된다. 1964년 남아공 법정 최후 진술에서 만델라는 ANC의 목표가 공산당의 목표와는 다름을 분명히 밝혔다. 그는 공산주의자들의 목표는 자본주의를 철폐하고 노동자 계급이 권력을 잡는 것이지만, ANC의 목표는 계급 이해의 조화를 추구하는 것이라고 말했다. 하지만 부언하기를,

억압에 맞서 싸우는 자들 사이의 이론적 차이는 이 시점에서 우리가 누릴 수 없는 사치입니다. 게다가 공산주의자들은 지난 수십 년간 남아공에서 흑인들을 동등한 인간으로 대접하고, 우리와 함께 밥을 먹고, 얘기하고, 함께 살고 일할 자세가 되어 있는 유일한 정치 세력이었습니다. 이 때문에 오늘날 많은 아프리카인은 자유와 공산주의를 동일시하는 경향이 있습니다.[96]

같은 자리에서 만델라는 영국 의회, 미국의 권력 분립, 그중에서도 사법부의 독립성에 대한 자신의 흠모를 강조했다. ANC가 공산당의 도구가 되었다는 주장에 대해, 그는 2차 세계대전 당시 미국과 영국이 나치 독일에 대항할 때 소련과 협력했던 점을 언급하면서, 오직 히틀러만이 "그런 협력을 통해 처칠과 루스벨트가 공산주의자나 공산주의자들의 도구가 되었다고 주장할 것"이라고 반박했다.[97]

1952년 만델라와 탐보는 흑인이 운영하는 최초의 법률 사무소 중하나를 개업했다. 1950년대를 거치며 만델라는 빈번하게 자격 정지를 당하고 때로는 체포되기도 했다. 한번은 수배 중 여기저기 거처를 옮겨 다니며 오랫동안 체포를 피해서 '블랙 핌퍼넬Black Pimpernel'이라는 별명이 붙기도 했다. 1960년 3월 21일 요하네스버그 남부의 샤프빌에서 시위를 벌인 흑인 69명이 총에 맞아 사망하고 훨씬 많은 수가 다치는 사건이 벌어졌다. 이 일로 남아공 흑인들의 분노와 국제적 지탄이 격화되

었고, 아파르트헤이트 정부는 국가 비상사태를 선포하고 아프리카민족회의를 불법으로 규정했다.[98] ANC는 지하 조직으로 활동하기로 결의하고 조정위원회를 구성했는데, 만델라도 그 다섯 명 중 한 명이었다. 그는 이 결정을 평의원들과의 비밀 회합에서 설명하는 역할을 맡았다.[99] 만델라는 샤프빌 학살 당일 저녁, 월터 시술루와 함께 그들의 백인 동료이자 남아공 공산당의 리더 중 한 명인 조 슬로보Joe Slovo의 집에서 ANC의 대응을 논의했다. 그들은 남아공 흑인들이 법적으로 소지해야 하는 통행증을 불태우는 전국적 불복종 운동을 진행하기로 결의했다. 3월 28일 만델라는 특별히 초청된 기자들 앞에서 그의 통행증을 불태웠다. 이틀 후 그는 체포되었고 5개월간 투옥되었다.[100]

ANC가 지하로 들어간 시점부터 만델라는 이 조직의 장래 리더로 여겨졌다. 1961년 아프리카인으로서는 최초로 노벨 평화상을 수상한 (발표는 1960년에 됐으나 실제 수상식은 1961년에 열렸다-옮긴이) ANC 의장 알버트 루툴리Albert Luthuli 족장은 해외에서 널리 존경받는 인물이었지만, ANC 급진파는 그가 백인들에게 기꺼이 협조하고 비폭력 투쟁 외의 방법은 고려하지 않는다는 점에서 지나치게 온건하다고 생각했다. 만델라는 샤프빌 사태 이후 정권의 계속되는 비타협적 태도와 국민의 과반수를 차지하는 흑인에 대한 폭력에 무장 투쟁으로 대응하는 수밖에 없다고 결정한 사람 중 하나였다. 그는 ANC의 파생 조직인 움콘토 웨 시즈웨 Umkhonto We Sizwe('국민의 창'이라는 뜻)의 창립자가 되었다. 그들은 차후 화해의 여지를 남겨두기 위해 개인에 대한 테러리즘보다는 경제 사보타지 방침을 채택했다. ANC와 남아공 공산당의 공동 작품이었던 '국민의 창'은 만델라가 대표를 맡았고, 그는 슬로보를 자신의 보좌관으로 임명했다.[101] 1962년 지명 수배 상태였던 만델라는 남아공을 빠져나가 다른 아프리카 리더들을 방문하여 ANC와 투쟁의 새로운 단계에 대한 지지를 호소하며 반년을 보냈다. 또한 그는 에티오피아와 모로코에서 군사 훈련을 받았다.[102] 남아공으로 돌아가기 전 그는 런던을 방문하여, 친구이자 망명한 ANC 멤버인 올리버 탐보, 노동당 및 자유당 대표, 그리고 ANC를 위한 기독교 기금 모금자들을 만났다.[103] 만델라는 귀국 직후인 1962년 8월 5일 체포되었다. 그후 남아공 정부가 ANC에 대한 금지 조치를 풀고 9일이 지난 1990년 2월 11일까지, 27년 6개월을 감옥에서 보냈다.

원래 만델라는 5년 형을 선고받았다. 하지만 그가 '국민의 창' 리더라는 증거가 발견되자 1964년 다시 재판에 회부되어 가까스로 사형 선고를 면하고 종신형을 선고받았다. 만델라는 이때 4시간에 걸친 법정 최후 진술을 이렇게 마무리했다.

나는 일생 아프리카인들의 투쟁에 헌신해왔습니다. 백인 지배에 대항하여 싸웠고, 흑인 지배에 대항하여 싸웠습니다. 나는 모든 사람이 조화롭게 동등한 기회를 누리며 사는 민주주의적이고 자유로운 사회를 염원해왔습니다. 이것이 바로 내 삶의 이유이자 목표입니다. 그러나 필요하다면 기꺼이 목숨을 바칠 각오도 되어 있습니다.[104]

만델라는 수감 시절의 대부분을 로벤섬의 가혹한 환경에서 보냈고, 나중에서야 (비록 별도의 구획에 고립 수감되었지만) 좀 더 평범한 감옥으로 이전되었다. 1985년 들어 남아공 정부는 그와 접촉을 시작했다. 피터르 빌럼 보타 대통령은 만일 그가 폭력을 정치 수단으로 사용하지 않겠다고 선언한다면 감옥에서 풀어주겠다고 회유했다. 하지만 만델라는 그 조건을 거부했으며 5년 가까이 더 갇혀 있었다. 1980년대 들어 언젠가 풀려나리라는 것을 점점 더 의식하게 되면서 그는 초인에 가까운 인내심을 계속해서 보여주었다. 자신과 ANC의 조건이 받아들여지지 않으면 타협도 없다는 결심이 확고했다.

만델라의 끈질김, 그리고 자본 유출을 포함하여 국제 사회에서 점점 강해지는 남아공 정부에 대한 압력으로 인해 데 클레르크와 남아프리카 국민당은 1990년 만델라의 석방 이전에도, 석방 후 진행된 협상 과정에서도 그들이 원하는 것(소수 권리 보장, 재산권, 선거법 합의)을 별로 얻어내지 못했다. 근본적으로 "국민당 지도부는 권력을 어떻게 넘겨줄 것인가에 대한 협상 외에는 할 수 있는 일이 없었다."[105] 1991년 만델라는 1960년 ANC에 대한 금지령이 내려진 후 처음으로 열린 남아공 전국 대회에서 ANC 의장으로 선출되었고, 1993년 데 클레르크와 공동으로 노벨 평화상을 수상했다. ANC 의장이자 장기간의 투옥 중에도 반아파르트헤이트 운동의 상징으로 추앙되었던 그의 영웅적 위상에도 불구하고, 만델라가 ANC 정책 토론에서 늘 자기 마음대로 할 수 있었던 것은 아니다. 예를 들어 그는 남아공의 첫 민주 선거를 앞두고 유권자 연령을 14세로 낮추자고 제안했지만, ANC 집행위원회 의원들의 강한 반대에 직면해 양보했다.[106] 그 기간 만델라는 정치 리더십의 본질을 반추하며 공책에 이렇게 적었다. "리더의 첫 번째 임무는 비전을 창출하는 것이다. 두 번째 임무는 비전의 현실화를 돕고 효율적인 팀을 통해 그 과정을 수행할 지지자를 모으는 것이다. 리더가 지지자들과의 소통을 통해 자신의 비전을 공유하고 지지자들이 그의 목표와 그것을 성취하는 방법을 신뢰할 때, 리더를 따르는 사람들은 자신들이 어디를 향하는지 알게 된다."[107]

만델라의 집단 지도 체제에 대한 소신과 그의 영웅적 지위 사이에는 긴장이 존재했다. 1994년 민주적인 절차를 통해 남아공의 첫 흑인 대통령으로 선출된 후, 만델라는 대부분의 남아공 백인들의 존경과 심지어 애정을 얻는 불가능해 보이던 일을 해냈다. 그러나 그는 남아공이 민주주의로 이행하는 과정에서 데 클레르크의 공헌이 과대평가받고 있다는 점에 분개했다.[108] 그가 겪어야 했던 고초의 세월을 고려하면 충분히 이해할 수 있는 부분이다. 그는 각료 회의를 주재할 때 그레이트 플레이스의 섭정과 비슷한 방식을 취했다. 한 각료에 따르면, 만델라는 "무덤덤하게 다 듣고 모두 이해한 다음에야 개입했다."[109] 간혹 그는 ANC와 다른 입장을 취하기도 했다. 예를 들어 ANC는 만델라가 구성한 '진실과 화해 위원회'의 과거사 규명에 비판적이었다. 만델라의 반응은 "그들이 완벽하지는 않지만 훌륭하게 임무를 수행해냈으며, 나는 그들의 모든 활동을 승인한다"는 것이었다.[110] 만델라는 경제 정책은 부통령 타보 음베키Thabo Mbeki와 다른 이들에게 맡겨지고 자신은 대외 정책에 활발하게 참여했다. 그는 '국제 시차를 완전히 무시하고 다른 나라 정상에게 전화를 거는 등 개인적 외교'를 즐겼다.[111]

만델라는 인권과 사회·경제적 평등의 확산, 인종 차별 타파, 남아공 내 여러 인종 간의 화합에 전념했으나, 현실에서 이런 목표가 모두 결실을 거둔 것은 아니다. 만델라의 업적 가운데 두드러지는 부분은 과거 남아공 흑인들이 매우 이질적으로 여겼던 남아공 태생 백인들의 문화적 상징을 포용하며 그들을 자기편으로 만들었던 점이다. 만델라가 럭비 월드컵 결승전에 남아공 대표팀 유니폼을 입고 나타나 선수들의 따뜻한 감사와 군중들의 열렬한 지지를 받았던 것은 특히 유명한 일화다. 커다란 빈부 격차가 지속되는 상황에서 여러 인종이 조화롭게 공존하는 사회와 새로운 형태의 국가 통합을 이루는 작업이 쉬웠을 리 없다. 그러나 만델라보다 더 나은, 혹은 더 품위 있는 첫걸음을 내디딘 인물은 상상하기 어렵다. 남아공의 역사와 그가 개인적으로 겪었던 모든 것을 고려할 때 특히 놀라운 부분이다. 너무 많은 '종신 대통령'이 존재했던 대륙에서, 만델라는 새로운 민주주의 원칙에 따라 1999년 고작 5년 단임 후 대통령직에서 물러나는 훌륭한 선례를 남겼다. 그는 2013년 12월 95세의 나이로 생을 마감했다. 만델라는 남아공을 대다수 국민에게 참정권이 없었던 소수 백인 통치 국가에서 민주주의 국가로 바꿔놓은 정치 체제 변혁에 그 누구보다도 지대한 공헌을 했다. 아파르트헤이트도 언젠가는 끝났을 테지만 만델라가 아니었다면 민주주의로의 이행은 이렇게 평화롭게 진행되지 못했을 것이고, 궁극적으로 권력을 잃은 백인들에게 받아들여지지 않았을 것이다.

변혁적 리더와 영감을 주는 리더

이 장의 도입부에서 소개했듯이, 변혁적 리더를 판단하는 기준은 매우 까다롭다. 지금까지 살펴본 다섯 명은 각국에서 행정부 수반의 자리에 올랐던 인물이며(덩샤오핑의 경우 공식적이라기보다는 사실상의 정부 수반), 그런 지위가 아니었다면 변혁적 리더의 기준을 충족하기 어려웠을 것이다. 하지만 정부 수반이라고 해도 그들만큼 차이를 만들고 체제 변화를 도입하는 데 필수불가결한 역할을 하는 경우는 **극히 드물다**. 변혁적 리더는 영감을 주는 리더와는 다르지만, 이 둘이 상호 배타적인 것은 아니다. 마하트마 간디는 정부에서 일한 적이 없지만, 영감을 통해 그보다 더 큰 정치적 영향을 미쳤던 리더를 떠올리기는 힘들다. 그는 인도가 영국으로부터 독립하는 과정에서 핵심적인 역할을 했을 뿐 아니라, 그가 선보인 비폭력 저항은 여러 나라의 수많은 저항 운동에 귀감이 되었다. 우리 시대에 영감을 주는 리더이자 차후 변혁적 리더가 될 수 있는 인물은 미얀마 군사 정권에 저항하는 민주적 야당 대표 아웅 산 수 치이다(2015년 11월 8일 총선에서 아웅 산 수 치의 민주주의민족동맹NLD이 압승하고 2016년 3월 의회에서 NLD 후보가 대통령으로 당선되어 여당이 되었다-옮긴이). 만약 미얀마 정권의 부분적 체제 완화가 완전한 체제 변화로 이어지게 된다면, 아웅 산 수 치가 이를 현실화하는 데 분명 커다란 역할을 했을 것이고, 그녀를 미얀마 민주주의의 어머니로 평가하는 데 모자람이 없을 것이다. 한국에서는 김대중이 1980년대 들어서도 계속됐던 권위주의 통치에 저항하는 이들에게 영감을 줬다. 옥고를 치르고 한때 사형 선고를 받은 적도 있는 그는 한국의 민주주의 발전에 누구보다 큰 공헌을 했고, 1997년 12월에 결국 대통령으로 당선됐다. 그는 재임 기간에 정치 사범을 대거 사면했으며, 한반도의 긴장 완화를 위해 대북 '햇볕 정책'을 추진하여 제한적이고 일시적인 성공을 거뒀다. 한국의 민주화 과정은 김대중이 집권하기 전부터 진행 중이었기에 그는 변혁적 리더에는 못 미친다. 하지만 그가 아시아 정치에서 중요한 인물이었다는 사실은 틀림없다(2000년 노벨 평화상을 수상했다).

카리스마적이면서 정치적으로도 중요했다고 볼 수 있는 정치 리더 중에서 체제 변화에 결정적인 역할을 하지 않은 인물도 존재한다. 그중 한 명이 간혹 '러시아 민주주의의 아버지'로 잘못 불리는 보리스 옐친이다. 옐친은 1987년 공산당 지도부와 결별했다(1990년까지 당원 자격은 유지했다). 따라서 1988년 고르바초프와 핵심 권력층이 경선제 도입 등의 중요한 결정을 내렸을 때 그는 아무런 정치적 영향력이 없었다. 미국 대통령 빌 클린턴에 따르면, "민주주의 시대를 열었던 자신의 역할을 제대로 평가받지 못한 것"이 늘 옐친의 마음을 괴롭혔다고 한다.[112] 하지만 거기에는 정당한 이유가 있었으니, 옐친이 민주화 과정을 시작하지도 않았고 그럴만한 위치에 있지도 않았기 때문이다. 옐친이 했던 일은 고르바초프의 개혁이 만들어놓은 정치적 공간을 점유한 것이다(그리고 초반에는 매우 성공적이었다).

옐친이 그나마 변혁적 리더에 근접했던 영역은 경제 부문이다. 시장 경제 이념은 소련 말기에 이미 수용되었고 더 이상 계획 경제나 통제 경제라 부를 수 없는 상태였다. 하지만 1992년 1월 가격 자유화라는 매우 중요한 정책을 시작으로, 옐친 정권 시절에 시장을 창조하기 위한 몇 가지 실질적인 조치가 취해졌다. 그럼에도 불구하고 1990년대에 러시아에 구축된 것은 시장 경제라기보다는, 스웨덴 학자 스테판 헤들룬드Stefan Hedlund가 말했듯이 "약탈적 자본주의의 폐해를 보여주는 사례"에 가까웠다.[113] 러시아의 천연자원은 조작된 경매를 통해 국제 시장 가격에 훨씬 못 미치는 가격으로 '지명된 억만장자들'에게 넘어갔다. 이런 상황과 이후 발생한 극심한 불평등과 부패에 대한 국민의 불만은 러시아에서 민주주의에 대한 지지를 약화시켰다. 러시아인들이 생각하는 '강한 리더'의 이미지에 들어맞는 당당한 풍채와 추진력 있는 정치 스타일의 소유자였던 옐친은 소련 말기에 대규모의 지지자를 거느렸다. 하지만 옐친의 초창기 인기는 자신과 가족에 대한 기소를 면제해주는 대가로 블라디미르 푸틴에게 권력을 넘기는 2000년이 되기 오래전에 대부분 증발했고, 그는 민주주의에 도움보다는 해를 끼쳤다.[114]★

그보다 변혁적 리더의 후보에 근접한 인물은 레흐 바웬사다. 바웬사는 1970년대 폴란드 조선소 노동자들의 리더로 부상했고, 1980-81년에 폴란드 일당 독재 체제의 기반을 뒤흔들었던 노동자 운동인 '연대자유노조'를 이끈 영감을 주는 리더이자 정치에도 밝은 리더였다. 1980년 여름부터 1981년 12월까지 폴란드에서는 사실상 정치적 다원주의가 허용되었고, 연대자유노조와 가톨릭 교회라는 수백만 명의 구성원이 서로 겹치는 두 조직이 앞장서 기둥 역할을 하는 활기찬 시민사회가 존재했다. 만일 폴란드 정권이 1981년 12월 계엄령을 선포하고 바웬사와 연대자유노조의 다른 멤버들을 검거하지 않았더라면, 그리하여 이 반공산주의 운동을 대폭 위축시키지 않았더라면, 바웬사는 충분히 변혁적 리더가 되고도 남았을 것이다. 그러나 폴란드의 민주화는 1980년대 초가 아니라(당시 공산주의 질서가 재확립되었으므로) 말에 진행되었으며, 이때는 외부 영향력이 결정적으로 중요하게 작용했다. 연대자유노조가 1989년 다시 합법화되고 이후 총선에서 압승을 거둘 수 있

★　러시아 정치 평론가 릴리야 솁초바Lilia Shevtsova는 이렇게 평했다. "옐친 리더십의 퇴보가 그런 리더십의 반복을 피하기 위한 수단으로서 독립적인 제도가 있어야 한다는 요구로 이어진 것이 아니라 더 강력하고 권위주의적인 통치에 대한 요구를 강화했다는 사실은 역설적이다."(Lilia Shevtsova, *Russia – Lost in Transition: The Yeltsin and Putin Legacies*, Carnegie Endowment for International Peace, Washington, DC, 2007, p. 32.)

었던 것은 폴란드 공산 정권이 모스크바에서 일어난 변화와 그로 인한 폴란드 사회의 기대감 상승, 그리고 냉전의 끝이 다가오는 것에 반응했기 때문이었다. 바웬사는 한동안 폴란드인의 구심점으로 남았으며 1990년 말 대통령에 당선되었지만(그 후 그의 인기는 하락하기 시작한다), 설사 그가 없었다고 해도 폴란드는 탈공산화된 독립국으로 빠르게 변모했을 것이다. 공산당의 통치를 거부했을 때 소련이 군사적으로 개입하지 않을 것이라는 확신만으로도 폴란드인들은 이런 변화를 이루기에 충분했다.★

바츨라프 하벨Václav Havel과 1989년 말 체코슬로바키아의 '벨벳 혁명'에 대해서도 같은 설명을 할 수 있다. 하벨은 1968년 프라하의 봄이 소련 탱크에 의해 진압되고 보수적 공산 괴뢰 정권이 들어섰을 때, 그들이 강제한 규칙을 고분고분 따르기보다는 갖은 고초와 투옥을 선택했던 저명한 작가로서 높은 도덕적 권위를 가진 리더였다. 한편 대부분의 체코슬로바키아인은 1969년에서 1988년에 이르는 기간 동안 조용한 삶을 선택했다. 소련의 침공(공산주의 통치와 모스크바의 승인을 받은 지도부를 새로 심기 위한)을 받은 마지막 유럽 국가라는 명예 아닌 명예를 가진 나

★　　소련 정치국 녹취록을 통해 우리는 1980년 8월 폴란드 침략이 심각하게 고려되었지만 1981년 들어서는 소련 지도부가 이에 굳건하게 반대하는 입장으로 바뀌었다는 것을 알고 있다. 아프가니스탄 상황이 계속 악화되고 있었던 데다, 폴란드는 동유럽 국가 중 가장 규모가 크고 폴란드 국민은 침략자에 맞서 싸우는 전통을 가지고 있었기 때문이었다. 또한 당시는 레이건 행정부 1기 초반이었고, 폴란드 침공은 동서 긴장을 위험한 수준으로 높일 것이 분명했다. 그러나 폴란드 공산당 리더 보이치에흐 야루젤스키Wojciech Jaruzelski에게 국내 탄압을 시작하라고 강한 압박을 넣고 있었던 소련 지도부가 1981년에 침략하지 않기로 결정했다는 사실을 폴란드인들은 몰랐다. 1989년에 이르러 고르바초프가 '사회주의' 국가를 포함한 모든 나라가 자국민이 원하는 체제를 선택할 권리가 있음을 공개적으로 선언한 다음에야, 폴란드인들은 공산주의 리더들을 제거해도 외국의 개입으로 이어지지 않을 것이라는, 따라서 나쁜 상황을 더 악화시키지 않을 것이라는 어느 정도의 확신을 가질 수 있었다.

라로서, 그들은 또다시 그런 개입이 되풀이되지 않도록 극도로 조심했다. 1968년 8월 소련 침공 전까지 체코슬로바키아의 공산주의 세력은 비록 소수 집단이긴 했지만 폴란드에 비해서는 훨씬 규모가 컸다. 하지만 소련의 침공 후 체코와 슬로바키아 땅에서는 공산주의자가 예전에 비해 크게 줄었다. 사람들이 각자의 개인적 삶으로 후퇴했기 때문이다. 시민이 저항하더라도 소련의 군대가 프라하와 브라티슬라바를 짓밟지 않는다면 체코슬로바키아가 급속도로 탈공산화되리라는 것은 의심의 여지가 없었다. 하벨은 타고난 정치가는 아니었지만, 때가 되었을 때 그와 같은 도덕적 권위를 갖춘 인물을 따를 수 있었다는 것은 국민들에게 행운이었다. 그는 자신의 사상을 표현하는 유려함에서, 그리고 그것을 퍼트렸을 때 돌아온 결과를 기꺼이 받아들였다는 점에서 대단한 리더였으나 변혁적인 리더는 아니었다. 폴란드 국민과 헝가리 국민이 민주화의 방향으로 별 제지 없이 움직이고 있었으며, 심지어 동독 국민조차 인기 없는 정권에 대항하는 대규모 시위를 벌이고도 무사했던 것을 목격한 이상, 체코인들과 슬로바키아인들은 하벨이라는 리더가 없었더라도 민주주의로 빠르게 이행했을 것이다.

*

특출한 개인적 자질을 갖추었다고 모두가 변혁적 리더 역할을 하게 되는 것이 아니며(하벨 같은 리더도 그런 자질은 갖췄다), 영감을 주는 리더 중에는 정부 기관에서 일한 경험이 없는 사람도 다수 존재한다. 이 장에서 살펴본 다섯 명의 변혁적 리더 중 개인적 특성 면에서 가장 평범했다고 할 수 있는 사람은 수아레스이고, 가장 대단했던 사람은 엄청난 박해를 견디내고 대단한 승리를 이뤄낸 만델라였다. 관록과 카리스마 면에서 그와 비견할 수 있는 인물은 드골뿐이다. 보통 사람들의 삶에 가장 큰 변화를 가져온 사람은 고르바초프와 덩샤오핑이다. 한 명은 유럽 절반의 민주화를 촉진하여, 다른 한 명은 세상에서 가장 인구가 많은 나라의 경제 변혁을 통해 수백만 명의 생활 수준을 향상시켜 그런 변화를 일으켰다. 다섯 명 **모두** 그들이 처한 시대, 장소, 그리고 상황이 제공한 기회를 놓치지 않고 **체제 변화에 결정적인 차이를 만들어냈다.**

5장

혁명 및 혁명적 리더십

체제 변혁을 가져오는 것은 변혁적 리더뿐만이 아니다. 혁명적 리더도 혁명이 성공할 경우 그런 변화를 가져온다. 허나 혁명에 성공한 리더보다 정권의 실세를 축출하는 데 실패한 혁명적 리더가 훨씬 많다. 권위주의 정권에서라면 실패의 대가는 처형이거나 최소한 감옥행이다. 민주주의가 확고하게 뿌리내린 나라에서는 혁명가들이 **오직** 실패만 맛봤을 뿐이지만, 그들이 혁명 정당이나 혁명 운동을 이끌거나 참여했다는 이유로 치르게 되는 대가는 (무력을 동원했던 것이 아닌 한) 보통 정치적 영향력을 잃는 정도에 그친다. 민주주의 체제에서 혁명적 리더와 혁명 정당이 성공하지 못한 이유는 간단하다. 유권자들이 정부의 결정에 책임을 물을 수 있다는 사실 자체가 곧 정부 운영의 제약으로 작용하기 때문이다. 정부는 국민 여론과 권익에 어느 정도 주의를 기울이며 국민의 분노가 폭발 일보 직전에 이르는 상황을 막기 위해 애를 쓴다. 더 중요한 것은 자유롭고 공정한 선거가 시행되면서 폭력을 동반한 봉기나 급격한 체제 변혁 없이도 정부를 교체할 수 있고 중대한 정책 변화가 가능하다는 희망이 유지된다는 점이다. 체코 작가 루드비크 바출리크Ludvík Vaculík가 1967년 6월 프라하 연설에서 말했듯이(이 연설은 공산당의 격노를 불러왔다), 민주주의의 법칙과 규범은 "지배층의 통치를 훨씬 어렵게 만드는 인류의 발명품"이다. 정부가 하는 일에 책임을 물을 수 있다는 점에서 민주주의가 피지배층(국민)에게 이로운 것은 명백하다. 그러나 바출리크가 지적했듯이, 민주주의 체제에서는 정부가 실패했다고 해서 "장관들을 총살하지는 않는다." 따라서 민주주의는 권력자들에게도 이득이다.[1]

혁명적 리더십을 논하기 전에, 먼저 우리가 혁명revolution을 어떤 의미로 사용하는지 살펴보자. '회전하다to revolve'라는 동사에서 짐작할 수 있듯이, 이 단어의 어원은 원을 그리며 움직인다는 의미를 내포한다. 실제로도 혁명은 대체로 하나의 권위주의 정권이 또 다른 권위주의 정권으로 대체되는 것으로 막을 내린다. 그런데 프랑스 혁명 이후 이 개념은 지배층이 돌아가며 권좌를 차지하는 것과는 다른 의미를 내포하게 되었다. 새뮤얼 헌팅턴Samuel Huntington에 따르면, 혁명은 "기존 정치 제도가 무력을 통해 급격히 파괴되고 새로운 집단이 정치에 동원되며 새로운 정치 제도가 창조되는 과정을 수반한다."[2] 존 던John Dunn에 의하면, "혁명은 거대하고 폭력적이며 급격하게 진행되는 사회 변화다."[3] 또한 혁명으로 무너진 독재 정권의 뒤를 (대개 그렇듯이) 또 다른 권위주의 정권이 잇는다 하더라도, 혁명 전의 사회 질서와는 상당히 다른 형태의 권위주의 체제가 수립되는 것이 보통이다. 이를테면 다른 형태의 정치 제도가 도입될 것이고, 사회 내부의 승자와 패자가 달라질 것이다. 또 공산주의 혁명의 경우에는 경제 체제가 바뀔 것이다.

폭력을 혁명의 기본 속성에 포함시키지 않는 학자들도 있다.[4] 하지만 폭력을 제할 경우 혁명은 너무 많은 이질적인 정치 현상들을 광범위하게 포괄하는 개념이 되고 만다. 헌팅턴과 던의 정의처럼(그들은 여러 면에서 매우 다른 사상가였지만 이 점에서는 일치했다) 혁명을 시민 불복종, 소극적 저항, 정권 붕괴, 쿠데타 같은 사건들과 분명히 구분해주는 편이 낫다. 시민 저항 운동과 평화 시위를(심지어 이것이 정권 교체로 이어졌을 때도) 혁명의 범주에서 제외한다고 해서 그 중요성이 축소되는 것은 아니며, 그 가치가 축소되는 것은 더더욱 아니다. 오히려 권위주의 정권에 대한 폭력 저항보다 시민들의 대규모 비폭력 저항이 독재를 무너뜨리는 데 더 성공적이었으며, 이후 민주주의 체제를 수립하는 데도 더 유리했다.[5] 한편 지배층 내부에서 분열이 일어나 한 파벌이 다른 편을 축출하는 것 역시 혁명과 구분해줄 필요가 있다. 엘리트층 내부의 한 집단이 궁중 쿠데타를 통해 다른 집단을 제거했을 때 그들은 이것을 혁명이라 부를지 모르지만('쿠데타'라는 말은 거의 예외없이 부정적으로 쓰이는 데 반해, '혁명'에는 낭만적 아우라가 남아 있기에), 이는 혁명의 개념을 불필요하게 확장한다.

혁명의 특징과 결과

권위주의 체제에서 민주주의 체제로의 평화로운 이행과 구분되는 혁명의 주된 특징은 무엇인가? ①대규모 시민 참여, ②기존 제도의 전복, ③혁명 후 신정권을 정당화하는 새로운 이데올로기 확립, ④정권 교체 과정에 폭력 사용과 같은 특징이 나타날 때, 가장 확연하게 혁명적

이라 할 수 있다. 물론 다른 정치적 개념과 마찬가지로 혁명을 다른 방법으로 정의하는 것도 가능하다. 하지만 평화적 체제 변화와 협상을 통한 권력 이양이라는 하나의 카테고리와 사회적·정치적 운동에 의한 폭력적 정권 전복이라는 또 다른 카테고리를 분명히 구분해주는 것이 바람직하다는 점을 염두에 두고 논의를 진행하도록 하자.

지금까지 알려진 모든 혁명을 연구하고(이 책에서 정의한 것보다 더 넓은 범주의 사건들까지 포함하는 경우도 많다), 혁명을 유발하는 사회적·정치적 조건을 추려내려는 시도가 있었다. 하지만 혁명의 원인에서 공통점을 찾고, 그 원인을 간단하게 설명하고자 하는 시도들은 무위로 돌아갔다. 그 이유는 혁명 사례가 매우 다양하게 나타나기 때문이다.[6] 혁명을 초래한 사회적·정치적 상황의 윤곽을 그리는 것은 가능하지만(예를 들어 전쟁, 통치자가 더 이상 자신의 통치 이념을 믿지 않게 될 때, 폐쇄적 정치 체제 내 교육 수준의 향상, 상대적 박탈감의 고조, 극심한 불평등, 고도의 권위주의적 지배가 유지되던 정권의 체제 완화, 높아지는 기대를 정권이 만족시킬 능력이 없을 때 등), 같은 조건하에서 혁명이 일어나지 **않았던** 사례도 얼마든지 있다. 게다가 혁명마다 원인과 진행 과정이 제각각 다르므로, 모든 혁명을 설명하는 요인을 찾으려는 시도는 실효성이 떨어진다.

혁명에 관한 일반론 중에서 오늘날까지도 단연 독보적인 것은 카를 마르크스Karl Marx의 이론이다. 그는 변화하는 물질적 생산력과 제도적 관계 사이의 '모순'(점차 양립하기 어려워짐을 의미)에서 혁명적 체제 변화의 근원을 찾았다.[7] 국가 권력은 지배층의 권력이었고, 마르크스가 보기에 계급 간의 갈등은 역사 변화를 가져오는 동력이었다. 계급 갈등은 자본주의와 부르주아 계급을 전복시키는 프롤레타리아 혁명으로 최고조에 이를 것이며, 자본주의와 공산주의의 중간 단계에는 '프롤레타리아의 혁명적 독재'가 존재하지만, 이후 무계급·무국가 사회의 형태를 띠는 더 높은 단계의 공산주의로 이어질 것으로 봤다.[8] 비록 그 어떤 혁명도 마르크스가 꿈꿨던 공산주의 사회를 실현하지는 못했으나, 마르크스주의는 수많은 혁명 운동에 불을 지폈고 그중 일부는 자본주의를 전복하는 데 성공했다. 마르크스는 리더와 이념을 중요한 요소로 보지 않았지만(리더 개인이 아니라 계급이 중요하며, 이데올로기는 사회경제적 발전의 부수 현상일 뿐 그 자체로 중요한 것은 아니다), 역설적이게도 20세기의 세계 공산주의 운동은 그의 이론을 극적으로 반박하는 형태로 나타났다. 이념은 레닌과 마오쩌둥 같은 이들에게 매우 중요했으며, 마찬가지로 이 두 리더는 세상에서 가장 큰 나라와 가장 인구가 많은 나라에서 혁명적 변화를 가져오고 공산주의 체제를 수립하는 데 결정적으로 중요한 역할을 했다.[9]

혁명이라고 해서 모두 강한 리더가 이끄는 것은 아니다. 심지어 특정한 리더가 없다고 할 수 있는 혁명도 존재하는데, 일단 혁명을 통해 기존 정권이 타도된 다음에는 이 상태가 그리 오래 지속되지는 않는다. 리더들의 **혁명 후** 행적은 이 장과 다음 장에서 각각 몇 가지 사례를 소개할 예정이다. 혁명 리더가 기껏 권위주의 정권을 무너뜨린 뒤 형태는 다르지만 권위주의적이기는 매한가지인 새 정권을 수립하는 경우가 얼마나 빈번한지 놀라울 따름이다. 정치 문화는 정치 제도에 비해 단기간에 바꾸기 힘들기에, 새로운 지도부가 물려받은 정치적·문화적 유산에 많은 것이 좌지우지된다. 하지만 일단 혁명 리더가 정부 기관을 장악한 후에는, 그(남성이 거의 독차지해온 자리이므로)의 가치관, 정치적 신념, 통치 스타일에 따라 결과가 크게 달라진다. 어떤 혁명적 리더도 백지장에서 시작하지는 않지만, 아무래도 민주주의가 확립된 나라의 리더에 비하면 훨씬 넓은 선택의 기회가 열려 있다. 물론 대내외적 상황의 제약은 있을 수 있겠으나, 혁명이라는 수단으로 정권을 차지한 만큼 제도나 관습의 제약은 훨씬 덜 받는다.

멕시코 혁명

20세기의 혁명들 가운데 세계적으로 파급력이 컸던 것은 대개 공산주의 세력이 정권을 잡은 혁명이었다. 공산주의 혁명과 리더에 대해서는 이 장의 뒷부분에서 다룬다. 러시아 혁명을 제외하고 20세기 첫 사반세기에 발생한 혁명 중에 역사적으로 중요한 의미가 있는 혁명이 셋 있었으니, 바로 멕시코, 중국, 터키 혁명이다. 이 중 멕시코 혁명은 다른 두 혁명과 비교할 때 국가적·문화적 운동의 산물이라고 보기 힘들다는 점에서, 그리고 중국의 쑨원孫文이나 특히 터키의 아타튀르크Atatürk처럼 혁명 과정에서 특출나게 중요한 역할을 한 리더가 없었다는 점에서 성격이 다소 달랐다.

에릭 홉스봄Eric Hobsbawm은 "일상의 소박한 기대가 혁명이 아니면 달성되지 못할 것처럼 보일 때 사람들은 혁명가로 변한다"고 했다.[10] 물론 이런 급진화가 이루어졌다고 해서 혁명이 반드시 성공한다는 보장은 없다. 하지만 멕시코의 경우 안 그래도 빈곤했던 시골의 생활 수준이 더욱 악화되면서 많은 영세 농민들이 혁명가로 바뀌었던, 그리고 혁명이 결과적으로 성공했던 사례다. 멕시코 혁명은 1910년에 발발했으며, 이후 10년간 폭력 투쟁이 이어졌다. 당시 멕시코 권위주의 정권의 행태를 봤을 때, 개혁파의 목표는 오직 혁명적 수단에 의해서만 달성 가능한 듯했다. 그들의 목표는 토지 개혁, 노동 개혁, 교육 기회 확대, 외국 자본의 지배 및 착취 반대 등이었다. 지난 몇 년간 생활 수준의 추락을 경험한 영세 농민들이 혁명군의 대다수를 차지했다. 혁명에서 리더 역할을 했던 인물이 여럿 등장했지만 그들이 하나로 응집된 혁명 세력을 형성하기엔 지리적으로 분산되어 있었고, 정치적 이념도 달랐으며, 또 혁명 전쟁과 혼란의 10년 동안 서로 전투를 벌이기도 했다.

1910년 혁명 발발 당시 멕시코의 권위주의적 통치자였던 포르피리오 디아스Porfirio Diaz는 1876년 쿠데타를 일으켜 정권을 잡았다(19세기 멕시코 통치자 중 다수가 같은 방식으로 권력을 획득했다). 혁명의 촉매가 된 것은 디아스의 독재에 대한 부르주아 계층의 불만이었다. 이상주의적 성향의 부유층 대농장주 프란시스코 마데로Francisco Madero가 포문을 열었다. 그는 1857년에 제정된 멕시코 헌법을 준수할 것을 요구하며 1910년 대선에 디아스의 경쟁자로 출마했다. 디아스가 전형적인 부정 선거를 통해 당선된 뒤, 마데로는 도전에 대한 보복으로 한동안 투옥되었다. 마데로는 석방된 후 조용히 자신의 영지로 돌아가는 대신 디아스 정권을 무력으로 타도하자는 1910년 11월 봉기를 촉구했다. 마데로의 궐기 호소는 특히 조상 대대로 경작해오던 땅을 빼앗긴 원주민들을 비롯하여 대부분 메스티소(혼혈인)로 구성된 빈농층의 즉각적인 호응을 얻었다. 혁명의 당면 목표인 디아스 축출은 1911년 그가 보좌관들의 설득으로 하야했을 때 달성되었다.

이전보다 훨씬 자유로운 재선거에서 마데로가 대통령으로 당선되었으나 민란은 종식되지 않았다. 마데로는 기득권이 보기에는 지나치게 개혁주의적이었던 반면, 봉기 세력이 원했던 변화를 가져오기에는 그가 도입한 변화가 너무 온건했다. 마데로의 임기는 1913년 군부 쿠데타로 마감되었고, 마데로 자신도 피살되었다. 그러나 뒤를 이은 가혹한 군사 정권도 반란을 진압하지 못했다. 1911년부터 혁명 투쟁에 참여했던 지방의 리더들이 전국 각지에서 대두했으며, 그중 대표적인 인물이 멕시코 남부의 에밀리아노 사파타Emiliano Zapata와 북부의 프란시스코('판초') 비야Francisco ('Pancho') Villa이다. 사파타는 마데로가 땅을 즉시 농민들에게 돌려주지 않았다는 점에 불만을 품었던 사람 중 하나였다. 사파타와 비야는 둘 다 게릴라 전투에 능했고, 수많은 충성스러운 지지자를 거느린 리더였다. 그들은 집권을 목표로 하는 정치적 야심이나 정교한 이데올로기적 기반은 없었지만, 민중을 대변하고 평등주의를 표방했기에 큰 인기를 끌었다. 사파타는 1919년 게릴라 전쟁을 벌이던 중 함정으로 유인되어 사살되었다. 비야는 혁명 전쟁이 종식되고 3년이 지난 1923년까지 살아남았지만, 결국 암살당했다.[11]

　멕시코 혁명은 20세기 첫 사반세기에 일어난 다른 세 건의 중요한 혁명들과는 달리 어떤 대단한 이념에 의해 촉발되지 않았다. 같은 시기에 진행된 중국 혁명은 근대화된 국민 국가라는 이념에서 영감을 얻었고, 터키 혁명은 서구화와 세속화라는 개념에 자극을 받았으며, 1917년의 러시아 혁명은 자본주의와 전제정 타파라는 목표와 공산주의 사회를 건설하자는 포부가 주요 동기였다. 하지만 멕시코의 농업 노동자들을 혁명가로 바꿔놓은 것은 미래에 대한 비전이라기보다는 잃어버린 과거의 권리였다. 지역 권리의 박탈, 자영농들이 자기 소유의 땅을 빼앗기고 노동자로 전락한 상황, 빈곤의 확산은 국민들이 봉기할 이유로 충분했다. 따라서 멕시코 혁명은 상대적으로 소박한 목표를 갖고 있었다. 한 사람의 권위 있는 리더나 어떤 '위대한 사상적 아버지'가 있었던 것도 아니고, 보편타당성을 주장하지도, 유토피아적이지도 않았다.[12]

멕시코 혁명은 비슷한 시기의 러시아 혁명은 말할 것도 없고, 중국과 터키에서 일어난 혁명보다 훨씬 덜 이데올로기적인 혁명이었다. 앞장에서 논의했던 1980년대 후반 소련에서 벌어진 급진적 변화의 특출한 사례는 특히 멕시코 혁명과 극명한 대조를 이룬다. 소련의 경우(고르바초프가 말했듯이) 진화적이고 개혁적인 수단을 통한 '혁명적' 변화가 일어났다.[13] 멕시코에서는 이와는 정반대로 혁명적 수단을 통한 개혁적 변화가 일어났다.[14] 혁명의 혼란과 내전으로 점철된 10년이 지나고 1920년에 수립된 신정권은 중요하고 구체적인 정치적·사회적 혁신을 추진했다. 일부 변화는 여러 혁명적 리더들이 의도했던 것과는 차이가 있었다. 혁명적 리더의 지지층은 현지 중심의 지역적·개인적 성격을 가졌던 반면, 혁명 후 수립된 정권은 중앙 집권적, 국가 통제적, 관료주의적 성격을 띠었다. 하지만 그런 차이에도 불구하고 혁명 후 신정부는 농지 개혁을 추진했고 보통 교육을 장려했다. 1920년대 들어 여러 새로운 제도가 수립되었다. 1921년에는 교육부가, 1925년에는 멕시코 중앙은행이, 1926년에는 국가관개위원회가 설립되었으며, 1929년에는 새로운 공식 정당인 국가혁명당이 창설되었다.[15]

혁명 전 구체제의 엘리트 계층은 대부분 축출되었다. 1920년대 초 멕시코 정치에 가장 중요한 영향을 미친 대통령 알바로 오브레곤Álvaro Obregón은 온건 개혁파 마데로의 지지자였고, 사파타와 비야의 정적이었다. 그러나 그는 대중적이고 급진적인 제스처를 취하는 데에도 능했다.

혁명 전쟁 중 오브레곤이 멕시코시티를 점령했을 때, 그는 시민들이 굶주리고 있는 것을 보고 교회의 재산을 일부 풀어 가난한 사람들에게 나눠주고 부유한 상인들이 거리를 청소하도록 명령했다.[16] 그는 1920년에 대통령으로 취임한 후 교육 개혁과 노동 개혁뿐 아니라 교권 개입에 반대하는 정책을 시행했으며, 이것이 궁극적으로, 그리고 문자 그대로 그에게 치명상을 입혔다. 또한 멕시코 경제의 자율성에 대한 요구를 반영한 정책으로 미국과 불가피하게 충돌했으며, 미국은 1923년 그가 미국 정유회사들을 국유화하지 않겠다고 약속한 후에야 오브레곤 정부를 인정했다. 오브레곤은 혁명 후 도입된 대통령 연임 금지 규정에 의해 1924년 12월 대선에는 출마할 수 없었으나, 4년 후 다시 대선에 출마하여 재선에 성공했다. 하지만 멕시코시티에서 대선 승리 축하 행사가 열리던 도중 그의 종교 정책에 반발한 가톨릭 광신도에게 암살당하고 만다.

혁명이 성공한 후 새롭게 등장한 리더는 보통 민주주의가 확립된 국가의 대통령이나 총리보다 정책 선택의 폭이 훨씬 넓다는 점을 앞서 언급했다. 그러나 멕시코 혁명 후 수립된 신정부의 리더는 파벌, 기업 이익, 그리고 가톨릭 교회의 존재감이 특히 컸던 사회에 의해 선택의 폭이 크게 제한되었다. 그래도 거시적으로 볼 때 신정부가 추진했던 사회·경제 정책들은 혁명 운동의 주요 노선과 결을 같이했다. 어떤 한 사람의 리더가 압도적인 영향력을 미친 것도 아니었다. 앨런 나이트Alan Knight는 만일 여러 혁명 리더 중 누가 정권을 잡았더라도(판초 비야가 여기 가장 근접했다), 결과는 "**사상적** 큰 줄기라는 측면에서 크게 다르지 않았을 것"이라고 주장했다.[17]

1911-12년 중국 신해혁명

1911년 말에서 1912년 초에 발생한 신해혁명은 두 세기 반 넘게 지속됐던 청조의 멸망을 가져왔을 뿐만 아니라, 2000년 역사의 왕정을 종식시켰다. 청조가 혁명 세력의 힘에 굴복하고 5살 소년 황제 푸이의 퇴위를 선언하면서, 1912년 2월 중국은 공화국이 되었다. 이는 권위주의 정권이 내부적으로 개혁을 막 시작했을 때 가장 위태롭다는 토크빌의 언명을 잘 보여주는 사례였다. 20세기 초반 청조는 몇 가지 중요한 개혁을 단행했다. 1905년에는 서태후 섭정 황태비가 일본과 미국, 그리고 유럽 다섯 개 나라에 사절단을 파견하여 서양의 정치 제도를 답사하고 오도록 했다. 입헌 개혁과 교육 개혁이 이루어졌으나, 전자는 기득권 엘리트층의 권력을 눈에 띄게 축소하지 못했고 후자는 부유층 가문에 계속 부여되던 특혜의 대안으로 기능하지 못했다. 게다가 청 황실과 내각에서는 중국의 절대다수를 차지하는 한족을 배제하고 청나라를 세운 소수 민족인 만주족이 계속해서 압도적인 힘을 행사했다. 이 중에서 가장 중요한 개혁은 1909년 지방 의회를 설립하고 공공 집회를 용인하기 시작한 일이었다.[18] 여기 모인 사람들 중 가장 교육 수준이 높은 구성원들이 광범위한 개혁을 요구하기 시작했다.

1911년 말 잇달아 지방 군벌들의 반란이 일어났다. 이들의 봉기는 중국이 군사적으로나 경제적으로 일본에 뒤처져 있는 상황에 대한 분노를 반영하는 것이었으며, 또한 지방 군벌들의 반청 민족주의 감정을 분명하게 드러내는 것이기도 했다. 중국에 근대화가 절실하다는 믿음은 교육받은 중산층 내부에서, 그중에서도 해외 유학파들 사이에서 더욱 강했다. 반란은 들불처럼 번져나갔고, 1912년 1월 난징에 정부를 둔 공화국이 선포되었다. 한편 베이징의 황실 정부도 위태롭게 유지됐다. 당시 중국에서 '야권 리더'에 가장 근접했던 인물은 수년 동안, 그중 대부분은 해외에서 만주족의 통치를 종식시키고 중국에 근대 공화정을 수립하자는 운동을 벌여온 쑨원이었다. 신해혁명이 터졌을 때 쑨원은 미국에 체류 중이었고, 덴버에서 신문에 보도된 기사를 보고 고국에 혁명이 일어났다는 사실을 알게 되었다. 그는 중국행 배에 오르는 대신 파리와 런던으로 향했다. 그의 임무는 중국에서 분쟁이 심화되는 동안 유럽 각국이 중립을 유지하고 청조에 대한 일체의 차관 제공을 중지하도록 설득하는 것이었다. 1911년 크리스마스에 귀국한 그는 난징에서 열여섯 개 지방 의회 대표들에 의해 '임시 대총통'으로 선출되어 혁명 운동의 정치적·사상적 리더 위치를 확고히 했다.[19]

1911년 11월, 청나라 조정은 야심 찬 군부 실권자 위안스카이袁世凱 장군을 다시 베이징으로 불러들였다. 그는 일찍이 푸이의 섭정이자 부친인 순친왕과 반목하여 모든 직무에서 해임되었다. 하지만 이제 청조는 위안스카이가 전국에서 봉기한 군부를 통제할 수 있는, 그리고 만일 통제가 불가능하다면 진압하는 데 적격인 실력자라고 믿고 의지했다. 1911년 11월 총리대신 자리를 차지한 그는 자신의 추종자들로 채워진 내각을 구성했다. 황실은 청조의 수명이 다했다고 여겼던 이들과 위안스카이가 청조를 보존해주기를 기대하는 자들로 분열되었다. 위안스카이 본인은 갈수록 청조 황실과, 그리고 이후 그 누구와도 권력을 공유하길 원치 않았다. 위안스카이가 배후라는 소문이 돌았던 황실과 인사들의 암살 사건, 그리고 이제 만주군보다 더 많은 수의 한족 군사들이 베이징에 주둔하고 있는 상황이 청조를 보존하고자 했던 이들에게 불리하게 작용했다. 결국 1912년 2월 12일 소년 황제 푸이의 퇴위 조서가 발표되면서, 청조는 막을 내렸다.[20]

쑨원은 이미 임시 대총통으로 선출된 상태였으나, 그가 동원할 수 있는 혁명군은 위안스카이 휘하의 군대에 비해 열세였다. 쑨원은 '이중 권력dual power' 상태를 질질 끄는 대신 '대총통'의 자리에 오른 지 6주 만에 난징에서 열린 국민회의에 참석한 위원들을 설득하여 위안스카이에게 임시 대총통 자리를 양도했다. 그러나 쑨원에게는 '임시'라는 조건이 중요했다. 그는 혁명 후 헌정 수립과 중국의 부분적 민주화를 추진하고자 했다. 1912년 3월 헌법 초안이 완성되었으며, 의회 선거를 위한 준비도 진행되어 상원 의원은 지방 의회에서 선출하고 하원 의원은 직접 선거로 80만 명당 한 명씩 선출하기로 정해졌다. 상원은 규모가 상대적으로 작고 임기는 6년인 반면, 하원은 규모가 훨씬 크지만 임기는 그 절반으로 정해졌다는 점에서 미국 정치 체제의 영향을 받았음이 여실했다. 선거 규정은 민주주의를 전격적으로 수용하는 것과는 한참 거리가 멀었다. 여성에게는 참정권이 부여되지 않았으며, 일정 수준의 재산을 보유한 남성만 투표할 수 있었다. 당시 총 인구의 10퍼센트에 불과한 4,000만 명 정도의 남성만이 투표가 가능했을 것으로 추산된다.[21]

그럼에도 불구하고 이 선거는 민주주의로 가는 중요한 첫걸음이 될 수도 있었다. 어찌 됐건 이 선거는 이후 중국 대륙(최근 몇 십 년간의 타이완과는 달리)에서 치러진 어떤 선거보다도 최소한 덜 비민주주의적이었다. 쑨원은 중국혁명동맹회를 개편하여 국민당이라는 정당으로 변모시켰다. 이 민족주의 정당을 경선에서 이끌었던 인물은 젊고 유능한 정치인

쑹자오런宋教仁이다. 그는 망명 당시 중국혁명동맹회에 들어가 역시 망명 중이던 쑨원 밑에서 일했다. 쑹자오런은 쑨원과 연합하긴 했지만 쑨원의 무비판적인 추종자는 아니었다. 젊은 쑹자오런과 연장자이자 리더인 쑨원은 헌법 문제를 두고 의견을 달리했다. 쑹자오런은 의회와 총리가 훨씬 강력한 힘을 갖고 대통령은 단지 공식적 국가 수반의 역할을 하는, 기본적으로 의원 내각제 형태를 지지했다. 반면 쑨원은 짧은 기간 동안 임시로 있었던 대총통 자리에 헌법적 정당성을 갖춰 다시 오르길 원했다. 자신이 창당한 정당이 선거에서 승리한 후 그저 명목상의 우두머리로 남을 의사가 전혀 없었다.[22]

1913년 1월 선거 결과가 발표되었고, 자신의 정당이 승리할 것이라는 쑨원의 예상은 적중했다. 네 개 정당이 참여한 선거에서 국민당은 과반 의석에는 약간 못 미쳤지만 상원과 하원 양쪽에서 모두 큰 차이로 제1정당으로 부상했다. 새 정부의 구성과 총리 선택에서 국민당이 큰 발언권을 가질 것이 명백해졌다. 총리 후보로는 국민당을 압승으로 이끌었던 쑹자오런이 유력시됐다. 그러나 쑹자오런은 위안스카이와 정부 구성에 관한 회담을 갖기 위해 1913년 3월 상하이 기차역에서 베이징행 열차에 오르기 전 무장 괴한에 의해 피격됐다. 그는 이틀 후 병원에서 사망했다. 손에 쥔 지 얼마 안 된 권력을 공유할 의사가 전혀 없었던 위안스카이가 암살의 배후로 지목되었다.[23]

좌우간 위안스카이는 빠르게 독재 체제를 구축해나갔다. 그의 명령에 따라 경찰은 1913년 내내 국민당 의원들과 지지자들을 탄압했고, 위안스카이는 1914년 1월 의회를 공식적으로 해산한 것에 이어 2월에는 지방 의회들까지 해산했다. 1915년에는 급기야 스스로 황제로 등극하여 새 왕조를 도모했다. 엄선된 '대표자 회의'가 만장일치로 그에게 즉위할 것을 호소했다. 그러나 이 시도는 수도의 지지 세력 일부가 그에게 등을 돌리는 결과를 가져왔을 뿐만 아니라, 지방에서는 대규모 봉기가 일어났고, 그중 다수가 베이징으로부터 독립을 선언하기에 이르렀다. 위안스카이는 이듬해 병사했고, 그의 사후 중국은 수년간 지방 '군벌'들(그중 일부는 위안스카이에게 충성했던 인물이다)이 난립하는 혼란의 시기로 빠져 들었다. 분열된 중국에서 중앙 정부는 행정적으로나 군사적으로 제힘을 발휘하지 못했고, 이런 상황은 1919년 1차 세계대전 후 열린 파리강화회의에서 중국의 이익을 보호하는 데 전혀 도움이 되지 않았다. 중국의 요구에 립서비스를 늘어놓던 승전국들은 결과적으로 중국을 푸대접했다. 1차 세계대전 이전에 독일이 중국 내에서 보유했던 경제적 권익은 일본에 양도되었으며, 일본은 또한 중국 두 지방에 군대를 주둔시킬 수 있는 권리도 획득했다.[24]

중국의 주권을 오만한 태도로 묵살한 베르사유의 전승국들 앞에서 중국 정부의 무능함이 여실히 드러났다. 중국인들의 불만과 울분은 1919년 5월 4일 베이징에서 3,000여 명의 학생이 참가한 시위를 기점으로 터져나왔다. 이날 시위에서 학생들은 일본과 치욕적인 권리 양도 조약을 맺었던 정부 관리의 집을 약탈 방화했고, 또 다른 고위 관료를 구타했다. 시위 참가자 중 일부는 경찰에게 무자비하게 진압됐다(그중 한 명이 부상으로 사망했다). 이날 학생들의 시위에는 앞으로 중국 사회에서 오래도록 공명할 이름이 붙었다.[25] 이것은 5·4 운동이라는 이름으로 알려지게 되며, 이 운동의 주요 사상가 중 다수가 베이징대학과 관련 있었다.★

1911년에 벌어진 혁명적 사건들이 한 사람의 영도자에 의해 진두지휘되지 않았듯이(미국과 유럽 정치 특사로 활약했던 쑨원이라는 주요한 예외도 있었으나), 5·4 운동에도 두드러지는 리더는 보이지 않는다. 위안스카이 사후 지역 군벌주의로의 후퇴 시기에 중앙 정부를 장악한 인물은 1916년 총리로 취임한 군벌 돤치루이段祺瑞였다. 그는 위안스카이에게 발탁되어 심복으로 충성했으나, 위안스카이의 황제 등극 시도는 지지하지 않았다.[26] 쑨원은 1913년 위안스카이의 무자비한 탄압에 직면하여(당시 돤치루이는 총리 대행이었다) 다시 망명을 떠날 수밖에 없었고, 1916년 위안스카이 사후에야 중국으로 돌아왔다. 마지막 해외 체류 기간 동안 그는 국민당을 위계적이고 규율이 지배하는 정당으로 바꿔놓았고, 그에게 개인적으로 충성하는 자들에게는 특혜가 주어졌다. 쑨원은 다음 혁명은 군사 혁명으로 시작될 것이며, 그 후에는 중국인들에 대한 '훈정訓政'이 뒤따를 것이라고 주장했다(쑨원은 군정軍政·훈정·헌정憲政으로 이어지는 3단계 혁명론의 기틀을 세웠다-옮긴이). 이 단계가 완료된 후에야 전 국민이 공화국 헌법에 따라 스스로를 통치할 수 있게 된다는 것이다.[27] 쑨원은 공산주의자는 아니었지만, 중국의 다른 혁명 활동가들과 마찬가지로 볼셰비키 혁명에 영향을 받았다. 베르사유에서 중국이 당한 모욕과 유럽 열강이 중국 내에서 자국의 경제적 이권 유지에 몰두하는 상황을 고려할 때, 쑨원은 새로운 소련 지도부와 협력을 시도해볼만하다고 여겼다. 소련 측도 중국이 소련식 '사회주의'로 이행할 준비가 되어 있다고 생각하지는

★　북경은 오늘날 영어로 베이징이라 통용되지만 과거에는 페킹Peking이라 불렸다. 오늘날에도 베이징대학은 페킹이라는 이름을 고수하는데, 이 이름을 사용하면 시기에 이미 국제적으로 널리 알려졌기 때문이다. 영어로 된 공식적인 의사소통에서 이 대학은 스스로를 페킹대라 칭한다.

않았지만, 쑨원이 이끄는 중국 국민당과 신생 중국 공산당 사이의 국공 합작에 기꺼이 협조했다. 자신들에게 우호적인 중국이 일본에 대항하는 동맹으로도 유용할 것이기에, 볼셰비키가 중국의 반제국주의 혁명 세력을 지원했던 것은 현실 정치realpolitik에도 부합하는 측면이 있었다. 1904-05년 러일 전쟁에서 일본이 승전국으로 부상했던 것은 혁명 전 허약했던 러시아 정권 탓으로 돌릴 수 있다지만, 그럼에도 패전은 볼셰비키의 의식에 깊은 상흔을 남겼다.

쑨원은 1920년부터 그의 정당이 더 넓은 범주의 사람들에게 호소하도록 노력하면서 그가 삼민주의라고 불렀던 중심 사상을 개진했다. 그런데 삼민주의의 원칙인 민족주의, 민권주의, 민생주의는 셋 다 어딘가 의미가 확실치 않고 모호한 면이 있었다. 첫 번째 원칙인 민족주의는 쑨원이 민족주의 정당의 리더였다는 점에서 가장 명확한 개념이라고 할 수 있다. 1916년 귀국 후 그는 중국의 통합을 고취하고 지역 군벌주의를 종식시키려 노력했다. 문제는 한족이 중국의 다수 민족이긴 하지만, 쑨원도 인정했듯이 시민권을 가진 다른 소수 민족들도 존재한다는 사실이다. 두 번째 원칙인 민권주의도 쑨원이 어떤 의미로 사용했는지 분명치 않다(일단 국민당은 그리 민주적으로 운영되지 않았다). 게다가 당시 중국이 아직 성숙한 민주주의를 받아들일 준비가 되어 있지 않았다는 주장은 어느 정도 일리가 있다. 쑨원이 제한적인 선거권을 지지하고 중국인들을 위한 '훈정' 기간이 필요하다고 했던 것도 그런 시각을 반영하고 있다. 세 번째 원칙인 민생주의는 간혹 '사회주의'로 번역하기도 하는데, 문자 그대로의 의미는 '국민의 생계'다. 그런데 여기에는 단지 국민 생활 수준의 향상만이 아니라, 토지 균등 분배 문제를 포함한 경제의 균등화를 시행하고자 하는 쑨원의 바람이 반영되어 있었다.[28] 1921년에 쑨원은 단명했던 베이징 의회의 잔류 세력으로부터 '대총통' 직책을 부여받았지만, 범국가적인 리더로 인정받는 것과는 거리가 멀었다. 고향의 주도 광저우시를 근거지로 삼았던 쑨원은 말년까지 국민당을 장악한 리더였음은 틀림없지만, 각지에 할거하고 있는 군벌들의 지지는 받지 못했다. 쑨원은 1924년 11월 베이징에서 열린 '국가재건회의'에 참가한 후 얼마 지나지 않아 말기 암 판정을 받고 1925년 3월 향년 59세를 일기로 세상을 떴다.[29]

가난한 농민 출신이었던 쑨원은 자신이 타고난 리더라는 강한 확신과 지지자를 끌어들이는 성격의 소유자였다. 비록 그는 1911년 혁명의 발발에 직접 관여하지도 않았고 통일된 중국을 다스리지도 못했지만, 그럼에도 혁명의 아버지이자 중화민국의 국부로 마땅히 추앙받고 있다. 많은 이들이 개혁적 입헌주의의 길을 선호할 때, 혁명이야말로 변화를 가져올 적절한 방법이라고 고집했던 것은 바로 그였다. 쑨원은 높은 교육 수준과 영어 구사 능력 덕분에 국제 무대에서 청조 타도를 추진하고 근대 공화국을 세우려는 중국 내 세력을 사실상 대표했다. 그는 민족주의 정당인 중국 국민당의 주요 창립자였고, 국민당은 쑨원의 후임 장제스의 지도 아래 1949년 공산당이 정권을 잡을 때까지 중국에 군림하게 된다.★ 비록 쑨원이 그의 후임에 비하면 덜 권위주의적이긴 했지만 (그리고 원칙상으로는 민주주의를 지지했지만), 그를 개혁적 리더이자 근대화의 리더라고는 할 수 있을지언정 민주적 리더라고는 할 순 없다. 그는 5·4

★   국민당은 오늘날까지도 여전히 존재한다고 주장할 수 있다. 같은 이름 아래, 이 정당은 현대 타이완의 양대 정당 중 하나다.

운동의 정치적·사상적 흐름에 부정적이었다. 한 현대 중국사가의 말에 따르면, "그는 대체로 자신이 통제할 수 없는 운동은 탐탁해하지 않았다."[30] 쑨원이 오늘날까지 20세기 중국의 두 위대한 혁명 중 첫 번째 사건의 영웅으로 추앙받는 것을 보면, 혁명적 리더십이 반드시 정권이 무너지는 순간에 바리케이드를 넘어 진두지휘하는 것을 의미하지는 않으며 여러 가지 다양한 형태를 띤다는 것을 알 수 있다.

아타튀르크와 터키 혁명

1934년에 공식 채택한 호칭인 아타튀르크(터키의 아버지라는 뜻)로 더 잘 알려진 무스타파 케말Mustafa Kemal은 1881년에 태어났으며, 1908년 술탄 압뒬하미트 2세Abdülhamid II의 위헌적 전제 통치에 저항하는 '청년 튀르크당' 혁명에 가담했다. 아직 술탄의 지위에 도전하는 반대파 리더가 되기 전이었지만, 그때부터 그는 그 역할을 하며 나라를 이끌겠다는 야망을 품고 있었다. 금주와 거리가 멀었던 젊은 장교 시절, 그는 술자리에서 한 친구에게 그를 총리로 삼겠다고 말했다. "그러면 너는 뭐가 될 건데?"라는 친구의 반응에, 케말은 "총리를 임명하는 사람"이라고 대꾸했다.[31] 1918년 한 여성 친구에게 보낸 편지에 그는 이렇게 적었다. "혹시 내가 막대한 권한과 권력을 가진 자리에 앉게 된다면, 나는 단방에 우리 사회생활에 필요한 변혁을 도입할 것이다. … 고등 교육을 마치고 상류 사회의 문화를 접하고 자유를 맛보기 위해 이렇게 오랜 시간을 투자했는데, 왜 내가 서민들의 수준으로 내려가야 하나? 그보다 나는 그들을 내 수준으로 끌어올릴 것이다. 내가 그들처럼 되는 것이 아니라, 그들이 나처럼 바뀌어야 한다."[32] 젊은 시절부터 드러난 성향에 비춰볼 때, 아타튀르크 치하의 터키가 민주주의가 아니라 상대적으로 개화된 권위주의 체제가 된 것도 그리 놀라운 일이 아니다.

아타튀르크는 터키가 독일의 동맹국으로 참전했던 1차 세계대전에서 명성을 떨쳤고, 1차 세계대전 직후에는 연합군의 터키 점령에 저항하고 그리스에 빼앗긴 영토를 수복하는 군사 작전을 이끌었다. 1919년 그는 민족주의 육군 장교들 및 연합군 점령에 항거하기 위해 자발적으로 봉기한 다양한 단체들을 한데 모아 범국가적 저항 운동으로 통합하는 데 성공했다.[33] 1920년에는 터키대국민의회를 소집하여 정부 수반으로 선출되었으며, 기존의 오토만 정부 관료들을 사실상 납치하도록 일을 꾸민 후 1921년 1월 새로운 국가를 선포했다. 그는 이후 새로운 소련 지도부와 친선 관계를 구축하지만, 전통적 집권 세력에게 그랬듯 터키 공산주의 세력에도 동조하지 않았다. 1921년에서 1922년 사이 아타튀르크의 묵인하에 여러 명의 공산주의자들이 피살되었다.[34]

터키 혁명은 단지 기존 정권을 무력으로 전복시킨 것 외에도, 체제의 사상적 기반을 교체했다는 점에서 혁명이었다. 터키가 오스만 제국의 중심에 존재하던 시절부터 이어진 여러 제도가 폐지되었다. 전통적인 정치적 권위와 종교적 권위(술탄제와 칼리파제)가 둘 다 대체되었다(그럼에도 어느 정도의 연속성은 존재했다. 터키 민족주의 세력은 비록 제국을 유지하려는 시도가 잘못되었으며 술탄들이 진보를 가로막았다고 여기긴 했지만, 오스만 관료제와 특히 그들의 군대를 새 국가의 기둥으로 의지했다[35]). 술탄제가 즉시 폐지되지는 않았으나, 1922년 가을 그리스군을 격파한 데 힘입은 아타튀르크는 국내에 잔존하는 방해물을 제거하려는 움직임을 시작했다. 그는 실질적인 권력을 가진 앙카라의 대국민의회 정부의 지지를 받고 있었고, 한편 술탄은 이스탄불의 오스만 정부 잔류 세력의 수장으로 남아 있었다. 아타튀르크는 이렇게 선언했다. "주권과 왕권은 학문적 토론을 거쳐 결정되는 법이 없다. 그것은 무력으로 장악된다. 오스만 왕조는 터키인의 정부를 무력으로 갈취하여 6세기 동안 지배했다. 이제 터키 국가는 실질적으로 주권을 획득했다." 그는 이 말에 반대하는 사람이 없길 바랐다. 만일 반대하는 사람이 있다 해도 이 사실은 변함없을 것이고, "다만 몇 명의 머리가 날아갈 것이다."[36] 술탄제의 폐지는 충실히 이행되었고, 술탄은 1922년 말 영국령 몰타로 망명했다. 이듬해 터키공화국이 정식으로 선포되고 아타튀르크는 초대 대통령으로 추대되었다.

종교적 권위(칼리파제)는 술탄제보다는 좀 더 오래 지속되는 것이 허용되었다. 하지만 1924년 아타튀르크는 종교 지도자인 칼리파가 술탄이 했던 짓(정부 비판자들의 얘기에 귀를 기울이고 서구 열강의 사절단들과 연락)을 하고 있다고 주장했다. 3월 초 경찰이 칼리파 압뒬메지트Abdülmecid의 궁전을 포위하고 건물 내부 전화선을 끊었다. 칼리파는 신변의 안전을 위해 사임을 선언했으나, 불가리아 국경을 넘자마자 사임을 철회했다. 이런 행보는 그에게 아무런 도움이 되지 않았다. 그는 이후 다시는 터키 땅에 발을 들여놓을 수 없었고, 1944년 사망 후 그의 유해를 터키로 반입하고자 했던 후손들의 요청은 거부되었다.[37] 그러나 칼리파제의 폐지는 새로 수립된 국가의 튀르크족 국민과 쿠르드족 국민의 관계를 악화시켰다. 쿠르드족이 전체 인구의 20퍼센트를 차지하는 상황에서 칼리파제가 폐지되자 그동안 튀르크족과 쿠르드족이 공유해온 중요한 종교적 상징이 제거되었다.[38]

아타튀르크는 터키 혁명의 사상적 리더이자 군사적 리더였다. 터키 혁명은 이념이 중요한 역할을 했던 혁명이었고, 그중에서도 아타튀르크의 이념이 가장 중요했다. 그는 터키의 서구화를 주장했지만, 이상과 행동 사이에 간극이 존재할 때도 있었다. 20세기 첫 번째 사반세기에 새롭게 등장한 쿠르드 민족주의의 부상은 '터키 민족 국가 체제'라는 개념을 심각하게 위협했다. 독립 투쟁 중 아타튀르크와 터키 민족주의자들이 약속했던 쿠르드족의 자치권은 이행되지 않았고, 1920년대 중반에 일어난 쿠르드족의 반란은 잔인하게 진압되었다.[39] 게다가 아타튀르크는 원칙상으로는 민주주의를 받들었지만, 실제로 도입할 때는 미온적인 태도를 보였다. 그가 창설한 인민당(이후 공화인민당) 외에 다른 정당을 허용하면 자신의 바람과 개혁이 방해받을 것이 분명해지자, 민주주의 도입은 중지되었다. 그러나 다른 부문에서는 서구화가 실제로 진행되었다. 아타튀르크의 대표적 전기 작가 앤드루 망고Andrew Mango는 '문화 혁명에 상당하는' 일련의 결정을 언급한다.[40] 세속주의 통치가 종교적 헤게모니를 대체했으며, 그중에서도 특히 중요했던 것은 교육 체제의 탈종교화였다. 결혼과 이혼 판결을 관장했던 종교 법정은 폐쇄되었다. 시행되고 있을 때조차 아타튀르크가 대놓고 무시했던 금주법도 폐지되었다.

여성 해방이 크게 진전하였으며(비록 아타튀르크 자신은 아내와 전통적인 방식에 따라 일방적으로 이혼했지만), 전간기 터키의 여성들은 동등한 상속권을 획득하고 새로운 교육과 노동의 기회를 얻었다. 또한 아타튀르크 치하에서 여성은 베일을 벗도록 권장되었다(금지되지는 않았다).[41] 대외 정책 부문에서 아타튀르크는 민족주의와 반제국주의를 신중한 실용적 중립주의와 혼합했다. 그가 이끌었던 혁명과 그로 인해 확립된 세속주의 규범은 그의 사후에도 계속해서 터키에 영향을 미쳤다. 1938년 그가 사망한 후, 아타튀르크 시대 대부분의 기간 동안 외무장관과 총리로 재임했던 이스메트 이뇌뉘ismet İnönü가 대통령직을 승계하여 근대화 과정을 이어 나갔다. 이스메트는 정부 수반으로서 터키의 근대화를 지휘하는 동안 매우 중요한 한 가지 측면에서 아타튀르크보다 훨씬 큰 진전을 이뤘다. 1950년에 공화국 역사상 최초의 자유 선거를 실시했을 뿐만 아니라, 그 선거에서 공화인민당이 패배하자 그 결과를 선선히 받아들였다.[42]

유럽의 공산주의 혁명

1917년 러시아 혁명

1917년 '러시아 혁명'이 20세기의 중심축을 이루는 사건이라는 사실에 의문을 제기하는 사람은 별로 없을 것이다. 그해 말 공산주의 세력은 세계에서 가장 큰 나라의 정권을 장악했고, 이듬해 등장한 소비에트 체제는 이후 70년간, 특히 2차 세계대전 때부터 세계 정치에 엄청난 영향을 미치게 된다. 1917년에 러시아에서는 두 건의 매우 다른 성격의 혁명이 발생했는데, 이 둘을 하나의 사건으로 치부해버리면 곤란하다. 두 혁명은 각각 2월 혁명과 10월 혁명으로 알려져 있는데, 서양력 기준으로는 3월과 11월에 일어났기 때문에 다소 헷갈리는 이름이기도 하다.[43] 1917년 1차 러시아 혁명의 개시를 알린 파업과 시위는 3월 8일 세계 여성의 날에 시작되었다.[44] 이날로 정해진 것은 우연이 아니었다. 시위에 앞장섰던 페트로그라드(상트페테르부르크의 옛 이름) 방직 공장 여성 노동자들은 전쟁과 생활고에 대한 분노를 널리 알리려고 일부러 이날을 파업 일로 정했다. 그 후 사태는 급속히 전개되었고, 차르 제정이 붕괴하기까지 일주일이 채 걸리지 않았다.

이 혁명은 블라디미르 레닌에게 매우 뜻밖의 소식이었다. 레닌은 같은 해에 일어난 2차 러시아 혁명에서 핵심 인물로 활약하게 되며, 특히 **공산주의 세력**, 다시 말해 자유주의 세력과 사회주의 세력의 연합이나 심지어 서로 다른 계열의 사회주의 세력의 연합도 아닌 바로 공산주의 세력이 정권을 잡는 데 결정적인 역할을 했다. 소비에트 체제를 수립한 가장 중요한 인물로 평가되는 레닌은 사회주의 혁명의 필연성을 믿었다는 측면에서는 정통파 마르크스주의자로 볼 수 있으며, 사회주의 혁명을 앞당기는 데 평생을 바칠 만큼 혁명가의 기질과 소신을 갖고 있기도 했다. 그렇지만 1917년 초 레닌이 혁명이 조기 달성될 것으로 예상했던 것은 아니다. 1917년 1월 스위스 망명 중 취리히 노동자들과의 만남에서 "우리 구세대는 어쩌면 살아생전에 다가올 이 혁명의 결정적 전투를 목격하지 못할지도 모릅니다"라고 말한 것을 보면 말이다.[45] 당시 레닌은 46세에 불과했다.

러시아는 1차 세계대전에서 엄청난 손실을 겪었다. 전쟁에 대한 불만은 갈수록 고조되었고, 특히 전투에서 가장 큰 희생을 치렀던, 레닌의 표현을 빌리자면 '군복 입은 농민들' 사이에서는 불만이 극에 달했다. 레닌이 이끌었던 러시아 혁명 운동의 분파 볼셰비키(1918년 공산당으로 개명)는 대부분의 지도급 인사들이 감옥에 갇혀 있거나 해외 망명을 떠난 상태였기에, 2월 혁명에서 별다른 역할을 하지 못했다.[46] 한편 차르 제정에 대항하는 자유주의 세력 및 다양한 사회주의 정당과 분파는 꾸준히 세를 불렸다. 볼셰비키는 수도인 페트로그라드에서 상당수 노동자의 지지를 확보하고 있었으나, 전국적으로 폭넓은 지지를 받던 정당은 아니었다. 당시 당원 수가 가장 많았고, 1917년 11월에 열린 러시아 최초의 완전한 자유 선거(그리고 이후 70년이 넘도록 이 나라에서 열린 마지막 민주 선거) 결과에서 확인되듯 가장 큰 지지를 받던 정당은 주로 농민층을 대변하는 사회주의혁명당SRs이었다.[47]

1917년 혁명의 결정적 사건들은 두 번 다 페트로그라드에서 벌어졌다. 수도에서 혁명이 일어났다는 소식을 들은 농민들도 자신들의 권리를 주장하며 토지를 경작자에게 재분배하기 시작했다. 전쟁으로 인한 곤궁에 빵 부족 사태까지 벌어지자 차르 제정에 대한 불만은 한층 더 고조되었다. 이런 상황은 지난 수십 년간 점점 심각해져왔으며, 1917년 일사분기에는 돌이킬 수 없는 지경에 이르렀다. 각 공장에서 벌어졌던 집단 파업은 총파업으로 극에 달했고, 페트로그라드는 마비 상태에 빠졌다. 두마(1905년에 벌어진 혁명의 결과로 설립된, 제한적 선거권에 기반하며 한정된 권력이 부여된 입법부)는 시위대와 정부 사이의 중재를 위해 노력했지만 차르 니콜라이 2세는 신뢰할 수 있는 정부를 구성하라는 두마의 요청을 묵살했다.[48]

2월 혁명 때 차르 전제정에 대항하는 자유주의 세력과 급진주의 세력 사이에 일시적 협력이 이루어졌다. 1905년 혁명의 소용돌이 속에서 존재했던 '노동자대표소비에트'('소비에트'는 러시아어로 단순히 평의회를 뜻한다)가 1917년에 페트로그라드에서 부활했다. 이 단체가 군인들의 지지를 끌어낼 잠재력이 있음을 간파한 소비에트 멤버들은 단체 이름을 '노동자·병사대표소비에트'로 바꿨다. 구체제에 저항하는 파업과 시위가 벌어지던 나흘째에 경찰은 대대적 체포를 감행했고, 군인들이 군중을 향해 발포하여 수백 명이 죽고 다쳤다. 그러나 다음 날이 되자 많은 부대가 정권에 반기를 들었고, 페트로그라드에서만 6만 5,000명의 군인들이 반란에 동참했다.[49] 군부의 지지를 잃은 구정권은 아무런 힘도 없었다. 차르 제정의 장관 대다수가 체포되었으며, 니콜라이 2세는 1917년 5월 15일 퇴위했다. 차르와 황후, 그리고 네 명의 황녀와 혈우병 환자였던 황자는 가택 연금에 처했다가 1918년 7월 우랄 지역의 도시 예카테린부르크에서 볼셰비키에 의해 총살당했다.

구정권의 무능과 권위주의 통치에 반발했던 자유주의 세력을 중심으로 구성된 임시 정부가 수립됐다. 이들은 헌정을 도입하고, 제헌 의회를 구성하기 위한 민주 선거를 실시하고자 했다. 임시 정부의 핵심 인사였던 알렉산드르 케렌스키Aleksandr Kerensky는 사회주의자였지만 반공산주의자였으며, 드물게 두마 의원이면서 동시에 페트로그라드소비에트에 소속된 인물이었다. 5월에는 연합 정부가 확장되면서 멘셰비키(볼셰비키와 대립했던 러시아 사회민주노동당의 온건파-옮긴이)와 사회주의혁명당 등의 다른 사회주의 세력이 합류했다.[50] 뛰어난 언변을 가진 연설가였던 케렌스키는 3월부터 다음 혁명이 올 때까지 법무부 장관(이 직위에 있을 때 그는 모든 정치범을 사면했다)과 국방부 장관을 거쳐 총리로 재임했다. 이 혼란의 시기에 케렌스키에게 가장 큰 약점으로 작용했던 것은 러시아가 1차 세계대전에서 동맹국들과 함께 계속 싸워야 한다는 입장을 고수했던 점이었다. 레닌과 볼셰비키는 처음부터 참전을 반대했고, 러시아군 철수를 위해 독일과 별도의 평화 조약을 체결하겠다는 입장이었다. 실제로 레닌이 스위스에서 러시아로 귀국할 수 있도록 독일 최고사령부가 편의를 봐줬던 이유가 바로 레닌이 러시아의 참전을 끝내길 원했기 때문이었다. 레닌과 동지들은 독일이 제공한 봉인 열차를 타고 독일을 가로질러 페트로그라드의 핀란드 역에 도착했다. 레닌은 도착 즉시 임시 정부를 약화시키기 위한 작업에 들어갔으며, 그를 환영하기 위해 모인 군중들에게 임시 정부에 협조하지 말라고 주문했다. 1917년 1차 혁명과 2차 혁명의 사이 기간은 소비에트(특히 페트로그라드소비에트)와 임시 정부가 서로 우월한 입지를 주장하는 '이중 권력'의 시기로 알려지게 된다.

레닌이 4월 테제라 부른 것의 일부로, 그가 러시아 귀국길에 만든 슬로건 중에는 '평화, 토지, 빵'이라는 표어가 있었다. 이 표어는 볼셰비키의 지지 기반을 확장시켰고, 러시아군의 철수와 토지의 전면적인 재분배를 주장하는 볼셰비키의 입장은 임시 정부의 그것과 확연히 구분되었다. 불안정한 신생 정부로부터 권력을 탈취하는 것을 목표로 레닌은 4월 테제에 '모든 권력을 소비에트로!'라는 슬로건을 포함시켰다. 하지만 레닌은 실제로 그런 일이 벌어지는 것을 경계했다. 구체적으로 말하자면, 그는 볼셰비키가 페트로그라드소비에트에서 다수파를 이루기 전에 임시 정부가 붕괴되는 것을 원치 않았다. 2월 혁명 후 처음 몇 달간은 멘셰비키와 사회주의혁명당 세력이 페트로그라드소비에트의 집행위원회를 주도하고 있었다.[51] 가을 들어 드디어 볼셰비키가 페트로그라드와 모스크바에서 다수파로 자리 잡자, 레닌은 즉시 반란을 모의했다. 하지만 1917년의 볼셰비키는 소비에트 시기 대부분을 통틀어 그 어느 때보다도 훨씬 자유로운 토론이 가능했고, 노동자 계급의 확고한 지지를 확보했기 때문에 볼셰비키가 권력을 잡을 때가 되었다는 레

닌의 주장은 중앙위원회에서 거부되었다.[52]

　자연 발생적 소요, 상당수의 엘리트층이 전제정을 더 이상 지지하지 않게 된 점, 어떤 한 사람이나 단체가 혁명의 결과에 압도적으로 기여하지 않았던 점이 2월 혁명의 특징이라면, 10월 혁명은 이와는 크게 달랐다. 볼셰비키의 리더 격인 레닌이 그 누구보다 결정적인 역할을 했으며, 레온 트로츠키Leon Trotsky의 가세 또한 매우 중요했다. 트로츠키는 그동안 볼셰비키와 멘셰비키 양쪽으로부터 거리를 유지하고 있다가, 1917년 레닌측에 합세했다. 그는 레닌이 부르주아 혁명(그들의 이론에 따르면 2월 혁명이 여기 해당한다) 뒤에 '부르주아 민주주의' 통치가 장기간 요구된다는 보다 교조주의적인 마르크스주의 지침을 포기하고, '영구 혁명론'이라는 자신의 견해에 동의하게 되었다고 믿었다.[53] 트로츠키는 지성과 독창적 혁명가로서의 자질 면에서 레닌에 비견할만한 인물이었으며, 레닌처럼 자신의 능력을 믿어 의심치 않았다(그러나 트로츠키는 1920년대 당내 권력 투쟁에서 지성에선 밀리지만 술책에 능하고 훨씬 무자비한 이오시프 스탈린에게 패한다). 레닌처럼 트로츠키도 급격히 진행된 차르 정권의 붕괴 속도에 허를 찔렸다. 1917년 3월에 레닌은 스위스에 머무르고 있었고 트로츠키는 뉴욕에 체류 중이었다. 볼셰비키의 다른 두 명의 지도급 인사인 니콜라이 부하린Nikolay Bukharin과 초대 볼셰비키 정부에서 고위직을 차지했던 유일한 여성인 알렉산드라 콜론타이Alexandra Kollontai도 마찬가지였다. 망명하지 않은 나머지 당원들은 1914년 체포되었는데, 이는 볼셰비키가 독일과의 전쟁에 반대했을 뿐만 아니라 독일의 승리를 기원했기 때문이다. 그들은 러시아가 패배한다면 혁명을 가속화시킬 수 있을 것이라고 주장했다.[54]

1917년 7월 신문에 레닌이 독일의 스파이라는 내용이 보도되면서 볼셰비키는 타격을 입었다. 터무니없는 얘기지만 레닌이 스위스에서 러시아로 귀국할 때 독일의 도움을 받았던 것은 사실이었기에 파급력이 컸다. 게다가 바로 이 무렵 일부 볼셰비키가 (레닌이 보기엔 시기상조였던) 정권 장악을 시도했고, 노동자들에 더해 크론슈타트 해군 기지의 수병 2만 명이 가담하는 사태가 벌어졌다. 무력 충돌로 400명에 달하는 사망자가 발생했으며, 비록 일시적이긴 했지만 임시 정부 측이 승리했다. 해군 반란과 독일 스파이 혐의로 위기에 빠진 레닌은 이번에는 핀란드로 망명했다. 트로츠키는 투옥되었고, 스탈린은 러시아 국내에 남아 있으면서 체포되지 않은 볼셰비키 최고 간부로서 그 입지가 상승했다.[55]

1917년 가을 볼셰비키는 페트로그라드소비에트에서 다수파가 되었고, 트로츠키가 리더로 선출되었다. 그는 소비에트야말로 볼셰비키 (그가 1917년 8월에야 공식 입당했던 정당) 정권을 장악할 수 있는 가장 적절한 혁명의 매개라고 생각했다. 그러나 레닌의 '모든 권력을 소비에트로!'라는 슬로건은 임시 정부를 약화시키려는 목적으로 만들어진 것이지, 볼셰비키 정당 대신 소비에트가 정권 장악을 준비해야 한다는 트로츠키의 강한 신념을 공유했기 때문은 아니었다. 레닌의 주요 관심사는 볼셰비키가 권력을 완벽하게 장악하는 것이었다. 레닌이 1917년 6월에 열린 제1차 전러시아소비에트대회에 참석했을 당시에는 볼셰비키가 다수파도 아니었고 어떤 중요한 선거에서도 승리를 거머쥐지 못한 상황이었다. 그런데 발언자 중 한 명이 당연히 부정적인 답이 나올 것이 뻔하다는 가정하에 현재 러시아에 **단독**으로 정권을 잡을 수 있는 정당이 있느냐는 수사의문문을 던졌을 때, 뜻밖에도 레닌은 "그런 정당이 있습니다"라고 외치면서 정권 장악의 의도를 확실히 드러냈다.[56] 이런 정치적 대담함은 볼셰비키 혁명이 벌어지기 직전까지 신중하게 신변의 안전을 도모했던 그의 개인적 행보와는 차이가 있는데, 어쩌면 혁명이 성공한 후 자신이 필수불가결한 인물이 될 것으로 확신했기 때문인지도 모른다. 임시 정부가 7월에 체포했던 볼셰비키 당원들을 석방한 후에도, 레닌은 몇 주 더 핀란드에 머물면서 동지들에게 서신을 보내 무장 봉기를 할 때가 왔다고 독촉했다. 레닌의 주장을 놓고 볼셰비키 지도부의 의견이 양분되었다. 반대파는 신문에 레닌을 반박하는 글을 발표했는데, 이 일이 정부에 또 다른 혁명 봉기가 일어날 가능성을 경고하는 결과를 초래하고 말았다. 당국이 눈치챈 이상 권력 장악 시기를 앞당기는 편이 더 안전하다는 쪽으로 의견이 기울었다.[57]

앞서 8월 라브르 코르닐로프Lavr Kornilov 장군이 주도했던 군사 독재의 위협에 대항하기 위해 조직되었던 페트로그라드소비에트의 군사혁명위원회가 볼셰비키 혁명의 거사를 주도하기로 결정됐다. 레닌은 11월 6-7일(1917년 러시아 달력에 따르면 10월 24-25일) 밤이 되어서야 모습을 드러냈다. 11월 6일, 군사혁명위원회의 무장 병력이 수도의 주요 거점들을 점령했고, 11월 7일(소련 시절 거창하게 경축했던 기념일)에는 임시 정부의 회의가 진행되고 있던 겨울 궁전을 장악했다. 케렌스키는 무사히 탈출하여 망명을 떠났으며, 남은 일생을 해외에서 보냈다(그는 1970년 뉴욕에서 91세의 나이로 사망했다. 당시 정권 장악에 참여했던 혁명의 승자 볼셰비키 중 다수는 이후 그들의 동지 스탈린에 의해 1917년 11월 그들이 축출한 총리보다 훨씬 일찍 생을 마감하게 된다).

볼셰비키 혁명을 실제로 조직하고 실행하는 데 트로츠키가 레닌보다 더 큰 역할을 했지만, 새 정권의 권력 구조와 사상에 누구보다도 큰 영향력을 미친 것은 레닌이었다. 간혹 10월 혁명이 쿠데타에 불과하다고 말하는 사람도 있지만, 이것은 이 장의 서두에서 언급한 정의를 충족하는 혁명이었다. 10월 혁명은 정치 체제와 경제 체제의 변화로 이어졌으며, 무장 봉기를 통해 성사되었고, 상당수의(그러나 과반수는 아닌) 국민에게 지지를 받았다. 또한 새로운 사상으로 정통성을 확보한 정권이 수립되었다. 1917년에 러시아 전역에서 소비에트가 결성되었고, 전국 대회에서 그들을 대표할 중앙집행위원회를 선출해놓은 상황이었다. 소비에트 평회원들은 이 기구가 1917년 11월 열리게 될 제헌 의원 선거에 이어 정식으로 정부가 구성될 때까지 임시 정부를 대체할 것이라고 생각했다(제헌 의원 선거일은 볼셰비키가 정권을 장악하기 전에 정해져 있었다). 그러나 이는 현실화되지 않았다. 볼셰비키 지도부는 다른 꿍꿍이가 있었다. 새로운 정부는 인민위원평의회라는 이름으로 선포되었고(이 명칭은 1946년에 소련각료평의회라는 보다 널리 통용되는 이름으로 바뀌는데, 예전 이름이 혁명을 더 연상시킨다), 모든 직위를 볼셰비키가 독차지했다. 레닌은 정부 수장이 되었고, 트로츠키는 외무인민위원, 스탈린은 민족인민위원이 되었다.

　제헌 의회 구성을 위한 선거에서는 비공산주의 사회주의 세력이 레닌이 이끄는 정당보다 훨씬 많은 의원을 배출했다. 한 소련 공산당 전문 역사가의 말대로 "국민의 절반은 사회주의에는 찬성하지만 볼셰비즘에는 반대하는 표를 던졌다."[58] 하지만 레닌과 트로츠키는 이런 민주적 디테일을 신경 쓰지 않았다. 제헌 의회의 첫 회의가 열리고 투표에서 볼셰비키가 패하자, 볼셰비키와 좌파 사회주의혁명당원들은 그 길로 퇴장해버렸다. 다음 날 볼셰비키 적위대가 나머지 의원(의원의 과반수)의 건물 입장을 막았고, 이것이 제헌 의회의 끝이었다. 레닌은 일당 독재를 선택했다. 보다 폭넓은 연합을 형성하고 소비에트에 더 큰 역할을 부여하자는 볼셰비키 당원들도 있었지만, 결국 소비에트는 헌법상의 일부로, 그리고 1922년에 소비에트사회주의공화국연방(USSR 또는 소비에트연방)으로 정해진 국가명에서나 흔적을 찾아볼 수 있을 뿐, 다시는 1917년에 일시적으로 차지했던 권력을 탈환하지 못했다.

볼셰비키는 1921년까지 그들의 혁명에 반대하는 세력과 내전을 벌였고, 결과적으로 승리했다. 양쪽 모두 잔혹 행위를 자행했으며, 1917년 12월에 이미 볼셰비키 측은 체카Cheka로 더 잘 알려지게 되는 '전러시아 반혁명·사보타주 단속 비상위원회'를 창설했다. 이 단체는 OGPU, NKVD, KGB 등 다양한 이니셜로 알려지게 될 소련 공안 기관의 전신이다. 내전에서 볼셰비키가 승리했던 것은 1918년 3월에 전쟁인민위원이 된 트로츠키와 정부 수장이자 대표적 사상가인 레닌이 발휘한 탁월한 리더십의 공이 컸다.

경제 체제와 정치 체제가 모두 급격히 변모했다. 산업과 은행이 국유화되었고, 1917년의 다소 혼란스러웠던 민주주의도 사라졌으며, 차르 제정 시대로 돌아가고 싶어 하는 사람들뿐만 아니라 볼셰비키가 아닌 사회주의자들까지 대상으로 한 정치적 탄압이 자행됐다. 이후 레닌은 국민의 불만에 직면하자 경제 정책에서 전략적으로 후퇴했고, 1921년 시작한 신경제 정책을 완화하여 소규모 기업 경영과 상거래를 허용했다. 하지만 이것이 멘셰비키나 다른 반정부 세력에 대한 정치적 관용으로까지 이어지지는 않았다. 레닌은 1922년 뇌졸중을 겪은 후 점차 정상적인 활동이 불가능해졌고, 1924년 1월에 사망했다. 레닌의 마지막 2년 동안 주요 권력 수단은 정부(인민위원평의회)에서 공산당 중앙위원회와 이 기관을 관장하는 사무국으로 넘어갔다. 1922년 4월부터 당 서기장을 맡은 사람은 레닌이 전격적으로 발탁한 스탈린이었다. 1920년대 말 스탈린은 부분적 경제 자유화(1920년대에 꾸준히 유지됐던 혼합 경제)를 전면 중단시키고 의무적 농업 집단화를 시행하여 기근을 비롯한 극심한 고난을 초래했다. 1930년대 초에 이르면 공산당 독재가 완전히 확립되었을 뿐만 아니라, 스탈린이 공산당을 비롯한 사회의 모든 기관을 지배하는 독재 체제가 확립되었다. 레닌이 볼셰비즘 반대파에게 폭력적 수단을 동원하고 처형 명령을 내리는 데 주저하지 않았다면, 스탈린은 볼셰비키 내부의 실제 또는 가상의 적을 처단할 때에도 같은 수단을 거리낌 없이 이용했다. 또한 그는 국제 공산주의 운동 내부에서도 최고 지도자 역할을 하려 했고, 점차 그 위상을 차지했다.

동남부 유럽의 공산주의 혁명

대부분의 유럽 공산주의 국가는 1920년대에 아시아 최초로 공산주의 정권이 들어선 몽골처럼 기본적으로 소련의 작품이거나, 소련이 체제 형성에 깊숙이 개입했다. 동유럽에서 공산주의가 부상할 수 있었던 배경에는 2차 세계대전 당시 지상전에서 히틀러의 독일을 무찌르는 데 그 어느 나라 군대보다 훨씬 더 중요한 역할을 했던 소련군의 활약이 영향을 미쳤다. 한편 소련의 강압이 아니라 토착 공산 혁명을 통해 공산당이 정권을 잡은 대표적인 사례는 동남부 유럽에 위치한 유고슬라비아와 알바니아다. 유고슬라비아 공산당은 알바니아 공산당의 중요한 조력자였고, 두 나라를 국가 연합이나 연방 국가의 형태로 병합하는 방안도 진지하게 논의되었다. 양국 공산당은 2차 세계대전 당시 레지스탕스 운동을 주도한 사실을 혁명에 이용했다. 동유럽이나 중유럽의 다른 나라에서도 공산주의자들이 레지스탕스로 활약한 것은 어느 정도 사실이지만(비록 나치 독일이 소련을 침공했던 1941년 6월 이후의 일이긴 하나), 유럽 대륙에서 유고슬라비아만큼 공산당의 파르티잔 조직이 큰 역할을 했던 곳은 없다.

티토(1934년부터 사용한 가명)라는 이름으로 더 잘 알려진 요십 브로즈는 1차 세계대전에서 오스트리아-헝가리 제국군으로 싸웠으며, 1915년 심한 부상을 입고 포로가 되어 5년간 러시아에서 체류했다(볼셰비키 혁명 전까지는 죄수로 잡혀 있었다).[59] 그 후 티토는 볼셰비키의 동조자가 되어 당시 유고슬라비아 왕국이었던 고국으로 귀환했고, 1차 세계대전 직후 창립된 유고슬라비아 공산당의 초기 멤버가 됐다. 1920년대에 티토는 여러 번 체포되었고, 1928년부터 1934년까지 옥살이를 했다. 석방 후에는 유고슬라비아 공산당의 정치국원으로 선임됐다. 이듬해에는 모스크바로 소환되어 국제 공산주의 운동 기구인 코민테른에서 일했다. 코민테른은 한때 공산주의자였던 한 미국인이 '스탈린테른Stalintern' 이라고 비꼬았듯이, 궁극적으로 소련 공산당과 그 리더의 독재 도구였다.[60] 그럼에도 1935년부터 1943년 조직이 와해될 때까지 코민테른을 이끌었던 불가리아 공산주의자 게오르기 디미트로프Georgi Dimitrov는 어느 정도의 권력과 영향력을 누렸다.[61] 일개 외국인 공산주의자에게 코민테른에서 일하라는 부름은 높은 자리로 가는 왕도일 수도 있지만 무덤으로 가는 길이 될 수도 있었다. 실제로 파시스트 정권이나 다른 우익 권위주의적 정권의 탄압을 피해 모스크바에 머무르고 있던 많은 유럽 공산주의자들은 1930년대 말 스탈린에게 숙청당했다. 티토가 살아남을 수 있었던 이유는 디미트로프가 그를 특별히 아꼈기 때문이다. 지하 공산당 조직의 리더를 선택하는 것은 사실상 모스크바였으며, 1937년 이 자리는 티토에게 하사되고 1939년에 서기장이라는 직함과 함께 공식화되었다.[62]

따라서 훗날 소련 지도부의 눈엣가시가 된 인물이 애초 유고슬라비아 공산주의자들 가운데 발군의 위치로 부상할 수 있었던 것은 모스크바의 후원 덕분이었다. 하지만 그는 소련이라는 배경에 의지하지 않고 유고슬라비아에서 개인적 권위를 확립해나갔으며, 소련의 격노를 산 후에는 아예 이쪽에 전념했다. 티토의 리더십은 2차 세계대전 시기에 두각을 나타냈고, 1948년 유고슬라비아와 소련의 관계가 단절된 후 다시 중요한 역할을 했다. 1943년 나치 독일 점령하의 유고슬로비아에서 현지 파르티잔들과 공조하기 위해 몬테네그로로 침투했던 영국군 장교 빌 디킨Bill Deakin(훗날 윌리엄 디킨William Deakin 경이자 옥스퍼드대학 세인트앤터니스 칼리지의 초대 총장)은 티토가 '별다른 말이나 의사 표현이 필요 없는' 권위를 가졌고, '주변 사람들로부터 본능적이고 절대적인 존경'을 받고 있다는 사실에 주목했다. 그는 티토에 대해 "판단력과 자제력이 뛰어나다"라고 평했다. 그는 티토가 귀가 꽉 막힌 완고한 공론가일 것으로 예상했으나, 직접 대면한 티토는 "토론 시 융통성을 발휘할 줄 아는 사람이었고, 예리하고 유머 감각도 있으면서 다방면에 호기심을 가진 인물이었다."[63]

보수적인 영국 군인이자 학자였던 디킨의 평가와 달리, 한때 티토의 전우이자 측근이었던 밀로반 질라스Milovan Djilas는 훗날 티토를 비판적으로 평가했다.[64] 질라스는 유고슬라비아 파르티잔 지도부에서 활동했고, 체제를 비판하기 전까지 전후 유고슬라비아 정부의 주요 인사였다. 그는 유고슬라비아 공산당의 민주화를 주장하다가 1954년 1월 당에서 제명됐다. 그 후 질라스는 공산주의에 관한 중요한 몇 권의 책을 저술했으며, 그 중 첫 번째인 『새로운 계급*The New Class*』에서 "소위 말하는 사회주의 소유"는 "사실상 정치 관료의 소유임을 감추는 위장"이 되어버렸다고 비판했다가 9년간 옥살이했다.[65] 이후에 나온 책(다각적인 비평을 담은 티토 전기)에서 질라스는 티토의 지적 한계와 허영심, 그리고 날로 커지는 사치품에 대한 탐욕을 언급하며 비방했지만, 동시에 티토가 전쟁 시기와 전후 시기에 '눈부신 정치적 재능'을 보여주었다는 점도 강조했다. 티토는 시기 선택의 대가였으며, '중요한 한 수'를 놓는 적절한 때를 고르는 능력이 탁월했다. 또한 그는 "본능적으로, 그리고 이성적으로 위험을 감지하는 능력이 있었고, 삶에 대한 의지, 살아남고자 하는 의지, 역경에 굴하지 않는 의지를 가졌으며, 능수능란하고 만족을 모르는 권력욕의 소유자였다."[66] 1980년에 사망할 때까지 전후 유고슬라비아를 지배한 인물로서의 티토는 다음 장에서 다룰 예정이다. 현재 맥락에서 중요한 것은 티토와 공산주의 세력이 애초에 어떻게 권력을 쥐게 되었느냐는 점이다.

2차 세계대전 당시 티토는 독일과 이탈리아 침략군에게 대항하는 공산당 중심의 파르티잔 레지스탕스 운동의 리더였으며, 동시에 그와 파르티잔 동지들은 내전을 치르고 있었다. 파르티잔은 크로아티아 파시스트 세력과 세르비아 민족주의 세력을 제압했고, 티토는 1944년 유고슬라비아 임시 정부의 리더가 되었다. 연합국의 압력을 받은 그는 마지못해 임시 정부에 왕당파 세 명을 포함시켰으나, 이듬해 군주제 자체를 폐지하면서 축출해버렸다. 전쟁 중 분할되었던 유고슬라비아는 사회주의연방공화국으로 재통합됐다. 유고슬라비아 공산당은 동유럽 다른 나라에서는 수년이 걸렸던 공산당 일당 독재를 1945년 말에 이미 달성했다. 그들은 먼저 전장에서 승리했고, 그다음에는 점령군에 협조한 부역자들을 가차 없이 처단했다. 1945년 11월에 치른 공산당 후보에게 찬성표와 반대표 중 하나를 던지는 것이 유일한 선택이었던 선거는 공산당의 통치에 대한 법적 정당성을 부여했다. 권력을 이미 수중에 넣었고 외세의 침략으로부터 유고슬라비아를 해방시킨 공헌으로 국민 다수의 신망을 얻고 있던 상황이었기에, 아마 자유 선거를 열었어도 공산당이 승리했을 것이다. 하지만 막상 투표일이 되자 반공산주의자들은 반대표를 던져도 무사할 수 있을지 확신할 수 없었다. 그 결과 티토 세력은 총 투표수의 96퍼센트라는 압도적인 표를 확보했다.[67] 유고슬라비아 공산주의 세력은 해방 전쟁과 혁명 투쟁을 통해, 그리고 그 후 아무것도 운에 맡기지 않았던 치밀함으로 정권을 장악했다.

하지만 유고슬라비아 공산당이 성공한 원인이 단지 전쟁에서 승리하고 위협적 수단을 동원했기 때문만은 아니다. 그들은 국민에게 사회 정의라는 매력적인 약속에 더해, 민족 간의 갈등 대신 화합을 불러올 수 있는 최선의 선택지가 되었다. 공산당은 2차 세계대전 중(그리고 그 이전과 한참 후에도) 격렬한 분쟁을 벌여온 여러 다른 민족을 통합한 유일한 정당으로서, 그 어느 정당보다도 가장 유고슬라브(남쪽 슬라브인을 뜻하는 단어)적인 정당이라는 장점이 있었다. 티토라는 인물 자체가 민족 구분을 초월했다. 그의 부친은 크로아티아인이었고, 모친은 슬라브인이었으며, 그는 크로아티아 시골에서 성장했다. 그럼에도 그가 이끌었던 파르티잔 운동에는 세르비아인과 몬테네그로인이 대거 참여했다(세르비아인 자체도 민족주의 조직인 체트니크Chetniks 지지자와 공산당 파르티잔 지지자로 크게 분열되었다). 정당 핵심 지도부도 여러 다른 민족으로 구성되어 있었다.[68]

침략군에 대한 저항 운동과 혁명 내전이 결합된 형태는 알바니아 공산당이 권력을 장악하는 과정에서도 관찰된다. 레지스탕스 운동 내부에서 알바니아 공산주의 세력은 압도적으로 우세한 위치를 차지했다. 1939년 무솔리니가 이끄는 이탈리아가 알바니아를 침공했을 때, 프랑스에서 유학하는 동안 공산주의에 매료되었던 지주 집안의 아들 엔베르 호자Enver Hoxha는 곧바로 레지스탕스 활동을 시작했다. 1941년 알바니아 공산당이 창설되자 호자는 공산당 리더가 되었으며, 1985년 사망할 때까지 이 지위를 유지했다. 그는 동유럽에서 가장 오랜 기간 공산당 리더를 지냈을 뿐 아니라, 20세기 비세습제 정부 수반 중에서 최장기 집권한 인물이 되었다. 호자의 정치 수완과 무자비함, 그리고 공산당이 수립한 제도 덕분에 가능했던 일이다.

2차 세계대전 당시 알바니아 공산당은 소련 공산당보다는 유고슬라비아 공산당과 가까운 관계를 유지했으나, 호자는 당시에도 다른 이들에 비해 유고슬라비아의 포용 정책을 경계했다. 1944년 공산주의 세력은 수도 티라나에서 독일을 지지하던 정부를 전복시켰다. 유고슬라비아와 마찬가지로, 그들은 국가 해방 투쟁을 혁명의 목표로 전용하는 데 유능했다. 이 권력 인수 과정에서 가장 중요한 역할을 했던 호자는 높은 교육 수준과 지성을 지녔다(노년에 흥미로운 회고록을 저술하기도 했다).[69] 한편 그는 복수심이 강하고 교조적인 스탈린주의자였으며, 흐루쇼프가 스탈린이 저지른 대량 학살의 일부를 세상에 공개한 후에도 죽을 때까지 스탈린 추종자로 남았다. 2차 세계대전이 터지기 전, 알바니아는 조구 1세Zog I의 권위주의 정권이 통치하고 있었다. 호자는 알바니아를 단지 하나의 권위주의 통치에서 또 다른 권위주의 통치로 바꾼 것이 아니라, 전체주의 정권으로 바꾸었다. 호자는 종교 기관과 종교적 관례를 완전히 불법화하는 등, 대부분의 공산 리더들보다 시민 사회의 요소를 제거하는 데 더 극단적인 면모를 보였다.

아시아의 공산주의 혁명

중국의 공산 정권

소련의 괴뢰 정권이었던 몽골을 제외하면, 아시아 최초의 공산주의 국가는 중국이다. 또한 중국은 아시아 대륙에서 토착 공산주의 혁명이 성공한 최초의 사례이기도 하다. 중국의 공산화는 세계 정치의 관점에서 봤을 때, 특히 장기적으로 볼 때 동남부 유럽의 공산화보다 훨씬 중요했으나, 발칸반도에서 일어난 사건들과 유사점도 존재한다. 알바니아나, 특히 유고슬라비아처럼 중국에서도 공산 정권 수립을 위한 혁명 투쟁이 국가 해방 전쟁과 결합된 형태로 나타났다. 2차 세계대전 당시 일본군 점령하의 중국에는 민족주의 저항군과 공산주의 저항군이 별개로 존재했다. 장제스가 이끄는 민족주의 국민혁명군은 일본군을 상대로 정면 공세에 나서 어마어마한 손실을 겪었다. 반면 공산주의 세력은 일본군에 대한 게릴라 공격에 주력했기 때문에 상대적으로 사상자가 적었다. 마오쩌둥의 최우선 순위는 앞으로 전국 장악을 두고 벌어질 민족주의 세력과의 전투에 대비하는 것이었다. 중일 전쟁 초반에는 중국 공산당의 점령지의 인구가 400만 명 규모에 불과했으나, 전쟁이 끝날 무렵에는 9,500만 명 이상을 포함하는 영역으로 확장됐다. 같은 기간 공산당 홍군의 규모는 10만 명에서 90만 명으로 늘어났다.[70]

　마오쩌둥은 1930년대부터 중국 공산당의 공식 리더였다. 마오쩌 둥과 국민당 리더 장제스는 일본의 항복 선언 후 둘 사이의 협상을 중 개하려는 미국의 시도에 냉담했다. 1945년 말부터 1946년 초까지 표 면적으로 개선된 듯했던 관계는 얼마 지나지 않아 와해됐고,[71] 내전은 1949년 공산주의 세력의 승리로 끝날 때까지 계속되었다. 미국 정부와 마찬가지로 소련 지도부도 공산당과 국민당의 타협을 지지했다. 스탈 린은 중국 공산당 측에 전국을 전부 차지하려 들지 말라고 조언했는데, 이에 대해 드물게 자신이 틀렸다고 인정하며(비록 공개적으로 인정한 것은 아 니었지만) 이렇게 말했다. "일본과의 전쟁이 끝난 후 우리는 중국 동지들 을 초청하여 장제스와 잠정 협정에 도달할 방법을 논의하기 위한 회담 을 가졌다." 그들은 그 자리에서는 동의했으나 "돌아가서는 자신들이 원하는 방식대로 군대를 결집하여 총공격을 감행했다. 결과적으로 그 들이 옳았고 우리가 틀렸던 것으로 드러났다."[72] 공산주의 세력은 당시 중국 인구의 압도적 다수를 차지하고 있던 농민의 지지를 획득하는 데 몇 가지 유리한 점이 있었다. 공산당은 토지를 분배하겠다고 약속했기 에, 특히 빈농과 소작농으로부터 큰 호응을 얻었다.[73] 반면 민족주의 세 력은 지주와 지역 유지들에게 의존하고 있었기에 토지 분배를 약속할 수 없었다. 또한 국민당은 만연한 부패와 횡행하는 인플레이션을 전혀 통제하지 못하면서 심각한 타격을 입었다. 상점 주인들은 하루에도 몇

번씩 가격을 바꿔 달아야 할 정도였다. 게다가 이런 상황이 20세기 전반 내내 극심한 가난에 허덕였던 나라에서 벌어지고 있었다.

중일 전쟁 당시 국민당 편에서 싸웠던 이들이 밥을 먹여준다는 이유로 공산당 편으로 돌아섰고, 공산당은 일본군 편에서 싸웠던 중국인 외인 부대를 등용하는 데도 거리낌이 없었다. 공산당은 소련으로부터 대포(대부분 일본산)를 지원받은 데다, 유능한 군인 주더朱德가 인민해방군을 이끌었다. 한편 마오쩌둥은 혁명군사위원회 의장과 최고 권력자의 지위를 유지했다. 이 시기에 마오쩌둥이 발휘한 능숙한 리더십과 중국 전역을 지배하겠다는 냉혹한 투지가 공산당이 승리하는 데 커다란 역할을 했다.

1946년에 본격화된 내전의 첫 두 해 동안은 장제스의 국민당이 수적으로나 장비 면에서 공산당에 비해 훨씬 우세했으며, 특히 첫 해에는 수많은 전투에서 승리했다. 그러나 그 이후부터 1949년 국민당이 패할 때까지 공산당 지도부는 휘하 군사들의 사기를 고취시키는 데 국민당 리더들보다 더 성공적이었으며, 사회 전반적으로도 더 큰 지지를 받았다. 공산당의 승리는 군사적 승리였을 뿐만 아니라 정치적 승리이기도 했다. 마오쩌둥은 그동안 국민당의 강점으로 여겨졌던 애국심이 그들의 전유물이 아님을 보여주는 데 상당한 성공을 거뒀다. 공산당의 집권은 여러 면에서 중국 전통과의 단절을 의미했으나, 그들은 전통을 넘어 새로운 국가에 대한 염원과 150년 굴욕의 역사를 종식시키고자 하는 중국인들의 갈망을 일깨웠다. 1949년 10월 1일 중화인민공화국을 선포하면서, 마오쩌둥은 중국 인민이 "일어섰다"고 선언했다.[74]

호찌민과 베트남 공산주의 세력의 집권

많은 나라에서 공산주의자들이 규모에 비해 훨씬 큰 영향력을 발휘할 수 있었던 배경에는 이념적 확신과 위계적이고 훈련이 잘된 조직의 힘이 있다. 그런데 공산당이 전적으로 자신의 힘으로 정권을 장악한 경우가 드물었던 유럽과는 달리, 아시아 혁명 운동은 두 가지 자산을 더 갖고 있었다. 먼저 아시아의 공산주의 세력은 새로운 사회·경제 질서를 이룩하기 위한 혁명을 제국 통치로부터의 국가 해방과 결합시켜 더욱 많은 국민을 끌어들일 수 있었다. 또 다른 강점은 압도적 다수를 차지하는 사회 계급인 저학력(혹은 무학력) 농민층의 호응을 받았다는 점이다. 농민들의 고충과 바람에 초점을 맞춘다는 것은 혁명적 변화는 산업 노동 계급으로부터 나온다는 고전적 마르크스주의 신념과 다른 길을 가는 것을 의미했다. 마오쩌둥과 호찌민(1890년생 호찌민과 1893년생 마오쩌둥은 나이도 비슷했고, 둘 다 1920년 초에 공산주의자가 되었다)은 농민층의 혁명적 잠재력을 강조했다. 호찌민이라는 이름은 '깨우치는 자志明'라는 뜻으로, 일련의 가명(최소 50개) 중에서 2차 세계대전 때부터 사용한 마지막 이름이다.[75]★

호찌민은 젊은 시절 인도차이나를 떠나 수년간 여러 직업을 전전했다. 1차 세계대전 발발 직전에는 미국에 체류했으며, 훗날 그의 말에 따르면 보스턴에서 제빵사로 일했다고 한다. 선원으로 일하기도 했고, 런던의 칼튼 호텔에서 주방장 보조로 일하기도 했으며, 파리에서 사진을

★　많은 혁명적 리더는 그들이 전복하고자 했던 보수적 권위주의 정권에 대항하는 반란자 또는 도피자였기 때문에 가명을 사용했다. 따라서 울리야노프Ulyanov는 레닌이 되었고, 주가시빌리Djugashvili는 스탈린이 되었으며, 브론슈타인Bronstein은 트로츠키가 되었고, 브로즈는 티토가 되었다.

수정하는 일을 하기도 했다. 호찌민은 1915년에서 1917년까지 런던에 체류했으나, 그를 공산주의자로 만든 것은 1917년 말부터 1923년까지 프랑스에서 보낸 6년이었다. 그는 볼셰비키 혁명에서 영감을 받았고, 이후로는 훗날 그가 우드로 윌슨Woodrow Wilson 대통령의 민족자결주의 독트린을 인도차이나에는 적용되지 않았다고 강하게 규탄했던 베르사유 조약에 의해 급진화되었다. 호찌민은 1920년에 30세의 나이로 프랑스 공산당에 입당했다. 1920년대와 1930년대에는 소련과 중국에서 시간을 보냈고, 코민테른의 아시아 담당 상임위원이 되었다. 그는 기존의 마르크스주의 견해와는 달리, 아시아에는 전통적으로 '공동체와 사회적 평등이라는 이념'이 존재하기에 공산주의가 '유럽보다 아시아에서 더 쉽게 뿌리 내릴' 수 있다고 봤다.[76] 1919년 모스크바에서 열린 코민테른 창립 모임에 참석한 아시아인 중에서 가장 저명한 인사였던 인도의 공산주의자 마나벤드라 나트 로이M. N. Roy도 공산주의가 유럽보다 아시아에서 확산될 가능성이 더 크고, 아시아의 혁명이 전 지구적 자본주의 철폐에 선도적 역할을 할 것으로 믿었다. 그러나 이 두 사람은 사이가 좋지 않았다. 호찌민은 세계 공산주의 운동 내부에서, 심지어 그와 협상했던 반공산주의자들로부터도 대체로 호감을 샀던 반면, 1920년대에 모스크바에서 그를 알고 지냈던 로이는 호찌민이 지적인 면에서나 육체적인 면에서 별 볼 일 없다고 깎아내렸다.[77] 이후 호찌민의 활약을 고려할 때(그중에는 한 게릴라 거점에서 다른 게릴라 거점으로의 장거리 행군도 포함된다) 로이의 평가는 모두 틀렸다. 호찌민은 1930년에 설립된 베트남 공산당의 창립 멤버이자 리더가 되었다. 이 단체는 이후 수년간 베트남뿐만 아니라 캄보디아와 라오스까지 포괄하게 될 것이었기에, 같은 해 10월 코민테른의 교시에 따라 인도차이나 공산당으로 이름을 바꿨다.

2차 세계대전이 발발하자 베트남 공산당은 일본 점령군에 협조했던 비시 정권에 저항하는 국가 해방 운동인 비엣민Viet Minh(베트남독립동맹회, 이른바 월맹-옮긴이)을 결성했다. 이런 전시 레지스탕스 역할은 그들이 전국적으로 널리 알려지고 대중적 지지를 확보하는 계기가 되었다. 호찌민과 동지들이 주도적인 역할을 담당한 비엣민은 폭넓은 연합 세력 구축과 베트남 독립 쟁취라는 목표를 강조했다.[78] 미국이 1945년 8월에 히로시마와 나가사키에 원자폭탄을 투하하고 그 결과 일본이 항복하면서 기회가 만들어지긴 했지만, 그들은 자력으로 1945년 하노이에서 정권을 장악할 수 있었다. 비엣민은 1945년 9월에 하노이 정부 청사를 점령한 뒤 베트남민주공화국을 선포했으며, 호찌민은 대통령 자리에 올랐다. 당시 호찌민은 범국가적 지지뿐만 아니라 국제적 후원도 계속해서 확보하려 했다. 그는 1945년 9월 초 하노이에 모인 50만 명의 군중 앞에서 연설할 때 미국 독립선언문을 인용했다. 우드로 윌슨의 미사여구에도 불구하고 미국이 1차 세계대전 후 보여준 행보를 비판하며, 2차 세계대전이 종식된 이 시점에서는 미국이 베트남인의 민족자결권을 좀 더 지지해줄 것을 촉구한 행동이었다.[79]

그러나 트루먼 대통령에게는 베트남의 독립보다 프랑스를 동맹국으로 만드는 일이 더 중요했다. 드골은 훗날 인도차이나 전쟁은 이길 수 없는 전쟁이었으며 미국도 프랑스처럼 베트남에서 절망적인 상황에 직면할 것이라 말했다. 하지만 1945년에는 만일 미국이 프랑스의 인도차이나 식민지 회복에 반대한다면 그것은 프랑스를 '러시아의 영향권'

으로 몰아넣는 일이라 경고하며 워싱턴이 감히 거부할 수 없는 진영 논리의 패를 사용했다.[80] 미국 정부는 프랑스가 베트남에서 식민 지배를 재확립하려는 시도에 부정적이었지만, 1949년 중국에서 공산당이 정권을 잡자 상황이 달라졌다. 그때부터 워싱턴의 주된 관심사는 아시아에서 공산주의의 확산을 멈추는 것이었다.

비엣민이 프랑스군을 꺾었다는 사실에도 불구하고, 공식적으로 종전이 선포된 1954년 평화 조약으로 인해 베트남은 분단되었고, 호찌민은 크게 낙담했다. 중국과 소련의 지도부도 이 조약을 지지했다(두 나라는 1950년까지 베트남민주공화국을 인정하지 않았으며, 중국이 먼저 베트남을 인정하고 소련이 그 뒤를 따랐다). 호찌민은 배신감을 느꼈다. 그는 그들의 정치적 지원이 필요했고, 소련의 무기 공급에 의존하고 있었다. 하지만 북베트남은 소련의 위성국으로 전락하지 않았고, 호찌민은 험악한 중소 분쟁 기간에도 자국의 이득을 지키면서 양국 리더와 좋은 관계를 유지했다. 북베트남이 남쪽의 베트콩 동지들에게 무기를 제공했기 때문에, 미국은 베트남 전체가 공산화될 가능성을 심각하게 경계했다. 이미 케네디 대통령 시절에 미국은 남베트남에 군사 고문을 파견했고, 반공주의자이자 권위주의적 대통령인 응오딘지엠Ngo Dinh Diem의 군대를 원조했다. 미군의 전투 병력이 베트남에 파병된 것은 린든 존슨이 대통령으로 취임한 후의 일이었으며, 전쟁이 격화되면서 그 수는 계속 늘어났다. 호찌민은 미군의 베트남 철수와 체면치레에 불과했던 1973년 파리 평화 협상(1975년 베트남이 적화 통일을 이루기 전 정치적 숨돌리기 기회를 제공했다)을 보지 못하고 세상을 떴다. 베트남 전쟁에서 5만 8,000명의 미국인이 허무하게 목숨을 잃었으며, 베트남인의 손실은 훨씬 막대했다. 약 300만 명의 군인과 민간인이 사망했으며, 국토는 미군이 베트콩의 은신처인 밀림을 고사시키기 위해 사용한 독성 화합물 에이전트 오렌지(고엽제의 한 종류) 로 초토화되었다. 고엽제는 이후 오랫동안 베트남에서 무수한 선천적 기형과 암을 유발했다.[81] 베트남 혁명가들의 승리는 매우 비싼 대가를 치르고 얻은 것이었다.[82]

러시아 2월 혁명처럼 보다 자발적인 형태의 봉기와 구분되는 공산주의 혁명에서는 예외 없이 리더와 이념 그리고 조직이 중요했다. 사례마다 정도는 다르지만, 다른 어떤 인물보다 더 중요한 역할을 한 리더가 있었다. 호찌민도 여기에 해당한다. 그는 베트남에서 혁명 운동을 일으키고 혁명을 이끌었으며, 1945년 공화국을 수립했고, 구식민지를 재점령하려는 프랑스에 맞서 게릴라전을 벌였다. 1960년대 중반에 미군이 베트남을 침공했을 때 호찌민은 북베트남에서 여전히 숭상받는 인물이었으나, 베트남 공산당의 최고 권력자는 아니었다. 그는 해외 경험이 적은 동지들보다 바깥세상에 대한 이해가 풍부했고, 그의 국제적 입지는 베트남 공산주의 세력의 자산으로 남았다. 베트남 공산당이 설립된 후 첫 사반세기 동안 호찌민은 여러 번의 부침을 겪었지만, 1940년대 초반에는 공산당의 최고 권력자로 부상했다. 하지만 공산당 최고 지도부 내에서 그의 통치 스타일은 합의 추구형이었다. 그는 스탈린이나 마오쩌둥, 혹은 북한의 김일성처럼 독단적으로 지배하려 들지 않았다. 그는 윽박지르거나 지시하기보다는 자신의 설득력을 바탕으로 공산당의 집단 지도 체제를 구축했다.[83] 호찌민은 의도적으로 자신에게 성자의 이미지를 덧씌웠고, 1940년대와 1950년대에는 가명으로 자신의 업적을 칭송하는 '자서전' 두 권을 내기도 했다.[84] 호찌민은 전제군주식 독재자라기보다는 천성적인 중재자였으며, 궁극적으로 전자의 범주에 속하는 공산주의 리더들보다 더 성공적이었다.

캄보디아의 폴 포트와 킬링필드

1970년 캄보디아의 통치자 시아누크 왕자Prince Sihanouk(1941년 즉위했으나 1955년 부친에게 왕위를 넘기고 왕자가 되었다. 1970년 쿠데타가 일어날 때까지 실질적인 국가 수반이자 통치자였다–옮긴이)가 궁중 쿠데타로 실각한 뒤 공산당 크메르 루주와 반공산주의 세력의 치열한 내전이 벌어졌고, 이 혼란 속에서 캄보디아에서 살고 있던 베트남계 소수 민족이 대거 희생되었다. 1970년대 초 닉슨 대통령의 지시로 실행된 미군의 캄보디아 폭격은 크메르 루주를 제압하고 밀림에 있는 베트남과 캄보디아의 무기 운송로를 차단하려는 목적이었으나, 실제 폭격은 훨씬 무차별적으로 이루어졌고 오히려 역효과를 낳았다. 폭격으로 인해 "미국인에 대한 증오로 가득 찬 시골에서 [크메르 루주] 지원자가 넘쳐나게 되었다."[85] 시아누크 왕자도 여기에 한몫했다. 론 놀Lon Nol 장군에게 축출된 그는 1970년 3월 베이징에서 방송을 통해 "밀림으로 가서 게릴라에 합류하라"라고 캄보디아인들을 독려하여, 당시 소규모에 불과했던 공산당의 세력 확장에 기여했다.[86] 크메르 루주는 내전 중 캄보디아의 옛 도읍 우동을 점령했을 때 수만 명을 학살하는 등, 집권 전부터 극단적인 무자비함의 전조를 보여줬다.[87] 1975년 수도인 프놈펜을 점령한 후에는 도시 거주민들을 농촌으로 이주시키고, 통화 제도를 폐지하고, 학교와 법원, 시장을 폐쇄하는 등 유례없는 공산 정권 수립에 착수했다. 농업의 집단 농장화는 그 어느 나라보다도 빠른 속도로 진행되었으며, 사실상 전 국민에게 농사가 강요됐다. 1975년 크메르 루주 집권부터 1979년 베트남이 침공하여 크메르 루주의 독재를 끝내고 보다 '정상적인' 공산당 통치로 교체할 때까지, 최소한 캄보디아 국민의 20퍼센트, 어쩌면 25퍼센트가 사망한 것으로 추정된다.

크메르 루주의 리더인 폴 포트Pol Pot의 본명은 살로트 사Saloth Sar이다. 그는 젊은 시절 프랑스에서 유학할 때 프랑스 공산당에 가입했으며, 귀국 후에는 교사로 일했다. 마오쩌둥과 중국의 문화대혁명의 영향을 받아 유토피아적 이상주의를 바탕으로 피비린내 나는 계급 전쟁을 추구했던 그는, 이 방면에서 마오쩌둥을 훨씬 능가했다. 크메르 루주 정권의 일인자로 군림한(다행스럽게도 짧았던) 기간 동안 그는 대중 앞에 거의 나서지 않았고, 마오쩌둥과는 달리 개인숭배를 조장하지도 않았다. 폴 포트(1976년부터 사용한 이름)는 그의 심복과 졸개들에 의해 참수당하거나(수만 명이 이렇게 목숨을 잃었다), 삽에 맞아 죽거나, 사살되거나, 그도 아니면 크메르 루주의 정책이 유발한 기근으로 굶어 죽은 사람들의 뼈를 반석으로 자기만의 공산주의 국가를 세우려고 했다. 체포된 사람 중에는 자신을 리더의 친구라 생각했던 가까운 동지들도 있었다. 그들은 처형되기 전에 고문을 당했다. 1979년에 이르면 캄보디아 어린이의 42퍼센트가 적어도 한 명의 부모를 잃었다. 이런 참극이 벌어지는 내내 폴 포트는 자신의 천재성을 확고부동하게 믿었던 것으로 보인다.[88] 그는 자신이 마르크스, 레닌, 스탈린, 마오쩌둥 같은 빛나는 선구자들보다 더 높은 자리에 추대될 것이라고 믿었다.[89] 베트남 정권이 프놈펜에 친베트남 정부를 수립하자, 폴 포트 세력은 캄보디아와 태국 국경의 밀림 지대로 퇴각하여 18년 동안 게릴라 전쟁을 벌였다. 놀랍게도 유엔은 계속해서 이들을 캄보디아의 정부로 인정했는데, 중국이 그들을 계속 지지했던 데다 중국보다는 소련이 주적이었던 냉전이라는 렌즈를 통해 캄보디아 문제에 접근한 서구권 국가들도 이들을 지지했기 때문이었다. 폴 포트는 1998년 일흔세 번째 생일을 한 달 앞두고 자연사했다.

북한 - 김일성의 집권

선전원들에 의해 조작된 김일성 신화에 더해 집권 후 본인 스스로 창조한 신화도 넘쳐나지만, 사실 김일성은 소련 당국에 의해 북한의 리더로 선택되었다. 초기에 그를 이끈 것은 중국인들이었다. 김일성은 좌파 조직에 가담했다는 혐의로 1929년 말부터 1930년 전반을 감옥에서 보냈다. 그는 중국(만주)에서 성장했고, 1931년에 가입한 것도 중국 공산당이었다. 당시 별도의 조선 공산당은 존재하지 않았다.[90] 1930년대 일제 강점기에 김일성은 반일 게릴라 활동에 참여했다. 대다수의 공산주의 혁명 리더들과 마찬가지로 그도 본명을 사용하지 않았다. 김일성은 가명이고, 본명은 김성주다. 그가 1940년부터 1945년까지 소련에 체류했다는 사실은 나중에 위대한 해방 영웅의 이미지를 꾸며낼 때 은폐되었다. 소련군과 미군이 한반도를 분할 점령하고 있을 때, 소련 측은 똑똑한 인물이라는 인상을 받았던 김일성을 북한의 리더로 앉혔다. 처음에 소련 당국이 한반도 북쪽의 최고 지도자로 낙점했던 인물은 조만식이다. 비폭력 개혁파를 이끄는 그가 좀 더 독자적인 리더로 **보일** 것이었기 때문이다. 문제는 조만식이 그들 입맛대로 조종하기엔 지나치게 독자적인 행보를 보였다는 점이다. 얼마 지나지 않아 그는 소련 점령군과 충돌했고, 이후 체포되었다.[91]

1945년에 조선 공산당 북조선 분국의 의장을 맡고 있던 김일성이 차선으로 선택되었고, 소련은 이듬해 2월에 그를 북조선 임시 인민위원회 위원장에 앉혔다. 1946년, 갓 수립된 이 신생 정권은 산업의 90퍼센트를 국유화하고 광범위한 토지 개혁을 단행했다.[92] 서울에서 대한민국의 존재가 공식 선포되고 한 달이 채 지나기 전인 1948년 9월, 김일성을 수반으로 하는 조선민주주의인민공화국이 북쪽에 세워졌다. 소련이 강제했던 몇몇 동유럽 리더들과 비교했을 때, 조선을 외세(물론 당시 소련은 예외였지만)의 간섭으로부터 해방시키겠다고 약속했던 김일성이 더 인기 있었던 것처럼 보이지만, 이것은 혁명이라기보다는 소련의 강요였다. 스탈린 사후 김일성은 소련식 공산주의에서 상당히 벗어난 형태의 정권을 구축해나갔다. 김일성의 북한은 소련의 부분적 완화와 문화 해빙을 따르기보다는, 술탄제와 전체주의를 섞어놓은 듯한 기이한 혼종 공산주의를 발전시켜나갔다. '위대한 수령'으로 알려진 김일성의 개인숭배는 스탈린, 마오쩌둥, 루마니아 공산당의 리더 니콜라에 차우셰스쿠Nicolae Ceaușescu조차 능가하는 수준으로 진행되었다.

쿠바 혁명

쿠바는 피델 카스트로Fidel Castro가 집권하고 몇 년이 지난 뒤 공산화되었다. 따라서 1959년의 쿠바 혁명은 공산주의 혁명이 아니었다. 쿠바 공산당은 수년간 부패한 독재 정권에 대항하여 마에스트라산맥에서 게릴라 전쟁을 벌여온 피델과 라울 카스트로Raúl Castro, 그리고 체 게바라Che Guevara가 이끄는 중산층 혁명가들을 무시했다. 당시 대통령이었던 풀헨시오 바티스타Fulgencio Batista는 1952년 3월 군사 쿠데타를 통해 권력을 잡았고, 이를 혁명이라 칭했다. 카스트로와 동지들이 1953년 산티아고 데 쿠바의 몬카다 병영을 장악하려다 실패했던 것을 시작으로, 끝내 성공시킨 투쟁은 바티스타의 쿠데타와는 달리 진짜 혁명이었다. 카스트로와 전우들은 거대한 이웃 미국을 쿠바를 착취하는 제국주의 세력으로 보고, 사회 개혁뿐만 아니라 쿠바의 독립을 외쳤다. 바티스타가 '카지노 개혁 공식 고문'인 마피아 보스 메이어 랜스키Meyer Lansky를 비롯한 부정한 미국 사업가들과 결탁했다는 사실은 국민들 사이에서 반미주의가 확산되는 데 일조했다.[93] 1950년대에 카스트로가 주로 영향을 받았던 인물은 마르크스가 아니라, 스페인의 식민 통치로부터 쿠바의 해방을 위해 싸우다가 독립이 이루어지는 것을 보지 못하고 1895년에 사망한 독립운동의 영웅 호세 마르티José Martí였다. 마르티는 마르스크주의자는 아니었지만, 민족자결권과 함께 사회정의가 구현된 민주주의를 추구했던 인물이었다. 마르티에 대한 카스트로의 존경심은 변함이 없었고, 그는 훗날 이렇게 말했다. "나는 처음에는 마르티주의자였고, 나중에는 마르티주의자이자 마르크스주의자, 레닌주의자였다."[94]

카스트로는 1927년 8월에 농장주 아버지와, 그의 요리사 겸 가정부였다가 부인이 된 어머니 사이에서 태어났다. 피델은 소년 시절인 1940년에 프랭클린 루스벨트에게 편지를 보내 대통령 당선을 축하하면서, "내가 미국 10달러 지폐를 본 적이 없는데 하나 갖고 싶다"며 보내줄 수 있느냐고 물었다.[95] 이후 미 국무부로부터 편지를 잘 받았다는 회신이 도착했지만, 달러는 동봉되어 있지 않았다. 훗날 카스트로는 "그때 루스벨트가 10달러를 보내주기만 했어도 내가 이렇게 미국의 골칫거리가 되진 않았을 거라고 내게 말했던 사람들도 있다"고 언급했다.[96] 카스트로는 유명한 예수회 계열 학교를 나와 1945년 아바나대학 법학부에 입학했다. 나중에 그는 왜 법을 전공하기로 결정했는지 모르겠다며, "쟤는 말이 많으니까 변호사하면 되겠네라는 얘기를 들었기 때문인 것 같다"라고 회고했다.[97] 대학 시절 그는 급진적 정치 운동에 참여했으나, 스포츠 방면에서도 두각을 나타냈다. 루스벨트에게 10달러를 요청했던 때로부터 9년이 지난 후 그는 야구 재능이 미국 스카우터들의 눈에 띄어 뉴욕 자이언츠로부터 계약금 5,000달러를 제안받지만, 거절했다.[98]

혁명 운동에 투신한 후 카스트로는 여러 번 죽음에 직면했다. 1953년의 몬카다 병영 장악 시도가 실패로 돌아간 후 습격에 가담했던 많은 이들이 총살당했으며, 그중 대다수가 잔혹한 고문과 신체 절단을 당했다. 카스트로는 탈출에 성공했으나 닷새 후 생포되었다. 그가 즉결 처형당하기 일보 직전, 군 순찰대 책임자였던 흑인 장교 페드로 마누엘 사리아Pedro Manuel Sarria 중위가 부하들을 중지시켰다. 카스트로에 따르면 그는 이렇게 말했다고 한다. "쏘지 마. 사상을 죽일 수는 없어, 사상은 죽일 수 없어."[99] (메드가 에버스Medgar Evers라는 미국 흑인 시민권 운동가가 비슷한 말을 한 것으로 유명하다. "You can kill a man but you can't kill an idea." 우리말로 옮기면 '사람을 죽일 수는 있지만 사상을 죽일 수는 없다'이다-옮긴이) 1953년 10월 재판에 회부되었을 때, 카스트로는 듣는 이의 마음을 뒤흔드는 변론을 몇 시간이나 이어갔고, 이런 말로 끝맺었다. "유죄 선고 따위는 개의치 않습니다. 역사가 나의 무죄를 알아줄 것입니다!"[100] 그는 15년 형을 선고받았으나, 1년 7

개월 만에 풀려났다. 여론의 압박도 있었고, 또 대주교 페레스 세란테스 Pérez Serantes가 카스트로와 그의 일당이 위험인물이 아니고 청원해준 덕분에 특사 명단에 포함될 수 있었다.[101] 석방된 지 채 두 달이 지나기 전, 카스트로는 쿠바를 떠나 멕시코에서 이미 공산주의에 매료되어 있던 동생 라울과 합류했다. 거기서 그는 두 살 어린 27세의 아르헨티나인 의사이자 마르크스주의 혁명가인 에르네스토 ('체') 게바라를 만났다. 1956년 11월 멕시코에서 추방 명령을 받은 이들 혁명가 집단은 그란마Granma(동명의 주요 쿠바 공산당 신문 이름이 여기서 나왔다)라는 낡은 보트를 매입하여, 25명 정원의 배에 무기와 탄약을 가득 싣고 82명이나 올라탄 다음 쿠바로 향했다. 그들은 멕시코만에서 폭풍우를 만나 침몰 위기를 겪은 뒤, 원래 일정보다 이틀 늦게 도착 예정지에서 1마일 떨어진 곳에 좌초했다.

마에스트라산맥을 접수한 그들은 혁명의 대의명분에 대한 지역 주민의 지지를 꾸준히 확보해나갔다. 그들을 가장 강력하게 지지한 사회 계층은 농민이 아니라, 추수철에는 사탕수수 농장에 고용되어 월급을 받았지만 그 외 기간에는 별다른 수입이 없던 노동자들이었다. 당시 그들은 '반프롤레타리아화semi-proletarianized 노동자'로 불렸다. 혁명이 진행되면서 도시 노동자를 포함하여 다른 사회 그룹도 지지 세력으로 합류했는데, 이는 쿠바가 다른 라틴아메리카 국가들보다 상대적으로 도시화되었고 문자 해독률이 높았던 데다 노동조합도 어느 정도 활성화되어 있었기 때문이었다. 따라서 쿠바 혁명은 단지 농민들의 반란이 아니라, 중산층 혁명가들의 지도로 농촌에서 시작된 혁명이었다.

카스트로와 반란군 핵심 인사들은 대형 농장주들로부터 가축을 빼앗아 가진 것 없는 빈농들에게 나눠주었다. 1957년 초, 피델을 중심으로 한 혁명 그룹은 고작 18명에 불과했다. 카스트로는 그때부터 이미 언론 홍보와 뉴스 보도의 효과를 파악하고, 『뉴욕 타임즈*The New York Times*』 특파원 허버트 L. 매슈스Herbert L. Matthews와 인터뷰하는 데 동의했다. 매슈스는 정부군의 눈을 피해 고된 등반 끝에 카스트로의 진영에 도착하여 그를 인터뷰했다. 한편 라울은 혁명군의 규모가 실제보다 훨씬 크다는 인상을 주기 위해 정신없이 돌아가는 현장을 연출했다. 그중에는 연락병이 '제2중대'의 보고를 들고 숨 가쁘게 도착하는 것도 포함되어 있었으나, 사실 이 제2중대는 존재하지 않았다.[102] 인터뷰의 효과는 즉각적이었고, 혁명군은 곧 300명 규모로 늘어났다. 매슈스는 기사에서 카스트로를 이렇게 설명했다. "그는 완전히 압도적인 인물이었다. 그가 부하들에게 사랑받고 있음은 척 봐도 알 수 있었고, 어떻게 쿠바 전역에서 젊은이들의 마음을 사로잡았는지 쉽게 알 수 있었다. 혁명에 투신한 인텔리 광신도이자, 이상과 용기와 비범한 리더십을 가진 사람이 여기 있었다."[103] 『더 타임즈*The Times*』는 카스트로가 망원 라이플을 들고 있는 사진을 게재했다.

그룹 내에서 '코만단테commandante(사령관)'로 알려진 사람은 피델 카스트로가 유일했으나, 그는 이 타이틀을 혁명군의 군의관으로 활약했을 뿐만 아니라 무장 투쟁에도 활발하게 참여한 게바라에게도 부여했다. 척후병 하나가 혁명군을 매복 장소로 유인하는 대가로 정부군에게 1만 달러를 받은 사실이 탄로났을 때, 그를 직접 사살한 것도 게바라였다.[104] 수많은 소규모 전투를 치른 후 1958년 중반 카스트로 그룹은 쿠바 동부의 상당 지역을 점령했고, 이 지역에 라디오 방송국을 설치했다.

그해 7월, 베네수엘라 수도 카라카스에서 쿠바 여덟 개 야당과 반바티스타 그룹이 회합을 갖고 '시민혁명 전선 선언문'을 선포하면서 피델을 공식 리더로 인정했다. 카스트로의 라디오 방송국은 이 선언문을 송출했다. 쿠바 공산당은 카라카스 회합에 참석하지 않았으나, 얼마 지나지 않아 공산당 리더 카를로스 라파엘 로드리게스Carlos Rafael Rodríguez는 이 운동의 잠재력이 생각보다 크다는 것을 깨닫고 마에스트라산맥으로 향했다. 이후 그들은 좋은 관계를 맺었고, 훗날 로드리게스는 카스트로 정부에 참여했다.

1958년 후반 카스트로의 전투 부대는 3,000명에 달했고, 훨씬 광범위한 지지를 받고 있었다. 정부군의 사기는 갈수록 떨어졌고 저항은 점점 약해졌다. 반군이 아바나로 진군하자, 바티스타는 대통령으로서 수명이 얼마 남지 않았다는 것을 깨달았다. 1959년 1월 1일 바티스타와 그의 가족, 친구를 태운 비행기가 도미니카공화국으로 떠났다. 바티스타의 측근과 쿠바의 금, 달러 보유고를 죄다 실은 두 대의 비행기가 그 뒤를 따랐다. 1월 3일 카스트로는 쿠바섬을 가로지르는 승전 행진을 시작했고, 1월 8일 카스트로와 혁명군은 교회 종소리와 공장 및 선박의 사이렌을 배경으로 아바나에 입성했다. 카스트로는 대통령궁 발코니에서 수십만 명의 군중 앞에 모습을 드러내고, 몇 시간이나 계속되는 특유의 긴 연설을 선보였다. 쿠바 주재 영국 대사는 피델이 "호세 마르티, 로빈 후드, 가리발디Garibaldi, 그리고 예수를 섞어놓은" 인물이라는 인상을 받았다고 전했다.[105] 당시 카스트로와 그의 추종자들은 마르크스주의 혁명가라기보다는 급진적 민주주의자로 여겨졌다. 비록 라울 카스트로와 체 게바라가 공산주의에 기울어 있던 것은 사실이지만, 이런 인식이 완전히 오해는 아니었다. 쿠바가 국제 공산주의 운동의 일부가 되고 소련과 동맹을 맺게 되는 것은 나중의 일이다.

쿠바 혁명은 리더가 매우 중요한 역할을 했던 대표적인 사례다. 이 경우 공산당 조직의 기강이 아니라 피델 카스트로라는 인물의 카리스마적인 리더십이 혁명의 성공을 가져왔다. 그는 일부 공산주의 리더와 같은 형태의 개인숭배를 조장하지는 않았는데(그가 쿠바를 통치하는 동안 거리, 건물, 공원에 그의 이름이 붙는 일은 없었다), 이것은 카스트로라는 인물이 워낙 압도적이어서 그럴 필요가 없었기 때문이다. 그의 통치 스타일은 '피델리스모fidelismo'로 널리 알려졌으며, 이는 라틴아메리카에서 전통적으로 사람들이 믿고 따르는 아버지 같은 인물을 뜻하는 '지도자caudilloa'의 굉장히 독특한 변형이다. 쿠바 주재 동독 대사관의 외교관 같은 정통파 공산주의자들은 카스트로 리더십의 감정적인 요소를 못마땅하게 여겼지만, 그것이 바로 카스트로가 발터 울브리히트Walter Ulbricht와 에리히 호네커Erich Honecker 같은 동독의 리더들은 절대 할 수 없는 방식으로 국민의 반응을 이끌어내고 때로는 마음을 울릴 수 있었던 이유다. 1964년 동독 대사관이 동독 정부에 보낸 비밀 보고서에는 카스트로의 '민족주의와 급진주의 좌파 성향', '동향과 대의명분에 대한 주관적 해석', 그리고 '기본적으로 감정적 관점에서 대중을 이끌고자 하는' 경향과 함께, 곤란한 상황에서 '화를 벌컥 내는' 습관에 대한 불평이 담겨 있다.[106]

카스트로는 극적인 제스처를 활용하고 자신의 이미지를 투사하는 법을 알고 있었다. 1960년 특유의 올리브색 전투복을 입고 유엔 총회에서 연설하는 장면은 세계인들에게 확실한 인상을 남겼다. 그 밖에도 비싼 뉴욕 호텔을 두고 85명의 대표단과 함께 할렘 한복판에 있는 호텔로 숙소를 옮겨서 그곳 흑인과 라틴계 지지자들의 환영을 받는 등, 적대국 미국의 행정부와 언론을 대놓고 조롱했다. 그곳에서 그는 소련 지도자 니키타 흐루쇼프, 인도 총리 판디트 네루, 이집트 대통령 가말 압델 나세르Gamal Abdel Nasser, 그리고 급진파 흑인 리더 맬컴 엑스Malcolm X를 만났다.[107] 상징성에 세심한 주의를 기울였던 카스트로는 권좌를 오래 차지한 리더들에게서는 좀처럼 보기 어려운, 솔직함과 자연스러움을 유지했다. 또한 그는 물질적 동기에 동요되는 법이 없었다. 카스트로의 전기 작가에 따르면 "그를 개인적으로 잘 안다고 주장하는 이들뿐만 아니라 정적들도 카스트로가 권좌에 있는 동안 자신의 배를 불리거나 스위스에 수백만 달러를 쌓아두지 않은, 매우 드문 절대 권력자 중 하나라고 생각한다."[108]

어떤 혁명은 리더가 등장하여 이끌어주기를 기다리지 않고 다수의 민중이 거리로 뛰쳐나오거나 관청을 점령하는 것으로부터 촉발되는 반면, 어떤 혁명은 특정 리더나 소규모 리더 그룹이 막중한 역할을 한다. 쿠바 혁명은 명백하게 후자의 범주에 속한다. 카스트로와 그의 전우들이 보여준 대담함과 대중의 영감을 불러일으키는 능력, 그리고 촌부들의 고충을 바로잡고 부패를 제거하고자 노력했던 모습을 통해 혁명은 점점 더 큰 지지를 받게 되었다. 훗날 카스트로 자신도 혁명에 시동을 걸었던 초기 그룹이 얼마나 소규모였는지를 강조했다. "생각해보면, 몬카다 병영을 공격하여 그 운동의 싹을 틔운 것은 우리 서너 명에 불과했다. 시작부터 우리는 소규모의 지휘부와 단 세 명으로 이루어진 집행위원회가 전부였다." 그는 논점을 일반화하며 이렇게 덧붙였다. "급진적 혁명당은 지하에서 비밀리에 조직되는 경우가 많으며, 극소수의 사람들이 조직하고 이끈다."[109] 쿠바 혁명을 이끌었을 때 그는 마르크스주의자도 레닌주의자도 아니었지만, 운동의 기원에 대한 그의 견해는 레닌의 생각, 즉 삶의 조건을 개선하는 것으로는 부족하며(실제로 개선으로 충분하다는 유혹이 초기 혁명의 강력했던 목표를 흩트린다) 구정권을 완전히 무너뜨리고 근본적으로 다른 체제와 새로운 사회를 창조해야 한다는 점을 대중이 이해하도록 이끄는 전문 혁명가 전위 부대가 필요하다는 견해와 일치한다.

동유럽 공산주의의 종말 – 혁명이 아니었다

혁명과 혁명적 리더십을 다루는 장에서 혁명이 **아닌** 사건을 논하는 것이 의외일지도 모르겠다. 그 이유는 간단하다. 1989년 동유럽 '혁명'에 대한 신화는 매우 널리 퍼져 있다. 극적인 변화를 직접 겪었던 나라는 물론이고, 전 세계적으로 그해에 일어난 사건들을 혁명이라고 칭하는 경우가 흔하다. 프랑스 혁명 이후 혁명이라는 단어에 부여된 낭만적인 아우라로 인해, 혁명과는 다른(오히려 혁명보다 더 나은) 어떤 것을 경험한 사람들이 여전히 오래된 혁명의 기백을 갈망하고, 다른 한편으로는 체제 변혁을 전적으로 자신들의 힘으로 이루어냈다는 믿음을 강화시켜야 할 필요를 느낀다는 점을 잘 보여주는 예다.

하지만 혁명은 폭력이나 폭력의 위협을 필연적으로 수반하기 때문에, 평화롭게 진행된 혁신적 변화는 물론이고 외세에 의해 뒷받침될 때만 존속 가능한 정권의 붕괴와도 구분해야 한다. 지역 패권국의 리더가 다른 나라 국민이 원치 않는 통치 체제를 더 이상 강요하지 않겠다고 결정하여 진행된 정권 붕괴는 혁명에 해당하지 않는다. 1989-91년에 진행된 동유럽의 대변혁이 여기에 딱 들어맞는 예다. 고르바초프와 소련 지도부는 동유럽에서 공산주의 체제를 유지하는 데 군사력을 동원하지 않을 것임을 분명히 했고, 소련 내부에서도 공산 체제의 근간을 해체하는 과정이 진행되고 있었다.[110] 유고슬라비아, 알바니아, 루마니아를 제외한 나머지 동유럽 공산 국가들은 '침투된 정치 체제penetrated political system'를 갖고 있었으며, 완전한 독립 체제가 아니었다. 소련이 동유럽에서 일어나는 변화의 한계를 결정하고 강제하는 역할을 포기하자, 각국의 자주권이 급속도로 발휘되기 시작했다. 고르바초프는 1988년 여름 모스크바에서, 그리고 같은 해 12월 뉴욕 유엔에서 모든 국가의 국민은 어떤 체제에서 살고 싶은지 스스로 결정할 권리가 있다고 공개적으로 천명했다. 크렘린의 소련 지도부는 1989년에 타국에 대한 소련군 개입의 위협을 제거했을 뿐만 아니라, 동유럽 각국의 공산당 리더들에게 무력에 의지하지 말라고 강력히 권고했다.[111] 대규모 평화 시위가 일어났지만, 그것은 체제 변혁의 원인인 동시에 체제 변혁의 증거이기도 했다. 이것은 혁명이 아니라, 혁명보다 더 대단한 것이다.

특히 폴란드와 헝가리는 협상을 통해 민주주의로 이행했다. 이 두 나라는 모스크바의 변화가 제공한 새로운 기회를 가장 먼저 낚아챘는데, 폴란드는 1989년 8월에 비공산당원인 타데우시 마조비에츠키 Tadeusz Mazowiecki가 총리로 임명되어 민주주의로 가는 길을 열었다. 체코슬로바키아에서는 그해 마지막 두 달간 공산 정권에 항거하는 대규모 시위가 벌어졌는데, 이는 시위를 벌여도 소련군이 재침공하지 않을 것이 명백해졌기 때문이었다. 지난 20년간 당국의 탄압을 받으며, 그리고 대부분의 국민에게 외면당하며 지하 출판물을 쓰고 발행해온 사람들의 규모는 1,000명이 채 되지 않았다.[112] 1989년이 되자 그들을 공공연하게 지지하는 이들의 규모가 점차 커졌고, 1977년 반체제 압력 단체로서 '77 헌장'(체코슬로바키아 정부가 헬싱키 협정의 인권 조항을 준수할 것을 촉구하는 내용을 골자로, 총 243명의 반체제 인사가 서명한 문서이다-옮긴이)을 작성한 이후 지속적으로 탄압받아온 소수 집단은 1989년 11월 19일 그들의 운동을 시민포럼Civic Forum이라는 조직으로 개편했다. 그들의 비공식 리더는 바츨라프 하벨이었다. 이들은 11월 중순부터 12월 초까지 프라하의 매직 랜턴 극장에서 모임을 가졌으며, 참가자 모두가 발언 기회를 얻고 중요한 문제는 투표로 결정하는 매우 민주적인 형태였다.[113] 이 토론에 참여했던 티머시 가턴 애시Timothy Garton Ash는 하벨 개인이 가진 입지에 주목했다. "하벨보다 권위주의적 성격이 덜한 사람은 상상하기 힘들"지만, 그는 때때로 "조직 내 여러 세력의 매우 다른 성향과 이해 관계를 어떻게든 조화시킬 수 있는 단 한 사람"으로서 최종 결정권자의 역할을 했다.[114]

공산 통치를 타도하자는 대규모의 평화 시위가 정부를 압박했다. 최후의 결정타는 12월 초에 열린 바르샤바조약기구 정상 회담에서 1968년 소련의 체코슬로바키아 침공이 불법이었다는 선언이 나온 것이었다. 체코슬로바키아 정권의 최상부 인사들은 당시 소련의 침공 덕분에 그 자리를 차지하게 되었던 만큼, 이제 더 이상 자신들의 지위를 지킬 수 없게 되었다. 며칠 지나지 않아 라디슬라프 아다메츠Ladislav Adamec 총리와 구스타우 후사크Gustáv Husák 대통령이 잇달아 사임했고, 유력한 인민헌장주의자들을 포함하여 대부분 비공산주의 세력으로 이루어진 새

정부가 구성되었다. 해가 가기 전(1989년 12월 28일), 1968년 당시 공산당 제1서기로 재임했던 알렉산드르 둡체크가 연방 의회 의장으로 선임되었고, 그것만 빼면 아직 개편을 거치지 않은 의회는 다음 날 변화의 바람 앞에 무릎을 꿇고 하벨을 체코슬로바키아 대통령으로 선출했다.

1989년 11월 베를린 장벽이 무너진 바로 다음 날 불가리아에서는 장기 집권하고 있던 공산당 주석 토도르 지프코프Todor Zhivkov가 궁중 쿠데타로 쫓겨났다. 그 후 1991년 10월에 다당제 선거가 열릴 때까지 불가리아에서는 민주주의로의 평화로운 이행이 진행되었다. 오랫동안 유럽에서 가장 억압적인 체제의 지배를 받아온 알바니아에서도 같은 일이 벌어졌다. 알바니아는 소비에트권에 속하지 않았지만 소련 내부에서 일어난 일로부터 완전히 자유롭지도 않았다. 1990년 12월에 열린 공산당 회의에서 야당의 존재가 합법화되었고, 다음 날 알바니아 민주당이 창설되었다. 이 신당은 1991년에 열린 선거에서 공산당의 후속 정당인 알바니아 사회당에게 패했으나, 1992년에는 압도적인 승리를 거뒀다. 이처럼 동유럽과 중유럽에서 진행된 평화로운 정치 체제 변혁 중 그 어떤 것도 혁명의 일반적인 의미에 부합하지 않는다.[115]

혁명과 유사한 어떤 것(하지만 헌팅턴이나 던이 정의하는 혁명에는 부합하지 않는 사건)이 일어났던 곳은, 소련 내부의 변화가 국민 여론에 영향을 미치긴 했지만 소련 정권의 영향에서 이미 오래전에 벗어난 루마니아가 유일했다. 루마니아 정부는 니콜라에 차우셰스쿠의 독재에 항거하는 시위를 무자비하게 진압했다. 국민이 전개한 광범위한 비폭력 저항 외에도, 기득권 내부의 차우셰스쿠 반대파가 폭력을 동원해 저항하기도 했다. 정치 엘리트층 내부의 한 분파가 다른 분파를 제거하려는 시도가 벌어지는 등, 체제 변화 과정에서 이전투구가 강하게 나타났다.[116] 동독과 유고슬라비아도 동유럽과 중유럽의 다른 나라에서 벌어졌던 상황과는 다른 전개를 보였으며, 경우는 달랐지만 둘 다 혁명이라고 보긴 힘들다. 독일민주공화국의 경우 1989년에 등장한 동독 민주화를 위한 시위는 곧 독일 통일에 대한 요구로 대체되었고, 미하일 고르바초프와 헬무트 콜이 활약한 협상으로 이어져 1990년에 결실을 보았다.

유고슬라비아에서는 민족주의 정서가 정반대의 결과를 불러왔다. 독일에서는 한 민족을 강조하며 두 체제가 하나로 합쳐진 확장된 연방 공화국이 성립된 반면, 유고슬라비아에서는 다민족 국가를 희생시키면서 민족성을 강조한 나머지 갈등과 내전이 유발되었다. 1980년대 말에 이르자 한때 매력적으로 보였던 마르크스-레닌주의의 시효가 다했음이 분명해졌다. 매우 불균형하게 발전해온 유고슬라비아공화국의 모든 지역을 통제할 수 있는 리더는 티토 사망 이후 등장하지 않았다. 민족주의 카드를 처음 꺼낸 것은 세르비아계 공산당 리더인 슬로보단 밀로셰비치Slobodan Milošević였다. 티토의 연방이 곧 붕괴될 것이라고 생각한 그는 대세르비아Greater Serbia를 창조(혹은 재창조를 시도)하는 작업에 돌입했다. 결과는 대참사였고, 여기에 혁명이라는 이름을 붙이는 것은 부적절하다.[117]

지금까지 살펴본 1989-91년 동유럽의 체제 변혁 사례는 몇 가지 공통점을 공유하면서도 상당히 다른 방식으로 전개되었다. 모스크바가 뒤를 봐주는 동안에는 견고하게 뿌리내린 것처럼 보였던 공산주의 국가의 리더들은 변화를 맞아 다양한 분노와 체념을 보이며 물러났다. 여기에는 소련에서 시작되어 중유럽과 동유럽 각국으로 퍼져나갔던 초국가적 영향력이 결정적인 역할을 했다. 또한 이념이 핵심적이었는데, 민족자주권뿐만 아니라 민주주의에 대한 염원도 중요한 요소로 작용했다. 소련 체제가 붕괴되기 수년 전에 이미 모스크바의 영향력에서 벗어나 해당 국가의 공산당 리더가 독자적으로 권위주의 또는 전체주의 정권을 수립한 나라에서는 탈공산화 과정이 훨씬 덜 순조롭게 진행되었다. 여기 해당하는 3개국 중 두 나라가 특히 그랬다. 루마니아 공산당은 분열했고, 12월 시위대와 공권력이 충돌했을 때는 1,000명 이상이 목숨을 잃었다. 차우셰스쿠는 예전 정치국 동료들의 묵인하에 1989년 크리스마스 날 처형되었다.[118] 알바니아는 대부분의 나라에 비해 단일 민족에 가까웠기에 협의를 통해 정치적 다원주의로 나아갈 수 있었다. 다민족 국가인 유고슬라비아는 피비린내 나는 내전 끝에 해체되었고, 갈라진 유고와 슬라비아는 향후 20년간 각자 다른 속도로 민주주의의 길을 모색하며 각기 다른 수준의 민주주의를 성취했다.

리더 없는 혁명

토착 공산주의 세력이 정권을 장악할 때는 주로 이들을 이끄는 공산당 지도부가 있고, 그중에서도 특별히 중요한 인물이 결정적인 역할을 하는 것이 보통이다. 하지만 어떤 혁명은 가장 잘 조직된 야권 단체조차도 전혀 예상치 못한 상황에서 급작스럽게 발생하기도 한다. 이 점은 1911년 신해혁명이 터졌을 때 쑨원이 콜로라도에 있었고, 1917년 러시아 1차 혁명 당시 레닌이 스위스에 체류 중이었던 것만 봐도 알 수 있다. 최근에 중동에서 발생한 혁명들 역시 리더가 이끄는 혁명이라기보다는 리더 없는 혁명에 가까웠다. 2010년대에 발생한 아랍 세계의 봉기뿐만 아니라, 1979년에 일어났던 이란 혁명도 같은 설명을 적용할 수 있다.

이란 혁명

1977-79년에 이란의 국민들은 레자 팔라비Reza Pahlavi 샤의 통치에 반대하는 대규모 시위를 벌였는데, 어떤 경우에는 비밀경찰의 탄압을 무릅쓰고 200만 명이 거리로 나왔다. 대부분의 시위는 평화롭게 진행되었으나 폭력이 동원된 경우도 있었다(주로 당국이 폭력을 동원했다). 이란은 최소한 19세기 말까지 거슬러 올라가는 오랜 거리 시위의 전통이 있으며, 비교적 최근의 사례로는 1950년대 초에 모하마드 모사데그 Muhammad Mossadegh를 지지하기 위해 벌어졌던 시위가 있다. 그는 자유민족주의 계열의 총리로, 샤(그리고 영국 기업의 이익)와 충돌하여 쿠데타로 축출된 인물이다. 영국 정보기관이 관여한 첫 번째 쿠데타가 실패하자, 영국 정보부 MI6는 이란이 당장 공산화될 위협에 처해 있다며 미국 정부를 설득했다. 이란이 공산화될 것이라는 근거는 희박했지만 미국은 영국 정부의 기대대로 움직였다. 1953년 미국 중앙정보국CIA이 지휘한 두 번째 쿠데타는 모사데그를 끌어내리는 데 성공했다. 이 사건의 패자는 이란 국민이었지만, 이란의 뿌리깊은 불신을 사게 된 서방 국가들도 얻은 것이 별로 없었다. 게다가 이후 이란에 모사데그만큼 진보적이거나 민주적인 리더는 등장하지 않았다. 모사데그라는 장애물을 제거한 샤는 전제 통치를 일삼았다. 샤는 1979년 쿠데타가 아닌 혁명으로 제거될 때까지 서구의 이익을 충실히 섬겼으나, 이는 오직 워싱턴이나 런

던에 의해 결정되는 좁고 근시안적인 이익에 해당될 뿐이다.[119]

1963년에는 샤가 미군에게 이란 법에 대한 면책 특권을 부여한 것을 맹렬히 비판한 아야톨라 루홀라 호메이니Ayatolla Ruhollah Khomeini를 지지하는 사람들이 다시 거리로 쏟아져 나왔다.[120] 그러나 호메이니는 다음 해 이란에서 추방되었고, 1979년 2월 혁명으로 샤가 축출될 때까지 돌아오지 못했다. 샤 정권을 규탄하는 일련의 시위에 참가했던 사람들 중에는 호메이니와 이슬람공화국이라는 이념에 영감을 받은 사람도 있었지만, 모사데그의 진보적 세속주의 정부를 회구하는 사람도 많았다. 1970년대 들어 샤 정권의 인권 유린에 서구의 관심이 주목되고 1976년 미국 대선에서 카터가 승리한 것이 반정부 세력의 사기를 북돋웠다. 카터는 선거운동 기간에 이란을 언급하면서, 인권 보호를 위해 좀 더 노력해야 하는 나라라고 말했다. 샤도 걱정이 되었던지 비밀경찰 사바크SAVAK에 죄수 고문을 중지하라는 명령을 내렸다.[121]

샤의 부분적 정치 해금으로 인해 모사데그의 국민 전선, 작가 협회, 교사 협회, 투데Tudeh당('대중'을 의미하지만 사실상 공산당) 등 많은 단체들이 부활했으며, 정치범변호위원회와 인권변호위원회 등 수많은 단체가 새로 설립되었다.[122] 1977년 테헤란에서 샤의 통치와 정권의 부패, 그리고 외세에 의존하는 행태에 항거하는 시위가 시작되었고, 1978년에는 타 지역으로 확산되었다. 2월에는 타브리즈라는 도시에서 폭동이 일어나 시위대가 경찰서와 고급 호텔, 이란-미국 협회와 펩시콜라 사를 습격했으며, 이들을 진압하기 위해 군대가 투입되어 시위자 650명이 체포되고 그중 아홉 명이 사망했다. 시위자의 대부분은 대학생이나 어린 학생들, 공장 노동자 등의 젊은이였다. 소요는 다른 도시로 계속

번져나갔고, 1978년 8월에는 영화관이 전소되어 건물 안에 있던 430명이 사망하는 사건이 발생했다. 그해 9월, 열한 개 도시에 계엄령이 발동되자 테헤란의 군정 장관은 군인들에게 집회 해산을 명령했다. 군인들은 무차별 발포했고, 당국의 공식 집계조차 87명이 사망한 것으로 나왔다. 반정부 세력은 사망자가 최소 4,000명은 되었다고 주장하며, 당국의 사망자 수 축소에 사망자 수 부풀리기로 맞섰다. 11월이 되자 시위대도 보다 공격적인 태세로 전환하여, 영국 대사관을 포함한 테헤란의 수많은 건물을 방화하고 약탈했다. 연말에 이르자 시위자뿐만 아니라 다수의 군인들도 더 이상 탄압을 참고 견딜 수 없게 됐다. 군인들이 명령 거부, 탈영, 심지어 시위자들에게 무기를 건내주거나 스스로 '과잉 진압하는 장교들에게 발포'하는 상황에 이르렀다. 1979년 1월 '거리뿐만 아니라 군에 대한 통제력까지 상실한 것을 깨달은' 샤는 그 길로 이란을 영영 떠났다.[123]

이란 혁명은 무혈 혁명과는 거리가 멀었지만, 이슬람 정권 수립 후 공식 '순교자' 수를 6,000명 이상으로 집계한 것은 상당한 과장으로 보이며, 두 명의 사회학자가 사망자 수를 3,000명 정도로 추정하는 것과도 큰 차이가 있다. 이란 근현대사 전문가 예르반드 아브라하먄Ervand Abrahamian은 혁명이 위로부터 관리되었다기보다는 아래로부터 자발적으로 등장했다는 점을 강조하며 이렇게 말한다.

전국 규모의 정당이나 체계적인 네트워크, 대규모로 조직된 시위, 모임, 파업은 없었다. 반대로 군중은 고등학교나 대학교, 종교 학교의 동창 모임, 슬럼가의 십대, 길드 조합원, 가게 점원, 때로는 도시 바자르의 모스크 설교사

등이 모여 즉석으로 만든 단체나 풀뿌리 조직, 기껏해야 비공식적인 네트워크를 통해 모였다.[124]

혁명에 성공한 뒤 벌어진 일은 또 다른 문제다. 아야톨라 호메이니와 급진적 이슬람 세력은 직접 혁명을 일으키지는 않았지만, 재빨리 기회를 포착하여 주요 수혜자가 되었다. 게다가 호메이니의 급진적인 주장은 혁명 승리 당시의 민심과도 잘 들어맞았다. 그는 샤가 망명하고 17일이 지난 1979년 2월 1일에 이란으로 귀국했는데, 200만 명의 군중이 그를 열렬히 환영했다. 혁명의 최종 단계는 단 며칠밖에 걸리지 않았다. 군중은 샤 정권의 장관들이 집무실로 가는 것을 막았고, 무기고에 침입하여 입수한 무기로 군부에서 유일하게 샤 정권에 등을 돌리지 않고 있던 근위대와 전투를 벌였다.[125] 이란 혁명은 혁명이 리더 없이도 일어날 수 있지만, 그런 경우에도 혁명 후에 리더가 재빠르게 부상한다는 것을 잘 보여주는 사례다. 이란의 새로운 리더는 이슬람주의자였고, 현재까지도 그러하며(종교 당국이 세속 당국보다 더 큰 권력을 휘두르는 신정 체제), 호메이니는 귀국 후 1989년 사망할 때까지 이란의 최고 권력자로 군림했다.

21세기의 아랍 혁명

비록 이슬람 세력이 1977-79년 이란 혁명의 혜택을 가장 많이 받은 집단으로 부상하긴 했지만, 혁명을 성사시킨 다양한 조직들을 급진적 이슬람주의자로 한데 묶어버리는 것은 잘못된 접근이다. 한 세대가 지난 뒤 벌어진 아랍 혁명의 경우는 더욱 그렇다. 최근에 아랍 세계 곳곳에서 일어난 민중 봉기는 혁명과는 별 관련이 없어 보이는 사건으로부터 시작되었다. 2010년 12월 튀니지의 한 단속관이 공무원에게 뇌물을 줄 돈이 없어서 무허가로 장사를 해오던 모하메드 부아지지 Mohamed Bouazizi라는 상인의 청과물과 수레, 저울을 압수했다. 부당한 처사로 모든 것을 잃고 절망한 그는 분신을 시도했고, 끔찍한 화상을 입어 2주 뒤 사망했다.

당시 아랍 세계는 독재자의 억압적 통치, 심각한 실업 문제, 친족주의, 부패, 극심한 빈부 격차를 동반한 빈곤 문제, 여성의 예속, 파벌주의, 사회적 불관용 등 혁명이 일어날 소지가 충분했다. 많은 이들이 부아지지의 분신이 보여준 절망에 공감했다. 그때까지는 반기를 드는 사람들에게 가해질 당국의 끔찍한 보복에 대한 공포가 혁명을 억제해왔다. BBC의 중동 통신원 제러미 보엔Jeremy Bowen은 『아랍 혁명The Arab Uprisings』이라는 책에서 이렇게 말했다.

> 1990년 이라크의 쿠웨이트 침공 후 중동을 처음 방문했을 때, 나는 선배 기자들로부터 아랍인은 강한 리더를 선호한다는 얘기를 들었다. 사담 후세인 Saddam Hussein 같은 자가 국민을 감금하고 살인을 자행하면서도 건재할 수 있는 이유를 이런 특성이 설명해준다는 것이다. 폭군은 폭력과 공포를 통해 지배하며 아랍인들이 그것을 선호한다는 생각이 터무니없음을 곧 깨달았지만, 별생각 없이 보도한 내용에 저런 관점이 일부 반영되었을 수도 있음을 부끄럽지만 인정한다.[126]

부아지지가 불을 붙인 항쟁은 튀니지의 독재자(제인 엘아비디네 벤 알리

Zine el-Abidine Ben Ali)와 이집트의 독재자(호스니 무바라크Hosni Mubarak)의 축출로 이어졌고, 리비아의 무아마르 카다피Muammar Gaddafi는 체포되어 처형되었다. 예멘에서 벌어진 항쟁은 30년 이상 집권해온 대통령 알리 압둘라 살레Ali Abdullah Saleh의 사임으로 이어졌으나, 예멘의 상황은 여전히 미궁에 빠져 있다. 그는 국내에 남았고, 그와 그의 가족에게 충성하는 정보기관 관료 다수가 관직을 유지했다.[127] 혁명의 기운은 중동과 북아프리카 전체에 영향을 미쳤다. 해당 지역의 공통어가 아랍어라는 점, 따라서 알자지라Al Jazeera 방송(아마추어 동영상 송출을 포함해서)이 널리 이해되며 인터넷과 휴대폰이 광범위하게 사용된다는 점이 혁명의 확산에 크게 기여했다. 카타르의 자금으로 운영되는 알자지라는 독재 정권의 검열을 우회하고 '목소리 없는 자들의 목소리'를 대변하는 데 특히 중요한 역할을 했다.[128]

정권에 대항할 각오가 되어 있는 사람들이 거대한 대오를 형성했다. 그들은 벤 알리, 무바라크, 카다피처럼 확고하게 자리 잡은 독재를 전복시키면서 저항에 대한 자신감을 키웠고, 중동과 북아프리카의 거의 모든 나라에서 변화에 대한 새로운 믿음이 생겨났다. 벤 알리와 무바라크 및 그들의 측근들은 순전히 국민의 힘으로 제거되었다. 카다피의 경우 리비아 국민이 저항하여 독재 정권을 무너뜨렸지만, 그들이 요청했던 나토 공습과 유엔의 지지도 도움이 되었다. 전직 『파이낸셜타임즈』의 중동 편집장인 데이비드 가드너David Gardner가 지적했듯이, 유럽과 미국 정부는 오랫동안 "지역 독재자들의 네트워크에 집착"해왔다. 아랍 혁명은 그런 '현실주의자들'에게 심각한 도전이었기에 일관성 없는 대응이 이어졌다. 예를 들어 서방 국가는 리비아에서는 반군을 지원했지만, 바레인에서는 비무장 시위대를 무자비하게 진압한 정권에 별다른 제재를 가하지 않았다.[129] 대부분의 경우 사람들이 정권에 항거하며 거리로 나서기 시작했을 무렵의 시위는 전적으로 비폭력적이었고, 이 사실은 국제 여론을 그들 편으로 끌어들이는 데 유리하게 작용했다. 허나 예상대로 당국이 탄압을 시작하자 시위대도 다양한 형태의 폭력을 동원했다. 특히 시리아에서는 비극적인 내전이 장기간 이어졌다. 한편 이 지역의 군주제 국가는 권위주의 체제이긴 매한가지였지만 공화국들보다 오히려 문제가 적었고 군주들은 무사히 살아남았다. 스스로 공화국의 폭군으로 등극한 자들보다는 군주제의 리더가 어느 정도 더 큰 정당성을 부여받은 것처럼 비쳤기 때문이며, 또 그들은 생존을 위해 국민에게 상당한 물질적 혜택을 제공할 뿐만 아니라 일부 온건한 체제 완화를 진행하여 국민의 불만을 누그러뜨렸다. 특히 요르단과 모로코에서는 급진적인 요구나 혁명 봉기를 방지하려고 2011년에 개혁안이 도입되었다.

군주가 통치하는 국가에서는 세습제가 체제의 전통이자 규범으로서 별문제 없이 받아들여지지만, 공화국에서 권력의 세습은 찬탈자가 지금까지 한 짓에 한술 더 뜨는 것으로 받아들여진다. 따라서 무바라크, 카다피, 살레가 아들에게 자리를 물려주려고 계획했다는 사실은 이집트, 리비아, 예멘에서 국민의 강력한 반발을 낳았다. 시리아에서는 21세기로 넘어올 무렵 이미 권력 세습이 이루어졌으며, 이후의 경험은 권력의 세습이 어떤 결과를 가져오는지 보여주는 반면교사 역할을 했다. 처음에는 바샤르 알아사드가 무자비한 부친 하페즈 알아사드Hafez al-Assad보다 나은 통치자인 듯 보였으나, 그가 반대 세력에게 가한 잔인하고 무차별적인 폭력은 국민들로 하여금 아버지 아사드를 연상케 했다. 한 중동 혁명 전문가가 말했듯이 "독재자뿐만 아니라 그의 아들까지 악폐이자 사악한 권력의 상징으로 여겨지게" 된 것이다.[130]

2011년의 아랍 혁명은 정권을 무너뜨렸든 무너뜨리지 못했든 간에 기본적으로 리더가 없는 혁명이었다. 시리아처럼 투쟁이 장기화된 경우 구정권이 위태롭게 자리를 지키고 있는 동안 이슬람주의자 그룹을 포함한 조직화된 단체가 전투에서 보다 주요한 역할을 하기도 했지만, 튀니지나 이집트처럼 혁명이 단기간에 성공한 나라에서는 항거 세력이 사회 곳곳에서 등장했고 당국은 이를 전혀 예상하지 못했다. 정부가 혁명 세력(그들의 입장에서는 반정부 세력)의 리더를 색출할 수 없다는, 따라서 제거할 수 없다는 사실이 정권을 혼란에 빠트렸다. 봉기 과정에서 젊고 교육 수준이 높은 중산층이 다른 집단에 비해 특히 중요한 역할을 했다면, 진행 과정은 '구체제하에서 가진 것이 없었기에 봉기를 해도 잃을 것이 없는' 다수의 빈민층이 참여하면서 탄력을 받았다.[131] 시위대 안에서 자연스럽게 비공식 리더가 등장했지만, 그들은 정당이나 노조 같은 공식적 기구에 속하지 않은 경우가 많았고 '카리스마적' 리더도 아니었다. 그들은 시위 소식과 정권의 잔인한 대응을 널리 알리는 데 전념했던 인터넷 활동가들로, 친구들을 참여시키고 더 폭넓은 계층의 관심을 주목시키는 역할을 했다.[132]

아랍 혁명이 기본적으로 세속주의 독재자들(이들은 정도는 다르지만 모두 이슬람을 앞세웠다)을 제거한 후에는, 1979년 이란에서 그랬듯이 리더 없는 혁명의 장점이 단점으로 바뀌었다. 가장 잘 조직된 단체가 재빠르게 공백을 메웠고, 새로운 리더들은 합의를 형성하고 민주적 제도를 만들어가기보다는 그들의 의지를 강요하는 데 전념했다. 2012년 이집트에서 열린 선거는 최소한 개표가 정직하게 이루어지고 결과가 미리 정해져 있지 않았다는 점에서 민주적이었지만, 무바라크를 몰아내기 위해 큰 위험을 감수하고 시위에 나섰던 수많은 이들이 마음에 들지 않는 두 후보 사이에서 선택을 해야 하는 상황으로 일변했다. 이집트인들은 무바라크 치하의 마지막 총리이자 군부의 지지를 등에 업은 아흐메드 샤피크Ahmed Shafiq와 무슬림형제단 지도부의 무함마드 무르시Mohammed Morsi 사이에서 선택해야 했으며, 투표 결과 무르시가 근소한 차이로 이겼다. 무바라크 정권 시절의 실세를 지지한다는 것은 혁명에서 죽거나 다친 이들의 희생을 헛되게 하는 것이었기에, 많은 세속주의 이집트인들은 무슬림형제단을 신용하지 않았음에도 무르시에게 표를 줬다.

무슬림형제단은 이집트와 다른 여러 나라에서 세속주의 독재자들에 의해 투옥되고 박해받았다는 사실 자체로 국민의 신망을 얻고 있었으며, 빈민층에 대한 자선 사업을 벌인 덕에 어느 정도 인기를 확보하고 있었다. 이미 조직을 갖춘 그들은 세속주의 진보 계열에 비해 혁명 후 정치적 주도권을 잡을 채비가 더 잘 되어 있었다. 하지만 올리비에 로이 Olivier Roy가 지적했듯이, 무슬림형제단은 아랍의 봄을 예상하지 못했던 것으로 보인다.[133] 아랍 세계의 여론 조사 결과를 보면, 대부분의 국가에서 종교가 정치에서 수행하는 역할에 대한 국민의 의견이 크게 분열되어 있다. 서로 다른 종교와 종파가 공존하고, 그로 인해 겪었던 치명적인 내전의 재발을 방지하기 위해 종교의 영향력이 최소화되어야 한다는 합의가 이루어진 레바논이 유일한 예외였다.[134] 조사한 대부분의 아랍 국가에서 성직자들이 일반 시민들의 정치적 행동에 영향을 미치지 않아야 한다는 합의가 점차 형성되고 있었으나, 종교적 관료들이 정부의 결정에 미치는 영향이 어디까지 허용되어야 하느냐에 대해서는 생각이 분분했다. 그러나 아랍인 응답자의 과반수가(특히 튀니지와 이집트에서 그 비율이 높았다) 가장 중요하게 생각하는 문제는 경제 이슈였다. 실업과 인플레이션이 그들이 가장 걱정하는 문제였으며, 그다음으로 중요하게 생각하는 것은 부패였다.[135]

무슬림형제단은 2011년 혁명에서 주도적 역할을 하지 않았지만, 혁명의 주요 수혜자가 되었다. 얼마 지나지 않아 그들이 나라를 민주적으로 운영할 것이라는 확신은 사라졌고, 대선에서 무르시를 믿고 기회를 줬던 사람들의 희망은 의혹으로 바뀌었다. 무르시의 지지도는 2012년 선거 당시 57퍼센트에서 2013년 5월 28퍼센트로 떨어졌다.[136] 보다 근본적인 문제는 그가 확보한 과반수를 간신히 넘긴 지지도를 합의 형성이 아니라 편파적 개혁을 강행하는 데 이용했던 점이다. 신헌법은 유권자의 32퍼센트만이 참여한 상태로 비준되었다. 이후 무함마드 무르시가 강행한 통치 방법은 스페인의 민주주의 이행 과정에서 아돌포 수아레스가 주어진 권력을 사용했던 방법과 매우 극명하게 대비된다. 물론 무르시는 위태로운 경제 상황 말고도 여러 다른 문제와 씨름해야 했다. 무바라크 시절에 구축된 '딥 스테이트deep state', 즉 군부·정보부·사법부의 상당 부분과 대기업 등은 무슬림형제단을 신용하지 않았다. 군부는 2011년 혁명 때 무바라크 제거를 묵인했기에, 혁명 이후 그 권위가 더욱 강화되었다. 무르시 정부의 반대 세력은 여러 방면에서 등장했다. 혁명기에 일시적으로 연합했던, 보다 극단적인 이슬람주의자들인 살라피 세력도 적으로 돌아섰다. 그들이 보기에 무르시 정부는 **과하게**

진보적이었고, 그들의 엄격한 종교 해석을 충분히 반영하지 않았다. 또한 세속주의 진보 세력은 무르시가 선거에서 간신히 과반수를 넘겨 확보한 권력으로 자신들을 정치 과정에서 배제한 것에 크게 실망했다.

결국 2013년 7월 초 정부를 전복하고 무르시를 체포한 군부 쿠데타가 벌어졌는데, 이란 사회 각계는 쿠데타를 광범위하게 지지했다. 인기 없는 독재 정권을 전복시키는 데 큰 공을 세운 사람들이, 혁명이 배반당했다고 느낀 것은 이번이 처음이 아니다. 무르시의 통치 방식과 이후 그가 권력에서 밀려난 방식을 보면, 권위주의에서 민주주의로 이행한 가장 성공적인 사례들(특히 스페인)처럼 협상과 절충을 통해 새로운 사회를 규정하는 '협정 체결' 과정의 장점이 분명하게 드러난다. 무르시 정부는 '과반수'가 주는 정당성과 별개로 '사회적' 정당성이 필요하다는 점에 주의를 기울이지 않았다. 2011년 12월 이집트에서 시행된 여론 조사의 결과는 흥미롭다. 그들은 민주주의를 강력하게 지지하고 강한 리더(설사 민주주의를 전복시킨다 하더라도 나라에 필요한 인물은 강한 리더라는 관념)를 거부하면서도, 동시에 "군부는 정계에서 완전히 물러나야 한다"는 진술에는 60퍼센트 이상의 국민이 반대했다. 마지막 질문이 앞의 두 질문과 상충하는 것처럼 보일지 모른다. 하지만 최근의 경험으로 인해 많은 이집트인이 군부를 자신들이 희망했던 민주주의의 궁극적 수호자로 보게 된 듯하다.[137] 군부의 정치적 역할에 수긍했던 과반수의 사람들 중에는 무바라크 치하의 이집트에 만족했던 사람들도 포함되어 있을 것이다.

이 사실은 2013년 7월 무르시 정부를 무력으로 전복하는 쿠데타를 지지하는 광범위한 연합이 이루어졌던 이유를 설명하는 데 도움이 된다. 여기에는 무바라크 정권에 향수를 느끼고 기존의 특권을 어떻게든 유지하고자 하는 사람들을 비롯하여, 구정권을 타도하는 데 헌신했던 자유주의 세력과 민주주의 세력이 모두 포함되어 있었다. 하지만 상당히 민주적으로 진행된 대선의 결과를 자신들의 손으로 뒤집어놓고서 어떻게 통치의 정당성을 확보할 수 있을지는 알 수 없다. 마찬가지로 이집트 최대 규모의 사회 운동인 무슬림형제단을 불법화하는 것이 어떻게 민주주의와 양립할 수 있는지도 이해하기 어렵다. 권력을 탈취하고 수백 명의 무슬림형제단 시위자들을 죽이는 데 주저하지 않았던 군부 엘리트에게는 이것이 문제가 아닐지 모르지만, 그들을 응원했던 '진보 세력'은 또다시 폭력적 정권 전복의 결과에 환멸을 느낄 가능성이 매우 높아 보인다.

*

지금까지 살펴본 것처럼, 1917년 11월의 러시아 혁명이나 1958-59년의 쿠바 혁명처럼 리더가 이끄는 혁명도 있고, 2011년의 튀니지나 이집트에서처럼 상대적으로 리더 없이 발생하는 혁명도 있다. 혁명의 목표가 정권 교체라면 확고한 조직 또는 걸출한 리더 없이도, 혁명적 상황에서 훨씬 광범위하고 느슨하며 체계화되지 않은 운동이 일어나는 것으로도 변화가 가능하다. 리더가 이끈 혁명의 경우도, 만약 그 리더가 없었다면 체제 변화가 **그때** 일어나지 않았거나 **매우 다른 방식으로** 일어났을 것이다. 따라서 '리더 없는 혁명'이라는 말이 혁명적 리더의 중요성을 부인하는 것은 아니다. 정부 수반이나 정권에 그들의 악행에 대한 책임을 물을 방법이 존재하지 않을 때, 체제 변혁의 필요성은 압도적으로 증가한다. 프랑코 사후의 스페인이나 1989년의 동유럽처럼 체제 변혁이 평화적 수단을 통해 이루어질 수 있을 때는 혁명보다 이쪽이 훨씬 바람직하다. 그러나 억압적 체제를 바꾸려는 평화적 시도가 실패로 돌아갔을 때, 폭군을 강제로 권력에서 제거하는 무력 혁명이 최후의 수단으로 정당화된다. 그러나 이 장과 다음 장에 등장하는 대부분의 혁명 사례가 보여주듯이, 혁명 다음에 오는 현실은 이상적인 혁명가들의 수사나 희망에 부응하지 않는다.

6장

전체주의 리더십과 권위주의 리더십

'전체주의적totalitarian'이라는 단어를 긍정적인 의미로 사용한 첫 번째 독재자이자, 아마도 유일한 독재자는 이탈리아의 베니토 무솔리니Benito Mussolini다. 이미 1923년경부터 두체Duce(이탈리아어로 '대장', '총통'을 뜻한다. 무솔리니가 스스로 이 지위에 오른 뒤로는 무솔리니를 일컫는다-옮긴이) 반대파가 사용했던 이 단어는, 2년 후 무솔리니 추종 세력과 무솔리니 본인에 의해 차용되었다. 그는 "우리의 맹렬한 전체주의적 결의"를 언급하면서, "우리는 이탈리아에 파시스트 국가를 건설할 것이며, 머지않아 이탈리아인과 파시스트Fascists(대문자 F로 쓴 경우 주로 1920-40년대 이탈리아의 파시즘을 의미한다-옮긴이)는 동의어가 될 것"이라고 말했다.[1] 무솔리니는 자신의 리더십하에 구축된 체제를 전체주의 체제lo stato totalitario라고 불렀다.[2] 이 용어는 이탈리아의 '파시즘 철학자' 조반니 젠틸레Giovanni Gentile로부터 빌려온 것이다. 독일에서 젠틸레에 상당하는 인물은 카를 슈미트Carl Schmitt라는 법학자로, 그는 '퓌러Führer'(나치 독일의 총통. 지도자라는 뜻의 독일어로 히틀러가 나치당의 총재가 된 후 자신의 직함으로 사용했다-옮긴이)가 어떤 국가 기관보다 높은 위치에 있는 '독일의 최고 법관이며 최고 입법자'라고 주장하여 히틀러 독재를 뒷받침하는 이론적 토대를 일부 제공했다.[3] 슈미트도 '전체 국가totalitarian state' 개념을 받아들였으나 히틀러는 이 용어를 거의 사용하지 않았고, 간혹 쓸 때는 앞에 '소위'라는 수식어를 달았다.[4] 공산 국가의 리더와 이론가도 '전체주의'를 공산주의 체제에 적용하는 법이 없었고, 파시스트 체제를 거론할 때만 가끔 사용했다.[5]

전체주의라는 개념은 1930년대 초부터 1953년 스탈린이 사망할 때까지의 소련을 일컫는 '절정기 스탈린주의high Stalinism' 시절이나 히틀러 집권 이전부터 존재했지만, 전체주의라는 용어를 적극적으로 사용한 이들은 주로 파시스트 및 공산주의 체제의 비판자들이었다. 전체주의 개념이 상승세를 탄 것은, 1930년대 들어 이오시프 스탈린 치하의 소련 공산 정권과 아돌프 히틀러 치하의 나치 독일 정권이 비록 각자 내세우는 정책과 목표가 다르고 본인들도 서로 정반대라고 주장하지만 실상 몇 가지 중요한 점에서 닮은꼴이라는 견해가 등장하면서부터였다. 이를테면 소련과 독일은 둘 다 위계적인 단일 정당 조직이 모든 단계에서 정부 기관과 병존하며 그 상급 조직으로 기능했다.[6] 또한 양국 모두 1930년대에 테러와 폭력 행위를 자행했던 정치 경찰 조직이 존재했다. 차이가 있다면 이따금 대대적인 탄압이 벌어졌던 소련에 비해 전전prewar 독일에서는 탄압이 보다 선별적으로 행해졌다는 점이다. 그리고 두 나라에는 각기 역사와 당대 사회를 모두 설명한다고 일컬어지는 사상 체계가 있어서, 모든 사회 현상에 적용할 수 있는 인식 틀을 제공했다. 물론 사상의 내용 자체는 매우 달랐으며, 둘 중에서 마르크스-레닌주의가(스탈린주의의 성문화된 버전조차도) 훨씬 정교했다. 양국을 지배했던 이데올로기는 각각 미래에 대한 비전을 제시했다. 나치의 비전은 순수 혈통에 기반한 강하고 위대한 독일이었고, 소련은 조화로운 무계급 사회였다. 이런 가상의 미래는 현실에서 벌어지고 있는 책임 전가와 폭력적 탄압에 비하면 그리 중요하지 않았다. 독일에서는 유대인이 세계적 병폐의 근원이자 특히 독일이 겪고 있는 어려움을 초래한 원인이라는 프로파간다에 수백만 명이 호응했으며, 소련에서는 수백만 명이 계급의 적에 대한 처단을 지지하고 스탈린의 폭정이 곧 '프롤레타리아 독재'로 대변되는 노동자 계급의 권력 장악을 의미한다는 신화를 그대로 믿었다.★ 마지막으로, 두 체제는 위대한 리더에 대한 우상화가 두드러지게 나타난다는 점에서도 동일했다.

'전체주의적'이라는 용어는 2차 세계대전 후 모든 공산주의 국가에 무차별적으로 적용되기 시작하면서 더욱 널리 통용되었다. 하지만 이 용어는 한 공산 국가 내부에서도 시간이 지나면서 상당한 변화가 일어난다는 점, 그리고 서로 다른 공산 국가들 사이에는 큰 차이가 존재한다는 점을 제대로 반영하지 못했다. 이를테면 현대 중국과 현대 북한은 무척 다르다. 또한 공산주의 폴란드와 헝가리, 1960-70년대 티토의 유고

★　이 수백만 명이 소련 국민의 다수에 해당하는지 아니면 소수에 해당하는지는 여전히 논쟁의 대상이다. 인구 대부분이 여전히 농민이었던 1930년대에 농업의 집단화는 농촌에서 극심한 불행을 초래했다. 그러나 소련 해체 후 21세기에 들어서도 러시아 국민에게 가장 위대한 20세기 국가 리더를 묻는 설문 조사에서 스탈린이 자주 1위를 차지한다는 사실은, 국가의 성공(무엇보다도 2차 세계대전 승전)은 모두 그의 공으로 돌리고 실패와 억압과 참상은 다른 이들에게 비난의 화살을 돌렸던 프로파간다가 상당수 국민에게 깊은 영향을 미쳤고 그들의 의식에 지워지지 않는 흔적을 남겼음을 시사한다.

슬라비아, 그리고 김씨 3대가 통치해온 북한에 똑같이 '전체주의적'이라는 꼬리표를 붙이는 것은 각 나라를 이해하는 데 도움이 되지 않는다. 폴란드, 헝가리, 유고슬라비아에는 시민 사회적 요소가 어느 정도 존재했던 반면(폴란드에서는 교회가 특히 중요한 역할을 했다), 북한에는 전무했다. 과거의 공산주의 정치 체제는 고도로 권위주의적이었고 현재 공산주의 체제를 유지하고 있는 나라도 여전히 권위주의적인 것이 사실이지만, 공산주의 국가를 모조리 전체주의라는 극단적인 범주에 넣어버린다면 중요한 차이점들이 묻혀버리고 만다.[7]

　전체주의라는 개념 자체도 논란의 여지가 있다. 학계에서는 스탈린 독재가 확립된 1930년대 초부터 스탈린 사망 시까지의 소련이나 1930년대 중반부터 1945년 패망할 때까지 히틀러가 장악했던 독일조차도 모든 것이 위로부터 통제되지는 않았다는 점을 지적하며 전체주의가 아니라고 보는 이도 있다. 하지만 전체주의를 한 사람이 모든 것을 결정하는 체제로 정의한다면, 그런 체제는 존재한 적이 없다. 현존하는 민주주의 국가들에 결함이 존재한다고 해서 민주주의는 존재하지 않는다고 말하지 않는 것처럼, 이것이 전체주의라는 용어를 사용하지 말아야 할 이유가 되지는 않는다. 완전한 통제란, 특히 생각에 대한 완전한 통제란 조지 오웰George Orwell의 책 『1984』 속 세계에서나 가능한 것이다.[8] 그런데 오웰조차도 공산주의나 파시즘에서 나타나는 경향을 묘사할 때, 사회 현실을 그대로 반영하지 않고 '전체주의 이념의 논리적 귀결'을 보여주고자 했을 뿐이다.* 오웰에게 전체주의란 막스 베버가 얘기한 '이념형ideal type'이었다(이념형이라는 용어에는 어떤 긍정적인 의미도 담겨 있지 않다). 베버는 특정 정치적·사회적 범주(예를 들어 베버의 가장 유명한 분석주제 중 하나인 관료제)가 의미하는 바를 극단적이거나 순수한 형태로 표현하는 기법이 그 사회를 분석할 때 유용하다고 주장했다.[9]

마찬가지로, 전체주의가 가진 특성을 극명하고 극단적인 형태로 제시하는 것도 유용하다. 일단 이념형이 정립되고 나면, 개별 국가가 유의미하게 전체주의로 분류될 만큼 이념형에 충분히 접근하는지를 연구할 수 있다. 이런 접근법이 공산주의 국가들이―혹은 구체적으로 소련이―내부적으로 얼마나 변했든 간에 항상 '전체주의적' 체제라고 부를 수 있도록 개념의 정의를 계속 바꾸는 것(냉전 기간에 이런 경향이 존재했다)보다는 바람직하다. 한편 상황에 정의를 끼워 맞추는 경향은 또 다른 종류의 혼란을 야기했다. 1980년대 전반 레이건 행정부의 유엔 주재 미국 대사였던 미국 학자 진 커크패트릭Jeane Kirkpatrick의 사례가 이를 극명하게 보여줬다. 커크패트릭은 모든 공산주의 정권은 전체주의라는 견해, 그리고 그녀가 '우익 독재'라고 불렀던 권위주의 체제는 내부로부터 개혁이 가능한 반면 전체주의 정권은 불가능하다는 견해가 널리 퍼지는 데 일조한 인물이다.[10] 이에 따라 소련에서 체제 내부나 그 사회에서 촉발된 변화가 정치 체제의 변화로 이어지는 일은 불가능한 것으로 간주

★   앞뒤 사정을 좀 더 상세히 설명하자면 『1984』가 사회주의에 대한 비판이라는, 특히 미국에서 만연했던 오해가 오웰을 괴롭혔다. 그는 자신이 '민주사회주의자democratic Socialist'였고(그는 계속해서 사회주의Socialism의 앞글자를 대문자로 표기했다), 여전히 그러함을 분명히 밝혔다. 이를테면 그는 미국 우익 계열 출판물에서 『1984』가 호평받는 것에 우려를 표한 전미 자동차 노조 임원에게 이런 서한을 보낸 적이 있다. "저의 최근 소설은 사회주의나 영국 노동당(제가 지지하는 정당입니다)을 비판하려고 쓴 것이 아니라 중앙 집권화된 경제 체제가 빠지기 쉬운, 그리고 공산주의와 파시즘에 의해 부분적으로 현실화된 왜곡을 형상화하려는 의도로 쓴 것입니다. 제가 묘사한 그런 사회가 반드시 도래한다고 믿지는 않습니다만, (물론 이 책이 풍자라는 사실을 감안하고) 그와 유사한 어떤 사회가 도래할 수도 있다고 생각합니다. 또한 전체주의 이념이 도처에서 지식인들의 마음속에 뿌리내렸다고 생각하기에, 이런 사상이 불러올 논리적 귀결을 보여주려 노력했습니다." (Bernard Crick, *George Orwell: A Life*, Penguin, Harmondsworth, 1980, p. 569에서 인용됨.)

되었다. 이런 통념에 점착했던 이들은 전체주의라는 추상적인 개념과 실제 공산주의 국가를 혼동했다. 그들은 스탈린 시대 이후 여러 공산주의 체제가 전체주의라기보다는 권위주의 체제에 가깝게 변했다는 사실, 그리고 집권 공산당 내부에도 자국 사회와 외부 세계에 전시하는 획일적 외관 뒤에 다양한 시각이 공존한다는 점을 보지 못했다.

'전체주의와 변화 불가능'설 신봉자는 공산주의 체제가 교육 부문에서 이룬 진전(전반적인 식자율 향상뿐만 아니라 고등 교육 부문에서도 상당한 발전을 이뤘다)의 중요성도 간과했다. 만일 공산주의가 '자멸의 씨앗'(마르크스가 자본주의에 대해 사용했던 표현)을 품고 있다면, 그것은 국민이 교육을 통해 새로운 사상에 열린 태도를 갖게 되고 낡은 교리를 무조건적으로 수용하지 않는 수준에 도달했기 때문이다. 공산주의 체제가 내부 변화에 영향을 받지 않는다고 생각했던 이들이 간과했던 또 한 가지는 공산주의 통치로 이행하고 그것을 유지하는 데 중요한 역할을 담당했던 **지도부가** 개혁의 매개체로 활약할 수 있다는 사실이다.

정치적·사회적 현실에서 전 세계의 전체주의 및 권위주의 정권은 연속선상에 위치한다. 한쪽 끝에는 엔베르 호자 치하의 알바니아나 김일성 치하의 북한 같은 극단적인 전체주의가 있고, 반대편에는 비록 민주주의는 아닐지언정 시장 경제가 활발하게 작동하고 실질적인 의미에서 법치가 기능하는 싱가포르의 온건한 권위주의가 있다. 그 중간에는 전체주의라고 부를 만큼 전체주의 이념형에 근접하는지, 아니면 권위주의라고 부르는 쪽이 더 정확할지를 논의해봐야 할 여러 나라가 존재한다. 최상위 집권층이 권력을 일정 정도 나눠 갖기도 하지만, **전체주의** 체제에서는 한 남자(이런 정권은 예외 없이 남성이 지배한다)가 압도적 권력을, 그리고 많은 경우 절대적 권력을 보유한다. 반면 **권위주의** 정권은 독재일 수도 있고 과두제일 수도 있다. 다시 말하면, 한 명의 독재자가 통치할 수도 있고, 보다 집단적 성격을 가진 지도부가 통치하는 형태를 띠기도 한다. 독재는 물론이고 과두제에서도 리더의 성격과 가치관이 체제에 커다란 변화를 일으킬 가능성이 민주주의 리더보다 훨씬 크다. 민주주의에서는 권력 분산 정도가 클 뿐 아니라, 제도와 여론이 리더의 행동에 더욱 엄격한 제약을 가하기 때문이다.

스탈린 독재와 소련의 과두정

애덤 스미스는 '괴팍함, 부조리, 불합리한 처신'과 함께 권력의 '과도한 남용'은 대규모 의회에 의한 통치보다 '개인 단독' 통치하에서 나타날 가능성이 더 크다고 말했다.[11] 물론 집단도 아둔한 결정을 내리거나 끔찍한 행위를 지지할 수 있다(스미스도 이를 부인하지 않았다). 하지만 아무 제약을 받지 않는 개인 통치는 이보다 더욱 위험하다. 양대 공산국가인 소련과 중국을 보면, 집단 지도부가 통치했던 기간에 비해 스탈린과 마오쩌둥이 막대한 권력을 휘둘렀던 시기가 훨씬 더 참혹했고 더 많은 사람이 죽었다. 소련에서는 1917년 볼셰비키 혁명 후 최소 10년간은 먼저 레닌 치하에서, 이후 스탈린 치하에서(후자가 점차 자신의 세력 기반을 강화해나가던 와중에도) 기본적으로 집단 지도 체제가 유지되었다. 레닌의 공식 지위 중 가장 높은 것은 정부 수반(인민위원평의회 의장)이었다. 그는 공산당 수장직은 맡지 않았지만 죽을 때까지 공산당 내에서 가장 영향력이 큰 인물이었다. 그러나 레닌은 공산당 지도부 내에서 자신의 뜻을 관철하기 위해 정치적 명망, 타고난 권위, 그리고 설득력을 이용했다. 반대 세력을 처단할 때처럼 강압적 수단이나 테러를 동원하지는 않았다. 하지만 스탈린이 지난 100년간의 러시아 역사상 가장 악명 높은 대량 학살자가 된 데는 스탈린의 폭정이 가능하도록 전제 조건을 다수 조성해놓은 레닌의 책임도 크다. 취약한 정치적 다원주의를 무너뜨리는 데 결정적인 역할을 한 것은 레닌이고, 단일 정당에 권력을 집중시켜 의회 정치를 무시하고 사법권 독립을 거부하며 가혹한 정치 경찰 조직을 창설하여 장래 독재 정권의 기초를 닦은 것도 다름 아닌 레닌이다.

레닌의 뒤를 이은 스탈린은 1920년대 말까지 독재 권력을 차지하려는 본색을 숨긴 채, 공산당 지도부의 파벌 경쟁을 이용해서 점차 권력을 강화해나갔다. 집단 지도 체제의 일부 요소는 1930년대 초까지 유지되었으나, 1929년에 이르면 스탈린이 소련 지도부를 지배하는 리더라는 것이 명백해졌다. 이 시기 소련에 정통한 역사가가 지적했듯이, 1933년에 이르면 스탈린은 "이미 정치국에서 그의 제안에 감히 도전하는 자가 없는 독재자로 등극했다."[12] 스탈린의 주된 라이벌이었던 레온 트로츠키는 최고 지도부에서 밀려난 후 당에서 제명되었고(1927년), 1928년에 국내 유형지로 추방되었다가 1929년에는 국외로 추방되는 수순을 밟았다. 이후 니콜라이 부하린을 포함한 1917년의 주요 혁명가 다수가 스탈린의 명령으로 죽임을 당했다. 그들 대부분은 1936-38년 모스크바 시범 재판 결과 처형되었고, 트로츠키는 1940년 멕시코에서 스탈린의 내무인민위원회NKVD 요원에게 얼음 송곳으로 암살당했다.

1930년대와 달리 1920년대는, 비록 다른 정당의 존재는 불법이었지만 소련 공산당 내부에 여전히 다양한 견해가 공존했다. 러시아 내전

후 레닌은 신경제 정책을 통해 농민층에 경제 혜택이 돌아가도록 했으며, 이는 집단적 성격의 지도부가 통치했던 1920년대 후반까지 유지되었다. 상황이 돌변한 것은 1929년 들어 스탈린이 강제 농업 집단화 캠페인을 진두지휘하면서부터였고, 그 결과 1933년 말까지 200만 명이 넘는 농민이 타지로 강제 이주당했다. 정부가 집단화된 농민에게 과도한 곡물 생산을 할당한 탓에 대규모 기근이 발생하여 우크라이나, 러시아 남부, 코카서스 북부에서 500만 명 이상이 아사했다.[13] 스탈린은 집단화 과정에 밀접하게 관여했고, 집단 농장의 곡물을 훔치면 사형을 선고하겠다는 뜻을 고집했다(1932년 8월 7일에 공포된 법령에 의해 시행됨).[14]

1930년대 소련을 급속히 산업화하려는 스탈린의 확고한 의지와 사회 유동성의 급격한 증가가 맞물려 소련은 비약적인 발전을 이뤘지만, 그 대가는 처참했다. 스탈린의 권력이 정점에 달했을 때조차도 그가 소련에서 일어나는 모든 중요한 일을 혼자 결정하는 것은 당연히 불가능했다. 권력은 스탈린뿐만 아니라 각 단계의 관료 조직에 의해 행사되었으며, 이 조직은 각자 사사로운 이익을 확보하고 방어하려 노력했다. 하지만 스탈린은 1920년대에 구축된 '과두 정치 체제'를 파괴하는 데 성공했다. 스탈린의 통치를 가장 상세히 연구한 러시아 학자가 지적했듯이, 스탈린의 독재를 지탱하는 뿌리는 정치국원을 포함하여 어떤 소련 관료의 운명도 좌지우지할 수 있는 '무제한적 권력'이었다.[15]

스탈린은 특정 정부 기관에 특히 많은 관심을 기울였는데, 그중에서도 국가 안보 조직, 즉 정치 경찰을 직접 관리하면서 탄압을 지휘·감독했다. 1937년부터 1938년까지 불과 2년간 170만 명이 넘는 사람이 체포되고 최소한 81만 8,000명이 총살당했다.[16] 이 가운데 실제 반공산주의자는 소수에 불과했고, 소련 체제와 스탈린에 대한 가상의 적이 다수를 차지했다. 일부 정치국원뿐만 아니라 상당수의 육군 고위 인사도 희생자에 포함되었다. 후자에 속하는 인물 중에서 특히 유명한 피해자는 러시아 내전 때 볼셰비키 측에서 싸웠고 이후 붉은 군대 근대화에 핵심적 역할을 했던 미하일 투하쳅스키M. N. Tukhachevsky 원수이다. 스탈린은 NKVD를 장악하고 '동지들'의 목숨을 좌지우지하는 권력을 휘둘렀다. 탄압의 대상은 거기서 그치지 않았다. 어떤 사회 집단에 속하느냐에 따라 탄압 정도가 달랐다. 구체제 귀족, 성직자, 지식인, 농민은 산업 노동자에 비해 체포 비율이 더 높았다. 스탈린이 점점 내부의 적에 집중했던 1930년대 후반으로 접어들면서, 공산당과 정부 고위 관료들이 스탈린의 만성적 불신의 희생자가 되는 경우가 늘어났다. 스탈린의 명을 받아 실제 숙청을 집행했던 정치 경찰의 수장은 특히 처형될 확률이 높았다. 어떤 사회 집단이나 개인도 자신이 저지르지 않은 범죄(NKVD가 저지른 범죄와 달리) 때문에 체포될 위험으로부터 자유롭지 않았다. 스탈린이 벌인 대규모 숙청은 "스탈린 정권을 그 이전의 레닌주의 정권과, 그리고 스탈린 이후의 정권이 채택한 선택적 탄압과 구별하는 특징이었다."[17]

일각에서는 스탈린 사후의 소련을 여전히 전체주의 체제로 치부했지만, 흐루쇼프 치하의 소련은 포스트 전체주의적 권위주의post totalitarian authoritarianism라고 정의할 수 있는 체제로 변모했다. 흐루쇼프는 그 체제의 리더가 갖는 잠재력과 위험을 모두 잘 보여줬다. 그도 스탈린처럼 공산당 조직에서 가장 높은 자리(서기장. 흐루쇼프 시대에는 서기장 대신 제1서기라는 명칭을 썼다)의 특권을 십분 활용하여 최고 지도부를 자신의 추종자로 채우면서 그렇지 않아도 강했던 지위를 더 강화시켰다. 그러나 이것은 스탈린이 축적한 뒤틀린 권력과는 거리가 멀었다. 흐루쇼프도 스탈린 시절에 벌어진 일에 대한 책임이 없지 않았으나, 그럼에도 1956년 제 20차 소련 공산당대회에 모인 대표들 앞에서 비공개적으로, 그리고 1961년 제22차 대회에서는 공개적으로 지난 30년간 천재적인 리더, 신과 같이 절대적으로 옳은 리더로 칭송된 스탈린을 과감히 비판했다. 특히 1956년에는 중앙위원회의 최고회의간부회Presidium(정치국의 당시 명칭)에 속한 일부 고위 간부들의 반대를 무릅쓰고 파격적인 연설을 강행했다.

전임 독재자의 이미지를 그대로 보존하려고 노심초사했던 이들 중에서 뱌체슬라프 몰로토프Vyacheslav Molotov, 라자르 카가노비치Lazar Kaganovich, 그리고 클리멘트 보로실로프Kliment Voroshilov가 가장 큰 목소리를 냈다. 몰로토프는 최고회의간부회 회의에서 "스탈린은 레닌의 업적을 계승한 후계자"이며 "스탈린의 리더십하에서 사회주의가 승리를 거뒀다" 고 단언했다.[18] 이에 대해 흐루쇼프는 "스탈린은 가장 야만적인 방법으로 사회주의를 배신했다. 그는 당을 괴멸시켰다. 그는 마르크스주의자라고 할 수 없다"고 응대했다. 흐루쇼프는 스탈린에 대한 기억을 보존하기보다는 "개인숭배에 대한 폭격의 수위를 높여야 한다"고 주장했다.[19] 스탈린 격하 사안을 두고 공산당 지도부에서 흐루쇼프의 최측근 조력자였던 아나스타시 미코얀Anastas Mikoyan은 훗날 이렇게 썼다. "그는 리더의 면모를 갖췄다. 끈질기고, 목표를 집요하게 추구했으며, 대담했고, 통상적인 관례를 거스르길 두려워하지 않았다." 미코얀에 따르면, 흐루쇼프는 새로운 아이디어에 사로잡히면 조심스럽게 접근하는 법

없이 "탱크처럼 전진했다." 미코얀은 이런 성격은 단점도 있지만, 스탈린 격하 운동이라는 전투에 임하는 리더에게는 꼭 필요한 훌륭한 자질이었다고 평가했다.[20]

1956년 2월의 연설이 국제 공산주의 운동 내부에 커다란 파급 효과를 불러오면서, 스탈린 비판이 초래할 결과에 대한 흐루쇼프 반대 세력의 염려가 현실화되는 듯했다. 스탈린 격하 운동은 전 세계 수많은 공산당원의 신념을 뿌리째 흔들어놓았으며 동유럽에서, 특히 폴란드와 헝가리에서는 소요를 촉발했다. 그해가 채 가기도 전에 헝가리에서 공산통치에 항거하는 혁명이 터졌고, 혁명군은 소련군의 탱크에 무자비하게 짓밟혔다. 1957년 최고회의간부회의 과반수가 세계 공산주의 질서를 위태롭게 한 책임을 물어 흐루쇼프를 끌어내리려고 했다. 흐루쇼프는 최고회의보다 더 크고 자신을 지지하는 세력이 더 많이 포진해 있으며, 그중 다수가 최근 그에 의해 진급한 중앙위원회를 동원해서 최고회의간부회의 시도를 제압했다. 중앙위원회는 원칙적으로 최고회의간부회보다 상위 기구지만, 통상적으로 이 소규모 집단의 뜻을 그대로 따랐다. 하지만 핵심 지도층 내부에 노골적인 분열이 발생했을 때 중앙위원회는 어느 쪽을 따를 것인지 선택해야 했다. 1957년에 그들은 흐루쇼프를 지지했다. 그러나 최고회의간부회의 압도적 다수가 흐루쇼프를 제거하기로 결정했던(오직 미코얀만이 그를 옹호할 용의가 있었다) 1964년에는 얘기가 달라졌다. 이번에는 중앙위원회가 공산당 리더에 반대하는 세력에 전폭적인 지지를 보냈다. 흐루쇼프가 갈수록 변덕스럽고 독단적으로 행동한다고 판단했기 때문이었다. 그들이 보기에 흐루쇼프는 소련의 모든 기관과 엘리트 집단의 이해관계를 위협했다.

흐루쇼프가 스탈린 격하 운동을 시작한 공은 인정해야 하지만, 그는 1950년대 중반에는 집단 지도부를 이끄는 수장이었다가 1960년대 초가 되면 충동적이고 제멋대로 결정을 내리는 리더로 변하면서 유해하고 위험한 결과를 초래했다. 1962년 핵전쟁을 촉발할 뻔했던, 쿠바에 미사일 기지를 건설하기로 결정한 인물도 바로 흐루쇼프였다. 국내 정책 부문에서도 흐루쇼프는 경제에 백해무익한 정책을 추진했다. 스탈린처럼 그도 사이비 과학자 트로핌 리센코Trofim Lysenko에게 현혹되어, 농업에 엉터리 처방을 지원하고 다른 전문가들이 제시한 증거는 무시했다. 과학아카데미와 농업아카데미의 내부 반발에 격분한 흐루쇼프는 1964년 7월 과학아카데미를 폐지하고 농업아카데미를 모스크바에서 내쫓으라고 지시했다.[21] 이 지시는 이행되지 않았는데, 당 지도부가 시간을 벌면서 이 성마르고 변덕스러울 뿐만 아니라 갈수록 독재자로 변해가는 리더를 제거할 적절한 시기를 계산하고 있었기 때문이다. 1964년 10월 14일, 그들은 휴가 중이던 흐루쇼프를 모스크바로 불러들여 강제 퇴직시켰다. 공산당 기관지『프라우다Pravda』는 이틀 후 사설에서 흐루쇼프의 이름도 제대로 거명하지 않고 "무모한 책략, 어설픈 결론과 성급한 결정, 현실로부터 유리된 행동, 허풍과 엄포, 강압적 통치 성향" 그리고 "과학과 실제 경험에서 도출된 결론을 참작하길 거부하는 옹고집"을 비판했다.[22] 이것이 흐루쇼프 리더십의 전부는 아니었지만, 그 일부분이었던 것은 사실이다.

1964년 흐루쇼프의 뒤를 이어 레오니트 브레즈네프가 소련 공산당 리더로 등극하면서, 이후 18년간은 보다 집단적 성격을 띤 지도부의 통치가 이어졌다. 선임자와 마찬가지로 브레즈네프도 서기장직에 부여된 정치 자원을 이용하여 점차 자신의 권력을 강화해나갔다. 그는 1970년대에 2차 세계대전 당시 자신이 세운 공로(당시에는 그리 대단해 보이지 않았던)에 무공 훈장 중 가장 높은 전승 훈장을 수여하거나, 대필시킨 얇은 회고록에 문학계 최고 권위인 레닌 문학상을 주는 등 일련의 터무니없는 영예를 스스로에게 부여했다. 브레즈네프와 정치국원들은 소련 사회에 표면화된 모든 반대 의견을 탄압하기 위해 KGB가 다양한 방법(경고에서부터 강제 노동 수용소 또는 정신 병원 유폐까지)을 동원하도록 기꺼이 허용했다. 국가 권력에 감히 도전할 수 있다고 생각하는 자가 어떻게 제정신일 수 있느냐는 논리였다. 해외에서 유명하거나 국내에서 명망 높은 반체제 인사들에게는 다른 조치가 취해졌다. 예를 들어, 반공산주의자이긴 했지만 진보 성향이라기보다는 러시아 민족주의자에 가까웠던 알렉산드르 솔제니친Aleksandr Solzhenitsyn은 소련 국적이 취소되고 국외로 강제 추방되었다. 당 지도부의 조치를 진보적 입장에서 비판한 물리학자 안드레이 사하로프Andrey Sakharov는 국내 유형지에 유배되었다.

이런 정책이 잘 보여주듯이 브레즈네프는 보수적인 공산주의자였다. 심지어 그는 흐루쇼프가 시동을 걸었던 반스탈린주의도 역행했다. 스탈린의 명예가 완전히 회복되지는 않았지만, 인쇄물에서 그를 비판하는 것보다 칭송하는 것이 더 쉬워졌다. 현 상태를 뒤흔드는 어떤 행동도 엄격히 제한해야 한다는 것이 브레즈네프의 기본 입장이었다. 반면 소련 각계의 엘리트 계층(당, 군부, KGB, 정부 부처 최상부)을 다룰 때는 회유작전을 썼다. 브레즈네프 시대는 소련 관료의 황금기였다. 스탈린은 그들의 삶을 위협했고(그리고 실제로 처형하기도 했다), 흐루쇼프는 그들의 직업을 위협했다(그리고 실제로 해고하기도 했다). 반면 브레즈네프가 크렘린을 차지하고 있는 동안 그들은 안락하게 별걱정 없이 함께 늙어갈 수 있었다. 자유도 없고 소비재도 부족했으며 기본적인 식품을 구하기 위해서도 길게 줄을 서야 했던 브레즈네프 시대는 일반 국민에게 황금기와는 거리가 멀었다. 그럼에도 20세기 말에 진행된 한 연구 조사에서 러시아인들에게 지난 100년간 가장 살기 좋은 시대가 언제였느냐고 물었을 때 브레즈네프 시대가 다른 어떤 시대보다 더 자주 언급됐다.[23] 그 시대는 예측이 가능하고 안정적이었던 시절로 평가됐다.

스탈린 치하에서는 정권을 전혀 비판하지 않았어도 누구라도 체포될 수 있었다. 비밀경찰은 할당량을 채워야 했고, 스탈린은 만성적으로 의심병을 앓았으며, 다른 이가 살고 있는 아파트를 탐내는 이웃 사람에 의해 누구나 고발당할 수 있었다. 반면 브레즈네프 시대에는 실제로 어떤 일을 저지른 사람만 당국의 적대적 관심의 대상이 되었다. 예를 들어 민족자주권을 주창하는 것(우크라이나나 리투아니아에서처럼), 판금된 인쇄물을 배포하는 것, 항의 편지를 쓰는 것(예를 들어 솔제니친이나 사하로프 핍박 건에 대해) 등 민주주의에서라면 당연히 합법으로 여겨질 활동이 소련에서는 가혹한 처벌로 이어졌다. 대신 그 사회의 행동 규범을 잘 지키는 소련 시민은 어느 정도 안전하다고 느낄 수 있었다. 스탈린 통치하에서는 수십만 명이 무작위로 체포되었다면, 브레즈네프 시대에는 식별 가능한 게임의 룰이 있었다.

1970년대에는 브레즈네프 외에도 미하일 수슬로프Mikhail Suslov, 알렉세이 코시긴Alekey Kosygin, 안드레이 그로미코Andrey Gromyko, 드미트리 우스티노프 등의 정치국 원로 인사가 영향력을 나눠 가졌다. 정권은 고도로 권위주의적이었지만, 스탈린 시대와는 달리 이제 사람들은 자기 집에서는 겁내지 않고 자유롭게 발언할 수 있었다. 그러나 역설적으로, 소련이 동시대 서방 국가들보다 훨씬 우월한 사회를 건설하고 있다고 믿는 사람은 1970년대보다 1930년대 말 스탈린 공포정 시기에 더 많았다. 이런 종류의 낙관주의는 흐루쇼프 치하에도 존재했고, 새롭게 부활하기도 했다. 흐루쇼프 시대에 소련은 인류 최초로 우주에 인간을 보냈고, 대부분의 러시아인은 이에 커다란 자긍심을 느꼈다. 반대로 브레즈네프 시대는 냉소주의가 확산된 시대였다. 오웰의 표현을 빌리자면 '이중 사고doublethink'의 시기로, 사람들이 소련 체제의 우월성과 궁극적인 승리를 찬양하는 동시에 서방의 생활 수준을 부러워하고 서방의 제품을 갈망하고 서방으로 여행가길 꿈꿨다. 그러나 중요한 것은 기본적으로 집단 지도 체제였던 지도부 자체는 스탈린 독재에 비하면 최소한 엄청난 수준의 개선을 이루었다는 점이다. 1977년에 소련 국민이 누렸던 생활 조건은 육체 노동자, 농민, 교육 수준이 높은 전문가를 막론하고 전반적으로 1937년에 비해 질적으로 향상되었다. 집단 지도부의 신중함은 스탈린처럼 자국민에게 엄청난 고통을 야기하지 않았다.

중국 - 개인 통치 대 과두 통치

양대 공산주의 국가 가운데 다른 하나인 중국에서도 유사한 패턴이 나타난다. 가장 막대한 피해를 유발했던 재난은 마오쩌둥이 무제한적인 권력을 휘둘렀던 시기에 발생했다. 그에 반해 중국 공산주의자들은 1949년 혁명을 성공시킨 직후에, 그리고 마오쩌둥 사후에 다시 한 번 주목할만한 성과를 거뒀다. 중국에서 새롭게 집권한 공산주의 정권은 1949년부터 1957년까지 인플레이션을 성공적으로 잡았으며, 부패를 대거 척결했고, 산업화 부문에서 상당한 발전을 이뤘다. 이 기간에도 수십만 명이 신정권에 의해 살해당했기에 무작정 미화하는 것은 바람직하지 않지만, 마오쩌둥이 개인적인 권력을 휘둘렀던 시기와 비교하면 성취는 더 컸고 비명횡사한 사람 수는 훨씬 적었다.

마오쩌둥은 1950년대 전반부터 이미 지도부에서 최고 직위를 차지하고 있었지만, 그가 개별 정책에 개인적으로 미치는 영향력은 상당히 제한적이었다. 그 이유 중 하나는 중국이 소련의 농업 집단화 과정에서 발생한 최악의 폐해는 피해 가려는 신중한 태도를 취하면서도 기본적으로 소련의 정책을 따라 도입했기 때문이었다. 중국 지도부는 급속한 경제 성장과 기술 발전이 필요하다는 데에는 한마음이었으나, 속도나 달성 방법에서는 의견을 달리했다. 마오는 '갈등 상황을 개선하고, 지도부 내 차이를 양극화하기보다는 합의를 구축하는 역할'을 하는 '상대적으로 중도적 입장'을 취했다.[24] 중국 정치에 관한 두 명의 전문가가 얘기했듯이, 1950년대 중반까지 "마오는 정치국 내부 토론에 관용적인 태도를 보였고, 심지어 경제 정책에서의 패배도 받아들이는 듯했다."[25] 마오쩌둥의 통치 기간 중 이 몇 년간 가장 견고한 성과가 나온 것은 우연이 아니다. 재난의 조짐이 보이기 시작한 것은 마오쩌둥이 전문가의 의견을 무시하고 자신의 판단력을 과신하면서 1958년 '대약진 운동'을 승인하도록 지도부 동료들에게 강요했을 때였다.

대약진 운동 직전에 추진됐던 쌍백 운동은 '백화제방·백가쟁명'이라는 마오쩌둥의 말에서 그 이름을 따왔다.[26] 니키타 흐루쇼프를 비롯한 다른 이들은 이 운동이 체제 비판자들이 본색을 드러내도록 유도한 후 처단하려는 유인책이라고 생각했다. 겉보기에는 체제 완화로 보였던 이 정책은 소련에서 흐루쇼프가 스탈린이 저지른 범죄를(적어도 일부는) 폭로했던 것에서 자극을 받아 도입되었다. 마오쩌둥은 자신이 스탈린과는 확연히 다르다는 것을 보여주는 제스처를 취할 필요가 있었다. 원래 이 정책은 구체적인 잘못에 대한 비판을 장려하려던 것이지, 공산주의 체제에 대한 근본적인 비판까지 허용하는 것은 아니었다. 그런데 마오쩌둥의 예상을 훌쩍 뛰어넘는 비판이 쏟아져 나오면서, 공산당 내부의 심각한 견해차가 드러났다. 1957년 정치국 내에서 그의 위상이 약화되자, 마오쩌둥은 계급 투쟁의 중요성을 새롭게 강조하고 '반우파 투쟁'을 개시하는 것으로 대응했다. 그 결과 수십만 명의 당원이 제명되었다.[27] 후속으로 추진한 대약진 운동은 마오쩌둥이 소련에서 파견된 전문가를 포함한 엔지니어와 기술 전문가 집단의 의견을 거부하고, 중앙 정부 기관을 배제한 채 진행한 대중 동원 운동이었다. 영감을 주는 이데올로기가 전문 지식을 대체하는 듯했다. 농촌에서는 거대한 '인민 공사'가 조직되었고, 공산주의 사회를 이 땅에 실현한다는 궁극의 목표와 함께 15년 이내에 영국 경제를 따라잡는다는 상대적으로 평범한 목표가 하달되었다. 이 과정에서 물리적 장애물이나 전문가 조언은 간단히 무시되었다. 일단 대중 동원이 진행되자 곡물 생산량이 증가했다는 날조된 보고가 올라왔으나, 실제 곡물 생산량은 폭락했다. 마오쩌둥이 만들어낸 인재에 1959년과 1960년에 발생한 수해라는 천재까지 겹쳤다.

'대약진'하지 않고 꾸물거렸다는 이유로 처형됐던 수만 명 외에도, 1958년부터 1961년까지 적어도 3,000만 명(중국 지방기록보관소 자료를 기반으로 한 연구에 따르면 최대 4,500만 명에 달한다)이 기아와 영양실조로 때이른 죽음을 맞았다.[28] 당시 정치국의 이인자이자 마오쩌둥의 후계자로 내정된 류사오치는 1962년 1월 연설을 통해, 대약진 운동이 불러온 대참사의 30퍼센트는 자연재해와 소련이 원조를 중단했던 탓이고, 나머지 70퍼센트는 정책 결정 과정에서 발생한 과실로부터 나왔다고 말했다. 이것은 마오쩌둥에 대한 비판이 허용되지 않는 사회에서 나온 가장 비판에 가까운 발언이었다.[29] 이 사업은 마오쩌둥의 머리에서 나왔고, 일말의 자비 없이 밀어붙였던 것도 마오쩌둥이다. 대약진 운동이 초래한 참극의 규모가 너무나 막대했던 탓에, 1960년대 초에는 국가와 사회의 재건을 위해 정부가 재편되었다. 그러나 1950년대 전반부에 존재했던 집단 지도 체제 형태는 회복되지 않았다. 1962년에 대약진 운동이 폐기된 후에도 마오쩌둥은 '지도부 동료들에게 계급 투쟁 재개를 강요해서 국가와 사회의 복구를 방해'했고, 어떤 반대도 용납하지 않을 것임을 분명히 했다.[30]

그럼에도 불구하고 대약진 운동 기간에, 특히 1959년부터 1961년까지 3년간 제 기능을 하지 못했던 기관들은 공산주의 체제 기준으로 정상에 가깝게 복구되었다. 한편 마오쩌둥은 이제 **자신의** 급진적인 정책이 관료제에 의해 희석되고 약화되었다고 생각했다. 1960년대 초에 마오쩌둥이 독보적 지위를 가진 리더였던 것은 사실이나 류사오치, 덩샤오핑, 그리고 베이징시 제1서기 펑전彭眞 등의 고위 관료도 상당한 권력을 가지고 있었다. 마오쩌둥은 그들보다 더 높은 위치에서 군림하길 원했을 뿐 아니라, 여전히 극단적 과격주의 이념에 빠져 있었다. 흐루쇼프의 '수정주의'를 비판했던 그는 중국이 갈수록 혁명적 기백을 잃어

가고 있다고 여겼다. 여기에 자신의 업적을 관료층이나 개혁주의 세력이 아니라 급진적 혁명가들이 계승해야 한다는 자기 중심적 집착까지 더해졌다. 해결책은 '프롤레타리아 문화대혁명'이었다. 문화대혁명이 지속된 10년 동안 관료층과 실용적 개혁주의자의 삶은 몹시 고달파졌다. 마오쩌둥은 중국 젊은이를 급진화시켜 옛것과 기성 체제를 모조리 타파하고 새로운 사회를 건설하도록 장려했다. 문화대혁명의 주된 희생자는 교사들이었다. 직장을 빼앗기고 갖은 곤욕을 치렀으며 시골 지역에서는 정치 범죄를 자백하라고 고문을 받은 경우도 적지 않았다.[31] 학생들이 마오쩌둥주의 사절단으로 나서면서, 대학도 1960년대 말엽 몇 년간 정상적으로 작동하지 않았다. 마오쩌둥 본인도 혁명의 대의에 가담한 노동자와 학생에게 무기를 나눠주라고 촉구하면서 불에 기름을 부었다. '좌파 무장'은 슬로건이 되어 그대로 실행에 옮겨졌다.[32] 폭력 사태가 손을 쓸 수 없는 지경으로 번지는 바람에 1969년에는 무질서를 통제하기 위해 군대가 투입되기에 이르렀다. 문화대혁명은 1966년에 시작되어 1976년에 마오쩌둥이 사망할 때까지 계속되었는데, 1970년대 들어서는 1960년대 후반보다 강도가 덜했다. 장기적으로 볼 때, 문화대혁명은 마오쩌둥의 의도와는 완전히 다른 결과를 낳았다. 당시 벌어진 혼란과 공포로 인해 마오쩌둥 사후 실용주의 세력과 개혁주의 세력이 득세했으며, 그중에서도 특히 덩샤오핑이(앞서 4장에서 살펴봤듯이) 가장 결정적이었다.

마오쩌둥이 중국 공산당 역사에서 담당했던 역할은 너무나 중요했기에(그의 초상은 여전히 중국 화폐를 장식하고 있다) 중국 공산당은 마오쩌둥을 비판하는 데 조심스러운 입장을 취했다. 그는 공산 혁명 이전과 혁명 기간에, 그리고 혁명이 성공한 후 사반세기가 넘도록 중국의 리더였으며, 특히 말기에는 당과 사회 전반을 지배하며 독재 권력을 휘둘렀다. 그렇지만 덩샤오핑이 특히 독보적인 인물로 떠오른 중국의 새 지도부는 그들 중 다수가 고초를 겪었고 그로 인한 피해를 복구해야 했던 문화대혁명을 규탄하지 않을 수 없었다. 게다가 마오쩌둥의 공이 과보다 크다고 선전하기란, 또한 대혼란의 책임이 다름 아닌 마오쩌둥에게 있다는 사실을 숨기기란 불가능하기도 했다. 1981년 중앙위원회는 '당의 역사적 문제에 관한 결의'에서 이렇게 선언했다.

> 1966년 5월부터 1976년 10월까지 진행된 '문화대혁명'은 중화인민공화국 건국 이래 당, 국가, 인민에게 가장 극심한 좌절과 무거운 손실을 초래한 사건이다. 이것은 마오쩌둥 동지에 의해 착수되고 추진되었다.[33]

실제로 더 많은 수의 사망자를 초래했던 것은 마오쩌둥이 앞서 저지른 우행인 대약진 운동이었으나, 그때 죽은 사람들은 당시 중국 인구의 대부분을 차지하고 있던 농촌 주민이 다수였다. 참사의 규모로 봤을 때는 대약진 운동이 '프롤레타리아 문화대혁명'보다 더 큰 비극이었지만, 문화대혁명은 훨씬 오랜 기간 지속되었을 뿐만 아니라 관료층과 지식인 계층까지 공격 대상이 되었다. 대약진 운동은 농촌에서 대대적인 개혁에 따른 혼란을 야기했던 반면, 문화대혁명은 도시와 시골 양쪽에 모두 영향을 미쳤다. 초기에는 주로 도시에서 전개되었지만, 1968-69년 겨울부터는 농촌 지역에서도 혁명이라는 명분을 앞세운 열성분자와 폭력배가 활개를 쳤다. 최근의 한 연구에 따르면 농촌 지역 희생자 수만 해도 75만 명에서 150만 명에 달했고, 영구적인 상해를 입은 사람 수도 그에 못지않았다.[34] 문화대혁명이 직접적인 원인이 되어 사망한 도시 주민 수는 '1967년 도시 인구가 1억 3,500만 명 규모였을 때 약 50만 명'에 달했던 것으로 추산된다.[35]

프롤레타리아 문화대혁명은 중국의 경제 성장뿐만 아니라 교육 분야에도 치명적인 결과를 가져왔고, 대약진 운동 때보다 정치 엘리트 계층에 훨씬 더 큰 타격을 입혔다. 실제로 문화대혁명 기간에 자리에서 쫓겨난 관료 비율은 1930년대 말 소련에서 스탈린에 의해 축출된 비율보다 높았다. 다만 투옥되거나 처형된 비율은 중국이 상대적으로 낮았다. 예를 하나 들어보자면, 1966년에 총 열세 명이었던 당 중앙위원회 사무국 위원 중에서 1969년까지 자리를 보전한 사람은 단 네 명에 불과했다. 또한 당 중앙 조직 관료의 60퍼센트에서 70퍼센트가 해고당했다.[36] 이런 연유로 문화대혁명은 마오쩌둥 사후의 지도부에게 공산 혁명 이래 벌어진 중국 역사상 최악의 사건이었다. 따라서 그들이 마오쩌둥의 책임을 면제해줄 리 만무했다.

마오쩌둥부터 덩샤오핑까지

마오쩌둥과 그의 아내 장칭江靑이 더 이상 특별히 친밀한 관계를 유지하지 않게 된 후에도, 장칭은 급진주의자 모임의 일원으로 마오쩌둥 생전의 '마지막 혁명'을 촉발하는 데 중요한 역할을 했다. 전직 배우였던 장칭은 마오쩌둥의 부인이라는 지위를 자신의 정치적 야망을 위해 이용했으며, 마오쩌둥이 마오쩌둥답게 통치하는 것, 다시 말해서 하는 일 없이 시간만 보내거나 책상 앞에서 펜만 굴리는 무리가 정풍 운동을 가로막는 것을 허용하지 않는 혁명가 본연의 모습을 잃지 않도록 독려하는 것이 자신의 임무라고 여겼다. 특히 장칭은 나라에 문화 혁명이 필요하다는 마오쩌둥의 믿음을 강화하는 역할을 했다. 실제로 벌어진 것은 **반문화 혁명**이었다. 역사적 가치가 있는 건물이나 그림, 박물관 유물, 책을 포함한 수많은 문화유산이 파괴되었다. 젊은이로 구성된 홍위병은 '네 가지 낡은 것(낡은 사상, 낡은 문화, 낡은 풍속, 낡은 관습)'을 공격하라고 독려받았다. '낡은' 당 관료들 역시 고초를 겪었지만 '낡은' 마오쩌둥 주석만큼은 예외였고, 그에 대한 개인숭배는 이제 새로운 경지(또는 지경)에 도달했다. 덩샤오핑은 1966년 '주자파'로 몰려 규탄받고 직위 해제되었으며, 1967년 가택 연금에 처하고 이후 공장 노동자로 하방당했다. 류사오치는 1967년 직위를 잃고 '반역자, 내부 간첩, 공공의 적'으로 규탄받았고 1969년 가택 연금 상태로 세상을 떴다.

1976년 마오쩌둥 사망 후, '사인방'을 구성했던 장칭과 세 명의 핵심인물은 마땅한 응보를 치렀다. 사인방은 (적어도 한동안은) '오인방'이었고, 마오쩌둥이 그 다섯 번째 인물이자 압도적으로 중요한 구성원이었다. 그러나 그는 이 네 명의 옛 공범자 중 누구에게도 자신의 자리를 물려주려 하지 않았다. 1976년 들어 마오쩌둥은 병이 악화되어 정부와 정치국 회의에 참석하기 어려워졌다. 그가 후계자로 점찍고 총리 서리에 임명한 화궈펑이 회의를 대신 주관했다. 화궈펑은 급진적인 '사인방'과 덩샤오핑 사이에 위치한 중간 입장이었다. 덩샤오핑의 딸에 의하면, 마오쩌둥의 생애 마지막 몇 달간 덩은 '사인방의 광기 어린 얼굴을 마주보느니 자식 손주들과 함께 집에 머무르는 것을 훨씬 편안'해 했기에 오직 소환되었을 경우에만 정치국 회의에 참석했다. 피치 못하게 참석했을 때는 선택적 난청 기술을 선보였다. 장춘차오張春橋 등 사인방이 그를 공격할 때는 말을 알아듣지 못하던 덩샤오핑은, 장춘차오가 격하게 불만을 터트리는 동안 테이블 맞은편에 앉은 화궈펑이 작은 목소리로 "회의를 중단합니다"라고 선언하자 즉시 의자를 박차고 나갔다.[37] 마오쩌둥 사망 1개월 후, 그동안 마오쩌둥의 묵인하에, 때로는 격려를 받으며 극단적 혁명주의 활동을 벌여온 사인방(그들은 모두 정치국원이었다)은 일제히 체포되었다. 마오쩌둥이 사라지자 그간 사인방에 의해 고초를 겪어온 당과 정부 내 엘리트층이 득세했다. 장칭과 장춘차오는 재판에서 사형을 선고받았다(후에 무기징역으로 감형되었다). 1991년, 암을 앓고 있던 장칭은 목을 매달아 자살했다. 장춘차오는 20년을 감옥에서 보낸 후 석방되었다.[38]

당과 국가 기관에 대중 동원과 폭력적 수단으로 맞선 마오쩌둥의 혁명은 일시적 성공을 거뒀으나, 결과적으로는 의도와 정반대의 결과를 낳았다. 마오쩌둥 사후 상당한 규모의 민간 부문이 만들어지고 시장 경제로 이동하는 등 개혁이 뒤따랐으며, 이는 흐루쇼프의 '수정주의'나 마오쩌둥을 경악시킨 소련 브레즈네프의 리더십을 훨씬 능가하는 규모였다. 중국의 사회적·경제적 발전에도 막대한 피해를 주었던 문화대혁명 과정에서 개인적으로 끔찍한 고초를 겪은 후 살아남은 당 관료층과 지식인 계층이 조야하고 무분별한 극단적 좌파 혁명론에 평생 면역이 된 것은 문화대혁명의 의도하지 않은 결과였다.[39]

이것 외에도, 중국을 휩쓸었던 문화대혁명의 비극에서 얻은 유익한 부수 효과가 하나 더 있었다. 소련에서는 고르바초프 시대에조차 시장화 조치 도입을 시도했을 때 경제 부처와 당 조직에 견고하게 뿌리내린 관료층의 엄청난 반대에 부닥쳤다. 그런데 중국에서는 문화대혁명 기간에 관료제 구조가 산산조각나서, 덩샤오핑이 추진하는 더욱 과감한 시장화 개혁에 대해 소련과 같은 강력한 관료주의적 저항이 존재할 수 없었다. 마오쩌둥을 승계한, 그리고 곧 덩샤오핑이 가장 영향력 있는 구성원으로 등장한 집단 지도부는 전문가 의견에 귀를 기울였다. 그들이 추구한 정책은 마오쩌둥을 다른 정치국원들보다 더 높은 인물로 받들어 모셨던 1950년대 말 이후의 정책에 비하면 훨씬 합리적이었다.

덩샤오핑의 역할은 4장에서 상세하게 논의한 바 있다. 현재 맥락에서 초점을 맞춰야 할 점은 덩샤오핑이 추진했던 정책 내용뿐만 아니라 그의 리더십 스타일이 마오쩌둥과 얼마나 달랐는지이다. 덩샤오핑은 그의 영향력이 가장 컸던 기간(1978년부터 1980년대 말까지)에도 당과 정부에서 가장 높은 자리에 앉지 않았다. 하지만 당의 중앙군사위원회 주석 직은 1989년까지 유지했으며, 군부의 지지를 확보하고 있다는 확신은 그의 권력을 뒷받침하는 중요한 요소로 작용했다. 1990-91년경 베이징에서는 덩샤오핑의 이념에 대한 지지 기반이 약화되었는데, 이는 부분적으로 그간 소련에서 전개되어온 위기가 1991년 말 소비에트연방의 해체로 막을 내리면서 베테랑 중국 공산주의자들에게 체제 완화의 잠재적 위험을 극적으로 보여줬기 때문이었다. 또한 덩샤오핑의 권위는 1989년 천안문 광장에서 벌어진 대규모 시위와 그에 대한 유혈 진압에 의해서도 약화되었다. 보수 세력과 마오쩌둥주의자들은 지난 10년간 진행된 개혁으로 인해 젊은이들이 정치적 진보주의의 바람이 들었다고 입을 모아 비난했다. 개혁과 개방 때문에 자본주의와 개인주의의 사악한 영향력이 유입됐다는 매도가 이어졌다. 이 모든 것은 계급 투쟁과 중앙 계획의 중요성을 다시 강조하는 세력과 추가적 경제 체제 완화에 반대하는 세력에게 힘을 실어줬다. 만일 덩샤오핑처럼 결단성 있고 유능하고 널리 존경받는 정치인이 없었더라면 보수주의의 반동은 훨씬 성공적이고 광범위했을 것이다. 덩샤오핑은 지난 10년간 이루어진 개혁 덕분에 당이 1989년의 격변을 무사히 넘길 수 있었다고 반론했다.[40] 그는 민주화에 반대했으나, 그동안 추진해온 경제 개혁의 항로를 벗어나는 것도 거부했다.

집권 기간 동안은 덩샤오핑의 주장이 관철되는 경우가 그렇지 않은 경우보다 많았지만, 그럼에도 당 지도부는 정책의 방향을 계속 논의했다. 후야오방胡耀邦이나 자오쯔양으로 대표되는 일부 지도부 인사는 덩샤오핑이 추진한 급진적 경제 개혁을 지지하는 동시에 덩샤오핑보다 더 과감한 수준의 정치 개혁을 고려할 의향도 있었다.★ 화궈펑과 리펑李鵬(천안문 사태 당시 총리) 같은 이들은 어떤 정치적 완화도 완강하게 거부하면서 덩샤오핑의 시장화 경제 정책에 심각한 의구심을 갖고 있던 측에 속했다. 덩샤오핑이 지도부 내 최고 실권자 자리에서 물러난 후, '덩샤오핑 이론'은 마르크스-레닌주의, 마오쩌둥주의와 함께 중국의 공식 지도 사상이 되었다(그로 인해 모순되는 사상이 뒤섞인 혼종적 성격이 더 강해졌다). 그러나 덩샤오핑은 마오쩌둥과 달리 자신을 이론가가 아니라 실용주의자로 봤고, 자신에 대한 개인숭배를 장려하지 않았으며(이 점에서

★ 마오쩌둥 사후 중국에서 정치 개혁이 전혀 진행되지 않았다는 것은 틀린 얘기일 것이다. 자유민주주의를 포용하는 수준까지는 아니어도 점진적인 개혁이 진행되었고, 정치 체제는(경제 체제에서 일어난 변혁의 차원에는 미치지 못했으나) 마오쩌둥 치하에서 운영되던 것과는 상당히 다른 방식으로 작동했다. David Shambaugh, *China's Communist Party: Atrophy and Adaptation*, University of California Press, Berkeley, 2008 참조.

마오쩌둥과 극명한 대조를 이뤘다) 자신의 사상에 대한 신격화도 추진하지 않았다.

중국 경제 체제를 획기적으로 바꿔놓는 데 크게 기여한 것 외에도, 덩샤오핑은 한 가지 면에서 중국 정치 체제에 매우 중요한 진전을 가져왔다. 권위주의 정권, 그중에서도 특히 공산주의 체제에서 흔히 발생하는 문제는 리더 승계다.★ 이것은 두 가지 종류의 심각한 문제를 유발한다. 한편으로는 당 리더의 임기가 과도하게 길어지는 문제가 있다. 최고 권력자가 점점 더 많은 측근에게 고위직을 내주면서, 그렇게 임명된 이들은 차기 리더하에서 직위가 보장되지 않을 것을 염려하여 현 리더를 계속 지지하게 된다. 다른 한편으로는, 고령의 리더가 사망하여 리더 교체가 불가피한 상황이 됐을 때 당내 갈등이 체제 안정을 위협하는 수준으로 과격하게 진행될 가능성이 크다. 덩샤오핑은 장쩌민江澤民이라는 절충안이 1989년(천안문 사태 이후) 중국 공산당 총서기직, 그리고 1993년에는 주석직에 오르는 길을 닦아 이 문제에 대한 실용적인 해결책을 마련했다. 이보다 더 중요한 것은 그는 중국의 리더가 당과 정부의 최고 직위에 단 10년 동안만(전국인민대표대회 5년 임기 기준 1회 연임) 머무를 수 있도록 승계를 제도화했다. 심지어 덩샤오핑은 권력을 넘겨주기에 앞서 장쩌민의 후계자까지도 미리 선정해놓았고, 2002년에는 차기 후

★　군주제를 제외하고, 20세기 대부분의 기간에 지도부를 순조롭고 정기적으로 교체하는 데 가장 성공적이었던 권위주의 정권은 멕시코 제도혁명당이다. 멕시코 대통령은 단임만 허용되었기에, 정당 지도부는 끊임없이 스스로 갱신하며 70년 넘게 일당 통치를 유지했다. 제도혁명당은 2000년 선거에서 마침내 정권을 잃은 후에도 수많은 비공식적인 권력을 유지했으며, 2012년에 민주적이라 평가할 수 있는 선거에서 엔리케 페냐 니에토Enrique Peña Nieto가 대통령으로 당선되면서 재집권했다. Gustavo Flores-Macías, 'Mexico's 2012 Elections: The Return of the PRI', Journal of Democracy, Vol. 24, No. 2, 2013, pp. 128-141 참조.

계자 후진타오胡錦濤가 계획대로 당 총서기직에 올랐다. 후진타오의 뒤를 이어 2012년 11월 시진핑習近平이 당 총서기직을 승계했을 때에도, 정권 교체가 일어나기 전에 먼저 그가 최고 지도부가 선택한 차기 리더라는 사실이 분명해졌다. 리더 승계에 관한 게임의 법칙이 정해진 결과, 적어도 한동안은 권위주의 정권이 직면하는 여러 문제 중 하나가 해소되었다.

1989년 장쩌민이 당 총서기직을 넘겨받은 후 사반세기 동안, 그와 두 명의 후임은 마오쩌둥이 가졌던 것과 같은 권력은 말할 것도 없고 덩샤오핑과 같은 권위도 누리지 못했다. 당 총서기는 최고 지도부의 가장 중요한 멤버였으나, 리더십은 집단적 성격의 지도부에서 나왔다. 2012년 야심 찬 지방 리더였던 보시라이薄熙來의 부인이 영국인 사업가 살해 혐의로 기소되면서 보시라이까지 체포되었던 사례에서도 알 수 있듯이 모든 것이 물 흐르듯 순조롭기만 했던 것은 아니다. 보시라이의 범죄 은폐 혐의는 당 최고 권력 집단인 정치국 상무위원회 자리를 두고 경쟁하던 라이벌들에 의해 정치적으로 이용되었다. 2013년 그는 이 건에 대해 유죄 선고를 받았고, 대중에 공개되지 않았지만 언론에는 보도되었던(특히 해외에서 널리 보도되었던) 재판에서 부패 혐의에 대해서도 유죄 선고를 받았다. 지도부 내에서 총서기의 역할은 갈수록 정책 과정을 지배하는 것이라기보다는 당내 경쟁 세력 사이에서 균형을 잡는 역할로 변했다.[41] 사회 전반, 특히 각계 엘리트층과의 관계에서 지도부는 외부 전문가의 지식에 의존하는 협의적 권위주의consultative authoritarianism의 형태를 띠었다(여기서도 마오쩌둥과 극명한 대조를 이뤘다). 중국 체제는 여전히 권위주의 정권 특유의 여러 가지 결점을 안고 있으며, 무엇보다도 지방 단위

외에는 경쟁 선거가 존재하지 않기 때문에 전체 국민이 최고 지도부에 책임을 물을 수 없다. 특히 당과 정부의 고위 관료가 연루된 부정부패 문제는 심각한 수준이다. 그럼에도 불구하고 '포스트 마오쩌둥' 시대는 경제 급성장의 시대이자 대다수 중국인의 생활 수준이 극적으로 향상된 시대였다. 기본적으로 집단 지도 체제를 유지했던 지난 20년간 중국은 덩샤오핑과 같은 독보적인 정치적 입지를 가진 리더 없이도 마오쩌둥이 절대 권력을 휘둘렀던 일그러진 세월에 비해 폭력이나 인명 손실 규모는 훨씬 작으면서 월등하게 더 큰 진전을 이뤘다.

공산주의 체제의 리더

공산 세계에서 다른 이들보다 훨씬 막강한 권력을 휘둘렀던 리더에 대한 우상화가 나타난 것은 소련과 중국(스탈린과 마오쩌둥) 뿐만이 아니었다. 티토의 리더십하에 1960년대와 1970년대에 소련이나 중국보다 훨씬 온건한 권위주의 정권이 발달했던 구유고슬라비아연방에서도 이런 현상이 나타났다. 게다가 유고슬라비아를 구성하는 개별 공화국에 더 많은 자율성이 부여되면서, 각 공화국 리더가 정계에서 갖는 중요성이 갈수록 커졌다. 다민족으로 구성된 유고슬라비아 체제를 유지하는 데는 티토의 명망이 중요한 역할을 했기에, 1980년 티토의 사망은 연방 체제의 붕괴로 이어질 가능성이 컸다.

티토는 권력을 쥐고 있는 동안 자신에 대한 우상화를 굳이 마다하지 않았다. 이것은 스탈린, 마오쩌둥, 루마니아의 니콜라에 차우셰스쿠, 북한의 김일성과 같은 황당한 수준의 개인숭배와는 거리가 멀었다. 게다가 차우셰스쿠처럼 자신의 위대함에 대한 신화 창조를 손수 주관했던 몇몇 공산주의 리더와는 달리 티토의 높은 인기 뒤에는 이를 뒷받침하는 실체가 있었다. 그는 2차 세계대전 당시 독일 점령군에게 성공적으로 저항했던 파르티잔 레지스탕스를 이끌었고, 유고슬라비아 공산당이 자력으로(소련 군대를 등에 업고서가 아니라) 권력을 잡았을 때 공산당 리더였으며, 유고슬라비아가 코민포름에서 축출당했을 때 결연한 각오로 소련에 맞섰던 국가 리더이기도 했다. 이후 티토는 냉전 시기에 미국과 소련 양쪽 진영 모두에 거리를 뒀던 비동맹 국가 리더 중에서 중요한 인물로 부상했다. 전쟁 중에 티토와 함께 투쟁했던 또 한 명의 파르티잔 리더이자, 유고슬라비아 민주화를 주장하고 나서기 전까지 전후 공산 정권의 핵심 인물이었던 밀로반 질라스는 티토에 대해 다각적인 견해를 표명했다. 1980년 티토 사망 직후 쓴 글에서, 질라스는 티토를 "탁월한 지략, 정확한 직감, 무궁무진한 에너지를 가진 정치인"으로 묘사했다.[42] 그러나 그는 티토가 '선천적인 우월 의식'과 '자신이 특별 대우를 받을 가치가 있다는 확신'을 가졌다는 점도 지적했다. 게다가 "결국 독재 권력은 명예롭고 고상한 동기를 이기적이고 비민주적인 동기로 변질시켰고, [티토의] 최측근으로 충성했던 동지들은 리더이면서 동시에 아첨꾼이 되었다."[43]

공산주의 국가에서 한 명의 리더를 집단 위에 두고 떠받드는 것은 애초에 혁명의 불씨가 된 공산 이념에 어긋난다. 리더 숭배는 파시즘의 본질을 구성하는 요소이지만, 마르크스-레닌주의 이념과는 거리가 멀었다. 공산당이 엄격하게 중앙 집권화, 규율화, 위계화되어야 한다는 레닌의 확신과 신념이 장래 개인 독재를 가능케 한 전제 조건을 조성한긴 했으나, 스탈린 치하에서조차 원칙적으로는 리더보다 높은 위상을 차지하는 이념에 대한 복종이 요구되었다. 이를테면 1930년대나 1940년대에 스탈린은 소련 산업을 민영화하는 정책을 추진하는 것은 불가능했는데, 이는 공식 이데올로기와 근본적인 단절을 의미했기 때문이다. 물론 그가 민영화를 추진할 생각이 있었다는 얘기는 아니다. 그러기에는 스탈린이 많은 점에서 이념의 독실한 신자였고, 마르크스-레닌주의 이념에서 일탈했을 때조차 그것을 자인할 수는 없었다. 앨런 불럭Alan Bullock은 히틀러와 스탈린의 교리가 어떻게 다른지 핵심을 짚었다. "히틀러의 경우 총통의 말이 곧 이데올로기다. 스탈린의 경우 마르크스와 레닌이 이렇게 말했다는 서기장의 말이 곧 이데올로기다."[44]

하지만 스탈린은 본인의 우상화 작업을 진두지휘했고, 1930년대에 접어들면 20세기 첫 20년간 혁명 동지로 함께했던 이들 위에 군림하게 되었다. 흐루쇼프는 1956년 제20차 소련 공산당대회에서 스탈린을 규탄하는 '비밀 연설'을 한 후, 1917년 여름에 볼셰비키에 입당했던 원조 혁명가 P. 차긴P. Chagin으로부터 한 통의 편지를 받았다. 그는 1926년 4월의 어느 날 레닌그라드를 방문 중이던 스탈린이 세르게이 키로프Sergey Kirov(그해 레닌그라드 서기장이 되었던)에게 저녁 초대를 받았던 일을 언급했다. 당시 레닌그라드 신문의 편집장이었던 차긴도 저녁 모임에 초대되었다. 대화 도중 키로프가 "레닌 없이 물론 어렵기는 하겠지만, 우리에겐 여전히 당과 중앙위원회, 그리고 정치국이 있고, 이 기관들이 나라를 레닌주의의 길로 이끌 것입니다"라고 말하자, 이리저리 방 안을 서성이고 있던 스탈린이 이렇게 대답했다.

그렇죠. 당, 중앙위원회, 정치국, 다 맞는 말입니다. 하지만 국민은 이런 것들을 이해하지 못한다는 것을 잊지 마세요. 수세기 동안 러시아 국민은 차르의 지배를 받았습니다. 그들은 차르 제정의 신민과 같아요. 수세기 동안 러시아인은, 특히 러시아 농민은 한 사람이 이끄는 체제에 익숙해져 있습니다. 그리고 **지금 그 한 사람이** 필요합니다.[45]

스탈린이 피력한 견해(역사적 결정론의 비마르크스주의적 형태에 해당한다)는 아마도 진심이었겠지만, 그 '한 사람'이 본인을 염두에 두고 한 말이라는 점에서 자기 이익을 도모하는 발언이기도 했다. 10여 년 후 또 다른 사적인 자리에서 스탈린은 "국민은 차르가 필요하다", 즉 "숭배할 그 누군가, 그의 이름으로 살고 일할 누군가"가 필요하다고 했다.[46] 이런 견해는 국민이 마르크스-레닌주의를 열광적으로 따르게 만드는 것보다 그들에게 한 명의 위대한 리더에 대한 경외감을 심어주고 그것을 강화하는 것이 더 쉬운 길이라 여겼던 많은 소련 선전원에 의해서 공유되었다. 스탈린에 대한 개인숭배가 횡행하고 있을 때, 스탈린은 간혹 위선적인 제스처를 취하기도 했다. 예를 들어 1938년 그는 '개인숭배'와 '무적의 영웅'은 '볼셰비키 이론'과 모순된다는 이유로 한 아동 출판사에 『스탈린의 어린 시절 이야기*Stories of Stalin's Childhood*』란 책을 불태워버리라고 했다.[47]

모든 공산주의 국가에서 리더에 대한 개인숭배가 용납되었던 것은 아니다. 이를테면 헝가리에서 1956년부터 1988년까지 30년 이상 최고 리더 자리를 유지했던 야노시 카다르János Kádár는 개인숭배를 기피했다. 카다르는 영웅적 리더의 이미지와는 거리가 멀었지만, 그렇다고 극심한 탄압이나 개인숭배를 조장하여 장기간 권력을 유지했던 유형의 리더도 아니었다. 공산당 리더라는 지위 덕분에 그는 국가의 정책을 좌우하는 주요 결정권자였으나, 독재자는 아니었다. 1956년 헝가리 혁명 후 몇 년간 그는 가혹한 탄압을 벌였지만, 1960년대 들어 조심스럽게 개혁주의로 방향을 틀었다. 그때부터 1980년대 중반까지 사반세기 동안, 헝가리는 어떤 동구권 국가보다 더 큰 규모의 경제 개혁을 거쳤고 더 큰 수준의 문화적 체제 완화를 경험했다. 카다르는 모호함의 대가이자, 소련 정통 이념의 궤도를 어디까지 이탈해도 안전한지를 판단하는 감이 있었다. 흐루쇼프가 1961년 10월 제22차 소련 공산당대회에서 공개적으로 스탈린을 비판했을 때, 카다르는 기회를 놓치지 않고 헝가리의 비스탈린화에 박차를 가했다. 사상적인 측면에서 그는 소련 내부에서 허용되었던 것보다 한 걸음 더 나아갔다. 1961년 그는 "적만 아니라면 우리와 함께할 수 있다"라고 선언하여 정치적 정적주의political quietism를 인정하겠다는 의지를 표명했는데, 이는 흐루쇼프의 선동적 스타일과 대비를 이뤘다.[48]

이것은 마오쩌둥주의의 '대약진 운동'이나 '문화대혁명'과도 천양지차였다. 국민 모두가 공식 이데올로기를 따르거나 아니면 적어도 따라 하는 척이라도 하게 만드는 대중 동원 캠페인 대신, 대놓고 체제에 도전하지 않는 한 각자의 삶과 생각을 갖는 것이 허용되었다. 헝가리 농업 부문은 부분적인 시장화 도입을 통해 상대적으로, 적어도 다른 공산 국가와 비교했을 때 성공적인 사례가 되었다. 헝가리에는 경제 체제의 이런저런 수정을 촉구하는 경제 개혁주의자들이 있었다. 카다르는 앞장서서 끌고 나간 것이 아니라, 다른 이들이 가고자 했던 길을 가로막지 않았던 것이다.[49] 다른 공산 국가의 리더와 비교했을 때, 그리고 그에게 얼마든지 열려 있었던 기회에도 불구하고 카다르는 검소한 생활을 했고, 시골에서 자랐던 어린 시절처럼 자택 마당에서 닭을 키웠다. 그는 앞서 헝가리 공산당의 리더로 재임했던 마차시 라코시Mátyás Rákosi와는 달리 개인숭배를 철저히 삼갔다.[50]

카다르 치하의 헝가리는 '병영(동유럽 공산주의 국가로 이루어진 소비에트권을 가리킨다)에서 가장 행복한 막사'로 불리기도 했다. 헝가리가 '행복'했다는 건 아무래도 과장일 것이고, 또 이 단어는 사람들이 카다르를 묘사할 때 사용할법한 단어는 아니었다. 게다가 헝가리보다 여러 시기의 폴란드, 그리고 1968년의 체코슬로바키아가 더 자유로웠다. 하지만 헝가리는 장기간 전반적으로 병영에서 가장 **덜 억압적인** 막사였다. 카다르에 대한 헝가리 국민의 인식은 놀라운 변화를 겪었다. 1956년 헝가리 혁명이 진압된 후 1950년대가 막을 내릴 때까지, 그는 소련으로부터 국내 '질서를 회복'하라는 임무를 받은 리더이자 나라의 배반자로 간주되었다. 그러던 것이 시간이 지나면서 모스크바로부터 강요된 외부적 제약을 고려할 때 헝가리에 허용된 여러 현실적 선택지 중에서 그는 '제일 덜 나쁜' 선택으로 보이게 되었다. 나중에는 이것이 마지 못한 존경, 혹은 그 이상으로까지 발전했다. 1989년 여름 그가 사망했을 때, 10만 명이 넘는 사람이 장례식에 모였다. 이보다 더 대단한 것은 10년 후(그리고 헝가리의 탈공산화 민주주의 10년 차에) 이 침울하고 별로 영웅적이지도 않은 야노시 카다르가 여러 여론 조사에서 20세기 '가장 위대한 헝가리인'으로 꼽혔다는 사실이다.[51] 그는 분명 자유민주주의자는 아니었지만, 소련의 대외 정책에서 가끔 일탈했다는 이유로 서방 정권들에게 오랫

동안 훨씬 각별한 예우를 받았던 루마니아의 차우셰스쿠 같은 독재자
와도 거리가 멀었다.

피델 카스트로 정권

쿠바에 뿌리내린 공산주의는 동유럽 집권당의 공산주의보다는 아
시아에서 발견되는 반제국주의 공산주의에 가까운 강한 민족주의 요
소를 가지고 있다. 앞서 5장에서 살펴봤던 것처럼 1959년 1월 카스트
로가 혁명 투쟁을 성공으로 이끈 리더로서 정권을 잡았을 때는 아직 공
산주의자가 아니었기에, 그에게 애국주의라는 측면은 확실히 중요했
다. 그의 영웅이었던 호세 마르티는 스페인 식민 통치로부터 쿠바 해방
을 추구했을 뿐만 아니라, 이것이 미국에 의한 덜 공식적인 지배로 대
체되지 않도록 경계했다. 1961년, 카스트로는 자신이 이끄는 혁명적
'7월 26일 운동'을 공산주의 세력과 통합했다. 사회정의와 반자본주의
체제라는 그의 바람이 실현되기 어렵고 대기업이 국유화되거나 겁을
먹고 철수한 상태에서 국가 경제를 운영하기도 쉽지 않았기 때문에, 몇
년 지나지 않아 쿠바에 정통 공산주의(따라서 고도로 권위주의적인) 경제 체
제와 정치 체제가 도입되었다. 1963년, 카스트로 치하 쿠바는 국제 공
산주의 운동의 일부로 공식 인정되었다.

카스트로의 건강이 악화되면서 동생 라울이 국가 리더 자리를 넘겨
받는 2008년까지, 카스트로는 반세기 동안 쿠바를 다스렸다. 그의 정
치 생명이 이토록 길 수 있었던 이유는 상당 부분 개인적 매력에 기인했
지만, 공산주의 특유의 제도를 효능이 입증된 공산주의 통제 수단과 함
께 도입했기 때문이기도 했다. 미국이 역효과만 내는 대쿠바 정책을 폈

던 것도 카스트로가 정권을 유지하는 데 큰 도움이 되었다. 미국은 카스트로 정권을 전복시키려는 시도가 실패하자 쿠바를 고립·약화시키는 정책으로 방향을 바꿨다. 이로 인해 카스트로는 쿠바 국민의 애국심에 호소해 피被포위 심리를 유지할 수 있었다.★ 쿠바가 소련의 동맹국이었던 냉전 시기에 미국 행정부가 이런 방침을 유지했던 것은 이해하더라도, 소련이 붕괴하고 쿠바가 더 이상 미국에 현실적인 위협이 아니게 된 후에도 같은 정책을 유지한 이유는 납득하기 어렵다.★★ 미국이 쿠바를 상대로 '최대 개입maximum engagement' 정책을 폈더라면 카스트로가 체제 완화와 민주화에 대한 요구를 거부하기 힘들었을 것이다. 그러나 피델이 리더로 있는 동안에는 그런 체제 완화가 일어나지 않았고, 라울이 자리를 넘겨받은 후에야 일부 경제 개혁이 진행되었다(오바마 행정부도 대쿠바 정책을 제한적으로 완화했다). 쿠바는 에너지와 군비를 소련의 지원에 의존했다. 따라서 소련 붕괴 후 더 이상 러시아의 도움을 기대할 수 없게 된 1990년대에는 물자 보급 상황이 급격히 악화되어 식량 부족과 장시간의 정전을 겪었다.[52]

모스크바가 자본주의 체제로 돌아선 후에도 아바나의 정권이 공산

★   쿠바와 카스트로에 관한 독일 전문가 폴커 슈키르카Volker Skierka는 1960년대 초까지 거슬러 올라가는 미국의 금수 조치가 "대국이 소국에 가했던 가장 길고 비타협적인, 그리고 정치적으로 가장 무의미한 경제 봉쇄였으며, 의도했던 것과 정반대 효과를 냈다"고 말했다. Volker Skierka, *Fidel Castro: A Biography*, Polity, Cambridge, 2005, p. 371 참조.

★★   빌 클린턴이 쿠바를 상대로 보다 생산적인 정책을 채택하지 못한 것은 국내의 정치 상황을 고려했기 때문으로 보인다. 클린턴은 1993년 12월 6일 테일러 브랜치Taylor Branch에게, 스페인 총리 "펠리페 곤살레스가 오늘 피델 카스트로의 쿠바에 대한 지난 30년간의 미국의 금수 조치는 비논리적이고, 비생산적이며, 독단적이고, 잘못되었다고 말하면서 몰아세워서 아주 곤란했다"고 말했다. 하지만 클린턴은 "지금은 방향을 틀 때가 아니"라고 덧붙였다. Taylor Branch, *The Clinton Tapes: A President's Secret Diary*, Simon & Schuster, London, 2009, p. 92 참조.

주의 체제를 그대로 유지했던 것은 많은 사람들에게 예상 밖의 일이었다. 일부 정치적 체제 완화 정책이 도입된 덕분일 수도 있지만, 이런 식의 완화는 많은 경우 오히려 더 광범위한 변화 요구를 자극한다. 가장 중요한 정책 변화는 종교적 관용의 확장으로, 이제 신앙이 공직 진출에 걸림돌이 되지 않게 되었다.[53] 1999년 우고 차베스Hugo Chávez가 집권한 베네수엘라가 새로운 석유 공급국으로 등장하면서 경제 원조가 재개되었다. 그러나 쿠바 국민의 생활 수준은 여전히 낮았다. 가장 성공한 부문은 의료와 교육(다른 몇몇 공산주의 국가도 마찬가지지만, 쿠바가 가장 성공을 거둔 부문)이었다. 21세기 쿠바의 유아 사망률과 평균 수명이 훨씬 부유한 나라인 미국에 근접한 수준인 것은 특히 대단한 성과다.[54]

빈곤층, 그중에서도 특히 지방 빈곤층(쿠바의 도시 식자율은 혁명 전에 이미 높았으므로)의 교육과 의료 수준이 향상된 데 비해, 다원주의적 민주주의의 확산이나 정치적 자유는 미흡한 수준에 머물렀다. 시간이 지나면서 정치범의 수가 많이 감소하긴 했지만, 쿠바 공산 정권에 저항하는 이들은 계속해서 탄압당했다.[55] 쿠바 정권은 이민 정책으로 사회 불안을 통제했는데, 그 결과 수많은 잠재적 반체제 인사가 국내보다 해외에 체류하게 되었다. 몇 차례 이민 허용 기간에 수십만 명의 쿠바인이 다른 라틴아메리카 국가나 미국으로 이주했다. 소련식 경제 체제를 도입했던 피델 치하의 쿠바는 카다르의 헝가리만큼도 개혁을 진행하지 않았다. 카스트로는 모든 종류의 '시장사회주의'에 대한 뿌리 깊은 의심을 버리지 않았다. 정치 개혁 부문에서도 고르바초프의 페레스트로이카를 따라할 생각이 전혀 없었다. 카스트로는 소련과는 별도로 완전히 독립적인 결정을 내릴 수 있었음에도 1960년대와 1970년대에 정통 공산주의 '사회주의' 개념을 내재화했고, 러시아조차 이 사상을 포기하는 와중에도 이를 완강하게 고수했다. 예를 들어, 카스트로는 스페인 사회노동당 대표이자 1982년부터 1996년까지 스페인 총리였던 펠리페 곤살레스와 수년에 걸쳐 여러 번 만났지만, 이 스페인 사회민주주의자가 조언해준 개혁을 도입할 의사는 없었다.[56]

카스트로가 공산당 리더이자 대통령으로 재임하는 동안, 그는 혁명 이상의 수호자였을 뿐만 아니라 정책 결정 과정을 압도하는 인물이었다. 그의 명망, 지성, 개성은 너무나 대단해서, 인위적인 우상화가 필요 없었다. 카스트로가 그토록 오랜 기간 집권했던 것과 그 기간 동안 쿠바 서민이 겪어야 했던 어려움을 감안하면, 쿠바 국민이 그에게 보내는 존경과 충성은 가히 놀라운 수준이었다. 쿠바가 부패와 전혀 무관한 나라는 아니었지만, 카스트로 개인은 부패와 관련된 오점을 남기지 않았다. 물질주의에 대한 그의 경멸은 변함이 없었다. 물질주의적 과잉은 고사하고 기본 생필품을 확보하는 것이 많은 쿠바인의 당면 과제였던 1990년대에 체제가 붕괴하지 않고 유지될 수 있었던 것은 국민에게 카스트로에 대한 커다란 충성심이 남아 있었기 때문이다. 미국의 쿠바 전문가 줄리아 스웨이그Julia Sweig는 '이 시기 쿠바의 저항과 생존'에 '피델 카스트로의 개인적 리더십과 카리스마'가 중요했다고 강조하면서 이렇게 말했다. "이웃들이 무관심으로 돌아서거나 영영 떠나버렸을 때조차 많은 쿠바인이 계속해서 혁명을 개인의 삶을 이끌어줄 이상으로 여겼던 이유는 도처에서 발견되는 카스트로의 존재감 때문이다."[57]

극단적인 북한

현존하는 공산주의 국가 5개국(아시아의 중국, 북한, 베트남, 라오스와 카리브 해의 쿠바) 중에서 리더에 대한 본격적인 우상화가 지속되고 있는 유일한 나라는 북한이다. 다음 세대가 권력을 넘겨받을 때마다 경배 수준이 줄어드는 모양새일지언정, 지금까지 김씨 3대에 대한 엄청난 규모의 신화 창조가 이루어졌다. 북한 최초의 공산주의 리더인 김일성에 대한 개인숭배가 가장 대단했다. 교착 상태로 종결된 한국 전쟁이 벌어지는 동안에는(북측에는 중국의 막대한 지원이 있었고, 남측에는 미국과 다른 민주주의 국가가 대거 참전했다) 김일성은 북한 리더로서 국민의 진심 어린 지지를 받기도 했다. 대다수 북한인은 남한이 북침하여 이 전쟁이 시작되었으며, 김일성의 리더십하에 북한이 승리를 거뒀다고 믿었다.[58] 외부와 단절된 통제 사회라는 조건은 패러디조차 불가능한 수준의 우상화를 가능케 했다. 얼마나 발전했는지는 차치하고, 국가의 발전은 모두 김일성과 그 가족의 공으로 돌아갔다. 이미 사망한 리더를 "예수보다 사랑하시고, 부처보다 자비로우시며, 공자보다 도덕적이시고, 무함마드보다 정의로우신"이라고 묘사하는 공산주의 국가를 북한 외에는 상상하기 어렵다.[59]

북한 어린이는 유치원에 들어갈 나이가 되면 간식을 먹을 때 "감사합니다, 위대한 어버이 수령님"이라고 말하도록 교육받는다.[60] 김일성은 으레 '인류의 태양, 인민의 뇌수'였다.[61] 게다가 그는 "인민의 정치적 생명을 보호하셨을 뿐만 아니라 육체적 생명도 구원하셨고, 성스러운 조선 영토에 내리는 봄비와 같이 수령님의 사랑은 병자를 치료하시고 그들에게 새로운 생명을 주셨다."[62] 신적인 능력을 획득한 것 외에 김일성이 공산주의 정치 세계에서 이룬 가장 독특한 혁신은 마르크스-레닌주의에 대한 립서비스와 세습 정권 창조를 결합하여 아들 김정일을 자신의 후계자로 준비시킨 일이다. 1994년 김일성이 사망하자 김정일은 실제로 그 뒤를 이었다. 그러니 이것은 '술탄제적 성격'과 결합한 전체주의라 하겠다.[63] 흥미롭게도 김씨 왕조에 대한 야망은 북한에서 출간된 『정치용어사전』의 내용 변화에서 오래전부터 암시되었다. 1970년판에는 이런 항목이 있었다. "세습은 특정 지위나 재물이 합법적으로 상속될 수 있게 하는 착취 사회의 반동적 관습이다. 원래 노예 사회에서 만들어진 것으로, 이후 영주에 의해 독재적 지배를 영구화하기 위한 수단으로 차용되었다."[64] 이 정의는 1972년판에서 자취를 감췄다. 2011년 12월 김정일이 사망하자 김씨 왕조는 막내 아들 김정은에게 승계되었다.[65] 김씨 가문 3대 독재 통치는 기근과 처참한 생활 수준으로 고통받아온 북한 주민의 삶을 향상시키지 못했다. 탈북 청소년은 "남한 청소년에 비해 키가 평균 12센티미터가량 작고, 몸무게는 11킬로그램 정도 적게 나간다."[66] 너무나 억압적이고 통제적인 북한 정권은 오웰의 『1984』에 나오는 체제와 사회에 가장 근접한 전체주의 정권이다.

파시스트 체제의 리더

위대한 리더의 신화를 만들어내는 일은 마르크스-레닌주의로부터의 근본적 이탈이었다. 이런 신화가 대부분 농민으로 구성된 사회에서 정권에 대한 지지를 강화하는 데 얼마나 유용했든지 간에, 사회주의 체제에서는 혹과 같은 존재였다. 반면 파시즘 사상에서는 이런 우상화가 체제의 근간이 되었고, 20세기 양대 파시스트 정권인 베니토 무솔리니 정권과 아돌프 히틀러 정권에서 그 무엇보다 중요한 역할을 했다. 그러나 리더에 대한 개인숭배가 이데올로기의 이론적 측면에 관심이 없는 이들로부터 정권에 대한 지지를 이끌어내는 유용한 수단으로 활용된 것은 파시스트 이탈리아나 나치 독일, 그리고 개인숭배를 시행했던 공산 국가나 모두 마찬가지였다. 앞서 살펴봤듯이, 무솔리니는 전체주의 국가라는 이념을 전격 수용했다. 그와 측근에게 이것은 지향해야 할 목표였다. 하지만 무솔리니의 통치는 극히 억압적이었음에도 불구하고 히틀러 치하 독일이나 스탈린 치하 소련에 비하면 전체주의 이념형과는 다소 거리가 있었다.

무솔리니

무솔리니는 1차 세계대전 전까지만 해도 교회의 정치 개입에 반대하는 사회주의자였다. 1차 세계대전 종전 후 그는 사회주의와 공산주의로부터 완전히 등을 돌렸으나, 여전히 반가톨릭주의자였다. 하지만 오래지 않아 그는 바티칸과 척을 지는 것보다 손을 잡는 것이 이익이라는 계산에 따라 교회에 대한 적대 행위를 중단했다. 게다가 그들의 교리는 겹치는 부분이 있었다. 무솔리니는 권위, 규율, 질서 회복의 필요성을 반복적으로 강조했고, '사회주의, 자유주의, 그리고 물질주의 독트린에 대한 그의 결연한 반대'는 많은 교회 측 인사들로부터 환영받았다.[67] 또한 공화주의자였음에도 불구하고 국왕이 아니라 자신이 최고 권력을 갖는다면 군주제를 유지하는 것도 나쁘지 않다고 스스로와 타협했다. 무솔리니가 정계에서 부상하던 초기에는 국왕에게 군대를 동원하여 파시스트 운동의 싹을 잘라버릴 힘이 있었기에, 무솔리니는 국왕 비토리오 에마누엘레 3세Victor Emmanuel III를 적으로 돌리는 것을 경계했다. 무솔리니가 이끄는 파시스트 운동은 급격히 세를 확장했다. 1919년, 그는 뜻을 함께하는 퇴역 군인들과 민족주의 단체 파시 디 콤바티멘토Fasci di Combattimento(전투 파쇼)를 결성했고, 그 하부 조직인 검은 셔츠단은 조직 이름을 문자 그대로 실행에 옮기면서 사회주의, 자유주의, 그리고 여타 민주주의 세력을 공격했다. 1920년, 무솔리니가 이끄는 파시스트당은 2만 명의 당원을 확보했으며, 1921년 말에 이르면 그 수가 거의 22만 명으로 불어났다. 파시스트당이 인기를 끌었던 이유는 가입하면 일자리를 주겠다고 약속했기 때문이기도 하지만, 그들이 내세운 사명감이나 국가를 위한 희생이라는 명분도 매력으로 작용했다. 파시스트당은 청년층, 그중에서도 특히 시골 청년층의 지지를 받았다. 1921년 당시 당원의 4분의 1이 농업 노동자였으며, 그 밖에 농민이 12퍼센트를 차지했다.[68]

1922년, 무솔리니는 협박과 엄포를 동원하여 총리 자리를 꿰찼다. 그는 국왕에게 '파시스트 혁명'에 반대하지 말라고 호소하는 동시에,[69] 검은셔츠단을 동원하여 로마에서 행정 당국에 반대하는 대규모 행진을 벌이겠다고 위협했다. 국왕은 무솔리니의 오합지졸 반란군을 진압할 군대를 투입하기 위해 국가 비상사태 공포 법령을 비준해달라는 루이지 팍타Luigi Facta 총리의 요청을 거부했다. 그러나 군대나 경찰을 투입했다 하더라도 무솔리니를 제압할 수 있었을지는 확실치 않은데, 이들 조직 내부에도 무솔리니와 그의 대의명분에 동조하는 자들이 포진하고 있었기 때문이다. 이런 이유 때문이었는지 아니면 단지 유혈 사태를 피하고자 했던 것인지는 알 수 없으나, 국왕은 무솔리니에게 연립 정부

총리직을 제의했다.[70] 무솔리니 정부가 지지하는 후보들이 3분의 2에 달하는 득표수를 확보한 1924년 총선 선거운동 기간 내내 잔혹 행위가 난무했다. 저명한 사회주의자 정치인 자코모 마테오티Giacomo Matteotti는 의회에서 선거 과정에 발생한 폭력과 협박에 항의하며 그들을 규탄했다. 그는 무솔리니가 선거에서 졌어도 정권을 내놓지는 않았을 것이라고 주장했다. 그로부터 2주가 채 지나기 전, 마테오티는 칼에 찔려 살해당한 채로 발견되었다.[71] 무솔리니 자신은 부인했지만, 암살의 배후가 누구인지는 의심의 여지가 없었다.

국내외 보수 여론은 계속해서 무솔리니를 지지했다. 런던의 『더 타임즈』는 무솔리니가 볼셰비즘을 성공적으로 격퇴한 것을 언급하면서, 그가 실각하는 것은 "생각만 해도 끔찍하다"는 논평을 실었다. 1925년 1월 무솔리니는 의회 정치에 종지부를 찍고 완전한 독재 권력을 수립했다. 약한 의회 정부를 차지하기 위해 정당들이 서로 경쟁하는 정치 체제보다 우익 권위주의 통치가 낫다고 판단했던 국왕이 다시 한 번 이것을 승인했다.[72] 1926년 말 무솔리니는 파시스트당을 제외한 모든 정당을 불법화했으며, 별도의 재판소를 설립한 뒤 대다수의 국내 공산주의 리더를 비롯하여 유력한 반파시스트 활동가들을 투옥하거나 경찰 감시하에 두었다.[73]

1925년과 1926년에 몇 차례 무솔리니 암살 기도가 있었으나 미수에 그쳤다. 교황은 무솔리니가 "진정으로 신에 의해 보호받고 있다"고 말했고, 나폴리 대주교는 설교 중 무솔리니가 "우리 이탈리아의, 어쩌면 전 세계의 공익을 위한 어떤 고차원적 사명"을 이루기 위해 살아남은 것이라고 선포했다.[74] 로버트 팩스턴Robert Paxton은 무솔리니 정권이 확고하게 자리 잡고 난 뒤에도 오랫동안 그가 여전히 '파시스트 혁명'을 논하길 좋아했다는 점을 지적했다. 무솔리니에게 파시스트 혁명은 "사회주의 및 무기력한 자유주의에 대항하는 혁명, 이탈리아 국민을 단결시키고 동기를 부여하는 새로운 방법, 그리고 개인의 자유를 국가 공동체의 필요에 종속시킬 수 있고 사유 재산은 건드리지 않으면서 대중 찬동을 조직할 수 있는 새로운 종류의 정부 권력"이었다.[75] 무솔리니는 자기 뜻을 관철하고 최대한의 동의를 확보하기 위해 정치적 협상도 마다하지 않았다. 그는 오랜 친구에게 자신이 "정부, 정당, 왕실, 바티칸, 군부, 민병대, 도지사들, 지방 정당 리더들, 장관들, 연맹(협동조합주의 조직) 위원장들, 그리고 거대한 독점적 이익" 등 국내 영향력 있는 기관과 이해관계의 '균형'을 이루기 위해 얼마나 많은 노력을 쏟았는지 털어놓았다.[76] 무솔리니에게 완전한 전체주의적 권력은 도달하기 힘든 염원으로 남아 있었다.

리더에 대한 우상화는 그의 권위를 강화하고 권력을 유지하기 위해 동원된 주요 메커니즘이었다. 1920년대 중반, 탁월한 웅변가였던 무솔리니는 소위 '강한 정부'와 '질서' 확립이 가져올 이점을 약속했다. 크리스토퍼 더건Christopher Duggan이 얘기했듯이, "수년간 혼란의 시기를 겪은 후 '질서'의 신화는 더할 수 없이 매혹적이었다. 폭력의 주된 선동자들, 그리고 그 누구보다도 법치를 약화시키고 나라의 평판을 떨어뜨린 자들이 안정성에 대한 광범위한 열망의 주요한 수혜자로 부상한 것은 참으로 아이러니가 아닐 수 없다."[77] 위대한 무솔리니라는 이미지를 구축하는 프로젝트는 당시 파시스트당 내부 조직이 주도했는데, 그 이유는 두체의 인기에 못 미쳤던 파시스트당이 그의 후광 덕을 보고자 했기 때문이다. 그러나 무솔리니 우상화는 그를 검은셔츠단의 폭력 선동 전략과 분리하는 효과를 낳았다. 대개 일이 잘못되면 다른 이에게 비난을 전가할 수 있었다. 더건이 얘기했듯이, 1930년대에 파시즘의 실패는 대개 "무능하고 부패한, 신뢰할 수 없는 두체 측근들의 탓으로 돌려졌고, 무솔리니 자신은 측근의 죄를 몰랐거나 아니면 그들을 너그럽게 용서해주는 인물로 비쳤다."[78]

파시즘이 **좀 더** 획일적이지 않아서 유감이었던 한 이탈리아 기자는 파시즘 안에 '다양한 흐름'이 있었다면서, "유일한 공통 요소는 리더의 신화, 그리고 그의 무오류성에 대한 가정이었다"라고 시인했다.[79] 1930년대가 진행되면서 무솔리니 자신도 "본능을 따랐을 때는 실수를 저지른 적이 없다. 그러나 이성적 논리에 귀를 기울였을 때는 항상 잘못된 길로 갔다"면서 점점 더 신화에 매몰되어 갔다.[80] 그런데 이탈리아 파시즘과 독일 파시즘 사이에는 중요한 차이가 있었다. 히틀러의 교리는 반유대주의가 절대적으로 중요한 요소인 데 반해, 무솔리니의 경우는 그렇지 않았다. 1932년부터 1935년까지 무솔리니 정부에서 재무장관을 맡았던 이는 유대인이었고, 무솔리니가 정당을 만들었을 때 유대인이 비유대인보다 더 활발하게 참여했었다.[81] 이탈리아 사회에서 유대인이 가진 영향력 문제가 날카롭게 대두되면서 1938년 가을에 유대인 차별법으로 이어진 것은 1930년대 말 나치 독일과의 친선 관계가 강화되는 과정에서 벌어진 일이다.[82]

2차 세계대전 말기에 이탈리아의 패전이 분명해지자, 무솔리니의 '정적에 대한 경멸'은 추종자들에게까지 확장되었다.[83] 전쟁으로 인해 겪어야 했던 고달픔이 모두 헛고생이었던 것으로 드러나자 무솔리니의 인기는 가파르게 추락했다. 무솔리니와 그의 정부 클라레타 페타치 Claretta Petacci가 1945년 4월 공산주의자 파르티잔들에게 체포되어 총살당한 후 밀라노 광장에 거꾸로 매달리자, 무솔리니가 예전에 얼마나 대단한 인기를 누렸는지는 빠르게 잊혔다. 현장에 있었던 한 젊은 기자는 "이탈리아 전역에서 광장으로 뛰쳐나와 무솔리니를 향해 광적인 환호를 보냈을" 사람들이 마치 줄곧 무솔리니를 반대해왔다는 듯이 리더에 대한 칭송에서 저주로 빠르게 태세를 전환하는 것을 보고 "위로부터의 압제, 아래로부터의 맹종과 순응"으로 유지되던 한 종류의 정치적 신화가 다른 종류로 대체되었다고 일갈했다.[84]

히틀러의 정권 장악

무솔리니와 히틀러는 때때로 혁명적 수사를 동원했지만, 로버트 팩스턴이 지적했듯이 그들은 실상 혁명을 통해서가 아니라 "민간과 군부 자문단의 조언에 따라 공식 직분을 합법적으로 수행한 국가 원수에 의해 정부 수반직을 제의받고 그 자리에 올랐다."[85] 히틀러는 1923년 뮌헨에서 권력을 장악했다. 그는 뮌헨을 디딤돌 삼아 베를린에 진출할 계획으로 바이에른주에서 폭동을 일으켰으나, 체포되어 1년간 감옥 신세를 졌다. 이런 경험을 거울삼아 그는 위헌적인 방법으로 권력을 탈취하기보다는 선출직에 오르기 위해 선거운동을 벌이기로 했다. 법치에 대한 신념 때문이 아니라, 자신의 커져가는 영향력에 의지하는 것이 권력을 쟁취하는 더 확실한 길이라고 판단했기 때문이다. 독재는 나중에 해도 늦지 않았다. 히틀러는 감옥에서 독서와 『나의 투쟁Mein Kampf』 집필로 시간을 보냈으며, 이것은 1920년대 중반에 두 권의 책으로 발간되었다. 아리안족의 '순수한 혈통'에 대한 집착과 강박적 반유대주의가 책 전체를 관통하는 주제였다. 히틀러는 1차 세계대전 종전 후 1920년 대 독일 사회에 퍼져 있던 굴욕감과 억울함을 파고들었다. 그는 독일이 붕괴의 위기 앞에 놓여 있다고 상정하고, "독일 붕괴의 모든 원인 중에 서 … 가장 근본적이고 결정적인 이유는 인종 문제, 특히 유대인이 드리 운 위협을 제대로 파악하지 못했던 것"이라고 주장했다.[86] 히틀러는 반 전주의를 맹비난하면서 이렇게 썼다. "살기를 원하는 자는 싸워야 한 다. 이 무한한 투쟁의 세계에서 싸우기를 원치 않는 자는 살아남을 자격 이 없다."[87]

1919년 히틀러가 창설한 국가사회주의(나치) 조직은 승전 연합군이 1919년에 부과한 가혹한 강화 조건, 1920년대 초의 하이퍼 인플레이 션, 그리고 잇따른 심각한 실업 문제를 겪었던 독일 사회에서 점차 세를 불렸다. 그러나 1920년대 후반에 독일의 경제 상황이 어느 정도 회복 되면서 그들은 소수 정당의 위치를 벗어나지 못했다. 1929년 10월 미 국에서 월스트리트 대폭락이 발생하면서 상황이 달라졌다. 도미노 효 과로 독일 은행들은 기업으로부터 대출을 회수했고, 1932년에는 근로 자 세 명 중 한 명이 실업자가 되었다.[88] 히틀러가 이끄는 나치당은 경제 위기의 주요 수혜자가 되었다. 1928년 독일 의회 선거에서 나치당은 12석의 의석과 2.6퍼센트의 득표율을 획득했다. 1930년 9월 총선에 서는 107석, 득표율 18.3퍼센트로 껑충 뛰었다. 나치당은 의회에서 두 번째로 큰 정당이 되었으며, 600만 명이 넘는 사람이 나치당에 투표했 다.[89] 히틀러의 대표적인 전기 작가인 이언 커쇼Ian Kershaw는 "정치인들 이 자신이 대표하기로 되어 있는 국민과 더 이상 교감하지 못하고 그들을 이해하지 못하게 되는 때가 있다(이 시점은 정치 체제의 위기다). 1930년, 바이마르공화국의 정치인들에게 이 시점이 다가오고 있었다"며, 전간기 독일을 넘어 훨씬 광범위하게 적용될 수 있는 개념을 제시한다.[90]

2년 후, 히틀러에 대한 지지는 더욱 강해졌다. 노령의 공화국 대통령 힌덴부르크Paul von Hindenburg의 7년 임기가 막바지에 접어들자 재출마를 선언한 힌덴부르크와 함께 히틀러와 공산당 리더 에른스트 텔만Ernst Thälmann도 경쟁 후보로 출마했다. 힌덴부르크는 1차 투표에서 과반수를 확보하지 못했고, 차점자는 히틀러였다. 2차 투표에서 히틀러는 37퍼센트의 득표율을 기록했으며, 1,300만 명이 넘는 사람들이 그에게 표를 던졌다.[91] 이 결과를 두고 히틀러는 자신이 권력의 중심인 총리직을 차지할 자격이 있다고 믿었으나, 힌덴부르크는 이를 묵살했다(2차 투표에서 힌덴부르크가 과반수를 확보한 것은 사회민주당 지지자의 표 덕분이었다. 보수주의자 힌덴부르크가 히틀러보다는 명백히 나은 선택이었기 때문이다). 1932년 나치당은 희비가 엇갈렸다. 그해 독일 의회 선거는 7월과 11월에 열렸으며, 나치당은 11월 선거에서 7월보다 200만 표 줄어든 득표수를 기록했다. 따라서 힌덴부르크가 마침내 히틀러에게 총리직을 주라는 요구에 부응했을 때, 그래서 1933년 1월 말 히틀러를 총리로 임명하는 동시에 정부를 파시스트 세력이 아닌 보수 계열로 채웠을 때, 그는 자신이 나치당의 상대적 허약함을 교묘하게 이용하고 있다고 생각했다. 또한 이런 방식으로 히틀러의 권력을 제한할 수 있다고 믿었다.

히틀러의 생각은 달랐다. 1933년 2월 27일 발생한 독일 의사당 방화 사건은 히틀러에게 절호의 기회를 제공했다. 이 사건은 독일 우익 정부와 자본주의에 대항하는 투쟁에 참여하도록 독일 노동자들을 자극하기 위해 네덜란드인 사회주의자 청년이 단독으로 저지른 것이었다. 그런데 히틀러는 방화의 책임을 공산주의 세력 전체에게 돌리면서 공산주의 세력은 물론 사회민주주의나 다른 반파시즘 세력에 대한 탄압을 감행했다. 극도의 위협하에 치러진 1933년 5월 5일 선거에서 나치당은 44퍼센트의 득표율을 기록했으며, 새로운 독일 의회의 전체 의석 647석 중에서 288석을 차지했다. 공산주의 세력과 사회민주주의 세력을 린치하고 때로는 살해하는 등 악랄한 책략이 동원되었음에도, 공산당은 12퍼센트 이상을, 사회민주당은 18퍼센트 이상의 득표율을 기록했다.[92] 그렇지만 나치당은 압도적인 의석을 점유한 최대 정당으로 부상했을 뿐만 아니라, 보수 세력과 연합하여 의회 과반수까지 확보했다. 사실 나치당은 당선된 공산당 의원이 의회에 들어오지 못하도록 미리 수를 썼기 때문에, 권력 장악을 위해 보수 세력의 도움을 받을 필요조차 없었다. 공산당 의원은 체포되거나, 아니면 체포를 피해 피신했다. 돌격대SA와 친위대SS라는 준군사 조직이 위협적으로 지켜보는 가운데, 의회 권한을 나치 세력에게 넘겨주는 수권법에 반대표를 던진 이들은 오직 사회민주당 의원 94명뿐이었고, 441명의 의원이 찬성표를 던졌다(2차 세계대전 후 등장하는 기독교민주연합의 전신인 중앙당은 나치당과 뜻을 같이하는 성격의 정당이 아니었음에도 이 법에 찬성했다).[93] 1933년 여름에 이르면 10만 명이 넘는 공산주의자, 사회민주주의자, 그리고 노동조합원이 체포되었고, 공식 추산조차 '감금 중 사망자 수가 600명'에 달하는 것으로 집계되었다.[94]

히틀러는 나치의 선전부 장관 요제프 괴벨스의 활약에 힘입어 1933년부터 유대인 상점 및 기업에 대한 전국적 보이콧 운동에 착수했다. 유대인(종교가 아니라 '인종'을 기준으로 정의되었다) 해고는 문화와 교육 생활 전반에 영향을 미쳤다. 1934년에 이르면 5,000명의 대학교수 중에서 1,600여 명 유대인이라는 이유로, 혹은 파시즘에 반대한다는 이유로 자리에서 쫓겨났다.[95] 위로부터의 선동에 아래로부터의 협력이 호응했다. 학생들은 유대인 교수와 반나치 교수의 축출에 적극적으로 협조하고 나섰다. 정권의 이데올로기는 벌써 사회 전반에 스며들어 있었다. 이러니저러니 해도 히틀러는 "한 가지 위대한 재능, 즉 미사여구로 대중을 움직이는 힘을 갖고 있었던 것이다."[96]

히틀러의 추종 세력은 그가 독재 권력을 장악하는 날이 오기를 고대했고, 이제 히틀러가 그 방향으로 거침없이 전진할 수 있는 여건이 조성되었다. 히틀러의 완전한 지배를 위협하는 한 가지는 보수주의 세력과 군부가 손잡을 가능성이었다. 특히 450만 명의 회원을 가진 나치당 준군사 조직 돌격대의 만용에 대한 육군 고위 장교들의 반감이 고조되고 있었다. 돌격대는 유대인, 공산주의자, 사회민주주의자를 체포, 폭행하고 때로는 살인도 마다하지 않았으며, 참모장 에른스트 룀Ernst Röhm의 지휘하에 독일 국방군을 돌격대의 산하 조직으로 포섭하려는 야심을 드러냈다. 이런 상황을 감안하여 히틀러는 돌격대 지도부를 분쇄하기로 결정했다. 군부의 비위를 맞추기 위한 일시적인 양보 작전이기도 했지만, 룀의 충성심을 더 이상 확신하지 못하게 되었던 히틀러 자신에게도 이득이라는 판단에서였다. 히틀러는 룀의 체포와 총살을 명했다. 이후 돌격대의 하부 조직이었던 히틀러의 사병 집단 친위대가 상위 조직으로 승격되었고, 돌격대는 군사 스포츠와 훈련 조직으로 재편성되었다.[97] 돌격대와의 결전은 1934년 7월 히틀러가 상당히 다른 종류의 잠재적 위협을 제거하고자 꾸몄던 일과 동시다발적으로 진행되었다. 돌격대 고위 간부들에 대한 숙청이 진행되는 와중에, 전임 총리 쿠르트 폰 슐라이허Kurt von Schleicher 장군과 그의 부인을 포함한 명망 높은 보수 인사가 차례로 암살당했다. 그럼에도 히틀러와 괴벨스는 돌격대를 무력화한 것을 강조하면서, 이번 숙청은 독일을 영구 혁명으로 몰아넣었을 뤔의 쿠데타를 방지한 영웅적 조치였다고 선전했다. 중산층 독일인 다수는 이 그럴싸한 주장을 액면 그대로 받아들였고, 히틀러가 혼란으로부터 나라를 구했다고 믿었다.

1934년 8월 초 힌덴부르크 대통령이 사망하고 나서야 히틀러는 비로소 완전한 '총통 체제Führer state'를 이룩할 수 있었다. 힌덴부르크가 죽기 전, 히틀러는 대통령이 사망하면 그 직책을 제국 총리직과 통합한다는 중요한 헌법 개혁을 강행했다. 군 통수권자인 대통령 자리가 앞으로 공식적으로 '총통 겸 총리Führer and Reich Chancellor'라고 불리게 될 히틀러에게 넘어간다는 얘기였다.[98] 그 시점부터 히틀러의 절대주의 체제는 더욱 강화되었고, 사상적 목표는 더욱 분명해졌다. 비록 병적으로 자기중심적인 사람이긴 했지만, 히틀러가 단순히 권력에 대한 갈망에 휘둘렸던 것은 아니었다. 그는 '흔들리지 않는 신념을 가진 이데올로그'이기도 했다.[99] 그는 인종주의 관점에서 본 역사 발전 해석과 함께 '영웅주의적' 역사관을 열렬히 신봉했고, 18세기 프로이센의 군주 프리드리히 2세Frederick II(프리드리히 대왕)의 열렬한 팬이었다. 히틀러가 볼 때 프리드리히 2세는 국내에서는 전제 통치를, 해외에서는 군사적 성공을 이루었고, 영토를 크게 확장했으며, 프로이센를 유럽에서 가장 앞서가는 군사 대국으로 만들었던, 한마디로 말해서 위대함을 완벽하게 구현한 인물이었다. 2차 세계대전 막바지에 나치 독일의 패전이 명백해졌을 때에도, 히틀러는 여전히 괴벨스가 선물한 프리드리히 2세 전기(토머스 칼라일 저) 독일어 번역본을 읽으며 영감을 얻었다.[100]

1934년 경, 히틀러를 부르는 통상적인 호칭은 '마인 퓌러Mein Führer'(나의 총통)였고, 한편 히틀러 자신은 나치 리더들을 부를 때 그들의 성만 사용하는 것이 보통이었다. 그는 정책 내용보다 자신의 이미지(당시 이미지라는 용어가 사용되었던 것은 아니다)를 투사하는 데 더 공을 들였다. 예외가 있다면, 그가 가장 집착했던 분야인 유대인 영향력 제거(이것이 나중에는 유대인 자체를 제거하는 정책으로 바뀐다), 독일 군사력 확충, 그리고 대외 정책(다음 장에서 논의)이었다. 이 체제가 완전한 전체주의는 아니었음을 보여주는 한 가지 중요한 측면이 있다면, 그것은 여러 정책에 대한 논쟁이 히틀러 아래 단계에서 진행되었으며, 부하들이 히틀러가 내린 큰 지침 안에서 그가 승인할 것으로 생각되는 일을 하려고 노력했다는 점이다. 이런 행동은 그렇지 않아도 엄청난 히틀러의 권력을 더욱 강화시킬 뿐이었다. 접근 불가능성, 예측 불가능한 개입, 장황한 독백, 정책 세부 사항에 대한 무관심을 특징으로 하는 리더십이 효율적인 정부 운영으로 이어질 리 만무했다.[101]

히틀러는 비판적 토론이 벌어질 수 있는 각료 회의를 아주 싫어했다. 1933년 나치당원보다 보수 세력이 더 많이 포진한 연립 정부를 이끄는 총리였을 때, 그는 원래 한 달에 네댓 번이던 내각 소집 횟수를 하기 휴회 이후 대폭 줄였다. 히틀러는 자신이 우월한 입지를 점유할 것이 확실한 일대일 회담을 선호했고, 장관들을 몹시 편파적으로 대했다.[102] 내각 모임은 1930년대 말에 이르러 전면 중단되었다. 이 무렵 정부의 집단적 성격은 자취를 감췄고, 체제 내부의 어떤 이도 오직 총통에게만 최종 결정을 내릴 궁극적인 권리가 있다는 생각에 의문을 제기하지 않게 되었다. 히틀러는 자신이 집중했던 정책을 해당 시점에 소환하기로 마음먹은 사람과 의논하는 형식을 취한 뒤, 본인이 직접 결정했다.[103]

1936년경 독일에서 히틀러의 인기는 확고했다. 그해 선거에서 나치당이 거의 99퍼센트에 달하는 득표율을 올린 것은 상당수의 소수파 유권자가 볼 때는 협박과 반대했을 때 뒤따를 보복에 대한 공포 때문이었으나, 당시 히틀러가 독일 국민 과반수의 지지를 받았음은 의심의 여지가 없어 보인다. 경제 회복과 군사력 회복이 불러온 국가적 자긍심, 그리고 히틀러의 위대함에 대한 광범위한 믿음은 당시 독일 정치의 현실이었다. 히틀러의 천재성을 가장 확고하게 믿었던 것은 히틀러 자신이었다. 커쇼가 얘기했듯이, "교만(엄청난 재난을 자초하는 그 지나친 오만함)은 불가피했다. 1936년에 이르러 교만이 지배하기 시작했다."[104] 1938년 초, 히틀러는 오스트리아의 독재자 쿠르트 폰 슈슈니크Kurt von Schuschnigg에게 이렇게 말했다. "나는 내가 이루고자 했던 모든 것을 이뤘고, 따라서 나는 이제 역사상 가장 위대한 독일인이라 할 수 있습니다."[105]

파시즘은 20세기 전간기에 강세를 보였으며, 파시즘 운동이 정권을 잡았던 대표적인 사례는 이탈리아와 독일이다. 두 정권 사이에 차이가 존재한다고 해서 양국을 '파시스트' 국가로 분류할 수 없는 것은 아니다. 공산주의 체제도 국제 긴장(중소 분쟁이 보여주듯)을 포함하여 국가 간에 커다란 차이가 존재했던 시기가 여러 번 있었다. 파시즘은 특정 형태를 띤 정치 운동이다. 마르크스-레닌주의 이념이 공산주의 리더에 의해 폐기되기 어려운 것에 비해 파시즘 이데올로기는 리더에 의해 훨썬 쉽게 바뀔 수 있다는 점을 고려한다 해도, 파시즘은 어떤 공통 요소를 가진 운동이었다. 파시즘의 공통 요소로는 전쟁과 폭력에 대한 찬양, 팽창주의, 인종주의, 완전한 통제에 대한 동경, 국가 단결에 집착하여 사회 내 정당한 이해관계와 가치관 차이를 인정하지 않는 것, 그리고 (무엇보다도) 영웅적 리더십에 대한 믿음 등을 들 수 있다. 로버트 팩스턴은 여러 다른 요소 중에서도 특히, '우리 집단은 피해자이기 때문에 내부와 외부의 적에 대한 어떤 행위도 법이나 도덕의 제한을 받지 않고 정당화할 수 있다는 사고방식', '추상적·보편적 이성보다 리더의 직감이 더 우월하다는 믿음', 그리고 '다윈주의 투쟁에 입각한 집단의 역량이라는 단일 기준에 의해 옳고 그름이 결정되는 것'을 추가한다.[106]

전간기 프랑스, 영국, 벨기에, 네덜란드, 노르웨이를 포함한 여러 유럽 국가에 파시스트 운동이 존재했다. 이들 국가에서 활동했던 파시스트 세력은 이탈리아와 독일의 본을 따르고자 했으나 자국 정치 체제에 별다른 영향력을 미치지 못했다. 팩스턴의 표현에 따르면, "이런 별 볼일 없는 유사 조직들은 셔츠를 같은 색깔로 맞춰 입은 채 행진하고 지역 소수 집단을 상대로 행패를 부리고 다닌다고 해서 히틀러나 무솔리니가 거둔 성공을 재현할 수는 없음을 보여줬다. 그것을 위해서는 유사한 위기 상황, 유사한 정치 공간의 틈새와 연합 형성 기술, 그리고 유사한 기득권층의 협조가 있어야 한다."[107] 파시즘의 의미를 지나치게 확장하여 여러 다른 종류의 정권에 무차별적으로 적용하려는 경향이 있다. 그저 유니폼을 맞춰 입고 다른 이에게 폭력을 행사한다고 정치 운동이 꼭 성공하는 것은 아니듯이, 악랄하고 억압적인 우익 정권이라고 해서 꼭 파시스트인 것도 아니다. 이를테면 프랑코 치하의 스페인이나 안토니

우 드 올리베이라 살라자르Antònio de Oliveira Salazar 치하의 포르투갈은 고도의 독재 체제였지만, 엄격히 말해서 파시스트 정권은 아니었다. 두 정권 모두 군사 독재로 출발하여 권위주의 체제를 유지했지만, 스페인은 특히 1970년대에 민주주의로 이행하는 길이 열리기 전에도 일부 다원주의적 요소가 유입되었다. 스페인과 포르투갈이 무솔리니 치하의 이탈리아나, 특히 히틀러 치하의 독일에 비해 전통적 보수주의의 요소를 더 보존했다는 점은 주목할만하다. 프랑코와 살라자르는 둘 다 교회를 사회 제도로 포용하고 교회의 지지를 기대했던 가톨릭 신자였다. 그럼에도 불구하고 프랑코는 스페인 내전에서 무솔리니와 히틀러 양쪽의 원조를 받으며 주요 파시스트 독재자와 협력하는 모양새를 취하기도 했다. 스페인 내전이 끝난 후 그는 피비린내 나는 탄압을 벌였고, 20만 명에 달하는 사람이 희생되었다.[108]

히틀러가 누렸던 '독일 국민 다수의 진심에서 우러나온 엄청난 인기'는 2차 세계대전 중반까지 계속되었다[109](독일에 재앙을 불러오고 히틀러의 몰락을 초래한 대외 정책에서의 계산 착오는 다음 장에서 다룰 예정이다). 나치 독일은 히틀러 개인숭배와 강력한 제도 기관을 결합했다. 히틀러의 카리스마가 빛바래기 시작한 후에도, 그리고 전쟁의 고통 속에서도 제도적 장치는 계속해서 작동했다. 그러나 히틀러가 생각하는 체제의 주된 기능은 위대한 리더를 권좌에 올려놓고 그에게 충성을 바치는 것이었다. 그는 1920년에 벌써 "우리에게는 천재적인 독재자가 필요하다"고 선언한 바 있다.[110] 한 지방 나치당 리더가 "새롭게 등장한 더욱 위대하고 전능한 예수"라고 칭송했던[111] 히틀러는 대중을 휘어잡는 매력, 1930년대 말 이전까지는 성공으로 비쳤던 정책들, 그리고 독일에 필요한 것은 무엇보다도 위대하고 강한 리더라는 널리 공유된 신화를 바탕으로 수백만 명의 마음을 사로잡았다. 애덤 스미스는, 흔히 성공이 엄청난 인기와 결합될 때는 가장 위대한 리더들조차 자만하여 자신의 중요성과 능력을 과대평가하게 되고, 이런 주제넘은 오판으로 성급한 결론에 도달하거나 때로는 스스로 몰락을 초래한다고 했다.[112] 사회악을 조장하는 능력을 빼면 히틀러가 가진 위대함이란 한낱 환상에 불과했지만, 이 환상이 바로 파멸로 이어진 무모한 계획을 감행하게 만든 밑거름이었다.

독재 정권의 신화

18세기에 튀르고는 이런 얘기를 했다. "폭정을 일삼기는 쉽다. 자신이 원하는 대로 행동하는 것은 군주가 빠르게 습득하는 규칙이다. 사람들을 설득하는 데는 기술이 필요하지만, 명령을 내리는 데는 기술이 필요 없다. 만일 폭정이 그 아래 신음하는 이들의 반발을 사지 않는다면, 이것이 지구상에서 사라지는 일은 없을 것이다."[113] 폭정은 결국 희생자들에 의한 체제 전복을 유발한다(그렇게 일어난 폭력 혁명이 또 다른 종류의 권위주의 통치를 여는 서곡에 불과했던 경우도 빈번했다). 제아무리 독재자라 하더라도 자신에게 충성을 바치는 것이 나라를 위하는 길이라거나 그들에게도 이익이라고(더 흔한 케이스는 둘 다라고) 자신을 둘러싼 이들(근위대, 군부 사령관 또는 정치 경찰 수장 등)을 설득할 수 있어야만 하므로, 순전히 무력에만 의지하여 통치하는 것은 불가능하다. 튀르고의 동시대 연장자인 데이비드 흄이 말했듯이, "만일 폭군이 공포정을 뒷받침할 다른 권력 수단을 보유하고 있지 않다면 누구도 그의 노여움을 **두려워할** 이유가 없다. 왜냐하면 일개 인간으로서 그의 육체적 힘이 미칠 수 있는 범위는 한정적이며, 그 밖에 그가 가진 모든 힘은 우리 자신의 견해나 우리가 추정하는 다른 이들의 견해에 기반하여 효력을 갖기 때문이다."[114]

따라서 권위주의적 리더는 무력과 함께 설득력이라는 무기도 함께 사용해야 한다. 20세기와 21세기 독재자는 무솔리니와 히틀러가 매우 효과적으로 사용했던 확성기를 동원한 대규모 대중 집회부터 전자 감시, 그리고 라디오와 텔레비전 등의 매체와 언론에 대한 독점적 통제권에 이르기까지, 18세기 계몽주의 사상가는 꿈도 꾸지 못했던 수단과 매체를 손에 넣었다.★ 근대 국가를 통치하는 것은 18세기 사상가들이 '느슨한 범주의 부족'이라 불렀던 집단을 이끄는 수장의 역할과는 다르기에, 여론에 영향력을 미치기 위한 조직이 필요하다. 전통적인 군주가 다스리는 나라를 제외하고, 많은 권위주의 정권이 민주화 시대를 맞아 비록 실질적인 선택권을 주지는 않지만 정권에 대한 국민적 지지의 증거로 활용하거나 실제로 그런 기능을 하는 '선거'와 같은 구색을 갖출 필요를 실감한다. 주로 권력을 독점하고 있는 집권당이 이런 선거를 조직하고 사람들을 투표에 동원하는 역할을 주도한다. 실제로 마음대로 부릴 수 있는 정당을 가진 독재자가 정당 조직 없이 개인적 영향력에 의존하여 통치하는 경우보다 정치 생명이 더 길다는 증거도 있다. 당 조직은 대중 동원에도 유용하지만, '정치 라이벌들의 야심을 제어하고 그들을

★   그래 봤자 국가 내에서의 독점이었다. 해외 방송(예를 들어 공산권 국가의 경우 자유방송Radio Liberty과 자유유럽라디오Radio Free Europe 방송)은 전파 방해를 받았지만, 이것이 나라 전역에서 효력을 발휘하지는 못했다. 따라서 권위주의 및 전체주의 국가의 정보와 여론 보급 경로를 독점하는 일은 인터넷의 확산이 권위주의 통치자에게 새로운 기회와 함께 심각한 문제를 제공하기 전부터도 불완전했다.

통치자에게 귀속시키는 기능'을 한다는 측면에서도 유용하다.[115]

이라크의 사담 후세인 권력의 지지 기반이었던 바트당은 시리아 수도 다마스쿠스에서 시리아인들이 창설했으며, 훗날 사담에게 살해당하는 젊은 이라크인 엔지니어가 1951년 이라크로 들여왔다.[116] 사담은 이라크에서 공산주의 세력을 (급진적 이슬람주의 세력과 마찬가지로) 강력하게 탄압했으나, 그의 정당 조직은 공산주의 체제의 그것과 다르지 않았다. 공산주의 체제에서와 마찬가지로, 바트당도 군부와 보안 기관을 종속시키는 데 중요한 역할을 했다. 당의(그리고 무엇보다도 사담의) 이념을 깊숙이 뿌리내리기 위해 군대에 정치 담당관이 배치되었다.[117] 또한 바트당은 사담 후세인의 우상화를 주도했다. 측근과 부하들이 사담 앞에서 갖은 아부를 다 떨었던 것처럼, 사담 우상화도 개인숭배의 극치를 이뤘다. 도시, 모스크, 극장, 강 등 도처에 사담의 이름이 붙었다. '이라크가 곧 사담이고, 사담이 곧 이라크다'라고 공표하는 현수막이 곳곳에 걸렸고, 작가들은 '사담은 산의 정상이자 바다의 포효이다' 같은 표현을 마구 쏟아냈다.[118] 그럼에도 불구하고, 사담과 바트당을 가장 깊이 있게 연구한 저자에 따르면 사담 정권의 폭압성은 의심의 여지가 없을지언정, 이 정권은 전체주의라기보다는 권위주의 체제로 분류되어야 한다.[119]

전체주의 정권은 보통 집권당과 리더에 의한 절대적인 통제라는 목표를 정당화하기 위해 영광스러운 미래, 새로 도래할 황금기에 대한 비전을 제시하며, 또 그것이 (소련, 이탈리아, 독일에서 그랬듯이) 적어도 얼마간은 국민 상당수에 영감을 불어넣는다. 전체주의와 권위주의 정권을 정당화하는 좀 더 평범한 이유로는 그들이 질서를 제공하며, 안정된 정부의 바탕이 된다는 주장을 들 수 있다. 가족을 부양할 수 있는 안정적이고 평화로운 환경을 원하는 대다수의 국민들에게 질서를 제공한다는 주장은 매혹적이다. 사람들이 독재 정권이 제공하는 '질서'의 반대편에는 내전과 무정부 상태뿐이라는 얘기를 곧이곧대로 믿는다면, 많은 이들이 기꺼이든 마지못해서든 당국을 지지할 것이다.

그러나 이 '질서'에 기반한 정당화에는 몇 가지 근본적인 문제가 있다. 첫째로, 권위주의 정권은 대개 그들 스스로 법치를 어기고 폭력을 동원하여 커다란 사회 혼란을 야기하며, 수만 명(칠레 독재자 아우구스토 피노체트가 그랬듯이) 또는 수백만 명(스탈린의 소련과 마오쩌둥의 중국에서 그랬듯이)에 이르는 국민을 체포, 구금, 살해하여 가정의 물리적인 해체를 초래한다는 점이다. 어떤 방식으로 정의한다 해도, 중국의 대약진 운동과 문화대혁명보다 더 질서와 거리가 먼 것은 없었다. 둘째로, 이런 정권은 책임 및 불만에 대한 대응 능력 부재하며 근본적인 문제를 해결할 능력이 없다는 점이다. 마침내 개혁이나 혁명이 발생할 때, 대개는 문제를 처리하기가 쉬워지는 것이 아니라 더 어려워진다. 세 번째 문제는 대다수 국가가 다양한 민족으로 구성되어 있고 권위주의 통치하의 국가도 다를 바 없다는 사실과 관련이 있다. 아프리카가 특히 그렇고 중동에도 적용되는 얘기지만, 이 지역의 국경은 해당 지역 주민의 공동체 의식이나 민족 구성과는 무관하게 제국주의 세력에 의해 결정되었다. 폴 콜리어가 얘기했듯이, "통상적으로 여러 민족으로 구성된 사회에서 독재자는 자신이 속한 민족 집단에 의존"하며, 더 다양한 민족으로 구성된 사회일수록 "독재자가 속한 집단의 규모는 작아지게 마련이다."[120] 이는 독재자가 자신이 속한 집단을 정치적·경제적으로 편애하는 결과를 가져온다. 자원은 지배적인 종교 집단 또는 민족 집단에 과도하게 집중된다. 이것이

기저에 깔린 집단 갈등을 악화시킬 뿐만 아니라, 경제 발전을 저해한다.

권위주의 통치가 사회 안정을 제공한다는 주장도 신화이기는 매한가지다. 민주주의가 굳건히 확립된 체제에서 집권당이 선거에서 패배하고 정권이 교체되는 것은 정상적이고 건강한 사건이다. 반면 권위주의 체제에서 정권의 실각은 체제 위기를 의미한다. 지난 수십 년간 1989년 동유럽의 변혁과 2011년 촉발된 중동의 격동이 이 점을 잘 보여주었다. 예전에는 민주 국가의 리더가 공직에서 물러나면 분수에 맞게 조용히 생활하는 것이 보통이었는데, 최근 들어서는 많은 이들이 은퇴 후 유명세를 이용하여 과도한 보수를 받으며 활동하는 추세다. 어느 쪽이든 그들의 운명은 무솔리니(총살당하고 거꾸로 매달림), 히틀러(베를린 벙커에서 자살함), 차우셰스쿠(부인과 함께 총살형 집행대에 의해 총살당함), 카다피(반란군에게 고문당한 후 처형됨)와는 크게 달랐다(물론 보다 평화로운 죽음을 맞이한 독재자들도 많긴 하다).

독재 정권에서 가장 끈질기게 등장하는 신화는 위대하고 현명한 리더의 신화다. 리더 개인의 통찰력이나 지혜보다 집권당의 그것에 방점이 찍히는 과두제보다는 일인 독재 체제에서 특히 이런 신화가 만연하다. '리더'를 뜻하는 이탈리아어(두체), 독일어(퓌러), 러시아어(보즈드vozhd)는 무솔리니, 히틀러, 스탈린이 통치하는 기간에 의미가 변형되었다. 이들 각 단어는 거의 초인적인 힘과 이해력 및 통찰력의 소유자로서 국민을 아버지처럼 보살피는 **유일무이한** 리더를 의미하게 되었다. 이 신화에 쉬이 현혹되는 추종자들은 때로 리더 본인이 스스로 영웅적 자질을 가졌다고 주장하기도 전에 먼저 나서서 리더에게 그런 자질이 있다고 추켜세웠다. 특히 히틀러는 독일이 위대하고 영웅적인 리더를 필요로 한다는 신념에서 출발하여, 알고 보니 본인이 바로 그런 리더였더라는 만족스러운 결론에 도달했다. 1920년대 초, 히틀러는 (같은 시기 무솔리니와는 달리) 아직 우상화 작업을 시도하지 않았다. 그러나 히틀러 추종 세력은 그때부터 벌써 "수백만 국민이 열망하는 존재, 리더가 등장했다"라고 선언했다.[121] 1920년대 말에 이르러 히틀러는 추종자들의 말이 옳다고 확신하게 되었고, 이제 나치당은 전적으로 히틀러에게 집중했다. 1930년에 히틀러는 "우리에게는 리더가 곧 사상이고, 모든 당원은 오직 그에게 복종해야 한다"고 말했다.[122] 20세기의 주요 독재 정권에서는 예외 없이 리더 본인이 직접 우상화 작업에 적극적으로 개입했으나(스탈린 우상화에는 이른바 그의 겸허함에 대한 일화도 포함되어 있다), 나라를 이끄는 슈퍼맨 신화 창조에 나름의 역할을 하는 신봉자와 아첨꾼도 늘 차고 넘쳤다.

*

독재 권력은 리더가 정권을 잡은 당시의 사회적·정치적 맥락, 독재자의 비호 아래 사익을 추구하려는 추종자 집단, 그를 차악이라 여겨 받아들였던 엘리트층(이탈리아와 독일의 보수 세력은 공산주의에 대한 두려움으로 인해 무솔리니와 히틀러에게 협조했다), 그리고 일개 개인이 국가의 지혜를 한몸에 구현할 수 있다는 비이성적인 믿음에 막대한 빚을 지고 있다. 독재를 가능케 했던 추종자들은 '감정이라는 꼬리가 이성이라는 개를 흔드는 것'이 얼마나 위험한 일인지 보여주는 증거다.[123] 그들은 인류에게 강한 리더가 필요하다는 환상의 극치이자, 그런 리더가 권력을 휘두르며 독주할 때 반드시 억압과 대학살로 이어진다는 것을 상기시키는 경고다.

7장

'강한 리더'의 대외 정책 실패 사례

대외 정책의 실패가 스스로 특별한 통찰력을 가진 강한 리더라고 자부하는 **이들만의** 잘못은 아니다. 하지만 이런 리더는 전문가의 축적된 지식을 무시하기 때문에 중대한 실책을 범하기 쉽다. 게다가 그들은 관련 정보에 제약 없이 접근하여 자유롭게 반대 의견을 제시하고 대안을 주장하는 각료들과 허심탄회하게 논의하기를 꺼린다. 일반적으로 보다 심각한 결함이 있는 결정을 내린 사례는 민주주의 정권보다는 권위주의 정권에서 나오며(국내 정책에서는 그 격차가 더욱 크다), 최악의 결정은 과두제 정권보다는 독재 정권에서 나온다. 아무도 최고 리더의 견해에 감히 반박하지 못할 것이 확실한 체제에서는 최종 결정을 내릴 최적격자가 바로 자기 자신이라는 독재자의 신념이 강화된다. 반면 민주주의 체제에서는 나라나 시기에 따라 정도의 차이는 있으나, 보통 외무부 장관(미국에서는 국무장관Secretary of State, 영국에서는 외무장관Foreign Secretary)이 매우 큰 영향력을 가지며, 그 밖에도 여러 고위급 장관이 국제 정책 수립에 참여하는 내각과 각료위원회 또는 국가안보회의가 존재할 것이다.

하지만 이 책의 앞부분에서 상술한 이유로 총리가 대외 정책 부문에서 담당하는 역할이 점차 증가해왔다. 여기서 자신의 판단력이 타의 추종을 불허한다고 믿게 된 리더들은 위험에 빠진다. '강한' 리더라는 사실에서 자부심을 느끼는 리더 혹은 강한 리더라는 평가에 연연하는 리더는 특히 다른 나라에 군사적으로 개입하려는 유혹에 빠지기 쉽다. 전쟁을 진두지휘하는 리더는 평화기의 총리나 대통령보다 높은 명망을 얻는 경우가 많기 때문인데, 다른 한편으로는 전쟁이 그들의 평판(뿐만 아니라 그보다 훨씬 더 중요한 다른 이들의 삶)을 망가뜨릴 위험 또한 크다. 국제법을 위배한 전쟁, 거짓 목표를 표방한 전쟁, 이득보다 손실이 큰 전쟁 등 나라를 부적절한 전쟁으로 몰아넣은 리더는 그 입지가 치명적으로 약화된다. 데이비드 오언David Owen은 자신감 과잉에다 고압적인 리더가 빠지기 쉬운 '자만 증후군hubris syndrome'이라는 현상에 주목했다. 이런 리더가 흔히 보이는 증상에는 '세상을 현실적이고 사심 없는 태도로 접근해야 할 문제가 산재한 곳으로 보지 않고, 주로 권력을 휘두르고 자신의 명성을 드높일 무대로 보는 자기도취적 성향', 단지 동료에 불과한 다른 이들은 자신에게 책임을 물을 수 없으며 자신은 '역사 또는 신'처럼 어떤 고차원적 존재에 의해서만 평가될 것이라는 착각, 그리고 과도한 자신감으로 인해 '리더가 정책의 기본적인 사항을 소홀히 하게 되어' 일이 잘못될 가능성을 대비하지 못하는 '오만한 무능' 등이 있다.[1]

전체주의와 권위주의 리더의 대외 정책 착오

이 장에서는 민주주의 국가의 리더들, 구체적으로 세 명의 영국 총리(네빌 체임벌린, 앤서니 이든, 토니 블레어)의 대외 정책 실패 사례에 많은 페이지를 할애할 예정이다. 하지만 지난 장에서 다뤘던 독재자들이야말로 엄청난 재앙을 초래하는 심각한 망상의 대표적인 사례를 제공한다. 물론 권위주의적 리더라고 해서 모두 해외에서 군사적 모험을 감행하는 것은 아니다. 그중 일부는 대내적으로 정권의 입지를 굳히는 데 집중했고, 그런 권위주의 국가 중에서 특히 중화권 국가들이 가장 성공적으로 경제의 근대화를 이루었다.[2]

히틀러, 스탈린, 무솔리니, 그중에서도 특히 앞의 두 명은 군비 생산에 편향되긴 했으나 경제 근대화를 추진했다고 볼 수 있다. 전간기에 출현한 이 '위대한 독재자'들의 공통점은 셋 다 본인의 신화에 스스로 넘어간 결과 대외 정책 부문에서 최악의 오판을 저지르게 되었다는 점이다. 그들은 자신의 천재성을 과신하고, 자신의 강철 같은 의지가 반드시 승리를 가져올 것이라고 진심으로 믿어버렸다. 독재 정권에서든 민주주의에서든 자신의 능력을 과신하는 리더는 시간이 갈수록 본인의 판단력에 스스로 탄복하면서, 정부 내부에서 나온 반대 의견은 귀를 막고 듣지 않으려 한다. 그뿐만 아니라, 그들은 약하다고 인식되거나 약한 모습을 보여주는 것을 그 무엇보다도 두려워하는 경향이 있다.

히틀러와 무솔리니의 계산 착오

소기의 목적을 달성했던 해외 개입도 훗날의 관점에서 보면 전혀 다른 평가를 하게 되는 경우가 있다. 예를 들면, 히틀러의 체코슬로바키아 점령은 당초에는 더할 나위 없는 성공이었다. 히틀러는 뮌헨 협정을 통해 주데텐란트 지역을 할양받았으나, 그로부터 채 몇 주 지나지도 않은 1938년 10월 하반기에 벌써 이 협정의 조항을 위반하는 계획을 추진하면서, 군부에 '나머지 체코 영토를 몰수할' 준비를 하라고 지시했다.[3] 1939년 3월에 감행된 독일의 체코슬로바키아 침공은 다른 나라의 물리적 저지를 받지 않았고, 따라서 독일의 계획이 성공한 것처럼 보였다. 하지만 이 사건은 영국을 비롯한 해외 여론이 돌아서는 계기가 되었다. 히틀러가 독일의 팽창주의에 감히 맞서는 자가 없다는 사실에 기고만장하던 바로 그때, 유럽에서는 히틀러가 신뢰할 수 없는 인간이라는 인식이 확산되고 있었다. 체코슬로바키아를 통째로 삼킨 것은 더 이상의 영토 확장은 없을 것이라는 약속을 깨트렸을 뿐만 아니라, 단지 독일 민족을 한 나라 안에 통합하는 것이 목표라던 히틀러의 주장이 거짓임을 입증했다.[4] '자신의 불패 신화와 운명을 그 누구보다 확신했던' 히틀러는 1938년 이후 더욱 무모해졌고, 결과적으로 유럽을 재앙으로 몰아넣었다.[5]

영국과 프랑스는 폴란드가 침략당할 경우 군사 지원을 하기로 약속했기에, 1939년 9월 독일의 폴란드 침공은 프랑스와 대영제국 및 영연방 우방국을 전쟁으로 끌어들였다. 히틀러는 1개월 전 스탈린과 폴란드 및 발트해 국가를 분할 점령하기로 합의했다. 이 협상을 진행하고 문서에 서명한 소련과 독일 외무부 장관의 이름을 딴 몰로토프-리벤트롭 조약(독소 불가침 조약)을 맺은 히틀러는 군사행동의 자유 재량권을 확보했다고 생각했다. 이 조약은 사상적으로 극렬히 대립하는 양국 사이의 항구적 평화를 공포하지는 않았지만, 10년간 서로 전쟁을 벌이지 않는다는 약속을 담고 있었다. 이 조약은 영국과 프랑스가 독일의 폴란드 침공에 대해 체코슬로바키아 합병 때와는 다르게 반응한다 해도(히틀러는 이번에도 같은 반응일 것으로 예상했지만) 독일이 동부 전선에 대한 부담없이 서부 전선에만 집중할 수 있다는 뜻이었다. 소련과 한시적으로 전리품을 나눠 갖는 것은 히틀러의 입장에서 이득이었다. 당시 군사적으로 약체였던 소련의 스탈린 입장에서도 손해 볼 것 없는 협약이었다. 소련군이 약화된 것은 의심병이 도진 스탈린이 붉은 군대 최고 사령부를 초토화했던 탓이 컸다.

자기 이익만 생각하는 냉혈한 스탈린은 독일인 공산주의자들을 비롯하여 나치 독일에서 소련으로 도망쳐온 정치 망명자 수백 명을 게슈타포에 넘겨주는 데 동의했다. 그중 다수는 소련에서 벌어진 대숙청 작업으로 이미 체포된 상태였다. 일부는 소련 강제 수용소인 굴라크에 갇혀 있다가 곧장 나치 강제 수용소로 이송되었다.[6] 필요하면 약속 따위는 간단히 무시했던 히틀러는 1941년 6월 소련 침공을 명령하여 먼저 불가침 조약을 파기했다. 이 결정은 2차 세계대전에서 히틀러가 저지른 가장 치명적인 실수가 되고 마는데, 독일군이 다른 어떤 곳보다 동부 전선에서 훨씬 큰 손실을 입은 데다가 이것이 나치 독일의 패전과 이후 40년 이상 지속된 분단을 촉발했기 때문이다. 히틀러가 소련 침공을 앞두고 장군들과 마지막으로 작전 회의를 가진 것은 침공 일주일 전이었다. 그는 러시아군이 완강히 저항하겠지만 "가장 힘든 싸움은 6주 정도면 끝날 것"이라고 말했다. 그 자리에 있던 장군 대다수는 동부와 서부 전선에서 양면전을 벌여야 하는 상황을 우려했지만, 시스템 자체가 그

랬고 또 총통 숭배가 충분히 내면화되어 있었기 때문에 그 누구도 감히 반기를 들지 않았다.[7]

히틀러는 『나의 투쟁』에서 "한 사람이 이론가, 조직가, 그리고 리더의 자질을 전부 갖추는 것은 극히 드문 일"이며, 이 모두를 갖추었을 때 "위대한 인물이 탄생하는 것"이라며 자기 자신을 염두에 두고 서술한 바 있다.[8] 히틀러에게 '이론가' 타이틀을 붙여주는 것은 어불성설이지만 그는 이데올로기를 중시했고, 1차 세계대전 직후부터 1945년 자살로 생을 마감할 때까지 변함없이 고수했던 몇 가지 핵심 개념을 창안했다. 그중에서도 가장 기본적이고 굳건히 유지되었던 사상은 독일에 더 큰 '레벤스라움Lebensraum'(생활권)이 필요하다는 믿음과 소련 분할의 필요성이었으며, 히틀러는 이것을 유대인 말살과 연결하여 접근했다. '유대인 볼셰비즘'에 병적으로 집착했던 그는, 러시아에서 유대인 통치가 종식되면 러시아 체제도 끝장날 것이라 믿었다.[9] 1941년 상반기에 이르러 히틀러는 이제 러시아를 침공하여 이 목표를 지체없이 달성할 때가 되었다고 판단했다. 러시아와의 전쟁에서 승리하면 독일이 그 나라의 '막대한 부'를 정치적·경제적으로 통제할 수 있게 될 뿐 아니라, 이언 커쇼가 히틀러의 '양대 집착'이라 불렀던 유대인 제거와 레벤스라움의 실현도 가능해질 것이었다.[10]

무솔리니는 히틀러보다 더 오랫동안 권좌에 머물렀지만 그가 무모한 대외 정책을 추진하게 된 것은 1930년대 이후였다. 나치 독일과 공식적인 동맹 관계가 성립되면서 이탈리아는 비극에 휘말렸다. 이에 앞서 무솔리니는 1919년 평화 협정에서 영토를 할양할 때도 그렇고 유럽 열강이 식민지 경쟁을 벌이는 동안에도 이탈리아가 제 몫을 찾지 못했다는, 당시 이탈리아 국민 사이에 광범위하게 퍼져 있던 불만을 대변하는 강한 목소리를 냈다. 국제연맹이 설립되어 기능하던 1930년대에는 19세기 말과는 다른 기준이 적용되는 것이 원칙이었다. 그러나 무솔리니 통치하의 이탈리아는 우선 1차 세계대전 이전부터 이탈리아령이었던 리비아에 대한 지배를 강화한 후 1935-36년에 에티오피아를 침략하여 정복했고, 1939년에는 알바니아를 합병했다. 이런 일련의 군사적 성과에 고무된 무솔리니는 스페인 내전이 발발하자 초반부터 프랑코 장군이 이끄는 민족주의(그리고 파시스트에 근접한) 세력 반란군에게 5만 명의 병력을 보내주는 등 도움을 주었다. 이탈리아군이 대패하고 나서는 스페인에 항공기, 장갑차, 그리고 무기류를 대량으로 지원했다.[11] 무솔리니는 프랑코를 지지하고 인적·물적 지원을 하여 스페인에서 민주주의 세력이 패하고 프랑코의 권위주의 정권이 확립되는 데 크게 기여했다. 스페인 내전에 무솔리니가 기여한 바는 히틀러나 스탈린보다 더 컸다.[12] 한편 그는 1936년부터 히틀러의 독일과 더욱 긴밀하게 공조했고, 1940년 6월에는 이탈리아를 나치의 동맹국으로 2차 세계대전에 참전시켰다. 프랑스의 몰락을 보고 그는 자신이 승자 편에 선 중요한 파트너가 될 것이라 확신했다. 하지만 이탈리아는 이 전쟁에서 별 볼 일 없는 동반자이자 실패한 파트너가 되고 만다. 1943년 여름에 이르면 무솔리니는 파시스트 대평의회의 지지마저 잃고 국왕에게 해임되었으며, 독일인들에게 구출되어 소규모 괴뢰 정권을 다스리다가 1945년에 처참한 죽음을 맞이했다.

스탈린의 뒤섞인 현실주의와 망상

'위대한 독재자' 삼인방 중에서 스탈린은 가장 신중하게 대외 정책을 펼친 인물이다. 더구나 파시즘의 바탕이 국가적·인종적 우월성에 기반을 둔 폭력 행사와 영토 확장이었던 데 반해, 공산주의의 확장은 오직 자본주의를 소비에트식 '사회주의'로 대체하고자 하는 해당 국가 국민의 바람을 대변한다는(알고 보니 대부분 그럴싸한 겉치레에 불과했던) 근거에 의해서만 정당화될 수 있었다. 발트 3국(에스토니아, 라트비아, 리투아니아)은 국민 대다수가 소련에 편입되기를 명백히 원치 않았음에도, 몰로토프-리벤트롭 조약에 따라 1939년에 먼저 자국 영토에 소련군 주둔을 강요당했고, 1940년에는 소련에 합병되고 말았다. 그러나 다른 나라에서와 마찬가지로 이들 국가에도 크렘린의 지령을 따르는 토착 공산주의 세력이 존재했다. 소련의 무력을 등에 업은 소수가 권력을 장악한 뒤 국민의 지지를 받지 못하는 정권을 수립하고 유지하는 것이 가능했다. 핀란드 역시 독소 불가침 조약에 의해 소련의 세력권 안에 포함되었으나, 핀란드 국민은 치열한 저항을 벌이며 맞섰다. 1939-40년에 벌어진 겨울 전쟁의 결과 핀란드는 소련에 국토 일부를 내주게 되었지만, 소련 측의 인명 피해는 핀란드보다 훨씬 컸다. 그 결과 1940년 3월에 강화 조약이 체결되었고 핀란드는 독립국으로 남을 수 있었다.[13]

소련-핀란드 전쟁에서 붉은 군대가 겪은 고초를 목격한 스탈린은 이후 히틀러에 비해 국제 분쟁에 개입하는 데 훨씬 소극적이었다. 자본주의 국가들과 제국주의 국가들이 전쟁을 벌여 서로 힘을 빼는 동안 소련은 수수방관하면서 실익을 취하는 것이 낫다는 계산이었다. 하지만 현재 맥락에서 특히 중요한 점은 1941년 6월 22일에 개시될 독일의 소련 침공이 임박했다는 경고를 독일 주재 소련 외교관, 일본에서 활동하던 소련 스파이 리처드 조르게Richard Sorge, 윈스턴 처칠 등 여러 다른 경로를 통해 접했음에도, 스탈린이 자신의 선견지명을 과신한 나머지 이를 믿지 않았던 것이다.[14] 독일군의 전면 공격을 경고했던 첩보가 들어오는 경로가 이렇게 다양했던 점을 고려할 때, 스탈린은 가까운 장래에 독일이 침공할 리 없다는 가정이 과연 타당한지 재고했어야 했다. 비밀경찰 NKVD의 위원장 라브렌티 베리아Laprenti Beria는 나중에 희생양이 되는 사태를 방지하기 위해 나치 침공 전날 스탈린에게 이런 보고서를 올렸다. "이오시프 비사리오노비치Iosif Vissarionovich(스탈린), 저를 비롯한 NKVD는 1941년에 히틀러가 우리를 공격하지 않을 것이라는 당신의 현명한 판단을 머릿속에 단단히 새겨놓았습니다."[15]

다가올 독일 침공을 경고하는 사람이 늘어날수록, 이것이 독일의 공작일 수도 있다는 스탈린의 의심도 커졌다. 궁극의 정치적 현실주의자로 묘사되곤 하는 스탈린이지만 히틀러에게만큼은 어이없이 쉽게 속아 넘어갔다. 1937-38년에 소련군 원수 다섯 명 중 세 명이 처형당하고 제일 무능한 두 명만 살아남은 것을 고려하면, 스탈린은 자신의 군 사령관들보다 나치 독일의 리더를 더 신뢰했던 것으로 보인다. 만일 사전 경고가 진지하게 받아들여졌다면, 그리고 소련군 사령부가 스탈린 본인의 손에 결딴나지 않았다면, 소련이 전쟁 초기에 감당해야 했던 손실 규모는 훨씬 작았을 것이다. 스탈린뿐만 아니라 히틀러도 전쟁을 지휘하면서 아무 희망이 없는 상황에서조차 일선 사령관의 퇴각 요청을 거부하여 자국 병사의 인명 손실을 큰 폭으로 늘렸다.

스탈린은 자신의 행동에 대한 서방 정부(가장 강력한 미국 행정부를 포함하여)의 반응을 계산하는 데 히틀러보다 유능했다. 덕분에 그는 2차 세계 대전 종전 후 별다른 저항 없이 중유럽 및 동유럽에서 공산권을 형성할 수 있었다. 서방국들은 독일과의 전쟁이 간신히 마무리된 상황에서, 나치 독일을 함께 무찔렀던 가장 중요한 동맹국과 또 다른 전쟁을 시작할 의사가(그리고 1945-46년의 서유럽은 그럴만한 물리적 자원도) 없었다. 게다가 스탈린은 적절하게 선을 그을 줄도 알았다. 승전국인 소련도 패전국 나치 독일만큼이나 인적·물적 자원이 초토화되었기에, 당시 미국의 군사력과 맞서 싸울 수 있는 입장이 아니었다. 동유럽에서 모스크바에 충성하는 여러 공산주의 정권이 수립되면서 소련의 헤게모니가 확립된 이후에도, 스탈린은 그리스에서 공산주의 세력이 정권을 장악할 수 있도록 원조하는 데 반대하고 나섰다. 그가 그리스 지원을 거부했던 이유는 서구 열강과 충돌하여 최근 유럽 대륙에서 소련이 획득한 성과를 날려버리는 일을 방지하기 위해서였다.[16]

장기적으로 봤을 때, 유럽에 소련의 위성국을 구축한 것은 러시아 국민이나 소비에트연방을 구성했던 국가들에 전혀 도움이 되지 않았다. 소련이 동유럽을 접수한 것이 냉전의 주요 원인이었고, 양측 다 막대한 국방비 지출을 감당해야 했지만, 이는 미국에 비해 상대적으로 경제 규모가 작은 소련에 더 큰 부담으로 작용했다. 스탈린은 동부와 중부 유럽에 단순히 친소련을 정권을 수립하는 것에 그치지 않고 소비에트식 억압적 체제를 도입할 것을 강요했기에, '인민민주주의'가 그 지역 국민의 전폭적인 지지를 받을 가망은 사라졌다. 스탈린이 각국에서 비밀리에 반파시스트 레지스탕스 활동을 전개해온 '토착 공산주의 세력' 대신 '모스크비치' 공산당원(동·중부 유럽 출신으로 소련에 오랜 기간 체류했으며, 1930년대 말에 벌어진 NKVD 숙청의 소용돌이에서 살아남은 이들)을 중용하면서 소련에 대한 반감은 더욱 커졌다. 티토(그는 모스크바에서도 오래 체류했지만, 더 중요한 것은 그가 유고슬라비아 국내에서 독일 점령에 저항하는 파르티잔 레지스탕스를 이끌었다는 점이다)가 모스크바의 명령을 거부하고 나섰던 것은 차치하고라도, 여러 차례 터져 나온 중유럽의 민중 봉기는 크렘린의 심각한 골칫거리였다. 궁극적으로, 외세로부터 공산주의 체제를 강요당했던 동·중부 유럽 국민의 소련에 대한 뿌리 깊은 적개심은 고르바초프 시절에 진행된 급전환을 경험한 이후에도 완전히 상쇄되지 않았다. 소련 해체 이후 수립된 국가들, 그중에서도 특히 러시아는 불신이라는 유산을 계속 안고 가야 했다.

한국 전쟁 개입 과정에서 스탈린은 신중함과 만용을 동시에 보여줬다. 남한을 침략하여 공산 정권을 한반도 전체로 확장하자는 얘기를 먼저 꺼낸 것은 김일성이었다. 그러나 그는 권력 장악 과정에서 소련에 막대한 빚을 졌을 뿐만 아니라 소련의 무기가 필요했기 때문에 스탈린의 재가가 떨어지기 전에는 함부로 움직일 수 없었다. 1949년 3월 김일성이 기습 남침을 통한 한반도 통일 계획을 처음 제안했을 때, 스탈린은 이를 거부했다. 당시 남한에는 7,500명의 미군이 주둔하고 있었고, 스탈린은 미국과의 직접적인 대립을 원치 않았다. 그런데 미국이 그해 봄 남한에 주둔한 병력을 철수시키기 시작했다. 1950년 1월 말경, 김일성은 드디어 스탈린을 설득하는 데 성공했다. 그동안 상황이 크게 달라졌다. 남한에서는 미군 철수가 거의 완료되어, 남은 인원은 군사 자문단 500명뿐이었다. 더 중요한 건 중국 공산당이 국공 내전의 승자로 부상하면서 베이징에 공산 정권이 들어섰다는 사실이었다. 따라서 만일 북한이 혼자 힘으로 승리하지 못한다면 중국이 병력을 지원한다는 시나리오가 가능해졌다. 스탈린은 군대를 파병할 의도는 전혀 없었으나, 대신 군수 물자를 제공할 의사는 있었다.[17]

마오쩌둥은 한국 전쟁에 중국군을 투입하는 데 소극적이었다. 중국 내전으로 인해 전국이, 특히 군대가 초토화되었던 데다 아직 독재적 권력자의 입지를 구축하기 전이었던 마오쩌둥은, 국내 재건에 집중해야 할 때라는 정치국의 여론도 참작해야 했다. 그러나 스탈린은 마오쩌둥 조차 고참으로 인정하는 인물이자, 국제 공산주의 운동의 최고 권위자였다(마오가 이런 존경심을 보인 것은 소련 리더 중에서 스탈린이 유일했다). 게다가 마오쩌둥은 국공 내전 당시 수만 명의 병력을 파견하여 함께 싸워줬던 북한에 일종의 채무감도 갖고 있었다. 풍부한 전투 경험으로 단련된 북한의 군인들이 이제 남침 준비를 위해 귀국길에 올랐다.[18] 마오쩌둥은 원칙적으로 병력 지원에 동의했지만 1950년 6월 25일 북한이 전쟁을 개시한 후에는 약속 이행에 뜸을 들였다. 초기에는 기습 공격이 효과를 발휘해 조선인민군이 남한의 수도 서울을 손쉽게 점령했기 때문에 지원이 불필요해 보였다. 그러나 미국이 유엔의 승인을 받은 다국적군을 이끌고 참전하자 형세는 역전되었다. 이 당시 남한(대한민국)도 북한(조선민주주의인민공화국)도 유엔 회원국이 아니었으며, 중화인민공화국도 유엔 회원국이 아니었다. 미국은 새로운 중화인민공화국 정부를 중국의 대표 정부로 인정하고 중국에 할당된 유엔 의석을 내어주기를 거절했고, 소련 대표단은 유엔에서 거부권을 행사하고 있었다. 소련이 불참한 상황에서 유엔 안전보장이사회는 9대 0으로(유고슬라비아는 기권했다) 결의문을 채택하여 북한의 침략을 비난하고, 이틀 후 남한에 원조를 제공할 것을 회원국에 권고했다.

유엔 연합군은 조선인민군을 38선 너머로 몰아냈다. 스탈린은 마오쩌둥에게 한국 전쟁이 '대전'으로 이어지지는 않을 테지만, 만일 그렇게 된다 하더라도 소련과 중국이 힘을 합친다면 미국과 영국보다 강할 것이니 걱정할 필요는 없다고 설득하면서 중공군 투입을 촉구했다.[19] 중국이 드디어 군대를 파병했을 때 그 규모는 엄청났다. 총 300만 명에 달하는 병력이 국경을 넘어 한반도로 진격했고, 미국 측 추정에 따르면 사망자, 실종자, 부상자를 포함해 총 90만 명에 달하는 사상자가 발생했다. 미군의 공습으로 사망한 사람 중에는 마오쩌둥의 장남도 포함되어 있었다.[20] 휴전 협상은 1951년에 시작되었지만 지지부진했다. 1952년이 되어서야 김일성은 자신이 원하는 방식의 통일은 물 건너갔다는 것을 깨닫고 좀 더 적극적으로 휴전 회담에 임했다. 그러나 미국 측의 인명 피해는 컸던 반면, 소련은 대량의 무기만 제공했지 병력은 투입하지 않았던 상황이었기에 스탈린은 여기서 그만둘 의사가 없었다. 중공군의 사상자 규모에도 불구하고 마오쩌둥도 마찬가지였다. 1953년 3월에 스탈린이 사망하지 않았더라면 교착 상태는 훨씬 오래 지속되어 인명 피해가 늘어났을 것이다. 소련의 새 집단 지도부는 서방 세계와 관계 개선을 원했고, 전쟁을 이쯤에서 마무리하는 데 기꺼이 협조한다는 입장이었다. 남북한을 합해 총 300만 명(당시 한반도 인구 약 10분의 1)에 달하는 한국인이 목숨을 잃은 후, 1953년 7월 휴전 협정이 체결되었다. 동시에 한반도는 휴전선을 따라 분단되었다.[21]

처음에는 한반도를 무력으로 적화 통일하려는 김일성의 계획에 부정적이었던 스탈린은, 전쟁이 시작된 뒤에는 다른 이들이 얼마나 많은 피를 흘리든 아랑곳하지 않고 전쟁을 계속한다는 입장을 고수했다. 스탈린에게 한국 전쟁은 중국과 손잡고 미국에 맞서는 체제 선전의 장이었으며, 그는 이 분쟁의 패자는 '주적'인 미국이라고 생각했다. 스탈린은 죽기 직전까지도 마오쩌둥과 김일성에게 휴전 협상을 최대한 지연시키라고 촉구했다. 하지만 한국 전쟁에 대한 스탈린의 확신은 부적절했던 것으로 드러났다. 대표적인 러시아 역사학자 블라디미르 페차트노프Vladimir Pechatnov가 지적했듯이, 한국 전쟁은 "미국의 대대적인 군비 확장과 함께 북대서양조약기구가 본격적인 군사 체계로 전환하는 결과를 가져왔고, 이 지역에서 미군이 장기 주둔하게 되었기에, 장기적으로 볼 때 소련에 매우 부정적으로 작용했다."[22]

중국과 소련의 독재자와 과두제 통치 집단의 대외 정책

마오쩌둥과 그 이후의 중국 통치 집단을 비교하고, 흐루쇼프를 그 후임들과 비교해보면, 독재적 리더일수록 집단적 지도부에 비해 주요 대외 정책에서 더 큰 위험을 감수하는 패턴이 나타난다. 이 두 공산주의 리더는 1956년부터 충돌을 빚었다. 둘은 다른 사람 위에 군림했으며 추구하는 정치 노선이 달랐다. 이 두 가지가 결합하여 중소 분쟁으로 비화했다. 소련에서 흐루쇼프가 스탈린 격하를 통해 새로운 시대를 여는 동안, 마오쩌둥은 사상적으로 더욱 극단으로 치달았다. 마오쩌둥의 대약진 운동과 특히 문화대혁명은 스탈린식 통치 방식과는 차이가 있었으나, 집권당 내에 존재하는 실제 또는 가상의 적을 처단할 때 그가 보여준 무자비함은 스탈린과 비교해서 전혀 뒤지지 않았다. 소련에서 스탈린이 비판의 대상이 된 후에도 마오쩌둥은 그를 계속해서 옹호했고,

소련 보즈드의 저서가 러시아에서 자취를 감춘 뒤에도 중국에서는 계속 재발행되었다. 비록 스탈린이 마오쩌둥을 푸대접한 적도 있었지만, 흐루쇼프의 스탈린 비판은 마오쩌둥의 심기를 거슬렀으며 마오 본인의 '우상화'를 위협했다(마오쩌둥의 어록을 담은 『모주석어록』, 서방에서는 *The Little Red Book*이 마르크스와 레닌의 저작을 모두 합한 것보다 더 큰 경배의 대상이 된 것은 이로부터 10년 후 문화대혁명 시기에 이르러서다).

양국의 대외 정책에서도 극명한 차이가 나타났다. 스탈린 사후 소련은 중국보다 먼저 미국과 관계를 개선했고, 흐루쇼프의 성급함과 비일관성에도 불구하고 소련 지도부는 핵전쟁 방지에 각고의 노력을 기울였다. 이와는 대조적으로 마오쩌둥은 서방 세계와 전면전을 벌이는 데 대해 극히 무분별하고 무책임한 견해를 갖고 있었다. 그는 1954년 자와할랄 네루 인도 총리에게 "핵전쟁이 일어나면 사회주의 진영은 살아남겠지만, 제국주의 세력은 지구상에서 완전히 자취를 감출 것"이라고 말했다. 3년 후인 1957년 11월 모스크바에서 열린 국제 공산주의 운동 모임에서 그는 만일 핵전쟁이 벌어지면 세계 인구의 3분의 1에서 어쩌면 절반까지도 희생되겠지만, 인구는 곧 회복될 것이고 또 전쟁의 결과 제국주의 세력이 패망하고 "전 지구적 사회주의가 달성될 것"이라고 말해 동구권 공산주의자들을 충격에 빠뜨렸다.[23]

1953년에 스탈린이 사망한 후 흐루쇼프는 1950년대의 나머지 기간에 걸쳐 기본적으로 집단적 성격을 유지했던 소련 지도부에서 자신의 입지를 강화해나갔다. 흐루쇼프가 제멋대로의 위태로운 행보를 보인 것은 그가 지도부 인사들 위에 군림하면서 즉흥적으로 정책을 결정하는 일이 잦았던 1960년대 초부터였다. 쿠바에 핵무기를 배치하려 했던 흐루쇼프의 계획만큼 이를 잘 보여주는 사례는 없다. 상황은 미국과의 교착 상태로 이어졌고, 만일 어느 한쪽이 타협을 거부했다면 핵전쟁이라는 대재앙이 닥칠 수 있는 일촉즉발의 위기였다. 다행히 분별력이 승리했다. 케네디 행정부는 주요 사안에서 양보하고 물러났지만, 홍보전에서 유리한 성과를 얻어냈다. 미국은 앞으로 쿠바의 피델 카스트로 정부를 전복시키기 위한 어떤 개입도 하지 않을 것이며, 미국이 소련의 코앞인 터키에 배치해놓은 미사일을 적당한 시차를 두고 철수하기로 약속했다. 그러나 터키 미사일 철수는 비공개로 한다는 합의를 얻어냈다. 따라서 소련이 쿠바에서 미사일을 철수했을 때, 이는 마치 흐루쇼프가 굴복한 것처럼 비쳤다. 애초에 소련 지도부와 군부는 쿠바에 미사일을 배치한다는 계획에 심각한 의구심을 품고 있었으나, 그럼에도 미사일 철거를 강요당하는 상황은 군의 입장에서(그리고 카스트로의 입장에서) 굴욕이 아닐 수 없었다. 1964년 10월 흐루쇼프가 권좌에서 밀려났을 때, 그가 저지른 중대한 과오 중 하나로 비판받은 것이 바로 쿠바 미사일 사태를 두고 벌인 무모한 행각이었다.[24] 그 밖에도 흐루쇼프가 권력을 장악하고 있는 동안 아첨을 떠는 데 여념이 없었던 대다수의 지도부 동지들이 돌아서서 그의 '충동적이고 쉽게 폭발하는 성향, 일방적이고 제멋대로인 리더십, 과대망상증'을 비판했다.[25]

마오쩌둥이 소련과 관계를 단절하게 된 계기 중 하나는, 그가 보기에 흐루쇼프가 미국과 평화로운 공존을 원했기 때문이다(그렇다고 하기엔 소련 리더의 행보가 매우 비일관적이었지만, 마오쩌둥의 불안감을 잠재우지는 못했다). 이후 브레즈네프 시대에 닉슨과 키신저가 소련 지도부와 상대적으로 긴밀한 관계를 맺었을 때도, 마오쩌둥은 비슷한 걱정을 하는 처지가 된다.

그렇지만 마오쩌둥 자신도 세계 양대 군사 대국과 동시에 껄끄러운 관계가 되는 상황을 피하기 위해 미국과 협력할 의사가 없었던 것은 아니다. 게다가 미국이 타이완(중화민국) 정부를 포기하고 자신들을 중국의 유일한 합법 정부로 인정하게 만드는 것은 베이징 지도부의 목표인 동시에 마오쩌둥의 숙원이기도 했다. 1972년 리처드 닉슨에 의해 드디어 미국이 중화인민공화국을 국가로 승인하게 되지만, 중미 관계의 보다 완전한 정상화가 이루어진 것은 1979년 지미 카터 대통령과 덩샤오핑 시대에 이르러서였다.[26] 1978년 덩샤오핑이 마오쩌둥의 뒤를 이어 실질적 통치자로 자리 잡은 후에야, 중국은 '개혁개방' 정책을 통해 비로소 자신들을 국제 시스템에 통합시키는 과정에 착수한다.[27] 덩샤오핑이 권력의 중심으로 복귀한 후 처음으로 방문한 나라는 그가 거의 60년 전에 마지막으로 갔던 싱가포르였다. 1920년에 '후미진 식민지'에 불과했던 싱가포르는 이제 '강국'이 되어 있었다.[28] 이 눈부신 발전을 주도한 리콴유李光耀의 말을 빌리자면, 싱가포르는 "제3세계에서 제1세계로" 탈바꿈했다. 오랜 정치 경력 동안 수많은 세계 정상과 알고 지냈던 리콴유는 1978년 덩샤오핑과 가졌던 회동을 이렇게 회고했다. "덩샤오핑은 내가 만난 리더 중에서 가장 인상적인 사람이다. 150센티미터의 단신이었지만 진정한 거인이었다. 74세의 나이에도 불편한 진실을 마주했을 때 기꺼이 마음을 바꾸는 유연함을 잃지 않았다."[29] 한편 덩샤오핑은 싱가포르의 발전에 깊은 인상을 받았다. 그는 이후 리콴유와 좋은 관계를 유지했고, 시장 경제를 성공적으로 안착시킨 이 화교들로부터 중국이 한 수 배워야 한다고 인정했다.

마오쩌둥이 급진적 이념을 바탕으로 혁명적 선례를 남겨서 세상을 깜짝 놀라게 하려고 했다면, 마오쩌둥의 후임자들은 보다 실용적인 정책을 추구했다. 바로 이 실용주의 노선을 덩샤오핑이 확립했다. 하지만 그도 대규모 군사 개입을 한 차례 승인한 적이 있었으니, 바로 베트남이 캄보디아의 폴 포트 정권을 몰아낸 것에 대한 대응으로 1979년 베트남을 침공한 중월 전쟁이다. 덩샤오핑이 미국을 방문했을 때, 그는 카터 대통령에게 베트남이 캄보디아를 점령한 데 대한 중국의 우려를 표명하고 '베트남에 교훈을 줄 것'이라는 중국의 의도를 알렸다. 당시 미국의 국가안보보좌관이었던 즈비그뉴 브레진스키는 중국이 그렇게 하겠다면 내버려두라고 카터를 설득했다.[30] 덩샤오핑은 회담에 참여한 백악관 관계자에게 단기전으로 마무리하는 것이 중국의 목표라고 밝혔다. 실제 전쟁은 오히려 덩샤오핑의 계획보다도 더 일찍 끝나버렸는데, 이는 중국의 승리와는 거리가 멀었기 때문이다. 베트남군의 격렬한 저항을 받은 중국인민해방군은 고전을 면치 못하다가 한 달도 채 못 되어 대략 4만 2,000명으로 추산되는 사상자를 내고 후퇴했다.[31]

중월 전쟁 이후 중국은 군의 근대화를 추진했지만, 무력보다는 주로 자국의 커져가는 경제력을 바탕으로 세계 전역에 영향력을 행사했다. 달라이 라마Dalai Lama를 지지하거나, 중국의 인권 유린에 대해 목소리를 높이거나, 타이완 독립에 대한 얘기를 꺼내는 나라는 고위급 접촉 기회를 제한한다거나 통상 및 투자 기회를 축소하는 등 보복을 가하면서 국익에 대한 상당히 좁은 시각을 견지했다. 그럼에도 실용주의 노선은 양안 관계 개선으로까지 확장되어, 타이완 국민 과반수가 공산주의 중국과의 정치적 통합 또는 법률상 독립 사이에서 양자택일하는 것보다 다원적 민주주의 체제하에서 사실상 자치권을 누리고 있는 현 상황을 선호할 정도가 되었다. 법률상 독립의 길을 선택할 경우 특히나 현재 타이완이 누리고 있는 중국 본토와의 상호 유익한 경제 관계가 끝장날 것이 명백한 데다, 중국의 침공은 물론 미국이 개입된 광범위한 전쟁에 휘말릴 가능성이 농후하기 때문이다. 마오쩌둥 사후 중국은 대외 직접 투자와 해외 원조라는 수단을 통해 전 세계 각 대륙에서 긴밀한 경제적 유대 관계를 구축해왔다. 중국의 대외 경제 활동 및 외교 활동은 상당 부분 에너지와 원자재 수요로 인한 것이나, 일부는 국제기구에서 정치적 지지를 확보하는 문제와도 관련이 있다. 저 멀리 카리브해에 위치한 조그마한 나라도 유엔에서 투표권을 행사할 수 있으니 말이다.[32] 중국의 경제력은 대약진 운동과 문화대혁명을 벌여 중국 경제를 쑥대밭으로 만들어놓았던 마오쩌둥 치하에서는 절대 불가능했던 방식으로 마오쩌둥 이후의 중국 지도부에 의해 주요 대외 정책 수단으로 활용되었다.★

마오쩌둥의 뒤를 이은 집단적 성격의 중국 지도부는 대외 정책 부문에서 전반적으로 위험 회피형 기조를 유지했다. 국내 인권 상황과 정치적 자유 및 민주주의 결여에 대한 비판에 취약한 21세기 중국은 같은 기간 독립적인 정치 활동을 갈수록 극심하게 통제해온 러시아와 함께 타국 내정에 간섭하지 않는다는 불간섭 정책을 굳건히 고수해왔다. 그러나 이런 방침에도 주도면밀한 현실주의가 적절히 가미되어 있었다.

★　　그러나 다른 나라들이 더욱 우려하는 사실은 중국이 '오늘날 세계에서 가장 공격적인 사이버 강국'(비록 다른 강력한 경쟁국들이 존재하지만)이라 불릴 정도로 고도의 사이버 침입cyber intrusions 기술을 개발해왔다는 것이다(David Shambaugh, *China Goes Global*, Oxford University Press, New York, 2013, p. 297.). 하지만 미샤 글레니Misha Glenny는 이렇게 썼다. "현재로서는 미국이 공격용 사이버 무기 개발 분야에서 선두 주자로 인정받고 있다. 그러나 중국, 프랑스, 이스라엘이 그 뒤를 바짝 쫓고 있으며, 인도와 영국도 그리 뒤처져 있지 않다."(Misha Glenny, *Dark Market: CyberThieves, CyberCops and You*, Bodley Head, London, 2011, p. 178.)

중국은 2003년 미국의 이라크 침공에 반대하는 입장이었지만, 오드 아르네 베스타Odd Arne Westad가 지적했듯이 어차피 일어날 일에 굳이 앞장서서 반대할 의사는 없었다. 따라서 중국은 '미국의 일방적인 행동에 반대하는 주도자' 역할을 러시아에, 그리고 프랑스나 독일 같은 미국의 유럽 내 우방에 맡겨놓는 것으로 만족했다.[33] 게다가 베이징의 대외 정책 부서는 "이라크 전쟁과 아프가니스탄 전쟁이 미국을 더 강하게 만들기보다는 약화시키고 있다"고 판단했다.[34]

중국과 마찬가지로 흐루쇼프 이후 소련(그리고 소련 해체 이후 러시아)의 집단 지도부도 비교적 신중한 국제 정책 기조를 유지했다. 아프리카 여러 나라에서 벌어진 내전에서 미소 양국은 서로 다른 측을 지원하며 아프리카인의 목숨을 걸고 대리전을 벌였으나, 앙골라 내전에서 쿠바군이 남아프리카공화국 아파르트헤이트 정권의 군대를 격퇴하며 중요한 역할을 담당했던 것은 크렘린이 아니라 피델 카스트로의 결정에서 나온 결과였다. 카스트로는 훗날 이렇게 회고했다. "제3세계 국가가 자국이 속한 지리적 영역 밖에서 벌어진 군사 분쟁에서 다른 나라를 지원한 것은 전례 없는 일이었다."[35] 1968년 체코슬로바키아 침공이나 1979년 아프가니스탄 침공 같은 브레즈네프 시대에 벌어진 소련 최악의 대외 정책 결정조차도 팽창주의적 시도와는 거리가 멀었다. 워싱턴은 소련의 아프가니스탄 침공을 팽창주의로 해석했지만, 사실 모스크바가 체코슬로바키아와 아프가니스탄에 군사력을 동원한 것은 기본적으로 이전 상태를 복구하기 위한 방어적 조치였다. 소련은 체코슬로바키아가 (소련의 동맹국으로 남아 있는 상태에서) 사회주의 소유 제도에 정치적 다원주의를 결합하려고 시도하자 이것을 무력으로 제압했다. 좀 더 현명한 크렘린 지도부였다면 무력 개입 대신 이 실험이 어떻게 전개되어 어떤 결말로 이어질지 지켜봤을 것이다. 소련의 개입은 기존의 소련식 체제를 복구했으며, 다른 동구권 국가에 소련이 허용하는 한계를 경고하는 역할을 했다. 또한 1980년대 말 소련의 영향력이 점차 줄어들었을 때 동구권 국가들이 소련에 완전히 등을 돌리는 결과를 낳았다.

소련군의 아프가니스탄 파병은 이 이웃 나라에서 소련에 적대적인 정권이 수립되지 않도록 하는 것이 목적이었다. 형식적으로는 정치국 전체의 결정이었지만, 실제로는 일인 단독 지시까지는 아니어도 극소수에 의해 비밀리에 추진되었다. 이 무렵 건강이 좋지 않았던 소련 리더 레오니트 브레즈네프는 논의가 한참 진행된 후에야 보고를 받았다. 상대적으로 온건파였던 그는 미국과의 관계가 더 이상 악화되는 것을 원하지 않았기에, 계획을 꾸민 이들은 아프가니스탄 점령이 단기간 내에 마무리될 거라고 브레즈네프를 설득했다. 고위 정치국원 중에서(그리고 이 결정에는 그들만 참여했다) 알렉세이 코시긴 각료평의회 주석이 군사 개입에 가장 강하게 반대했다. 두 개의 파벌로 갈라져 치열하게 대립하던 아프가니스탄 공산주의 세력 내부에서 보다 급진적 단체의 리더인 누르 무함마드 타라키Nur Mohammad Taraki가 1979년 3월 신정권의 입지를 굳히기 위해 소련의 군사 개입을 끈질기게 요청했다. 코시긴은 오직 무기와 기술 지원만 제공하겠다며 "우리의 적들은 소련군이 아프가니스탄에 진군하기만을 기다리고 있다"고 덧붙였다.[36] 그러나 주요 대외 정책 결정은 서기장의 동의가 필수였기 때문에 최종 결정을 내린 것은 브레즈네프였다. 소련의 아프가니스탄 군사 개입이 필요하다고 그를 설득했던 세 사람은 KGB 의장 유리 안드로포프Ymity Andropov, 국방부 장관 드미트리 우스티노프, 외무장관 안드레이 그로미코였으며, 그중에서도 안드로포프와 우스티노프가 결정적인 영향을 미쳤다.

1978년 4월 아프가니스탄에 수립된 공산 정권은 상대적으로 모스크바의 영향을 덜 받았다. 소련이 기존 아프간 정권과 맺었던 복잡하지 않은 관계에 비해, 새로 정권을 잡은 공산주의 세력은 소련 지도부에 심각한 골칫거리로 판명되었다. 그들은 권력을 장악한 후에도 기존의 적을 탄압하는 것만큼이나 내부 파벌끼리 대립해 죽고 죽이며 권력 쟁탈전을 벌이는 데 열중했다. 1979년 12월 소련이 침공을 감행했을 때는 타라키와 같은 파벌의 잔혹한 라이벌 하피줄라 아민Hafizullah Amin이 타라키를 구속 후 살해한 뒤 스스로 아프간 대통령 자리에 오른 상황이었다. 안드로포프, 우스티노프, 그로미코는 아민을 신뢰하지 않았고, 특히 안드로포프와 KGB는 그가 이집트 대통령 사다트처럼 미국 편에 붙을 것을 우려했다.[37] 아민은 미국에서 유학했던 이력이 있기에, KGB는 그가 미국 CIA를 위해 일하고 있다고 의심했다.

전임자 타라키와 마찬가지로 아민도 아프가니스탄 내 공산 통치를 공고히 하기 위해 소련의 군사 개입을 요청했다. 1979년 12월 27일 그는 마침내 소련군이 와준 것을 축하하는 오찬을 열었다. 소련 KGB는 이 기회를 틈타 아민 독살을 시도했다. 암살 기도가 실패로 돌아가자, 그날 밤 소련군은 궁을 습격하여 중독 증세로 고통받고 있던 아민을 사살했다. 여기까지는 쉬웠지만, 얼마 지나지 않아 소련 지도부는 아프가니스탄에 들어가는 것보다 손을 떼고 나오는 것이 훨씬 더 어렵다는 사실을 깨닫게 되었다. 1985년 3월 고르바초프가 서기장직에 오르기 전부터, 이미 그의 전임자들은 소련이 기껏해야 제한된 성공을 거두고 있으며 장기간 이어진 전쟁이 소련의 국제적 위상을 훼손시켰다는 사실을 알고 있었다. 소련은 제3세계에서 친구를 잃었고 미국 및 중국과의 관계도 악화되는 외교적 비용을 치러야 했다. 따라서 고르바초프는 집권 초기부터 소련군 철수 의사를 갖고 있었다. 그는 비슷한 상황의 서방 리더들(2010년대에 아프가니스탄에 주둔군을 둔 미국 대통령을 포함하여)과 마찬가지로 외부에 굴욕적인 퇴각으로 비치지 않는 방식으로 철수하길 원했다. 1987년 여름 고르바초프가 대외 정책 보좌관 아나톨리 체르냐예프 Anatoliy Chernyaev에게 얘기했던 것처럼, 비록 "브레즈네프의 정책을 방어해야 한다는 사실이 고역이었다" 하더라도, 서방 리더들과 마찬가지로 그도 희생된 병사들의 부모에게 자식이 헛되이 목숨을 잃었다고 말할 수는 없는 노릇이었다.[38] 1989년 2월 마지막 소련 병사가 아프가니스탄을 떠날 때까지 2만 5,000명 이상이 죽고 5만 명 이상이 다쳤다. 그리고 훨씬 더 많은 이들이 외상 후 스트레스 장애를 겪었다. 아프가니스탄 측의 인명 손실은 막대했다. 소련-아프가니스탄 전쟁 기간 중 도합 100만 명이 넘는 사람들이 목숨을 잃었다.[39]

냉전 시대에 냉전 편집증에 시달린 자유 진영과 공산 진영 모두 수많은 어리석은 결정을 내렸고, 무력 개입은 대부분 의도와 달리 실패했다. 정부는 번번이 몇 주 또는 몇 달 내로 군사 작전이 종결될 것이며, 그 이후에는 적절한 수준의 현지 정부가 안정적으로 수립될 것으로 생각했다. KGB 고위 간부가 아닌 외부 전문가에게는 소련의 아프가니스탄 침공 결정에 영향을 미칠 기회가 주어지지 않았다. 모스크바의 어떤 기관보다 급진적 개혁파가 더 많이 포진하고 있던 정치경제분석연구소의 소장 올레그 보고몰로프Oleg Bogomolov는 1980년 1월 20일 소련 공산당 중앙위원회에 군사 개입의 '무용성과 유해성'을 논하는 보고서를 제출했다.[40] 하지만 때는 이미 늦었다. 1979년 12월 12일에 이미 참석자 전원이 서명하는 정치국 회의에서 그해 말에 시작될 군사 개입이 공식적으로 비준되었다. 여기에 반대했던 코시긴(그는 아프가니스탄 공산주의자들에게 외국 군대의 도움 없이 미국과 중국을 물리쳤던 베트남의 모범을 따르라고 여러 번 권고했다)은 이 회의에 불참했다.[41] 군사 개입의 장단점은 한 번도 정치국 전체 단위에서 논의된 적이 없었고, 코시긴의 반대는 아프가니스탄 침공을 결정한 소수 내부 집단에 의해 묵살되었다.

영국 '강한 리더'의 자기 기만

이제 민주주의 국가로 주의를 돌려보면, 동료 정치인들 위에 군림하면서 자신의 판단력을 과신한 나머지 비극적인 결론에 도달한 영국 총리가 여럿 있었다. 그중에서도 가장 두드러진 사례를 두 건 꼽자면, 먼저 1956년 앤서니 이든이 프랑스 및 이스라엘과 결탁하여 이집트를 침공했던 것, 그리고 2003년 토니 블레어의 이라크 침공이다. 후자를 주도했던 것은 물론 미국이었고, 영국과 달리 미국은 내부적으로 어느 정도 합의가 이루어진 상태였다. 블레어가 영국인의 목숨과 영국의 자원을 이 합동 작전에 투입하기를 자청했든 안 했든, 미국은 이라크를 공격했을 것이다.[42]

이들이 과연 국민을 어느 정도까지 속였는지는 논란의 여지가 있지만(그중에서도 이든의 속임수는 분명하게 드러난다), 그들은 무엇보다도 자기기만의 죄, 믿고 싶은 것만 믿는 죄를 범했다. 이든과 블레어는 자신의 결정이 가져올 결과를 가장 잘 예상할 수 있는 전문가의 지식과 판단을 무시했다. 이든과 블레어의 결정에 대한 국민의 지지는 시간이 지나면서 크게 감소하지만, 초기에는 수백만 명의 영국 국민이 두 총리의 말을 액면 그대로 받아들이면서 여론이 대략 반반으로 나뉘었고, 특히 영국의 군사행동을 지지하는 경향이 강했다.★

　1956년에는 제1야당인 노동당과 자유당이 함께 이집트 침공에 반대하고 나섰다. 반면 2003년에는 당시 제1야당인 보수당의 대표였던 이언 덩컨 스미스Iain Duncan Smith가 블레어와 누가 더 열심히 미국을 지원하는지 경쟁이라도 하는 듯했다. 영국에서 이라크 전쟁에 반대한 정치 세력은 자유민주당과 스코틀랜드 국민당, 그리고 상당한 규모의 소수파 노동당 의원들, 그보다 훨씬 더 적은 수의 보수당 의원들, 그리고 어느 정당에도 속하지 않은 수백만 명의 시민이었다. 부적절한 대외 정책

★　1956년 11월 1-2일 이집트의 군사 목표물에 대한 영국 측의 공습이 시작된 직후 여론 조사에서 '이집트에 대한 군사행동이 옳다고 생각하는가, 아니면 잘못되었다고 생각하는가?'라는 질문에 응답자의 37퍼센트만이 '옳았다'라고 답했으며 44퍼센트가 잘못되었다고 답했다. 이집트에 영국 지상군이 투입되어 교전을 시작한 후에는 군사행동을 지지하는 집회가 열리기도 했고, 11월 10-11일에 진행된 여론 조사에서는 응답자의 53퍼센트가 영국의 중동 개입 상황에 만족한다고 답했으며, 32퍼센트는 반대한다고 답했다. Hugh Thomas, *The Suez Affair*, Weidenfeld & Nicolson, London, 1967, p. 133 참조. 이라크 전쟁에 대한 영국 국내 여론도 이와 비슷하게 양분되었지만, 수에즈 사태 때와 비교할 때 초기에는 군사행동에 찬성하는 측이 더 많았다. 양대 정당이 모두 이를 지지했다는 사실은 노동당이 군사력 사용에 반대했던 1956년과의 중요한 차이점이었다. 2003년 3월 28일부터 31일까지 진행된 MORI 여론 조사에 따르면, 토니 블레어가 이라크 문제에 제대로 대처했다고 응답한 사람이 47퍼센트, 잘못 대처했다고 응답한 사람이 44퍼센트였다. 군사행동 자체에 대한 지지는 찬성 56퍼센트와 반대 38퍼센트로 차이가 더 컸다. 이와는 대조적으로, 미국에서는 이라크 전쟁이 훨씬 긍정적인 반응을 얻었다. 영국의 여론 조사와 같은 기간에 미국에서 시행된 설문 조사에서 조지 W. 부시 대통령이 이라크 문제에 잘 대처하고 있다고 응답한 이는 69퍼센트에 달하는 것으로 나타났다. http://ipsos-mori.com/newsevents/ca/180/Iraq-PublicSupport-Maintained-8212-The-State-Of-Public-Opinion-On-The-War.aspx 참조. 미국과 영국 국민의 이라크 전쟁에 대한 과반수 지지는 몇 년 지나지 않아 과반수 이상의 반대로 역전되었다.

결정을 정당화하기 위해 잘못된 역사적 비유가 동원되기도 하고, 역으로 대외 정책 결정이 이에 영향을 받기도 한다.[43] 수에즈 사태와 이라크 전쟁 때는 2차 세계대전 이래 주기적으로 재활용된 역사적 비유 중에서도 가장 상투적인 비유가 동원되었다. 네빌 체임벌린은 사후에 대대손손 절대 따르지 **말아야** 할 사례(독재자에 대한 유화 정책)를 제공한 불운한 인물로 남고 말았다. 히틀러나 무솔리니와도 협상할 수 있다는 믿음으로 펼친 유화 정책의 책임이 체임벌린 개인에게 돌아간 이유는 의사 결정 과정을 독점하려는 그의 통치 스타일 때문이다. 그런데 이후 영국에서 체임벌린과 거리 두기에 제일 신경 썼던 총리들이 결국 그와 똑같은 실수를 범하고 말았다.

체임벌린과 유화 정책

1938년 9월 당시에는 체임벌린을 지지하는 여론이 대세였다. 1956년과 2003년에 이든과 블레어 정부의 조치에 반대했던 이들의 규모와 비교했을 때, 1938년에 유화 정책에 반대하는 국민은 훨씬 적었다. 히틀러가 체코슬로바키아인과 주데텐란트 독일인 사이에 불을 지핀 분쟁에 대해 체임벌린이 "우리가 아는 것이 전혀 없는 민족 간의" 일이라고 일갈했을 때, 이를 유감스럽게 여기는 사람은 거의 없었다. 게다가 체임벌린이 이 말에 앞서 했던 발언은 더 광범위한 공감을 얻었다. 그는 이 "머나먼 나라"에서 발생한 시비로 인해 "우리가 여기서 참호를 파고 방독면을 써야 한다면" 그 얼마나 "끔찍하고, 불합리하고, 터무니없는" 일이겠느냐고 했다. 체임벌린이 1938년 9월 30일에 뮌헨 협상을 마치고 귀국하여 "우리 시대는 평화로울 것입니다"라고 선포했을 때, 국민의 반응은 열광적이었다.[44] 1차 세계대전의 대학살을 경험한 후 또다시 그런 참사가 벌어지는 것을 막으려는 열망은 충분히 이해할 수 있다. 체임벌린 덕분에 독일과의 전쟁을 1년 늦출 수 있었던 것이 영국에 유리하게 작용했다는 주장도 일리가 있다. 그동안 군비를 확충했을 뿐만 아니라, 이후 나치 독일의 폭거를 목격한 영국 국민이 전쟁과 그에 따른 희생을 치를 마음의 준비가 되었기 때문이다.

그러나 스탈린이 단순히 시간을 벌기 위해 독소 불가침 조약을 맺은 것이 아니었듯이, 체임벌린도 시간을 벌려고 히틀러와 뮌헨 협정을 맺은 것은 아니었다. 두 사람은 실제로 히틀러가 약속을 지킬 것이라 믿었고, 체임벌린은 자신이 단지 개전 시기를 늦춘 것이 아니라 '명예로운 평화'를 확보했다고 믿었다.[45] 체임벌린의 전임자 스탠리 볼드윈 총리도 분쟁을 피하려고 노심초사했지만, 대외 정책에 지속적인 관심을 보이지는 않았다. 1936년 가을, 그는 외무장관 앤서니 이든에게 이제 자신은 국왕과 그의 연인에 의해 제기된(그리고 이후 에드워드 8세의 퇴위로 이어지는) 문제에 집중할 테니 외교 문제는 알아서 처리하라고 했다. 실제로 3개월이 지나도록 총리는 외교에 완전히 신경을 끄고 아무런 관여도 하지 않았고, 이든은 이를 '놀라운 방침'이라 여겼다.[46]

로이 젠킨스는 볼드윈 전기에 그는 "체임벌린만큼이나 유화론자였지만, 체임벌린보다 덜 교조적이고 덜 독선적"이었다고 평했다.[47] 이 발언의 후반부는 틀림없는 사실이겠으나, 볼드윈이 과연 유화론자였는지는 미심쩍다. 볼드윈 정부와 체임벌린 정부에서 공군 장관을 지내다가 체임벌린에게 해고된 스윈턴 백작(당시 스윈턴 자작)은, 볼드윈이 "외국인을 별로 좋아하지 않았던 것 같고, 외국인을 이해하지 못했던 것은 확

실하다"고 말했다. 이 일화는 볼드윈이 '외교를 회피했다'는 견해를 뒷
받침한다.[48] 하지만 장관들이 각자 맡은 일을 재량껏 추진하도록 허용
했던 볼드윈은 스윈턴과 공군부가 허리케인이나 스핏파이어 같은 신
형 항공기에 투자하고 레이더를 개발하려고 노력하는 것까지 방해하
지는 않았다. 반면 정책 결정 과정에 끊임없이 간섭했던 체임벌린은 군
비 확충에 우선순위를 두지 않았으며, 이는 1938년 5월 말 스윈턴을
공군 장관에서 해임한 일에서도 드러난다. 수년 후 처칠은 스윈턴에게
"그들은 당신을 영국 본토에서 항공전을 승리로 이끈 공군을 구축했다
는 이유로 해임했지만, 그들은 당신이 이룬 바를 무위로 돌리지 못했습
니다"라며 칭송했다.[49] 볼드윈은 1936년 11월 하원 연설에서, 지난 총
선 때 독일이 재무장을 추진하고 있으며 "우리도 군비를 확충해야 한
다"고 주장했다면, "평화를 사랑하는 우리 민주 사회"에서 그것보다 더
확실하게 선거에서 패배하는 방법은 없었을 것이라고 말하여 윈스턴
처칠을 포함한 많은 이들의 비판을 받았다.[50] 스윈턴은 영국이 1935년
총선 당시 군비 확충을 진행하고 있었으며(비록 처칠이 원하는 수준으로 빠르게
진행되지는 않았지만), 특히 공군의 지출이 크게 증가했다고 지적한다.[51] 물
론 이를 앞장서서 추진했던 것은 총리가 아니라 관련 부처 장관이었다.

　체임벌린의 리더십 스타일은 볼드윈의 유화적이고 합의를 추구하
는 스타일과 극적인 대비를 이뤘다. 스윈턴이 지적했듯이, 체임벌린이
전제 군주처럼 자신에 대한 비판을 용납하지 못하게 된 것은 생애 처음
으로 외교 문제에 발을 들였을 때부터였다. 그는 자신이 가장 미숙한 바
로 그 분야에서, 오히려 "용납하기 힘들 정도로 자기주장만 내세우면
서, 때로는 각료나 전문가와 상의도 없이 독단적으로 결정을 내리고 새

로운 정책을 추진했다."[52] 볼드윈 시절에 총리가 외교 문제에 관심이 없다고 불평했던 외무장관 이든은 이번엔 총리가 거꾸로 너무 관심이 많아서 문제라고 한숨 쉬는 처지가 되었다. '고집불통의 노인과 고집불통의 청년'의 관계는 시작부터 껄끄러웠고, "체임벌린이 사적 인맥을 비밀에 부치고, 신비에 싸인 중개자들과 은밀히 메시지를 주고받거나 회동을 하는 행태에 이든이 분개하는 것도 무리는 아니었다."[53] 집단 안보와 국제연맹을 중시하여 체임벌린과 대립했던 외무장관은, 그럼에도 불구하고 본질적으로 총리의 정책이자 자신은 동의하지 않는 정책을 옹호해야 하는 처지에 놓였다. 체임벌린이 무솔리니와 협상 내용이나 범위가 정해지지 않은 회담을 갖기로 결정하자 더 이상 참을 수 없게 된 이든은 1938년 2월에 마침내 사임했다. 그런데 이든의 사임은 장기적으로 봤을 때 유화 정책과 그에 따른 실패의 집단 책임을 피할 수 있었던 신의 한 수였다. 덕분에 이든은 1940년 처칠에 의해 (잠시 전쟁부 장관을 거친 후) 외무장관으로 발탁되었고, 2차 세계대전이 끝날 때까지, 그리고 1951년부터 1955년까지 처칠 정부에서 이 직책을 계속 맡았다.[54]

체임벌린은 자신의 대외 정책에 찬성할 사람만 주변에 두길 원했으며, 유화 정책을 가장 적극적으로 비판했던 보수당 의원들은 아예 정부에 들이지도 않았다. 따라서 그는 기꺼운 마음으로 이든의 빈자리에 핼리팩스 경을 임명했다. 내각에서 가장 유화 정책에 비판적이었던 앨프리드 더프 쿠퍼Alfred Duff Cooper는 이 변화를 개탄하면서, 일기에 "핼리팩스는 유럽에 무지하고, 외국인에 무지하고, 사람들에 무지하기 때문에 형편없는 외무장관이 될 것"이라고 썼다. 핼리팩스는 '유해한' 영향력의 소유자인 『더 타임즈』 편집장 제프리 도슨Geoffrey Dawson의 '절친한 친구'이기도 했다.[55] '국민노동당' 의원으로 거국 일치 내각 멤버였던(그리고 외교 경험이 풍부한 반유화론자이자, 갈수록 동료 평의원 윈스턴 처칠과 같은 견해를 갖게 되었던) 해럴드 니컬슨Harold Nicolson은 1938년 8월 26일 일기에 총리에 대해 이렇게 썼다. "체임벌린은 세계 정치가 뭔지 전혀 모른다. 그렇다고 그 분야를 잘 아는 사람의 충고를 듣는 것도 아니다."[56]

군비 확장을 가장 강력하게 지지했던 노동당 의원 중 한 명인 휴 돌턴은 체임벌린이 외교 경험이 별로 없고, 잘 속아 넘어가는 데다, 아는 것도 없을뿐더러 한술 더 떠서 "체임벌린 자신처럼 자질이 부족한 고문을 경험, 명민함, 지식을 갖춘 사람보다 선호한다"고 평했다. 이를테면 체임벌린은 히틀러와 협상을 하러 가면서 외무부 고위 관료는 한 명도 대동하지 않고, 국제 관계 분야가 아니라 산업 분쟁 분야의 전문가인 호러스 윌슨Horace Wilson 경을 데려갔다.[57] 스윈턴 백작은 체임벌린이 "자신이 독재자를 다루는 방법을 알고 있고 그들을 이성적으로 설득할 수 있다는 개인적 소신"을 갖고 있었다면서,[58] 이렇게 말했다. "네빌이 북 치고 장구 치면서 혼자 다 했다. 만일 누가 그의 판단에 의문을 제기하는 듯하면 노여워했다. 그는 무솔리니와 하는 협상과 공식적·비공식적 접촉을 혼자 독점했다. 뮌헨의 경우도 마찬가지였다. 그는 자신이, 그리고 오직 자신만이 히틀러와 무솔리니를 이해하고 그들과 원만한 관계를 형성하여 평화적인 해결안을 도출해낼 수 있다고 굳게 믿고 있었다."[59] 뮌헨 협정 당시 체임벌린은 이미 퇴임한 스윈턴에게 의견을 물었다. 스윈턴은 이 협정이 군용기 생산 프로그램이 완료될 때까지 '1년의 유예기간'을 벌어준 가치 있는 성과라고 생각한다면서, 총리가 군비 확충을 위해 최선을 다한다면 자신도 뮌헨 협정을 지지할 것이라고 답했다. 체임벌린은 이렇게 대꾸했다. "아니, 평화 협정을 맺었다니까요."[60]

　히틀러가 체임벌린과 맺은 약속을 지키지 않을 것이라는 사실이 명백해지기 전까지, 총리의 전쟁 회피 노력에 반대하고 나선 의원은 소수에 불과했다. 노동당은 강한 반전 기조와 맹렬한 반파시즘 기조가 충돌하는 내부 딜레마를 해결하지 못했다. 실제로 노동당은 1935년 공군부 예산이 의회에 상정되었을 때 스윈턴이 제안한 공군 경비 증가안을 반대했다.[61] 노동당에도 군비 확장을 지지하는 세력이 일부 존재했지만, 야당의 공식 노선은 군비 경쟁을 반대하는 입장이었다.[62] 체임벌린은 개인적으로나 정치적으로 노동당 정치인들의 미움을 한몸에 받았지만, 의회 보수당 내부에는 그를 맹목적으로 따르는 추종자들을 넉넉히 확보하고 있었다. 그중에서도 레이디 오너 기니스Lady Honor Guinness와 결혼한 후 보수당 의원으로 정계에 발을 들인 런던 사교계의 총아 미국인 헨리 ('칩스') 채넌Henry ('Chips') Channon 경은 체임벌린의 열렬한 추종자였다.★ 체임벌린이 9월 28일 하원에서 내일 아침 뮌헨에서 히틀러를 만나기로 했다고 자랑스레 발표한 날, 채넌은 일기에 "영원히 지속될 총리에 대한 존경심"으로 가슴이 벅찼으며 "그를 와락 안아주고 싶은 마음이 간절했다"라고 남겼다. 그는 당시 하원의 상황을 이렇게 묘사했다. "우리는 모두 좌석 위로 뛰어올라 의사 일정표를 쥐고 마구 흔들면서 목이 쉴 때까지 고함을 질렀다. 형언할 수 없을 만큼 열광적인 광경이었

★　채넌의 일기는 통상 이런 식이다. 1938년 6월 19일자 일기를 보자. "오늘 『선데이 익스프레스 Sunday Express』는 내가 사실 39살이 아니라 41살이라는 취지의 내용이 포함된 기막힌 기사를 내면서, 내가 고의로 인명사전에 가짜 나이를 실었다고 암시했다. 문제는 그것이 사실이라는 거다."(*Chips: The Diaries of Sir Henry Channon*, edited by Robert Rhodes James, Penguin, Harmondsworth, 1970, p. 198.)

다. 이제 평화는 확보되었고, 더불어 세상도 구원되었다."⁶³ 더프 쿠퍼
의 일기는 좀 더 균형 잡힌 그림을 제공한다. "대단한 광경이었다. 정부
를 지지하는 의원은 모두 일어나 환호성을 질렀고, 반대파 의원들은 침
울하게 자리를 지켰다."⁶⁴

더프 쿠퍼는 총리의 절대적 자기 확신에 맞선 몇 안 되는 각료였다.
그는 볼드윈 총리 시절에 육군 장관으로 재임했고, 체임벌린에 의해 해
군 장관으로 자리가 바뀌었다. 그 자리에 있으면서 더프 쿠퍼는 체임벌
린에 대한 불만이 커졌다. 자기 일기에 체임벌린이 "반대라면 무조건 질
색한다"고 적었던 그는 자신이 직접 총리에게 반대하는 역할을 하기로
결심했다.⁶⁵ 외무부 안에도 다양한 견해가 존재했지만, 유럽 정세에 밝
은 이들은 독일과 이탈리아의 독재자들에 대해 총리보다 더 단호하고
현실적인 노선을 취했다. 더프 쿠퍼는 1938년 9월 11일에 '감탄스러
운' 외무부 전보를 입수했다. 문서에 따르면, 외무부는 영국 대사 네빌
헨더슨Nevile Henderson 경에게 "전쟁이 벌어질 경우 우리가 어떤 입장을 취
할 것인지 독일 정부에 분명히 알려두라"고 지시했다. 대표적인 유화론
자였던 헨더슨은 역효과를 가져올 것이 분명한 이 지시를 재고해달라
고 사정하는 답장을 잇달아 보냈고, 정부는 뜻을 굽혔다.⁶⁶ 더프 쿠퍼는
여기서 '정부'란 이제 단 네 사람(총리, 재무장관 존 사이먼John Simon 경, 외무장관 핼
리팩스 경, 내무장관 새뮤얼 호어Samuel Hoare 경)을 의미한다고 지적했다.⁶⁷

1938년 9월 말 독일이 일으킨 파란이 점점 심화되자, 체임벌린은 9
월 27일 저녁 8시에 라디오로 대국민 담화를 발표했다. 더프 쿠퍼에게
"이것은 실로 암울한 연설이었다. 프랑스에 대한 언급이나 체코슬로바
키아에 대한 지지는 한마디도 없었다. 총리는 주데텐란트에 대한 히틀

러의 감정을 충분히 이해하고도 남는다고 말하면서 그에게만큼은 공감을 표했다. 함대 동원에 대해서는 일언반구도 없었다. 나는 화가 머리 끝까지 치밀었다."[68] 같은 날 저녁 각료 회의가 열렸고, 더프 쿠퍼는 그날 밤 일기에 이렇게 기록했다. "나는 곧바로 발언을 시작했다. 실세 사인방보다 먼저 노를 젓는 것이 중요하다고 생각했다. 일단 그들이 발언하고 나면 각료 대부분을 구성하는 예스맨들이 그들에게 동의할 것을 알고 있었기 때문이다."[69] 그는 베를린 주재 영국 대사 헨더슨이 "시작부터 패배주의자라는 것을 스스로 드러냈다"고 말하면서, 체임벌린이 방송에서 체코인들을 격려하지 않고 '히틀러에게만 공감 능력을 발휘한 것'에 실망을 토로했다. "지금 우리가 체코 국민을 버린다면, 혹은 심지어 그들에게 항복하라고 조언한다면, 우리는 역사상 가장 야비한 배신자로 기록될 것입니다."[70] 9월 29일 체임벌린은 뮌헨으로 날아가 독일의 체코슬로바키아 진격을 포함해 히틀러가 원하는 조건들에 '합의'하고, 영국과 독일은 서로 전쟁을 일으키지 않는다는 약속을 주고받은 후 귀국했다. 체임벌린은 다음 날 런던에서, 더프 쿠퍼의 표현에 따르면 형언하기 힘들 정도로 열광적인 인파의 환영을 받았다. 쿠퍼는 "내가 공감할 수 없는 기쁨에 취한 사람들 사이에서 몹시도 외로웠다"고 덧붙였다. 그는 같은 날 각료 회의에서 뮌헨 협정을 규탄하고 내각에서 사임했다.[71]

해럴드 니컬슨을 비롯한 비판자들은 이듬해 히틀러가 체코슬로바키아의 나머지 지역까지 합병한 후에도, 체임벌린이 앞에서는 군비 확장을 추진하면서 뒤로는 호러스 윌슨을 개인 사절로 파견하여 은밀하게 유화 정책을 추진하는 '이중 정책'을 펴고 있다고 봤다. 체임벌린은

1939년 4월에 정부를 재구성했지만, 니컬슨의 20일자 일기에 따르면 "체임벌린은 예스맨 외에는, 누구도 내각에 포함시키기를 완강히 거부하여 큰 실망을 불러왔다."[72] 나치 독일과 파시스트 이탈리아의 팽창에 스탈린의 소련과 연합하여 대항하는 것은 대부분의 체임벌린 정부 인사에게 삼키기 힘든 약이었다. 총리 자신도 이 동맹만은 피하려고 했기 때문에, 1930년대 말 영국 정부에게 더 이상 쉬운 일은 남아 있지 않았다.★

체임벌린이 전쟁을 방지하려고 노력했던 것은 잘못이 아니다. 처칠은 영국(및 여전히 존재했던 대영제국)이 기꺼이 전쟁을 치를 각오가 되어 있다고 공언하고 미리 전쟁 준비를 했다면 독일과 전쟁을 치르지 않아도 됐을 것이라고 주장하지만, 이 주장을 회의적으로 보는 시각에도 충분한 근거가 있다. 히틀러의 성격과 나치 이데올로기의 본질을 감안할 때, 같은 권위주의적 통치자라 해도 이성적으로 행동하는 사람에게 통했을 방법이 히틀러에게도 같은 효력을 발휘했을 것이라는 보장은 없다. 체임벌린의 잘못은 그가 영국 국경 너머에 대해 훨씬 깊은 지식과 경험을 가진 사람들보다 본인이 대외 정책을 더 잘 이해하며, 오직 자신에게

★　　둘째가라면 서러운 반공주의자인 후임 총리 윈스턴 처칠은 1941년 6월 드디어 소련이 2차 세계대전에 참전하자 크게 안도했다. 조지프 케네디의 뒤를 이어 런던 주재 미국 대사로 취임한 길버트 위넌트Gilbert Winant는 나치 독일이 러시아를 침공하기 전날인 1941년 6월 21일, 조만간 독일이 러시아를 침공할 것이라 확신하고 있던 처칠과 담화를 나눴다. '대표적 반공주의자'로서 소련을 지지하기 난처하지 않겠느냐는 존 콜빌 보좌관의 발언에 처칠은 이렇게 대답했다. "천만에요. 내 목표는 오직 한 가지, 히틀러를 무찌르는 것이고, 따라서 내 삶은 훨씬 단순해졌습니다. 만일 히틀러가 지옥에 쳐들어간다면 나는 적어도 하원에서 악마 측에 호의적인 발언을 할 것입니다." Churchill, *The Second World War, Volume III: The Grand Alliance*, Cassell, London, 1950, p. 331와 Colville, *The Fringes of Power: Downing Street Diaries 1939－1955*, Hodder and Stoughton, London, 1985, p. 404 참조.

만 독재자들과 건설적인 관계를 수립하고 평화를 유지하는 능력이 있다고 착각했던 것이다. 그는 독일과 이탈리아 정권의 해외 침략과 국내 범죄를 사소하게 치부하는 과오를 저질렀다. 무엇보다 중요한 것은 체임벌린이 집권당 내부의 만만찮은 비판자들과 잠재적 라이벌들을 내각에서 배제하고, 정부 최고위층에서 벌어지는 토론을 억누른 채 독자적으로 대외 정책을 수행했다는 사실이다. 결국 그는 총리 한 사람의 손에 권력이 지나치게 집중되는 것이 얼마나 위험한지를 증명하는 사례로 역사에 남게 되었다.

이든과 수에즈 위기

1955년 처칠의 뒤를 이어 총리로 취임한 앤서니 이든 경은 네빌 체임벌린과는 매우 다른 배경을 가진 인물이었다. 체임벌린이 총리가 되기 전에 국내 정책 부문에서 정치 경력을 쌓았다면, 이든은 주로 대외 정책 분야에서 활동했다. 그는 중동 문제에서 오랜 경험을 쌓았고, 페르시아어와 아랍어를 할 줄 알았다. 아이러니하게도 총리로 취임한 후 이든의 명성이 회복 불가능한 지경에 이른 것은 대외 정책, 그중에서도 특히 중동 정책에서 저지른 엄청난 판단 착오 때문이다. 이든의 실패는 체임벌린처럼 넓은 세상에 대한 무지 탓으로 돌릴 수 없다. 문제의 핵심은 그동안 약한 리더로 인식됐던 이든이 강한 모습을 보여주고 싶어 했다는 사실이다. 예전에 이든의 보좌관으로 근무했으며 총리 재임 시 외무부 중동 담당 차관을 맡았던 에벌린 셕버러Evelyn Shuckburgh 경은 이든의 짧은 총리 시절에 이런 일기를 남겼다. "그는 주로 자신의 이미지에 신경 쓰면서 몽상에 빠져 있다. 총리가 된다는 야망을 달성하면 좀 강한 인물로 거듭나지 않을까 기대했는데 그럴 기색이 전혀 없다."[73] 이든은 언론의 비판에 극히 민감했는데, 그중에는 그가 우유부단한 리더라는 비판도 있었다. 이든과 1956년 수에즈 위기에 관한 뛰어난 책을 쓴 키스 카일Keith Kyle이 지적했듯이, "그는 주저하는 모습을 보이지 않는 것에 집착하게 되었다."[74]

가말 압델 나세르 대령은 1952년 자유 장교단의 쿠데타를 성공시킨 후 가장 결단력 있고 명망 높은 정계 인사로 떠오르면서 이집트 정권을 장악했다. 권력 투쟁에서 승리한 그는 1954년 총리직에 올랐고, 1956년에는 대통령 자리까지 차지했다. 나세르는 이집트의 무슬림형제단(그중 한 명은 그를 암살하려고 시도했다) 및 공산주의 세력 양측과 모두 대립하는 아랍 민족주의자였다. 하지만 국내 공산주의자들을 탄압했던 전력은 몇 년 뒤 그가 소련과 우호적인 관계를 맺을 때 아무 걸림돌이 되지 않았다. 당시 영국 외무장관이었던 이든은 나세르와 원만한 관계를 구축하고자 했고, 이집트와 관계를 회복시킬 수 있는 정책을 폈다. 1954년에 양국은 이집트 주둔 영국군이 1956년까지 수에즈 운하에서 전격 철수한다는 합의에 도달했다. 처칠은 이 '황급한 퇴각' 정책이 마음에 들지 않았지만 동의했다. 반면, '수에즈 그룹'이라 알려진 일부 우익 보수당 평의원은 이를 노골적으로 비판하고 나섰다.[75] 영국군이 완전히 철수하자, 6주 만에 나세르는 수에즈 운하를 국유화했다.[76] 미국과 영국이 나세르의 숙원 사업이었던 나일강 아스완 댐 프로젝트에 자금을 지원하기로 약속해놓고는 말을 바꿔서 이집트인들의 기대를 깼던 것도 이런 사태를 불러온 원인이다. 아스완 댐은 이후 소련의 지원을 받아 건설되었다.

나세르는 7월 26일 연설을 통해, 영국과 프랑스가 지분을 보유한 수에즈 운하 회사 소유의 수에즈 운하를 국유화한다고 전격 발표했다. 그는 이집트가 '운하 회사 및 회사 재산 인수'를 시작했으며, "이집트 땅에 위치하고 이집트의 일부이며 이집트가 소유한 … 운하의 해상 운송을 직접 통제"하기 시작했다고 선언했다.[77] 나세르는 수에즈 운하 회사의 주주들에게 보상안을 내놓았지만, 이든은 격노했고 영국 기득권층도 대부분 같은 반응이었다. 그로부터 약 2개월 후 이스라엘·영국·프랑스의 이집트 침공을 목소리 높여 비판하게 될 노동당 대표 휴 게이츠켈조차도, 당시에는 하원에서 이렇게 연설했다. "기시감이 느껴지지 않습니까. 히틀러와 무솔리니를 상대할 때와 완전히 똑같은 상황입니다."[78] 앤서니 이든 총리와 셀윈 로이드 외무장관이 당시에, 그리고 그 이후에도 곧잘 사용했던 이 파시즘과의 비교는 반응이 좋았지만 사실은 심각한 곡해였다.[79] 이든은 자신이 결단력 없는 리더, 영국의 이익을 잠식하는 세력에게 너무 쉽사리 양보해 보수당 의원들의 전폭적인 지지를 받기 힘든 리더라는 일부 보수 진영의 평가를 의식하고 있었다. 1956년 수에즈 위기를 '유화 정책의 딜레마'로 묘사하고, 나세르를 새로운 히틀러나 무솔리니라고 주장하는 미심쩍은 비유도 혼란을 가중시켰다. 이집트는 나치 독일과는 달리 주요 산업 강국이 아니었으며, 나세르는 파시스트도 공산주의자도 아닌 민족주의자였다.

영국과 프랑스 정부는 수에즈 운하를 자신들의 소유로 되돌리는 것에 그치지 않고, 필요하다면 무력을 동원해서라도 나세르 정권을 무너뜨리기로 결정했다. 수에즈 운하 국유화 발표 후 영국 내각은 '이집트 위원회'를 신설하고, 나세르가 운하 인수를 단행한 지 나흘 만에 요즘

말로 '정권 교체'라 부르는 작업을 위해 기꺼이 무력을 사용하겠다고 천명했다. 실질적인 전시 내각 역할을 하게 될 이 위원회의 7월 30일자 회의록을 보면, 그들의 궁극적인 목표는 운하를 국제 사회가 관리하도록 만드는 것이지만, 당장의 목표는 이집트 정부를 실각시키는 것임을 확인할 수 있다.[80] 그 밖에도 선박이 운하를 자유롭게 통과하는 것이 영국과 국제 사회에 얼마나 중요한지가 거듭 강조되었고, 이집트의 운하 운영 능력을 깔보는 비방이 난무했다. 그러나 정작 해상 운송에는 아무런 문제도 생기지 않았고, 이 문제로 열을 내고 있는 다우닝가 10번지 바깥 세상은 평상시처럼 문제없이 잘만 돌아갔다.

백악관은 이 문제에 군사적으로 개입할 의사가 없었다. 아이젠하워 대통령과 국무장관 존 포스터 덜레스도 나세르에 호의적이지는 않았지만, 미국 입장에서는 이집트 정부를 파시즘에 비교하는 것보다 그들이 소비에트 진영과 공산주의로 기울지 않도록 하는 게 더 중요했다. 이든은 수에즈에 대한 자신의 집착을 미국 행정부가 집착하는 또 다른 문제와 한데 묶어 아이젠하워의 참여를 유도했다. 이를테면 그는 1956년 10월 1일 미국 대통령에게 이런 전보를 보냈다. "무솔리니가 히틀러에게 넘어갔듯이, 나세르가 자신이 원하든 원하지 않든 실질적으로 소련의 수중으로 넘어갔다는 사실은 분명해 보입니다. 지금 나세르를 회유하기 위해 약한 모습을 보이는 것은 무솔리니에게 약한 모습을 보였던 것과 마찬가지로 소용없는 일에 불과합니다."[81] 그러나 아이젠하워는 이미 냉전이 시작된 이상, 영국과 프랑스의 한물간 제국주의적 행위를 국제 여론이 받아들이지 않을 것을 알고 있었기에, 이집트 침공에 반대했다. 게다가 1956년에는 미국 대통령 선거가 예정되어 있었고, 재선에 도전하는 이 전직 장군은 자신이 세계 평화를 유지하는 중재자로 각인되길 원했다. 이든은 아이젠하워의 반대(아이젠하워가 편지를 보내 단도직입적으로 밝혔다)에도 불구하고, 일단 영국이 군대를 동원하면 미국 대통령도 그것을 받아들일 수밖에 없을 것이라고 생각했다.

나세르는 권위주의적 리더였지만, 그가 주창한 범아랍민족주의 노선은 당시 중동의 대중에게 열광적인 호응을 얻었다. 또한 그는 이스라엘로부터 아랍 세계를 지키는 수호자로 떠올랐기 때문에 인기가 드높았다(이는 결과적으로 1967년에 벌어진 6일 전쟁으로, 그리고 그 전쟁에서 참패하는 상황으로 이어진다). 1956년의 이든과 1937-39년의 체임벌린의 공통점은 파시스트 독재자와 맞서 싸운 것이 아니라, 의사 결정 과정을 독점하고 전문가 견해를 무시했다는 점이다. 특히 이든은 외무부의 중동 전문가들과 법무관들의 의견을 묵살했다.[82] 나세르가 운하를 국유화한 것은 불법이 아니었다. 국제법을 위반한 쪽은 영국과 프랑스, 그리고 이스라엘이었다. 중동 주재 영국 대사, 외무부의 전문가, 그리고 정부 내 주요 법무관들은 이 군사행동에 이스라엘이 합세하는지(일부 의심했던 사람도 있었지만) 미처 알지 못했음에도 수에즈 군사 개입에 반대했다.[83]

이든과 로이드는 이스라엘이 먼저 이집트를 공격하면 영국과 프랑스가 양측을 떼어놓는다는 명분으로 개입하여 수에즈 운하의 통제권을 되찾고 나세르를 축출한다는 프랑스 측 시나리오에 동의했다. 이 계획은 1956년 10월 14일 영국 총리 별장인 체커스에서 프랑스 참모부장 모리스 샬르Maurice Challe 장군이 이든에게 상세하게 보고했기 때문에 '샬르 계획'으로 불린다.* 나세르를 끌어내릴 방법은 파리에서 고안되었고, 참모총장 모셰 다얀Moshe Dayan 장군을 포함한 이스라엘의 주요 인사들도 계획에 가담했다. 이스라엘 총리 다비드 벤구리온David Ben-Gurion 은 이것을 집요하게 '영국의 계획'이라 불렀다. 그는 처음에는 이 계획이 '영국이 가진 위선의 백미'라며 탐탁잖아 했으나, 이후 지지하는 입장으로 돌아섰다.[84]

침공 작전의 세부 사항은 10월 22-24일 파리 근교 세브르에서 열린 회담에서 정해졌다.[85] 이스라엘 대표단은 벤구리온이 이끌었고, 프랑스 팀은 기 몰레Guy Mollet 총리가 이끌었다. 영국 대표는 (총리가 아니라) 외무장관 셀윈 로이드였으나, 그는 사흘간 열린 회의에 전부 참석하지는 않았다.[86] 이 회담은 굉장히 민감한 사안이고 비밀이 철저히 유지되어야 했기에, 이든은 어떤 기록도 남기지 말라고 신신당부했다. 따라서 그는 로이드가 회의장을 떠난 후 외무부 고위 관료 패트릭 딘Patrick Dean 경이 합의된 내용을 정리한 의정서에 사인했다는 사실을 듣고 몹시 당황했다.[87] 이든은 다음 날 다른 외교관을 파리로 보내 이 문서를 회수해 오도록 했고, 영국 보관분은 파쇄되었다. 영국, 프랑스, 이스라엘 3개국을 구속하는 이 합의안을 작성하자고 제안한 인물은 벤구리온이었는데, 이는 영국이 자신을 배신하지 못하게 하기 위한 장치이기도 했다.[88] 이후 세브르 의정서의 프랑스 정부 보관분은 소실됐으나, 이스라엘 정부 보관분은 벤구리온의 아카이브에 보관되었다가 수에즈 사태 40주

★   1961년 살르는 드골 대통령을 축출하기 위한 군사 쿠데타에 앞장섰으며, 군사 법원에서 15년 형을 선고받았다. Charles de Gaulle, *Memoirs of Hope: Renewal and Endeavour* (『드골, 희망의 기억 - 프랑스의 위대한 지도자 샤를 드골의 회고록』, 심상필 옮김, 은행나무, 2013) (Simon & Schuster, New York, 1971), pp. 105-111과 Kyle, *Suez*, pp. 296-297 참조.

년인 1996년에 다시 수면 위로 떠올랐다.[89]★

1956년 10월 29일 이스라엘군이 이집트에 대한 공격을 개시했다. 다음 날 아침, 이스라엘과 이집트 양국이 싸움을 중단하지 않으면 영국 군과 프랑스군이 개입하여 그들을 갈라놓고 운하를 장악할 것이라는 최후 통첩을 작성한다는 구실로 프랑스 기 몰레 총리와 크리스티앙 피노Christian Pineau 외무장관이 런던으로 날아갔다. 이 문서는 사실 닷새 전에 미리 작성되었다.[90] 10월 31일부터 11월 1일 밤까지, 영국 공군은 벤구리온에게 약속한 대로 이집트 비행장 네 곳을 공습하여 이집트 폭격 부대를 괴멸시켰다.[91] 11월 5일에는 영국과 프랑스 공수 부대가 포트 사이드에 투입되어, 격전 끝에 해당 지역을 장악했다. 11월 6일, 다그 함마르셸드Dag Hammarskjöld 유엔 사무총장은 이집트와 이스라엘이 무조건적 휴전에 합의했으며, 영국과 프랑스에도 휴전을 요청했다고 발표했다. 소련은 이집트 사태를 두고 이런저런 협박과 엄포를 늘어놓았지만, 내심 이 영불의 합동 자충수를 반겼다. 그 이유는 같은 시기에 벌어지고 있던 헝가리 혁명과 소련이 조만간 시작할 잔혹한 탄압에 집중되었을 세계의 이목이 이집트로 분산되기 때문이다. 흐루쇼프는 헝가리 탄압을 시작하기에 앞서 티토의 지지를 확보하기 위해 유고슬라비아를 방문한 자리에서 티토에게 영국, 프랑스, 이스라엘이 소련군의 추

★ 1959년 영국 총선이 열릴 무렵에는 수에즈가 더 이상 핵심 이슈가 아니었다. 만일 세브르 의정서의 내용이 1950년대 후반에 공개되었다면, 속임수로 시작하여 참패로 끝난 수에즈 사태는 보수당에 치명적인 타격을 입혔을 것이다. 그해 대선을 보수당의 압승으로 이끈 당 대표 해럴드 맥밀런은 수에즈 위기 당시 독특한 역할을 했는데, 이것은 '일착 지지, 일착 유턴'으로 요약할 수 있다. 군사 개입에 열렬히 찬성했던 장관 중 하나였던 그는 재무장관으로서 파운드화에 가해진 압박을 가장 먼저 실감했다. 군사행동이 중단될 때까지 미국 정부의 도움을 받을 수 없다는 사실은 군대가 신속히 철군해야 함을 의미했다.

가 개입을 위한 "절호의 기회를 제공했다"고 말했다.[92]

영국의 실패는 소련의 비난보다, 심지어 유엔의 규탄이나 국내의 대규모 반대보다도 더 중요했던 다른 요인으로부터 결정되었다. 그것은 바로 파운드화에 가해진 압력, 그리고 이집트에서 철수하기 전까지는 영국에 대한 경제 구제도 없다는 미국의 단호한 태도였다. 당시 여전히 준비 통화reserve currency였던 파운드화에 대한 투매가 시작되었다. 해럴드 맥밀런은 드와이트 아이젠하워 대통령이 2차 세계대전 당시 자신과 쌓았던 친분을 봐서라도 도움의 손길을 내밀어줄 것으로 기대했으나, 수에즈 사태에 대한 미국 대통령의 단호한 입장은 전혀 누그러지지 않았다(맥밀런이 이든의 뒤를 이어 총리가 된 후 그들은 다시 긴밀한 관계를 맺었다). 아이젠하워는 11월 2일 옛 전우에게 보낸 편지에 영국이 빅토리아 시대의 태도로 대응하고 있다면서, "그렇지만 나는 만족스러운 결과가 나올 수 없는 싸움, 전 세계에 내가 약소국을 괴롭히는 역할로 비칠 것이 분명하며 전 국민의 확고한 지지조차 확보하지 못할 싸움에 가담할 이유가 없다"고 적었다.[93] 조지 험프리George Humphrey 미국 재무장관은 맥밀런 영국 재무장관과 전화로 통화하며 이렇게 말했다. "영국이 수에즈에서 퇴각할 때까지 미국 정부로부터 한 푼도 받지 못하실 겁니다." 당황한 맥밀런이 "그것 참 차가운 반응이군요, 조지"라고 답하자, 보안 유지를 위해 냉장 육류 보관실에서 통화 중이던 험프리는 이렇게 대꾸했다. "제가 있는 자리가 차가운 곳이거든요."[94]

맥밀런의 180도 입장 변화에 크게 놀란 영국 내각은 이든이 군사적 수단을 지속할 수 없도록 막았다. 키스 카일의 표현에 따르면, "3개월간의 침공 준비 과정에서 이든이 절대적으로 중요한 역할을 했다. 이든의 참모본부 의장에 의하면, 그는 2차 세계전쟁 당시의 처칠을 능가할 정도로 주위 사람들 위에 군림하면서 모든 작전에 긴밀히 관여했다." 이든은 군사 작전 중단을 원치 않았지만, 더이상 내각의 목소리를 거스를 수 없었다. 특히 이제 게임은 끝났다고 결론 내린 이들의 연공서열이 높았기 때문에 더욱 그랬다. 맥밀런뿐만 아니라 버틀러(처음부터 수에즈 침공에 회의적이었다)와 솔즈베리Salisbury 경도 미국과 영연방, 유엔의 반대를 무릅쓰고 수에즈 작전을 계속하는 것에 단호하게 반대하고 나섰다.[95]

수에즈 전쟁을 지휘했던 중동 지상군 총사령관 찰스 키틀리Charles Keightley 장군은 이렇게 결론 내렸다. "수에즈 작전의 가장 중요한 교훈은 이제 국제 여론이 전쟁의 절대 원칙이며, 또 그렇게 취급되어야 한다는 것이다."[96] 두 명의 각외 장관 에드워드 보일Edward Boyle 경과 앤서니 너팅Anthony Nutting은 영국군의 이라크 출병에 항의하며 사임했다. 그중에서도 외무부 장관이었고 1954년 영국-이집트 협정을 협의했던 너팅의 사임이 파급 효과가 더 컸다. 수에즈 사태는 애초 의도했던 목표에 완벽하게 반하는 결과를 가져왔다. 영국이 여전히 세계에서, 특히 중동에서 강국임을 보여주기 위해 꺼내든 한 수는 영국의 상대적 약함을 폭로했을 뿐이며, 제국의 힘이라는 허상이 무너지는 시기를 앞당겼다. 영국은 미국이 관여하지 않거나 반대할 때조차도 군사행동을 취할 수 있다는 점을 과시하려 했지만, 미국의 압력에 영국 정부가 굴복한 속도는 오히려 그 반대라는 사실을 드러냈다. 영국은 수에즈 운하를 정상적으로 작동시키겠다고 큰소리 쳤지만, 이집트는 전투가 시작되자 운하를 봉쇄해버렸다. 영국은 나세르 정권을 전복시켜서 이집트 대통령의 야망과 인기에 위협을 느끼고 있던 이들, 즉 중동에서 영국의 친구라고 간주되던 보수적 아랍 국가 리더들에게 고무적인 교훈을 전하려고 했다. 하지만 너팅에 의하면 "우리는 나세르를 순교자와 영웅으로 만들어 그에게 18세기 초 이래 아랍 세계에서 유례가 없던 권력과 명성을 쥐여주었다."[97]

수에즈 운하는 이듬해 4월이 되어서야 다시 열렸다. 나세르 정권을 전복시켜서 자신의 대내외적 입지를 강화하고자 했던 이든은 오히려 정치적으로 타격을 입었고, 안 그래도 좋지 않던 건강마저 악화되고 말았다. 그는 1957년 1월 9일 총리직을 내려놓고 정계에서 은퇴했으며, 1월 18일 요양을 위해 뉴질랜드행 배에 올랐다. 보수당 안에서 '수에즈 그룹'의 대척점에 서서 이집트에 대한 군사 개입에 반대했던 나이절 니컬슨Nigel Nicolson은 1월 22일 부친 해럴드 니컬슨에게 보내는 편지에 이렇게 썼다. "이든이 토요일에 뉴질랜드로 출발할 때 수에즈 운하를 거치지 않고 파나마 운하 방향으로 간 것 알고 계시죠. 무슨 연유인지 수에즈 운하가 봉쇄되었다죠."[98]★

블레어와 이라크 전쟁

2003년 토니 블레어는 1956년의 이든의 전철을 고스란히 밟았다. 그는 2차 세계대전 이후 두 번째로 거짓 명분을 내세워 나라를 전쟁으로 이끈 총리가 되었다. 물론 둘 사이에는 중요한 차이점이 있었다. 이든이 미국 공화당 정권의 뜻을 거스르면서 전쟁을 치렀던 반면, 블레어는 아이젠하워보다 훨씬 전쟁에 무지한 미국 공화당 대통령의 하위 동

★   나이절 니컬슨의 정치 경력은 이든에 반기를 들었다는 이유로 단절되었다. 그는 본머스 동부 보수당 선거구 조직에 의해 공천에서 탈락했고, 그 결과 그의 의원 경력은 1959년 선거와 동시에 막을 내렸다.

반자로 전쟁에 참여했다. 더구나 1956년 수에즈 전쟁은 미국의 반대로 단기간에 종식되었지만, 이라크 분쟁은 계속되는 폭력의 악순환에 빠졌다. 미국 주도의 이라크 침공으로 세속주의파 독재자가 축출된 후에도 10년이 넘도록 내란과 종파 분쟁이 그치지 않았고 하루가 멀다 하고 사람들이 죽어갔다. 미국의 홉킨스블룸버그공중보건대학에서 실시한 길버트 버넘Gilbert Burnham(공중 보건 전문가, 의사, 전직 장교)의 연구에 따르면, 이라크 침공 후 첫 40개월간 65만 5,000명 이상이 사망했다. 이라크 침공 지지자들이 터무니없는 과장이라고 무시하고 묵살했던 이 수치는 전문가의 철저한 재검증을 통과했다.[99] 심지어 이라크 정부도 침공 후 첫 5년간 사망한 민간인이 10만 명에서 15만 명에 이르는 것으로 공식 집계했다. 2009년까지 4,300명이 넘는 미국인과 170명의 영국인이 이라크에서 사망했으며 3만 1,000명이 넘는 외국인 병사가 부상을 입었다.[100]

이라크 침공은 미국의 결정이었으며, 미국 정부는 영국이나 다른 나라의 참전 여부와 상관없이 2002년 여름에 이 계획을 확정했다. 사담 후세인은 잔혹한 권위주의 정권의 통치자였지만, 그의 정권은 과거 이라크가 이란과 전쟁을 벌였을 때 레이건 대통령이 도널드 럼즈펠드Donald Rumsfeld를 특사로 보내 공조했던 정권이기도 했다. 미국 행정부에서 이라크를 공격할 구실을 찾고 있던 이들에게 2001년 9월 11일에 벌어진 세계무역센터와 펜타곤에 대한 테러는 절호의 기회였다.★ 미국 CIA는 급진적 이슬람주의 세력과 반목해온 사담 후세인이 이번 테러와 아무 관련이 없다는 사실을 확인했다. 이라크 침공 준비 당시 부시 대통령의 국가안보보좌관이었던 콘돌리자 라이스가 회고록에서 얘기하듯이, "CIA는 후세인과 알카에다가 9·11 테러를 공모하지 않았다고 확신했고, 또 그렇다고 밝혔다."[101] 1991년의 걸프 전쟁 이래 이라크에는 비행 금지 구역이 설정되었으며, 그곳은 유엔의 지원을 받아 주로 미군 항공기가 통제했다. 이라크는 강력한 제재를 받으며, 심지어 국제 연합군에게 간헐적인 공습까지 당했지만, 걸프전 당시에 국방부 장관이었던 딕 체니 부통령은 그때 사담 후세인을 확실하게 제거하지 않고 계속해서 이라크를 통치하도록 내버려둔 것을 '끝나지 않은 비즈니스'로 여겼다. 2001년 1월 부시 대통령이 취임했을 때부터 딕 체니의 우선 순위는 이라크였다.[102] 부시 대통령은 특히 9·11 테러가 터진 후, 사담 후세인과 그가 보유하고 있다는 대량 살상 무기를 반드시 제거해야 한다는 견해를 수용했다.[103] 후세인이 독재자라는 사실(이 시대의 유일무이한 독재자와는 거리가 멀었으나)은 미국이 그를 제거해야 하는 국제법적 근거가 못 된다.

이라크의 정권 교체에 골몰했던 체니 부통령과 럼즈펠드 국방부 장관, 폴 울포위츠Paul Wolfowitz 국방부 부장관에게 국제법은 사소한 문제에 불과했다. 울포위츠는 오사마 빈 라덴이 이끄는 일개 테러 조직이 배후국의 지원 없이 뉴욕과 워싱턴을 공격할 수 있을 리 만무하며, 더 나아가 사담 후세인이 바로 그 배후라고 확신했다.[104] 체니, 럼즈펠드, 울포

★   럼즈펠드가 방문했던 1983년은 이라크가 대량 살상 무기를 개발하고 있던 시기이자, 오만한 리더의 대외 정책이 얼마나 위험할 수 있는지 사담이 잘 보여주고 있던 시점이었다. 1980년부터 1988년까지 계속되었고 50만 명이 넘는 사망자가 발생했던, 그리고 양국 다 영토를 더 확보하지도 상대국의 정권을 바꾸지도 못하고 끝났던 이란-이라크전을 먼저 시작한 것은 사담이었다. 그러나 레이건 집권 1기 시절에 사담은 중동의 통치자 중에서, 특히 이란이나 시리아의 통치자들과 비교할 때 '그나마 나은' 인물로 간주되었다. Donald Rumsfeld, *Known and Unknown: A Memoir* (Sentinel, London, 2011), pp. 3-8, especially p. 4 참조.

위츠는 9·11 테러를 이라크 침공의 근거로 이용했다. 콘돌리자 라이스에 따르면, 후세인과 빈 라덴 사이의 연결 고리를 증명할 '근거가 전혀 없다'는 CIA의 입장에도 불구하고 부통령과 참모들은 사담에게 책임이 있을 것이라고 확신했다.[105] 체니는 회고록에서 자신이 이라크 전쟁을 고수했던 이유를 합리화했다. "9·11 테러가 터진 후 첫 몇 달간 관련 사실을 검토한 결과, 지구상에서 사담 후세인이 통치하는 이라크보다 테러리즘 및 대량 살상 무기와 밀접해 보이는 곳은 없었다. 이제 와 다시 돌이켜봐도, 그때 우리가 입수한 정보가 일부 틀렸다는 점을 고려한다 해도 이 판단은 유효하다."[106]

이라크에 영국군을 파병하기로 결심한 토니 블레어는 이 안건에 강력히 반대하는 의회와 토론을 앞두고 있었다. 2003년 3월 초 조지 W. 부시 대통령은 그런 블레어에게 전화를 걸어 설사 영국이 이라크 침공에 참여하지 않는다 하더라도 총리에게 유감을 갖지는 않을 것임을 분명히 했다. 이 말을 듣고 블레어는 다음과 같이 대답했다. "내 확신은 흔들리지 않습니다. 끝까지 포기하지 않을 겁니다." 이때 부시는 "내 친구에게서 윈스턴 처칠의 목소리를 들었다"고 말했다고 한다.[107] 이라크 건을 두고 신중함을 촉구하는 한 관료에게 다음과 같이 말한 걸 보면, 블레어도 같은 목소리를 들었던 것 같다. "당신은 네빌 체임벌린, 나는 윈스턴 처칠, 그리고 사담은 히틀러요."[108]

블레어는 이라크 파병에 대한 하원의 지지를 확보하기 위해, 사담이 중동 지역뿐만 아니라 영국에도 위협이 되는 대량 살상 무기를 보유하고 있다는 점을 밀어붙일 수밖에 없었다. 다른 나라의 정부를 전복시키려고 그 나라를 공격하는 것은 명백하게 국제법을 위반하는 행위이다.[109] 따라서 블레어는 "이라크가 계속해서 대량 살상 무기 보유 사실을 부인하고 있지만, 이 말을 곧이곧대로 믿을 정보기관은 세상 어디에도 없을 것"이라고 주장했다. 그는 "이번 행동에 반대하는 의원들도 사담의 사악함에 대한 증오만큼은 나와 공유할 것으로 확신한다"며 사담 후세인 정권의 불법 행위를 나열했다. 그럼에도 블레어는 "정권 교체를 이번 조치의 명분으로 내세운 적은 없다"고 고집했다.[110] 하지만 블레어는 그로부터 정확히 1년 전 비서실장 조너선 파월에게 보낸 내부 문서 (이제 기밀 해제되어 열람이 가능해졌다)에 "사담 정권은 악랄하고 억압적인 군사 독재 체제다. 그는 반대파를 살해하고, 자국 경제를 파탄낸 장본인이며, 그 지역이 안고 있는 불안과 위험의 근원이다. '국가 건설'을 반대하는 우파 보수당 의원이 영국의 국익과 직접적인 연관이 없다는 이유로 이것(무력 침공)에 반대하는 건 이해할 수 있다. 그러나 실제로 다른 나라에 관심이 있다면 … 합당한 이유가 있을 때는 타국의 정권을 교체할 수 있다는 정치 철학을 가졌다면 사담을 상대로 호전적인 태도를 취해야 한다"고 적었다.[111] 블레어 자신은 확실히 '호전적'이었다.

2003년 3월 20일에 이라크 공격이 시작되기 사흘 전에 열린 하원 토론에서, 당시 원내 대표이자 전임 외무장관이었던 로빈 쿡이 한 연설은 10년이 지난 지금까지도 훌륭하다는 평가를 받는다.[112] 쿡은 향방이 불분명했던 2000년 미국 대선에서 만일 부시가 아니라 앨 고어Al Gore가 대통령으로 당선되었다면 이라크에 영국군을 투입하는 문제는 발생하지 않았을 것이라고 지적했다. 또한 그는 영국 국민이 "사담이 잔인한 독재자라는 것은 믿어 의심하지 않지만, 그가 당장 영국에 명백한 위협이 된다는 주장에는 회의적이다. 국민들은 제대로 된 사찰이 먼저 이루어지기를 바라며, 다른 목적이 있는 미국 행정부에 의해 영국이 너무 급하게 분쟁으로 떠밀려가는 것은 아닌가 하는 의구심을 갖고 있다"고 말했다.[113] 쿡의 비판은 정곡을 찔렀다.

아이러니하게도, 우리가 이라크 침공을 고려할 수 있는 것 자체가 이라크의 군사력이 매우 약하기 때문입니다. … 사담이 약하다는 가정을 바탕으로 우리의 군사 전략을 짜면서, 동시에 그가 위협이기 때문에 선제 공격이 필요하다고 정당화할 수는 없는 겁니다. 아마도 이라크는 일반적으로 통용되는 의미의 대량 살상 무기, 말하자면 전략 거점 도시를 파괴할만한 수준의 무기는 보유하고 있지 않을 것입니다. 생물학적 무기와 전투용 화학 무기는 아마도 여전히 보유하고 있을 것이나, 이것들은 1980년대에 미국 기업이 사담에게 탄저균 작용제를 판매하고 영국 정부가 화학 및 군수 공장을 허가한 이래 계속 있었습니다. 20년 동안이나 거기 있었던 무기들, 즉 우리가 구축을 지원했던 군사력을 무력화시키기 위해 지금 우리가 긴급하게 군사행동을 취해야 하는 이유가 대체 무엇입니까?[114]

쿡은 2003년 3월 17일에 했던 사임 연설 전문을 그해 출간한 회고록에 아무 거리낌 없이 실을 수 있었지만, 같은 날 하원에서 했던 블레어의 연설에 대한 호평은 그리 오래가지 않았다. 노동당 의원 중 139명이 이라크 전쟁에 반대표를 던졌다. 다우닝가 10번지 공보실 고위급 직원이었던 랜스 프라이스Lance Price(그 대단한 앨러스테어 캠벨 밑에서 일했다)는 훗날 이렇게 썼다. "장관급 의원을 포함해서 모든 노동당 의원이 양심에 따라 투표했다면, 쿡이 아니라 블레어가 사임해야 했을 것이 거의 틀림없다. … 그는 보수당이 전쟁을 지지한 덕분에 살아남을 수 있었다."[115] 사담 후세인의 '대량 살상 무기'에 대한 첩보가 상당 부분 낡고 잘못된, 또는 신뢰할 수 없는 정보원에 의해 조작된 정보라는 것, 그리고 이라크가 예전에 보유했던 해당 범주의 무기는 이미 모두 파괴되고 없다는 것이 드러나면서 이라크 전쟁 반대파는 더욱 늘어났다. 게다가 블레어와 부시가 확신을 담은 어조로 발표했던 정보의 정확성은 당시 정보 분석가들이 보증할 수 있는 수준을 넘어섰다.

토니 블레어는 이라크 전쟁에 영국군을 투입하려는 자신의 뜻을 비판하는 이들을 '반미주의자'라고 불렀다.[116] 만일 국가 정책의 어리석음과 그 결정의 바탕이 된 거짓 전제를 파악하는 것이 반미주의자를 결정하는 기준이라면, 버락 오바마 대통령과 존 케리 국무장관도 거기에 포함될 것이다. 후자는 2005년 11월, 부시 대통령이 '미국 역사에 남을 기만 행위'를 꾸몄으며, 부정확한 정보를 정치적 목적으로 이용했다고 비난했다.[117] 2006년에(토니 블레어가 일부 유럽 정치인이 갖고 있는 소위 '반미 감정'을 '광적으로' 몰아붙였던 바로 그 주에) 지미 카터 전 대통령은 BBC 인터뷰에서 이렇게 말했다. "나는 그간 영국 정부의 정책이 워싱턴에서 나온 심각한 정책 판단 착오를 그대로 쫓아가는 모습에 크게 실망했다." 이라크 전쟁에 반대했던 카터는 이렇게 덧붙였다. "내가 볼 때 영국 정부는 백악관이 아무리 과도하고 무분별한 정책을 내놓아도 자신들의 영향력을 행사하지 않고 거의 자동적으로 같은 정책을 채택하는 것 같다."[118]

2년 전 카터의 전임 국가안보보좌관이었던 즈비그뉴 브레진스키가 이 점을 특히 설득력 있게 잘 표현했다.

지나치게 단순화된 마니교적 선악 이원론을 좋아하는 대통령이 이끄는 미국이 생소한 지역에서 실수를 범하는 것은(그리고 특히 9·11 테러의 충격으로 인해 그랬다면) 물론 개탄스러운 일이지만 어쩌면 이해의 소지가 있다. 미국의 잘못을 바로잡는 것은 우리 미국인에게 달려 있다. 그런데 아랍 세계를 속속들이 잘 알고 이슬람 문화를 제대로 파악하고 있는 동맹국이 좀 더 현명한 행동을 촉구하지 않고 무책임한 태도를 취한 이유는 이해하기 어렵다. 미국이 가장 신뢰하는 동맹인 영국이 영미 간의 특별한 관계에서 무력한 추종자처럼 행동하는 대신 강한 유럽의 목소리를 내줬다면 미국은 진지하게 들었을 것이다. 미국은 귀를 기울일 수밖에 없었을 것이다.[119]

실제로 영국 외무부와 학계가 아랍 세계에 대한 이해가 더 깊었던 것은 사실이지만, 문제는 블레어가 자신의 확신을 반박하는 견해나 미국 대통령(그게 누구더라도)과 가까워지고자 하는 자신의 갈망에 방해가 되는 견해를 진지하게 받아들일 생각이 없었다는 점이다. 대표적인 이라크 전문가인 찰스 트립Charles Tripp은 2002년 11월 토니 블레어와 잭 스트로Jack Straw 외무장관이 중동 분야 전문 학자들과 회동했던 다우닝가 10번지 모임에 참석했던 인물들 가운데 한 명이었다. 트립은 "블레어가 사담 후세인을 내쫓으면 그 나라에서 '악'이 제거될 것이라는 확인을 원할 뿐, 복잡다단한 정치 사회로서의 이라크에 대해서는 전혀 관심이 없어 보여서 불길한 조짐을 느꼈다"라고 회고했다.[120] 2002년에 이미 전쟁이 일어날 가능성이 높다는 것을 파악했던 한 전직 아랍 주재 영국 대사는 이렇게 말했다. "참담한 결과를 낳을 겁니다. 그들은 자기들이 무슨 일을 벌이고 있는지 전혀 모르고 있어요. 이라크는 굉장히 복잡한 나라입니다. 게다가 그들은 우리 말을 전혀 귀담아듣지 않아요."[121] 영국 외무부의 중동 전문가들, 육군 고위 장교들,[122] 그리고 영국 내 대테러 담당 정보기관인 MI5 내부에서는 심각한 동요가 일었다. MI5 국장 매닝엄불러Manningham-Buller는 블레어가 이라크에서 도박을 벌이기 전에는 사담 후세인이 야기한 위협이 '매우 제한적'이었으나, 이라크 침공이 이를 '상당 수준' 증가시킬 것이라고 말했다. 그녀의 말대로 이라크 참전 이후 영국의 많은 무슬림 청년이 과격화되면서 MI5는 테러 위협에 파묻히는 지경에 이르렀다. 그녀는 이라크 전쟁을 알카에다를 상대하는 데 집중해야 할 자원을 분산시키는 방해물로 여겼다. 블레어가 사담 후세인 정권을 상대로 군사적 수단을 취한다면 영국이 테러 위험에 더 많이 노출될 것이라는 매닝엄불러의 경고는 안타깝게도 맞아 떨어졌다. 그녀는 이라크 전쟁 진상 조사를 위한 칠콧위원회Chilcott Inquiry에서 "이라크 전쟁이 테러리즘 가담자가 증가하는 원인을 제공했다"고 증언했다. 그녀는 2005년 7월 7일에 발생한 런던 폭탄 테러를 몹시 유감스럽게 생각하나, 2010년 인터뷰에서 진작 그런 사건이 일어날 것이라 예상했었다고 말한 바 있다.[123]

전직 고위 공무원 및 외교관은 현직 관료와는 달리 이라크 침공이 치명적 실수가 될 것이라는 견해를 공개적으로 밝히는 데 아무 제약이 없었다. 냉전이 막을 내릴 무렵 국방부 최고위 관료였던 마이클 퀸런Michael Quinlan 경은 2002년 8월에 워싱턴에서 전개되고 있는 사태의 흐름을 읽고, 이제 영국이 미국 행정부에 이의를 제기할 때가 왔다고 주장하면서 이런 글을 썼다. "아직 확실한 안이 나와 있는 것은 아니다. 그러나 정부 관료로 일해본 사람이라면, 특히 미국과 일한 경험이 있는 사람이라면, 일단 안이 나오고 나면 효과적으로 영향력을 행사할 수 있는 시기는 지났다는 사실을 잘 알 것이다. 관련자의 마음은 정해졌고, 여론의 공감대도 이미 형성되었다. 이제 와서 물리기엔 이미 공개적으로 발표한 것도 있고, 그게 아니더라도 심리적으로 너무 많은 것을 투자한 상태이다."[124] 퀸런이 이라크 침공이 시작되기 반년도 더 전에 지적했듯이,

최근 아랍 국가에서 실시한 거리 여론 조사에 따르면, 대부분의 사람이 9·11 테러의 배후에 시온주의 음모가 도사리고 있다고 생각했다. 그런 정서를 감안할 때, 미국이 주도한 후세인 정권 타도를 그들이 안도의 한숨을 내쉬며 환영할 것이라는 가정은 안일하다. 그리고 이후 이라크를 통치하는 문제도 남아 있다. 미국의 마음에 들면서 이라크 국민의 지지도 받는 차기 정권이 준비되어 있다는 주장은 설득력이 없다.[125]

1990년대 초 내각 사무처 합동정보위원회 의장을 맡았던 로드릭 브레이스웨이트 경은 2003년에 다음과 같이 썼다. "지난 6년간 블레어가 미국 정책에 영향을 미친 것이 있다면 그것은 정책의 겉포장에 불과했"으며, "이라크에 대한 미국의 입장을 블레어가 불문곡직하고 추종한 탓에 블레어 정부가 그렸던 더 큰 그림은 엉망진창이 되었다." 브레이스웨이트는 영국이 '특별한 관계'를 통해 미국에 미치는 영향력에 회의적인 입장이었으며, 미국은 주로 영국 총리와 측근의 자존심을 세워주는 역할을 할 뿐이라고 봤다. 블레어는 '미국의 영웅'으로 떠올랐고 (비록 가장 진보적인 여론은 그렇게 여기지 않았다는 점도 언급해야 하겠으나), 그와 보좌관들은 우쭐해졌다.[126]

블레어 총리 시절에 재임했던 행정 장관Cabinet Secretary(영국 최고위직 공무원으로 총리와 내각에 정책 조언을 하는 역할이다-옮긴이)의 대다수가 블레어의 일 처리 방식에 비판적이었으며, 이라크 관련 문제에서는 더욱 그랬다. 1998년부터 2002년 중반까지 행정 장관으로 재임한 리처드 윌슨Rich-ard Wilson 경은 자리에서 물러나기 전에 블레어와의 마지막 만남에서 지금 벌어지고 있는 일의 위험을 경고했고, 그에게 법적 입장을 상기시켰다. 그는 군사행동에 대한 블레어의 태도를 두고, "그의 눈이 번득거리는 것이 걱정되더라"고 회상했다. 윌슨의 뒤를 이은 턴불Turnbull 경은 "전쟁이 초읽기에 돌입한 시기에 이라크에 대한 영국의 전략 옵션을 정리한 2002년 3월 백서와 군사 개입의 대안을 요약한 2002년 7월 문서를 포함한 핵심 자료가" 내각에 보고되지 않았다고 말했다. 2003년 3월 회의에서 내각에 소위 선택지가 주어졌을 때는 이미 되돌리기엔 너무 늦었다. 그랬다가는 블레어의 사임으로 이어졌을 것이기에, 내각은 볼모로 잡힌 것이나 다름없었다. 턴불은 총리가 "가장 선호하는 업무 진행 방식은 같은 목표를 공유하는 사람들을 모아놓고 빠르게 일을 진척시키는 것"이라고 말했다.[127]

1988년부터 1998년까지 행정 장관을 지내면서 세 명의 총리(마거릿 대처, 존 메이저, 토니 블레어)를 보좌했던 (로빈) 버틀러(Robin) Butler 경은 블레어의 통치 스타일을 여러 차례 비판했다. 그중 하나는 버틀러가 의장을 맡아 대량 살상 무기 관련 첩보에 대한 검토서를 내놓은 공식 조사위원회를 통해서였다.[128] 정보 판단에 대한 정치적 압력을 미연에 방지하기 위해 위원회는 '고위직 장관들과 일한 경험이 있는 사람, 영향력에 휘둘리지 않을 위치에 있는 사람, 따라서 아마도 현직을 마지막으로 퇴임할 예정인' 사람을 합동정보위원회 의장으로 추천했다. 이 보고서의 최종 권고안 내용에 포함된 블레어의 통치 스타일에 대한 공격은 여기서 다루는 주제와 보다 직접적인 관련이 있다. 버틀러와 위원들은 "이라크 정책 결정 과정에서 드러난 정부 절차의 비공식적·제한적 속성은, 충분한 정보를 바탕으로 집단적 정치 판단을 내려야 하는 기회를 축소시키는 위험이 있다. 이런 위험은 특히나 분야의 성격상 확실한 정보를 확보하는 것이 어렵고, 따라서 위원회의 판단이 결정적인 역할을 하는 우리 검토서의 주제와 같은 분야에서는 더욱 경계해야 한다"고 밝혔다.[129]

미국 국방부 장관 럼즈펠드는 이라크 침공을 1개월도 남겨두지 않은 시점에 부시 대통령이 예전에 블레어 총리에게 개인적으로 전했던 얘기, 즉 영국이 참가하지 않아도 이라크 침공은 차질 없이 진행될 것이라는 점을 공개적으로 천명해서 블레어를 난처하게 만들었다.[130] 이라크 전쟁은 미국이 결정한 전쟁이었고, 일부 구성원이 다른 이들보다 더 열성적으로 나서긴 했지만 어쨌거나 부시 행정부 전체가 집단적으로 내린 결정이었다. 하지만 영국의 경우 당시 블레어가 다우닝가 10번지의 대외 정책 결정권을 장악하고 있던 정도를 감안할 때, 이 전쟁은 기본적으로 리더 개인의 선택이었다. 블레어는 정치적으로 자신에게 편리할 때는 법적 권한이 총리가 아니라 각 부처의 장관 및 부장관에게 직접 부여된다고 인정했지만, 내각 사무처는 내각 전체가 아니라 총리 개인에게 봉사하도록 개편되었다.[131] 전통적으로 대외 정책에 대한 집단 의사 결정을 담당하는 핵심 기구였던 국방대외정책위원회는 블레어 총리 시절에 무용지물이 되었고, 이라크 전쟁 직전 몇 달간 전혀 소집되지 않았다.* 블레어가 즉석으로 소집한 회의가 이를 대체했고, 이 중 다수가 회의록을 남기지 않았다. 내각이 제대로 된 결정을 내리기 위해 꼭 필요한 문서조차 내각에 제출되지 않았다. 그중에는 명확하게 이라크 침공을 승인하는 유엔 결의안 없이는 국제법상 이라크 점령은 불법이라는 법무총재 골드스미스Goldsmith 경의 법적 해석도 포함됐다(골드스미스는 미국 방문 후 이 의견을 철회했다).[132]

미국의 막강한 군사력이 투입되었던 만큼 사담 후세인 정권을 전복시킨다는 목표가 달성된 것은 그리 놀라운 일이 아니다. 그러나 외세가 사담을 제거한 것은 이라크 국민이 했더라면 가졌을 정당성을 갖지 못했고, 가질 수도 없었다. 수에즈 사태가 실패로 돌아간 후 찰스 키틀리 장군이 얘기했던 "이제 국제 여론이 전쟁의 절대 원칙이며, 또 그렇게 취급되어야 한다"는 교훈은 이라크 침공을 통해 다시 한 번 입증되었다. 이라크 침공 및 점령은 유엔 사무총장에게,[133] 대부분의 유엔 회원국에게, 국제법 변호사들에게, 그리고 여론 조사에서 나타나듯 압도적 다수의 아랍인에게 지탄받았다.[134] 처음에는 침공을 지지했던 미국 국민들도 분쟁이 지속되고 미국인 사망자가 늘어나면서 반대로 돌아섰다. 군대 투입 당시에는 찬반 의견이 반반 정도로 양분되었던 영국에서도 전쟁이 계속될수록 지지자가 점점 줄었다. 이라크 침공은 사담의 대량 살상 무기를 제거하는 데 실패했는데, 이는 그 무기가 이미 제거되고

★ 국가안보회의는 비교적 최근인 2010년에 설립되었다. 기존의 국방대외정책위원회와 같은 기능을 하는 이 기구는 총리가 의장을 맡고, 내각 사무처 소속이며, 국가안보보좌관이라는(영국 정치에서는 새로운) 직책을 가진 전직 외무부 고위 관료가 수장인 국가안전사무국을 둔다. 외무부 장관, 국무부 장관, 국방부 장관, 국제개발부 장관, 에너지기후변화부 장관, 그리고 2010년에 구성된 연립 정부에서는 부총리(연립 정부를 구성하는 소수당 대표)가 장관급 멤버다(에너지기후변화부 장관직은 2016년에 폐지되었다. 2016년에 집권한 테리사 메이 정부의 현재 장관급 멤버는 제1국무장관, 재무부 장관, 외무부 장관, 내무부 장관, 비즈니스·에너지·산업부 장관, 국방부 장관, 국제개발부 장관, 법무총재이다—옮긴이).

없었기 때문이다. 이라크 침공은 이라크 내부에서 공동체 간의 분쟁으로 이어졌고, 세력 균형의 추가 수니 무슬림에서 시아 무슬림으로 옮겨 가면서 이라크가 시아파 이란과 더 가까워지는 결과를 낳았다.

게다가 아프가니스탄에서 탈레반을 상대로 승리할 가능성과 아프간에 대한 군사 개입이 정치적으로 성공할 전망이 심각하게 악화되었다. 그렇지 않아도 아프가니스탄 전쟁은 장기적으로 승리 여부가 불투명했으나, 그래도 이쪽은 이라크 침공과는 달리 다국적군 파병의 정당성을 확보한 전쟁이었다. 아프가니스탄에 위치한 알카에다 기지를 공격하는 것은 9·11 테러에 대한 정당한 대응으로 보였기에 2001년 말 유엔의 지지를 확보할 수 있었다. 그러나 '테러와의 전쟁'이 다른 아랍 국가로 확대되자, 미국과 그 동맹국이 이슬람을 상대로 '십자군 전쟁'을 벌이고 있다는 주장이 더욱 설득력을 얻게 됐다.[135] 아랍 대 이스라엘의 분쟁에서 미국이 편파적으로 이스라엘을 지지하는 것도 이런 견해에 신빙성을 더했다.[136] 영국 내 대테러 담당 조직의 수장을 비롯하여 내부 상황에 밝은 이들 대다수가 증언했듯이, 이라크 침공은 이슬람 극단주의 세력을 자극하는 촉매로 작용했으며 테러를 획책하는 소조직의 숫자를 오히려 대폭 증가시켰다(그중 대부분은 영국 MI5가 성공적으로 저지했다). 미군은 9·11 테러범들에게 '법의 심판'을 내린다는 명분으로 이라크에서 죄수들을 비인간적으로 학대하거나 관타나모 수용소에 재판 없이 무기한 구금했다. 그 결과 후세인이 통치하는 이라크에서는 세를 확장할 가능성이 전무했던 알카에다가 그곳에서 더 활발하게 활동할 수 있는 여건이 마련되었다. 가장 큰 타격은, 중동 국가의 국민이 자발적으로 일어나 그때까지 이 지역에서 뿌리내린 적이 없는 진정한 민주주의의 희망을 싹틔운 '아랍의 봄'이었다.

이라크 침공이 초래한 결과는 물론 의도치 않은 것이었고, 미국과 영국(도 관여했던 만큼)의 국제적 평판은 심각하게 훼손되었다. 침공을 지지했던 정치인들이 이라크 공격 계획은 옳았고, 잘못은 실행 과정에서 발생했다고 말한다고 해서 그들의 책임이 면제되지는 않는다. 특히 미국 쪽 관련자들은 회고록을 통해 다른 관료와 기구가 무능했던 탓에 결과를 제대로 예측하지 못해 이 사단이 났다고 비난의 화살을 돌렸다. 예를 들어 럼즈펠드는 이렇게 썼다. "정보가 미흡했던 점이 한둘이 아니었지만, 그중에서도 반란 위험을 제대로 경고하지 못한 것은 상당히 심각한 문제였다. 정보 보고서에서 간간이 전후의 무질서 및 불안정 가능성이 언급되긴 했지만, 연합군을 상대로 지속적인 게릴라전이 벌어질 것이라고 예상한 보고서는 본 기억이 없다."[137] 반면 아랍 세계 전문가들은 이번 침공이 이라크에서 불법으로 간주되고, 외국 군대가 적대적 점령군 취급을 받을 것이라고 예상하고 있었다. 이라크 침공이 초래한 수많은 부작용 중 상당 부분은 충분히 예상 가능한 것이었을 뿐만 아니라, 실제로 전쟁이 시작되기 전에 비판자들이, 특히 영국 내 반대파가 이미 주장한 바 있다. 찰스 트립에 의하면, 종파 분쟁과 점령군에 대항하는 무장 항쟁을 "예상하지 못한 것은 미국과 영국에서 애당초 군사 점령을 획책한 자들뿐이었다."[138]

이라크의 교훈: 정책, 과정, 그리고 '강한 리더'

사담 후세인은 침공을 피할 수도 있었다. 그는 이라크 전쟁이 발발하기 전의 이라크 체제는 물론이고 이 전쟁이 초래한 비극에도 막대한 책임이 있다. 후세인 정부의 대변인은 이라크가 대량 살상 무기를 보유하고 있지 않다고 말했지만, 사담은 정확한 정보를 제공하지 않고 모호한 태도를 고수했다. 한스 블릭스Hans Blix가 이끄는 유엔 무기 사찰단은 사찰 활동을 방해하는 장애물에 자주 부닥쳤으며, 따라서 사담이 뭔가 숨기고 있다는 의혹이 증폭되었다. 블릭스도 대량 살상 무기 중 일부가 여전히 존재한다고 생각했으나, 그는 그것들을 추적해낼 시간적 여유를 원했을 뿐 침공에는 반대했다. 그러나 사담이 실제로 숨기고 있었던 것, 적어도 외부 세계가 진상을 파악하지 못하도록 애썼던 것은 바로 그가 더 이상 그런 무기를 보유하고 있지 않다는 사실이었다. 이라크의 통치자로 있으면서 줄곧 **독재자의 이미지를 갈고닦는 데** 총력을 기울였던 사담이 더 이상 생화학 무기를 보유하고 있지 않다는 것을 밝히기 꺼렸던 이유는 외부에, 특히 이란에 **약하게 보이길 원치 않았기** 때문이다. 이것은 사담이 체포된 후 FBI 조사관들에게 털어놓은 얘기이며,[139] 거의 틀림없는 사실이다.

전쟁에 반대했던 이들을 포함해서 서방의 리더들이 사담에게 대량 살상 무기가 있다고 상정했던 이유는 과거 사담이 그런 무기를 보유했고, 지금도 그것들을 보유하고 있는 것처럼 행동했기 때문이다. 그러나 이라크 침공에 반대하는 사람들은 이것이 블릭스 팀의 사찰을 중단하거나 이라크를 점령하고 그 이후에 벌어질 일을 책임져야 하는 이유라고 보지 않았다. 영국 국방부에서 오래 근무한 뒤 1997년부터 1999년까지 내각 사무처의 고위 국방 관료로 재임하면서 모든 정보 보고서에 접근할 수 있었던 데이비드 피셔David Fisher도 사담이 일부 생화학 무기를 여전히 보유하고 있다고 믿었다. 이제 그는 당시 사담의 행동을 분석할 때 그를 민주주의 체제의 통치자인 양 다뤘던 것이 큰 실수였다고 주장하는데, 민주주의 체제에서 제정신을 가진 정치인이라면 국민에게 커다란 위협이 되는 경제 제재와 무력 침략을 당하려고 하지 않을 것이기 때문이다. 서구 민주주의의 리더라면 사담처럼 행동한 뒤 살아남을 수 없었을 테지만, 이 무자비한 아랍 독재자는 권좌에서 쫓겨난 후 최소한 12년을 더 살았다.[140] 사담과 바트당에 관한 대표적인 전문가인 조지프 사순Joseph Sassoon에 따르면, "어떤 대가를 치르더라도 항상 강한 모습을 보여줘야 한다는 원칙은 사담의 일생동안 변함이 없었다." 절차는 민주주의 정권뿐 아니라 권위주의 정권에서도 중요한데, 사담의 정권 역시 이것의 부재가 파국으로 이어졌다. 사순에 따르면, 강한 모습을 보여줘야 한다는 강박 관념에 더해 사담이 일단 결정을 내리면 몹시 완고했던 점, 그리고 1980년대 중반부터 사망할 때까지 부정적인 견해를 받아들이길 꺼렸던 점이 상황을 더욱 악화시켰다.[141]

미국이나 영국에서는 정부 외부는 물론 행정부 내부에서도 당연히 미국 대통령이나 영국 총리와 상반되는 견해가 제기될 수 있다. 하지만 양국 모두 이라크 전쟁을 준비할 때 잘못된 정책이 나올 수밖에 없었던 이유가 있다. 미국에서는 국무부와 국방부가 충돌하는 경우가 드물지 않았다..이런 상황은 레이건 행정부에서도 발생했다. 기본적으로 레이건은 소련의 고르바초프 관련 문제에서 전자(구체적으로는 캐스퍼 와인버거 Caspar Weinberger보다 조지 슐츠)의 판단을 신뢰했다. 이라크 사태의 경우에는 유달리 영향력이 컸던 부통령 체니와 럼즈펠드의 동맹이 국방부에 힘을 실어줬다. 최종 결정은 부시의 몫이었지만, 그는 이라크 침공 전과 특히 침공 후 정책의 상당 부분을 국방부가 결정하도록 허용했다. 백악관 국가안보보좌관으로서 관련 부처와 정부 기관 사이의 공조를 도모하는 것이 주된 임무였던 콘돌리자 라이스는 미군이 바그다드에 진입한 직후 관련 기관의 공조가 필요하다고 부통령에게 설명했을 때 그가 보인 반응을 전한다. "펜타곤은 지금 막 이라크를 해방시켰습니다. 국무부는 뭘 했죠?"[142]

국무장관 콜린 파월Colin Powell은 조지 H. W. 부시 대통령의 백악관 국가안보보좌관이라는 배경 외에도 육군 대장으로 재임한 바 있어, 실제 전쟁을 치른 경험이 다른 이들보다 훨씬 풍부했다. 그러나 그는 워싱턴의 밥그릇 싸움에서 체니와 럼즈펠드에게 밀렸다. 자주 이들 사이에 낀 라이스는 '국제 정치 문제에서 신중하게 합의를 형성하는' 파월과 '대립을 일삼는' 럼즈펠드 사이의 극심한 불신을 직접 보고 겪었다.[143] 국가안보회의에서 럼즈펠드는 사담 후세인을 축출한 후 이라크에서 벌어질 일을 미국이 걱정해야 할 의무는 없다고 주장했다. "독재자가 등장하려면 하라죠."[144] 라이스는 부통령의 방조에 힘입어 국무부가 관할하는 안건까지 잠식해오는 국방부에 대한 불만을 파월이 대통령에게 더 강하고 직접적으로 표출하지 않았던 주된 이유는, 전직 군인인 그가 총사령관에게 도전하고 싶지 않았기 때문이라고 추측했다. 그 밖에도 콜린 파월과 부시 사이에는 좀 더 민감한 요소가 도사리고 있었으니, 라이스의 표현처럼 파월은 "만일 그가 대선에 출마했더라면 아마도 자신이 부시 대신 대통령 자리에 있었으리라는 걸 의식하지 않을 수 없었다."[145] 로빈 쿡은 2001년까지 영국 외무장관을 지낸 경험을 바탕으로, 이라크 문제에 대한 의사 결정에서 영국 외무부의 영향력이 제한적이었던 이유를 다음과 같이 논평했다. 즉 미 국무부가 워싱턴에서 일어나

고 있는 일에 영향력을 행사하지 못하고 있었기 때문이라는 것이다.[146]

쿡의 후임인 잭 스트로는 (그에 앞서 영국 외무장관을 맡았던 네 명의 전임자-보수당 세 명, 노동당 한 명-와는 달리) 비록 총리만큼 '호전적' 정신으로 돌진하지는 않았더라도, 기본적으로 이라크 침공을 지지했다. 하지만 그는 블레어가 내각과 각료위원회를 활용하는 대신 비공식적 의사 결정 방법을 선호한 결과 필연적으로 평판이 추락했다고 본다. 스트로는 회고록에서 "만일 총리와 나, 그리고 국방부 장관이 내각에 보고를 올리게 되어 있는 국가안보회의와 일의 진척 상황을 논의하고 그들의 결정을 반영했더라면, 그것도 말로 브리핑하는 것이 아니라 문서를 남겼더라면 (정부 운영 측면에서도, 총리와 그의 평판에도) 훨씬 나은 결과를 가져왔을 것"이라고 밝혔다.[147] 스트로는 미국과 함께 이라크를 침공한다는 결정 자체는 본질적으로 바뀌지 않았을 것이라 확신한다고 덧붙였다. 그러나 2003년 침공 후 얼마 지나지 않아 한 익명의 영국 고위직 장관이 "콜린 파월이 미국 대통령이고 잭 스트로가 총리였다면 십중팔구 전쟁은 일어나지 않았을 것"이라고 말한 것으로 전해졌다.[148] 만일 그들이 수장으로 있었던 미국 국무부와 영국 외무부가 이라크 전쟁 결정 과정에서 주된 역할을 담당할 수 있었다면 같은 얘기가 더 확실하게 적용되었을 것이다.

블레어가 영국의 참전 여부는 자신이 결정할 문제라고 고집하는 걸 동료들이 허용했던 정도를 감안하면, 정당한 절차를 거쳤다 하더라도 같은 결정에 도달했을 수도 있다. 게다가 이라크 침공 당시 블레어 내각의 국방부 장관이었던 죠프 훈Geof Hoon의 정치적 위상과 대중적 입지는 해럴드 윌슨 총리 시절 1964년부터 1970년까지 같은 직책을 맡았던 데니스 힐리와 커다란 차이가 있었다. 그동안 윌슨은 영국을 베트남 전쟁에 개입시키지 않은(이 때문에 그는 워싱턴에 밉보였다) 공을 인정받았지만, 2006년 인터뷰에서 힐리는 "사실 총리는 솔깃했지만, 내가 '절대 안 됩니다'라고 못 박았다"고 밝혔다.[149] 이것이 장관과 총리의 제대로 된 관계다. 만약 둘의 견해차가 클 경우에는 제대로 된 절차로 구성된 각료위원회에서, 그런 다음에는 내각에서 장단점에 대한 토론이 이루어져야 한다. 윌슨은 2차 대전에 육군 장교로 참전했으며 대외 정책과 국방 정책 분야에서 깊은 지식과 오랜 경험을 쌓아온 장관의 탁월한 판단력을 따르는 지각을 발휘했다. 대통령제가 아닌 체제에서, 총리는 자신이 계획한 정책을 당 내부와 전국적으로 명망 높은 동료에게 부단히 설득해야 하며, 자신의 지위를 앞세워 동의를 강요해서는 안 된다. 이라크 전쟁 때도 충분한 정보를 바탕으로 한 집단적 의사 결정이 이루어졌다면, 사담 후세인 정권을 전복시킨 후 뒤따를 상황에 대한 안일한 가정을 면밀하게 검토할 기회가 있었을 것이다.★

★　　국방부 고위 관료로서 당시 이라크 침공을 반대하지 않았던 데이비드 피셔는 몇 년 후 이것이 정당한 전쟁의 기준을 충족하지 않는다는 결론에 도달했다. 피셔의 견해는 다음과 같다. "2003년 이래 사상자가 계속 증가하자, 사담의 정권이 사악하고 억압적이라는 점에는 의문의 여지가 없다고 해도 군사행동의 실보다 득이 컸다는 견해를 유지하기가 점점 어려워졌다. 게다가 어떤 방식으로 대차 대조표를 작성하더라도, 전쟁을 시작하기 전에 정당한 전쟁의 전통이 요구하는, 결과에 대한 주의 깊은 평가가 이루어지지 않았다는 점은 분명하다. 또한 군사 작전이 끝난 후 평화 상태의 즉각적인 회복과 정당한 평화의 수립을 보장하기 위한 계획도 충분치 못했다."(David Fisher, *Morality and War: Can War be Just in the Twentyfirst Century?*, Oxford University Press, Oxford, 2012, p. 213.)

*

정당한 절차의 부재는 총리와 비선출 보좌관들의 손에 더 많은 권력을 쥐여주었으며 정책 결과에 영향을 미쳤다. 이 장에서 살펴본 세 건의 사례에서 체임벌린, 이든, 블레어는 모두 독단적으로 행동했고, 중요한 문서와 정보를 다른 각료들과 제대로 공유하지 않았다. 강한 리더로 보이고자 노심초사하는 총리가 합당한 정부 기구를 우회해 독단적으로 정책을 결정할 때 특히 더 위험한 결과가 뒤따른다. 이 세 명의 영국 총리 중에서 영국 국민을 속인 죄는 이든이 가장 크지만, 제대로 된 절차를 지키지 않았던 정도는 체임벌린이나 블레어가 더했다. 체임벌린이 반대를 용납하지 못하는 성격이었다면, 이든과 블레어는 강한 리더라는 **인상을 주는 데** 집착했다. 1990년대 이래 토니 블레어의 정치 경력을 주의 깊게, 그리고 대체로 호의적으로 지켜봤던 영국 기자 앤드루 론슬리Andrew Rawnsley는 블레어 총리의 임기 첫해에 이미 이런 기사를 썼다. "블레어 총리는 장점이 많다. 그의 가장 큰 단점 중 하나는 약해 보이지 않으려는 강박 관념이다."[150] 이 단점은 자신의 판단력에 대한 블레어의 근거 없는 믿음과 쌍벽을 이뤘다.

이라크 침공 준비 과정에서 영국의 블레어와 미국의 체니, 럼즈펠드, 그리고 궁극적으로 부시가 정보를 해석했던 방식은 '조기 인지적 종결premature cognitive closure'의 좋은 예다. 믿음은 현실을 단순화하고 정보가 처리되는 방식을 형성한다. 믿음은 불편한 사실을 걸러내는 체이자, 기존 신념에 반하는 정보보다는 이미 가진 확신에 부합하는 정보를 더 잘 받아들이도록 하는 구조물이다.[151] 만일 정부 수장(체임벌린이든, 이든이든, 아니면 블레어든)이 자신의 신념을 고집하는 정도가 지나쳐서 누구와 상의하든 자신의 믿음이 강화되기만을 원한다면, 그는 자기기만과 착각의 희생자가 될 것이다. 그러므로 대외 정책은 충성스러운 보좌관들의 도움을 받는 한 사람의 리더가 결정하는 분야가 아니어야 한다는 사실이 매우 중요하다. 이전 장에서 논의한 많은 변화들(특히 교통과 통신 속도의 극적인 증가)로 인해 여러 나라의 총리 및 대통령 사이에 직접적인 교류가 활성화되고, 그들이 국제석상에서 나라를 대표해 발언하도록 요구되는 것은 명백한 사실이다. 그러므로 그들이 추진하는 정책이 선출 정부 내에서 집단적인 계획 수립 과정을 거치는 것이 더 중요해졌다. 정책 결정은 총리의 명을 받들어 모시는 이들에게 맡겨둬도 괜찮은 임무가 아니라, 한 부처를 독립적으로 책임지고 총리의 성향을 모두 공유하지는 않는 정치인들의 몫이다. 이 중요한 책임을 회피해서는 안 된다.

8장

어떤 종류의 리더십이 바람직한가?

지금까지 리더십을 다룬 책의 대다수가 미국에서 나왔다. 이는 정치학 연구가 미국 대통령직에 치중되어 있고 다른 나라들은 지나가면서 잠깐 언급될 뿐이라는 의미다. 게다가 휴 헤클로가 지적했듯이 대통령에 관한 연구는 암암리에 역사적·정치적으로 '위대한 인물' 중심의 편향된 시각으로 접근하는 경우가 많다. 성공은 '반대파를 누르고 표면상 정국을 주도하는 것을 의미'하고, 성공과 실패는 '대통령의 의지를 관철시켰는지 아닌지'로 결정된다. 따라서 대통령 연구는 대통령 권력에 대한 변호로 변질되어버리는 경우가 흔하다.[1] 앞에서 얘기했듯이, 이런 식의 평가는 그간 정치 리더 전반에 폭넓게 적용되어 왔다. 정부에서 패권을 장악하고 동료 정치인들 위에 군림했던 리더는 강하다고, 따라서 성공적이라고 평가되고, 집단적 성격의 지도부를 운영했던 리더는 약하고 그리 성공적이지 못한 리더로 치부되는 일이 너무 흔하다.

커다란 변화를 가져오는 데 결정적인 역할을 한 리더 개인 또는 지도부가 특별한 관심의 대상이 되는 것은 당연하다. 나는 **체제** 변화를 가져오는 데 핵심적으로 중요한 역할을 한 매우 드문 **변혁적** 리더와, 정치담론의 범주를 바꿔놓고 정치적으로 가능한 것에 대한 합의를 확장한 **재정의형** 정부(이쪽도 흔치 않다)를 구분했다. 영국에서는 총리가 다른 각료들의 업무를 조율하며 집단 지도 체제에 가까운 지도부를 이끌었을 때 이런 재정의에 성공했는데, 1945년부터 1951년까지 클레멘트 애틀리가 이끈 노동당 정부가 대표적인 예다. 반면 1979년부터 1990년까지 마거릿 대처가 이끌었던 보수당 정부의 예처럼 총리가 직접 변화의 견인차로 활약한 경우도 있다.

미국에서는 견제와 균형checks and balances이라는 제약 때문에 누가 대통령이 된다 해도 도저히 불가능할 일들을 대통령에게 기대하는 경향이 만연하다.[2] 마찬가지로, 의회 민주주의 국가에서도 최근 수십 년간 정치 평론가 사이에서 총리가 지금보다 훨씬 더 많은 일을 해내야 한다고 요구하는 경향이 대두되었다. 총리들은 동료 정치인이나 정당과의 관계에서 확실히 주도권을 잡고 좀 더 기세 좋게 권력을 휘두르라는 주문을 받는다. 정치적으로 박력 있는 모습을 보이라는 대중 매체(그리고 숨은 의도를 가진 정적들)의 부추김을 받은 여러 총리와 당 대표는 '내가 보스'라는 것을 증명하는 데 급급하여 실제로 이를 실행에 옮기기도 했다. 영국의 일부 정치 평론가 및 전직 관계자들은 영국 총리의 권력이 충분하지 못하다고 생각한다. 이들은 최근 다우닝가 10번지의 주인들이 내각 사무처를 점령한 것에 만족하지 못하고, 아예 총리부를 신설하자고 주장하기도 한다.[3] 미국에서 프랭클린 D. 루스벨트가 신설한 대통령실의 규모가 갈수록 커지면서, 다른 정부 부처로부터 "대통령의 이로 물어뜯으려는 사람이 너무 많다"는 우는 소리가 나왔던 사실은 앞에서 언급한 바 있다. 그런데 유달리 강력한 입법부가 권력을 분점하는 미국에서는 대통령을 뒷받침하는 직속 부서의 필요성이 정당화될 수 있었고, 오늘날에도 여전히 그러하다는 점이 영국과 다르다. 영국에 총리부가 생겼다가는 총리의 심복들이 총리가 원하는 것을 추측하여, 자신들의 견해와 맞아 떨어지는 총리의 뜻을 밀어붙이려고 의원이나 심지어 장관을 총리의 이로 물어뜯는 꼴이 날 것이 뻔하다.

점점 더 많은 문제가 총리의 판결을 거치는 구조가 될수록 문제가 성공적으로 해결될 가능성은 작아진다. 결정이 정부 수반에게만 몰리면 그가 문제의 답을 찾는 데 필요한 최소한의(그러나 보통 불충분한) 시간을 투입할 수 있을 때까지 대응이 지연되기 때문에, 문제 해결은 더 어려워진다.[4] 헤클로는 "가장 좋은 지도자는 존재감이 없는 자이며, 복종과 칭송을 받는 지도자는 한 수 아래다"라고 말했던 고대 중국의 철학자 노자의 지혜를 권한다.[5] 물론 그도 이 '완덕의 권고counsel of perfection'를 현대 정부 수반에게 그대로 적용하는 것은 비현실적이라고 인정한다. 하지만 대통령이(총리도 마찬가지다) 대중문화에 흔히 등장하는 "나를 따르라"는 식의 과장된 연출에 연연하기보다는 협력을 통해 문제의 해결책을 도출할 수 있도록 판을 깔아줄 때 좀 더 절묘하고 생산적인 리더십을 발휘할 수 있다는 그의 충고는 지당하다.[6]

현대의 미국 대통령이 이 책에서 설명한 '변혁적 리더'가 되기는 사실상 불가능하다. 체제를 바꾸는 일은 현실성이 없고, 가능한 것의 한계를 재정의하기조차 쉽지 않다. 프랭클린 D. 루스벨트와 린든 B. 존슨은

'20세기' 재정의형 리더의 대표적인 사례이고, 그들의 업적은 대체로 긍정적이었다(무시하기 힘든 매우 비극적인 예외는 존슨이 베트남 전쟁에 연루된 것이다).[7] 두 대통령 모두 '설득의 힘'을 효과적으로 사용했고, 루스벨트가 특히 광범위한 대중에게 호소했다면, 존슨은 자신이 가진 인맥과 상원이라는 기관에 대한 방대한 지식을 최대한 활용했다.[8]

어떤 대통령들은 중요한 정책의 주도권을 다른 이들에게 넘겼을 때 가장 훌륭한 성과를 냈다. 해리 트루먼 대통령 시절에 조지 마셜 국무 장관의 역할과 마셜 플랜이 바로 이런 종류의 리더십을 보여주는 사례다. 그렇지만 트루먼도 유럽 부흥 계획을 적극 지지하면서 마셜의 든든한 지원군 역할을 했다. 아이젠하워 대통령 재임 기간에 제한적이나마 악전고투를 치러 얻어낸 시민권 부문의 성과(공립 학교에서 인종 분리 종식)는 대통령보다 법무부 장관 허버트 브라우넬의 공이 컸다(2장에서 살펴봤듯이, 아이젠하워는 그리 적극적이지 않았다). 로널드 레이건은 강경파로 유명하지만, 그가 보다 협력적인 태도를 견지했을 때 사회 보장 제도와 연방 세법 개헌에서 어느 정도 원하는 성과를 거두었다.[9] 레이건의 대외 정책에 대해서도 같은 얘기를 적용할 수 있다. 레이건은 모스크바에서 급물살을 타기 시작한 변화에 대응하는 역할을 조지 슐츠와 국무부에 맡겼으며, 자신도 직접 미하일 고르바초프와 건설적인 관계를 맺었다.

그럼에도 불구하고 보통 의회에서 정부를 뒷받침하는 과반수(하나의 당이 됐든 연립 정당이 됐든)를 확보한 의회 민주주의 국가의 총리와 달리, 백악관의 주인은 미국 정치 체제가 대통령에게 가하는 제약을 감안할 때 그에게 주어진 권력을 최대한 활용해야 한다는 주장에 어느 정도 설득력이 있다. 예를 들어, 앨프리드 스테판과 후안 린츠는 오바마 전 대통령이 2009년 취임 후 필리버스터를 통한 상원의 저지력을 '제거하거나 크게 축소하기 위해' 당시 상원에서 과반 의석을 차지하고 있던 민주당 의원들과 긴밀하게 협조했어야 한다고 주장한다. 상원은 매 회기 초 새로운 의사 규칙을 정할 수 있기에, 2009-10년에는 오바마와 민주당이 상원의 필리버스터 제도를 폐지할 수 있었다.[10] 미국의 정치 체제에는 '비토크라시vetocracy'라고 불릴 만큼 다른 나라에 비해 훨씬 막강한 거부권이 있음을 감안하면, 오바마는 '다수를 극단적으로 제약하는 필리버스터 규칙을 제거'하기 위해 갓 부여받은 민주적 통치 권한을 적극적으로 활용했어야 하는지도 모른다. 만일 그때 필리버스터가 폐지됐다면 오바마의 의료 개혁은 덜 희석된(그리고 덜 복잡한) 형태로 통과되었을 것이고, 따라서 민주당은 2010년 중간 선거에서 국민에게 보다 설득력 있는 메시지를 전할 수 있었을 것이다. 실제로 복잡한 보건법 타협안을 통과시키는 난잡한 과정이 민주당의 패배에 한몫했다.[11] 최종적으로 승인된 환자 보호 및 부담 적정 보험법은 미국에서 부닥친 격렬한 반대와 곡해를 감안하면 '입법적 성공'으로 간주할 수도 있겠으나, 영국이었다면 총리의 권위를 약화시키는 실패로 평가되었을 것이다.[12]

미국의 마지막 **변혁적 대통령**은 에이브러햄 링컨이었다. 미합중국을 탈퇴했던 11개 남부 연합을 재가입시키고 흑인 미국인에게 시민권을 부여한 일은 연방공화국의 변혁에 해당한다. 이 책은 주로 20세기와 21세기를 다루고 있기에 링컨을 자세히 다루지 않았지만, 그는 협력적이고 책임을 공유하는 리더십을 통해 원칙을 고수하면서 선구적 변화를 이루어낸 사례로 손꼽힌다. 어떤 의미에서 그는 공화국을 새로운 기반 위에 다시 세웠다고 할 수 있다. 링컨 대통령 재임 시절에 관한 대표적 권위자 제임스 맥퍼슨James McPherson의 말처럼, "링컨의 불굴의 리더십이 아니었다면 **합중국**은 막을 내리고 말았을 것이다."[13] 또한 맥퍼슨은 링컨의 리더십과 북부 연방의 승리는 미국 독립 혁명과 헌법이 해결하지 못한 두 가지 근본적인 문제를 해소했다고 설명한다. 첫 번째는 공화국이 하나의 국가로 살아남을 수 있을 것인가라는 문제였고, 두 번째는 "모든 사람이 자유라는 양도할 수 없는 권리를 갖는다고 공언한 헌장을 기초로 세운" 나라가 "세상에서 가장 많은 노예를 소유한 나라"가 되어버린 "잔인한 부조리"(링컨의 표현)였다.[14] 남북 전쟁 당시에 링컨은 종전의 조건에서 노예제 폐지를 빼라는 강한 압력을 받았으나 굴하지 않았다. 지금 이 순간에도 10만 명이 넘는 흑인 병사가 북부 연방을 위해 싸우고 있다는 점을 언급하면서, 그는 이렇게 말했다. "만일 그들이 우리를 위해 목숨을 바칠 각오를 했다면 그들은 가장 강력한 동기, 즉 자유에 대한 약속을 위해서 싸우고 있음이 틀림없습니다. 약속을 한 이상 반드시 지켜야 합니다."[15] 링컨은 고결한 원칙과 하위정치low politics의 결합을 통해 수정 헌법 제13조(노예제 폐지)가 의회를 통과하는 데 필요한 표를 확보해나갔다.[16]

도리스 컨스 굿윈Doris Kearns Goodwin이 특히 훌륭하게 입증했듯이, 링컨의 '정치적 천재성'은 그의 탁월하고 심오한 연설이나 결연한 의지에서 드러났을 뿐만 아니라 때를 고르는 감각, 즉 어떤 정책을 추진할 때 여론을 주도하지만 그렇다고 정책의 성공 여부를 위태롭게 할 만큼 너무 앞서 나가지는 않고 적절한 시기를 선택하는 능력을 통해서도 발휘되었다.[17] 강력한 라이벌들을 포함하여 당대의 가장 유능한 정치인들과 기꺼이 합심하여 함께 일하고자 했던 링컨의 의지도 어떤 것 못지않게 중요했다. 만약 링컨이 자신감이 부족하고 도량이 좁은 리더였다면, 자신이 더 백악관의 주인이 될 자격이 있다고 여겼던 인사들로 주변을 채우길 꺼렸을 것이다. 보통의 리더였다면 '자신의 권위에 절대 도전하지 않는 개인적 지지자'로 내각을 채웠을 것이다.[18] 반면 링컨은 1860년 공화당 대통령 후보 경선에서 유력한 경쟁자였던 뉴욕주 상원 의원 윌리엄 H. 수어드William H. Seward, 오하이오 주지사 새먼 P. 체이스Salmon P. Chase, 그리고 미주리주 원로 정치인 에드워드 베이츠Edward Bates를 정부 요직에 중용했다. 수어드는 링컨을 그가 아는 사람 중에서 "최고이자 가장 현명한 사람"으로 평가하게 되었으며, 그의 "관대함은 거의 초인적이다"라고 말했다.[19] 링컨이 '백악관 병'이라 불렀던 것을 영 극복하지 못했던 체이스는 대통령에게 사직서를 네 번이나 제출했고, 링컨은 네 번째 사직서를 진짜로 수락해버려서 그를 당황시켰다. 그럼에도 불구하고 링컨은 자신을 향한 음모를 꾸미는 데 여념이 없었던 체이스를 대법원장으로 임명하는 결단을 내렸다. 나중에 링컨은 자카리아 챈들러Zachariah Chandler 상원 의원에게, 개인적으로는 "체이스를 임명할 바에 차라리 내 사슴뿔 의자를 씹어 삼키는 걸 택하겠지만" 나라를 위해서는 올바른 결정이었다고 말했다.[20]

링컨 행정부에서 각료로 재임했던 기디언 웰스Gideon Welles에 따르면, 링컨은 "내각이 비난받는 것은 내각이 아니라 나의 잘못"이라고 자주 얘기하곤 했다. 유명한 사례로는 "일단 뇌물을 받았으면, 받을 때 한 약속을 지키는 것"이 정직한 정치인이라고 말한 펜실베이니아주의 정치 리더 사이먼 캐머런Simon Cameron이 연루된 사건이 있다.[21] 육군성 내부에서 대규모 부정부패 사건이 드러난 후, 링컨은 캐머런을 전쟁 장관 자리에서 해임하지 않을 수 없는 상황에 처했다. 그러나 대통령은 의회에 장문의 서한을 보내, 이 유감스러운 계약은 "정부가 직면한 위기 상황으로 인해 발생"한 것이며, "어떤 실수, 잘못, 또는 결함이 벌어졌든 간에" 자신과 내각 전체에 "최소한 캐머런과 똑같이 책임이 있다"고 보고했다.[22] 캐머런은 그 후로 링컨에게 영원히 충성했으며, 굿윈이 말한 것처럼 "모든 이가 자신을 버렸을 때 비난을 같이 짊어진 링컨의 용기에 감복했다."[23]

대통령에게 집행권을 부여하는 체제에서, 대통령은 의회 민주주의 체제의 총리보다 더 큰 변화를 만들어낼 수 있는 권력을 가진다. 그러나 미국은 대외 정책 부문을 제외하면 이런 일반화를 적용할 수 없다. 현대 미국의 정치 체제는 권력을 백악관 보좌관, 다른 정부 부처와 기관들, 의회, 사법부, 그리고 연방을 구성하는 50개의 주가 분점한다. 미국 대통령의 대내적 권력은 보통 총리가 각료들을 설득해서 끌고 갈 수 있다는 전제(중요한 전제다)가 충족될 때 누리는 권력보다 훨씬 작다. 의회제 체제 중에서도 비례 대표제보다는 총리의 소속 정당이 보통 입법부에서 과반 의석을 갖는 다수 대표제를 도입한 나라의 총리는 그 나라에서 더욱 강력한 권력을 행사한다.

그렇지만 국제 관계는 다른 어떤 나라보다도 미국의 대통령이 누구인지에 훨씬 큰 영향을 받는다. 2000년 미국 대통령 선거의 결과가 이 점을 잘 보여준다. 조지 W. 부시처럼 별다른 재능이 없는 인물이라도 미국 같은 강대국의 리더가 될 경우 좋은 방향으로든 나쁜 방향으로든 상당한 차이를 가져올 수 있다. 2000년 미국 대선은 운과 우연이 대통령을 결정하는 데 어떤 역할을 하는지 잘 보여준 선거이다. 한두 개 경합 주에서 민주당 지지자의 표가 급진적 성향의(그러나 당선 가능성은 없는) 랠프 네이더Ralph Nader 대신 앨 고어에게 조금만 더 몰렸다면 고어는 백악관에 입성할 수 있었다. 또는 플로리다주 팜비치 카운티가 나비형 투표 용지 대신 좀 더 정교한 투표 메커니즘을 사용했다면 결과는 달라졌을 것이다('구멍이 덜 뚫린 투표 용지hanging chads'가 느닷없이 세상 사람의 입에 오르내리게 됐다).[24] 혹은 고어가 빌 클린턴의 인기를 아칸소주 유세전에서 잘 활용했더라면 그곳 선거인단의 표를 확보할 수 있었을 것이다.[25] 그러나 전국 득표수에서는 밀렸지만 운 좋게도 이런 여러 가지 요인들로 인해 선거인단 투표에서 가까스로 승리를 거머쥐고 최종 승자로 부상한 것은 부시였다. 이 결과가 미국과 멀리 떨어진 나라 국민의 생사에 커다란 영향을 미쳤다. 나널 코헤인Nannerl Keohane의 말처럼, "고어도 아프가니스탄에서 조지 W. 부시와 크게 다르지 않은 길을 갔을지도 모른다. 그러나 그가 이라크를 침공하지 않았을 것은 거의 확실하며, 이것만으로도 오늘날 우리는 다른 세상에서 살고 있을 것이다."[26]

영국의 '나폴레옹식' 통치?

권위주의 정권에서 최고 리더를 통치 집단과 분리하여 우상화하는 것, 혹은 민주주의 정권에서 대통령이나 총리를 내각 위에 두고 떠받드는 것은 동료 정치인들을 희생시켜 리더의 권력을 강화하는 효과가 있다. 따라서 좋은 정부를 만드는 게 아니라 개인 권력의 극대화를 추구하는 리더나 그 측근에게 이것은 실질적인 효용성을 가진 전략이다. 독재 체제에서는 독재자의 명령이 절대적이고, 그 명령에 공공연하게 반대 의견을 내는 사람이 없다는 사실이 그의 자만심을 부추긴다. 마찬가지로 민주주의 리더가 자신의 권력을 극대화하는 과정에도 자만심이라는 요소가 적지 않게 개입되곤 한다. 막스 베버는 정치인이 매일 매시간 "대의를 위한 모든 공리적 헌신과 … 자신으로부터 거리를 유지하는 데 치명적인 장애물로 작용하는 저속한 자만심"을 극복해야 한다고 썼다.[27] 베버는 객관성 부족과 무책임이야말로 정치인이 범할 수 있는 '가장 큰 두 가지 죄악'이며, 최대한 자신에게 이목을 집중시키기 위해 전면에 나서고자 하는 욕구인 자만심은 정치인이 이런 죄악을 저지르고 자신의 이미지를 우선시하면서 끊임없이 무대 위의 배우가 되도록 유혹하는 근원이라고 본다.[28]

마가릿 대처에 대해 우호적이었던 대표적 전기 작가조차도 대처를 '자기중심주의자'라고 묘사했다.[29] 하지만 대처는 자신의 자만심을 충족시키려 유명 인사가 되고 싶어 했다기보다는 자신이 소중히 여기는 가치를 옹호하는 수단으로 권력을 추구했다. 3장에서 논의했던 것처럼, 대처는 토니 블레어와 달리 영국에서 가능한 정치 담론의 범주를 재정의하는 데 기여했다. 블레어는 대처와 그녀의 동지들이 창조한 영국 정치의 새로운 중심을 그대로 수용했다. 마거릿 대처 정부와 그 뒤를 이은 존 메이저 정부의 보수당 내각에서 각료로 재임했던 케네스 클라크 Kenneth Clarke는 메이저 정부가 "대처의 가장 열렬한 지지자라고 자처하는 이들에 의해 내부로부터 와해"되었으며, "대처의 유산은 토니 블레어가 넘겨받아 인간의 얼굴을 한 대처리즘을 이어갔다"고 말한 바 있다.[30] 블레어 정부는 대내적으로는 경제 분야에서 공공보다 민간을 선호하고, 보건·사회·교육 분야에서 민간과 시장의 역할을 확장했다. 대외적으로는 대처보다 훨씬 적극적으로 미국 공화당 우익의 견해를 수용했는데, 특히 중동 문제에 대한 블레어의 입장은 미국 신보수주의자의 입장과 구별하기 어려울 정도였다. 블레어는 이라크 문제에서 부시 행정부가 추진한 정책의 외형에만 영향을 미쳤을 뿐 그 내용은 바꾸지 못했다. 반면 로널드 레이건과 이념적 동질성을 공유했던 대처는 그와 좋은 관계를 유지하면서도 특정 이슈에서 그가 미는 정책을 통렬하게 비판하는 데 주저함이 없었다. 특히 대처는 정부 내부의 고문 및 외부 전문가의 조언을 들은 후, 새로운 소련 지도부와 관계를 수립하고자 하는 레이건의 바람을 강화하고 고르바초프와 직접 만나도록 레이건을 설득하는 데 중요한 역할을 했다.[31] 그러나 시간이 지나면서 대처는 점점 다른 사람의 의견에 귀를 기울이지 않게 됐고, 헝가리인들에게 현재 헝가리 상황을 설명하는 일을 서슴지 않았다.★ 하지만 1987년 모스크바의 주거 단지를 방문했을 때는 그곳 주민들이 "나보다도 그곳 시스템을 더 잘 알고 있더라"는 사실을 시인했다.[32]

토니 블레어는 대처보다 훨씬 정중하고 부드러운 태도로 각료를 대했지만, 총리 관저에 권력을 집중시키려는 시도는 대처와 궤를 같이했

★ 반면 총리 재임 초반에 대처는 좋은 질문을 하고 대답을 들을 줄 알았고, 특히 전문 지식을 가진 이들의 대답을 주의 깊게 들었는데, 집권 후기에 이르면 이런 모습을 더 이상 찾아볼 수 없었다. 중요한 헝가리 개혁주의자이자 1990년 8월 대처와 만났을 때 헝가리 과학원 원장이었던 이반 버렌드는 자신이 총리에게 소개된 직후 총리가 그의 팔을 잡고 구석으로 데려가서는 헝가리에서 벌어진 흥미진진한 사건들에 관해 질문했던 것을 기억한다. 그러나 "그녀는 내가 대답할 때까지 기다리지 않고, 즉시 자신의 질문에 스스로 답하면서 내게 헝가리에서 진짜로 벌어지고 있는 일이 무엇인지 설명하기 시작했다." 버렌드는 이것을 같은 해 헝가리에서 진행되고 있는 사건에 대한 깊은 관심과 탁월한 이해를 보여준, 그리고 명석한 질문을 던졌던 스페인 총리 펠리페 곤살레스와의 만남과 대비했다. Ivan T. Berend, *History in my Life: A Memoir of Three Eras*, Central European University Press, Budapest and New York, 2009, p. 225 참조.

고, 심지어 대처보다도 한 걸음 더 나가고자 했다. 대처의 오른팔이자 보좌관은 찰스 파월Charles Powell이었다. 블레어는 그의 동생 조너선 파월을 보좌관으로 임명했고, 파월은 좀 더 그럴듯한 비서실장chief of staff이라는 직함을 요구하여 받아냈다(파월 형제는 둘 다 매우 유능한 관료로, 외무부에서 근무하던 중 이 직책에 발탁되었다).³³ 대처가 총리직에서 사임하고 6년이 지난 1996년, 찰스 파월은 한 인터뷰에서 이렇게 말했다. "대처가 정부를 운영하는 방식을 보면서 늘 어딘가 좀 레닌주의자 같은 면이 있다고 생각했어요. 불굴의 투지도 그렇고, 또 당 내부에 제대로 된 사상으로 무장한 선봉이 존재해 만일 이 소수 정예 조직을 잘 운영한다면 그들이 일을 성사시킬 것이라는 믿음도 그렇죠. … 그들이 밖으로 나가 사람들을 동원하고, 이런저런 명령을 내리고, 협박도 좀 하고 말이에요."³⁴ 블레어가 아직 다우닝가 10번지에 입성하기 전, 조너선 파월이 한 비공개 세미나에서 "우리는 봉건 체제에서 나폴레옹식 체제로 옮겨가길 원한다"고 말한 것이 언론에 유출됐다. 그는 이후 집필한 저서에서(이 책의 영웅은 나폴레옹이라기보다는 마키아벨리다) '나폴레옹식 체제'의 뜻을 설명했다. "영국 정부 체제는 전통적으로 군대와 자금(공무원 집단과 예산)을 보유하고, 군주에게 충성을 맹세하지만 실제로는 자신의 뜻대로 움직이는 귀족(각료)으로 이루어진 봉건 체제다. 정부를 일관적으로 유지하기 위해 총리가 할 수 있는 일은 사실상 거의 없다. 임명과 해임이 총리가 가진 유일한 무기, 그것도 날이 매우 무딘 무기다. … 정책 개발 및 실행 과정에서 중앙이 더 강력한 조율권을 가질 필요가 있다."³⁵

레닌과 나폴레옹이 과연 민주주의 리더의 모델로 적절한지, 또는 별 볼 일 없는 각외 장관조차 맡아본 적 없는 리더(블레어 얘기. 대처는 해당되지 않는다)가 다른 장관들에게 자신을 '군주liege'로 모시라고 요구하는 것이 적절한지에 대한 답은 오직 하나뿐이다. 나폴레옹적이라 할만한 어떤 대단한 변화가 일어나지는 않았지만, 블레어의 집권 2기 초반에는 정책 실행 상황을 모니터링하는 새로운 제도와 장치가 도입되었다. 이 계획의 발의자는 마이클 바버Michael Barber로, 그는 정부의 목적이나 정책 목표를 성취할 전략이 있어야 하며 정책 이행을 보장하기 위한 수단이 존재해야 한다고 주장했다.[36] 블레어는 바버를 총리에게 직접 보고하는 정책 이행 점검단의 수장으로 임명했다. 이 기관이 병원 대기 시간 감소, 범죄율 감소, 학교 교육 성과 향상을 위해 세웠던 정책 목표는 커다란 논란을 불러일으켰고, 의도했던 결과와 함께 의도치 않은 결과도 가져왔다. 그럼에도 불구하고 바버는 정부에서 일한 경험을 반추한 저서에서 (비록 '정책 목표 문화'는 여전히 논쟁의 여지가 있지만) 장점이 단점보다 많았다고 강하게 주장한다.

블레어가 어떤 야망을 품고 있었든 간에, 그리고 자신이 정부를 대신해 결정을 내릴 자격이 있는 인물이라는 특권 의식에도 불구하고, 그는 실제로 황제 노릇을 하지는 못했다. 만일 블레어가 대외 정책을 좌지우지하고 사회 현안에 영향력을 행사하는 다우닝가 10번지의 나폴레옹이었다면, 바로 옆 건물에는 경제 정책을 좌지우지하며 국내 여러 정책 분야에 압도적인 영향력을 행사하는 고든 브라운이라는 또 다른 나폴레옹이 버티고 있었기 때문이다. 블레어 총리 시절 말기에 바버는 장관들이 기본적으로 '브라운 진영에 들어갈지, 블레어 진영에 들어갈지, 아니면 양쪽에 다 들어가는 것을 목표로 할지' 결정해야 했다고 기록했고, 많은 내부자가 같은 얘기를 했다. 유달리 강력한 재무장관은 블레어의 권력을 끊임없이 제약했으며, 블레어의 집권 3기 때 권력 누수가 발생하면서 이 제약은 더욱 커졌다.[37]

2013년 4월 마거릿 대처가 세상을 뜨자 고인의 업적에 대한 예찬이 쏟아졌다. 특히 영국 최초로 여성 총리가 되었으며, 그것도 노동당에 비해 여성을 의회와 정부에 등용하는 데 한참 뒤처져 있던 보수당(그렇지만 노동당도 스칸디나비아의 성평등 수준과 비교하면 한참 뒤떨어졌다)의 리더로서 총리가 되었다는 사실 외에도 대처의 '강한 리더십'이 거듭 강조되었고, '신념을 고수한 정치인'이었던 점도 호평받았다. 실제로, 충분한 검증을 거친 정치 철학과 확고한 가치관을 가진 정치인에게는 많은 장점이 있다. 이런 정치인은 정책을 어떻게 제시할 것인지 결정할 때 여론 조사 결과나 포커스 그룹을 참고할지언정, 거기에 좌지우지되지는 않는다. 그러나 신념과 그것을 행동으로 옮기고자 하는 결의를 가진 리더가 항상 축복인 것만은 아니다. 몇 가지 뻔한 예를 들어보자면 레닌, 무솔리니, 히틀러, 스탈린, 마오쩌둥 역시 '강하고' 고압적인 리더였으며, 그들은 모두(스탈린조차도) 극도로 확고한 신념의 소유자였다. 보수당 내각의 과반수(그리고 보수당 의원의 다수)는 마침내 대처의 신념 중에서도 자신이 항상 옳다는 믿음을 더 이상 참아넘길 수 없다고 결정하기에 이르렀다. 당시 총리에게 물러나라고 말했던 각료들은 그로부터 거의 사반세기가 흐른 후에도 잃어버린 리더를 그리워하는 이들의 경멸을 받았다. 후자에 속하는 사람 중에는 1990년 마거릿 대처를 쫓아낸 각료들을 "야망이 지나친 비겁자, 멍청이, 반역자 집단"이라고 부르며, 스탈린의 앞잡이들이 1930년대 여론 조작용 재판의 희생자들에게 붙인 이름표를 묘하게 연상시키는 표현을 사용했던 역사가 앤드루 로버츠Andrew Roberts

가 있다.[38]

자신의 사임 연설로 1990년 마거릿 대처 총리의 강제 사임을 촉발했던 제프리 하우에 따르면 총리가 동료 정치인과의 관계에서 얼마나 압도적이었던지, 화이트홀과 웨스트민스터에서 회의가 진행될 때 다들 '무의식적으로 보이지도 않고 말도 없는 총리가 그 자리에 참석한 것처럼' 행동하게 되었다. "토론은 늘 총리가 이걸 어떻게 받아들일까라는 질문으로 수렴되었다. 이런 상태가 계속 악화되면서 총리는 자기 뜻대로 하는 데 너무 익숙해진 나머지 자만에 닿았고, 점차 각료들의 자문은 멀리하고 한정된 인물에게 더 의존하게 됐다. 이런 일은 벌어지게 마련이다. 테드 히스Ted Heath도 그랬고, 토니 블레어도 그랬다."[39] 케네스 클라크는 총리가 언젠가 내각이 모인 자리에서 "왜 내가 이 정부에서 모든 것을 다 해야 하는 겁니까?"라고 말했던 때를 회상했다. "이 발언을 듣고 그때 테이블에 앉아 있던 사람 중에서 이렇게 생각했던 것은 나 혼자만이 아니었을 겁니다. '문제는 말입니다, 마거릿. 당신이 혼자 다 해야 한다고 믿는다는 점입니다. 그러지 말아요. 가능하지도 않고요.'"[40]★

대처는 내각을 강압적으로 다뤘고 그것이 궁극적으로 그녀의 몰락을 불러왔지만, 내각을 우회하고 독단적으로 행동하는 경우는 블레어

★　　민주주의 체제에서 고위 정치인들이 한 사람의 뜻 앞에서 소신을 굽혀야 한다는 압박을 받는다는 사실은 마치 독재 치하에서 리더가 없을 때나 리더가 분명한 지시를 내리지 않았을 때 독재자의 의도를 파악하려 애쓰는 장면이 연상되는 비극이 아닐 수 없다. 히틀러 치하 독일에서는 이것을 '총통을 위하여working towards the Führer'라고 불렀다. 이언 커쇼가 얘기했듯이, "제3제국이라는 다원주의 정글에서 권력을 얻고 출세하는 길은 '총통의 뜻'을 예측하고, 명령을 기다리지 않고 솔선해서 히틀러의 목적과 의도로 추정되는 일을 추진하는 것이었다."(Ian Kershaw, *Hitler*, Penguin, London, 2009, p. 321.) 승진을 목적으로(또는 좌천을 피하려고) 비슷한 방식으로 복지부동하는 민주주의 체제 각료는, 많은 경우 그들이 모시고 있는 정부 수반이 한때 정당 내부 비판자, 또는 심지어 저항 세력이었다는 것을 기억해야 한다.

보다 훨씬 적었다. 앨리스터 달링은 1997년부터 2010년까지 각료로 재임했고 '신노동당'이 '영국 중산층'에 역점을 두는 정책 기조에 호의 적이었지만, 이 기간에 나온 정책들이 집단 논의를 바탕으로 하지 않았기에 집단적 책임감이 결여되었다고 비판했다. 그는 블레어의 회고록을 읽은 독자가 "토니의 머릿속에서는 '짐이 곧 신노동당'인거 아니냐"라고 생각하는 것도 무리는 아니라고 지적했다. 달링은 블레어 총리 시절과 브라운 총리 시절을 통틀어 너무나 많이 "우리는 주사위가 던져지기 전에 미리 해둬야 하는 기본적인 논의조차 하지 않았다"고 말했다. 달링은 다음과 같은 사례를 들었다. "성공을 거둔 대학 등록금 정책은 제대로 논의된 적이 없으니 그 결과에 대한 공동 책임도 없었다. 레바논 사태에 대한 논의는 전무했으며, 블레어는 자신이 옳은 결정이라고 판단했기 때문에 여론과 내각이 어떤 의구심을 갖고 있든 무시하겠다는 태도였다."[41]

▌리더와 정당

좋은 리더십, 또는(더 드물게 존재하는) 위대한 리더십이란 과연 무엇인지 합의에 도달하는 것보다, 유능한 리더십이 무엇인지 정의하기가 더 쉽다. 좋은 리더라는 평가는 그 인물의 호감도에 대한 주관적 평가나 그가 추진하는 정책에 찬성하는지에 달려 있다. 그러나 상황에 따라 요구되는 리더십의 스타일과 리더의 자질이 달라진다. 따라서 주어진 상황에서 가장 유능한 리더란 집단이 당면 목표를 달성하는 데 가장 크게 기여할 수 있는 그 집단의 구성원이다.[42] 조지프 나이의 간결한 정의에 따르면, 리더는 집단이 공동의 목표를 만들고 달성하도록 돕는 사람이다.[43] 정당 외의 조직에서는 리더가 목표를 결정하고 그것을 명확히 하는 역할을 하기도 하나,[44] 민주주의 정당을 이끄는 리더에게 **목표goals 수립**은 부합하지 않는 기능이다. 개괄적인 목표objectives(20세기 전반에 일부 정당은 '목표goals'라는 용어가 충분히 웅대하지 않다는 이유로 사용을 꺼렸다) 수립은 당 지도부가 협의하고 당원이 결정해야 한다. 그렇지 않다면 왜 당원이 정당의 목표를 위해 일하고 시간을 투자하겠는가? 민주주의에서 유능한 정치 리더십은 선거 승리에 기여하는 것, 그리고 집권 후에는 공약을 실행에 옮기는 데 기여하는 것을 포함한다.

정당 지도부와 의원으로 선출된 당원 사이의 관계는(지도부와 전국 단위 당원의 관계와 마찬가지로) 보통 양방향으로 형성되며, 또 그래야 한다. 당 지도부는 우선순위를 결정할 수 있지만, 만일 그들이 추진하는 정책이 미디어 재벌이나 금융계 로비에 좌지우지된다면 이는 성공적이지도 민주적이지도 않은 리더십이다. 이것은 다른 모습을 한 팔로우십에 불과하다. 당 대표가 언론에 호의적으로 보도되는 훨씬 쉬운 방법은 언론 소유주에게 맞서기보다는 자신의 정당과 거리를 두는 것이다(영국에서는 확실히 그렇다). 스탠리 볼드윈은 그의 후임 총리들보다(에드 밀리밴드는 어느 정도 예외지만) 신문사 사주들에게 훨씬 강경한 태도를 보였다. 1929년 한 연설에서 볼드윈은 이렇게 말했다. "로더미어Rothermere 경과 비버브룩 경이 경영하는 신문은 일반적인 의미의 신문이 아니다. 두 사람의 끊임없이 바뀌는 정책, 그들이 원하는 바, 개인적 호오를 위해 존재하는 프로파간다 도구다." 그는 언론 재벌을 신랄하게 비판하면서 이런 유명한 말을 남겼다. "이들 신문사 사주가 노리는 것은 권력이며, 그것도 시대

를 막론하고 매춘부들에게만 주어졌던 특권인, 책임을 지지 않는 권력
이다."[45]

이와 대조적으로 토니 블레어는 자신이 의원으로 출마했던 영국 북
동부 세지필드 선거구의 유권자들을 제외하면, 그를 뽑아준 노동당 당
원보다 재벌 신문 소유주와 기업의 이해관계를 훨씬 세심하게 살폈다.
2장에서 언급했듯이, 그는 당원을 "수년 동안 정권의 중심에서 동떨어
진 정당의 밑바닥이라는 시베리아에 유배되어 있다가" 선거운동 기간
에 "마치 자기들이 뭐라도 되는 양 거들먹거리며 크렘린 궁전의 홀에"
다시 등장하는 자들이라고 했다. 그냥 생각 없이 툭 던진 말이 아니라
회고록에 나오는 얘기다.[46] 2013년 5월에는 데이비드 캐머런 총리의
측근 중 누군가가(이 경우에는 즉흥적으로) 보수당 지역 활동가들을 "얼빠진
사팔뜨기 얼간이"라고 폄훼하여 언론에 오르내렸다.[47] 리더와 당원 사
이에 존재하는 단절, 특히 당 지도부가 평당원을 이렇게 업신여기는 것
은 단지 부적절한 정도가 아니라 민주주의를 위협하는 행위다.

리더는 정당을 자신의 야망을 이루는 도구가 아니라, 자신과 정당
이 함께 표방하는 목표와 가치를 증진하는 공동 사업으로 보아야 한다.
이를 위해서는 먼저 선거에서 승리하기 위해 부단히 노력해야 한다. 고
매한 원칙을 내세우면서 협상을 거부하는 정당은 정치적 황무지에서
벗어나기 어렵다. 그렇다고 이것이 꼭 당원이 공유하는 견해나 신념을
존중하지 않아도 된다는 의미는 아니다. 당원의 의견이 유권자 전체의
의견(또는 무관심)과 완전히 일치하지는 않지만, 당 대표나 의원에게는 활
동적인 집단과 무관심한 집단, 열성적인 집단과 회의적인 집단 사이에
서 절충안을 도출하는 데 필요한 운신의 폭이 어느 정도 허용된다.

민주주의를 연구하는 학자들과 권위주의 통치로부터 탈피하는 과정에 있는 국가를 연구하는 학자들이 대체로 동의하는 두 가지 결론이 있다. 하나는 튼튼한 뿌리를 가진 정당 체제가 민주주의의 대들보이며, 독재 또는 과두제 통치에서 벗어나는 과정에서 정당이 독립적인 영향력을 가진 존재로 발전하지 못하고 위로부터 조종당한다면 민주주의가 뿌리내릴 가능성은 전무하다고 봐도 무리가 없다는 점이다. 러시아를 포함하여 소련 해체 이후 탄생한 국가 대부분이 여기에 속한다. 다른 하나는 20세기 중반 이후 전 세계적으로 정당의 당원 수가 대폭 줄었으며, 설문 조사 연구에 따르면 정당이 그리 좋은 평가를 받지 못한다는 점이다. 중요한 정당 비교 연구를 진행했던 두 학자가 지적했듯이, "대부분의 나라에서 정당 없이는 민주주의도 존재할 수 없다고 생각하는 국민이 대다수이다. 그와 동시에 정당이 사회·정치적 분열을 초래한다고 비판하는 경우도 흔히 발견된다."[48] 많은 나라에서 정당이 직면한 또 다른 딜레마를 후안 린츠는 "정당 운영에는 돈이 든다. 단, 내 돈이나 내가 낸 세금, 이익 단체의 돈을 사용하지 말라"라고 함축적으로 표현했다.[49] 흥미롭게도 최근 몇 십 년간 상대적으로 민주주의가 더 흥했던 나라는 국가가 정당에 자금을 지원하며 당원 수가 증가한 통일 독일이다. 이는 상당 부분 독일민주공화국이 통일 독일에 편입됐던 덕분이기도 하나, 통일 이전 서독도 비슷한 추세를 보였다.

자유롭고 다원주의적인 정치 체제에서 당을 이끄는 대표가 민주주의 그 자체의 발전을 위해 헌신할 것이라 기대는 합리적이다. 또 그들이 보다 폭넓은 유권자와 유대감을 형성해야 한다는 사실을 감안할 때, 리더가 평당원들을 필요악에 불과한 존재로 취급하는 행태는 위험하다.

20세기 정당 조직의 변화를 연구한 두 학자에 따르면, 지도부가 당내 패권을 장악하기 위해 사용하는 한 가지 방법은 현장에서 활동하는 정당 조직을 소외시키고, 심지어 고사하도록 내버려두는 것이다. 의도적이었든 아니든, 21세기 초 덴마크와 네덜란드의 주류 정당이 남긴 궤적에서 이런 현상이 관찰되었다.[50] 반대로 영국 노동당은 토니 블레어 대표 시절 초기에 대대적인 당원 확보 운동을 전개했다. 비록 당시에는 성공을 거뒀으나 그때 가입한 많은 당원이, 그리고 훨씬 이전부터 지지해온 기존 당원들까지도 이후 환멸을 느끼고 당을 떠났다. 그 가운데 상당수에게 이라크 전쟁이 결정타로 작용했다. 당 대표에게 너무 큰 힘이 실리는 것은 정당 내부 구조를 약화시킨다. 이때 당원들은 당 대표를 비판하여 경쟁당에 힘을 실어주는 것도 내키지 않지만 그렇다고 당 대표에게 과도한 권력을 위임하는 것도 마뜩잖은 곤란한 처지에 놓이게 된다.[51]

의회정당의 구성원이나 평당원들이 당 대표를 비판하면 리더가 당 '장악력을 잃었다'는 분석이 이어진다. 그런데 우리는 당 대표가 자신을 지금의 자리에 올려준 사람들에게 얼마나 큰 '장악력'을 행사하는 것이 적절한지 고려해볼 필요가 있다. 마찬가지로, 당 지도부는 불관용적 태도를 가진 극단주의자가 당을 점령하도록 방치하지 않을 책임이 있다. 닐 키넉이 당 대표로 있던 시절 영국 노동당은 평의원 일부가 몇몇 지방 당 조직을 장악한 후 다른 당원을 위협, 질책하거나 질리게 만들어서 끝내 굴복시키거나 아예 당을 떠나게 만들었던 밀리턴트 경향 Militant Tendency 조직을 당에서 제명했다. 미국에서도 티 파티Tea Party가 이와 유사한 '적대적 인수'(모이제스 나임Moisés Naím의 표현) 시도를 벌여 미국 공화당을 위기로 몰아넣은 바 있다.[52] 정당이 전 세계적으로 명망을 잃은 이유에는 여러 가지가 있다. 나임에 따르면, 그중 한 가지는 정당이 건강한 발전을 거듭하고 언론 보도가 더욱 자유로워지면서 정당에 대한 검토가 면밀히 이루어졌고, 이로 인해 기존에는 드러나지 않았거나 묵인됐던 부패가 적나라하게 밝혀졌기 때문이다.[53] 하지만 나임은 이데올로기로 정당을 가르던 구분이 흐릿해진 것도 영향을 미쳤다고 주장한다.★ 그 결과 "정당이 그들이 추구하는 이상과 이념보다 홍보 기술이나 후보가 언론을 다루는 솜씨, 그리고 후보가 모금한 기부금에 더 의존하게 되었다."[54]

과도한 권력을 가진 리더나 독선적인 리더에 대한 비판 때문에 리더십이 담당하는 중요한 역할을 폄하해서는 안 된다. 최고 리더 한 사람뿐만 아니라 최고 지도부를 구성하는 이들도 어떤 정책을 도입하는 이유를 설명하고 그 타당성을 입증해야 할 책임이 있다. 당 내부의 예상을 벗어난 정책이나 여론이 좋아하지 않는 정책이라 하더라도 마찬가지다. 여론 조사도 민주주의에서 중요한 역할을 담당하지만(권위주의 통치로 접어드는 나라는 필시 자유로운 여론 조사를 억압하게 되어 있다), 그렇다고 지도부가 적극적으로 나서서 유권자들을 설득해야 하는 의무가 면제되는 것은

★　미국은 부분적으로 이런 추세와 반대되는 모습을 보이며, 어떤 면에서는 그 정반대의 위험에 직면해 있다. 위험에 처한 것은 온건파 공화주의, 그리고 무엇이 문명화된 민주적 담론을 구성하는지에 대한 최소한의 합의였다. 의회에서 정당한 법 절차를 거친 후 연방 대법원에서 인정된 환자 보호 및 부담 적정 보험법의 도입을 수용하는 대신, 티 파티 계열 보수주의자들은 2013년 10월 연방 정부를 폐쇄하고 수십만 명에 달하는 직원을 해고하고 의학 연구를 중단시킬 각오가 되어 있음과 달러 가치뿐만 아니라 미국의 국제적 입지가 심각하게 손상되는 것도 전혀 개의치 않음을 보여줬다. 그들의 극단주의, 그리고 오래전에 시행되었어야 할 온건한 사회 개혁에 대한 곡해는 이제 놀랍지도 않지만, 더욱 대단한 점은 그들이 만일 장기화될 경우 미국 사회뿐만 아니라 세계 경제까지도 심각하게 훼손할 수 있는 행동에 주류파 공화당 리더들이 동조하도록 위협하는 데 성공했다는 점이다.

아니다. 정당이 빈사 상태에 빠진다면 민주주의도 그렇게 되고 말 것이 기에, 지도부는 그럴듯한 자문 결과를 동원하여 원하는 바를 밀어붙이 려 하지 말고, 정당과 협력하면서 공공 담론에서 **정당**이 리더 역할을 하 도록 지원해야 할 필요가 있다.

리더는 최측근이 하는 얘기만 듣고 자기 생각이 옳다고 믿어버리기 쉽다. 리더가 여러 각료를 만나 특정 문제에 그들의 동의를 얻어내는 과 정은 시간이 많이 든다는 점만 빼면 어려운 일이 아니다. 그들은 각자 책임져야 할 부서가 있기에 대체로 그 특정 문제를 심사숙고하지 않을 것이고, 또 정부 수반과 일대일 대화에서는 아무래도 잠자코 동의하게 되는 경향이 있기 때문이다. 그러나 정부와 집권당의 중요한 원칙과 관 련된 정책이라면 이것을 각료위원회나, 필요하다면 내각 전체에 상정 하는 것이 좀 더 바람직한 거버넌스governance이자 민주적 가치에도 더욱 부합한다. 이렇게 모인 자리에는 그 문제를 진지하게 숙고한 후 리더와 다른 결론에 도달하는, 그리고 더욱 설득력 있는 주장을 내놓는 사람이 한두 명쯤 있을 수 있다. 이 소수 의견이 다수 의견으로 바뀌는 것은 최 고 지도부에 속한 다른 구성원들에게 달려 있다. 그들은 반대 의견의 장 점을 납득하고 정책 방향을 바꾸자고 총리에게 주장할 수 있는 줏대 있 는 인물이어야 할 것이다.

정당의 쇠퇴로 발생한 공백은 경제적·정치적 영향력 획득에 가장 많은 자본을 투입할 수 있는 사회 내부 혹은 외부 세력이 메꾸게 될 것 이다. 18세기 이래 전개된 엄청난 정치적·사회적 변화에도 불구하고, 1장에서 인용한 애덤 스미스와 존 밀러의 말은 여전히 유효하다. 스미 스는 "부의 권위는 풍요롭고 문명화된 사회에서도 막대하다"고 했다.

그의 제자인 밀러도 부에서 파생된 영향력은 "단지 개인적 성취에서 유래한 권위보다 클 뿐 아니라, 더욱 안정적이고 영구적이다"라고 했다.[55] 부유한 개인, 재벌 가문, 대기업, 금융 기관이 휘두르는 권력에 대항하여 민주적 권력을 행사해온 이들이 바로 대규모 구성원과 강한 조직을 가진 정당이다(노동조합도 중요한 역할을 했다).★ 만일 리더가 후자보다 전자에 더 관심을 기울인다면, 그는 두 가지 위험한 결과로 이어지는 문을 열게 된다. 하나는 민주주의 국가가 금권 정치 국가로 변하는 것이고, 다른 하나는 정당의 자리를 차차 직접행동(정치·경제·사회적인 목적을 이루기 위해 규범이나 제도 따위를 무시하고 곧바로 자기의 의사를 관철하려는 행동이다-옮긴이) 단체가 대체하는 것이다. 이들은 민주적 규범과 절차를 고수하는 데 큰 관심이 없고, 중요한 것은 결과이며 그것을 위해서라면 어떤 수단이라도 동원할 수 있다고 믿었던 100년 전 혁명가들과 같은 함정에 빠지기 쉽다. 명백한 불의에 저항하는 정당한 분노에서 촉발된 근래 중동의 '리더 없는 혁명' 같은 경우도, 민주주의 정당이 제공할 수 있는 조직, 정

★ 　　스미스와 밀러가 집안의 부와 연줄을 '권력의 근원'이라 강조했던 것은 두 세기 반이 지난 요즘의 현실에도 그대로 적용된다. 이는 현대 권위주의 정권, 그중에서도 특히 중국에 잘 들어맞으며, 한편 의회 민주주의에서는 정당이 경험, 능력, 그리고 정당의 가치에 충실한 인물을 널리 등용하는 대신 인맥이 탄탄한 인물이 자리를 꿰어차는 상황을 경계할 필요가 있다. 이런 위험은 영국에서 특히 두드러지게 나타난다. 심지어 여전히 '통나무집에서 백악관으로log cabin to White House' 우화(간혹 링컨의 경우처럼 이런 일이 실제로 일어나기도 했다)를 소중히 여기는 미국에서조차 '집안에서 해결하기keeping it in the family'가 최근 몇 십 년간 확연한 추세로 자리 잡았다. 3억 명이 넘는 인구 중에 마침 조지 H. W. 부시 대통령의 직계 가족이 대통령 후보로 가장 적합한 인물이라는 설정은 상당한 무리수이고, 통계적으로도 극히 희박한 확률이 아닐 수 없다. 조지프 케네디 아들들의 경우에서 보듯, 집안의 부는 굉장히 중요했다. 그러나 더 중요한 것은 선거에서 이기기 위해 다른 어떤 민주주의 국가보다 더 많은 자금이 드는 체제에서 대통령의 가족은 대통령의 부유한 친구, 기금 모금자와 후원자를 그대로 물려받는다는 점이다. 게다가 미국은 여전히 세계 민주주의 국가 중에서 가장 불평등한 나라로 남아 있다. 3장에서 살펴본 것처럼, 미국은 존슨이 위대한 사회 개혁을 추진했던 당시에 가장 평등했다. 하지만 그때조차도 미국은 비교할만한 자료가 존재하는 다른 민주주의 국가들보다 불평등했다.

책 일관성, 그리고 정치적 다원주의에 대한 의지가 부재하기에 새로운
권위주의로 이어질 수 있다.

권위주의 체제와 민주주의 체제의 리더십

신화는 일말의 진실을 내포하고 있다. 하지만 이를 곧이곧대로
믿었다가는 잘못된 결론에 도달하게 된다. 강한 리더로 평가되는 이들
중 일부(히틀러, 스탈린, 마오쩌둥, 김일성, 사담 후세인 등)는 과연 어마어마한 권력
을 휘둘렀다. 그런 의미에서 그들은 **실제로** 강한 리더였다. 그렇지만 이
들이 타의 추종을 불허하는 현명함, 재능, 선견지명을 갖춘 인물이라는
관념, 리더 본인과 선전원이 주도면밀하게 장려했던 이런 관념은 신화
에 해당한다. 많은 전체주의 및 권위주의 국가가 '위대한 리더를 둔 복
받은 국민'이라는 메시지를 퍼트리는 데 엄청난 자원을 투입한다. 대안
적 정보와 비판이 전무한 상태에서 정권이 생산한 공식 내러티브는 일
정 기간 동안 널리 받아들여졌다. 하지만 막대한 권력을 장악한 리더가
국가에 큰 혜택을 가져왔다는 발상 또한 날조에 불과했고, 현실에서 그
들의 폭정은 처참한 결과를 낳았다.

아무리 독단적이고 거만한 리더라도, 민주 정권의 리더와 권위주의
또는 전체주의 정권의 리더에게 열려 있는 가능성은 질적으로 다르다.
민주주의 리더가 아무리 정치 과정을 독점하려고 애를 쓴다 해도, 궁극
적으로 유권자가 그 리더에게, 그리고 보다 적절하게는 리더가 속한 정
당에게 책임을 물을 수 있기 때문이다. 그러나 민주주의 체제뿐만 아니
라 권위주의 체제의 리더십까지 함께 살펴보는 것은 그 나름의 교훈과

경고를 얻을 수 있어 유익하다.★ 한 사람의 전지전능한 리더가 정부의 집행권을 완전히 장악한다는 생각은 독재 정권에 국한된 얘기가 아니다. 권위주의 체제 중에서 과두제 정부는 독재 정권보다 대외 정책에서 위험을 무릅쓰는 경향이 덜하고 국내 통치도 덜 흉포하다.

파시스트 국가에서 등장했던, 그리고 전부는 아니지만 상당수 공산주의 국가에서 나타났던 리더 우상화는 치명적인 결과를 낳았다. 그러나 민주주의 국가에서도 나치 독일의 '총통 원칙Führerprinzip'(지도자 원리)이나 1930년대 초 스탈린 시대의 소련에 등장한 '단독 책임제edinonach-alie'(일인 경영)에 상응하는 어떤 것이 무의식중에 계속 존재했다. 최고 리더에게 더 많은 국가 권력을 몰아주고 싶어 하고, 집단적 성격의 지도부보다 일인 통치를 선호하는 정치인과 정치 논객의 태도에서 이런 경향이 잘 드러난다. 이 '빅 보스 원칙'은 나치 독일의 퓌러, 스탈린 치하 소련 체제의 정점에 위치한 보즈드에 적용되는 것이 대표적이지만, 각 지방 단위에서도 작은 히틀러와 작은 스탈린이 자신의 임의적 의사 결정을 원맨 리더십one-man leadership(실제로 그들은 여성이 아니라 남성이었다)으로 정당화시켰다. 소련에서는 스탈린 사후에야 **단독 책임제**와 **칼레기알나스띠**kollegialnost(책임 공유) 사이의 균형이 강조되기 시작했다.[56]

민주주의 정당의 대표와 달리, 고도로 권위주의적인 정치 체제에서 근본적인 개혁을 이루고자 하는 리더는 당 조직을 우회하는 것이 정당

★ 오늘날에는 명목상 선거가 열리기는 하지만 야권에는 주류 언론에 접근할 기회가 주어지지 않고, 야당이나 독립적인 정치 운동을 제약하고 탄압하는 나라도 '선거 민주주의'로 불리는 경우가 많기 때문에 더욱 그러하다. 대부분 '선거 민주주의'보다는 '선거 권위주의'(또는 '경쟁적 권위주의')라는 표현이 더 적절할 이런 하이브리드 정권은 진정한 민주주의 정권과 두말할 나위 없이 권위주의적인 정권 사이의 중간 지대(비록 중도와는 거리가 멀지만)를 점유한다.

화된다. 권위주의 정권에서는 대개 정당 자체가 무력으로 정권을 탈취하여 독점적 권력을 확립한 후 체제 순응주의자들에게는 보상을, 일탈하는 자에게는 처벌(반체제 인사에게 사형 선고까지도 내릴 수 있고, 사형을 면하더라도 장기 수감)을 내리며 권력을 유지했다. 따라서 그 정당이 도덕적·민주적 통치권을 가진다고 주장하기 어렵다. 소련의 정치 체제를 완화하고 궁극적으로 민주화를 시도했던 고르바초프나 중국 경제 체제를 완화하고 시장화하고자 했던 덩샤오핑은 기존 체제의 규범을 따를 의무가 없었다. 그렇지만 현실에서 그들은 변화를 일으킬 수 있게 된 시점까지 기존 체제 내에서 신중하게 개혁을 추진했고, 덩샤오핑은 변화가 시작된 뒤에도 계속 기존 체제를 유지했다.

고르바초프의 적으로 돌아선 정치국원들조차 인정했듯이, 고르바초프가 이끄는 정치국에서는 이전에 비해 더 자유롭고 긴 토론이 벌어졌으며 얼마든지 리더를 비판할 수 있었다. 소련 정치국은 고르바초프가 어떤 정책을 추진할지 알지 못한 채 그를 당 서기장으로 선출했다. 소련에서 당 서기장은 국가의 리더를 의미했다. 소련 정치 체제가 질적인 변화를 겪기 전까지, 정치국은 고르바초프를 서기장 자리에서 제거할 힘을 가지고 있었다. 따라서 고르바초프는 정치국 내에서 '설득의 힘'을 발휘하여 보수적인 동료들을 자기편으로 만들고, 그게 불가능할 때에는 전략적으로 후퇴했다. 소련에 행정부 수반으로서의 대통령executive presidency이 신설된 시점(1990년 3월)부터 고르바초프는 점차 정치국을 우회하여 그들의 분노를 샀다. 그 무렵의 정치국은 더 이상 영국의 내각과 같은 기능을 하지 않게 되었다. 정치국은 소련에서 빠르게 지지 기반을 잃어가던 공산당 조직에서 정책을 최종적으로 결정하는 역할

로 축소되었고, 더 이상 소련 권력의 중심이 아니었다.[57]

*

끝으로, 강한 리더라는 신화를 떠받치고 있는 흔한 오해들을 다시 한 번 짚고 넘어가도록 하자. 의회 민주주의 국가의 최고 리더는 그들이 실제로 수행하는 역할보다 자신이 더 중요하다고 여기는 경향이 있다. 다른 이들이 주축이 되어 이뤄놓은 정책의 성과가 총리 개인의 공으로 돌아가는 일이 빈번하게 발생한다. 선거에서 당 대표가 승패를 가르는 차이를 만들어내는 경우는 극히 드문데도, 그 승리를 리더의 업적으로 돌리는 경우는 흔하다. 그보다 더 뿌리 깊은 오해는 자신의 정치적 지위를 앞세워 고위직 동료 정치인들이나 정부 조직을 배제하고, 자신이 속한 정당보다 측근 무리를 더 신뢰하는 대통령이나 총리가 바로 우리가 원하는 리더라고 보는 견해다. 원칙적으로 개별 장관에게 속해야 할 권한을 가로채거나, 정부 또는 정당 내부에서 각료들이 공동으로 논의하여 해결해야 할 문제를 독점하는 것은 성공적인 민주 정부 수반의 특징이 아니며, 그런 리더들을 성공한 리더라고 평가하는 일은 없어야 할 것이다. 여러 분야의 정책 결정 과정을 개인적으로 좌지우지할 자격이 있다고 여기는 리더, 그런 특권을 실제로 행사하려는 리더는 바람직한 거버넌스와 민주주의를 파괴한다. 그들에게 필요한 것은 추종자가 아니라 비판자다.

내가 진 빚의 일부는 이 책과 직접 관련
이 있으며, 일부는 훨씬 오래된 성격의 빚이다. 후자부터 언급하자면,
그동안 수학하고 근무했던 여러 기관에 감사드리며 그중에서도 특히
런던정치경제대학LSE과 옥스퍼드대학 세인트앤터니스칼리지는 별도
의 언급이 필요하다. 오늘날 영국 대학의 학부 과정은 내가 LSE에서 대
학 및 대학원 시절을 보냈던 50년도 더 지난 옛날에 비해 다소 좁고 특
화된 분야를 다룬다. 따라서 나는 LSE에서 경제학 학사 과정을 밟으면
서 정치학, 경제학뿐만 아니라 정치사와 경제사, 사회심리학, 사회학
을 공부할 수 있었다는 점, 그리고 마이클 오크숏Michael Oakeshott의 정치
사상사와 라이어널 로빈스의 경제사상사부터 힐데 히멜바이트Hilde Him-
melweit와 브람 오펜하임Bram Oppenheim의 사회심리학 이론과 개념 및 레너
드 샤피로Leonard Schapiro의 소련 정부와 정치에 이르는 강의를 듣는 행운
을 누린 점에 감사한다. 학생 시절 나는 특히 잭 헤이워드Jack Hayward, 키

스 팬터브릭Keith Panter-Brick, 앨런 비티Alan Beattie, 그리고 레너드 샤피로의 격려에서 큰 힘을 얻었다. 내가 더 큰 빚을 진 곳은 옥스퍼드대학 세인트앤터니스칼리지(그리고 옥스퍼드대학 전반)이다. 객원 교수나 방문 학자로서 타 대학에서 머물거나 방문 연구를 위해 타국에서 장기간 체류했음에도 불구하고 옥스퍼드대학은 40년 이상 나의 학문적 본가였다. 세인트앤터니스칼리지는 사회과학 및 근현대사에 특화된 대학원으로, 세계 각 지역(러시아와 유라시아, 유럽, 아프리카, 극동, 중동, 라틴아메리카 등)을 연구하는 여러 연구 센터가 강세다. 특정 국가(그리고 이 책을 쓸 때는 특정 리더)와 그 나라의 정치와 역사를 다루는 일류 전문가들과 논의할 수 있었던 것은 큰 혜택이었다. 아래의 개별적인 감사에 등장하는 이들 중 다수가 세인트앤터니스칼리지의 동료였고, 그 밖에도 옥스퍼드 학자 커뮤니티와 더 넓은 학계의 친구와 동료도 시간과 식견을 아낌없이 나눠주었다.

세인트앤터니스칼리지가 현실 정치 세계와 밀접한 관련을 맺고 있는 것 외에도, 개인적으로 수년에 걸쳐 영국을 비롯한 여러 나라의 정계 인사들과 직접 접촉했던 것도 이 책을 쓰는 데 큰 도움이 되었다. 총리, 당 대표, 외무장관의 즉석 자문을 맡거나 전직 정부 수반들과 여러 학계 전문가들이 한자리에 모이는 세계정치포럼과 국제행동위원회에 참가했던 경험, 그리고 세인트앤터니스칼리지를 통해 방문 의회 펠로우십에 참여했던 것도 많은 도움이 되었다. 내가 이 책의 주제(상위정치high politics 리더십, 권력, 그리고 영향력)와 관련된 흥미로운 대화를 나눴던 공인과 정계 인사를 일부만 언급하자면, 마이클 바버 경, 이반 버렌드, 윌리엄 버틀스William Birtles 판사, 로드릭 브레이스웨이트 경, 브라이언 카틀리지 경, 아나톨리 세르게예비치 체르냐예프, 패트릭 코맥Patrick Cormack 경, 제임스 크레이그James Craig 경, 고인이 된 랄프 다렌도르프Ralf Dahrendorf 경, 마크 피셔Mark Fisher, 안드레이 세라피모비치 그라체프Andrei Serafimovich Grachev, 전 상원 의원 게리 하트Gary Hart, 제프리 하우 경, 데리 어빈 경, 고인이 된 리타 크리모바Rita Klímová, 나이절 로슨 경, 잭 F. 매트럭 주니어 Jack F. Matlock, Jr, 바딤 안드레예비치 메드베데프Vadim Andreyevich Medvedev, 고인이 된 즈데네크 플리나르시Zdeněk Mlynář, 조이스 퀸Joyce Quin 여남작, 하원 의원 맬컴 리프킨드Malcolm Rifkind 경, 고인이 된 게오르기 코스로예비치 샤크나자로프, 질리언 셰퍼드Gillian Shephard 여남작, 스튜어트 우드 Stuart Wood 경, 그리고 고인이 된 알렉산더 니콜라에비치 야코블레프 등이다.

지금까지가 이 책의 배경이었다면, 이 책의 전경을 강조하는 것은 더욱 중요하겠다. 이 책처럼 광범위한 범위를 다루는 저서는 다른 저자에게 많은 빚을 지게 마련이다. 이 책을 쓸 때 참고한 문헌은 빠짐없이 주석에 표기했을 것으로 믿는다. 그 밖에도 보다 직접적인 도움을 준 동료 학자들이 있다. 구체적인 질문에 답해준 앨런 바너드Alan Barnard 교수(에딘버러대학), 존 커티스John Curtice 교수(스트라스클라이드대학), 그레임 길 Graeme Gill 교수(시드니대학), 레슬리 홈스Leslie Holmes 교수(멜버른대학), 필립 로빈스Philip Robbins 박사(세인트앤터니스칼리지), 아서 스토퀸Arthur Stockwin 교수(세인트앤터니스칼리지), 그리고 앤 와스보Ann Waswo 박사(세인트앤터니스칼리지)에게 특히 감사드린다. 또한 원고를 읽고 귀중한 논평을 해주고 때로는 수정이 필요한 부분을 지적해준 친구들과 동료 학자들의 호의를 잊지 못할 것이다. 앨런 에인절Alan Angell(세인트앤터니스칼리지)과 윌리엄 바이나트William Beinart 교수(세인트앤터니스칼리지), 제프리 베스트 교수(세인트앤터니스칼리지), 닉 치즈먼Nic Cheeseman 박사(옥스퍼드 지저스칼리지), 맬컴 디스 Malcolm Deas(세인트앤터니스칼리지), 로즈메리 풋Rosemary Foot 교수(세인트앤터니스칼리지), 피터 포더링엄Peter Fotheringham(글래스고대학), 수디르 하자리싱 박사(옥스퍼드 베일리얼칼리지), 앨런 나이트 교수(세인트앤터니스칼리지), 라나 미터Rana Mitter 교수(옥스퍼드 세인트크로스칼리지), 케네스 모건 교수(옥스퍼드 퀸스칼리지), 토니 니컬스Tony Nicholls 교수(세인트앤터니스칼리지), 앨릭스 프라우다Alex Pravda 박사(세인트앤터니스칼리지), 유진 로건Eugene Rogan 박사(세인트앤터니스칼리지), 아비 쉬라임Avi Shlaim 교수(세인트앤터니스칼리지), 스티브 스미스Steve Smith 교수(옥스퍼드 올소울스칼리지), 앨프리드 스테판 교수(뉴욕 컬럼비아대학), 아르네 베스타 교수(런던정치경제대학), 그리고 스티븐 화이트필드 교수(옥스퍼드 펨브로크칼리지)에게 깊은 감사를 드린다. 그중에서도 여러 장에 걸친 내용에 대해 소중한 논평을 해주고, 수많은 흥미로운 대화를 나눴던 알 스테판에게 특별히 감사드린다.

이들의 연구를 내 견해를 근거로 비판하거나, 이들이 모두 나와 같은 의견을 갖고 있다고 지레짐작하지 말아줄 것을 독자들에게 특별히 부탁하고 싶다. 몇몇 경우에는 그들이 쓰거나 말한 주장을 내가 이 책에서 논박하고 있기에 그들이 내게 **동의하지 않을 것**이 거의 확실하다.

영국 에이전트 펄리시티 브라이언Felicity Bryan과 그녀가(모범적인 스타일로) 이끄는 훌륭한 옥스퍼드 펄리시티 브라이언 어소시에이츠 팀, 그리고 미국 에이전트인 뉴욕 잉크웰Inkwell 에이전시의 조지 루커스George Lucas와 일할 수 있어서 큰 행운이었다. 이 책을 내준 런던의 보들리헤드 Bodley Head 출판사 및 뉴욕 베이식북스Basic Books 출판사와 흡족하고 협력적인 관계를 맺을 수 있었음에 감사하며, 보들리헤드의 발행인 윌 설킨Will Sulkin과 후임 스튜어트 윌리엄스Stuart Williams, 그리고 베이식북스의 팀 바틀릿Tim Bartlett의 격려와 지원을 매우 감사하게 생각한다. 처음부터 이 책에 깊은 관심을 보여주고 미국판이 나올 수 있도록 애써준 베이식 출판사의 발행인 라라 하이머트Lara Heimert에게 커다란 감사를 드린다. 그 밖에 수많은 필수불가결한 작업을 해준 런던의 캐서린 에일즈Katherine Ailes와 조 피커링Joe Pickering, 그리고 뉴욕의 마이클 제이컵Michele Jacob과 레아 슈테허Leah Stecher의 공로도 빼놓을 수 없다. 무엇보다도 이 책의 편집을 담당하고 여러가지 탁월한 제안을 해줬던 보들리헤드 출판사의 외르크 헨스겐Jörg Hensgen은 특별한 감사를 받아 마땅하다. 추가적인 설명과 해설이 필요한 부분을 적절히 짚어준 그에게 그렇지 않아도 짧지 않았던 책이 더 길어진 일말의 책임이 있다. 마지막으로, 이 책의 원고를 한 글자도 빼놓지 않고 읽어주고 모든 면에서 지원을 아끼지 않았으며, 내가 이 책을 쓰는 데 매달려 있는 것을 너그러이 이해해준 나의 아내 팻Pat에게 변함없는 깊은 감사를 보낸다. 독자 여러분이 이 글을 읽을 무렵이면 우리는 내가 약속했던 긴 휴가를 다녀왔을 것이다.

『강한 리더라는 신화』는 정치 리더에 관한 책입니다. 대통령과 총리 등 정부 수반이 이 책에서 주로 다루는 대상입니다.

이 책은 크게 두 부분으로 나뉩니다. 앞부분에는 강한 리더에 집착하는 통념을 뒤집는 저자의 주장이 담겨 있습니다. 저자는 "강한 리더가 곧 바람직한 리더라는 등치가 강한 리더의 신화를 구성하는 하나의 요소라면, 민주주의 리더의 강한 이미지가 대부분 교묘한 책략이나 환상에 불과하다는 사실은 강한 리더의 신화가 가진 또 다른 일면"이라고 지적하며, 민주주의 국가에서조차 강력한 리더가 등장하여 우리를 이끌어주기를 바라는 뿌리 깊은 갈망의 허구성을 파헤칩니다.

3장부터는 각국의 독보적인 리더를 중심으로 20세기 세계사 이야기를 풀어놓습니다. 이 책을 번역하면서 전 세계적으로 잘 알려진 리더의 새로운 면모와 함께, 널리 알려지지 않은 인물에 대해서도 많은 것을 알게 되었습니다. 덕분에 정치사의 문턱이 한층 낮아진 느낌입니다. 개인적으로 특히 흥미로웠던 인물은 아돌포 수아레스와 야노시 카다르였습니다. 수아레스는 독재자 프랑코가 사망한 뒤 스페인 총리에 올라 이 나라의 민주화를 이끌었습니다. 카다르는 헝가리 혁명 후 소련을 배후로 집권한 '배반자'에서 개혁을 통해 국민에게 사랑받는 리더로 변모하였습니다. 두 사람 모두 세간의 평가를 완벽하게 깨트리는 반전을 이루어냈습니다. 저자는 케네디와 오바마가 미국 대통령에 당선될 수 있었던 이유나, 레이건의 대소련 강경책으로 인해 소련이 냉전의 패배를 인정할 수밖에 없었다는 주장을 바로잡는 대목에서 현대사에 관한 기존의 이해를 뒤집는 통찰력을 선보입니다. 혹시 영국 정치나 구소련에 관심을 가진 분들이라면 이 책을 더욱 흥미진진하게 읽으실 수 있을 겁니다. 수많은 영국 정계 인사를 직접 만나고 가까이서 연구했던, 그리고 러시아를 수십 차례 방문하고 체류하면서 오랫동안 공산주의 정치 체제를 연구한 저자라 그 깊이가 남다릅니다.

저자인 아치 브라운은 옥스퍼드대학 교수를 지내며 수많은 저서를 낸 영국의 저명한 정치학자로, 그의 책이 한국어로 번역된 것은 이번이 처음입니다. 번역하면서 발견한 원문의 오류를 정리하여 그에게 전달했을 때 "다음 번 책부터는 영문판에 앞서 한국어판을 먼저 내면 팩트 체크가 완벽하게 되겠다"는 회신을 받았습니다. 저자의 위트 있는 응원은 전 세계 30여 개국에 걸친 방대한 내용을 번역하며 지쳐가던 제게 힘을 주었습니다. 이 자리를 빌려 감사드립니다. 출판 번역 경력이 없는 저를 믿고 번역을 맡겨주신 사계절출판사 인문팀 이진 팀장님과 오직 칭찬만으로 더욱 분발하도록 이끌어주신 편집자 이창연 씨에게도 깊이 감사드립니다. 이 책의 번역을 이 분들과 함께 할 수 있었던 것은 커다란 행운이었습니다.

2017년 10월

홍지영

한국어판 서문

1   Myung-bok Bae, 'Tackling the Imperial Presidency: The Case for Constitutional Amendment', *Global Asia*, Vol. 12, No. 2, Summer 2017, pp. 24-28, at p. 27.

2   'Inauguration Address by President Moon Jae-in, May 10, 2017', *Global Asia*, ibid., pp. 14-17, at p. 15.

3   Yoonkyung Lee, 'Popular Reset: South Korean Democracy in the Post-Park Era, *Global Asia*, ibid., pp. 8-13, especially p. 9.

4   http://www.politico.com/story/2016/11/exit-polls-what-do-voters-want-230935

5   'U.S. Image Suffers as Publics Around World Question Trump's Leadership'. http://www.pewglobal.org/2017/06/26/u-s-image-suffers-as-publics-around-world-question-trumps-leadership, pp. 1-14, at 8.8.

6   Ibid., p. 1.

7   Ibid., pp. 2 and 13-14.

8   Ed Fieldhouse and Chris Prosser, 'General election 2017', http://news.bbc.co.uk/news/uk-politics-40630242

서문

1   무작위로 예를 들자면, 최근 이런 문장으로 시작하는 기사가 명망 높은 신문에 실렸다. "지난 수년간, 일본에 필요한 것은 무엇보다도 강한 리더라는 합의가 존재했다." David Pilling, 'Why a strong leader in Japan is a plus not a minus', *Financial Times*, 2013년 7월 18일 참조.

2   John Rentoul, *Tony Blair* (Little, Brown, London, 1995), p. 427.

3   충분히 균형 잡힌 성격이어서 고압적인 리더는 되지 않을 것으로 보였던 밀리밴드는 필요 이상으로 미끼를 덥석 물었다. 약한 이미지로 비칠까봐 우려했던 것인지, 그는 한 인터뷰에서 이렇게 말했다. "이 자리(노동당 대표)에 있다 보면 자신에 대해 몰랐던 점을 발견하게 되지요. 저는 제가 강인하고 뚝심 있는 사람이라는 것을 깨달았습니다." *Guardian*, 2012년 1월 7일. 밀리밴드는 2013년 9월 24일 노동당 전당대회에서 했던(대체로 훌륭했던) 연설에서 재차 "나의 정부"(노동당 집권 시 무엇을 하고, 무엇을 하지 않을 것인지에 대해 얘기하면서)를 언급했는데, 이 또한 강한 이미지를 보여주라는 조언을 따른 것으로 보인다. 그러나 토니 블레어(심지어 밀리밴드보다 일인칭 단수형을 훨씬 더 자주 사용했던 인물) 이전에 재임했던 어떤 노동당 대표나 총리도 "나의 정부"처럼 헌법상 부정확하고 정치적으로 오만한 용어를 사용하지는 않았을 것이다.

4 '데이비드 캐머런과 에드 밀리밴드, 상원 개혁 두고 충돌', http://www.bbc.co.uk/news/uk-politics-18798683.

5 Donald J. Savoie, *Power: Where Is It?* (McGill-Queen's University Press, Montreal, 2010), p. 96.

6 Jonathan Malloy, 'Prime Ministers and their Parties in Canada', in Paul Strangio, Paul 't Hart and James Walter(eds.), *Understanding Prime-Ministerial Performance: Comparative Perspectives* (Oxford University Press, Oxford, 2013), pp. 151–171, at p. 168.

7 Savoie, *Power*, p. 96.

8 이들 옛 동구권 국가에서 진행된 국민 인식 조사의 책임자이자 내게 설문 조사 자료를 제공해준 옥스퍼드대학 스티븐 화이트필드에게 깊은 감사를 보낸다. 본문의 강조 표시와 국가 간 차이점에 대한 해석은 나의 견해를 덧붙인 것이다.

9 Max Weber, *From Max Weber*, translated, edited and with an introduction by H. H. Gerth and C. Wright Mills (Routledge & Kegan Paul, London, 1948), pp. 245–250, esp. p. 245.

10 S. Alexander Haslam, Stephen D. Reicher and Michael J. Platow, *The New Psychology of Leadership: Identity, Influence and Power* (Psychology Press, Hove and New York, 2011), p. 103.

11 Margaret Thatcher, *The Downing Street Years* (HarperCollins, London, 1993), pp. 6–7.

12 데리 어빈 대법관은 헌법 개혁에 관한 정책을 수립하는 네 개 내각위원회(스코틀랜드와 웨일스에 대한 권력 이양, 인권법, 정보 공개법, 그리고 상원 개혁 관련) 의장을 맡았다. 어빈은 1997년 데이비드 밀리밴드David Miliband와 함께 노동당의 선거 공약 선언문 초안을 작성했으며, 자신이 지지했던 헌법적 안건이 거기에 포함되도록 특별히 신경 썼다. 스코틀랜드 의회 설립에 관한 국민 투표 시행 약속은 블레어 이전의 노동당 대표인 존 스미스 시절에 이미 노동당 정책으로 확정되었고, 따라서 이제 와서 말을 바꿀 경우 스코틀랜드 내 노동당에 치명적인 결과를 가져올 것이었기에 블레어는 그럴 엄두조차 내지 않았다(당시 블레어는 이들 개혁안이 서로 겹치는 부분이 있기에 한 사람이 주도해야 한다고 생각했고, 이것이 중요한 네 개 위원회 의장을 모두 어빈이 맡았던 주요한 이유다).

13 Tony Blair, *A Journey* (『토니 블레어의 여정 – 제3의 길부터 테러와의 전쟁까지 블레어노믹스 10년의 기록』, 유지연, 김윤태 옮김, 알에이치코리아, 2014) (Hutchinson, London, 2010), p. 516.

14 브라운의 경제 고문(이자 훗날 의원 및 장관으로 재임한) 에드 볼스Ed Balls는 이 테스트를 고안하는 데 중요한 역할을 했으며, 데리 어빈 대법관은 그 과정에서 법률적인 조언을 해줬다(전혀 상관없는 얘기지만, 에드 볼스는 작년에 〈Strictly Come Dancing〉이라는 BBC 장수 인기 프로그램에 출연해서 싸이의 강남스타일에 맞춰 살사를 선보인 데다가 꽤 그럴듯하게 잘 소화해서 화제가 되었다. https://youtu.be/Czqtjk_iGFU–옮긴이).

15 Alistair Darling, 'The lure of common sense', *Guardian*, 11 September 2010.

16 Jonathan Powell, *The New Machiavelli: How to Wield Power in the Modern World* (Bodley Head, London, 2010), p. 112. 파월은 경제 정책을 두고 블레어와 브라운 사이에 "현격한 사상적 차이"는 없었으며, "고든이 토니와 다우닝가 10번지의 개입을 거부했던 것뿐"이라고 부언했다(같은 책., p. 113). 피터 만델슨이 적절하게 지적했듯이, "모든 재무장관은 세금과 지출 통제를 통해 정부 각 부문에 큰 영향력을 행사한다." 하지만 브라운의 영향력은 일반적인 재무장관보다 훨씬 컸다. 만델슨에 따르면, 그것은 "완전히 차원이 달랐다." 브라운은 "자신의 정치적 수완과 그가 거느린 이너서클의 재능이 다우닝가 10번지가 제공할 수 있는 것보다 정부 정책 수립에 더 도움이 된다고 믿었다." Mandelson, *The Third Man: Life at the Heart of New Labour* (Harper Press, London, 2010), p. 240 참조.

17 Blair, *A Journey*, p. 522.

18 See Richard Gunther, José Ramón

Montero and Juan J. Linz(eds.), *Political Parties: Old Concepts and New Challenges* (Oxford University Press, Oxford, 2002).

19 1995년 6월에 총리였던 존 메이저가 보수당 대표 선거를 불가피하게 열기 위해 당 대표직을 내놓았던 것은 이 일반화의 예외라 하겠다. 메이저는 무조건 자신이 옳다고 여기는 타입은 아니었지만, 정부의 대유럽 정책 등에 평의원들의 비난이 계속되는 상황에 직면하여 누가 당 대표로서 더 큰 지지를 받는지 겨뤄볼 필요가 있다고 여겼다. 당 대표 선거에서 메이저는 218표를 얻었던 반면 경쟁 후보 존 레드우드John Redwood는 89표를 획득했는데, 이는 현직 총리에 대한 집권당 의원들의 반대표라는 점을 감안할 때 적은 수는 아니었으며(특히 기권 8명과 무효표 12표를 포함한다면 더욱 그랬다), 따라서 총리 권위 강화에는 큰 효과가 없었다. 하지만 메이저가 1997년 5월에 열린 다음 총선까지 총리직을 유지하기에는 충분했다. John Major, *The Autobiography* (HarperCollins paperback, 2000), pp. 617 – 647 참조.

20 Blair, *A Journey*, p. 545.

21 Powell, *The New Machiavelli*.

22 Ibid., p. 59.

23 Thomas Carlyle, *On Heroes, Hero-Worship, and The Heroic in History*(『영웅숭배론』, 박상익 옮김, 한길사, 2003) (Chapman & Hall, London, 3rd ed., 1846), p. 1.

24 Louis Fisher, *Presidential War Power* (University of Kansas Press, Lawrence, 2nd ed., 2004); and David Gray Adler, 'Louis Fisher on the Constitution and War Power', *PS: Political Science and Politics*, Vol. 46, No. 3, 2013, pp. 505 – 509.

25 Fisher, *Presidential War Power*, esp. pp. 278 – 279.

26 Ibid., pp. 261 – 262.

27 Cf. James Blitz, 'A long week: Putin's diplomatic gambit', *Financial Times*, 14 September 2013.

28 Fisher, *Presidential War Power*, pp.

81 – 104.

29 그러나 피셔에게는 유엔 안전보장이사회에서 통과된 결의안보다 미국 헌법이 더 중요했으며, 전자는 '그럴듯해 보이는 가짜 권위의 원천'에 지나지 않았다 (같은 책, p. 81).

30 트루먼이 원자 폭탄을 일본에서도 특히 인구가 밀집된 두 도시에 투하한 것이 그의 정치 경력에 커다란 오점으로 남았다고 보는 사람도 많다. '사람이 살지 않는 지역에 시범적으로 원자 폭탄을 사용했다면', 일본과의 전쟁을 신속하게 종결한다는 '같은 결과를, 훨씬 인도적인 방법으로 달성할 수 있었을 것'이라는 주장도 꾸준히 제기되어 왔다. Richard F. Haynes, *The Awesome Power: Harry S. Truman as Commander in Chief* (Louisiana State University Press, Baton Rouge, 1974), p. 269 참조.

31 Robert L. Beisner, *Dean Acheson: A Life in the Cold War* (Oxford University Press, Oxford, 2006), p. 27.

32 Percy Cradock, *In Pursuit of British Interests: Reflections on Foreign Policy under Margaret Thatcher and John Major* (John Murray, London, 1997), p. 24.

33 Richard E. Neustadt, *Presidential Power and the Modern Presidents: The Politics of Leadership from Roosevelt to Reagan* (Free Press, New York, 1990), p. 10.

34 Ibid.

35 Harry S. Truman, *Off the Record: The Private Papers of Harry S. Truman*, edited by Robert H. Ferrell (Harper & Row, New York, 1980), p. 96. 1953년 1월 대국민 고별 라디오 및 텔레비전 방송에서 트루먼은 이렇게 말했다. "프랭클린 루스벨트가 세상을 떠났을 때, 저보다 대통령의 빈자리를 더 잘 채울 수 있는 사람이 100만 명쯤 있을 거라고 생각했습니다. 그러나 그것은 저의 임무였고 제가 해내야만 했습니다." David McCullough, *Truman* (Simon & Schuster, New York, 1992), pp. 919 – 920에서 인용.

36 Truman, *Off the Record*, p. 207.

37 Ibid., p. 211.

38 Roy Jenkins, *Truman* (Collins, London, 1986), p. 187.

39 Haynes, *The Awesome Power*, p. 255.

40 그러나 '트루먼 독트린'도 존재했다. 이것은 1947년 3월 트루먼이 발표한 정책에 붙은 이름으로, 필요하다면 군사적 수단을 써서라도 공산주의 팽창을 견제한다는 내용이다. 최초에 이것은 그리스와 터키에서 영국이 더 이상 이런 활동을 군사적으로 뒷받침할 경제력이 없음을 시인한 뒤 이들 국가에서 공산주의 전복이 일어나는 것을 방지하기 위해 고안되었다.

41 Stephen Graubard, *The Presidents: The Transformation of the American Presidency from Theodore Roosevelt to George W. Bush* (Allen Lane, London, 2004), p. 326.

42 이를테면, 한 저명한 정치 평론가는 1950년대에 비해 영국 정당의 당원 수가 감소했기 때문에 정당이 국민을 대표하는 기능이 축소되었다는 입증되지 않은 주장을 기반으로, 이로 인해 당 대표가 정당을 '이끌기 더 힘들어졌다'고 걱정한다. Andrew Rawnsley, 'The numbers that add up to trouble for all political parties', *Observer*, 2013년 7월 14일 참조. 론슬리Rawnsley가 인용한 부분을 예로 들어 얘기하자면, 당원을 포함한 일반 유권자가 선택한 리더가 2013년 기준 노동당원 19만 명보다 국민을 어떻게 더 '대표'하는지는 분명하지 않다. 그리고 실제로 1950년대에 훨씬 큰 규모의(100만 명이 넘는) 당원을 거느렸던 노동당 대표 휴 게이츠켈에 비해 존 스미스, 토니 블레어, 고든 브라운, 에드 밀리밴드 등 일련의 노동당 대표들은 상대적으로 작은 규모의, 소위 대표성을 덜 띤 당원들 덕분에 훨씬 수월하게 당을 이끌 수 있었다.

43 2008년에 시작된 금융 위기와 장기화된 경제 침체 상황에서는 카리스마 넘치는 '독재자'보다 기술 관료에게서 해결책을 찾는 경향이 나타났다. 이것이 무솔리니나 히틀러의 등장에 비견되는 수준의 폐해라 할 수는 없겠으나, 민주주의를 위협하기는 마찬가지이다. 또한 이것으로는 민주주의를 대체할 수도 없다.

44 Ed Pilkington, '"The Taliban thought the bullet would silence us. But they failed", defiant Malala tells the UN', *Guardian*, 13 July 2013.

45 이 연설에서 말랄라 유사프자이는 "과격론자는 책과 펜을 두려워한다", "그들은 여성이 내는 목소리가 가진 힘을 두려워한다"고 말했다. 그녀는 이슬람이 "평화, 인류애, 형제애"를 표방하는 종교라고 옹호하면서, 이슬람은 모든 어린이가 교육받을 권리를 분명히 할 뿐만 아니라 이것은 무슬림의 의무라고 말했다. 그녀는 탈레반이 신을 "단지 학교에 가고 싶어 한다는 이유로" 소녀들을 지옥에 보내는 "옹졸한 보수주의자"로 오해하고 있다고 조소했다(같은 기사).

46 Ibid.

47 David Remnick, *The Bridge: The Life and Rise of Barack Obama* (Picador, London, 2010), p. 574.

48 Jean Blondel, *Political Leadership: Towards a General Analysis* (Sage, London, 1987), pp. 19–26.

49 제임스 맥그리거 번스는 '변혁적transforming'과 '거래적transactional'으로 나누는 이분법을 선호한다. Burns, *Leadership* (Harper & Row, New York, 1978); and Burns, *Transforming Leadership: A New Pursuit of Happiness* (Atlantic Books, London, 2003) 참조.

1장 맥락 속에서 살펴본 리더

1 Ronald L. Meek, *Social Science and the Ignoble Savage* (Cambridge University Press, Cambridge, 1976).

2 See Christian Marouby, 'Adam Smith and the Anthropology of the Enlightenment: The "Ethnographic" Sources of Economic Progress' in Larry Wolff and Marco Cipolloni(eds), *The Anthropology of the Enlightenment* (Stanford University Press, Stanford, 2007), pp. 85 – 102 ; Alan Barnard, *Social Anthropology and Human Origins* (Cambridge University Press, Cambridge, 2011) ; and Barnard, *History and Theory in Anthropology* (Cambridge University Press, Cambridge, 2000).

3   Meek, *Social Science and the Ignoble Savage*, pp. 238 – 239.

4   Emma Rothschild, *Economic Sentiments : Adam Smith, Condorcet, and the Enlightenment* (Harvard University Press, Cambridge, Mass., 2001), p. 242.

5   Adam Smith, *Lectures on Jurisprudence*, edited by R. L. Meek, D. D. Raphael and P. G. Stein (Clarendon Press, Oxford, 1978). 나는 이 책에서 스미스 전집 중에서도 가장 학술적인 버전(글래스고판으로 알려져 있고, 옥스퍼드대학 출판사 클레어돈Clarendon 부문이 출간한)을 사용했다. 이 전집의 편집자는 스미스의 고풍적인 철자법 및 학생 노트에 등장하는 철자 오류를 원본 그대로 유지했으나, 이 책에 인용할 때는 현대 맞춤법에 맞춰 철자를 수정했다. 스미스는 죽기 전 저술 중이던 법과 정부에 관한 원고가 마음에 들지 않는다며 없애 버리라고 지시했을 정도로 완벽주의자였다. 만약 사후에 자신의 강의를 받아쓴 학생의 노트가 출판되었다는 사실을 안다면 경악할 것이다. 그러나 그 노트 모음만으로도 사라져버린 원고의 가치를 충분히 짐작할 수 있다. 스미스는 1751년부터 1764년 초간까지 글래스고대학에서 강의했다(1752년부터 도덕철학 교수로 재직).

6   Smith, *Lectures on Jurisprudence*, pp. 201 – 202.

7   일찍이 존 로크가 주장했다(*Two Treatises of Civil Government*, Everyman Edition, Dent, London, 1953, p. 180 ; first published 1690).

8   농업은 스미스가 가정했던 것보다 일찍 시작되었고, 혼합형 자급자족은 스미스와 동시대인들이 생각했던 것보다 더 보편적이었다. 고고학적 증거에 따르면, 뉴기니 지역의 수렵 채렵인들은 기원전 7000년부터 농사를 지었다. Jared Diamond, *Guns, Germs and Steel : A Short History of Everybody for the Last 13,000 Years* (『총 균 쇠 - 무기.병균.금속은 인류의 운명을 어떻게 바꿨는가』) (Vintage, London, 2005), p. 148 참조. 크리스티앙 마루비Christian Marouby는 이렇게 말했다. "아북극 지방의 극한 환경을 제외한 전 세계에서 수렵 채집인이 식량의 절반 이상, 때로는 70퍼센트 이상을 재배 식물에 의존했음이 밝혀졌다. 물론 … 애덤 스미스가 1960년대에 수행된 경제인류학 연구에 무지했음을 탓할 수는 없다"(Marouby, 'Adam Smith and the Anthropology of the Enlightenment', p. 90).

9   *Turgot on Progress, Sociology and Economics*, translated and edited by Ronald L. Meek (Cambridge University Press, Cambridge, 1973), p. 72. 이 장에서 사회 발전 4단계 이론에 주목한 이유는 이 이론을 상술한 이들이 정부 발전과 정치 리더십을 매우 비중 있게 다뤘기 때문이다. 단계론 자체는 특히 최근 연구에 비추어볼 때 과도한 단순화로 보일 수 있다. 그러나 이런 대담한 일반화는 모든 부족의 독창성을 강조하거나 자신의 경험을 점점 더 복잡하고 다양한 유형론에 끼워 맞추려는 특정 인류학 계열의 개별주의에 유용한 해독제다.

10   David Hume, 'Of the First Principles of Government', in Hume, *Essays and Treatises on Several Subjects Containing Essays, Moral, Political and Literary : A New Edition*, Vol. 1 (Cadell, London, 1788), p. 37.

11   Hume, 'Of the Origin of Government', in Hume, *Essays*, p. 43.

12   같은 책. 최근 수십 년 사이에 흄의 가정에 대한 실증적 증거를 제공하는 인류학 연구 결과가 등장했다. 이를테면, 파푸아뉴기니 고원 지대에서는 일부 군대 '리더'가 마치 빅맨처럼 행동하기 시작했다. 그들은 특히 보통 사람들에 비해 방대한 지인 네트워크에 의존했으며, "전사warrier-조직자organizer"는

차츰 "사회 관계와 부를 자신에게 유리하게 이용하는 조종자로 변해갔다." Pierre Lemonnier, 'From great men to big men: peace, substitution and competition in the Highlands of New Guinea', in Maurice Godelier and Marilyn Strathern(eds.), *Big Men and Great Men: Personifications of Power in Melanesia* (Cambridge University Press, Cambridge, 1991), pp. 7 – 27, at p. 19 참조.

13 Adam Smith, *An Inquiry into the Nature and Causes of the Wealth of Nations*, edited by R.H. Campbell and A. S. Skinner(『국부론』) (Clarendon Press, Oxford, 1976), Vol. 2, p. 711.

14 Ibid.

15 20세기에 수행된 인류학 연구의 결과는 스미스가 내놓은 몇 가지 일반화를 뒷받침한다. 예를 들어, 루시 메이어Lucy Mair는 수단 남부 누어Neur족 사회에서 리더가 등장한 과정에 대해 이렇게 설명한다. "사람들을 끌어모으는 부류는 아마도 … 이미 성인이 되어 마을에 함께 살고 있는 자녀를 가진 형제 집단의 최연장자일 것이다." 이런 비공식적 리더는 가축 보유량을 기준으로 비교적 부유할 것이고, "젊은 시절의 전투 능력이나 토론 기술, 또는 종교 의식에 필요한 능력(유전되는 것으로 여겨졌다) 등으로 명망을 얻었을 것이다." Mair, *Primitive Government* (Penguin, Harmondsworth, 1962), p. 64 참조. 그러나 누어 족에는 수장이 없었다. 궁극의 힘을 가진 개인은 존재하지 않았다. 그보다는 몇몇 사람들이 '얘기를 들어볼만한' 사람으로서 권위를 누렸다. 이곳과 아프리카 타지방에서 식민지 행정가들(특히 영국의 식민 관료들)이 그들 고유의 위계 문화를 이식하고 소통 창구 역할을 할 특정 리더의 존재를 원했기에 수장을 만들어내기 시작했다(Mair, 같은 책, pp. 257 –258). 메이어의 연구는 지리적으로 분산된 아프리카 여러 부족에서 나타나는 리더십, 권력 분배 그리고 분쟁 해결에 관한 인류학적 연구를 총괄했다는 점에서 독보적이다. 그녀는 수장제가 결코 보편적인 현상이 아니라는 점을 분명히 밝힌다. 우간다 서부 알루르Alur족에는 '세습적 수장'이 있었지만, 이웃한 렌두Lendu와 오케부Okebu 부족은 수장이 따로 없었다. 알루르 수장들은 비를 내릴 수 있는 신비한 힘을 가졌다고 알려졌으나, 그들이 수행한 세속적 기능은 싸움과 분쟁을 해결하는 것이었다. 따라서 수장이 없는 이웃 부족 사람들은 문제가 있을 때 그들에게 향했고, 갈등 해결을 위해 때때로 알루르 수장의 아들을 자신들의 우두머리로 보내달라고 요청했다(Mair, 같은 책, pp. 120–121). 공통된 정체성을 가진 집단 내에서도 심각한 분쟁을 해결할 수 있는 권위의 부재는 치명적인 결과를 낳을 수 있다. 1970년대 말, 뉴기니의 수렵 채집 부족인 파유Fayu족은 분쟁 해소를 위한 사회적·정치적 기제의 부재로 인해 서로 죽고 죽인 결과, 인구가 약 2,000명에서 400명가량으로 줄었고 네 개 파벌로 분열했다. Diamond, *Guns, Germs and Steel*, pp. 205 – 266 참조.

16 Smith, *An Inquiry into the Nature and Causes of the Weatlh of Nations*, p. 712.

17 Ibid.

18 Ibid., pp. 712 – 713.

19 Ibid., p. 713.

20 같은 책. 스미스는 "지혜와 미덕이라는 유산만으로" 저명해진 "위대한 가문"은 존재한 적이 없다고 덧붙였다(같은 책, p. 714).

21 Smith, *Lectures on Jurisprudence*, p. 323.

22 Ibid.

23 같은 책. 스미스가 언급한 성공했던 러시아 '혁명들'은 혁명이라기보다는 궁중 쿠데타에 가까웠다. 18세기 러시아 농민 봉기는 모두 처참하게 실패했다. 흥미롭게도 스미스가 최근 러시아에서 벌어진 일을 다뤘던 이 강의를 들은 학생 중에는 글래스고대학에서 6년을 보낸 세묜 예피모비치 데스니츠키Semyon Efimovich Desnitsky와 이반 안드레예비치 트레티야코프Ivan Andreevich Tretyakov라는 두 명의 러시아 학생이 포함되어 있었다. 훗날 둘 다 모스크바대학 법학 교수가 되었다. A. H. (Archie) Brown, 'Adam Smith's First Russian Followers' in A.S. Skinner and T. Wilson(eds), *Essays on Adam Smith* (Clarendon Press, Oxford, 1975), pp. 247 - 273 참조.

24 John Millar, *The Origin of the Distinction of Ranks*, 3rd edition, 1779, reprinted in William C. Lehmann (ed.), *John Millar of Glasgow 1735 - 1801: His Life and Thought and his Contributions to Sociological Analysis* (Cambridge University Press, Cambridge, 1960), p. 254. 존 로크는 앞서(로크 특유의 재산권에 대한 언급과 함께) 압제적 정부에 저항할 국민의 권리를 정당화했다. 그는 이렇게 썼다. "정부 전복은 인간 사회에 이득이다. 과연 어느 쪽이 인류에 최선일까? 폭정에 노출된 상태로 영원히 살아가는 것일까, 아니면 통치자가 권력을 점점 과하게 휘두른다거나 그 권력을 국민의 재산을 보존하는 데 사용하는 것이 아니라 파괴하는 데 사용할 경우 때로 저항에 직면하게 되는 쪽일까?"(Locke, *Two Treatises of Civil Government*, p. 233.)

25 Millar, *The Origin of the Distinction of Ranks*, p. 250.

26 Ibid., p. 271.

27 Ibid., pp. 263 and 271 (italics in the original).

28 1690년에 로크는 "국가의 근원을 찾아 역사를 쭉 거슬러 올라가보면, 대체로 일인 정부 및 행정부하에서 그것을 발견할 것"이라고 추측했다(*Two Treatises of Civil Government*, p. 168).

29 정부의 기원부터 20세기의 정부까지 그 역사를 가장 포괄적으로 다룬 야심 찬 학술서는 S. E. 파이너가 쓴 다음 저서다. *The History of Government From the Earliest Times*, 3 volumes (Oxford University Press, Oxford, 1997).

30 Finer, *The History of Government*, Vol. III, p. 1476.

31 '할부제 민주주의'라는 단어는 당크바르트 A. 러스토Dankwart A. Rustow가 쓴 'Transitions to Democracy: Toward a Dynamic Model', *Comparative Politics*, Vol. 2/3, 1970, pp. 337 - 363, at p. 356에 등장한다. 더 이상의 민주화는 자유에 위협이 된다는 19세기 영국에서 나온 주장에 관해서는

다음을 참조. 앨버트 O. 허시먼Albert O. Hirschman, *The Rhetoric of Reaction: Perversity, Futility, Jeopardy* (『보수는 어떻게 지배하는가 - 세상을 조종해온 세 가지 논리』, 이근영 옮김, 웅진지식하우스, 2010) (Harvard University Press, Cambridge, Mass., 1991), pp. 86 - 101.

32 존슨과 알렉산더 보스웰이 주고받은 이 대화를 전한 것은 제임스 보스웰이 아니라 월터 스콧Walter Scott 경이었다. 저명한 보스웰 전문가인 프레더릭 포틀Frederick Pottle은 스콧이 전한 오친렉과 존슨의 대화가 얼마나 정확한지 보증할 수 없다는 입장이다. Boswell, *Journal of a Tour to the Hebrides with Samuel Johnson, LL.D.*, edited by Frederick A. Pottle and Charles H. Bennett (Viking Press, New York, 1936), pp. 375 - 376 참조.

33 로버트 A. 달은 제헌 회의에서 군주제에 호의적이었던 대표는 알렉산더 해밀턴Alexander Hamilton 단 한 사람뿐이었고, 이런 입장으로 인해 그의 영향력이 감소했다고 지적한다. Dahl, *How Democratic Is the American Constitution?* (Yale University Press, New Haven, 2nd ed., 2003), p. 11 참조.

34 Dahl, *How Democratic is the American Constitution?*, p. 16.

35 같은 책, p. 31. 여기서 달은 2000년 대선에서 민주당 후보 앨 고어가 전국적으로 약 54만 표(대략 전체 표의 0.5퍼센트)를 더 얻었지만, 선거인단 선거에서 근소한 차이로 패하여 공화당 후보 조지 W. 부시가 초선 당선된 얘기를 하고 있다.

36 Alexis de Tocqueville, *Democracy in America*, translated by George Lawrence, edited by J.P. Mayer (Anchor Books, New York, 1969), p. 101.

37 Finer, *The History of Government*, Vol. III, p. 1526.

38 이 개혁안은 애초부터 그리 급진적이지 않았을뿐더러, 하원을 통과하면서 의원들과 이익 집단에 많이 양보하여 더욱 희석되었다. 일반적으로, 존 케이John Kay가 지적했듯이 "미국인들은 …

유럽이었다면 논쟁의 여지도 없을 의료법 쟁점을 두고 토론한다. 하지만 오직 부유층만이 미래에 대한 물리적, 경제적 보장을 돈으로 살 수 있는 것이 현실이다. 그렇지 못한 사람들은 정부에 의지할 수밖에 없고, 이 경우 소말리아인보다 스웨덴인의 처지가 낫다." (Kay, 'Only market evangelists can reconcile Jekyll with Hyde', *Financial Times*, 2012년 6월 6일).

39 Edward Luce, 'Obama wins a healthcare battle, but the war rages on', *Financial Times*, 2 July 2012.

40 대법원장 로버츠가 조만간 대법원이 다루게 될 일련의 쟁점(낙태 및 1965년 선거권법)에 대해 "정치적으로 편협하다는 예측 가능한 비난을 피하려고 했다"는 것이 드워킨의 견해다. Ronald Dworkin, 'A Bigger Victory Than We Knew', *New York Review of Books*, Vol. LIX, No. 13, 16 August – 26 September 2012, pp. 6 – 12, at p. 8 참조.

41 Tocqueville, *Democracy in America*, p. 270.

42 프랑스 혁명을 두고 오늘날까지도 의견이 분분하지만, 과거와의 단절이 혁명가들의 주장처럼 그렇게 극적이지는 않았다고 보는 학파도 있다. 토크빌은 앙시앵 레짐Ancien Régime과 혁명 이후 프랑스 사이에 존재하는 연속성을 최초로 강조한 사람이자 가장 유명한 인물이다. 허시먼에 따르면, 프랑스 혁명의 '헛됨'을 강조한 토크빌은 혁명의 주역이나 평생을 프랑스 혁명 연구에 바치고 프랑스 혁명을 근대사의 주축으로 보는 후대 역사가로부터 그리 좋은 평을 듣지 못했다. Hirschman, *The Rhetoric of Reaction*, pp. 48 – 49 and 138 – 139 참조.

43 See, for example, Stephen F. Cohen, *Bukharin and the Bolshevik Revolution: A Political Biography 1888 – 1938* (Wildwood House, London, 1974), especially pp. 131 and 144; and Baruch Knei-Paz, *The Social and Political Thought of Leon Trotsky* (Clarendon Press, Oxford, 1978), pp. 392 – 410.

44 Finer, *The History of Government*, Vol. III, p. 1540.

45 Jonathan I. Israel, *Democratic Enlightenment: Philosophy, Revolution, and Human Rights 1750 – 1790* (Oxford University Press, New York, 2011), p. 928.

46 이 통계는 2004년과 2008년 선거의 출구 조사를 비교한 것이다. Kate Kenski, Bruce W. Hardy and Kathleen Hall Jamieson, *The Obama Victory: How Media, Money, and Message Shaped the 2008 Election* (Oxford University Press, New York, 2010), p. 103 참조. 이 연구에 따르면 "인종에 기반한 인식이 일부 유권자에게 중요한 역할을 한다는 증거가 존재하나, 오바마 측 유세 활동은 흑인 투표율을 끌어올렸고 미국 디프사우스Deep South를 제외한 나머지 지역에서 백인 표심을 확보했기에 오바마 반대표를 상쇄하기에 충분했다." (같은 책) 공화당은 1968년 이래 백인 유권자 과반수의 지지를 받아왔으나, 미국 내 인종 구성이 변하면서 백인 유권자가 감소하고 있음은 주목할만하다. 더 많은 흑인과 히스패닉 유권자가 2008년에 투표에 참여했을 뿐만 아니라, 2004년에 비해 민주당 후보를 지지한 비율도 더 높았다. 2008년 오바마에게 표를 준 흑인 미국인은 2004년 민주당 후보(케리)에게 투표한 흑인 미국인에 비해 7퍼센트 증가했고, 히스패닉계 유권자의 경우 14퍼센트 증가했다.

47 만일, 존 던John Dunn이 그랬듯이 "민주주의를 무엇보다도 다수를 설득함으로써만 행사되는 정치 권력이라고 규정한다면", 민주화는 19세기에 중요한 진보를 이뤘으며, 미국 혁명과 프랑스 혁명이 큰 영향을 미쳤다. Dunn, *Setting the People Free: The Story of Democracy* (『민주주의의 수수께끼』, 강철웅, 문지영 옮김, 후마니타스, 2015) (Atlantic Books, London, 2005), p. 132.

48 Cf. W.G. Runciman, *The Theory of Cultural and Social Selection* (Cambridge University Press, Cambridge, 2009), pp. 42 – 45; and Diamond, *Guns, Germs and Steel*, pp. 271 – 278.

49 Barnard, *Social Anthropology and Human Origins*, pp. 49-50.

50 Diamond, *Guns, Germs and Steel*, p. 272. 다이아몬드는 또한 이렇게 말한다. "뉴기니의 전통 사회에서는 낯선 뉴기니인을 타지에서 만나면 서로의 친인척 관계에 관해 장시간 얘기를 나눈다. 둘 간에 어떤 관계가 있음을 확인해서 서로를 죽이지 말아야 할 이유를 찾아내려는 것이다"(같은 책, pp. 271-272).

51 살린스는 당시 마르크스주의로부터 영향을 받았으나, 훗날 마르크스주의에서 등을 돌렸다. 여기 소개한 빅맨에서 수장으로의 전환에 관한 살린스 견해의 요약은 다음 저서를 참고했다. Adam Kuper, *Culture : The Anthropologists Account* (Harvard University Press, Cambridge, Mass., 2001), p. 163-164.

52 Diamond, *Guns, Germs and Steel*, p. 273.

53 예를 들어, 멕시코, 과테말라, 페루, 마다가스카르의 고원 지대에서는 수장이 등장했지만 뉴기니에서는 나타나지 않았다. 같은 책, p. 423.

54 Paul Chaisty, Nic Cheeseman and Timothy Power, 'Rethinking the "presidentialism debate": conceptualizing coalitional politics in cross-regional perspective', *Democratization* (2012) DOI: 10.1080/13510347.2012.710604.

55 폴 콜리어Paul Collier, *War, Guns and Votes: Democracy in Dangerous Places* (『전쟁, 총, 투표 - 왜 독재는 세상에서 사라지지 않는가?』, 윤세미, 윤승용 옮김, 21세기북스, 2011) (Bodley Head, London, 2009), pp. 230-231. 콜리어는 요즘 유행하는 다문화주의에 대한 열광이 '소수의 권리란 같은 국민이라는 개념이 먼저 확립된 시스템에 기반한다'는 점을 흐리는 경향이 있다고 지적한다(같은 책, p. 185). 반식민주의는 국가 통합을 이루는 데 공헌했다. 줄리어스 니에레레가 국가 정체성을 고취하는 데 성공한 이유는 탄자니아에 공통어(스와힐리어)가 존재했기 때문이었다. 많은 아프리카 국가 리더는 이런 자산을 보유하고 있지 않다. 어떤 경우에는 국가 건설state-building과 구분되는 단일 국가single nation를 수립하려는 시도가 역효과를 불러올 수 있다. 이 문제에 관해서는 다음을 참조. Alfred Stepan, Juan J. Linz and Yogendra Yadav, *Crafting State-Nations* (Johns Hopkins University Press, Baltimore, 2011).

56 Collier, *War, Guns and Votes*, pp. 51-52.

57 Ibid., p. 52.

58 물론 여러 가지 방식으로 정의할 수 있다고 해서 개념 자체가 무효가 되지는 않는다. 개념 기술 방법에 대한 합의가 부족하다고 해서 개념 자체를 묵살한다면, 우리는 자유와 민주주의 같은 근본적으로 중요한 개념을 진지하게 논의할 수 없게 된다. 클리퍼드 기어츠Clifford Geertz가 말한 다음과 같은 어구가 유명하다. "막스 베버와 마찬가지로, 나도 인간이 스스로 창조한 의미의 그물에 고정된 존재라 믿으며, 문화가 그 의미의 그물이라고 본다. 따라서 문화 분석은 법칙을 찾는 실험 과학이 아니라, 의미를 탐색하는 해석학이어야 할 것이다." Geertz, *The Interpretation of Cultures* (『문화의 해석』, 문옥표 옮김, 까치, 2009) (Basic Books, New York, 1973), p. 5 참조. '태도 조사 방식을 사용하는 실증주의자'와 '문화를 기호학적으로 "읽는" 해석주의자' 양쪽에 대한 흥미로운 비평은 다음을 참조. Stephen Welch, *The Theory of Political Culture* (Oxford University Press, Oxford, 2013).

59 혹은 리처드 W. 윌슨Richard W. Wilson이 말했듯이 "가장 일반적인 의미에서 정치 문화는 사회적으로 형성된 규범 체계다. 그것은 사회적 … 그리고 심리적 … 영향의 산물이지만, 둘 중 어느 한쪽으로 환원할 수는 없다. 정치 문화는 단지 바람직한 결과뿐만 아니라 그 결과를 달성하는 수단도 적절할 것을 규정하는 지시적 특성을 갖는다. 규범은 법률과 종종 겹치지만 완전히 동일하지는 않다." Wilson, 'The Many Voices of Political Culture: Assessing Different Approaches', *World Politics*, Vol. 52, No. 2, 2000, pp. 246-273, at p. 264 참조.

60 우리는 가치관과 태도를 구별해야 한다. 가치관은 태도보다는 수가 훨씬 적지만, 스탠리 펠드먼Stanley Feldman이 얘기했듯이 일반적으로 정치적 갈등을 이해하는 데 사용되는 단일 이데올로기적 차원보다는

그 수가 많다. 펠드만은 사람들이 변화하는 환경에
적응하는 과정에서 가치의 우선 순위가 시간이 지남에
따라 서서히 변화하기도 하지만, 충분히 천천히
변하기 때문에 평가와 행동에 안정성을 부여한다고
말한다. Feldman, 'Values, Ideology, and the
Structure of Political Attitudes', in David O.
Sears, Leonie Huddy and Robert Jervis (eds.),
Oxford Handbook of Political Psychology
(Oxford University Press, New York, 2003), pp.
477 – 508, at p. 479.

61 이 주장을(더욱 광범위한 문화적 맥락에서)
강하게 뒷받침하는 증거가 제시된 책은 다음을 참조.
Geert Hofstede, Culture's Consequences:
International Differences in Work-Related
Values (Sage, Beverly Hills and London, 1980).

62 Le Monde, 13 September 2010; and
Financial Times, 14 September 2010.

63 로버트 퍼트넘Robert Putnam은 이탈리아 여러
지역에서 역사의 영향을 받은 정치 문화를 비교하고,
이탈리아 북부에서 대중 참여가 가진 중요성 및 시민
단체의 힘과 보다 효과적인 민주주의 제도 사이의
관련성을 기록한 중요한 연구를 남겼다. Robert
D. Putnam, Making Democracy Work: Civic
Traditions in Modern Italy (Princeton University
Press, Princeton, N. J., 1993) 참조.

64 Vztah Čechů a Slovaků k dějinám (ČSAV,
Prague, 1968), p. 7; and Archie Brown and
Gordon Wightman, 'Czechoslovakia: Revival
and Retreat' in Brown and Jack Gray (eds.),
Political Culture and Political Change in
Communist States (Macmillan, London, 1977),
pp. 159 – 196, at p. 164.

65 둡체크를 두고 '공공의 적 1순위Number
One Scoundrel'라고 언급한 것은 소비에트연합의
각료평의회 주석 알렉세이 코시긴이었다. The Rise
and Fall of Communism (Bodley Head, London,
and Ecco, New York, 2009), pp. 395 – 396.

66 Ivan Krastev and Stephen Holmes, 'An
Autopsy of Managed Democracy', Journal of

Democracy, Vol. 23, No. 3, 2012, pp. 32 – 45, at
pp. 35 – 36.

67 Boris Dubin, 'Stalin i drugie. Figury
vysshey vlasti v obshchestvennom
mnenii sovremennoy Rossii', Monitoring
obshchestvennogo mneniya, No. 2 (64),
March – April 2003, pp. 26 – 40, at p. 34.

68 Timothy J. Colton and Michael McFaul,
Popular Choice and Managed Democracy: The
Russian Elections of 1999 and 2000 (Brookings
Institution, Washington, DC, 2003), pp.
220 – 223.

69 Jeffrey W. Hahn, 'Yaroslavl' Revisited:
Assessing Continuity and Change in Russian
Political Culture', in Stephen Whitefield (ed.),
Political Culture and Post-Communism
(Palgrave Macmillan, Basingstoke, 2005), pp.
148 – 179, at p. 172.

70 Dubin, 'Stalin i drugie', esp. p. 34.

71 Yuriy Levada, Ishchem cheloveka.
Sotsiologicheskie ocherki, 2000 – 2005 (Novoe
izdatel'stvo, Moscow, 2006), p. 140. 정치적
태도가 특히 사춘기 후반에서 성인 초기에 이르는
시기에 영향을 받기 쉽다는 가설 검증에 일부 기반을
둔, '정치적 세대political generations'라는 개념이
보다 일반적인 현상이라는 증거가 존재한다. David
O. Sears and Sheri Levy, 'Childhood and Adult
Political Development', in Sears, Huddy and
Jervis (eds.), Oxford Handbook of Political
Psychology, pp. 60 – 109, at pp. 84 – 87 참조.

72 Sears and Levy, ibid., p. 77.

73 러시아 국민에게 '시대와 국가를 막론하고 가장
훌륭한 인물'이 누구냐고 5년 간격으로 물었을 때,
근대화를 추진했던 전제적 황제 표트르 대제Peter
the Great가 다른 누구보다 더 자주 등장했다. Boris
Dubin, 'Stalin i drugie. Figury vysshey vlasti
v obshchestvennom mnenii v sovremennoy
Rossii', Monitoring obshchestvennogo
mneniya, No. 1 (63), 2003 참조.

74 Daniel Kahneman, *Thinking Fast and Slow*(『생각에 관한 생각 – 우리의 행동을 지배하는 생각의 반란』, 이진원 옮김, 김영사, 2012) (Allen Lane, London, 2011), p. 342.

75 Adam Smith, *The Theory of Moral Sentiments*(『도덕감정론』) (Clarendon Press, Oxford, 1976 [first published 1759]), p. 52.

76 Ibid.

77 Ibid., p. 62.

78 특히 바버라 캘러먼Barbara Kellerman의 책이 좋은 예다. 예를 들어, *Bad Leadership: What It Is, How It Happens, Why It Matters* (『배드 리더십 – 최고의 리더가 되기 위해 반드시 피해가야 할 배드 리더십의 7가지 유형』, 한근태 옮김, 랜덤하우스코리아, 2005) (Harvard Business School Press, Boston, Mass., 2004)과 *The End of Leadership* (『리더십의 종말 – 세상을 바꾸는 새로운 리더십, 팔로어십』, 이진원 옮김, 씨앤아이북스, 2012) (HarperCollins, New York, 2012) 참조.

79 S. Alexander Haslam, Stephen D. Reicher and Michael J. Platow, *The New Psychology of Leadership: Identity, Influence and Power* (Psychology Press, Hove and New York, 2011), p. 199.

80 Jean Lipman-Blumen, *The Allure of Toxic Leaders: Why We Follow Destructive Bosses and Corrupt Politicians – and How We Can Survive Them* (Oxford University Press, New York, 2005), p. 241.

81 Barbara Kellerman, *Reinventing Leadership: Making the Connection between Politics and Business* (State University of New York Press, Albany, 1999), p. 46.

82 James Fallows, cited in James MacGregor Burns, *Running Alone. Presidential Leadership – JFK to Bush II. Why It Has Failed and How We Can Fix It* (Basic Books, New York, 2006), pp. 126 – 127.

83 Drew Westen, *The Political Brain: The Role of Emotion in Deciding the Fate of the Nation* (『감성의 정치학 – 마음을 읽으면 정치가 보인다』, 뉴스위크 한국판 편집팀 옮김, 뉴스위크 한국판, 2007) (Public Affairs, New York, 2007), p. 125.

84 Haslam, Reicher and Platow, *The New Psychology of Leadership*, p. 200.

85 Ibid., p. 201.

86 Ibid., p. 200.

87 Kahneman, *Thinking Fast and Slow*, p. 217.

88 미국 정부 보건교육복지부에서 행정부 비서관으로 일했던 루퍼스 마일즈Rufus Miles의 경구에 '마일즈의 법칙Miles's law'이라는 이름을 붙인 것은 코네티컷대학 정치학 교수가 되기 전에 예산국 고위 관료로 수년간 근무했던 해럴드 시드먼Harold Seidman이었다. 시드먼의 표현은 다음과 같다. "Where one stands depends on where one sits." Seidman, *Politics, Position, and Power: The Dynamics of Federal Organization* (Oxford University Press, New York, 3rd edition, 1980), p. 21 참조(시드먼의 책 초판은 1970년에 출간되었다).

89 Roy Jenkins, *Churchill* (Pan Macmillan, London, 2001), pp. 219 – 222 and p. 397. 처칠의 근무처뿐만 아니라 시대적 상황도 달라졌음을 부언해야겠다. 1914년 이전에 독일은 영국 해군의 패권에 도전했다. 1920년대 중반에는 상황이 달랐다.

90 Jennifer L. Hochschild, 'Where You Stand Depends on What You See: Connections among Values, Perceptions of Fact, and Political Prescriptions', in James H. Kuklinski(ed.), *Citizens and Politics: Perspectives from Political Psychology* (Cambridge University Press, Cambridge, 2001), pp. 313 – 340.

91 Ibid., p. 321.

92 Ibid., p. 320.

93 관련 연구는 대부분 인지 부조화 분야에서 행해졌으며, 이 주제에 관한 실험적, 이론적 문헌이 다수 존재한다. 예를 들어, J. Richard Eiser,

Cognitive Social Psychology: A Guidebook to Theory and Research (McGraw-Hill, London and New York, 1980), esp. pp. 127 – 163와 Robert A. Baron and Donn Byrne, *Social Psychology: Understanding Human Interaction* (Allyn and Bacon, Boston, 5th ed., 1987), esp. pp. 132 – 138 참조.

94 Howard G. Lavine, Christopher D. Johnston and Marco R. Steenbergen, *The Ambivalent Partisan: How Critical Loyalty Promotes Democracy* (Oxford University Press, New York, 2012), p. 125; and Charles S. Taber, Milton Lodge and Jill Glathar, 'The Motivated Construction of Political Judgments', in Kuklinski(ed.), *Citizens and Politics*, pp. 198 – 226, at p. 213.

95 Westen, *The Political Brain*; Roger D. Masters, 'Cognitive Neuroscience, Emotion, and Leadership', in Kuklinski(ed.), *Citizens and Politics*, pp. 68 – 102 참조.

96 Westen, *The Political Brain*, p. 121.

97 Ibid., pp. 121 – 122.

98 Rajmohan Gandhi, *Gandhi: The Man, His People and the Empire* (Haus, London, 2007); Louis Fischer, *The Life of Mahatma Gandhi* (HarperCollins, New York, 1997); B. R. Nanda, *Mahatma Gandhi: A Biography* (Allen & Unwin, London, 1958); Nelson Mandela, *Long Walk to Freedom*(『만델라 자서전 - 자유를 향한 머나먼 길』, 김대중 옮김, 두레, 2006) (Abacus, London, 1995); Nelson Mandela, *Conversations with Myself*(『나 자신과의 대화 - 넬슨 만델라 최후의 자서전』, 윤길순 옮김, 알에이치코리아, 2013) (Macmillan, London, 2010); Tom Lodge, *Mandela: A Critical Life* (Oxford University Press, Oxford, 2006); Aung San Suu Kyi, *Freedom from Fear* (edited and introduced by Michael Aris, Penguin, London, new ed., 2010); Justin Wintle, *Perfect Hostage: Aung San Suu Kyi, Burma and the Generals* (Arrow, London, 2007); Bertil Lintner, *Aung San Suu Kyi and Burma's Struggle for Democracy* (Silkworm Books, Chiang Mai, Thailand, 2011); Peter Popham, *The Lady and the Peacock: The Life of Aung San Suu Kyi*(『아웅산 수치 평전 - 민주화운동의 어머니』, 심승우 옮김, 왕의서재, 2013) (Random House, London, 2011); and John Kane, *The Politics of Moral Capital* (Cambridge University Press, Cambridge, 2001) 참조.

99 Robert A. Caro, *The Years of Lyndon Johnson, Volume 3: Master of the Senate* (Vintage, New York, 2003), p. xxii.

100 Robert A. Caro, *The Years of Lyndon Johnson, Volume 4: The Passage of Power* (Bodley Head, London, 2012), p. 110.

101 Doris Kearns, *Lyndon Johnson and the American Dream* (Signet, New York, 1976), p. 171.

102 부시는 회고록에서 다음과 같이 말했다. "나는 부통령을 또 다른 고위직 고문으로 보지 않았다. 그는 투표 용지에 이름을 올렸고, 선거를 통해 선출되었다. 나는 그가 내 책상 위에 올라오는 모든 문제를 공유하길 원했다. 어차피 그 문제들은 언제든지 그의 것이 될 수 있다. … 나는 [체니를] 정치적 자산으로 보고 선택한 것이 아니라, 내가 제대로 일할 수 있도록 도와주길 바랐기 때문에 선택한 것이다. 그리고 그는 이 일을 훌륭히 해냈다. 그는 내가 요청한 어떤 임무도 수락했고, 가식 없는 조언을 해주었다. 그는 최종 결정권이 나에게 있다는 것을 알아주었으며, 우리가 동의하지 않는 문제에 대해서는 의견 차이를 조용히 묻어두었다. 가장 중요한 건 내가 딕을 신뢰했다는 점이다. 나는 그의 견실함을 높이 샀고, 그와 함께 일하는 것을 즐겼다. 그리고 그는 좋은 친구가 되어주었다." George W. Bush, *Decision Points* (『결정의 순간』, 안진환, 구계원 옮김, 와이비엠, 2011) (Crown, New York, 2010), pp. 86 – 87 참조. 체니는 이렇게 얘기한다. "역사는 권력의 중심에서 밀려난 부통령의 사례로 가득하다. 실제로 나는 그중

몇 명을 개인적으로 알고 있다. 그러나 조지 W. 부시 대통령은 처음부터 내가 정부 운영에 참여하게 될 거라고 말했다. 그는(내가 그러리라고 기대했듯이) 약속을 지키는 사람이었다." Dick Cheney (with Liz Cheney), *In My Name: A Personal and Political Memoir* (Threshold, New York, 2011), p. 519.

103 See Caro, *The Years of Lyndon Johnson: The Passage of Power*, pp. 112 - 115.

104 Condoleezza Rice, *No Higher Honour: A Memoir of My Years in Washington* (『최고의 영예 - 콘돌리자 라이스, 불꽃처럼 산 워싱턴 시절의 기록』, 정윤미 옮김, 진성북스, 2012) (Simon & Schuster, London, 2011), p. 23. 판단 실수를 인정한 다음, 라이스 장관은 다소 뜻밖에도 이렇게 덧붙인다. "다행히 동유럽에서 소련의 영향력이 붕괴하고 독일 통일이 성사되기 몇 달 전에 우리가 고르바초프의 동기에 의문을 제기하고 모스크바의 의도를 조심스럽게 '테스트'하려는 정책 지침을 작성했던 것을 아무도 기억하지 못한다."

105 Jack F. Matlock, Jr, *Reagan and Gorbachev: How the Cold War Ended* (Random House, New York, 2004), p. 314.

106 B. Guy Peters, *Institutional Theory in Political Science: The 'New Institutionalism'* (Pinter, London and New York, 1999), p. 115. 비록 정당 구조가 다소 약화되긴 했지만, 당파성은 건재했다. 최근 자료에 의하면, 미국 국민 사이에 존재하는 당파성은 오히려 지난 20년간 계속 강화되었다. Lavine, Johnston and Steenbergen, *The Ambivalent Partisan*, p. 2 참조.

107 Peters, *Institutional Theory in Political Science*, p. 115.

108 호주 정치학자 주디스 브렛Judith Brett은 "1990년 이후 노동당은 지지율이 높은 총리를 두 번이나 축출했으며, [자유당을 네 차례 승리로 이끌었던] 존 하워드John Howard는 마지막 임기 동안 총리직 도전을 방지하기 위해 고심했다"고 지적한다. Brett, 'Prime Ministers and their Parties in Australia', in Paul Strangio, Paul 't Hart and James Walter (eds.), *Understanding Prime-Ministerial Performance: Comparative Perspectives* (Oxford University Press, Oxford, 2013), pp. 172 - 192, at p. 177 참조.

109 Neil Hume, 'Rudd ousts Gillard as Labor leader', *Financial Times*, 2013년 6월 27일. 주석 108번에 언급된 주디스 브렛의 주장과는 대조적으로, 길러드가 당 대표에서 밀려날 당시 여론 조사 지지율은 저조했다.

110 Brett, 'Prime Ministers and their Parties in Australia', p. 189.

111 'Australian PM Gillard in reshuffle after "unseemly" vote', http://www.bbc.co.uk/news/world-asia-21920762, 25 March 2013.

112 *Financial Times*, 2012년 2월 25~26일, 그리고 같은 신문, 2012년 2월 28일. 주디스 브렛은 러드가 의원과 고위 관료를 잘 만나주지도 않고, 통제에 집착했고, 각료부터 항공 승무원에 이르기까지 모든 사람에게 무례했던 점을 언급했다(Brett, 'Prime Ministers and their Parties in Australia', p. 188). 호주 캔버라국립대학의 정치 분석가 앤드루 휴즈Andrew Hughes에 따르면, 줄리아 길러드는 총리로서 매우 유능했다. 그러나 그 메시지는 일반 대중에게 전달되지 않았다. "문제는 바로 그녀가 권력을 장악한 방식이다. 그것은 그녀의 목에 휘감긴 앨버트로스였고, 여전히 그녀를 옥죄고 있다(앨버트로스를 쏘아 죽인 선원이 그 벌로 새의 사체를 목에 감고 있어야 했다는, 사무엘 테일러 콜리지의 시 『늙은 선원의 노래』에서 유래한 표현이다-옮긴이) (*Financial Times*, 2013년 3월 22일). *Financial Times* 호주 정계를 잘 알고 있는 에릭 젠슨Erik Jensen은 러드가 잠시 총리직에 복귀했다 물러난 직후 이렇게 썼다. "러드는 자신이 파멸시킨 것이나 다름없는 정부의 폐허 위에 서 있다." 젠슨은 여러 장관이 러드와 함께 일할 바에는 사임을 택했고, 한 전임 노동당 대표가 러드를 당에서 축출할 것을 촉구했던 점을 지적했다. Jensen, 'The people's psychopath', *New Statesman*, 2013년 7월 5 - 12일, p. 14 참조.

113 최근에 총리 비교 연구 분야의 편저자들은 2007년 선거에서 호주 노동당이 승리하기 전부터 러드가 정부를 이끄는 방식에 대해 당의 도움을 받지 않겠다는 신호를 보냈고, 장관을 의회정당에서 선출하는 것이 아니라 자신이 직접 임명하겠다고 발표했음을 지적한다 (Strangio, 't Hart and Walters, *Understanding Prime-Ministerial Performance*, p. 8). 2013년 노동당 대선 패배 이후, 내각과 그림자 내각의 임명권은 의회 코커스로 되돌아갔다.

114 그 상원 의원은 바로 스티브 허친스Steve Hutchins였으며, 비공개를 전제로 한 얘기다. 호주 저널 *The Monthly* 2011년 8월호 pp. 30 - 41에 실린 애너벨 크랩Annabel Crabb의 정통한 기사 참조. 글로벌 금융 위기가 닥쳤을 때, 의사 결정권은 사실상 러드가 지배하는 소내각에 집중되어 있었다. 전략 우선순위 예산위원회라 불린 이 모임은 총리 외에 단 세 명의 각료로 구성되었으나, 이후 비선출 고문의 숫자가 계속 늘어났다. 이 위원회는 러드가 총리가 되기 이전에는 존재하지 않았다. 2007년 말에 신설된 이 조직은 2010년 줄리아 길러드에 의해 폐지되었다. 그러나 길러드 자신도 전략 우선순위 예산위원회 구성원 '사인단Gang of Four' 중 한 명이었으며, "그녀가 더는 허용할 수 없다고 선언하기 전까지는 이 체제를 계속 옹호했다(같은 저널, p. 37)."

115 See, for example, Arend Lijphart(ed.), *Parliamentary versus Presidential Government* (Oxford University Press, New York, 1992); Alfred Stepan, *Arguing Comparative Politics* (Oxford University Press, Oxford, 2001), esp. Part III, 'The Metaframeworks of Democratic Governance and Democratic States'; and Robert Elgie, *Semi-Presidentialism: Sub-Types and Democratic Performance* (Oxford University Press, Oxford, 2011).

116 Elgie, *Semi-Presidentialism* (p. 24)에 2010년 12월을 기준으로 한 이원 집정부제를 채택한 52개국 목록이 나온다.

117 이것은 엘지Elgie의 핵심 주장 중 하나이고(같은 책), 그는 이를 뒷받침할 충분한 증거를 제공한다.

118 엘지, 같은 책, pp. 151 - 152. 엘지를 포함한 정치학자들은 총리와 내각이 의회에 대한 책임만 지는 체제에 대해서는 '수상-대통령형premier-presidential'이라는 용어로, 총리와 내각이 의회와 대통령 양측 모두에 대해 책임을 지는 이원 집정부제는 '대통령-의회형president-parliamentary'이라는 용어로 설명한다. 후자는 러시아에서 강하게 나타난다. 리더로서의 푸틴은 다음을 참조. Richard Sakwa, *Putin: Russia's Choice* (Routledge, London, 2004); Alex Pravda(ed.), *Leading Russia: Putin in Perspective* (Oxford University Press, Oxford, 2005), Chapters 2 and 6 - 13; Lilia Shevtsova, *Putin's Russia* (Carnegie Endowment for International Peace, Washington, DC, revised and expanded ed., 2005); Angus Roxburgh, *The Strongman: Vladimir Putin and the Struggle for Russia* (Tauris, London, 2012); and Fiona Hill and Clifford G. Gaddy, *Mr Putin: Operative in the Kremlin* (Brookings Institution, Washington, DC, 2013).

119 Cf. Lilia Shevtsova and Andrew Wood, *Change or Decay: Russia's Dilemma and the West's Response* (Carnegie Endowment for International Peace, Washington, DC, 2011); and Angus Roxburgh, *The Strongman*.

2장 민주적 리더십 : 신화, 권력, 스타일

1   Tony Blair, *A Journey*, (Hutchinson, London, 2010), p. Xvi.

2   Ibid., p. 50.

3   Anthony King(ed.), *Leaders' Personalities and the Outcomes of Democratic Elections* (Oxford University Press, Oxford, 2002), p. 216.

4 예를 들어, Lauri Karvonen, *The Personalisation of Politics: A Study of Parliamentary Democracies* (ECPR Press, Colchester, 2010), esp. pp. 4–5 참조. 안건보다 사람을 묘사하는 것이 더 쉽기에, 텔레비전은 그간 정치의 개인화를 촉진하는 주요 신규 요인으로 작용했다. 하지만 신문이 정치를 보도하는 방식도 바뀌었다. *The Times*가 1945년 이래 영국 정치를 보도해온 방식에 대한 연구에 따르면, "전반적으로 총리가 전면에 부각되었고, 총리의 리더십 자질에 대한 언급이 보편화되었으며, 30년 전에 비해 총리의 개인적 특징이 거론되는 경향이 두드러진다(Karvonen, 같은 책, pp. 87–93, esp. p. 93)."

5 See especially Thomas Poguntke and Paul Webb(eds.), *The Presidentialization of Politics: A Comparative Study of Modern Democracies* (Oxford University Press, Oxford, paperback 2007).

6 정치 평론가들도 때로 이 점을 인정한다. 한 예로 라파엘 베어Rafael Behr는 다음과 같이 말했다. "영국이 의회 선거를 가장한 대통령 선거를 치른다는 견해를 웨스트민스터에서 흔히 접한다. 이것은 옳지 않은 견해다. … 언론 보도는 마치 대통령 선거 인양 다루고 있지만, 유권자들은 그것을 꿰뚫어본다('Project "Ed's Charisma" – the mission to help Miliband loosen up', *New Statesman*, 2012년 9월 28일 – 10월 4일자, p. 10)."

7 Karvonen, *The Personalisation of Politics*, p. 102.

8 Amanda Bittner, *Platform or Personality? The Role of Party Leaders in Elections* (Oxford University Press, Oxford, 2011), p. 73. 그럼에도 비트너Bittner는 특히 막상막하의 경선에서 리더에 대한 평가가 갖는 중요성을 강조하는 학자 중 하나다. 그녀에 따르면 "현재까지 발표된 당 대표에 관한 학술 문헌은 당 대표가 과연 중요한지 부터도 결론을 내리지 못하고 있다(p. 139)." 그럼에도 리더가 전혀 중요하지 않다고 주장하는 학자는 찾기 어려울 것이다. 실제로 근거 중심 연구가 제시하는 바는 당 대표의

역할이 대부분의 정치 기자(그들은 정치의 개인화를 기꺼이 받아들였다)와 많은 정치인에 의해 크게 과장되었다는 점이다.

9 Karvonen, *The Personalisation of Politics*, p. 20.

10 Ibid.

11 Sören Holmberg and Henrik Oscarsson, 'Party Leader Effects on the Vote', in Kees Aarts, André Blais and Hermann Schmitt(eds.), *Political Leaders and Democratic Elections* (Oxford University Press, Oxford, 2011), p. 47.

12 King(ed.), *Leaders' Personalities and the Outcomes of Democratic Elections*, p. 214. 킹은 다음과 같이 부언한다. "오히려 케네디가 보유한 개인적 특성은 민주당에 단점으로 작용했다. 가톨릭 신자였기에 남부 개신교 유권자의 표를 잃었다." 미국 유권자에 대한 최근 학술 연구는 다음과 같이 결론 내린다. "개인이 아무리 중심적인 역할을 한다 하더라도, 미국 정치 투쟁의 지속적인 토대는 정당이다. 정치 리더는 무대에 들고 나지만, 정당과 정당의 상징, 강령, 그리고 정당 조직은 정치 체제에 장기적 닻을 제공한다." Howard G. Lavine, Christopher D. Johnston and Marco R. Steenbergen, *The Ambivalent Partisan: How Critical Loyalty Promotes Democracy* (Oxford University Press, New York, 2012), p. 2 참조.

13 Peter Brown of Quinnipiac University Polling Institute, cited in Kate Kenski, Bruce W. Hardy and Kathleen Hall Jamieson, *The Obama Victory: How Media, Money, and Message Shaped the 2008 Election* (Oxford University Press, New York, 2010), p. 14.

14 Kenski, Hardy and Jamieson, *The Obama Victory*, p. 289. 민주당 선거 광고는 '맥세임McSame' 메시지에 주력했고, 이는 언론을 통해 증폭되었다. 켄스키Kenski 등에 따르면, "텔레비전 뉴스를 보거나 신문을 읽거나 캠페인 정보를 얻기 위해 온라인에 접속하는 빈도가 늘어날수록 매캐인이 맥세임이라는 메시지를 받아들일 가능성이

커졌다(pp. 288 – 289)."

15 Ibid., p. 16.

16 Dieter Ohr and Henrik Oscarsson, 'Leader Traits, Leader Image, and Vote Choice', in Aarts, Blais and Schmitt, *Political Leaders and Democratic Elections*, pp. 187 – 214, at p. 197.

17 Roy Pierce, 'Candidate Evaluations and Presidential Election Choices in France', in King (ed.), *Leaders' Personalities and the Outcome of Democratic Elections*, pp. 96 – 126, at pp. 124 – 126.

18 Ibid., p. 126.

19 Sören Holmberg and Henrik Oscarsson, 'Party Leader Effects on the Vote', in Aarts, Blais and Schmitt(eds.), *Political Leaders and Democratic Elections*, pp. 35 – 51, at p. 50.

20 Ibid., p. 49.

21 John Bartle and Ivor Crewe, 'The Impact of Party Leaders in Britain: Strong Assumptions, Weak Evidence', in King (ed.), *Leaders' Personalities and the Outcomes of Democratic Elections*, pp. 70 – 95, esp. pp. 77 – 78.

22 Neil O'Brien, 'The Language of Priorities', *New Statesman*, 9 July 2012, pp. 22 – 25, at p. 22.

23 Ibid.; and Dennis Kavanagh and Philip Cowley, *The British General Election of 2010* (Palgrave Macmillan, Houndmills, 2010), p. 378.

24 David Butler and Michael Pinto-Duschinsky, *The British General Election of 1970* (Macmillan, London, 1971), pp. 24 and 64.

25 See Kenneth O. Morgan, *Callaghan: A Life* (Oxford University Press, Oxford, 1997), pp. 692 – 693. See also Anthony King in King(ed.), *Leaders' Personalities and the Outcomes of Democratic Elections*, pp. 214 – 215.

26 Ohr and Oscarsson, 'Leader Traits, Leader Image, and Vote Choice', in Aarts, Blais and

Schmitt(eds.), *Political Leaders and Democratic Elections*, pp. 197 – 198. 시대와 나라를 막론하고 두루 적용되는 한 가지 흥미로운 발견은, 보수당 대표는 '능력' 부문에서, 그리고 좌파 정당 대표는 '성격' 부문에서 높은 점수를 받는 경향이 있다는 점이다 (Bittner, *Platform or Personality*, pp. 78 – 84). 그러나 일반적인 세계적 좌-우 트렌드와는 대조적으로 하워드는 키팅보다 공감도 부문에서 더 높은 점수를 얻었다 (Ohr and Oscarsson, 'Leader Traits, Leader Image, and Vote Choice', p. 197).

27 라이어널 바버Lionel Barber의 블레어 인터뷰, 'Waiting in the Wings', *ft.com/magazine*, 2012년 6월 30일/7월 1일.

28 Bartle and Crewe, 'The Impact of Party Leaders in Britain', p. 94.

29 John Major, *The Autobiography* (HarperCollins paperback, London, 2000), p. 312.

30 Peter Mandelson, *The Third Man: Life at the Heart of New Labour* (Harper Press, London, 2010), p. 150.

31 John Curtice and Michael Steed, 'The Results Analysed', in David Butler and Dennis Kavanagh(eds.), *The British General Election of 1997* (Macmillan, Houndmills, 1997), pp. 295 and 320.

32 Bartle and Crewe, 'The Impact of Party Leaders in Britain', p. 90.

33 David Butler and Dennis Kavanagh, *The British General Election of 2001* (Palgrave Macmillan, Houndmills, 2002), p. 241. 데이비드 버틀러David Butler와 데니스 캐바노Dennis Kavanagh는 이 점을 보다 상세하게 설명한다. "ICM의 분석에 따르면, 투표를 결정하는 여러 요소 중에서 노동당의 경제적 성과가 가장 큰 영향을 미쳤고, 그다음으로는 교육, 보건, 치안이 중요했으며, 유럽은 가장 덜 중요했다."

34 David Butler and Dennis Kavanagh, *The British General Election of 2005* (Palgrave

Macmillan, 2005), p. 204.

35 맥밀런이나 트루먼처럼 농담조는 아니었지만, 드와이트 아이젠하워도 비슷한 구분을 했다. 그는 대통령직에서 은퇴한 후 니키타 흐루쇼프에 대해 이렇게 썼다. "그는 우리가 흔히 사용하는 의미에서 … 정치가statesman는 아니었다. 오히려 강하고 능수능란하며 무자비하고 야심 찬 정치꾼politician이다." Jim Newton, *Eisenhower: The White House Years* (Doubleday, New York, 2011), p. 195 참조.

36 빌 클린턴이 1984년 민주당 전당대회 연설에서 인용했다. Stephen Graubard, *The Presidents: The Transformation of the American Presidency from Theodore Roosevelt to George W. Bush* (Allen Lane, London, 2004), p. 626.

37 Harold M. Barger, *The Impossible Presidency: Illusions and Realities of Executive Power* (Scott, Foreman & Co., Glenview, 1984), p. 227.

38 Harold Seidman, *Politics, Position, and Power: The Dynamics of Federal Organization* (Oxford University Press, New York, 3rd ed., 1980), pp. 85 – 86.

39 Bill Clinton, *My Life* (『빌 클린턴의 마이 라이프』, 정영목, 이순희 옮김, 물푸레, 2004) (Hutchinson, London, 2004), pp. 523 – 524; and Taylor Branch, *The Clinton Tapes: A President's Secret Diary* (Simon & Schuster, London, 2009), p. 70 참조.

40 'Obama's trust wasn't enough to save Rice appointment', *International Herald Tribune*, 15 – 16 December 2012. 그러나 오바마가 2013년 리언 파네타Leon Panetta 국방부 장관 후임으로 척 헤이겔Chuck Hagel(그는 공화당 출신이었다)을 지명했을 때는 의회의 저항을 성공적으로 제압했다.

41 William E. Leuchtenburg, 'Franklin D. Roosevelt: The First Modern President', in Fred I. Greenstein (ed.), *Leadership in the Modern Presidency* (Harvard University Press,

Cambridge, Mass., 1988), pp. 7 – 40, at pp. 13 and 23. See also Charles M. Cameron, 'The Presidential Veto', in George C. Edwards III and William G. Howell (eds.), *The Oxford Handbook of the American Presidency* (Oxford University Press, Oxford, 2009), pp. 362 – 382.

42 George C. Edwards III, 'The Study of Presidential Leadership', in Edwards and Howell (eds.), *The Oxford Handbook of the American Presidency*, pp. 816 – 837, at p. 833. 루스벨트는 여러 남부 민주당원들의 신뢰도 잃어 가고 있었다. 그것은(3장에서 논의되는 바와 같이) 오랫동안 남부를 지배했던 인종차별주의적 통치 질서가 일부 뉴딜 정책에 훼손될 것을 우려한 탓이었다. Ira Katznelson, *Fear Itself: The New Deal and the Origins of Our Time* (Norton, New York, 2013), esp. pp. 156 – 194 참조.

43 Graubard, *The Presidents*, pp. 807 – 808; and Jim Newton, *Eisenhower: The White House Years* (Doubleday, New York, 2011), p. 86.

44 Newton, *Eisenhower: The White House Years*, p. 218.

45 Ibid., pp. 250 – 252.

46 Ibid., p. 202.

47 Randall Woods, *LBJ: Architect of American Ambition* (Harvard University Press paperback, Cambridge, Mass., 2007), p. 440.

48 Ibid., pp. 512 and 570.

49 Joseph S. Nye, Jr, *The Powers to Lead* (『조지프 나이의 리더십 에센셜』, 김원석 옮김, 교보문고, 2008), (Oxford University Press, New York, 2008), p. 80.

50 Michael Schaller, *Ronald Reagan* (Oxford University Press, New York, 2011), p. xiii.

51 William K. Muir, Jr, 'Ronald Reagan: The Primacy of Rhetoric', in Greenstein (ed.), *Leadership in the Modern Presidency*, pp. 260 – 295, at p. 260.

52 Schaller, *Ronald Reagan*, pp. 45 – 46.

53 Ibid., p. 39.

54 Ibid., p. 78.

55 Ibid., pp. 77 – 80.

56 Alonzo L. Hamby, 'Harry S. Truman: Insecurity and Responsibility', in Greenstein (ed.), *Leadership in the Modern Presidency*, pp. 41 – 75, at pp. 73 – 74.

57 Joe Klein, *The Natural: The Misunderstood Presidency of Bill Clinton* (Hodder & Stoughton, London, 2002), pp. 123 – 124.

58 Klein, *The Natural*, pp. 179 – 180. 클린턴의 대통령 직무 수행 지지율은 집권 2기 말엽에 약 60퍼센트를 기록했다. 유권자들에게 1996년 총선을 다시 치른다면 누구를 뽑겠느냐고 물었을 때 결과는 클린턴 46퍼센트, 돌Dole 36퍼센트, 페로Perot 11퍼센트로, 1996년 당시 실제 선거 결과와 거의 동일하게 나타났다(같은 책, p. 180). 스타에게 적용된 '특별 박해자'라는 용어는 다음 책에 등장한다. Drew Westen, *The Political Brain: The Role of Emotion in Deciding the Fate of the Nation* (Public Affairs, New York, 2008), p. 372.

59 Klein, *The Natural*, p. 209.

60 Earl of Swinton (in collaboration with James Margagh), *Sixty Years of Power: Some Memories of the Men Who Wielded It* (Hutchinson, London, 1966), p. 49.

61 Lord Beaverbrook, *The Decline and Fall of Lloyd George: And Great Was the Fall Thereof* (Collins, London, 1963), p. 40.

62 Philip Ziegler, 'Churchill and the Monarchy', in Robert Blake and Wm. Roger Louis (eds.), *Churchill* (Oxford University Press, Oxford, 1993), pp. 187 – 198. 지글러Ziegler는 "전쟁이 아니었다면 조지 6세는 계속해서 처칠을 불편하게 여기면서 거리를 두고 멀리했거나, 적어도 믿을만한 친구로 받아들이지는 않았을 것"이라고 말했다(p. 194).

63 Swinton, *Sixty Years of Power*, p. 116.

64 Iain Macleod, *Neville Chamberlain* (Muller, London, 1961), p. 165.

65 A. G. Gardiner, *Certain People of Importance* (Jonathan Cape, London, 1926), p. 58.

66 Robert Blake, 'How Churchill became Prime Minister', in Blake and Louis (eds.), *Churchill*, pp. 257 – 273, at p. 264.

67 Ibid., p. 266.

68 Robert Blake, *The Conservative Party from Peel to Churchill* (Fontana, London, 1972), p. 248.

69 John Colville, *The Fringes of Power: Downing Street Diaries 1939 – 1955* (Hodder and Stoughton, London, 1985), pp. 126 – 127.

70 David Reynolds, 'Churchill in 1940: The Worst and Finest Hour', in Blake and Louis (eds.), *Churchill*, pp. 241 – 255, at p. 254.

71 애틀리가 직분 할당에 관여한 내용은 그의 짧고 다소 딱딱한 자서전에서 확인할 수 있다. *As It Happened* (Odhams, London, 1954), pp. 132 – 133.

72 Robert Crowcroft, *Attlee's War: World War II and the Making of a Labour Leader* (Tauris, London, (2011), p. 231.

73 Ibid., p. 174.

74 Roy Jenkins, *Churchill* (Pan Macmillan, London, 2002), pp. 775 – 777.

75 Colville, *The Fringes of Power*, p. 555.

76 Ibid., p. 554.

77 Ibid., pp. 554 – 555.

78 Jenkins, *Churchill*, p. 777.

79 Lord Moran, *Winston Churchill: The Struggle for Survival, 1940 – 1965* (Constable, London, 1966).

80 1966년 9월 23일 R. A. 버틀러가 케임브리지 트리니티칼리지 총장이던 당시 나와 한 인터뷰(버틀러 생전에 출처를 밝히지 않는다는 조건이었다).

81 Ibid.

82 Lord Butler, *The Art of the Possible: The Memoirs of Lord Butler K. G., C. H.* (Hamish Hamilton, London, 1971). p. 164.

83 Moran, *Winston Churchill*, p. 404.

84 Ibid., p. 553.

85 Alan Bullock, *Ernest Bevin: Foreign Secretary 1945–1951* (Oxford University Press, Oxford, 1985), p. 87.

86 Ibid.

87 Ibid., p. 89.

88 Ibid., p. 55.

89 Bernard Donoughue and G.W. Jones, *Herbert Morrison: Portrait of a Politician* (new edition, Phoenix, London, 2001), p. 490; and Attlee, *As It Happened*, p. 239. 도너휴Donoughue와 존스Jones는 이 경우 과연 애틀리가 분쟁을 해결할 수 있었을지에 의문을 표했다. "애틀리가 아니라 그 누구라도 게이츠켈을 내보내지 않으면서 베번이 머무르게 하는 묘안을 짜낼 수 있었을지는 심히 의문스럽다."

90 클레멘트 애틀리, 스카버러에서 열린 노동당 전당대회 연설, 1948, http://www.britishpoliticalspeech.org/speech-archive.htm?speech=158.

91 Ibid.

92 데이비드 캐머런은 영국에서 2차 세계대전 이후 최초로 성립된 연립 내각 총리였기 때문에, 상기 언급된 네 명의 리더 중 가장 제한이 컸다. 연립 내각은 캐머런이 이끄는 보수당 평의원들 사이에서 긴장과 불만이 고조되는 결과를 낳았다.

93 Harold Wilson, *The Governance of Britain* (Weidenfeld & Nicolson and Michael Joseph, London, 1976), p. 9.

94 데이비드 캐머런은 2012년 늦여름에 정부를 재편성했으며, 랜슬리는 보건부에서 비부처직인 하원 대표로 발령 났다.

95 Butler, *The Art of the Possible*, p. 184.

96 D.R. Thorpe, *Supermac: The Life of Harold Macmillan* (Pimlico, London, 2010), p. 86.

97 같은 책, pp. 345–346. Hoosier는 미 중서부 인디애나주 사람을 가리키는 호칭이다.

98 이 정보는 셀윈 로이드에게서 얻었다. 나는 1966년 7월 7일 당시 출처를 밝히지 않는 조건으로 그를 인터뷰했다. 그는 나의 논문 'Prime Ministerial Power', *Public Law*, Part I, Spring 1968, pp. 28–51, at p. 41에서 '맥밀런 내각 원로 의원'으로 인용되었다. 같은 인터뷰에서, 세 명의 총리와 모두 함께 일한 경험이 있는 로이드는 처칠과 (아마 더 놀랍게도) 이든을 '맥밀런보다 더 내각을 염두에 두는' 인물로 묘사했다.

99 1966년 7월 7일 나의 셀윈 로이드 인터뷰.

100 Thorpe, *Supermac*, p. 519.

101 *The Macmillan Diaries, Volume II: Prime Minister and After, 1957–1966*, edited with an introduction by Peter Catterall (Pan Macmillan, London, 2012), p. 89.

102 Reginald Bevins, *The Greasy Pole: A Personal Account of the Realities of British Politics* (Hodder and Stoughton, London, 1965), pp. 137–138. 버틀러 경도 그런 행동은 집권당 내 저항 세력을 자극할 수 있으며 '그 이유는 해고된 사람 모두 동원할 수 있는 친구가 있기 때문"이라면서, 좀 덜 강한 어조로 비슷한 얘기를 했다(*The Listener*, 16 September, 1965, p. 409). 로이드는 훗날 맥밀런이 친선 목적이 아니라 "내가 잠재적 위험으로 부상했기 때문"에 자신을 회유하려 들었던 "냉혹함 그 자체"를 언급했다(Thorpe, *Supermac*, p. 524).

103 Percy Cradock, *In Pursuit of British Interests: Reflections on Foreign Policy under Margaret Thatcher and John Major* (John Murray, London, 1997) pp. 100 and 201.

104 Margaret Thatcher, *The Downing Street Years* (HarperCollins, London, 1993), p. 840.

105 Ibid., p. 851.

106 Ibid., p. 847.

107 Ibid., pp. 860–861.

108 Blair, *A Journey*, p. 119.

109 Ibid., p. 201.

110 Ibid., p. 287.

111 같은 책, p. 486. 블레어는 영국 국민과 감정적으로 연결되어 있다고 주장했고, 총리직에 오래 머물수록 유대 관계가 사라져 갔다고 느꼈다. "이것은 나와 국민에게 유감이었다. 나와 그들 사이의 관계는 일반적인 리더와 국민 사이의 관계보다 늘 더 강하고 더 감정적(이것이 더 적확한 어휘라면)이었다(p. 658)." 그는 국민이 환멸을 느낀 이유를 자신이 반발과 반대에 직면하여 정책 수정을 점점 더 꺼리게 되었기 때문이라고 봤다. "여론을 '읽어내기'는 더 이상 길잡이가 아니었다. '옳은 일을 하기'가 이를 대체했다(같은 책, p. 659)."

112 Ibid., p. 609.

113 Ibid., p. 117.

114 Tony Wright, *Doing Politics* (Biteback, London, 2012), p. 31.

115 Ibid.

116 Holmberg and Oscarsson, 'Party Leader Effects on the Vote', in Aarts, Blais and Schmitt (eds.), *Political Leaders in Democratic Elections*, p. 50.

3장 재정의형 리더십

1 장 블롱델Jean Blondel은 'redefiner'라는 용어를 사용하지만, 그 의미는 다르다. 그는 이 범주의 리더를 '중대한 변화'를 일으키는 '개혁주의자'와는 다른 '온건한 변화'를 추진하는 사람으로 정의한다. 나는 재정의형 리더라는 용어를 급진적 개혁자의 의미로 사용했다. Cf. Blondel, *Political Leadership: Towards a General Analysis* (Sage, London, 1987), p. 97.

2 대통령직은 시어도어 루스벨트 대통령 재임 기간에 빛을 발했으며, 대외 정책과 미국 땅을 넘어선 세계에 대한 그의 이해는 대다수 전임자나 상당수의 후임자보다 훨씬 깊었다.

3 James MacGregor Burns, *Leadership* (『제임스 M. 번즈의 리더십 강의』, 한국리더십연구회 옮김, 생각의나무, 2000), (Harper & Row, New York, 1978); Burns, *Transforming Leadership: A New Pursuit of Happiness* (Atlantic Books, London, 2003) 참조.

4 James MacGregor Burns, *Roosevelt: The Soldier of Freedom* (Harcourt Brace Jovanovich, New York, 1970), p. 351.

5 Ibid., p. 352.

6 Stephen Graubard, *The Presidents: The Transformation of the American Presidency from Theodore Roosevelt to George W. Bush* (Allen Lane, London, 2004), p. 272. 프랭클린 루스벨트와 조 케네디는 사이가 나빴고, 해리 트루먼도 죽는 날까지 조 케네디를 격렬하게 미워했다. 존 F. 케네디가 민주당 대통령 후보 경선에서 만만찮은 경쟁자로 부상하자, 트루먼은 딸에게 존 F. 케네디가 로마가톨릭 신자라는 사실을 거론하며 "내가 걱정하는 것은 교황the pope이 아니라 부친the pop이다"라고 말장난 삼아 말했다. (David McCullough, *Truman*, Simon & Schuster, New York, 1992, p. 970).

7 Ira Katznelson, *Fear Itself: The New Deal and the Origins of Our Time* (Norton, New York, 2013), pp. 302-303.

8 Ibid., pp. 336-337.

9 Quoted by Katznelson, ibid., p. 337.

10 George McJimsey, *The Presidency of Franklin Delano Roosevelt* (University Press of Kansas, Lawrence, 2000), p. 41.

11 Ibid.

12 Ibid., p. 288.

13 Ibid., pp. 287 and 293.

14 Katznelson, Fear Itself, p. 162.

15 Ibid., p. 486.

16 McJimsey, The Presidency of Franklin Delano Roosevelt, p. 154.

17 Ibid., p. 163.

18 Katznelson, *Fear Itself*, pp. 178 – 179.

19 McJimsey, *The Presidency of Franklin Delano Roosevelt* (『위대한 정치의 조건 – 미국 유일 4선 대통령 프랭클린 루스벨트에게서 배우는』, 정미나 옮김, 21세기북스, 2010), p. 169: 그리고 엘리너 루스벨트의 전반적인 역할과 영향에 대해서는 pp. 151 – 170를 참조.

20 Graubard, *The Presidents*, pp. 258 – 259.

21 Harold M. Barger, *The Impossible Presidency: Illusions and Realities of Executive Power* (Scott, Foresman & Co., Glenville, Ill., 1984), pp. 101 – 102.

22 Ibid., p. 102.

23 David McCullough, *Truman* (Simon & Schuster, New York, 1992), p. 972; and Taylor Branch, *Pillar of Fire: America in the King Years 1963 – 65* (Simon & Schuster, New York, 1998), p. 295.

24 Alfred Stepan and Juan J. Linz, 'Comparative Perspectives on Inequality and the Quality of Democracy in the United States', *Perspectives on Politics*, Vol. 9, No. 4, December 2011, pp. 841 – 856, at p. 843 참조. 같은 저자들에 따르면, 1970년대 초 이후 미국의 불평등 수준은 1960년대와 비교할 때, 그리고 세계적 수준에 비해 크게 악화되었다. "1968년에 역대 최저치 지니 계수 0.388을 기록했고, 미국 통계국이 2009년에 산정한 지니 계수는 0.469로 수십 년간 최악이었다(같은 책, p. 844)."

25 Graubard, *The Presidents*, pp. 456 – 457.

26 Randall B. Woods, *LBJ: Architect of American Ambition* (Harvard University Press, Cambridge, Mass., paperback, 2007), pp. 440 and 442.

27 Robert A. Caro, *The Years of Lyndon Johnson, Volume 4: The Passage of Power* (Bodley Head, London, 2012), p. 352. 존슨의 상대적으로 별 볼 일 없는 학력(사우스웨스트텍사스주립교대에 대해 카로는

다음과 같이 덧붙였다. "케네디 형제가 린든 존슨을 어떻게 생각했든지 간에, 린든 존슨의 스스로에 대한 평가보다 나쁠 순 없었다."

28 Robert A. Caro, *The Years of Lyndon Johnson, Volume 3: Master of the Senate* (Vintage paperback, New York, 2003), p. xxiii.

29 Ibid., pp. xv – xvi.

30 Caro, *The Years of Lyndon Johnson*, Volume 4, p. xvi.

31 Robert A. Caro, *The Years of Lyndon Johnson, Volume 2: Means of Ascent* (Bodley Head, London, 1990), p. xxi.

32 Caro, *The Years of Lyndon Johnson*, Volume 4, pp. 419 – 420. '존슨시의 존슨'을 포함시킴으로써, 존슨은 가난한 백인 계층, 그리고 특권층과는 거리가 멀었던 자신의 배경에 대해서도 언급하고 있다.

33 Ibid., p. 488.

34 Ibid., p. 484.

35 Ibid., pp. xvii – xviii.

36 Randall B. Woods, *LBJ*, p. 884.

37 Michael Schaller, *Ronald Reagan* (Oxford University Press, New York, 2011), pp. 88 – 89.

38 Ibid., p. 90.

39 Brian Harrison, *The Transformation of British Politics 1860 – 1995* (Oxford University Press, Oxford, 1996), p. 69.

40 Ibid.

41 Quoted in Roy Jenkins, *Churchill* (Pan Books, London, 2002), p. 146.

42 Rhodri Walters, 'The House of Lords', in Vernon Bogdanor (ed.), *The British Constitution in the Twentieth Century* (Oxford University Press for the British Academy, Oxford, 2003), pp. 189 – 235, at p. 192.

43 Jenkins, *Churchill*, p. 160.

44 Ibid., p. 144.

45 Kenneth O. Morgan, *Labour in Power 1945 – 1951* (Clarendon Press, Oxford, 1984), p.

37.

46 Ibid., p. 37.

47 Kingsley Martin, *Harold Laski: A Biography* (Jonathan Cape, London, new edition, 1969), p. 153.

48 같은 책, p. 173. 애틀리와 래스키에 관한 일화를 하나 더 소개한다. 내가 런던정치경제대학에 재학 중일 때 정치학과에서 주최한 행사에 참석한 적이 있었다. 거기서 레지널드 바셋(정치학과 교수이자 저자이며, 그가 낸 저서 중에서도 1935년에 처음 출간된 *The Essentials of Parliamentary Democracy*가 특히 훌륭하다)이 나를 포함한 몇몇 학생들에게 애틀리가 총리가 되고 나서 학교를 재방문했던 때 있었던 일을 얘기해줬다. 런던 동부에서 사회 복지 실무 경험을 쌓았던 애틀리는 1차 세계대전 직전에 런던정치경제대학에서 장래 사회복지사들에게 지방 정부에 관해 강의를 했다(1차 세계대전이 터지자 그는 즉시 자원하여 장교로 복무하면서 여러 번 부상을 입었다). 바셋을 비롯한 여러 사람이 애틀리 주변에 모여 있던 참에, 또 다른 교직원이 전직 군인이 술이 좀 들어간 상태로 애틀리에게 다가와 이렇게 말했다. "클렘Clem(애틀리의 이름 '클레멘트'를 줄여서 친근하게 부른 것—옮긴이), 아마 내가 해럴드 래스키에게 본때를 보여준 유일한 생존 인물일 거요." 그때는 요즘보다 총리를 훨씬 정중하게 대하던 시절이였기에, 애틀리처럼 엄격한 사람에게 이런 친근한 호칭을 사용하는 것을 보고 연설자(와 래스키)의 동료들이 무척 당황했다. 애틀리는 전혀 동요하지 않고 말했다. "잘했네요. 당신 같은 사람이 더 필요합니다."

49 Morgan, *Labour in Power*, pp. 99 and 117.

50 Ibid., pp. 370–371.

51 Ibid., p. 172.

52 Nicklaus Thomas-Symonds, *Attlee: A Life in Politics* (I.B. Tauris, London, 2010), p. 167.

53 Archie Brown, 'The Change to Engagement in Britain's Cold War Policy: The Origins of the Thatcher–Gorbachev Relationship', *Journal of Cold War History*, Vol. 10, No. 3, 2008, pp.

3–47. (나는 내각 사무처와 외무부 문서, 그리고 저 글에서 논의된 체커스 세미나를 위한 학자들의 발표 자료를 기밀 해제하는 데 영국 정보 공개법을 활용했다. 이상의 문서에는 대처가 흥미로운 사실을 엿볼 수 있는 주석을 여럿 달아놓았다.) 또한 Rodric Braithwaite, 'Gorbachev and Thatcher', *Journal of European Integration History*, Vol. 16, No. 1, 2010, pp. 31–44와 Archie Brown, 'Margaret Thatcher and Perceptions of Change in the Soviet Union', 같은 책, pp. 17–30 참조.

54 Richard Aldous, *Reagan and Thatcher: The Difficult Relationship* (Hutchinson, London, 2012), p. 207.

55 Quoted in Geoffrey Howe, *Conflict of Loyalty* (Macmillan, London, 1994), p. 332.

56 Howe, *Conflict of Loyalty*와 Douglas Hurd, *Memoirs* (Little, Brown, London, 2003) 참조. 만델라가 대처를 직접 만나 개인적으로 설득했을 때조차 남아공 아파르트헤이트 정권에 대한 제재를 반대하는 대처의 태도를 바꾸지는 못했지만, 그럼에도 불구하고 만델라가 대처에게서 좋은 인상을 받았다는 점은 짚고 넘어갈만하다. 그는 녹화 인터뷰에서 이렇게 말했다. "그녀는 참 따뜻한 사람이더라구요. 내가 그동안 들었던 바와는 정반대였어요. … 그리고 나는 그녀에게서 매우 깊은 인상을 받았습니다. … 강인한 성격이 인상적이었어요. 과연 철의 여인이었습니다." Nelson Mandela, *Conversations with Myself* (Macmillan, London, 2010), p. 385 참조.

57 정치 평론가들이 정부를 당 대표의 정치적 의지의 확장 이상으로 보지 않는 경향으로 인해, 애틀리처럼 명령 하달식이 아니라 협의를 통해 정부를 이끌었던 노동당 대표이자 총리조차도 마치 그가 1945–51년 노동당 정부 시절 모든 분야에서 압도적인 인물이었던 것처럼 묘사되는 경우가 너무 흔하다. 예를 들어, BBC 정치 에디터 닉 로빈슨Nick Robinson은 2012년 노동당 전당대회 전날 '에드 밀리밴드는 처칠인가 애틀리인가?'라는 제목의 기사에서 다음과 같이 썼다. "화요일에 현 노동당 대표가 우리에게 직접 상기시켜 줄지도 모르겠지만, NHS를 창립한 것,

복지 국가를 강화한 것, 심지어 '국고가 텅 비었을'
때에도 예술위원회를 설립한 것은 바로 노동당
대표였다." (http://www.bbc.co.uk/news/uk-
politics-19773185, 29 September 2012).

58 Ian Gilmour, *Dancing with Dogma:
Britain under Thatcherism* (Simon &
Schuster, London, 1992), p. 5. 또한, 길모어는
다음과 같이 분석한다. "내각에 반감을 갖고 자기
방식으로 통치하기 위해 내각을 회피하고자 했던
총리에 직면하여, 각료들은 당장 벌어지고 있는 일을
묵인하거나(무슨 일이 벌어지고 있는지 알고 있었다는
가정하에), 아니면 총리가 방침을 바꾸지 않으면
사퇴하겠다고 최후 통첩을 보내는 수밖에 없었다. 허나
그런 행동은 보수당을 양분할지도 몰랐으므로, 만일
그들이 정면으로 맞섰다면 심각한 딜레마에 처했을
것이다. 하지만 실상 그들은 그러지 않았다(같은 책, p.
33)."

59 그중에서도 특히 그들과 마거릿 대처의 정치적
관계를 보려면 다음을 참조. Nigel Lawson, *The
View from No. 11 : Memoirs of a Tory Radical*
(Transworld, London, 1992); and Michael
Heseltine, *Life in the Jungle : My Autobiography*
(Hodder and Stoughton paperback, London,
2001).

60 1989년 10월 31일 하원 사임 연설에서 로슨은
또한 "우리 내각제가 효율적으로 작동하기 위해서는
현직 총리가 반드시 자신이 신뢰하는 장관들을
임명하고, 그런 다음에는 그들이 정책을 수행하도록
내버려둬야 합니다. 견해 차이는 종종 생기기 마련이며,
그런 견해 차이가 생겼을 때는 사적으로, 필요하다면
공동으로 풀어야 합니다"라고 말했다(Lawson, *The
View from No. 11*, p. 1063).

61 Charles Moore, *Margaret Thatcher : The
Authorized Biography. Volume One : Not for
Turning* (Allen Lane, London, 2013), p. 423.

62 토니 블레어는 마거릿 대처나 다른 전임 총리보다
더 적은 시간을 하원에 할애했다. 블레어 총리 시절에
총리 질의 시간은 주 2회에서 1회로 줄었고(비록 세션
자체는 길어졌지만), 이후 주 1회로 유지되고 있다.

63 Moore, *Margaret Thatcher*, p. 424.

64 Ibid., p. 422.

65 마거릿 대처의 부상과 1979년부터 1982년까지의
총리 재임 시절을 다룬 가장 충실한 기록은
무어Moore가 쓴 공식 전기 Margaret Thatcher이며,
이 책은 새로운 정보를 다수 포함하고 있다. 무어의
상당히 두꺼운 책과 길모어의 비판적 평가Dancing
with Dogma, 그리고 대처 정부에서 일했던 장관들의
회고록 외에도, 대처 시절에 대한 다른 시각을 제공하는
특히 중요한 저서로는 다음 두 권이 있다. Geoffrey
K. Fry, *The Politics of the Thatcher Revolution :
An Interpretation of British Politics, 1979 – 1990*
(Palgrave Macmillan, Houndmills, 2008)와
Hugo Young, *One of Us : A Biography of
Margaret Thatcher* (Macmillan, London, 1989).

66 Anthony King, *The British Constitution*
(Oxford University Press, Oxford, 2007), p. 316.

67 David Butler and Michael Pinto-
Duschinsky, *The British General Election of
1970* (Macmillan, London, 1971), p. 195.

68 Lawson, *The View from No. 11*, p. 7.

69 Peter Hennessy, *The Prime Minister : The
Office and its Holders since 1945* (Penguin,
London, 2001), pp. 105 – 106.

70 Lawson, *The View from No. 11*, p. 561.

71 같은 책, p. 574. 로슨은 인두세가 마거릿 대처의
총리직 11년을 통틀어 가장 큰 정치적 과실이라고
평가하면서 이렇게 부언했다. "1986년 인두세 출범
당시 그녀는 친한 기자들에게 어떻게 자신이 '나를
쫓아냈는지' 공개적으로 과시했다. 역설적이게도
인두세는 결과적으로 그녀가 총리 자리에서 쫓겨나는
데 지대한 역할을 했다(같은 책, p. 584)."

72 David Butler and Dennis Kavanagh, *The
British General Election of 1992* (Macmillan,
London, 1992), pp. 10 and 72 – 75.

73 D. R. Thorpe, *Supermac : The Life of
Harold Macmillan* (Pimlico, London, 2011), pp.
321 – 322.

74 맥밀런 정부는 로빈스 보고서를 원칙상 수용하는

것에 그쳤으며, 실제 대학 및 재학생 수의 급증에
필요한 재정을 확보하는 일은 1964년에 선출된
해럴드 윌슨의 노동당 정부에게 미뤄졌다. 벤 핌롯Ben
Pimlott에 따르면, "노동당 정부는 눈 하나 깜짝하지
않고 이 정책을 밀어붙였고 … 그 결과 고등 교육을
받는 정규 학생 수는 역대 최고 증가율을 기록했다."
Pimlott, *Harold Wilson* (HarperCollins
paperback, London, 1993), p. 513 참조.

75 Roy Jenkins, *A Life at the Centre* (new
edition, Politico, London, 2006), p. 206. 젠킨스가
지적했듯이, 스코틀랜드에서는 오래전부터 다수결
판결이 허용되어 다른 법이 적용되어왔다.

76 패트리샤 홀리스Patricia Hollis가 지적했듯이,
"윌슨의 성격에서 짐작할 수 있듯 그는 검열권 폐지에
회의적이었다. 극작가들이 왕실에 대해 무례한 내용을
쓸지도 모른다고 염려했던 것이다." Hollis, *Jennie
Lee: A Life* (Oxford University Press, Oxford,
1997), p. 274 참조.

77 상대적으로 보수적인 내무장관이었던
소스키스는 자신이 관장하는 부서의 견해에 도전하는
일이 드물었고, 특히 그의 만만찮은 사무차관 찰스
커닝햄Charles Cunningham 경이 내놓은 의견을
퇴짜놓는 것을 꺼렸다. 반면 젠킨스는 처음부터
내무부가 내무장관을 운영하는 것이 아니라 자신이
내무부를 운영할 것임을 분명히 했다.

78 See Emrys Hughes, *Sydney Silverman:
Rebel in Parliament* (Charles Skilton, London,
1969), esp. pp. 96 – 112 and 171 – 192.

79 Roy Jenkins, *The Labour Case* (Penguin,
Harmondsworth, 1959), esp. pp. 135 – 146와
Jenkins, *A Life at the Centre*, esp. pp. 175 – 213
참조. 상원은 실버맨의 사형제 폐지 법안이 5년 동안만
한시적으로 적용되고 그 후 재검토하도록 개정했다.
당시에는 제임스 캘러헌James Callaghan이 젠킨스의
뒤를 이어 내무장관을 맡고 있었다. 캘러헌은 비록
젠킨스보다 더 보수적이긴 했지만, 오랫동안 사형
제도에 반대해온 인물이었다. 그는 "사형을 계속
지시하느니 차라리 사임하겠다"로 말했다. 그리고
1969년 12월 하원 자유 투표에서 찬성 측이 158표를

더 얻으면서 사형제는 영구적으로 폐지되었다.
Kenneth O. Morgan, *Callaghan: A Life* (Oxford
University Press, Oxford, 1997), p. 297 참조.

80 Jenkins, *A Life at the Centre*, p. 196.

81 같은 책, pp. 208 – 209. 내각은 두 가지
문제에서 모두 분열되어 있었다. 과반수 장관들이 두
개혁안에 대해 호의적이었으나, "반대하는 사람도
서너 명 있었고, 상당수는 문제가 그냥 사라져버리기를
바랐다(같은 책, p. 208)."

82 제니 리는 전국적 입지를 가진 인물이었으며,
노동당 활동가들 사이에서 평판이 높았다. 반면
자신의 지역구인 스태퍼드셔 캐녁의 유권자 및 당원
사이에서는 인기가 덜했다. 스코틀랜드 광부의
딸이었으면서도 어딘가 좀 왕족 같은 분위기를 풍겼던
데다, 지역 이슈나 지역구가 직면한 문제에는 그리
신경 쓰지 않았기 때문이다(Hollis, *Jennie Lee*, pp.
371 – 380).

83 Hollis, *Jennie Lee*, pp. 297 – 359; Ben
Pimlott, Harold Wilson, pp. 513 – 515; and
Philip Ziegler, *Wilson: The Authorised Life
of Lord Wilson of Rievaulx* (Weidenfeld &
Nicolson, London, 1993), p. 201 참조. 지글러는
방송대학에 관해 이렇게 요약한다. "고인이 된 베번의
부인 제니 리가 이 프로젝트를 맡았다. 그녀의 역량과
열정이 아니었다면 이 정책은 진작에 좌초했을 것이나,
그녀가 이런 업적을 이룰 수 있었던 것은 윌슨의
꾸준한 지지 덕분이기도 했다(같은 책)." 이 새로운
교육 제도는 1969년 대학으로 승격되었고 1971년 첫
입학생을 받았다. 그 후 40년 동안 150만 명이 넘는
사람들이 열린대학에 입학하게 된다.

84 Vernon Bogdanor, *The New British
Constitution* (Hart, Portland, Oregon, and
Oxford, 2009), p. 62.

85 Tony Blair, *A Journey* (Hutchinson,
London, 2010), pp. 516 – 517. 그 시절 고위
각료였던 사람이 내게 말해주기를, 블레어는 당시에도
자신이 정보 공개법에 반감을 품고 있음을 분명히
했으며, 초안은 데이비드 클라크David Clark와 잭
스트로Jack Straw 두 명의 장관에 의해 희석되었다.

그에 의하면, "다행히도 삭제된 정보 공개법의 주요 요소 중 일부를 의회가 되돌려놓았다." 스트로는 회고록에서 개인적으로 정보 공개법이 내포하는 바에 경악했으며 법의 적용 범위를 축소하기 위해 적극적으로 노력했다고 밝히면서, 법안 추진 담당자였던 클라크Clark 장관이 그의 특별 보좌관 제임스 콘포드James Cornford의 강한 영향을 받아 정보 공개법의 복음을 열렬히 전파했다는 식으로 묘사했다. Jack Straw, *Last Man Standing: Memoirs of a Political Survivor* (Macmillan, London, 2012), pp. 275 – 282 and 285 – 287 참조.

86 데리 어빈은 헌법 입법 배경을 잘 설명해주는 글을 썼다. Lord Irvine of Lairg, PC, QC, *Human Rights, Constitutional Law and the Development of the English Legal System: Selected Essays* (Hart, Oxford and Portland, Oregon, 2003)와, 특히 스코틀랜드 권력 이양에 관해서는 'A Skilful Advocate' in Wendy Alexander(ed.), *Donald Dewar: Scotland's first First Minister* (Mainstream, Edinburgh and London, 2005), pp. 125 – 129 참조. 어빈과 듀어Dewar는(후자는 스코틀랜드 담당 장관이 되었고, 권력 이양 후에는 초대 스코틀랜드 제1장관이 되었다) 스코틀랜드 국가 정체성의 부활로 인해, 연합이 유지되는 한도 내에서 최대한의 입법 권한이 스코틀랜드 의회로 이양될 필요가 있다는 공통된 견해를 갖고 있었다. 그러나 이로 인해 스코틀랜드 국민당이 세를 잃을 것이라는 그들의 예상은 지나치게 긍정적이었다.

87 Kenneth O. Morgan, *Ages of Reform: Dawns and Downfalls of the British Left* (I. B. Tauris, London, 2011), p. 75. 어빈은 닐 키녁이 노동당 대표 시절에 노동당 대법관으로 내정되었다. 노동당 지지자이자 잘 있는 변호사였던 어빈은 존 스미스와 절친한 사이였기에, 만일 스미스가 1994년에 세상을 뜨지 않았다면 헌법 개혁에서 더욱 핵심적인 역할을 담당했을 것이다. 또한 어빈은 블레어를 자신의 변호사 사무실에 수습생으로 채용하여 그에게 첫 번째 직업을 줬던 인물이기도 하다. 그가 1975년에

채용했던 또 다른 수습생은 5년 후 블레어와 결혼한 셰리 부스Cherie Booth였다. 필립 스티븐스Philip Stephens는 이 점을 언급하면서 "1997년 총선 후 어빈이 상원 의원 자리와 사법부 수장인 대법관 자리를 꿰어참으로써 그의 젊은 수습생 덕을 톡톡히 봤다(Philip Stephens, *Tony Blair: The Price of Leadership*, Politico's, London, revised edition 2004, pp. 44 – 45)"라고 썼는데, 이는 사건 발생 순서를 제대로 파악하지 못한 것일뿐더러, 블레어가 옛 멘토에게 특혜를 줬다는 것도 사실이 아니다. 사실 어빈은 마거릿 대처가 총리이고 닐 키녁이 야당 리더였던 1987년에 종신 귀족(상원 의원)이 되었다.

88 이것의 헌법적 함의는 유로화의 장기적 생존이 재정 격차 감소와 가입국 간의 더욱 긴밀한 경제적, 정치적 통합에 달린 것으로 보인다는 점이다.

89 Hennessy, *The Prime Minister*, p. 477.

90 Giles Radice, *Trio: Inside the Blair, Brown, Mandelson Project* (Tauris, London, 2010), pp. 174 – 176.

91 토니 블레어는 마거릿 대처 총리의 성취를 상당 부분 꽤 노골적으로 칭찬했다. 회고록에서 그는 "대처가 총리로 재임하던 시절, 영국에는 산업적, 경제적 개혁이 필요했다'고 썼다. (Blair, *A Journey*, p. 99).

92 Robin Cook, *The Point of Departure* (Simon & Schuster, London, 2003), p. 121. 쿡은 이렇게 덧붙였다. "재분배 정책의 오랜 지지자이면서도 블레어주의blairite 이데올로기에 갇혀 몰래 슬쩍 추진할 수밖에 없었다는 점이 고든의 비극이었다.'"

93 Blair, *A Journey*, pp. 116 and 508. 브라운은 재무장관으로서 블레어가 선호했던, 그리고 여러 면에서 대처가 개시한 복지 국가 리모델링의 연장선상에 있던 공공 서비스 개편안을 일부 봉쇄하거나 크게 수정했다. 브라운은 보건부 장관 앨런 밀번Alan Milburn이 블레어의 지지를 등에 업고 국가보건서비스에 '진정한 경쟁과 선택을 제공하기 위해' 도입하려 했던 변화를 성공적으로 막아냈다. Peter Mandelson, *The Third Man: Life at the Heart of New Labour* (HarperPress, London,

2010), pp. 364 – 365 참조.

94 Radice, *Trio*, p. 220. 노동당 정부가 2008년 수면 위로 떠오른 국제 금융 위기에 어떻게 대처했는지 알려면 다음을 참조. Gordon Brown, *Beyond the Crash: Overcoming the First Crisis of Globalisation* (Simon & Schuster, London, 2010)과 Alistair Darling, *Back from the Brink* (Atlantic Books, London, 2011).

95 특히 당 부대표 니컬라 스터전Nicola Sturgeon은 유능한 장관이자 뛰어난 정치인이라는 명성을 얻었다(니컬라 스터전은 2017년 현재 스코틀랜드 국민당 대표이자 스코틀랜드 제1장관[정부 수반]이다–옮긴이).

96 David Torrance, *Salmond: Against the Odds* (revised ed., Birlinn, Edinburgh, 2011), p. 227

97 On Harold Wilson as a 'role model' for Salmond, ibid., pp. 339 – 340.

98 1장에서 언급했듯이 이것은 드루 웨스턴의 핵심 주장이다. Drew Westen, *The Political Brain: The Role of Emotion in Deciding the Fate of the Nation* (Public Affairs, paperback edition, New York, 2008).

99 Frank Brettschneider and Oscar W. Gabriel, 'The Nonpersonalization of Voting Behavior in Germany', in Anthony King (ed.), *Leaders' Personalities and the Outcomes of Democratic Elections* (Oxford University Press, New York, 2002), pp. 127 – 157, at p. 138.

100 Robert Elgie, *Political Leadership in Liberal Democracies* (Palgrave Macmillan, Houndmills, 1995), pp. 81 – 86.

101 Peter Pulzer, *German Politics 1945 – 1995* (Oxford University Press, Oxford, 1995), pp. 46 – 47.

102 Mary Fulbrook, *History of Germany 1918 – 2000: The Divided Nation* (Blackwell, Oxford, 2nd ed., 2002), p. 52. 종전 직후 독일은 연합국 점령군에게 분할 통치되었다. 미군이 점령한

한 도시에서 나치 시장이 과반수로 재선됐을 때 점령군은 딜레마에 봉착했다. 풀브룩Fulbrook은 "가장 '민주적인' 해결책이 비민주적인 인물에 대한 민주적 당선을 거부하는 것인지, 아니면 다수의 의사에 반하여 비민주적으로 민주적 후보를 임용하는 것인지 분명치 않았다. 허나 분명했던 것은 다수의 독일인이 '민주주의'에 대한 이해가 부족했다는 점이다. 이 개념은 바이마르공화국 당시 성인으로서 민주주의를 경험했던 모든 이에게 국가적 패배와 굴욕, 경제 위기, 정치적 혼란과 결부되어 있었다"고 분석한다(pp. 115 – 116).

103 전후 독일이 분할 통치되었을 때 쾰른은 영국군 점령 지역에 속했다. 아데나워가 1945년 쾰른 시장직에서 해임된 것은 영국 측에 의해서였다. 기독교민주연합에 더 많은 시간을 할애할 수 있게 된 그는 이 기회를 십분 활용하여 당 의장이 되었다.

104 독일은 실제로 '유럽에서 가장 오래된 복지 국가'로 일컬어진다. Pulzer, *German Politics 1945 – 1995*, pp. 63 – 64 참조.

105 Ibid.

106 Gordon A. Craig, cited by Giles Radice, *The New Germans* (Michael Joseph, London, 1995), p. 79.

107 Willy Brandt, *My Life in Politics* (Penguin, London, 1993), p. 74.

108 Ibid., p. 78

109 Thomas A. Bayliss, *Governing by Committee: Collegial Leadership in Advanced Societies* (State University of New York Press, Albany, 1989), p. 76.

110 Fulbrook, *History of Germany 1918 – 2000*, p. 168.

111 이는 내가 러시아에서 개인적으로 경험한 것과 그곳에서 나눈 수많은 대화를 바탕으로 얘기하는 것이기도 하다. 나는 1966년에 3개월, 1967–68년에 10개월, 그리고 1976년에 2개월을 소련에서 보냈는데, 세 번째 방문 때 러시아인들의 독일에 대한 태도가 처음 두 번의 방문 때와는 확연하게 달라졌음을 감지했다. 빌리 브란트와 독일의 대외 정책 변화가 이런 차이를

가져오는 주요한 역할을 했다는 데에는 의심의 여지가 없다.

112 Archie Brown, 'Did Gorbachev as General Secretary Become a Social Democrat?', *Europe-Asia Studies*, Vol. 65, No. 2, 2013, pp. 198-220.

113 브란트 사망 직후, 고르바초프는 정치와 역사에서 개인이 담당한 역할이라는 넓은 맥락에서 그의 독일 동료에게 따뜻한 헌사를 바쳤다. Mikhail Gorbachev, 'Delaet li chelovek politiku? Delaet li chelovek istoriyu: razmyshleniya o nasledii Villi Brandta', *Svobodnaya mysl'*, No. 17, 1992, pp. 17-21 참조. 브란트의 동방 정책을 고르바초프는 이렇게 썼다. "이 정책이 독일뿐만 아니라 러시아를 포함한 유럽 전체의 정신적, 정치적 분위기에 뚜렷한 영향을 미쳤다는 점은 의심의 여지가 없다. 동방 정책은 우리 사회에 대한 성찰, 자유와 발전의 관계와 민주주의, 그리고 우리나라의 미래에 대한 깊은 성찰을 불러왔다(p. 19)."

114 Brandt, *My Life in Politics*, p. 200.

115 Ibid.

116 Ibid., p. 6

117 콜의 *Newsweek* 인터뷰는 다음 저서에 인용되었다. Helga Haftendorn, 'The Unification of Germany, 1985-1991', in Melvyn P. Leffler and Odd Arne Westad(eds.), *The Cambridge History of the Cold War, Volume III: Endings* (Cambridge University Press, Cambridge, 2010), pp. 333-355, at p. 335.

118 Timothy Garton Ash, *The Magic Lantern: The Revolution of '89 Witnessed in Warsaw, Budapest, Berlin and Prague* (Random House, New York, 1990), p. 72.

119 Haftendorn, 'The Unification of Germany, 1985-1991', p. 351.

120 부시는 훗날 이렇게 썼다. "대처가 독일 통일을 지지하지 않을 뿐만 아니라 심지어 불신하는 것은 명백했다." 그러나 그는 이렇게 부언한다. "비록 독일 통일이 가져올 결과에 대한 마거릿의 우려에 내가

동의하지는 않았지만, 독일 통일이 고르바초프에게 정치적으로 불리하게 작용할 수 있다는 그녀의 걱정은 나도 어느 정도 공유했다." George Bush and Brent Scowcroft, *A World Transformed* (Knopf, New York, 1998), pp. 192-193 참조. 또한 Philip Zelikow and Condoleezza Rice, *Germany Unified and Europe Transformed: A Study in Statecraft*(『독일 통일과 유럽의 변환 - 치국 경세술 연구』, 김태현, 유복근 옮김, 모음북스, 2008) (Harvard University Press, Cambridge, Mass., 1995) 참조.

121 Frederick Taylor, *The Berlin Wall 13 August 1961-9 November 1989* (Bloomsbury, London, 2006), p. 645.

122 George C. Edwards III, *The Public Presidency: The Pursuit of Popular Support* (St Martin's Press, New York, 1983), p. 208.

123 Stephen Skowronek, 'The Paradigm of Development in Presidential History', in George C. Edwards III and William G. Howell(eds.), *The Oxford Handbook of the American Presidency* (Oxford University Press, Oxford, 2009), pp. 749-770, at p. 761.

124 Richard Rose, *The Postmodern President: George Bush Meets the World* (Chatham House, Chatham, N.J., 2nd ed., 1991), p. 183.

125 Ibid.

126 Hugh Heclo, 'Whose Presidency is This Anyhow?', in Edwards and Howells(eds.), *The Oxford Handbook of the American Presidency*, p. 776.

127 심지어 한 세대 전에도 상황은 다를 바 없었다. Edwards, *The Public Presidency*, pp. 187-210 참조.

128 나는 여기서 스탈린의 오른팔 뱌체슬라프 몰로토프의 소련 공산당 재입당 건과 볼고그라드Volgograd를 전쟁 당시의 유명한 이름인 스탈린그라드로 되돌리자는 제안이 체르넨코가 주재했던 정치국 회의에서 나왔던 것을 염두에 두고

있다. 이 제안은 1985년 5월 2차 세계대전 승리 40주년 기념의 일환으로 나온 것이었다. 이는 상징적 제스처에 불과했으나(몰로토프는 당시 93세였다), 스탈린의 명예 회복을 위한 움직임이라는 점에서 상당한 정치적 의미를 지녔고, 따라서 당과 사회 내에서 반개혁 세력을 강화하는 효과를 가져올 것이었다. 몰로토프 재입당은 1984년에 예상대로 추진되긴 했지만, 1985년 5월에 이르면 고르바초프가 정권을 잡고 있었다. '스탈린그라드'를 앞장서서 주장했던 드미트리 우스티노프 원수는 사망했고, 그 도시의 이름은 바뀌지 않았다. Archie Brown, *The Rise and Fall of Communism* (Bodley Head, London, 2009), p. 484 참조.

129 이 인용과 카르도주의 리더십에 관한 더욱 상세한 내용은 앨프리드 스테판Alfred Stepan이 쓴 다음 책에 빚지고 있다. 'Cardoso as Academic Theoretician and Democratic Leader', in Dietrich Rueschemeyer and Richard Snyder (eds.), *Cardoso and Approaches to Inequality* (Lynne Rienner, Boulder, 2014).

130 에이드리언 겔크Adrian Guelke가 지적했듯이, 남아공 국민당 정부는 "서구에서 인종에 기반을 둔 과두정을 지지하는 세력이 자취를 감추면서, 자신들의 정책을 대외적으로 정당화하기 위해 갈수록 반공주의에 의존했다." Guelke, 'The Impact of the End of the Cold War on the South African Transition', *Journal of Contemporary African Studies*, Vol. 14, No. 1, 1996, p. 97 참조.

131 Nelson Mandela, *Long Walk to Freedom: The Autobiography of Nelson Mandela* (Abacus, London, 1995), p. 660.

132 David Welsh and Jack Spence, 'F. W. de Klerk: Enlightened Conservative', in Martin Westlake(ed.), *Leaders of Transition* (Macmillan, London, 2000), pp. 29 - 52 참조. 만델라 퇴임 후 남아공의 정치와 사회가 1994년의 커다란 기대에 전혀 부응하지 못했다는 사실로 인해 만델라의(그리고 물론 데 클레르크의) 위업이 축소되는 것은 아니다.

133 Ching-fen Hu, 'Taiwan's Geopolitics and Chiang Ching-Kuo's Decision to Democratize Taiwan', *Stanford Journal of East Asian Affairs*, Vol. 5, No. 1, 2005, pp. 26 - 44, at p. 43.

134 See *The Memoirs of Richard Nixon* (Grosset & Dunlap, New York, 1978), pp. 544 - 580; Henry Kissinger, *The White House Years* (Little, Brown, Boston, 1979), pp. 684 - 787; Margaret MacMillan, *Seize the Hour: When Nixon Met Mao* (John Murray, London, 2006); Jimmy Carter, *Keeping Faith: The Memoirs of a President* (Bantam Books, New York, 1982), pp. 186 - 211; and Zbigniew Brzezinski, *Power and Principle: Memoirs of the National Security Adviser 1977 - 1981* (Weidenfeld & Nicolson, London, 1983), pp. 401 - 425.

135 Ching-fen Hu, 'Taiwan's Geopolitics and Chiang Ching-Kuo's Decision to Democratize Taiwan', p. 38.

136 Ibid., p. 42.

4장 변혁적 정치 리더십

1 Charles de Gaulle, *The Complete War Memoirs of Charles de Gaulle* (Carroll & Graf, New York, 1998), p. 3.

2 같은 책, p. 233. 글을 쓸 때 자신을 삼인칭으로 칭하는 것은 드골 특유의 습관이었다.

3 Winston S. Churchill, *The Second World War: Volume II: Their Finest Hour* (Cassell, London, 1949), pp. 136 - 137, 141 - 142.

4 Churchill, *The Second World War: Volume II*, p. 142.

5 Quoted by Philip M. Williams and Martin Harrison, *De Gaulle's Republic* (Longmans, London, 1960), p. 75.

6 Vincent Wright, *The Government and Politics of France* (Unwin Hyman, London, 3rd ed., 1989), p. 4.

7 Williams and Harrison, *De Gaulle's Republic*, pp. 3 – 4.

8 Ibid., p. 35.

9 Ibid., p. 41.

10 John Gaffney, *Political Leadership in France: From Charles de Gaulle to Nicolas Sarkozy* (Palgrave Macmillan paperback, Houndmills, 2012), p. 15.

11 특히 기억에 남는 것은 드골의 전쟁 회고록 첫 문장이다. "Toute ma vie, je me suis fait une certaine idée de la France." Sudhir Hazareesingh, *Le Mythe gaullien*, Gallimard, Paris, 2010, p. 58에서 인용.

12 Gaffney, *Political Leadership in France*, p. 11.

13 See Michel Debré, *Entretiens avec le général de Gaulle 1961 – 1969* (Albin Michel, Paris, 1993).

14 개프니Gaffney는 (*Political Leadership in France*, p. 32) "당시 여론 조사에 따르면 프랑스 국민의 50퍼센트가(이런 종류의 문서 대부분에 해당하는 얘기겠지만) 그들이 투표하게 될 헌법 초안을 읽어보지조차 않았으며, 15퍼센트만이 제대로 읽어봤다고 응답했다"는 사실에 주목한다.

15 Wright, *The Government and Politics of France*, pp. 53 – 54.

16 Ibid., p. 60.

17 Gaffney, *Political Leadership in France*, pp. 33 – 34.

18 또한 대통령직의 권력은 현직 대통령이 입법부 다수의 지지를 확보하지 못하고 정치적으로 다른 성향의 총리와 '동거'해야 할 때 극적으로 감소한다. 그러나 드골이 대통령이었던 11년간은 이런 경우가 발생하지 않았다.

19 Robert Elgie, *Political Leadership in Liberal Democracies* (Palgrave Macmillan, Houndmills, 1995), p. 64.

20 Wright, *The Government and Politics of France*, p. 37.

21 Williams and Harrison, *De Gaulle's Republic*, p. 209.

22 Wright, *The Government and Politics of France*, p. 28.

23 Sudhir Hazareesingh, *In the Shadow of the General: Modern France and the Myth of De Gaulle* (Oxford University Press, Oxford, 2012), pp. 172 – 173.

24 Ibid., pp. 179 and 182.

25 Ibid., p. 104.

26 드골은 아이젠하워 대통령과 케네디 대통령에게 베트남과 엮이지 말라고 충고했고, 이후 린든 존슨의 전쟁 확대에 공개적으로 반대했다(Gaffney, *Political Leadership in France*, pp. 54 – 55).

27 Hazareesingh, *In the Shadow of the General*, p. 107.

28 Wright, *The Government and Politics of France*, pp. 18 – 20.

29 여론 조사 연구에 따르면 드골의 입지는 상대적으로 높은 상태로 유지되었다. 1968년 4월에 시행된 여론 조사에서 프랑스 국민에게 모든 것을 고려할 때 1958년 드골의 재집권이 좋은 일인지 나쁜 일인지 물었을 때, 67퍼센트의 응답자가 좋은 일이라고 응답했다. 심지어 1969년 11월에 이르러서도, 1958년에서 1969년 사이에 드골이 한 일에 만족하느냐는 질문에 53퍼센트가 '아주 만족함' 또는 '만족하는 편'이라고 응답했다. Jean Charlot, *Les Français et de Gaulle* (Plon, Paris, 1971), pp. 165 – 166 참조.

30 프랑코 통치하에서 사회민주당이 여전히 불법이었을 때 당 대표가 된 곤살레스는 수아레스의 가장 강력한 비판자였다. 그 역시 스페인이 권위주의 체제로부터 이행할 때 중요한 역할을 했고, 스페인의 민주주의를 강화하는 데는 더욱 중요한 기여를 했던 정치인이다. 그는 1982년에서 1996년까지 잇달아 14년을 총리로 재임하며 스페인에서 가장

오랫동안 집권한 민주 총리로 기록되었다. 그의 국내 인기와 해외 영향력은 수아레스보다 훨씬 컸지만, 권위주의적 통치에서 벗어나 민주주의로 이행하는 데 가장 필수불가결한 역할을 했던 인물은 그가 아니라 수아레스였다.

31 유로코뮤니즘 계열의 정당은 소련의 일부 행동을 비판할 각오가 되어 있다는 점에서 달랐다. 특히 그들은 프라하의 봄에 앞섰던 개혁자들에게 동조했기에, 1968년 8월 소련의 체코슬로바키아 침공을 규탄했다. Paulo Filo della Torre, Edward Mortimer and Jonathan Story(eds.), *Eurocommunism: Myth or Reality?* (Penguin, Harmondsworth, 1979); and Richard Kindersley(ed.), *In Search of Eurocommunism* (Macmillan, London, 1981) 참조.

32 Simon Parlier, 'Adolfo Suárez: Democratic Dark Horse', in Martin Westlake(ed.), Leaders of Transition (Macmillan, London, 2000), pp. 133–155, at p. 144.

33 Quoted in Juan Linz and Alfred Stepan, *Problems of Democratic Transition and Consolidation: Southern Europe, South America, and Post-Communist Europe* (Johns Hopkins University Press, Baltimore, 1996), pp. 96–97.

34 이 부분은 Adolfo Suárez González, *Un nuevo horizonte para España: Discursos del Presidente del Gobierno 1976–1978* (Imprenta del Boletín Oficial del Estado, Madrid, 1978)에서 인용한 것이다. 나는 이 자료를 앨프리드 스테판에게 얻었다. 수아레스 관련 내용 전체가 스테판 교수와 나눈 대화 및 그가 1990년 5월 24일에 수아레스와 대화하면서 얻은 통찰을 내게 너그럽게 공유해준 데서 큰 도움을 받았다.

35 Ibid., p. 101.

36 향후 카탈루냐나 심지어 바스크 지방이 분리 독립하더라도, 이제 이 두 지방이나 스페인에서 민주주의 체제가 유지될 것으로 예상하는 데 별 무리가 없다.

37 Parlier, 'Adolfo Suárez:, pp. 148–149.

38 Quoted in Linz and Stepan, *Problems of Democratic Transition and Consolidation*, p. 114.

39 Parlier, 'Adolfo Suárez', p. 149.

40 같은 책, p. 150. 바스크 국민당은 지지자들에게 기권할 것을 촉구했고, 결과적으로 유권자의 50퍼센트가 기권했다.

41 Linz and Stepan, *Problems of Democratic Transition and Consolidation*, p. 89. 2012년 초에 국왕이 쿠데타 당시 수아레스에게 다소 실망했었다는 증거가 일부 드러났다. 2012년 2월에 공개된 문서에 따르면, 국왕은 1981년 3월 26일 마드리드 주재 독일 대사에게 쿠데타 공모자들이 "우리가 모두 간절히 원했던 것, 이를테면 기강, 질서, 보안, 평화의 재확립을 원했다"라고 말했다. 또 그는 수아레스가 군부와 협력하는 데' 실패했다고 비난했다. Fiona Govan, 'Juan Carlos was "sympathetic" to 1981 coup leaders', http://www.telegraph.co.uk/news/worldnews/europe/spain/9072122/Juan-Carlos, 2012년 2월 9일 참조. 국왕의 발언을 감안한다 해도, 저 기사의 제목은 당시 국왕의 역할이 얼마나 결정적이었는지 제대로 표현하지 못하고 있다. 당시 그가 취했던 행동은 그가 나중에 했던 말들보다 훨씬 더 중요했다.

42 고르바초프에 대해서 나는 다른 곳에 더 상세하게 썼다. 1980년대 초에 출간된 책(Archie Brown and Michael Kaser, eds., *Soviet Policy for the 1980s*, Macmillan, London, 1982)을 시작으로, 나는 지금까지 고르바초프와 페레스트로이카에 대해 많은 책과 논문을 썼다. 특히 Archie Brown, *The Gorbachev Factor* (Oxford University Press, Oxford, 1996); Brown, *Seven Years that Changed the World: Perestroika in Perspective* (Oxford University Press, Oxford, 2007)와 Brown, 'The Gorbachev Factor Revisited', *Problems of Post-Communism*, Vol. 58, Nos. 4–5, 2011, pp. 56–65 참조.

43 *New York Times*, 13 March 2010.

44 소련우주연구소장 로알드 사그데예프는 전략
방위 구상에 대해 극히 회의적이었던 전문가였다.
그는 고르바초프와의 미팅에서 한 소련 우주 산업
관계자가 소련 리더에게 "우리도 미국의 전략 방위 구상
프로그램과 같은 사체 프로그램을 구축하려는 노력은
하지 않고 시간만 낭비하고 있다"고 말했을 때 '웃음을
참느라 죽는 줄 알았다'고 한다. Sagdeev, *The
Making of a Soviet Scientist: My Adventures in
Nuclear Fusion and Space From Stalin to Star
Wars* (John Wiley, New York, 1994), p. 273.

45 Ronald Reagan, *An American Life* (Simon
& Schuster, New York, 1990), p. 608.

46 그러나 그는 자신의 비판적인 견해 중
일부를 그루지야 당 조직 제1서기이자 정치국
후보(또는 투표권이 없는) 위원인 예두아르트
셰바르드나제Eduard Shevardnadze에게
털어놓았으며, 여기 더해서 싱크 탱크인 세계
경제·국제 관계 연구소IMEMO 국장이자 전직
중앙위원회 고위 관료 알렉산드르 야코블레프와도
공유했다. 야코블레프는 그 2년 전 고르바초프의
지시에 따라 유배지나 다름없는 캐나다 주재 소련
대사직 10년을 마무리하고 모스크바로 돌아왔다.

47 1985년 3월에 고르바초프가 서기장에 오른
과정은 다음을 참조. Brown, *Seven Years that
Changed the World*, pp. 29 – 67, esp. 39 – 40.

48 Mikhail Gorbachev, *Zhizn' i reformy*
(Novosti, Moscow, 1995), Volume 1, p. 395.

49 Mikhail Gorbachev in *XIX Vsesoyuznaya
konferentsiya Kommunisticheskoy partii
Sovetskogo Soyuza: Stenograficheskiy otchet*
(Politizdat, Moscow, 1988), Volume 1, p. 43.

50 장 블롱델은 집권 중 목표가 바뀐 리더는 "주로
상당 기간, 또는 아주 오랫동안 권좌에 머물렀던
상대적으로 적은 수의 리더 가운데 나타나기" 때문에,
"가장 중요한 리더에 속한다"고 일반화했다. Blondel,
*Political Leadership: Towards a General
Analysis* (Sage, London, 1987), p. 85 참조.
그러나 고르바초프의 목표는 상당히 짧은 기간 안에, 즉
그가 소련 리더가 되고 채 3년이 지나기 전에 바뀌었다.

51 Mikhail Gorbachev, *Ponyat' perestroyku
…Pochemu eto vazhno seychas* (Al'pina,
Moscow, 2006), p. 180.

52 Aleksandr Yakovlev, *Predislovie, Obval,
Posleslovie* (Novosti, Moscow, 1992), p. 267.

53 'Zasedanie Politbyuro TsK KPSS, 15
Okybrya 1987 goda', *Volkogonov Collection*,
National Security Archive, Washington, DC,
pp. 149 – 150 and 155. 고르바초프는 '사회주의적
다원주의socialist pluralism'라는 용어를 1987년 7월
15일 *Pravda*에 보도된 기자회견에서 이미 사용했다.
그가 그때까지 금기였던 '다원주의pluralism'라는
말을 먼저 사용하자 개혁주의 지식인 계층도 이 말을
사용하기 시작했고, 가끔은 '사회주의적'이라는
수식어를 생략해 버리기도 했다. 고르바초프 자신은
1990년 2월 무렵에 '사회주의적 다원주의' 대신
'정치적 다원주의political pluralism'라는 용어를
사용했다.

54 고르바초프가 전격 교체했던 대외 정책
관련 부서의 수장은 외무장관, 중앙위원회
국제부와 사회주의 국가부 수장, 그리고 자신의
외교안보보좌관이었다. 첫 번째와 마지막 직책이
특히 중요하다(예두아르트 셰바르드나제가
외무장관 안드레이 그로미코를 대체했고, 아나톨리
체르냐예프가 서기장의 외교안보보좌관 안드레이
알렉산드로프–아겐토프Andrey Aleksandrov–
Agentov를 대체했다). 경제 부서의 핵심 인사들을
교체하기는 훨씬 어려웠는데, 일단 그 수가 너무
많았다. 중앙위원회에 속한 20개가 넘는 부서 가운데
절반이 경제 부서였다(소련의 리더로 등극한 지
3년 반이 지난 1988년 가을, 고르바초프는 이들 중
2개를 제외하고 모두 폐지하는 데 성공했다). 경제부
장관들만 해도 수십 명이었고, 지역마다 공산당
관료들과 대형 공장 매니저들이 경제 정책 실행과
관련되어 있었다. 그리고 이들 중 대부분이 경우 개혁의
방해물로 작용했다.

55 V. I. Vorotnikov, *I bylo eto tak …Iz dnevnika
chlena Politbyuro TsK KPSS* (Sovet veteranov
knigoizdanie, Moscow, 1995), p. 260. See also

pp. 460 – 461.

56 Aleksandr Yakovlev, *Sumerki* (Materik, Moscow, 2003), p. 501.

57 Ibid.

58 Vorotnikov, *I bylo eto tak*, p. 461.

59 Ibid., p. 260.

60 사그데예프가 회고록(*The Making of a Soviet Scientist*)을 썼을 때 그는 미국에 살고 있었다. 페레스트로이카 이전이었다면 소련 군산 복합체와 밀접하게 연관된 고위직 소련 과학자에게 불가능했을 일이 그의 삶에 일어났다. 사그데예프는 드와이트 D. 아이젠하워 전 대통령의 손녀인 수전 아이젠하워Susan Eisenhower의 남편이 되었다.

61 Sagdeev, *The Making of a Soviet Scientist*, p. 272. 고르바초프는 1990-91년 완전한 독립 대신 민주화되고 진정한 연방제 형태가 될 소비에트연합 안에 남는 것이 더 나은 선택이라고 리투아니아 국민을 설득하는 과정에서 자신이 가진 설득력의 한계에 봉착하게 된다.

62 Ibid.

63 당시 가장 신뢰할만한 여론 조사 기관이었던 브치옴VTsIOM(타티야나 자스라프스카야Tatiana Zaslavskaya, 보리스 그루신Boris Grushin, 그리고 유리 레바다가 이끄는)의 발표. *Reytingi Borisa Yel'tsina i Mikhaila Gorbacheva po 10-bal'noy shkale* (VTsIOM, Moscow, 1993) 참조.

64 그러나 이것은 아직 다당제 선거는 아니었고, 선출된 대의원은 대부분 공산당원이었다. 그러나 결정적으로 그들이 완전히 다른 성격의 정치적 플랫폼에서 서로 경쟁했기 때문에, 지금까지 공산당 지도부가 대내외적으로 유지했던(그리고 이제는 완전히 사장되어버린 '민주 집중제'라는 독트린에 의해 정당화되어 왔던) 획일적인 외관 뒤에 숨겨진 당내 정치적 견해차가 완전히 드러났다. 당내 다원주의는 1990년 3월 소련 헌법이 바뀌면서 전격 합법화된 경쟁 정당의 급속한 발전을 위한 길을 닦았다.

65 Georgiy Shakhnazarov, *Tsena svobody: Reformatsiya Gorbacheva glazami ego pomoshchnika* (Rossika Zevs, Moscow, 1993),

pp. 77 – 78.

66 리시코프는 스탈린이 직접 밑줄을 치고 주석을 단 스탈린 소장본 마키아벨리의『군주론』(1869년 러시아어 번역본)을 읽었다고 주장했다. Nikolay Ryzhkov, *Perestroyka: Istoriya predatel'stv* (Novosti, Moscow, 1992), pp. 354 – 355 참조.

67 Ryzhkov, *Perestroyka*, p. 364.

68 Mikhail Gorbachev and Zdeněk Mlynář, *Conversations with Gorbachev: On Perestroika, the Prague Spring, and the Crossroads of Socialism* (Columbia University Press, New York, 2002), p. 15.

69 Archie Brown, 'Did Gorbachev as General Secretary Become a Social Democrat?', *Europe-Asia Studies*, Vol. 65, No. 2, 2013, pp. 198 – 220. 고르바초프가 소련 리더로 재임하는 동안 만났던 모든 외국 정상 중에서 가장 좋아했던 사람은 민주사회주의 계열의 스페인 총리 펠리페 곤살레스였다.

70 때때로 고르바초프 자신이 쿠데타에 연루되어 있다는 견해가 고르바초프의 정적과 사정에 어두운 학자들에 의해 제시되었다. 언론은 줄 가치도 없는 허튼소리에 관심을 보이곤 했다. 이런 음모론에 대한 반박은 다음을 참조. Anatoly Chernyaev, *My Six Years with Gorbachev* (Pennsylvania State University Press, University Park, 2000), 'Afterword to the U.S. Edition', pp. 401 – 423; and Brown, *Seven Years that Changed the World*, pp. 319 – 324.

71 Aleksandr Dugin, 'Perestroyka po-evraziyski: upushchennyy shans', in V.I. Tolstykh (ed.), *Perestroyka dvadtsat' let spustya* (Russkiy put', Moscow, 2005), pp. 88 – 97, at p. 96.

72 Aleksandr Yakovlev, 'Eto krupneyshiy reformator', *Ogonek*, No. 11, March 1995, p. 45.

73 Ezra F. Vogel, *Deng Xiaoping and the Transformation of China* (Harvard University Press, Cambridge, Mass., 2011), pp. 18 – 24 and

487.

74 Rana Mitter, *A Bitter Revolution: China's Struggle with the Modern World* (Oxford University Press, Oxford, 2004), p. 161.

75 See Vogel, *Deng Xiaoping and the Transformation of China*, pp. 15 – 36.

76 Ibid., p. 38.

77 See Frank Dikötter, *Mao's Great Famine* (Bloomsbury paperback, London, 2011), pp. 88, 92 and 118 – 119.

78 Roderick MacFarquhar and Michael Schoenhals, *Mao's Last Revolution* (Harvard University Press, Cambridge, Mass., 2006), pp. 358 – 359.

79 Ibid., p. 359.

80 Vogel, *Deng Xiaoping and the Transformation of China*, p. 313.

81 Ibid., p. 247.

82 Ibid., p. 377.

83 *Khrushchev Remembers: The Last Testament*, translated and edited by Strobe Talbott (Deutsch, London, 1974), p. 253.

84 MacFarquhar and Schoenhals, *Mao's Last Revolution*, p. 457.

85 Peter Nolan, *China at the Crossroads* (Polity Press, Cambridge, 2004), p. 3.

86 Ibid., p. 1.

87 일부 중국 고위 관료가 해외 기업체를 통해 공공 소유의 생산 자산 및 금융 자산을 사유 재산으로 전환해(이 해외 기업을 그들의 자녀가 운영하는 경우도 많다) 정권 변화의 '보험 대책'으로 삼은 것에 대한 탁월한 분석은 다음을 참조. X.L. Ding, 'Informal Privatization Through Internationalization: The Rise of Nomenklatura Capitalism in China's Offshore Business', *British Journal of Political Science*, Vol. 30, No. 1, 2000, pp. 121 – 146.

88 Vogel, *Deng Xiaoping and the Transformation of China*, pp. 703 – 704.

89 Zhao Ziyang, *Prisoner of the State: The Secret Journal of Zhao Ziyang* (『국가의 죄수 – 자오쯔양 중국공산당 총서기 최후의 비밀 회고록』, 장윤미, 이종화 옮김, 에버리치홀딩스, 2010), translated and edited by Bao Pu, Renee Chiang and Adi Ignatius (Simon & Schuster, London, 2009), pp. 25 – 34, esp. p. 28.

90 일부 군사령관들은 젊은 시위자들에 대한 폭력 진압을 거부했으며, 그중 한 장군은 그 결과 군법회의에 회부되어 5년 형을 받았다. Richard McGregor, *The Party: The Secret World of China's Communist Rulers* (『중국 공산당의 비밀 – 파이낸셜타임스 기자가 파헤친 중국 지도자들의 은밀한 세계』, 김규진 옮김, 파이카, 2012) (Penguin, London, 2011), pp. 109 – 110 참조.

91 Green Cross International, *Mikhail Gorbachev: Prophet of Change. From Cold War to a Sustainable World* (Clareview, East Sussex, 2011), p. 243. 또한 데 클레르크는 유럽의 변화와 별개로 고르바초프 리더십하에 "소련이 남아공, 앙골라, 쿠바 간의 협상에서 건설적인 역할을 담당하여 쿠바군이 앙골라에서 철수하고 나미비아에서 유엔이 감독하는 독립 절차가 성공적으로 진행되었다"고 평가했다(같은 책).

92 Nelson Mandela, *Long Walk to Freedom* (Abacus, London, 1995), p. 24.

93 Ibid.

94 Ibid., p. 25.

95 Ibid., p. 134.

96 Ibid., p. 436.

97 Ibid.

98 William Beinart, *Twentieth-Century South Africa* (Oxford University Press, Oxford, 2nd ed., 2001), p. 166.

99 Tom Lodge, *Mandela: A Critical Life* (Oxford University Press, Oxford, paperback edition, 2007), p. 82.

100 아프리카민족회의에서 떨어져나온 무력 투쟁 단체이자 샤프빌 학살로 이어진 시위에 관련된 범아프리카회의도 마찬가지로 불법화되었다(같은 책).

101 Ibid., pp. 90 and 92.

102 Nelson Mandela, *Conversations with Myself* (Macmillan, London, 2010), p. 413.

103 Ibid.; and Lodge, *Mandela*, p. 99.

104 Mandela, *Long Walk to Freedom*, p. 438.

105 Frederick Cooper, *Africa since 1940: The Past of the Present* (Cambridge University Press, Cambridge, 2002), p. 153.

106 Mandela, *Conversations with Myself*, p. 344.

107 Ibid., pp. 344 – 345.

108 Lodge, *Mandela*, p. 205.

109 Ibid., p. 211.

110 Ibid.

111 Ibid., p. 213.

112 Taylor Branch, *The Clinton Tapes: A President's Secret Diary* (Simon & Schuster, London, 2009), pp. 303 – 304.

113 Stefan Hedlund, *Russia's "Market" Economy: A Bad Case of Predatory Capitalism* (ICL Press, London, 1999). See also Hedlund, *Invisible Hands, Russian Experience, and Social Science: Approaches to Understanding Systemic Failure* (Cambridge University Press, New York, 2011).

114 Peter Reddaway and Dmitri Glinski, *The Tragedy of Russia's Reforms: Market Bolshevism Against Democracy* (United States Institute of Peace, Washington, DC, 2001) 참조. 그리고 탈공산화 이후 러시아의 초대 대통령에 대한 보다 호의적인 견해는 다음을 참조. Timothy J. Colton, *Yeltsin: A Life* (Basic Books, New York, 2008).

5장 혁명 및 혁명적 리더십

1 1967년 6월 프라하 작가 동맹에서 한 루드비크 바출리크의 연설. *IV Sjezd Svazu československých spisovatelů, Praha 27 – 29 června 1967* (Československý spisovatel, Prague, 1968), p. 141 (translated in Dušan Hamšík, Writers Against Rulers, Hutchinson, London, 1971, p. 182).

2 Samuel P. Huntington, *Political Order in Changing Societies* (Yale University Press, New Haven, 1968), p. 266.

3 John Dunn, *Modern Revolutions: An Introduction to the Analysis of a Political Phenomenon* (Cambridge University Press, Cambridge, 2nd ed., 1989), p. 12.

4 Sharon Erickson Nepstad, *Nonviolent Revolutions: Civil Resistance in the Late 20th Century* (Oxford University Press, New York, 2011) 참조. 반면 차머스 존슨Chalmers Johnson은 "비폭력 혁명이란 말은 각 단어의 정의를 따른다면 모순된 용어"라고 지적했다. Johnson, *Revolutionary Change* (University of London Press, London, 1968), p. 7 참조. 존슨은 "거리에 피가 흐르지 않고도, 단 한 명도 사망하지 않고도" 성사된 혁명까지 포함하도록 폭력을 상당히 폭넓게 정의한다(같은 책).

5 Nepstad, *Nonviolent Revolutions*, pp. 4 – 5. 혁명이라는 개념이 어떻게 사용되는지 연구했던 한 설문 조사는 "폭력이 혁명에 필수 요소라는 일반적인 합의가 존재한다"고 결론 내렸으며, 설문에 참여한 사람 중 단 한 명의 학자(찰스 틸리Charles Tilly)만이 폭력이 "혁명을 규정하는 요소가 아니"라고 답했다. Christoph M. Kotowski, 'Revolution', in Giovanni Sartori (ed.), *Social Science Concepts: A Systematic Analaysis* (Sage, Beverly Hills, 1984), pp. 403 – 451, at p. 414 참조.

6 이러한 시도에 대한 유용한 리뷰는 다음을 참조. Jack A. Goldstone, 'Comparative Historical Analysis and Knowledge Accumulation in the Study of Revolutions', in James Mahoney and

Dietrich Rueschemeyer (eds.), *Comparative Historical Analysis in the Social Sciences* (Cambridge University Press, Cambridge, 2003), pp. 41 – 90.

7 나는 '제도적 관계institutional relationships'라는 용어를 마르크스가 '생산관계'라고 불렀던 것과 같은 의미로 사용했다.

8 특히 Karl Marx, *Critique of the Gotha Programme* (Foreign Languages Publishing House, Moscow, 1959), p. 22 참조. (마르크스는 독일 사회민주주의자들의 '고타 강령' 비판을 1875년 런던에서 작성했으며, 1891년 프리드리히 엥겔스Friedrich Engels가 처음 출간했다.) 마르크스는 '프롤레타리아 독재'라는 표현을 거의 사용하지 않는다는 점을 부언해둔다. 이를 마르크스-레닌주의 혁명 이론의 중심 교리로 바꿔놓은 것은 레닌이었다.

9 마르크스가 추구했던 것과 같은 포괄적인 설명을 자랑하지는 않지만, 20세기 후반에 쓰인 혁명적 변화에 관한 두 가지 주목할만한 연구는 다음을 참조. Barrington Moore, *Social Origins of Dictatorship and Democracy: Lord and Peasant in the Making of the Modern World* (Peregrine, London, 1969)와 Theda Scocpol, *States and Social Revolutions: A Comparative Analysis of France, Russia, and China* (Cambridge University Press, Cambridge, 1979). 무어Moore는 비마르크스주의 계급 분석을 제공하며, 특히 농민이 주요 혁명 세력이 되는 상황을 탐구하는 데 주력했다. 스카치폴Scocpol은 계급 이해로부터 상대적으로 자율적인 것으로 봤던 국가의 역할에 치중하며, 그녀가 다루는 범주 내의 3대 혁명(프랑스, 중국, 러시아)으로 이어진 국가 위기 및 혁명 후 국가 권력을 비교한다.

10 Eric Hobsbawm, *Revolutionaries* (Abacus paperback, London, 1999), p. 295.

11 나는 여기서 멕시코 혁명을 연구한 저명한 역사가 앨런 나이트Alan Knight가 쓴 여러 논문을 참고했다.

12 Alan Knight, 'The Myth of the Mexican Revolution', *Past and Present*, No. 209,

November 2010, pp. 223 – 273, esp. p. 228, 그리고 Knight, 'The Mexican Revolution: Bourgeois? Nationalist? Or just a "Great Rebellion"?', *Bulletin of Latin American Research*, Vol. 4, No. 2, 1985, pp. 1 – 37 참조. 나이트는 멕시코 혁명을 "미지의 미래를 향한 도약이라기보다는 바람직한 이전 상태로의 복원으로 이해할 수 있다"고 설명했다('The Myth of the Mexican Revolution', p. 231).

13 우리가 1985년과 1989년 사이에 소련 내부에서 일어났던 것과 같은 '위로부터의 혁명'을 말할 때, 이것은 혁명을 비유적으로 사용한 것이다. 마찬가지로, '진화적 수단에 의한 혁명적 변화'는 보다 엄격한 의미의 진화라기보다는 점진적으로 도입된 근본적인 변화를 의미한다.

14 Knight, 'The Mexican Revolution: Bourgeois? Nationalist? Or just a "Great Rebellion"?', p. 8.

15 Knight, 'The Myth of the Mexican Revolution', pp. 237 – 238.

16 Alan Knight, 'Populism and Neo-Populism in Latin America, especially Mexico', *Journal of Latin American Studies*, Vol. 30, No. 2, 1998, pp. 223 – 248, at pp. 235 – 236.

17 Ibid., p. 237.

18 Jonathan D. Spence, *The Search for Modern China* (Norton, New York, 2nd ed., 1999), pp. 244 – 253.

19 Ibid., pp. 262 – 263; and Jonathan Fenby, *The Penguin History of Modern China: The Fall and Rise of a Great Power, 1850 – 2008* (Allen Lane, London, 2008), p. 121.

20 Fenby, *The Penguin History of Modern China*, pp. 125 – 126.

21 Spence, *The Search for Modern China*, pp. 274 – 276.

22 Fenby, *The Penguin History of Modern China*, p. 123.

23 Spence, *The Search for Modern China*, pp.

276 – 277; Margaret MacMillan, *Peacemakers:
Six Months that Changed the World* (John
Murray paperback, London, 2002), pp.
331 – 353; and Rana Mitter, *A Bitter Revolution:
China's Struggle with the Modern World*
(Oxford University Press, Oxford, 2004), pp.
35 – 36.

24 Spence, *The Search for Modern China*, pp.
277 – 289.

25 5·4 운동에 관해서는 Spence, 같은 책, pp.
299 – 313와 Mitter, *A Bitter Revolution*, pp.
6 – 11을 참조.

26 Spence, *The Search for Modern China*, pp.
284 – 285.

27 Ibid., p. 314.

28 Mitter, *A Bitter Revolution*, pp. 141 – 142.

29 Spence, *The Search for Modern China*, pp.
314 – 322.

30 Fenby, *The Penguin History of Modern
China*, p. 144.

31 Andrew Mango, *Atatürk* (John Murray,
London, 1999), p. 76.

32 Ibid., p. 176.

33 MacMillan, *Peacemakers*, p. 445.

34 Mango, *Atatürk*, pp. 300 – 304.

35 Albert Hourani, *The Emergence of the
Modern Middle East* (Macmillan, London, in
association with St Antony's College, Oxford,
1981), p. 17. 호우라니Hourani가 지적했듯이,
"초기의 리더 다수는(비록 아타튀르크 자신은
예외였지만) 오스만 정부와 개혁의 중심에 있었던 장교
및 관료 집안 출신이었다(같은 책)."

36 Mango, *Atatürk*, p. 364.

37 Ibid., p. 406.

38 Erik J. Zürcher, *Turkey: A Modern History*
(Tauris, London, 1993), p. 178.

39 Ibid., pp. 176 – 180.

40 Mango, *Atatürk*, p. 403.

41 Ibid., pp. 407 and 434 – 435.

42 Zürcher, *Turkey*, pp. 227 – 228; and Mango,
Atatürk, p. 531.

43 1917년 당시 러시아 제국은 유럽의 다른
나라보다 달력이 13일 늦었다. 1920년까지
러시아에서는 율리우스력이 사용되었고(정교회에서
여전히 사용하고 있다), 훗날 보다 널리 사용되는
그레고리력으로 교체됐다.

44 세계 여성의 날은 당시로서는 비교적 최근에
만들어진 전통으로, 여성의 동등한 권리에 대한
관심을 촉구하기 위해 여러 나라의 사회주의 정당에서
창안했다.

45 Ronald Grigor Suny, *The Soviet
Experiment: Russia, the USSR, and the
Successor States* (Oxford University Press,
New York, 1998), p. 35.

46 볼셰비키라는 이름은 레닌에 의해 시작된 러시아
혁명 운동 내부에서 볼셰비키와 멘셰비키 계열 간의
분열이 일어났던 1903년으로 거슬러 올라간다.
볼셰비키는 멘셰비키보다 강경하고 비타협적인 노선을
취했다. 1917년 혁명 당시 레닌이 이끄는 정당의 공식
명칭은 러시아 사회민주노동당(볼셰비키)이었다.
1918년에 이름이 공산당으로 바뀌었다(1952년까지는
'볼셰비키'가 괄호 안에 병기되었다).

47 S. A. Smith, 'The Revolutions of
1917 – 1918', in Ronald Grigor Suny (ed.), *The
Cambridge History of Russia: Volume III, The
Twentieth Century* (Cambridge University
Press, Cambridge, 2006), pp. 114 – 139, at pp.
124 and 138.

48 Suny, *The Soviet Experiment*, p. 38.

49 Ibid.; and Smith, 'The Revolutions of
1917 – 1918', pp. 114 – 115.

50 Sheila Fitzpatrick, *The Russian Revolution*
(Oxford University Press, New York, 3rd ed.,
2008), p. 49.

51 Fitzpatrick, *The Russian Revolution*, p. 47.

52 Robert Service, *Lenin: A Biography* (Pan,
London, 2002), pp. 300 – 301.

53 See Leon Trotsky, *The Permanent*

Revolution and Results and Prospects (Pathfinder Press, New York, 3rd ed., 1972).

54 Fitzpatrick, *The Russian Revolution*, pp. 49-50.

55 Suny, *The Soviet Experiment*, p. 59.

56 Ibid., p. 52.

57 Ibid., pp. 64-65.

58 Leonard Schapiro, *The Communist Party of the Soviet Union* (Methuen, London, 2nd ed., 1970), p. 183. 쉴라 피츠패트릭Sheila Fitzpatrick은 선거 민주주의 정치에서 '패배는 패배다'라고 인정하면서, 볼셰비키가 제헌 의회 선거 결과에 대한 불복종을 어떻게 합리화했는지 보여줬다. "그들은 자신들이 전체 인구를 대표하고자 하는 것이 아니라고 주장할 수 있었으며, 실제 그렇게 주장했다. 그들은 노동 계급의 이름으로 정권을 차지했다." 그리고 제2차 소비에트 의회와 제헌 의회 선거 결과에 따르면, 1917년 10-11월에 볼셰비키가 "다른 어느 당보다 더 많은 노동자 계급의 표를 확보했다(Fitzpatrick, *The Russian Revolution*, p. 67)."

59 Phyllis Auty, *Tito: A Biography* (Longman, London, 1970), pp. 29-39.

60 Bertram D. Wolfe, *A Life in Two Centuries: An Autobiography* (Stein and Day, New York, 1981), p. 441.

61 See *The Diary of Georgi Dimitrov 1933-1949* (introduced and edited by Ivo Banac, Yale University Press, New Haven, 2003).

62 Ibid., p. 474.

63 F.W.D. Deakin, The Embattled Mountain (Oxford University Press, London, 1971), pp. 79-80.

64 질라스와 함께 싸웠던 디킨은 "부상을 겁내지 않는 그의 용기"에 주목했다(같은 책, p. 84).

65 Milovan Djilas, *The New Class: An Analysis of the Communist System* (Thames and Hudson, London, 1957), p. 47.

66 Milovan Djilas, *Tito: The Story from Inside* (Weidenfeld & Nicolson, London, 1981), pp. 13-15.

67 Auty, *Tito*, p. 266.

68 티토 외에 멤버로는 슬로베니아인 에드바르 카르델Edvard Kardelj, 세르비아인 모샤 피야데Moša Pijade(그는 유대 계열이기도 했다)와 알렉산다르 란코비츠Aleksandar Ranković, 그리고 몬테네그로인 질라스가 있었다.

69 *The Artful Albanian: The Memoirs of Enver Hoxha*, edited and introduced by Jon Halliday (Chatto & Windus, London, 1986).

70 Jürgen Domes, 'The Model for Revolutionary People's War: The Communist Takeover of China', in Thomas T. Hammond (ed.), *The Anatomy of Communist Takeovers* (Yale University Press, New Haven, 1975), pp. 516-533, at pp. 520-521.

71 Spence, *The Search for Modern China*, pp. 463-464.

72 Milovan Djilas, *Conversations with Stalin* (Rupert Hart-Davis, London, 1962), pp. 164-165.

73 Spence, *The Search for Modern China*, p. 467.

74 Roderick MacFarquhar in MacFarquhar (ed.), 'Introduction', in *The Politics of China: The Eras of Mao and Deng* (Cambridge University Press, Cambridge, 2nd ed., 1997), pp. 1-4, at p. 1.

75 호찌민의 본명은 응우옌 땃 탄Nguyen Tat Than이었지만, 수년 동안 그는 응우옌 아이 꾸옥Nguyen Ai Quoc(애국자 응우옌)으로 명성을 얻었다. 그가 마지막으로 이 이름을 사용한 것은 1945년 프랑스로부터 베트남의 독립을 촉구하면서 '대국민 호소문'에 서명했을 때였다. William J. Duiker, *Ho Chi Minh* (『호치민 평전』, 정영목 옮김, 푸른숲, 2003) (Hyperion, New York, 2000), p. 306 참조.

76 Ibid., p. 75.

77 Ibid., p. 95.

78 Patrick J. Heardon, *The Tragedy of Vietnam* (Pearson Longman, New York, 3rd ed., 2008), pp. 18 – 19.

79 Ibid., pp. 20 – 23.

80 Ibid., p. 29.

81 Ibid., p. 181.

82 David W.P. Elliott, 'Official History, Revisionist History, and Wild History', in Mark Philip Bradley and Marilyn B. Young (eds.), *Making Sense of the Vietnam Wars: Local, National, and Transnational Perspectives* (Oxford University Press, New York, 2008), pp. 277 – 304, at p. 278.

83 Duiker, *Ho Chi Minh*, pp. 5, 572. 저자는 1960년대 중반 사이공 미국 대사관에서 젊은 관료로 근무할 당시 "밀림에서 게릴라전을 전개하는 베트콩이 남베트남 정부의 우리 아군 부대보다 더 훈련이 잘되어 있고 동기부여가 더 잘된 듯 보이는 점을 의아"하게 여겼던 이래로 호찌민에게 매료되었다고 한다(같은 책, p. ix).

84 Ibid., p. 572.

85 Jean-Louis Margolin, 'Cambodia: The Country of Disconcerting Crimes', in Stéphane Courtois et al., *The Black Book of Communism: Crimes, Terror, Repression* (Harvard University Press, Cambridge, Mass., 1999), pp. 577 – 635, at p. 581.

86 Nicholas Shakespeare, 'Letter from Cambodia: How the dead live', *New Statesman*, 15 – 21 February 2013, pp. 37 – 41, at p. 38.

87 Margolin, 'Cambodia', p. 582.

88 Ibid., pp. 630 and 635.

89 Ibid., p. 577.

90 Bradley K. Martin, *Under the Loving Care of the Fatherly Leader: North Korea and the Kim Dynasty* (St Martin's Press, New York, 2006), pp. 30 – 31. 1925년에 조선 공산당이 비밀리에 설립되었으나 1928년 코민테른에 의해 해체됐다.

91 Christopher Bluth, *Korea* (Polity, Cambridge, 2008), p. 12.

92 Martin, *Under the Loving Care of the Fatherly Leader*, pp. 56 – 57.

93 Volker Skierka, *Fidel Castro*, translated by Patrick Camiller (Polity, Cambridge, 2004), p. 30.

94 Castro, *My Life*, edited by Ignacio Ramonet and translated by Andrew Hurley (revised ed., Allen Lane, London, 2007), p. 157.

95 Skierka, *Fidel Castro*, p. 5.

96 Castro, *My Life*, pp. 80 – 81.

97 Skierka, *Fidel Castro*, p. 20.

98 Ibid., p. 24.

99 Ibid., pp. 35 – 36.

100 Fidel Castro, *History Will Absolve Me: The Moncada Trial Defence Speech, Santiago de Cuba, October 16th, 1953* (Jonathan Cape, London, 1968).

101 Skierka, *Fidel Castro*, pp. 38 – 39.

102 Ibid., p. 51.

103 Ibid.

104 Ibid., pp. 53 – 54.

105 Ibid., p. 69.

106 Ibid., p. 183.

107 Ibid., pp. 96 – 97.

108 Ibid., p. 378.

109 Castro, *My Life*, p. 85.

110 고르바초프가 소련의 리더 자리에 있으면서 공산주의 이데올로기를 포기하고 사회민주주의 가치를 포용했던 기록은 다음을 참조. Archie Brown, 'Did Gorbachev as General Secretary Become a Social Democrat?', *Europe–Asia Studies*, Vol. 65, No. 2, 2013, pp. 198 – 220.

111 See, for example, Jacques Lévesque, *The Enigma of 1989: The USSR and the Liberation of Eastern Europe* (University of California Press, Berkeley, 1997), pp. 133 and 186.

112 주요 반체제 운동 77 헌장에 참여했던 1,000명의

인물에 관해서는 다음 책을 참조. H. Gordon Skilling, *Charter 77 and Human Rights in Czechoslovakia* (Allen & Unwin, London, 1981), p. 79.

113 Timothy Garton Ash, *The Magic Lantern: The Revolution of '89 Witnessed in Warsaw, Budapest, Berlin and Prague* (Random House, New York, 1990), p. 90. 114. Ibid., pp. 89 – 90.

114 Ibid., pp. 89 – 90.

115 1989년 중유럽과 동유럽의 체제 변혁에 참여했던 많은 이가 이것을 혁명이라 부르고 싶어 하는 것은 이렇게 해야만 그들이 변화의 주역이라는 의미가 되기에 이해할만하다. 하지만 1989–90년 동유럽 체제 변혁을 혁명이라는 항목에 포함시키는 학자도 상당히 많다. 예를 들어, Goldstone, 'Comparative Historical Analysis and Knowledge Accumulation in the Study of Revolutions'; Nepstad, *Nonviolent Revolutions*와 Stephen K. Sanderson, *Revolutions: A Worldwide Introduction to Political and Social Change* (Paradigm, Boulder and London, 2005) 참조. 1989–91년 동유럽에서 벌어진 사건에 대한 나의 해석은 다음을 참조. Brown, *The Rise and Fall of Communism* (Bodley Head, London, and Ecco, New York, 2009), esp. ch. 26, 'The End of Communism in Europe', pp. 522 – 548.

116 티머시 가턴 애시는 동유럽의 다른 지역에서 벌어진 사건과 비교하여 루마니아에서 일어난 일은 "직접적인 결과(한 공산주의 세력에서 다른 공산주의 세력으로 권력 이양)"를 고려할 때 "실질적으로 가장 비혁명적인 사건"이라 평했다. 가턴 애시는 1789년과 1917년의 자코뱅–볼셰비키 모델과는 질적으로 다른 새로운 장르의 혁명에 새로운 스타일, 비폭력적 국가 권력 이양이 포함되도록 혁명의 범주가 확장되길 바라지 않았다. Garton Ash, 'A Century of Civil Resistance: Some Lessons and Questions', in Adam Roberts and Timothy Garton Ash (eds.), *Civil Resistance and Power Politics: The Experience of Non–Violent Action from Gandhi to the Present* (Oxford University Press,

Oxford, 2009), pp. 371 – 390, esp. pp. 375 – 377 참조.

117 국제적(서구의) 개입 또한 구유고슬라비아의 국경 재구성에 일정한 역할을 했으며, '공산 유고슬라비아 세르비아공화국' 내에서 '자치 지방'의 지위를 갖고 있었던 코소보의 경우 특히 그랬다. 찰스 킹Charles King은 다음과 같이 평가했다. "코소보는 (1)사실상 외세 개입을 통해 실질적인 독립을 획득했다는 점, (2)기존 연방의 국경 외에 다른 어떤 것을 반영하는 경계선을 가진 점, (3)광범위한 법적 인정을 받았다는 점에서 포스트 공산주의 세계에서 최초로 수립된 신생 독립국의 사례다." King, *Extreme Politics: Nationalism, Violence, and the End of Eastern Europe* (Oxford University Press, New York, 2010), p. 127 참조.

118 루마니아 군대와 시위대의 충돌로 발생한 공식 사상자 수는 사망 1,033명, 부상 2,838명이며, 그중 4분의 1은 군인으로 집계되었다. Robin Okey, *The Demise of Communist East Europe: 1989 in Context* (Hodder Arnold, London, 2004), p. 97 참조.

119 See Christopher de Bellaigue, *Patriot of Persia: Muhammad Mossadegh and a Very British Coup* (Bodley Head, London, 2012).

120 Ervand Abrahamian, 'Mass Protests in the Iranian Revolution, 1977 – 79', in Roberts and Garton Ash (eds.), *Civil Resistance and Power Politics*, pp. 162 – 178, at p. 166.

121 Ibid., pp. 166 – 167.

122 Ibid., p. 168.

123 Ibid., pp. 173 – 174. See also Charles Tripp, *The Power and the People: Paths of Resistance in the Middle East* (Cambridge University Press, Cambridge, 2013), pp. 77 – 82.

124 Abrahamian, 'Mass Protests in the Iranian Revolution', p. 177.

125 Ibid., pp. 174 – 177.

126 Jeremy Bowen, *The Arab Uprisings: The People Want the Fall of the Regime* (Simon &

Schuster, London, 2012), p. 25.

127 Sudarsan Raghaven (*Washington Post*에 개재), 'Powerful elite cast a shadow over reforms in Yemen', 2013년 2월 22일자 *Guardian Weekly*에 전재. 알카에다 예멘 지부는 이 지역에서 가장 위협적인 세력이기도 하다.

128 Farhad Khosrokhavar, The New Arab Revolutions That Shook the World (Paradigm, Boulder and London, 2012), p. 154. 저자는 "알자지라가 아랍 여론을 대변할 뿐 아니라, 자유로운 표현 수단을 제공하여 문자 그대로 여론을 형성하고 확립하는 데 기여한다"고 지적한다. 코스로카바르Khosrokhavar는 다음과 같이 부언했다. "물론 그들은 카타르 자본에 의해 뒷받침되기에, 사우디아라비아나 아랍에미리트에 관해 보도할 때는 경쟁력을 잃고 훨씬 덜 예리하고 덜 비판적인 경향이 있다. 하지만 그들은 아랍 세계에서 벌어지는 주요 이슈에 관해 대중 의식을 일깨우고 비판적 시각과 반성적 사유 능력을 확장시켰다(같은 책)."

129 David Gardner, *Preface to the Paperback Edition of Last Chance: The Middle East in the Balance* (Tauris paperback, London, 2012), p. xxi.

130 Khosrokhavar, *The New Arab Revolutions That Shook the World*, p. 267.

131 Bowen, *The Arab Uprisings*, p. 293.

132 Khosrokhavar, *The New Arab Revolutions That Shook the World*, pp. 91 – 93.

133 올리비에 로이의 기사는 '이슬람 혁명은 일어나지 않을 것이다'라는(논란의 소지가 있는) 제목으로 게재되었다. 'There Will Be No Islamist Revolution', *Journal of Democracy*, Vol. 24, No. 1, 2013, pp. 14 – 19, at p. 15. 반면 유진 로건은 '이슬람의 힘'이 아랍인들에게 '독재자를 갈아 치우고 강대국에 맞설 수 있다'고 믿는 영감을 불어넣었다고 강조한다(Rogan, *The Arabs: A History* (『아랍 – 오스만 제국에서 아랍 혁명까지』, 이은정 옮김, 까치, 2016), Penguin, London, 2010, at p. 497; see also pp. 498 – 550). 그러나 서방과의 관계,

특히 이스라엘과의 관계를 제외하면, 이슬람은 서로 분열되어 있다. 세계의 다른 주요 종교와 마찬가지로 이슬람에는 수많은 분파가 존재한다. 오랫동안 아랍 민주주의는 존재하지 않는다는 가정이 존재했다. 이 사실이 앞으로 바뀔지 안 바뀔지는 모르지만, 앨프리드 스테판이 강조했듯이 이것이 사실이라고 해서 곧 이슬람과 민주주의가 어울리지 않음을 증명하는 것은 아니다. 무슬림이 대다수인 민주주의 국가도 존재하며(터키가 아마 가장 성공한 사례), 만일 '허약한', 그리고 '간헐적인' 민주주의를 포함한다면 적어도 4억 3,500만 명의 무슬림이 민주주의 체제에서 살고 있다. 이슬람 자체는 발전하는 글로벌 문화의 영향에서 벗어난 존재가 아니다. 'The World's Religious Systems and Democracy: Crafting the "Twin Tolerations"', in Stepan, *Arguing Comparative Politics* (Oxford University Press, Oxford, 2001), pp. 213 – 253, esp. p. 237 참조.

134 Mark Tessler, Amaney Jamal and Michael Robbins, 'New Findings on Arabs and Democracy', *Journal of Democracy*, Vol. 23, No. 4, 2012, pp. 89 – 103, at p. 97.

135 Ibid., pp. 95 – 101.

136 Heba Saleh, 'A revolution betrayed', *Financial Times*, 2013년 6월 28일. 선거지명을 보여주는 이 기사는 2013년 7월 초 무슬림형제단 정부가 군사 쿠데타에 의해 무너지기 일주일 전에 쓰인 것으로, 무르시 정부의 실패와 이로 인해 초래된 심상치 않은 긴장 상태를 설득력 있게 서술했다.

137 여론 조사 결과와 해석을 제공해준 옥스퍼드대학 스티븐 화이트필드 교수에게 깊이 감사드린다.

6장 전체주의 리더십과 권위주의 리더십

1 Abbot Gleason, *Totalitarianism: The Inner History of the Cold War* (Oxford University Press, New York, 1995), pp. 13 – 30; see also

Leonard Schapiro, *Totalitarianism* (Pall Mall, London, 1972), pp. 13 – 17.

2 Schapiro, *Totalitarianism*, p. 13.

3 Richard Overy, *The Dictators: Hitler's Germany and Stalin's Russia* (『독재자들 – 히틀러 대 스탈린, 권력 작동의 비밀』, 조행복 옮김, 교양인, 2008) (Penguin, London, 2005), p. 294.

4 Schapiro, *Totalitarianism*, pp. 13 – 14.

5 그런데 1991년 여름에 고르바초프가 직접 관여하여 주도했던 소련 공산당 강령 초안은 그동안 소련 정권이 전체주의 체제로 유지됐음을 시사했다. 이 문서에는 "폭정을 방지하는 장벽을 세우지 못하고 당이 전체주의의 도구로 사용되는 것을 허용했다는 사실에 대해 우리 당이 전적으로 책임을 진다"는 진술이 들어 있었다. 그러나 공산당 관료 태반은 시행할 의사가 없었던(그리고 그로부터 얼마 지나지 않은 1991년 8월에 고르바초프가 별장에 가택 연금당했던 쿠데타 시도가 벌어지면서 흐지부지됐던) 그 강령 자체는 공산주의적이라기보다는 사회민주주의적이었다. "사회주의, 민주주의, 진보Sotsializm, demokratiya, progress"라는 제목이 달린 이 초안은 1991년 7월 23일 *Nezavizimaya gazeta*에 게재되었다. 소련은 1989-90년을 거치며 이미 공산주의 체제를 탈피했다.

6 독일 내 나치당보다 소련 공산당은 정치 제도로서 소련 사회에서 더욱 강력한 힘을 발휘했다. 그럼에도 스탈린은 1930년대 중반에 이르면 압도적인 권력을 장악하기에 이르렀고, 히틀러처럼 정치 기구 간에 경쟁과 대립 구도를 형성할 수 있었다. 원칙적으로 공산당이 정치 경찰보다 상부 조직이었지만 스탈린은 후자를 이용하여 전자를 견제할 수 있었고, 따라서 공산당 최상위 계급에 속하는 이들조차도 스탈린의 명령에 의해 체포, 처형되는 일이 빈번했다.

7 히틀러 치하 독일과 스탈린 치하 러시아 간의 차이 또한 매우 컸으며, 여러 가지 측면에서 1930년대 독일은 소련보다 전체주의 이념형으로부터 더욱 동떨어져 있었다. 좌우간, 전체주의라는 개념은 분류 카테고리로서는 유용하나 설명적 가치는 제한적이다. 이언 커쇼가 얘기했듯이, 전체주의를 '제3제국 시대 평범한 독일인의 행동을 설명'하기 위해 사용하는 추세는 한물갔다. 최근 연구는 그보다 '독일 국민이 점점 열광적으로 나치 정권을 지지했으며, 전쟁과 대량 학살로 이어진 정책에 그들이 기꺼이 협력, 공모했다는 사실에 역점을 두는 추세다.' Kershaw, *The End: Hitler's Germany* (Penguin, London, 2012), p. 9 참조. 정권과 사회의 관계를 탐색한 권위있는 저서로는 Richard J. Evans, *The Third Reich in Power 1933 – 1939* (Penguin, London, 2006)가 있다. 역사가가 쓴 저명한 히틀러와 스탈린 비교 연구를 담은 두 권의 저서에서도 대체로 전체주의라는 개념을 사용하는 것을 기피하고 있다. Alan Bullock, *Hitler and Stalin: Parallel Lives* (Fontana edition, London, 1993)와 Overy의 *The Dictators* 참조.

8 오웰의 소설은 1948년에 쓰였고(제목인 1984는 마지막 두 숫자 자리를 바꾼 것), 1949년에 초판이 나왔다. 이 책의 학술판은 다음을 참조. George Orwell, *Nineteen Eighty-Four*, with a Critical Introduction and Annotations by Bernard Crick (Oxford University Press, Oxford, 1984).

9 *From Max Weber: Essays in Sociology*, translated and edited by H. H. Gerth and C. Wright Mills (Routledge & Kegan Paul, London, 1948), pp. 196 – 244.

10 Jeane J. Kirkpatrick, 'Dictatorship and Double Standards', *Commentary*, November 1979 참조. 커크패트릭은 여태껏 어떤 '혁명적인 "사회주의 세력" 또는 공산주의 사회'도 민주화된 적이 없으나, '우익 독재는 때때로 민주주의로 진화한다'는 점을 시사했다 (p. 37). 그녀는 '금세기 역사에서 급진적 전체주의 정권이 자체적으로 변모할 것을 기대할만한 어떤 근거도 발견되지 않았다'고 말하면서 역사의 일반화를 미래 예측으로 바꿔놓았다(p. 44). 그로부터 십여 년 후에 출간된 그녀의 책 제목이 *The Withering Away of the Totalitarian State ⋯ and Other Surprises* (American Enterprise Institute, Washington, D.C., 1990)인 것도 무리가 아니다.

11 이 발언은 스미스의 글래스고 강연에서 나온 것으로, 이 책의 1장에서 부분적으로 인용되었다. 전체 맥락을 보려면 다음을 참조. Adam Smith, *Lectures* on *Jurisprudence*, edited by R.L. Meek, D. D. Raphael and P.G. Stein (eds.) (Clarendon Press, Oxford, 1978), pp. 322 – 323.

12 R. W. Davies, 'Stalin as economic policy- maker', in Sarah Davies and James Harris (eds.), *Stalin: A New History* (Cambridge University Press, Cambridge, 2005), pp. 121 – 139, at p. 138.

13 David R. Shearer, 'Stalinism, 1928 – 1940', in Ronald G. Suny (ed.), *The Cambridge History of Russia. Volume III: The Twentieth Century* (Cambridge University Press, Cambridge, 2006), pp. 192 – 216, at pp. 196 – 197.

14 Davies, 'Stalin as economic policy- maker', p. 131.

15 Oleg V. Khlevniuk, 'Stalin as dictator: the personalization of power', in Davies and Harris (ed.), *Stalin: A New History*, pp. 108 – 120, at p. 109.

16 이 숫자는 탄압의 실상을 조사하고 희생자에 대한 기억을 보존하기 위해 활동하는 러시아 NGO 메마리얼Memorial 추산에 따른 것이다. (Johnson's Russia List, No. 203, 27 September 2007에 보도됨).

17 Shearer, 'Stalinism, 1928 – 1940', p. 214.

18 'Protokol No. 185. Zasedanie 1 fevralya 1956 g.' in A. A. Fursenko (ed.), *Presidium TsK KPSS, Tom 1: Chernovye protokol'nye zapisi zasedaniy. Stenogrammy* (Rosspen, Moscow, 2004), pp. 96 – 97.

19 Ibid., p. 97.

20 Anastas Ivanovich Mikoyan, *Tak bylo: razmyshleniya o minuvshem* (Vagrius, Moscow, 1999), pp. 597 – 598.

21 William Taubman, *Khrushchev: The Man and His Era* (Simon & Schuster, London, 2003), p. 616.

22 Ibid., p. 620.

23 예를 들어, 1999년 유리 레바다가 이끄는 가장 공신력 있는 러시아 여론 조사 기관이 시행한 설문 조사에서 브레즈네프 시대가 최상위를 차지했다. Levada, *Ishchem cheloveka: Sotsiologicheskie ocherki, 2000 – 2005* (Novoe izdatel'stvo, Moscow, 2006), p. 68 참조.

24 Frederick C. Teiwes, 'The Establishment and Consolidation of the New Regime, 1949 – 1957', in Roderick MacFarquhar (ed.), *The Politics of China: The Eras of Mao and Deng* (Cambridge University Press, Cambridge, 2nd ed., 1997), pp. 5 – 86, at pp. 14 – 15.

25 Roderick MacFarquhar and Michael Schoenhals, *Mao's Last Revolution* (Harvard University Press, Cambridge, Mass., 2006) pp. 9 – 10.

26 Rana Mitter, *A Bitter Revolution: China's Struggle with the Modern World* (Oxford University Press, Oxford, 2004) p. 189.

27 Lorenz M. Lüthi, *The Sino-Soviet Split: Cold War in the Communist World* (Princeton University Press, Princeton, 2008), p. 72.

28 Frank Dikötter, *Mao's Great Famine: The History of China's Most Devastating Catastrophe, 1958 – 62* (Bloomsbury paperback, London, 2011) p. 277 (『마오의 대기근 – 중국 참극의 역사 1958~1962』, 최파일 옮김, 열린책들, 2017). 디쾨터Dikötter가 내놓은 이 저서는 대약진 운동에 관한 최신 전문 연구이며, 대약진 운동이 4,500만 명에 달하는 '불필요한 죽음'을 유발한 원인이었다고 추산(p. 325)했던 것도 바로 그였다.

29 Kenneth Lieberthal, 'The Great Leap Forward and the Split in the Yan'an Leadership 1958 – 65', in MacFarquhar (ed.), *The Politics of China*, pp. 87 – 147, at p. 117.

30 MacFarquhar and Schoenhals, *Mao's Last Revolution*, p. 10.

31 Andrew G. Walder and Yang Su, 'The Cultural Revolution in the Countryside: Scope, Timing and Human Impact', *The China*

Quarterly, No. 173, 2003, pp. 74 – 99, at p. 76.

32 MacFarquhar and Schoenhals, *Mao's Last Revolution*, pp. 215 – 216.

33 Quoted in ibid., p. 3.

34 Walder and Su, 'The Cultural Revolution in the Countryside', pp. 95 – 96.

35 Harry Harding, 'The Chinese State in Crisis, 1966 – 1969', in MacFarquhar (ed.), *The Politics of China*, pp. 148 – 247, at p. 244.

36 Ibid., pp. 242 – 243.

37 MacFarquhar and Schoenhals, *Mao's Last Revolution*, p. 417.

38 Ibid., pp. 444 – 455.

39 Harding, 'The Chinese State in Crisis', pp. 246 – 247.

40 Joseph Fewsmith, 'Reaction, Resurgence, and Succession: Chinese Politics since Tiananmen', in MacFarquhar (ed.), *The Politics of China*, pp. 472 – 531, at p. 497.

41 Joseph Fewsmith, *China Since Tiananmen: From Deng Xiaoping to Hu Jintao* (Cambridge University Press, Cambridge, 2nd ed., 2008), p. 284.

42 Milovan Djilas, *Tito: The Story from Inside* (Weidenfeld & Nicolson, London, 1981), p. 179.

43 Ibid., p. 23.

44 Bullock, *Hitler and Stalin*, p. 451.

45 'Sekretaryu TsK N.S. Khrushchevu', APRF, f. 3, op. 24, Volkogonov Papers, National Security Archive (Washington, DC), R 1217. 차긴의 편지 하단에 적힌 날짜는 14.2.56처럼 보이지만, 이 편지는 2월 24–25일에 열렸던 제20차 소련 공산당대회에서 흐루쇼프가 개인숭배에 관해 했던 연설에 대한 언급으로 시작되기 때문에, 실제로는 1956년 3월(아마도 3월 14일)에 작성된 것으로 보인다. 1926년 당시 *Krasnaya gazeta*의 편집장이었던 차긴은 스탈린의 발언을 흐루쇼프에게 보고하는 것이 당원의 의무라 여겼다고 말한다. 이 문서에는 서기국 아카이브로 이관함을 표시하는 1956년 3월 22일자 중앙위원회 직인이 찍혀 있다.

46 David Brandenberger, 'Stalin as symbol: a case study of the personality cult and its construction' in Davies and Harris (eds.), *Stalin: A New History*, pp. 249 – 270, at p. 250.

47 Ibid., p. 261.

48 카다르의 선언과 그 맥락에 대해서는 다음을 참조. Roger Gough, *A Good Comrade: János Kádár, Communism and Hungary* (Tauris, London, 2006), p. 135. 소련 공산당 내부의 개혁주의자 지식인이었던 페도르 부를라츠키Fedor Burlatsky는 카다르의 '적이 아니면 우리 편' 선언을 동조의 의미로 소련 언론에 실었고, (몇 년 후 부를라츠키가 나에게 직접 얘기해준 바에 따르면) 그 후 이데올로기 담당 중앙위원회 서기장 레오니트 일리초프Leonid Ilyichev에 의해 "우리를 가르치려 들었다"며 혹독하게 문책당했다.

49 Gough, *A Good Comrade*, pp. 249 – 253.

50 Ibid., p. 139.

51 Ibid., pp. xi and 255 – 256.

52 Julia E. Sweig, *Cuba: What Everyone Needs to Know* (Oxford University Press, New York, 2009), pp. 127 – 128.

53 Ibid., p. 128.

54 Gloria Giraldo, 'Cuba Rising in Major UN Indices', *MEDICC Review*, 9 April 2007; Marc Schenker, 'Cuban Public Health: A Model for the US?', *CIA World Facebook*, 2001 and schenker.ucdavis.edu/CubaPublicHealth.ppt; and Fidel Castro, *My Life*, edited by Ignacio Ramonet and translated by Andrew Hurley (Allen Lane, London, 2007), p. 585.

55 Sweig, *Cuba*, pp. 65 – 68.

56 카스트로는 곤살레스를 사회주의자라 여기지 않았으며, 곤살레스의 정치관은 확실히 마르크스–레닌주의와는 거리가 멀었다. 따라서 피델은 고르바초프가 "펠리페 곤살레스를 얼마나 존경하는지" 언급했을 때 놀라움을 금치 못했고, 소련 리더가 그를 "사회주의자"라 칭하자 강하게 반발했다.

카스트로는 이냐시오 라모네Ignacio Ramonet(인터뷰 기반 자서전 질문자)에게 "펠리페는 사회주의자가 아니었다"라고 말했다. Castro, *My Life*, p. 487.

57 Sweig, *Cuba*, p. 130.

58 Bradley K. Martin, *Under the Loving Care of the Great Fatherly Leader: North Korea and the Kim Dynasty* (Thomas Dunne, New York, 2006), p. 4.

59 Jasper Becker, *Rogue Regime: Kim Jong Il and the Looming Threat of North Korea*(『불량정권 - 김정일과 북한의 위협』, 김구섭, 권영근 옮김, 기파랑, 2005) (Oxford University Press, New York, 2005), p. 77.

60 Martin, *Under the Loving Care of the Great Fatherly Leader*, p. 166.

61 Bruce Cumings, 'Democratic People's Republic of Korea', in Bogdan Szajkowski(ed.), *Marxist Governments: A World Survey*, Vol. 2 (Macmillan, London, 1981), pp. 443 – 467, at p. 453.

62 Becker, *Rogue Regime*, p. 77.

63 Juan J. Linz, *Totalitarian and Authoritarian Regimes* (Lynne Rienner, Boulder, 2000), p. 35.

64 Quoted by Martin, *Under the Loving Care of the Fatherly Leader*, p. 194.

65 왕조식 세습에 성공한 또 다른 공산주의 리더로는 오랫동안 아제르바이잔 공산당 조직의 수장이었던 헤이다르 알리예프Heidar Aliev가 있다. 하지만 그것은 그가 소련 해체 후 독립한 아제르바이잔의 대통령이던 1993년의 일이었다. 그는 아들인 일함 알리예프Ilham Aliev에 의해 승계되었다. 군주제 외 국가의 세습에 관한 보다 광범위한 이슈에 대해서는 다음을 참조. Jason Brownlee, 'Hereditary Succession in Modern Autocracies', *World Politics*, Vol. 59, No. 4, 2007, pp. 595 – 628.

66 Carl Gershman, 'A Voice from the North Korean Gulag', *Journal of Democracy*, Vol. 24, No. 2, 2013, pp. 165 – 173, at p. 171.

67 Christopher Duggan, *Fascist Voices: An Intimate History of Mussolini's Italy* (Bodley Head, London, 2012), p. 81.

68 Ibid., p. 30.

69 Ibid., pp. 50 and 57.

70 Ibid., pp. 59 – 60.

71 Ibid., pp. 87 – 90.

72 Ibid., pp. 91 – 94.

73 Donald Sassoon, *One Hundred Years of Socialism: The West European Left in the Twentieth Century*(『사회주의 100년 1 - 20세기 서유럽 좌파 정당의 흥망성쇠』, 강주헌, 정미현, 김민수, 김보은, 강순이 옮김, 황소걸음, 2014) (Fontana, London, 1997), p. 75.

74 Duggan, *Fascist Voices*, p. 108.

75 Robert O. Paxton, *The Anatomy of Fascism*(『파시즘 - 열정과 광기의 정치 혁명』, 손명희, 최희영 옮김, 교양인, 2005) (Penguin, London, 2005), p. 63.

76 Quoted by Linz in *Authoritarian and Totalitarian Regimes*, p. 166.

77 Duggan, *Fascist Voices*, p. 70.

78 Ibid., p. 101.

79 Ibid., p. 231.

80 Ibid., p. 280.

81 같은 책, p. 305. 무솔리니는 1933년 미국 유대계 발행인들이 뽑은 세상에서 '가장 위대한 유대인 옹호자 12인' 명단에 올랐다. (Paxton, *The Anatomy of Fascism*, p. 166).

82 Duggan, *Fascist Voices*, p. 305.

83 F. W. Deakin, *The Brutal Friendship: Mussolini, Hitler and the Fall of Fascism* (Weidenfeld & Nicolson, London, 1962), p. 795.

84 Duggan, *Fascist Voices*, pp. 416 – 417.

85 Paxton, *The Anatomy of Fascism*, p. 96.

86 Adolf Hitler, *Mein Kampf*, translated by Ralph Manheim with an introduction by D.C. Watt(『나의 투쟁』)(Pimlico, London, 1992: 2009 reprint), p. 296.

87 Ibid., p. 262.

88 Evans, *The Third Reich in Power 1933 – 1939*, p. 8.

89 Ian Kershaw, *Hitler*(『히틀러』, 이희재 옮김, 교양인, 2010) (Penguin, London, new edition, 2008), p. 204.

90 Ibid., p. 206.

91 Ibid., p. 227.

92 Ibid., pp. 276–277.

93 Ibid., pp. 281–282.

94 Evans, *The Third Reich in Power*, p. 11; and Kershaw, *Hitler*, pp. 274–282.

95 Evans, *The Third Reich in Power*, p. 16.

96 Ibid., pp. 7 and 16.

97 Kershaw, *Hitler*, p. 313. 돌격대와의 마지막 결전과 1934년 7월 히틀러의 지령에 따른 주요 보수파 인사 암살 사건에 대한 보다 상세한 기록은 같은 책 pp. 301-319를 참조.

98 Ibid., pp. 317-318.

99 Ibid., pp. xl and 320-321.

100 Hitler, *Mein Kampf*, pp. 194, 217, 137; 그리고 Kershaw, *Hitler*, pp. 909 – 910.

101 Kershaw, *Hitler*, pp. 212 – 215.

102 Ibid., p. 324.; and Evans, *The Third Reich in Power*, p. 649.

103 Kershaw, *Hitler*, p. 511.

104 Ibid., p. 356.

105 Evans, *The Third Reich in Power*, p. 649.

106 Paxton, *The Anatomy of Fascism*, pp. 219 – 220.

107 Ibid., p. 75.

108 Ibid., p. 149.

109 Ian Kershaw, *The End: Hitler's Germany, 1944 – 45* (Penguin, London, 2012), p. 13.

110 Overy, *The Dictators*, p. 100.

111 Ibid., p. 120.

112 Adam Smith, *The Theory of Moral Sentiments* (Clarendon Press, Oxford, 1976), p. 251.

113 *Turgot on Progress, Sociology and Economics*, translated and edited by Ronald G. Meek (Cambridge University Press, Cambridge, 1973), p. 76.

114 David Hume, 'Of the First Principles of Government', in *Essays and Treatises on Several Subjects Containing Essays Moral, Political and Literary: A New Edition*, Vol. 1 (Cadell, London, 1788), p. 39.

115 Jason Brownlee, *Authoritarianism in an Age of Democratization* (Cambridge University Press, Cambridge, 2007), pp. 202 – 205.

116 William R. Polk, *Understanding Iraq* (Tauris, London, 2006), p. 109.

117 Joseph Sassoon, *Saddam Hussein's Ba'th Party: Inside an Authoritarian Regime* (Cambridge University Press, New York, 2012), pp. 130 – 131.

118 Ibid., pp. 5 and 181.

119 같은 책, p. 5. 서순의 책은 2003년 이라크 침공 후 미군 점령군이 입수한 바트당 문서에 대한 상세한 연구를 기반으로 쓰였다.

120 Paul Collier, *The Bottom Billion: Why the Poorest Countries are Failing and What Can Be Done About It* (Oxford University Press, Oxford, 2008), p. 49.

121 Kershaw, *Hitler*, p. 111.

122 Ibid., p. 201

123 Daniel Kahneman, *Thinking Fast and Slow* (Allen Lane, London, 2011) p. 140.

7장 '강한 리더'의 대외 정책 실패 사례

1 David Owen, *The Hubris Syndrome: Bush, Blair and the Intoxication of Power* (Methuen, revised edition, York, 2012), pp. 1 – 2.

2 프랜시스 후쿠야마Francis Fukuyama는

"한국, 타이완, 싱가포르, 그리고 현대 중국에
이르기까지 성공적으로 근대화를 이뤄낸 권위주의
국가는 사실상 모두 중화권 동아시아 국가"라고
얘기한다. Fukuyama, *The Origins of Political
Order: From Prehuman Times to the French
Revolution*(『정치 질서의 기원』, 함규진 옮김,
웅진지식하우스, 2012) (Profile, London, 2011), p.
313 참조. 물론 타이완과 한국의 경우에는 민주주의가
권위주의 통치를 대체한 이후에도 현대화가 계속
진행되었다.

3   Ian Kershaw, *Hitler* (Penguin, London,
2009), p. 473에서 인용됨.

4   Kershaw, *Hitler*, p. 479.

5   Ibid., pp. 5 and 181.

6   Richard J. Evans, *The Third Reich in Power
1933–1939* (Penguin, London, 2006), pp.
692–695.

7   Kershaw, *Hitler*, p. 619.

8   Ibid., pp. 157–158.

9   Ibid., pp. 154–155.

10   Ibid., p. 588.

11   Christopher Duggan, *Fascist Voices: An
Intimate History of Mussolini's Italy* (Bodley
Head, London, 2012), p. 298.

12   Stanley G. Payne, *The Spanish Civil War,
the Soviet Union, and Communism* (Yale
University Press, New Haven, 2004), p. 172.

13   Archie Brown, *The Rise and Fall of
Communism* (Bodley Head, London, and Ecco,
New York, 2009), pp. 91–92.

14   스탈린이 입수하고도 무시했던 독일 침공에 대한
무수한 경고는 다음을 참조. Winston S. Churchill,
*The Second World War, Volume IV: The Hinge
of Fate* (Cassell, London, 1951), p. 443; John
Erickson, *The Road to Stalingrad: Stalin's
War with Germany* (Weidenfeld & Nicolson,
London, 1975), pp. 87–98; and Christopher
Andrew and Vasili Mitrokhin, *The Mitrokhin
Archive: The KGB in Europe and the West* (Allen

Lane, London, 1999), pp. 122–125.

15   Andrew and Mitrokhin, *The Mitrokhin
Archive*, p. 124.

16   See *The Diary of Georgi Dimitrov 1933–
1949*, introduced and edited by Ivo Banac
(Yale University Press, New Haven, 2003), pp.
434–441; and Milovan Djilas, *Conversations
with Stalin* (Rupert Hart-Davis, London, 1962),
pp. 164–165.

17   William Stueck, 'The Korean War'(『한국
전쟁의 국제사』, 조성규, 김형인, 김남균, 김재민 옮김,
푸른역사, 2001), in Melvyn P. Leffler and Odd
Arne Westad(eds.), *The Cambridge History of
the Cold War, Volume I: Origins* (Cambridge
University Press, Cambridge, 2010), pp. 266–
287, esp. 273–276. 또한 Odd Arne Westad, *The
Global Cold War* (Cambridge University Press,
Cambridge, 2005), p. 66 참조.

18   Stueck, 'The Korean War', p. 274.

19   1950년 10월 5일에 소련 대사를 통해 베이징에
전달했던, 스탈린이 마오쩌둥에게 보내는 1950년
10월 4일자 편지. *Cold War International History
Project Bulletin*, No. 14/15, pp. 375–376.

20   Craig Dietrich, *People's China: A Brief
History* (Oxford University Press, New York, 3rd
ed., 1998); and Jung Chang and Jon Halliday,
Mao: The Unknown Story (Vintage, London,
2006), p. 394.

21   Stueck, 'The Korean War', p. 283.

22   Vladimir O. Pechatnov, 'The Soviet Union
and the World, 1944–1953', in Leffler and
Westad, *The Cambridge History of the Cold
War, Volume 1: Origins*, pp. 90–111, at pp.
109–110.

23   Lorenz M. Lüthi, *The Sino-Soviet Split:
Cold War in the Communist World* (Princeton
University Press, Princeton, 2008), p. 77.

24   흐루쇼프의 장점과 단점을 모두 비중 있게 다룬
뛰어난 전기는 다음을 참조. William Taubman,

Khrushchev: The Man and His Era (Free Press, New York, 2003). 흐루쇼프와 쿠바 미사일 위기에 관해서는 다음을 참조. Aleksandr Fursenko and Timothy Naftali, *Khrushchev's Cold War: The Inside Story of an American Adversary* (Norton, New York, 2006), pp. 409 – 508.

25 William Taubman, 'The Khrushchev Period, 1953 – 1954', in Suny(ed.), *The Cambridge History of Russia. Volume III*, pp. 268 – 291, at p. 290.

26 See Margaret MacMillan, *Seize the Hour: When Nixon Met Mao* (John Murray paperback, London, 2007).

27 David Shambaugh, *China Goes Global: The Partial Power* (Oxford University Press, New York, 2013), p. 309.

28 Odd Arne Westad, *Restless Empire: China and the World since 1750*(『잠 못 이루는 제국 – 1750년 이후의 중국과 세계』, 문명기 옮김, 까치, 2014) (Bodley Head, London, 2012), pp. 419 – 420.

29 Lee Kuan Yew, *From Third World to First. The Singapore Story: 1965 – 2000* [volume two of Memoirs of Lee Kuan Yew] (『내가 걸어온 일류 국가의 길』, 류지호 옮김, 문학사상사, 2001) (Times, Singapore, 2000), p. 667.

30 Zbigniew Brzezinski, *Power and Principle: Memoirs of the National Security Adviser 1977 – 1981* (Weidenfeld & Nicolson, London, 1983), pp. 409 – 414.

31 Shambaugh, *China Goes Global*, pp. 275 – 276. 샴보Shambaugh는 "'베트남에 교훈을 주는' 대신 … 오히려 교훈을 준 것은 베트남이었다"고 얘기한다.

32 Benedict Mander and Robin Wigglesworth, 'China's Caribbean influence grows', *Financial Times*, 21 May 2013.

33 Westad, *Restless Empire*, p. 437.

34 Ibid., pp. 437 –438.

35 Fidel Castro, *My Life* (Allen Lane, London, 2007), p. 322.

36 'Zapis' besedy A. N. Kosygina, A. A. Gromyko, D. F. Ustinova, B. N. Pomomareva s N. M. Taraki 20 marta 1979 goda', Hoover Institution Archives, Fond 89, 1.1003, opis 42, file 3, p. 3.

37 Westad, *The Global Cold War*, p. 316. 나세르의 뒤를 이어 제2대 이집트 대통령으로 취임한 모하메드 안와르 사다트Muhammad Anwar al-Sadat는 미국과의 관계 개선을 위해 소련에서 파견된 고문 2만 명을 추방했다. 그는 이스라엘에 극적인 제안을 내놓았고, 미국 카터 행정부가 중개한 평화 협상을 거쳐 1978년 캠프 데이비드 협정에 서명했다. 그는 같은 해 노벨 평화상을 받았고, 1981년 암살당했다.

38 Artemy M. Kalinovsky, *A Long Goodbye: The Soviet Withdrawal from Afghanistan* (Harvard University Press, Cambridge, Mass., 2011), p. 118.

39 Westad, *The Global Cold War*, p. 356; and Rodric Braithwaite, *Afgantsy: The Russians in Afghanistan 1979 – 1989* (Profile, London, 2011), pp. 329 – 331.

40 보고몰로프는 국제사회주의체제경제연구소 소장이었다. 그는 페레스트로이카 시대에 접어든 1988년 3월 16일에야 *Literaturnaya gazeta*를 통해 이 보고서의 존재를 세상에 공개했다. 이 연구소가 갖는 중요성과 그곳에 대거 포진하고 있던 급진적 개혁주의자들에 대해서는 다음을 참조. Archie Brown, *Seven Years that Changed the World: Perestroika in Perspective* (Oxford University Press, Oxford, 2007), pp. 172 – 178.

41 Westad, *The Global Cold War*, p. 321; and Brown, *The Rise and Fall of Communism*, p. 353.

42 *Financial Times*의 국제부 편집장이자 중동 전문가 데이비드 가드너는 영국의 역할을 '엑스트라'와 '들러리'라고 일축하는 한편, 이라크 침공은 '미국의

힘이 가진 한계를 만천하에 적나라하게 공개한'
사건이기도 했다고 보도했다. 2013년 3월 9/10일자
Financial Times 참조.

43 정치 인식 과정에서 동원되는 역사적 비유에 관한
보다 폭넓은 논의는 다음을 참조. Robert Jervis,
*Perception and Misperception in International
Politics* (Princeton University Press, Princeton,
1976); Richard E. Neustadt and Ernest R.
May, *Thinking in Time: The Uses of History
for Decision Makers* (Free Press, New York,
1986); Yuen Foong Khong, *Analogies at War:
Korea, Munich, Dien Bien Phu, and the Vietnam
Decisions of 1965* (Princeton University Press,
Princeton, 1992).

44 Keith Feiling, *The Life of Neville
Chamberlain* (Macmillan, London, 1946),
p. 381. 이언 매클라우드가 호의적인 입장에서 쓴
체임벌린 전기에서, 그는 체임벌린이 희열의 순간에
다우닝가에 모인 군중 앞에서 한 말이 과도하게 부풀려
해석될 수 있다고 주장한다. 매클라우드가 "하원에서
했던 보다 신중한 언사"라고 불렀던 발언에서,
체임벌린은 의원들이 "내 발언을 너무 확대해석하지
않기" 바란다면서 다음과 같이 덧붙였다. "내가 우리
시대에 평화를 유지하는 것이 가능하다고 믿는 것은
사실이지만, 다른 나라들도 함께 무장 해제하도록
설득하기 전에 먼저 우리가 군축함으로써 평화가
이루어질 수 있다는 얘기는 아닙니다." Iain Macleod,
Neville Chamberlain (Muller, London, 1961), p.
256 참조.

45 R. A. 버틀러는 회고록에서 뮌헨 협정 덕분에
영국이 재무장 프로그램을 진척시킬 시간을 벌 수
있었다고 정당화하면서, 이것이 그가 유화 정책을
강하게 지지했던(그리고 외무부 각외 장관으로서 실제
이 정책을 집행했던) 이유라고 시사했다. *The Art of
the Possible: The Memoirs of Lord Butler K.G.,
C.H.* (Hamish Hamilton, London, 1971), esp.
p. 63 참조. 패트릭 코스그레이브Patrick Cosgrave는
R. A. Butler: An English Life (Quartet Books,
London, 1981)에서 "버틀러는 뮌헨 협정이 영국이

전쟁을 치를 만큼 강하지 않다는 자각과 방어 체계를
강화할 시간이 필요하다는 인식에서 나온 의도적인
결정이라고 주장하지만, 이는 사실이 아니다"라고
얘기한다 (p. 53). 버틀러의 정치 경력에 대해
적대적이라기보다는 좀 더 다각적인 해석을 제공했던
코스그레이브는 또한 다음과 같이 지적한다. "버틀러는
단지 유화 정책에 동조한 것이 아니었다. 그는 그것을
성사시키기 위해서 오랜 기간 공을 들였고, 그가
회고록에서 그토록 강조하는 재무장 프로그램에 당시
조금이라도 관심을 보였다는 공공 기록은 전무하다"(p.
43).

46 Roy Jenkins, *Baldwin* (Papermac, London,
1987), pp. 147 – 148.

47 Ibid., p. 164.

48 Ibid., p. 81.

49 Earl of Swinton, *Sixty Years of Power:
Some Memories of the Men Who Wielded It*
(Hutchinson, London, 1966), p. 120.

50 윈스턴 처칠은 전쟁 회고록에 볼드윈의 하원
연설을 길게 인용하고 있다. *The Second World
War: Volume 1, The Gathering Storm* (Cassell,
London, 1948), pp. 169 – 170. 이 책의 색인을
처칠이 직접 작성하지는 않았으나, "[볼드윈이]
국가보다 당을 우선했음을 고백한다"는 내용이 담긴
페이지는 분명 예외였을 것이다(p. 615).

51 Swinton, *Sixty Years of Power*, pp. 86 and
89.

52 Ibid., p. 111.

53 Ibid., pp. 115 – 116.

54 Avi Shlaim, Peter Jones and Keith
Sainsbury, *British Foreign Secretaries since
1945* (David & Charles, Newton Abbot, 1977),
p. 82. 5대 솔즈베리 후작이자 1938년 당시 외무부
각외 장관이었던 크랜본Cranborne 경도 이든과 함께
사임했다.

55 *The Duff Cooper Diaries 1915 – 1951*,
edited by John Julius Norwich (Weidenfeld &
Nicolson, London 2005), p. 245.

56 Harold Nicolson, *Diaries and Letters*

1930 – 1939, edited by Nigel Nicolson (Fontana, London, 1969), p. 351.

57 Hugh Dalton, *The Fateful Years: Memoirs (Volume 2), 1931 – 1945* (Frederick Muller, London, 1957), p. 176.

58 Swinton, *Sixty Years of Power*, p. 121.

59 Ibid., p. 116.

60 같은 책, p. 120. 스윈턴은 체임벌린이 재무장 계획을 추진한다고 대답했으며, 거기에 대해 자신은 그 조건으로 뮌헨 협정을 받아들이겠지만 "평화에 대한 어떤 환상도" 갖고 있지 않다고 응답했다고 부언한다.

61 Ibid., p. 123.

62 전시 연립 정부의 각료를 지냈고 종전 후 수립된 첫 노동당 정부에서 저명한 각내 장관으로 재임했던 휴 돌턴은 노동당 의원 중에서도 반유화 정책과 신속한 재무장을 가장 강력하게 주장했던 인물이었다. 그는 윈스턴 처칠, 해럴드 맥밀런 등 체임벌린 반대파 보수당 의원들과 합심하여 체임벌린의 정책을 반대하기 위한 논의를 여러 차례 가졌다. Dalton, *The Fateful Years*, pp. 161 – 221 참조.

63 *Chips: The Diaries of Sir Henry Channon*, p. 213.

64 더프 쿠퍼는 다음과 같이 덧붙였다. "그런 후, 애틀리가 이 계획에 찬성 의사를 밝히자 우리는 모두 다시 한 번 자리에서 일어나서 그에게 환호성을 보냈다. 야당 측도 함께 환호성을 보낼 수밖에 없었던 것이 좀 코미디였다." *The Duff Cooper Diaries*, p. 269.

65 *The Duff Cooper Diaries*, p. 258.

66 Ibid., pp. 257 – 258.

67 Ibid., p. 258.

68 Ibid., p. 268.

69 Ibid.

70 Ibid., pp. 268 – 269.

71 Ibid., p. 271.

72 Nicolson, *Diaries and Letters 1930 – 1939*, p. 392.

73 Quoted in Wm. Roger Louis, *Ends of British Imperialism: The Scramble for Empire, Suez and Decolonization* (Tauris, London, 2006), p. 638.

74 Keith Kyle, *Suez: Britain's End of Empire in the Middle East* (2nd ed., Tauris, London, 2003), p. 68. 맥스 밸로프Max Beloff도 비슷한 얘기를 했다. "이든이 우유부단하다고 비판하는 언론은 그가 자신의 터프함을 보여주려고 벼르게 만드는 효과를 냈다." Lord Beloff, 'The Crisis and its Consequences for the British Conservative Party', in Wm. Roger Louis and Roger Owen (eds.), *Suez 1956: The Crisis and its Consequences* (Clarendon Press, Oxford, 1989), p. 320 참조.

75 Louis, *Ends of British Imperialism*, pp. 609 – 626. 처칠은 빅토리아 여왕 시절에 출마했던 정치인으로서, 인종 편견과 제국주의에 기반한 가정을 완전히 탈피하지 못했다. 처칠이 총리 시절에 "이집트를 어떻게 다룰지에 대해 외무장관 이든에게 해줬던 충고는 다음과 같았다. "계속 까불면 유대인들을 풀어서 애초에 기어나오지 말았어야 했던 시궁창으로 다시 처넣어버릴 거라고 하세요(같은 책, p. 635)."

76 Gill Bennett, *Six Moments of Crisis: Inside British Foreign Policy* (Oxford University Press, Oxford, 2013), p. 38.

77 Kyle, *Suez*, p. 134.

78 Cited by Nigel Nicolson, *People and Parliament* (Weidenfeld & Nicolson, London, 1958), p. 108.

79 *The Memoirs of Sir Anthony Eden: Full Circle* (Cassell, London, 1960), p. 431; and Selwyn Lloyd, *Suez 1956: A Personal Account* (Jonathan Cape, London, 1978), p. 192.

80 Quoted in Louis, *Ends of British Imperialism*, p. 632.

81 Eden, *Full Circle*, p. 498.

82 해당 지역 외무부 전문가들에게는 여러 핵심 문서에 대한 접근 권한이 주어지지 않았으며, '외무부 내 압도적 다수'가 수에즈 정책을 영국이 '신속히 빠져나와야' 할 '심각한 실수'라고 여겼다. 이 기밀 기록은 1956년 11월 2일, 이든만큼이나 수에즈

작전에 열성적이었던 사무차관 이본 커크패트릭Ivone Kirkpatrick 경 앞으로 작성되었다. Kyle, *Suez*, p. 397 참조.

83 Kyle, *Suez*, pp. 391 and 397.

84 Kyle, *Suez*, p. 299.

85 세브르 회담에 대한 상세한 학술적 설명은 다음을 참조. Avi Shlaim, 'The Protocol of Sèvres, 1956: anatomy of a war plot', *International Affairs*, Vol. 73, No. 3, 1997, pp. 509–530.

86 같은 책. 셀윈 로이드가 죽기 얼마 전에 쓴 책에 남긴 이 회의에 대해 기록을 보려면 *Suez 1956*, pp. 180–190를 참조.

87 Shlaim, 'The Protocol of Sèvres 1956', p. 522.

88 같은 책. A. J. P. 테일러A. J. P. Taylor는 수에즈 사태에 대해 다음과 같이 말했다. "영국 정부가 얻은 교훈은 명백하다. 점잖은 사람들이 흔히 그렇듯이 그들은 범죄자 소질이 없으니, 점잖음을 고수하는 편이 나을 것이다(*Suez*, p.585에서 Kyle에 의해 인용됨)."

89 Avi Shlaim, *The Iron Wall: Israel and the Arab World* (Penguin, London, 2001), pp. 174–177.

90 Anthony Nutting, *No End of a Lesson: The Story of Suez* (Constable, London, 1967), p. 115.

91 Ibid., pp. 126–127.

92 Veljko Mićunović, *Moscow Diary*, translated by David Floyd (Chatto & Windus, London, 1980), p. 134. 소련 주재 유고슬라비아 대사였던 미추노비치Mićunović는 브리오니 섬에 있는 티토 소유 저택에서 흐루쇼프와 말렌코프Malenkov가 티토와 가졌던 이 회담에 동석했다.

93 Kyle, *Suez*, p. 427.

94 D. R. Thorpe, *Supermac: The Life of Harold Macmillan* (Pimlico, London, 2011), p. 350. 수에즈 위기의 경제적 측면에 대한 보다 상세한 설명은 다음을 참조. Diane B. Kunz, 'The Importance of Having Money: The Economic Diplomacy of the Suez Crisis', in Louis and Owen(eds.), *Suez*

1956, pp. 215–232.

95 Kyle, *Suez*, pp. 467–468.

96 Keith Kyle, 'Britain and the Suez Crisis, 1955–1956', in Louis and Owen(eds.), *Suez 1956*, pp. 103–130, at p. 130.

97 Nutting, *No End of a Lesson*, p. 171.

98 Harold Nicolson, *Diaries and Letters 1945–1962* (Fontana, London, 1971), p. 301.

99 John Tirman, *The Deaths of Others: The Fate of Civilians in America's Wars* (Oxford University Press, New York, 2011), pp. 324–336, esp. p. 327. 터먼Tirman은 매사추세츠공과대학교 국제학연구센터의 수석 연구원이자 소장이다.

100 Eugene Rogan, *The Arabs: A History* (Penguin, London, 2010), p. 615.

101 Condoleezza Rice, *No Higher Honour: A Memoir of My Years in Washington* (Simon & Schuster, London, 2011), pp. 170–171.

102 Bob Woodward, *Plan of Attack*(『공격 시나리오』, 김창영 옮김, 따뜻한손, 2004) (Simon & Schuster, London, 2004), p. 9.

103 George W. Bush, *Decision Points* (Crown, New York, 2010), p. 229.

104 Richard A. Clarke, *Against All Enemies: Inside America's War on Terror*(『모든 적들에 맞서 – 이라크 전쟁의 숨겨진 진실』, 황해선 옮김, 휴먼앤북스, 2004) (Free Press, New York, 2004), pp. 231–232.

105 Ibid., p. 170.

106 Dick Cheney, with Liz Cheney, *In My Time: A Personal and Political Memoir* (Threshold, New York, 2011), p. 369.

107 Rice, *No Higher Honour*, pp. 202–203; and Bush, *Decision Points*, p. 246.

108 Simon Jenkins, 'Blair may itch to return, but he faces a cruel reality check', *Guardian*, 27 July 2012. 젠킨스는 이렇게 덧붙였다. "왜 블레어가 역사를 공부하지 않은 것을

후회한다고 로이 젠킨스에게 털어놓았는지 알 수
있다." 2003년 3-4월에 30일간 영국 총리를 밀착
취재하도록 허가받았던 The Times의 전 편집장 피터
스토타드Peter Stothard는 이라크 침공 준비 기간과
직후의 다우닝가 10번지 상황을 상당히 호의적으로
다룬 책에서 다음과 같은 언급을 한다. "토니
블레어에게 심판의 날이 닥쳤을 때, 그는 처칠이나
이든, 맥밀런, 혹은 그 어떤 다른 전쟁을 앞두고 벌어진
논쟁에서 등장하는 이름이 아니라, 그 이전의 19세기
제국주의 선교자들, 혹은 그보다 훨씬 더 이전에
불모지를 만들어놓고 평화라고 불렀던 로마인과
비교되는 자신을 발견할지도 모른다.(Stothard,
30 Days: A Month at the Heart of Blair's War,
HarperCollins, London, 2003, p. 173)."
109 대다수의 국제법 변호사는 2003년 3월 이라크
침공이 국제법 위반이라고 판단했다. 이라크 침공의
위법성은 잉글랜드와 웨일스 대법원장이자 영국 고위
상임 항소 법관이었던, 지금은 고인이 된 빙엄Bingham
경이 분명하게 적시했다. Tom Bingham, The Rule
of Law (Penguin, London, 2011), pp. 120-129
참조. 또한, Roy Allison, Russia, the West, and
Military Intervention (Oxford University Press,
Oxford, 2013), especially pp. 106-112 참조.
110 2003년 3월 18일 하원 의사록, 블레어 연설,
763열과 772열.
111 http://www.iraqinquiry.org.uk/
media50751/Blair-to-Powell-
17March2002minute.pdf.
112 쿡은 1997년부터 2001년 블레어가 그를
해임하고 잭 스트로를 그 자리에 앉힐 때까지
외무장관으로 재임했다. 쿡은 하원 대표로 내각에
남았고, 이라크 전쟁 건으로 사임했다.
113 Robin Cook, Point of Departure (Simon &
Schuster, London, 2003), pp. 361-365, at p.
364.
114 Ibid., pp. 361-365.
115 Lance Price, Where Power Lies: Prime
Ministers v. the Media (Simon & Schuster,
London, 2010), p. 370.

116 Stothard, 30 Days, p. 8.
117 Menzies Campbell, 'No More Evasions',
Observer, 27 November 2005. 전 부통령 딕 체니의
회고록에 따르면, 체니는 민주당도 "잘못된 첩보를
수용하고 거기에 의존했으면서 그것을 인정하고 싶어
하지 않는 것 같다"라고 받아쳤다. Cheney, In My
Time, pp. 412-413 참조.
118 'Ex-president blasts Blair US role',
http://news.bbc.co.uk/1/hi/world/
americas/5346976.stm, 14 September 2006.
119 Zbigniew Brzezinski, 'America's policy
blunders were compounded by Britain',
Financial Times, 2004년 8월 6일. 브레진스키는
블레어에 관해 다음과 같이 부언했다. "과거의 무모한
방침을 옹호하는 데 현란한 말솜씨를 발휘하는 것은
훌륭함의 증표가 아니라, 미국과 궁극적으로 서방
민주주의 세계 전체에 해를 끼치는 짓이다."
120 Charles Tripp, 'Militias, Vigilantes, Death
Squads', London Review of Books, Vol. 29, No.
2, 25 January 2007, pp. 30-33, at p. 30.
121 제임스 크레이그 경, 2002년 말 저자와의
대화에서.
122 군부가 정치적 통제하에 있다는 중요한 원칙에
따라 현역 장교들은 이라크 침공 결정을 공개적으로
비판할 수 없었지만, 퇴역 장교들은 그런 제약을 받지
않았다. 그중에서도 가장 걸출한 인물 중 하나인
(보스니아 유엔 사령관을 지낸) 마이클 로즈Michael
Rose 장군은 토니 블레어의 행동이 정책 판단 오류와
불법 행위 "사이의 어딘가"에 해당한다고 말했다. 그는
계속해서 "정책은 잘못되었"고, "블레어는 자신의
궁극적인 목표가 무엇인지 제대로 밝히지 않았다.
… 아마 어떤 다른 전략을 염두에 두고 있었으면서
계속 대량 살상 무기 얘기만 앵무새처럼 되풀이했다.
다음으로, 이 전쟁은 이라크 국민에게도 비참한
결과를 가져왔지만, 글로벌 대테러 전쟁을 수행하는
우리의 폭넓은 이해 관계에도 엄청난 악영향을
미쳤다"고 말했다. (http://news.bbc.co.uk/1/hi/
uk_politics/4594216.stm, 2006년 1월 9일).
123 2010년 7월 21일 Financial Times에

실린 앨릭스 바커Alex Barker의 'Security chief exposes Blair's gamble on Iraq'와 제임스 블리츠James Blitz의 'MI5 head dismayed by stance on Saddam felt ignored by premier', 그리고 2011년 8월 29일 *Daily Telegraph*에 게재된 팀 로스Tim Ross의 'Iraq was not a threat to Britain before invasion, says former head of MI5' 참조. 이라크 침공 전에 관련 분야 전문가의 다수가 매닝엄불러 여남작과 같은 판단을 내렸다. 1982년부터 1984년까지 합동정보위원회 의장을 맡았고 1986년부터 1991년까지 외교부 사무차관을 지낸 패트릭 라이트Patrick Wright 경은 2003년 2월 26일 상원 토론에서 자신 외에도 여러 상원 의원이 "이라크에 대한 공격 … 은 이슬람에 대한 직접적인 공격으로 받아들여질 것이며, 서방에 대한 테러리스트 공격을 부채질할 것이다"라고 지적했다고 썼다. 그는 아랍 및 이슬람 국가 주재 영국 대표단 대사들이 이 문제에 대해 어떤 조언을 했는지 대중에 공개하라고 요구했다(리치몬드에서 라이트 경 독자 투고, *Financial Times*, 2003년 9월 13/14일). 2007년 5월 14일 *Guardian*에 실린 아비 쉬라임의 'It is not only God that will be Blair's judge over Iraq' 참조. 히브리어와 아랍어에 정통한 중동 전문가 쉬라임은 "블레어의 중동 정책은 전적으로 처참한 실패"라고 주장한다.

124 Michael Quinlan, 'War on Iraq: a blunder and a crime', *Financial Times*, 7 August 2002.

125 Ibid.

126 Rodric Braithwaite, 'End of the affair', *Prospect*, Issue 86, May 2003, pp. 20–23 at p. 22.

127 윌슨 경과 턴불 경이 칠콧위원회에 증거를 제출할 때 나온 얘기다. http://www.bbc.co.uk/news/uk-politics-12278788, 2011년 1월 25일 참조.

128 *Review of Intelligence on Weapons of Mass Destruction: Report of a Committee of Privy Counsellors. Chairman: The Rt Hon The Lord Butler of Brockwell* (Stationery Office, London, 2004).

129 Ibid., pp. 159 and 160.

130 Tony Blair, *A Journey* (Hutchinson, London, 2010), pp. 432–433; 그리고 Stothard, *30 Days*, pp. 20–21.

131 Peter Hennessy, *The Prime Minister: The Office and its Holders Since 1945* (Penguin, London, 2001), p. 532; and Owen, *The Hubris Syndrome*, pp. 80–81.

132 On this, see Philippe Sands, 'A Very British Deceit', *New York Review of Books*, 30 September 2010.

133 Kofi Annan with Nader Mousavizadeh, *Interventions: A Life in War and Peace* (Allen Lane, London, 2012), esp. pp. 344–358.

134 이라크 국민도 미국 침공을 규탄했다는 점이 특히 중요하다. 2005년, 미국 학계의 대표적 중동 전문가는 "최근 진행된 자체 여론 조사에서 미국을 해방자로 보는 아랍계 이라크인은 2퍼센트에 불과한 것으로 조사됐다"고 지적했다. William R. Polk, *Understanding Iraq* (Tauris, London, 2006), p. 190 참조.

135 이 문제에 대해서는 다음을 참조. Sherard Cowper-Coles, *Cables from Kabul: The Inside Story of the West's Afghanistan Campaign* (Harper Press, London, 2011). 카불 주재 영국 대사였던 저자는 "관심과 자원이 아프가니스탄에서 이라크로 전환된 비극적인 상황"에 대해 얘기한다(p. xxiii). pp. 4와 59–60 참조.

136 Rogan, *The Arabs*, esp. pp. 607–625; and David Gardner, *Last Chance: The Middle East in the Balance* (Tauris, London, paperback ed., 2012), pp. 16–17 and 86–90.

137 Rumsfeld, *Known and Unknown*, p. 520.

138 Charles Tripp, *The Power and the People: Paths of Resistance in the Middle East* (Cambridge University Press, Cambridge, 2013), p. 42.

139 Bush, *Decision Points*, p. 269; and Joseph Sassoon, *Saddam Hussein's Ba'th Party:*

Inside an Authoritarian Regime (Cambridge University Press, Cambridge, 2012), p. 165.

140 David Fisher, *Morality and War: Can War be Just in the Twenty-first Century?* (Oxford University Press paperback, Oxford, 2012), p. 202.

141 Sassoon, *Saddam Hussein's Ba 'th Party*, p. 165.

142 Rice, *No Higher Honour*, p. 208.

143 Ibid., p. 20. Cf. Bush, *Decision Points*, pp. 87 – 88.

144 Rice, *No Higher Honour*, p. 187.

145 Ibis., pp.21 – 22.

146 Cook, *Point of Departure*, p. 323.

147 Jack Straw, *Last Man Standing: Memoirs of a Political Survivor* (Macmillan, London, 2012), pp. 544 – 545.

148 Philip Stephens, *Tony Blair: The Price of Leadership* (Politico, London, revised edition, 2004), p. 319.

149 Archie Brown, 'The myth of the boundless debt Labour owes Blair', *Financial Times*, 11 September 2006.

150 Andrew Rawnsley, 'Tony Blair's obsession with size', *Observer*, 14 December 1997.

151 Jack S. Levy, 'Political Psychology and Foreign Policy', in David O. Sears, Leonie Huddy and Robert Jervis (eds.), *Oxford Handbook of Political Psychology* (Oxford University Press, New York, 2003), pp. 253 – 284, at pp. 264 – 265.

8장 어떤 종류의 리더십이 바람직한가?

1　Hugh Heclo, 'Whose Presidency is This Anyhow?', in George C. Edwards III and William G. Howell (eds.), *The Oxford Handbook of the American Presidency* (Oxford University Press, New York, 2009), pp. 771 – 796, at p. 782.

2　정치적 의미의 견제와 균형뿐만 아니라, '수표checks [영국 영어는 'cheques']와 잔고balances'라는 금전적 의미에서도 마찬가지다.

3　Michael Barber, *Instruction to Deliver: Tony Blair, Public Services and the Challenge of Achieving Targets* (Politico, London, 2007), pp. 291 – 340. 이것은 'Enhancing the power of the Prime Minister'라는 제목이 달린(흥미로운 책의) 긴 챕터다. 바버는 토니 블레어 정부에서 일했던 경험을 바탕으로 총리가 충분한 권력을 갖고 있지 않다는 결론에 도달했다. 국회와 외부로부터 비판 및 검토가 이루어진다는 전제가 충족될 경우 목표 달성을 위해 정부 권력을 강화한다 해도 문제가 되지 않겠으나, 이것이 '총리의 권력 행사 자격 강화'에 힘써야 한다는 얘기는 결코 아니다(나는 이 문제에 대해 바버와 견해를 달리한다)(p. 339).

4　Cf. Heclo, 'Whose Presidency is This Anyhow?', p. 791.

5　Ibid.

6　Ibid.

7　나는 정치 리더십을 논할 때 사실과 가치를 엄격하게 분리해야 한다는 의견에 회의적이다. 의식적으로 내린 결정이고 공개적으로 밝히기만 한다면 문제가 없다고 본다. 따라서, 나는 '변혁적 리더십'의 '변혁적'이라는 단어가 일상 대화에서 사용될 때 긍정적인 의미를 내포하고 있다고 판단했고, 이 책에서도 그런 의미로 사용했다. 아돌프 히틀러가 1930년대 독일 정치 체제와 독일 사회에 근본적인 변화를 가져오는 데 핵심적인 역할을 담당한 것은 사실이지만, 그렇다고 해서 그를 드골, 고르바초프, 만델라와 함께 '변혁적 리더'로 분류한다면, 이 범주는 너무 이질적인 인물로 채워지게 되어 유용성을 잃을 것이다. '재정의형 리더십'의 경우, 나는 이를 가치 중립적으로 사용했다. 특정 체제 내에서 무엇이 가능한지의 한계에 대한 재정의는 사람들이 지지하는 방향으로 이루어질 수도 있고, 그 반대일 수도 있다.

8 한 저명한 미국 대통령직 전문가는 대통령이 가진 설득력에 대해서조차 놀랍도록 회의적인 입장을 견지했다. 조지 C. 에드워즈 3세George C. Edwards III는 이를 뒷받침하는 증거가 주로 일화로 구성되어 있어 입증이 어렵다는 입장이다. "대통령이 필요할 때마다 다른 이를 설득해서 자기 편으로 만들 수 있다는 주장을 입증하는 체계적인 연구는 전무하다." Edwards, 'The Study of Presidential Leadership', in Edwards and Howell (eds.), *The Oxford Handbook of the American Presidency*, pp. 816-837, at p. 821 참조. 만약 이 '체계적인 연구'가 대통령이 미치는 영향력을 국민이 접하는 다른 모든 의사소통과 정보 소스로부터 분리하는 것을 의미한다면, 물론 이것은 사실상 실행 불가능하다.

9 Heclo, 'Whose Presidency is This Anyhow?', p. 791.

10 Alfred Stepan and Juan J. Linz, 'Comparative Perspectives on Inequality and the Quality of Democracy in the United States', *Perspectives on Politics*, Vol. 9, No. 4, 2011, pp. 841-856, at pp. 848-849.

11 Ibid., p. 849.

12 Keith Dowding, 'Prime Ministerial Power: Institutional and Personal Factors', in Paul Strangio, Paul 't Hart and James Walter (eds.), *Understanding Prime Ministerial Performance: Comparative Perspectives* (Oxford University Press, Oxford, 2013), pp. 56-78, at p. 61.

13 James P. McPherson, *Abraham Lincoln* (Oxford University Press, New York, 2009), p. 62.

14 Ibid., p. 64.

15 Ibid., p. 57.

16 Doris Kearns Goodwin, *Team of Rivals: The Political Genius of Abraham Lincoln*(『권력의 조건』, 이수연 옮김, 21세기 북스, 2013) (Penguin, London, 2009), pp. 686-690.

17 같은 책, pp. 571-572. 굿윈은 링컨과 동시대 인물인 *Washington Daily Chronicle*의 기자

존 포니John Forney를 인용하여, 링컨이 "역사적 사건에 끌려가기를 기다리거나 상황이 미처 무르익기 전에 무리하게 힘을 빼는 일 없이, 항상 시대 조류와 같은 방향으로 움직이는 이 시대 진보의 최전선에 선 인물"이라고 주장했다(p. 572). 노예 해방이라는 중대한 문제에 대해 제임스 맥퍼슨은 다음과 같이 결론 내린다. 만일 링컨이 '급진주의자들의 압박에 굴복하여 전쟁 첫 해부터 노예제에 단호하게 반대하는 입장을 취했다면, 북부 연방에 균열을 초래하여 남북 경계 지역에 위치한 여러 주가 남부 연방으로 넘어갔을 것이고, 그 결과 전쟁에서 패배하고 적어도 한 세대 이상 노예제가 계속되는 것을 목격해야 했을 것이다(McPherson, *Abraham Lincoln*, p. x)."

18 Goodwin, *Team of Rivals*, p. 319.

19 Ibid., pp. 364 and 507.

20 Ibid., pp. 633 and 680.

21 Ibid., p. 217.

22 Ibid., pp. 412-413.

23 Ibid., p. 413.

24 Nannerl O. Keohane, *Thinking about Leadership*(『성공하는 리더십의 조건』, 심양섭, 이면우 옮김, 명인문화사, 2012) (Princeton University Press, Princeton, 2010), p. 12.

25 Ibid.

26 같은 책. 코헤인Keohane은 의회에 의해 부여된 제약을 감안할 때 과연 어느 정도 성과를 낼 수 있었을지는 알 수 없으나, 만일 고어가 "당선됐다면 특히 환경 정책에서, 그리고 국제 정책과 국내 정책에서도 전반적으로 매우 다른 목표를 추구"했을 것이라는 근거가 충분하다고 덧붙였다.

27 Max Weber, 'Politics as a Vocation', in *From Max Weber: Essays in Sociology*, translated and edited by H. H. Gerth and C. Wright Mills (Routledge & Kegan Paul, London, 1948), pp. 77-128, at p. 116. 베버는 오직 정치인만 자만심이라는 죄를 저지르는 것은 아니라고 인정하면서 이렇게 덧붙였다. "학계에서 자만심은 일종의 직업병이지만, 원칙적으로 학자의 자만심은(그 아무리 흉한 형태로 나타날지라도) 과학적

연구를 저해하지는 않기에, 그런 의미에서 상대적으로 무해하다."

28 같은 책. 토니 블레어는 2000년 4월 보좌관에게 보내는 비공식 메모에서 시선을 확 잡아끄는 일련의 정책(특히 범죄, 가족, 국방 이슈 관련)을 내놓으라고 지시했으며, 최대한 내가 전면에 드러나도록 해달라고 요청했다. 이 사실을 보도했던 필립 스티븐스Philip Stephens는 다음과 같이 덧붙였다. "해설하자면, 총리는 계속해서 언론의 조명을 받기 위해 헤드라인을 장식하는 정책과 묘책을 더 많이 내놓길 원했다." Stephens, *Tony Blair, The Price of Leadership* (Politico, London, 2004), p. 188 참조.

29 Charles Moore, *Margaret Thatcher. The Authorized Biography. Volume One: Not for Turning* (Allen Lane, London, 2013), pp. xiv and 432.

30 *Guardian*, 9 April 2013.

31 Archie Brown, 'Margaret Thatcher and the End of the Cold War', in Wm Roger Louis (ed.), *Resurgent Adventures with Britannia: Personalities, Politics and Culture in Britain* (Tauris, London, 2011), pp. 259 – 273.

32 Rodric Braithwaite, *Across the Moscow River: The World Turned Upside Down* (Yale University Press, New Haven and London, 2002), p. 45.

33 Jonathan Powell, *The New Machiavelli: How to Wield Power in the Modern World* (Bodley Head, London, 2010), p. 2.

34 Peter Hennessy, *The Prime Minister: The Office and its Holders since 1945* (Penguin, London, 2001), p. 397.

35 Powell, *The New Machiavelli*, p. 78.

36 Barber, *Instruction to Deliver*, p. 84.

37 Ibid., pp. 306 – 307.

38 *Guardian*, 9 April 2013.

39 같은 기사. 하우는 이렇게 덧붙였다. "마거릿의 경우, 본인의 의지를 극단적으로 밀어붙였다. 마이클 헤슬타인이 일착으로 그만뒀고, 리언 브리튼Leon

Brittan이 그 뒤를 따랐으며, 그다음은 나이절 로슨, 그리고 내가 차례로 사임했다."

40 *Guardian*, 9 April 2013.

41 *Guardian*, 2 September 2010.

42 Michael A. Hogg, 'Influence and Leadership', in Susan T. Fiske, Daniel T. Gilbert and Gardner Lindzey (eds.), *Handbook of Social Psychology* (Wiley, Hoboken, N. J., 5th ed., 2010), pp. 1166 – 1207, at p. 1190.

43 Joseph S. Nye, *The Powers to Lead* (Oxford University Press, New York, 2008), p. 18.

44 Keohane, *Thinking about Leadership*, p. 23.

45 Roy Jenkins, *Baldwin* (Papermac, London, 1987), p. 120.

46 Tony Blair, *A Journey* (Hutchinson, London, 2010), p. 287.

47 예를 들어, 2013년 5월 20일 *Financial Times*에 실린 조지 파커George Parker의 기사 'PM "losing control" of his party' 참조.

48 José Ramón Montero and Richard Gunther, 'Introduction: Reviewing and Reassessing Parties', in Richard Gunther, José Ramón Montero and Juan J. Linz(eds.), *Political Parties: Old Concepts and New Challenges* (Oxford University Press, New York, 2002), pp. 1 – 35, at p. 31.

49 Juan J. Linz, 'Parties in Contemporary Democracies: Problems and Paradoxes', in Gunther, Montero and Linz(eds.), *Political Parties*, pp. 291 – 317, at p. 307.

50 Richard S. Katz and Peter Mair, 'The Ascendancy of the Party in Public Office', in Gunther, Montero and Linz(eds.), *Political Parties*, pp. 113 – 135, at p. 126.

51 Linz, 'Parties in Contemporary Democracies: Problems and Paradoxes', in Gunther, Montero and Linz(eds.), *Political*

Parties, pp. 291 – 317, at p. 303. 로버트 로어슈나이더Robert Rohrschneider와 스티븐 화이트필드의 최근 연구는 정당이 가진 대중조직이 민주적 대표성에 얼마나 중요한 역할을 하는지, 그리고 정당 당파성의 감소에도 불구하고 중유럽이나 동유럽에 비해 서유럽에서 정당이 여전히 얼마나 효과적인지 보여주었다. Rohrschneider and Whitefield, *The Strain of Representation: How Parties Represent Diverse Voters in Western and Eastern Europe* (Oxford University Press, Oxford, 2012), esp. pp. 174 – 183 참조.

52 Moisés Naím, *The End of Power*(『권력의 종말 – 다른 세상의 시작』, 김병순 옮김, 책읽는수요일, 2015) (Basic Books, New York, 2013), p. 239. 또한 Richard McGregor, 'America Goes Dark', *Financial Times*, 2013년 10월 5 – 6일 참조.

53 Naím, *The End of Power*, p. 240. 나임은 '지난 수십 년간 정치 부패가 실제로 증가했는지를 확인하는 것은 불가능하지만, 과거 어느 때보다 더 널리 알려지는 것은 확실하다'고 부언했다.

54 Ibid., pp. 239–240.

55 Adam Smith, *An Inquiry into the Nature and Causes of the Wealth of Nations*, edited by R.H. Campbell and A.S. Skinner (Clarendon Press, Oxford, 1976 [first published 1776]), Vol. 2, p. 712; and John Millar, *The Origin of the Distinction of Ranks*, 3rd ed., 1779, reprinted in William C. Lehmann(ed.), *John Millar of Glasgow 1735 – 1801: His Life and Thought and His Contribution to Sociological Analysis* (Cambridge University Press, Cambridge, 1960), p. 250.

56 Elena Viktorovna Shorina, *Kollegial'nost' i edinonachalie v sovetskom gosudarstvennom upravlenii* (Yuridicheskaya literatura, Moscow, 1959).

57 결과적으로 고르바초프도, 당 조직 상부와 하부에서 다수파를 구성하고 있던 그의 정적들도 승리를 만끽하지는 못했다. 1991년 8월에 보수파 공산주의자와 강경파 러시아 민족주의자가 일으킨 쿠데타는 소련의 해체를 가속했을 뿐이었고, 고르바초프가 1990년 3월 15일 대통령으로 취임한 나라는 1991년 12월 31일부터 더 이상 존재하지 않게 되었기 때문에, 소련 공산당과 고르바초프 정치 리더십은 모두 막을 내리고 말았다. 나는 다른 책에서 이에 관해 훨씬 상세하게 썼다. 예를 들어, Archie Brown, *The Gorbachev Factor* (Oxford University Press, Oxford, 1996)와 Brown, *Seven Years that Changed the World: Perestroika in Perspective* (Oxford University Press, Oxford, 2007) 참조.

강한 리더라는 신화

2017년 11월 3일 1판 1쇄

지은이　아치 브라운
옮긴이　홍지영

기획위원　노만수
편집　이진·이창연
디자인　홍경민
제작　박흥기
마케팅　이병규·양현범·박은희

인쇄　천일문화사
제책　J&D바인텍

펴낸이　강맑실
펴낸곳　(주)사계절출판사
등록　제406-2003-034호
주소　(우)10881 경기도 파주시 회동길 252
전화　031-955-8588, 8558
전송　마케팅부 031-955-8595　편집부 031-955-8596
홈페이지　www.sakyejul.net
전자우편　skj@sakyejul.co.kr
블로그　skjmail.blog.me
페이스북　facebook.com/sakyejul
트위터　twitter.com/sakyejul

값은 뒤표지에 적혀 있습니다. 잘못 만든 책은 서점에서 바꾸어 드립니다.
사계절출판사는 성장의 의미를 생각합니다.
사계절출판사는 독자 여러분의 의견에 늘 귀기울이고 있습니다.
이 책은 저작권법에 따라 보호받는 저작물이므로 무단전재와 무단복제를 금합니다.

ISBN 979-11-6094-312-2 03300

이 도서의 국립중앙도서관 출판예정도서목록(CIP)은 서지정보유통지원시스템
홈페이지(http://seoji.nl.go.kr)와 국가자료공동목록시스템(http://www.nl.go.kr/kolisnet)에서
이용하실 수 있습니다. (CIP제어번호: CIP2017026026)